HISTÓRIA GERAL
DA CIVILIZAÇÃO BRASILEIRA

COLABORARAM PARA ESTE VOLUME

AZIZ N. AB'SABER, da *Faculdade de Filosofia de Porto Alegre, Rio Grande do Sul* (Aspectos da geografia econômica do Brasil).
FERNANDO MENDES DE ALMEIDA, da *Faculdade de Direito, Universidade de São Paulo* (O Direito português no Brasil).
ALICE P. CANNABRAVA, da *Faculdade de Ciências Econômicas, Universidade de São Paulo* (A grande propriedade rural).
LAERTE RAMOS DE CARVALHO, da *Faculdade de Filosofia, Ciências e Letras, Universidade de São Paulo* (A educação e seus métodos).
PEDRO OCTÁVIO CARNEIRO DA CUNHA, do *Museu Paulista* (Política e Administração de 1640 a 1763).
LYCURGO SANTOS FILHO, *historiador e médico, Campinas, São Paulo* (Medicina colonial).
MAURÍCIO GOULART, *historiador, São Paulo* (O problema da mão-de-obra: o escravo africano).
SÉRGIO BUARQUE DE HOLLANDA, da *Faculdade de Filosofia, Ciências e Letras, Universidade de São Paulo* (A mineração: antecedentes luso-brasileiros e metais e pedras preciosas).
AMÉRICO JACOBINA LACOMBE, *diretor da Casa de Ruy Barbosa, Ministério da Educação, Rio de Janeiro* (A Igreja no Brasil colonial e A conjuração do Rio de Janeiro).
FRANCISCO CURT LANGE, do *Instituto Inter-Americano de Musicologia, Montevidéu, Uruguai* (A música barroca).
NÍCIA VILELA LUZ, da *Faculdade de Filosofia, Ciências e Letras, Universidade de São Paulo* (Inquietações revolucionárias no Sul: a conjuração mineira).
LOURIVAL GOMES MACHADO, da *Faculdade de Filosofia, Ciências e Letras, Universidade de São Paulo* (Arquitetura e artes plásticas e Política e administração sob os últimos vice-reis).
RUBENS BORBA DE MORAES, *diretor aposentado da Biblioteca das Nações Unidas* (Orientação bibliográfica).
TERESA SCHORER PETRONE, da *Faculdade de Filosofia, Ciências e Letras, Universidade de São Paulo* (As áreas de criação de gado).
OLIVÉRIO MÁRIO OLIVEIRA PINTO, do *Departamento de Zoologia, Secretaria da Agricultura, São Paulo* (Explorações científicas).
ARTHUR CÉZAR FERREIRA REIS, *historiador, Rio de Janeiro* (O comércio colonial e as companhias privilegiadas; Inquietações no Norte e A inconfidência baiana).
ANTONIO CANDIDO DE MELLO E SOUSA, da *Faculdade de Filosofia, Ciências e Letras. Universidade de São Paulo* (Letras e ideias no Brasil Colonial).
DORIVAL TEIXEIRA VIEIRA, da *Faculdade de Ciências Econômicas, Universidade de São Paulo* (Política financeira).

HISTÓRIA GERAL DA CIVILIZAÇÃO BRASILEIRA

Sob a direção de *SÉRGIO BUARQUE DE HOLANDA*,
assistido por *PEDRO MOACYR CAMPOS*.

TOMO I
A ÉPOCA COLONIAL

Volume 2

ADMINISTRAÇÃO, ECONOMIA, SOCIEDADE

POR

Aziz N. Ab'Saber, Fernando Mendes de Almeida, Alice P. Cannabrava,
Laerte Ramos de Carvalho, Pedro Octávio Carneiro da Cunha, Lycurgo Santos Filho,
Maurício Goulart, Sérgio Buarque de Holanda, Américo Jacobina Lacombe,
Francisco Curt Lange, Nícia Vilela Luz, Lourival Gomes Machado, Rubens Borba de Moraes,
Teresa Schorer Petrone, Olivério Mário Oliveira Pinto, Arthur Cézar Ferreira Reis,
Antonio Candido de Mello e Sousa, Dorival Teixeira Vieira

Introdução geral
Sérgio Buarque de Holanda

14ª edição

Copyright © 1997, Editora Bertrand Brasil Ltda.
Copyright © 1997, direção da coleção, Herdeiros de Sérgio Buarque de Holanda (períodos colonial e monárquico)

Capa: Evelyn Grumach & Ricardo Hippert

Ilustração: "Mauritsstad e Recife", 1653. Óleo sobre madeira, 48,2 x 83,6cm
Coleção particular, São Paulo, Brasil.

Editoração: DFL

Texto revisado segundo o novo Acordo Ortográfico da Língua Portuguesa.

2011
Impresso no Brasil
Printed in Brazil

CIP-Brasil. Catalogação na fonte
Sindicato Nacional dos Editores de Livros, RJ

E54 14ª ed. t. 1 v. 2	A época colonial, v. 2: administração, economia, sociedade/ por Aziz N. Ab'Saber... [et al.] introdução geral de Sérgio Buarque de Holanda 14.ª ed. – Rio de Janeiro: Bertrand Brasil, 2011. 576p.: il. – (História geral da civilização brasileira; t. 1; v. 2)
	ISBN 978-85-286-0197-8
	1. Brasil – História – Período colonial, 1500-1822. I. Ab'Saber, Aziz Nacib, 1924-. II. Série.
97-1777	CDD – 981.03 CDU – 981"1500/1822"

Todos os direitos reservados pela:
EDITORA BERTRAND BRASIL LTDA.
Rua Argentina, 171 – 2º andar – São Cristóvão
20921-380 – Rio de Janeiro – RJ
Tel.: (0XX21) 2585-2070 – Fax: (0XX21) 2585-2087

Atendimento e venda direta ao leitor:
mdireto@record.com.br ou (21) 2585-2002

SUMÁRIO

LIVRO PRIMEIRO
POLÍTICA E ADMINISTRAÇÃO

Capítulo I – Política e administração de 1640 a 1763 15
  1. *O Brasil no momento da Restauração* 15
    Aclamação na Bahia. – Deposição do vice-rei. – O Rio em 1640-60. – Salvador Correia e os jesuítas. – Expulsão dos jesuítas de São Paulo. – Aclamação no Rio e em São Paulo.
  2. *Nova administração* 20
    Conselho Ultramarino. – O sistema dos comboios. – Companhia Geral do Comércio do Brasil.
  3. *Capitães-generais e governadores* 22
    A Relação da Bahia. – Barreto e Vidal. – Barreto e Salvador. – Revolução do Rio de Janeiro. – O *Padre Eterno*. – Salvador em Portugal. – Deposição de governador em Pernambuco. – Restrições aos governadores e funcionários. – Câmaras e tropa. – Tributos especiais. – Imigração. – Devassamento dos sertões.
  4. *A Colônia do Sacramento* 26
  5. *A defesa do Amazonas* 28
  6. *O Estado do Maranhão* 29
    O caminho do Brasil. – Sertão do Piauí.
  7. *As últimas "Rochelas"* 32
    Os Palmares. – Rebelião da tropa da Bahia. – Os Paulistas. – "Guerra dos Bárbaros". – Guerra dos Palmares. – Fim de século.
  8. *Século XVIII* 35
    Piratas. – A capital das minas. – O Rio em 1710.
  9. *Franceses no Rio* 37
    Duclerc. – Duguay-Trouin.
  10. *Agitação geral* 40

Novos tributos. – Motim do Maneta. – Motim de patriotas. – Demagogia e reação. – Capitães das vilas. – Capitães-do-mato. – Inquisição.
11. *Paulistas e Capitania de São Paulo* 42
Capitania de São Paulo e Minas de Ouro. – Capitania de São Paulo. – Cuiabá. – Mato Grosso. – Goiás.
12. *Sul* 46
Quarentena. – Primeiro povoamento. – Novo assalto a Colônia. – O Continente. – Paz armada. – Tratado de Madri. As Sete Missões. – Impasse. – Guerra declarada.
13. *No tempo de Pombal* 50
Ainda o Maranhão. – Libertação dos índios. – Expulsão dos jesuítas. – Extinção das donatarias. – Outras medidas. – Transferência da capital.

Capítulo II – O Direito português no Brasil 55
O Direito Positivo. – A legislação de circunstâncias e a legislação local. – O Direito Positivo e os arestos. – O Direito como ciência.

LIVRO SEGUNDO
VIDA ESPIRITUAL

Capítulo I – A Igreja no Brasil colonial 61
A Igreja em Portugal. – O Padroado da Ordem de Cristo. – A bula *Dum diversas*. – A bula *Romanus Pontifex*. – A bula *Inter coetera*. – As bulas *Dum fidei constantium* e *Pro excellenti praeeminentia*. – A bula *Praecelsae devotionis*. – A bula *Super specula militantis ecclesiae*. – O primeiro bispo... – ... seus conflitos. – A organização eclesiástica da colônia. – A diocese da Bahia. – A prelazia do Rio de Janeiro. – Bispos do Rio. – Bispos de Mariana. – Prelados de Goiás e Mato Grosso. – A diocese de S. Paulo. – A diocese de Pernambuco. – A diocese do Maranhão. – Conflito com os jesuítas. – Conflito com a justiça civil. – Os últimos bispos do Maranhão. – Os bispos do Pará. – O episcopado na colônia. – O clero regular. – A Companhia de Jesus. – As ordens religiosas: franciscanos. – Capuchinhos. – Beneditinos. – Carmelitas. – Ordens extintas. – Ordens femininas. – A crise pombalina. – Fim da era colonial. – A assistência social.

CAPÍTULO II – A educação e seus métodos 89
Os franciscanos e a educação. – Beneditinos e carmelitas. – Política pombalina. – A libertação dos índios e a secularização das missões. – A expulsão dos jesuítas e as novas ideias pedagógicas; Verney e os padres do Oratório. – A reforma de 1759. – As providências para a execução da reforma. – As reformas pombalinas como manifestação da "crise espiritual".

LIVRO TERCEIRO
LETRAS, ARTES, CIÊNCIAS

CAPÍTULO I – Letras e ideias no Brasil colonial 105
Tradição e meio. – Literatura religiosa. – Pe. Antônio Vieira. – Gregório de Matos. – Transfiguração barroca. – Influência da Ilustração. – Transição do Cultismo para o Arcadismo. – Cláudio Manuel da Costa. – Alvarenga Peixoto e Tomás Antônio Gonzaga. – José Basílio da Gama. – Silva Alvarenga. – Santa Rita Durão. – Formação e atividade científica no século XVIII. – Publicistas e doutrinadores. – Azeredo Coutinho. – Os sacerdotes liberais. – Literatos. – Sousa Caldas. – Elói Ottoni. – O *Patriota*. – Monte Alverne.

CAPÍTULO II – Arquitetura e artes plásticas 121
Povoamento e arquitetura. – Radicação e artes plásticas. – Cultura litorânea; Olinda. – Bahia. – O vice-reinado no Rio de Janeiro; influência artística da nova capital. – Minas Gerais.

CAPÍTULO III – A música barroca 138
1. *A formação social* 139
  A formação social da Capitania Geral das Minas Gerais.
2. *A atividade musical* 143
  O período de formação (1700-1750). – O período da consolidação (1750-1800). – A proteção, pelo Senado da Câmara, à música erudita. – A música erudita de câmara. – As óperas. – O profissionalismo e o companheirismo dos músicos mineiros. – A magnitude da atividade musical mineira. – Os compositores.

CAPÍTULO IV – Medicina colonial 163
Escola clínica. – Medicina indígena. – Medicina jesuítica. – Profissionais da medicina. – Medicina ibérica. – Patologia. – Terapêutica. – Organização sanitária. – Hospitais. – Bibliografia médica. – Medicina no Brasil holandês. – Medicina negra.

CAPÍTULO V – Explorações científicas 181
Os precursores: Pero Vaz de Caminha... – ... Hans Staden... – ... Thevet e Léry... – ... Anchieta... – Pero Magalhães Gandavo... – ... Gabriel Soares de Sousa... – ... Ambrósio F. Brandão e Fernão Cardim... – ... Claude d'Abeville, Yves d'Evreux e Frei Cristóvão de Lisboa. – Política protecionista da investigação científica do Conde Maurício de Nassau. – A *Historia Naturalis Brasiliae*, de Marcgrav. – Marcgrav astrônomo. – *De Medicina Brasiliensi*, de Piso. – O obscurantismo do século XVIII. – O vice-reinado de D. Luís de Vasconcelos. – Frei José Mariano da Conceição Veloso. – Interesse do governo português pelas riquezas naturais do Brasil; Alexandre Rodrigues Ferreira. – José Bonifácio de Andrada e Silva. – As coleções do Conde Hoffmannsegg.

LIVRO QUARTO
ECONOMIA E FINANÇAS

CAPÍTULO I – Aspectos da geografia econômica do Brasil 199
Morfologia costeira. – Fisiografia da hinterlândia do Brasil. – Mineração e agricultura. – Plantações tropicais e agricultura de subsistência. – A lavoura canavieira.

CAPÍTULO II – O problema da mão de obra: o escravo africano 206
Oposição à escravização do gentio. – Escassez e necessidade de escravos negros. – A população escrava. – Média de vida e produção do escravo. – Afluxo de escravos africanos.

CAPÍTULO III – A grande propriedade rural 216
Vias de abastecimento do comércio europeu nos séculos XIV e XV. – Política comercial portuguesa e a descoberta do Brasil. – A ocupação efetiva dos territórios americanos. – Grande lavoura brasileira em função dos mercados europeus. – Donatarias e ses-

marias. – Monocultura e escravocracia. – Características de terras do litoral nordestino. Técnicas agrárias. – A manufatura do açúcar. – A casa-grande. – O engenho. – A superfície cultivada. – A técnica do cultivo da cana-de-açúcar. – As "fazendas obrigadas". – Capacidade produtiva dos engenhos. – A lavoura do fumo. – Método de cultivo do fumo. – A grande lavoura de algodão. – O algodão e o mercado internacional do século XVIII. – Plantio e colheita do algodão. – Consequências econômico-sociais do desenvolvimento agrotécnico.

CAPÍTULO IV – As áreas de criação de gado 244
Pecuária e povoamento do *hinterland*. – Áreas pastoris. – As caatingas. – As fazendas nordestinas e os métodos de criação. – A pecuária no Sul. – Estâncias gaúchas.

CAPÍTULO V – A mineração: antecedentes luso-brasileiros 256
A economia portuguesa e a escassez de ouro. – O "padrão ouro" e os Eldorados africanos. – A conquista de Ceuta pelos portugueses. – O tráfico negreiro. – A expansão comercial pela África e Ásia; a crise econômica. – Brasil: visão do Eldorado. – Brasil, colônia de plantações. – A ignorância de técnicas extrativas. – Notícias de descoberta de gemas preciosas. – Brás Cubas e Luís Martins descobrem ouro; início da atividade mineradora. – As técnicas mineradoras na Europa. – Os primeiros técnicos mineradores no Brasil. – A Coroa desinteressa-se da exploração aurífera em S. Vicente. – Prospecção, extração e fundição a cargo de particulares. – Novas jazidas entre Iguape e Paranaguá.

CAPÍTULO VI – Metais e pedras preciosas 289
Primeiras descobertas do ouro das Gerais. – Interesse oficial pelas jazidas do sertão de Minas. – Primeira fase da expansão em busca do ouro. – Afluência de forasteiros, jurisdição temporal e espiritual. – O primeiro Regimento das minas. – O segundo Regimento das minas. – O Regimento de 1702. – As minas, os paulistas e a Coroa. – A melhora no sistema de exploração das minas. – Repressão ao estabelecimento de forasteiros. – Os religiosos e a fuga do metal. – Os mercadores e a fraude aos direitos da Coroa. – A corrida do ouro e suas consequências econômicas. – Características sociais do povoamento de Minas. – Os quintos

de ouro. – A extração de diamantes. – A população mineira. – A lavoura e a pecuária. – A cultura do tabaco; o "caso Francia", no Paraguai. – Atividades produtivas novas. – Ofícios mecânicos e comércio. – A mobilidade da hierarquia social em Minas. – Os desmandos dos eclesiásticos. – O descrédito do formalismo. – A aristocracia de ociosos e letrados. – Os universitários mineiros e a produção aurífera. – O decréscimo da produção mineira e o crescente prestígio da atividade agrícola. – As Minas e a criação de animais de carga no Brasil Sul. – Minas e o desenvolvimento demográfico. – Minas e a paisagem intelectual e artística do Brasil.

Capítulo VII – O comércio colonial e as companhias privilegiadas 346
Legislação proibitiva de comerciar com estrangeiros durante os reinados de D. Sebastião e dos Filipes. – D. João IV e a legislação liberal. – Prejuízos dos comerciantes portugueses. – Tentativas de reprimir os abusos dos comerciantes estrangeiros. – Da necessidade e imposição de navegar em frotas. – Política do restabelecimento do Império. – Antônio Vieira e o capital judaico. – As companhias de comércio. – A Companhia do Comércio do Brasil. – Oposição à companhia de comércio. – A reforma administrativa da companhia. – Pombal e as companhias. – A Companhia do Grão-Pará e Maranhão e a de Pernambuco e Paraíba. – Oposição às companhias. – O incentivo à lavoura. – O comércio da produção regional. – A campanha contra as companhias.

Capítulo VIII – A política financeira 378
O mercantilismo. – O mercantilismo e o poder real. – As despesas. – As fontes de receita. – Dízimos e quintos. – Os dizimeiros. – Os quintos do ouro. – A capitação. – A Casa Real e a política monopolizadora. – Tarifas de importação e exportação. – Impostos de sisa. – Oscilações da moeda metropolitana.

LIVRO QUINTO
A CAMINHO DA EMANCIPAÇÃO POLÍTICA

Capítulo I – Política e administração sob os últimos vice-reis 395
Transferência da sede do vice-reinado. – Vantagens militares. – Pombal e o Brasil; esquema territorial. – Definição de fronteiras. – Belém do Pará, capital do Estado do Maranhão. – Rio de Janeiro, capital do Brasil. – A guerra do Sul. – Deslocamento do centro de gravidade. – Pressões externas e defesa planejada. – Transformação da economia. – Maranhão; decadência do interior. – Progresso do litoral. – Estado do Brasil; o ouro e o fisco. – Os diamantes. – Reflexos no Rio. – Poderes do vice-rei. – As Juntas Gerais. – O Senado da Câmara. – O Conselho Ultramarino. – Conde da Cunha. – Conde de Azambuja. – Marquês do Lavradio. – D. Luís de Vasconcelos e Sousa. – Diretrizes da metrópole. – Continuidade administrativa. – Ilustração e rebeldia. – Os três últimos vice-reis. – Revisão do regimento de 1667. – Imobilismo institucional e dinâmica administrativa.

Capítulo II – Inquietações no Norte 423
A luta entre holandeses e o nativismo. – O despertar da consciência cívica. – Problemas relativos à mão de obra indígena. – O Pe. Antônio Vieira. – A mão de obra africana. – O início do tráfico. – Conflitos em torno do tráfico. – Expulsão dos jesuítas. – O Governo de Gomes Freire. – Decorrência da dominação holandesa. – Recife e Olinda. – Os mascates.

Capítulo III – Inquietação revolucionária no Sul: Conjuração Mineira 438
Antecedentes da Inconfidência Mineira. – Administração de D. Luís da Cunha Meneses. – Joaquim José da Silva Xavier. – Preparação do levante. – O problema da escravidão. – Trabalho de aliciamento. – A denúncia. – Prisão dos conjurados. – A devassa. – A composição da conjura. – A participação de Gonzaga. – Participação de outros conjurados. – Ideologia da Inconfidência. – O exemplo da América inglesa.

CAPÍTULO IV – A conjuração do Rio de Janeiro 451
A Academia Científica. – A Sociedade Literária. – Os denunciantes. – A devassa. – Os acusados. – Dificuldades de julgamento.

CAPÍTULO V – A inconfidência baiana 456
A sedução da França. – Motins de origem social. – Os "abomináveis princípios franceses". – Os *Cavalleiros da Luz*. – O apelo à revolução. – A repressão. – Julgamento e condenações.

ADENDO 463
ORIENTAÇÃO BIBLIOGRÁFICA 464
CRONOLOGIA SUMÁRIA 493
ÍNDICE REMISSIVO 521

POLÍTICA E ADMINISTRAÇÃO

LIVRO PRIMEIRO

CAPÍTULO I

POLÍTICA E ADMINISTRAÇÃO
DE 1640 A 1763

1. O BRASIL NO MOMENTO DA RESTAURAÇÃO

A UNIÃO das duas Coroas ibéricas, admitida e mesmo favorecida a princípio pela nobreza de Portugal, nunca fora aceita gostosamente pela massa do povo. Com o andar do tempo, no entanto, e a decadência, as extorsões, por fim a tirania de Madri, todas as classes do reino encontram-se no anseio pela reinstauração de um príncipe português.

Reveses dos espanhóis – inclusive, aliás, o da armada do Conde da Tôrre, que viera libertar dos holandeses o Brasil (janeiro de 1640) – estimularam a conspiração de fidalgos que resultou no golpe de mão do 1º de dezembro e simultânea aclamação de D. João IV em Lisboa.

O poderio castelhano, todavia, ainda era considerável. O sucesso pareceu obra de milagre, pois, como diria o historiador da época, "julgada a matéria pelos meios humanos, parece que fora muito dificultosa a defesa de Portugal..." (Conde da Ericeira). E, de fato, não se explica sem uma base de vitalidade econômica e de consciência nacional.

A base econômica, adverte-nos Jaime Cortesão, tanto no tempo dos Filipes como durante a consolidação da independência, foi em grande parte fornecida pelo Brasil. É verdade que a empresa flamenga, a cavalo sobre 1640, desvia a produção do Nordeste e por alguns anos o tráfico de Angola, fonte de pretos para os engenhos. Mas nem por isso deixa o açúcar brasileiro de fornecer recursos decisivos à sustentação do reino e à Guerra da Restauração. D. João IV mesmo, que não contava com Pernambuco, diria que o Brasil era a sua "vaca de leite". Era o tempo em que o Cardeal Mazarino queixava-se (injustamente) do rei de Portugal, "que não agredia Espanha e preferia quedar-se a contemplar o seu tesouro..." Recuperados os canaviais pernambucanos, a guerra intensifica-se. "Felicidade duplicada", diz-se em Lisboa (1663), à notícia de uma vitória portuguesa e da chegada de uma grande frota cheia de riquezas do Brasil.

Por outro lado, e embora em termos menos precisos do que ao falarmos em base econômica, podemos nos referir a uma consciência portuguesa, nem sempre unânime, no Brasil, no momento da Restauração. Em 1580, o drama da sucessão não tivera praticamente eco na colônia. Mas no correr do século XVII, e enquanto ou onde não começa a brotar o nativismo, ou paralelamente a este, as comunidades brasileiras passam a refletir o momento histórico português.

Reflexo, aliás, menos explícito em lances de grande envergadura, como a reivindicação da Amazônia por Pedro Teixeira, que tem sido considerada episódio precursor da rebelião de Portugal. Mas significativas seriam as manifestações do messianismo sebastianista, que perdurará nos sertões, alterado pelo tempo e pela mestiçagem, e que os jesuítas utilizaram como fermento da restauração no reino e na colônia. Em 1634, pregando numa aldeia baiana, o Padre Vieira previa a volta do Encoberto. E, em 1640, os padres da Companhia são acusados, pelos procuradores das Câmaras da Capitania de São Vicente, de andar espalhando "que temos outro Rei vivo... persuadindo isto a muito grande parte destas Vilas".

O fato insere-se ao quadro da expulsão dos jesuítas de São Paulo e, por outro lado, faz prever que a aclamação do novo soberano não será de todo pacífica neste lado do Atlântico. Servem aliás esses episódios para ilustrar o panorama político da colônia naquele momento.

A diferenciação regional do Brasil viera a ser favorecida pela união das duas Coroas. A dominação holandesa acentuara a segregação do extremo norte, já determinada pelo capricho das correntes marítimas. A Bahia e o Rio mantinham ligações muito mais estreitas com a metrópole. São Paulo no planalto acolhera um número relativamente avultado de espanhóis, enquanto, por outro lado, muitos portugueses se tinham fixado em Buenos Aires. Estes iriam constituir, se não um quisto, pelo menos um motivo de preocupação para as autoridades platinas, que, em 1621, já os diziam *muchos mas que los castellanos*, e, lá pelos fins do século, quando a Coroa portuguesa resolveu arremeter para o sul, desconfiariam de uma quinta-coluna lusitana. Quanto aos espanhóis de São Paulo, o seu papel poderia ser mais importante do que o dos terços de castelhanos e napolitanos que se achavam na Bahia em 1641.

A política do planalto dividia-se em dois clãs: o dos Garcias (mais tarde conhecidos pelos sobrenomes dos Pires), que era o "partido" português, e o dos Camargos, em que predominava o sangue castelhano. Um partidário destes, Amador Bueno da Ribeira, se bem que Pires pelo lado materno, já em 1640 figura ao lado de Fernão de Camargo como um dos expulsores dos jesuítas; já antes, quando os padres andavam espalhando os rumores sebastianistas, fora ele quem, como juiz ordinário, reprimira essas atividades sediciosas, "por ser em desprezo de El-Rei Nosso Senhor", Filipe IV.

É claro que não devemos exagerar o conteúdo "nacional" dessas manifestações, sobretudo da espanhola. No caso de Amador Bueno seria talvez, apenas, uma afirmação reacionária ou pelo menos conservadora.

No ano seguinte, ao ser aclamado "rei de São Paulo" pelo partido dos Camargos, Amador Bueno é o primeiro a repelir a pretensão e a bradar por D. João IV. Amador seria antes de tudo "governista".

Noutras ocasiões, em vertente oposta, o pronunciamento por este ou aquele soberano seria o molde que revestia o nascente espírito nativista, no painel do Brasil ainda inarticulado. Em 1660, após a revolta do Rio contra Salvador Correia, o Conselho Ultramarino mostrará receio de que venha aquele povo a achar pretexto de se tornar vassalo de outra nação "conforme exemplo de Pernambuco, que ameaçara alguns anos antes durante a guerra contra os holandeses prestar vassalagem à França". O mesmo se verificará com relação à Bahia em 1711.

Vale, no entanto, notar a revelação da esperança portuguesa e a existência daquele "partido" espanhol. A primeira, depois de passar pelas cambiantes nativistas, cederá lugar à unidade brasileira. O segundo entrosa-se com as diferenças regionais. Ambos indicam a evolução que se processa, da neutralidade para a opinião política. E sobretudo conjugam-se com os órgãos que faziam então o jogo da vida pública.

As Câmaras mandavam quase absolutas nas regiões de acesso difícil; mas eram ainda bastante vigorosas para contrastar mesmo com os governadores da Bahia e do Rio.

Aclamação na Bahia No momento da Restauração, vemos o conselho municipal da Bahia desempenhar um papel que não terá sido secundário, na conspiração urdida pelo jesuíta Francisco Vilhena para depor o Capitão-Geral e Vice-Rei, Marquês de Montalvão. Em Portugal não se confiava plenamente na adesão do marquês; trazia, pois, Vilhena, que chegou como arauto do novo governo em fevereiro de 1641, instruções alternativas: caso o vice-rei não fizesse aclamar prontamente a Bragança, devia ser substituído por uma Junta de Governo. No entanto, se Montalvão hesitou, se esperou pelas admoestações dos jesuítas, logo se decidiu: tomou precauções com as tropas castelhanas, consultou as autoridades e fez aclamar D. João IV. O povo demonstrou grande contentamento. Despachou o governador emissários para o reino e para o Rio. Entre os primeiros o Padre Vieira, que iria tornar-se o grande conselheiro privado de D. João. Para o Rio foi um outro jesuíta, o Provincial Manuel Fernandes.

Deposição do vice-rei — Passaram-se semanas; não mais se justificavam as instruções secretas de Vilhena; "porém este religioso o não pareceu nesta ocasião" (Rocha Pita): movido por interesses particulares, compareceu à Câmara e fez proclamar (16 de abril) a Junta que governou até o ano seguinte. Remeteram o marquês para o reino onde foi logo reabilitado e elevado aos conselhos da Coroa. E onde, diga-se de passagem, depois de muitos anos, veio a despertar novas desconfianças de entendimento com Castela. (Morreu encarcerado em 1651.) Vem, no entanto, o novo Governador-Geral Antônio Teles, que por sua vez traz ordens para depor e punir a Junta.

O Rio em 1640-60 — No Rio, as relações entre Câmara e Governador são peculiares, pois este, pelos seus recursos e prestígio pessoal e oligárquico, muitas vezes "faz a câmara", isto é, exerce o poder através do próprio conselho municipal; mas em certas ocasiões é obrigado a transigir.

Salvador Correia e os jesuítas — Próspero lavrador de açúcar e criador de gado e já então, ou a caminho de tornar-se – pela violência e pela astúcia, dirão os seus inimigos –, "o maior senhor de terras e escravos em todo o Brasil", era Salvador Correia de Sá e Benevides, ao mesmo tempo, um amigo fiel dos jesuítas, "escravo e irmão da Companhia", em suas próprias palavras. E é ele quem, a 15 de abril de 1640, já ao cair da noite, acompanha do navio até o Colégio, com muita soldadesca, "com tochas... charamelas e salvas de mosquetaria", o Padre Diaz Taño, portador de um documento da maior consequência para os moradores do Rio e de São Paulo: um breve do Papa Urbano VIII que proíbe o cativeiro dos índios, sob pena de excomunhão. Constatamos então a ação de presença do Governador, em contraste com a autonomia das Câmaras de São Vicente. Tanto no Rio como em Santos, a reação popular é explosiva: "mata, mata, bota fora os padres da Companhia"... No Rio, entretanto, Salvador acode com os seus guardas e acaba por conseguir uma "Escritura de transação e amigável composição"; o breve fica sem efeito; Câmara e povo comprometem-se a retirar os capítulos que tinham agravado contra os jesuítas.

Expulsão dos jesuítas de São Paulo   Em Santos os padres se barricaram; o superior dos jesuítas aparece a uma janela com o Santíssimo Sacramento; o povo ajoelha, mas continua a gritar: "fora Padres, mata..." Arrastam o vigário, obrigam-no a pedir a devolução do papel, que afinal cai "nas mãos de um juiz..." Retiram-se então e vão ter com os "fradinhos" do Carmo e de São Francisco, "que esses nos levam direto para o céu..." E passam a aguardar os votos das outras vilas da capitania, mas sobretudo a iniciativa de São Paulo.

Em São Paulo, centro dos caçadores de gentio – e terra pobre, ainda muito longe de poder adquirir peças de Angola –, a reação foi a princípio surpreendentemente moderada. A explicação está na política local: se bem que todos vivessem à custa dos índios, o partido português era afeiçoado aos jesuítas. Já vimos, no caso de Salvador Correia, que era possível essa espécie de conciliação; e o grupo dos Pires parecia bastante influente para amortecer o choque; se estivesse no poder, manobraria entre o interesse e a afeição e provavelmente levaria os padres "a concerto", como o fizera Salvador Correia, o que era uma forma de opor resistência passiva à lei da liberdade, sem exilar os bons amigos. Mas em São Paulo, 1640, os Camargos dominam a situação e conseguem aos poucos o apoio de grande parte do povo. A 2 de julho os jesuítas são obrigados a descer a serra; de Santos partem todos, por fim, a 3 de agosto.

Consumada a violência, o vigário de São Paulo afixa à porta da matriz um Interdito que declara os moradores terem incorrido nas penas canônicas e estarem proibidos de receber os sacramentos. Mais uma vez os dois "partidos" se defrontam. Pedro Taques, pretendendo impedir a entrada da igreja, é morto por Fernão de Camargo, o Tigre. Os paulistas que o quiserem, no entanto, continuarão recebendo os sacramentos por intermédio dos "fradinhos", que não se julgam incluídos na interdição canônica. A situação perdurará até 1653, quando, achando-se os Pires no Poder (Câmara), e mais cordatos os Camargos, voltam os jesuítas à vila de São Paulo.

Aclamação no Rio e em São Paulo   Em 1641 o pano de fundo só não é o mesmo porque os jesuítas acham-se ausentes de São Paulo.

O Governador do Rio recebe o Provincial, em missão menos perigosa que a do Padre Taño, mas que não deixa de ser delicada. Meio espanhol de sangue e pelo casamento, pelas amizades, pelos grandes interesses que possuía na colônia do Prata, Salvador também era suspeito ao governo da Restauração. Terá hesitado, terá ouvido os jesuítas; mas o fato é que imita Montalvão: convoca os notáveis (no Colégio da Companhia), consulta individualmente, reúne, aclama o novo rei.

"Viu-se aquela noite a cidade toda ornada de luzes, tam brilhante de invenções, tam lustrosa de fogos e tam inquieta de vivas pelas ruas e artilharia nos navios e fortalezas..."

Em São Paulo verifica-se o episódio singular da aclamação de Amador Bueno, que já conhecemos como membro do "partido" espanhol e sobretudo como adepto da ordem constituída. Apesar de celebrado, mais tarde, sua figura é secundária. O que importa é relacionar a tentativa de golpe com a influência dos Camargos, a falta dos jesuítas; e a frustração – pelo menos imediata – do mesmo, com a fraqueza do "aclamado" e, possivelmente, com a ausência de grande número de partidários que se achavam combatendo as reduções do Paraguai.

2. NOVA ADMINISTRAÇÃO

O novo governo português devia antes de mais nada consolidar a independência. Ocupada com outras guerras, a Espanha não pudera reagir imediatamente. Com o tempo, no entanto, viria sobre Portugal. Em Lisboa cuidou-se logo da defesa do reino e das alianças diplomáticas necessárias. O Brasil esteve presente nas duas frentes, através de Matias de Albuquerque, que ganhara experiência na luta contra os holandeses, e do Padre Vieira, que foi incumbido de assessorar e fiscalizar importantes missões então enviadas ao estrangeiro.

Conselho Ultramarino — Ao mesmo tempo tratou-se de obter maiores recursos financeiros e, logo que foi possível, de apurar a administração. Para este fim, instalou-se em 1643 o Conselho Ultramarino, que passa desde então a figurar como órgão centralizador nas relações entre Portugal e as colônias. Vamos encontrá-lo, desde então, a discutir, aconselhar – e muitas vezes, na prática a deliberar – sobre tudo o que diz respeito à política e à administração do Brasil. Seu primeiro presidente foi o já conhecido Marquês de Montalvão. Outro conselheiro, e muito mais experimentado nas coisas do Brasil, foi Salvador Correia. Ambos procuravam resolver um problema de grande importância para Portugal e para os colonos brasileiros: o das frotas de açúcar.

O sistema dos comboios — Tratava-se de defender o transporte marítimo contra a ação dos corsários, sobretudo holandeses, que faziam enormes estragos no Atlântico. Os senhores de engenho diziam-se até ironicamente "lavradores de Holanda"... Mas por outro lado não colaboravam, até, pelo contrário, opunham-se à única solução – que seria o comboio. De fato, tanto os lavradores quanto os comerciantes e transportadores de açúcar preferiam o risco da pirataria à despesa e à disciplina de uma frota organizada e protegida. Esta implicava navios grandes e escalas certas. Aos pequenos armadores faltavam recursos para substituir as suas frágeis caravelas, que, entanto, no dizer de Vieira (presente em todos os assuntos), serviam apenas de "escolas de fugir". Quanto aos mercadores, preferiam a falta de sistema, com a possibilidade de chegar primeiro e obter melhores preços.

A dificuldade só seria plenamente enfrentada pela Companhia de Comércio, mas já em 1645, entre discussões no reino e protestos das Câmaras no Brasil, foi feita uma experiência de comboio, que por sinal foi veículo de um episódio significativo. Já membro do Conselho Ultramarino, fora Salvador Correia nomeado "general da armada da escolta" da frota do açúcar; vinha, portanto, inaugurar o sistema por que propugnara. Incorporou os mercantes do Rio e da Bahia; ao passar por esta foi solicitado pelo Governador Antônio Teles a reforçar a armada de Serrão de Paiva, que ia auxiliar os rebeldes pernambucanos. Salvador acedeu a contragosto, mas, diante do Recife, largou Serrão e rumou para a Europa. Serrão foi destruído e Salvador acusado de covardia. Supõe-se que alegou perante o rei a prioridade do comboio; o certo é que foi logo reabilitado. Em 1648, ao seguir para Angola, Salvador mais uma vez comboiou a frota do açúcar (até à ilha da Ascensão).

Companhia Geral do Comércio do Brasil A *Companhia Geral do Comércio do Brasil* (1649), inspirada pela congênere holandesa e por outras, foi uma das primeiras ideias de Antônio Vieira na Corte, mas só poderia organizar-se com capitais israelitas: foi por isso retardada pelos fanáticos do Santo Ofício, que, já no governo de Dona Luísa (56-61), começaram a cercear as garantias dos acionistas. Em 1664 foi a Companhia incorporada à Fazenda Nacional. Antes, porém, sua grande frota afugentou as naus holandesas, e mesmo depois continuou a garantir por muito tempo o transporte dos produtos brasileiros. Trouxe também, de início, o monopólio dos gêneros que o Brasil importava e com isso reclamações das Câmaras, que, apoiadas pelo Governador-Geral Conde de Atouguia (54-57), provocaram a abolição do privilégio.

3. CAPITÃES-GENERAIS E GOVERNADORES

Os primeiros governadores da Bahia neste período trataram sobretudo da guerra contra os holandeses. Mais tarde, com o empuxo para o sul, as atribuições militares serão de preferência exercidas pelos governadores do Rio e, com os atritos ao norte, pelos do Maranhão. Os da Bahia terão de velar, no entanto, sempre pelas defesas da costa e ocupar-se com as expedições contra índios bravos e contra negros fugidos – verdadeiras guerras, algumas vezes. Estas, aliás, até o fim do século XVII, darão particular trabalho aos governadores de Pernambuco.

Já Montalvão recebera de Filipe IV o título de Vice-Rei para enfrentar o Príncipe de Nassau com autoridade mais qualificada que a dos antigos capitães-generais. A Bahia achava-se tão assolada pelo invasor do Nordeste que Vieira ironizou: "A que depois de morta foi rainha..." Antônio Teles da Silva (1642-47) veio com André Vidal de Negreiros, que fora a Lisboa colher a cumplicidade do rei nos planos de revolta. Teles foi o coordenador desses planos. Apenas fracassou em Itaparica. Veio então um outro Antônio Teles, de Meneses este, e Conde de Vila-Pouca de Aguiar (47-50), com armada de socorro paralela à de Salvador Correia, que vinha reforçar-se no Brasil (48) e retomar Angola aos flamengos. O custeio destas esquadras merece algumas linhas: a primeira foi preparada graças ao empréstimo que o Padre Vieira obteve de dois cristãos-novos (logo a seguir perseguidos pela Inquisição); a segunda recebeu no Rio os recursos e o melhor da tropa. Salvador pensara em levar à África índios e paulistas, mas estes se retraíram.

A Relação da Bahia   O Conde de Castelo-Melhor (50-54) veio com a primeira frota da Companhia de Comércio. Desafogava-se a situação militar. A partir de então os governadores-gerais podem dedicar-se à administração. Já Castelo-Melhor apoia pedidos da Câmara da Bahia e outros para que se reinstale o Tribunal da Relação, criado e suprimido no tempo dos Filipes. Pretendiam os moradores da capital evitar, e os outros diminuir, os incômodos e perigos da comunicação e da viagem para os tribunais de Lisboa. A partir de 1652, no entanto, poderão os baianos apreciar os seus desembargadores "de preto vestidos com trajes honestos, e compridos, de maneira que representem os cargos que têm". O governador presidia o tribunal, sem votar nem assinar sentenças, mas com poderes para comutar penas e dar alvarás de fiança. A Relação funcionava em recursos judiciários e administrativos – traço característico dos poderes públicos indiferenciados da época.

Barreto e Vidal — Poucos anos depois de instalada, vemos a Relação da Bahia ao lado do Governador Francisco Barreto (57-63) em pendências de jurisdição com André Vidal. Este, depois de governar o Estado do Maranhão, substituíra aquele em Pernambuco. Reconstruíra o palácio do governo em Olinda, contra a opinião de Barreto, e pretendia não dar satisfações ao Governo-Geral no provimento de cargos da competência deste último. No entanto, e apesar de prestigiado pela corte, teve de ceder à pressão de Barreto, que chegara a pedir demissão, para não servir "entre desobediências aplaudidas e supostas culpas castigadas". A atitude da metrópole era muitas vezes ambígua, como veremos a seguir no caso da revolução contra Salvador Correia.

Barreto e Salvador — Que mais uma vez chega do reino para o seu feudo no Rio de Janeiro. Vem como general da frota, mas a tomar posse do governo das capitanias do sul, inteiramente independente da Bahia; considera o Espírito Santo incluído na nova Repartição; Barreto dissente, mas logo concorda – e escreve sarcasticamente a Sua Majestade que teria entregue o Estado do Brasil para evitar novas reprimendas... Audácias de velho cabo de guerra, incomuns nos delegados régios daqueles tempos.

Revolução do Rio de Janeiro — O nome de Salvador Correia (de Sá e Benevides) volta constantemente a estas páginas porque de fato o seu dono tem lugar à parte entre os governadores, quase sempre efêmeros, do século XVII.[1] Desta vez vai ser eliminado, e por elementos que antes dominara e absorvera: o povo e a Câmara do Rio. Esta, aliás, já em 1647, obtivera o direito de substituir o Governador nas ausências. Direito mais teórico do que prático, porque a Corte ou a própria Câmara, quase sempre influídas por Salvador, logo nomeavam ou elegiam um substituto. Mas, enfim, significativo das pretensões da cidade. Esta recebera em 1642 os privilégios do Porto, que davam aos moradores certas regalias da nobreza e, em 47, o título de Leal.

Herdeiro e sucessor de governadores, militar, administrador e progressista – e sem escrúpulos – capaz de fascinar e envolver, Salvador conseguira de D. João IV quase tudo o que pretendia, e, agora, na regência de Dona Luísa, via-se investido nessa Repartição do Sul, que naquele tempo significava o indefinido sertão das minas.

---

[1] Neste passo, deve-se uma referência especial à obra do historiador inglês C. R. Boxer sobre Salvador de Sá, de larga utilidade, aliás, para o conhecimento do Brasil seiscentista.

No Rio, discute com a Câmara o lançamento de novos tributos para atender ao pagamento da guarnição, cronicamente atrasado. Chegam aparentemente a um acordo e Salvador parte para a Capitania de São Vicente, onde irá desiludir-se com as minas de Paranaguá e, depois de alguma resistência da Câmara de S. Paulo, seduzir os moradores do planalto com uma administração brilhante. (Setenta pontes, em dois meses, e o caminho do mar pela primeira vez tornado, em parte, carroçável.)

O Rio, no entanto, aproveitara a ausência de Salvador para rebelar-se ante os novos impostos. Sob a liderança de Jerônimo Barbalho, tinham os revoltosos aliciado a guarnição, e, com o apoio de gente principal na cidade, deposto e remetido para o reino os elementos da oligarquia. A plebe saqueara as casas dos Correias de Sá. Aclamaram Agostinho Barbalho, irmão de Jerônimo, porém elemento moderado e que tentou conciliação (novembro de 1660). Depois o controle da cidade foi assumido por uma câmara revolucionária (fevereiro de 1661). Acusavam o "tirano" de peculato e abusos de toda a sorte, até de patrocinar o jogo.

Salvador, em S. Paulo, esperou que o movimento esfriasse e que chegasse a frota da Companhia, comandada por amigos seus. Em abril desceu para o Rio com um pequeno séquito (recusara oferecimento de auxílio dos paulistas) e, apoiado pelas tropas da frota, reassumiu de surpresa o comando da cidade. No mesmo dia mandou prender, julgar por uma corte marcial e executar Jerônimo Barbalho. Outros cabeças foram enviados à Bahia e a Lisboa, onde alguns ficaram prisioneiros muito tempo.

No entanto, a reação da Corte foi abertamente desfavorável ao antigo senhor do Rio. O novo governador trazia nomeação dirigida a Agostinho Barbalho "ou aos oficiais da Câmara".

O Padre Eterno

Mas só chegou um ano depois e Salvador aproveitou esse prazo para realizar um dos seus projetos: a construção de um barco de grandes proporções (o maior do mundo, diziam): o *Padre Eterno* – que deu nome à ponta "do Galeão", na ilha do Governador. Mas não ousou impor novamente os tributos e não conseguiu antes de alguns anos levantar o sequestro que fora imposto às suas propriedades pelos oficiais da Coroa, a requerimento da Câmara intrusa.

Salvador em Portugal

Salvador nunca mais voltou ao Brasil. Malvisto em Portugal, foi, entretanto, reconduzido ao Conselho Ultramarino. E tornou-se amigo do Conde de Castelo-Melhor (não o antigo governador do Brasil, mas o jovem Escrivão da Puridade, espécie de primeiro-ministro, a quem o débil D. Afonso VI entregara o governo discricionário do reino). Por ocasião do golpe saneador que depôs D. Afonso e entregou a regência ao Príncipe D. Pedro (1667), Salvador foi dos poucos que sustentaram o monarca inválido. Mais tarde, reconciliou-se com o Príncipe, continuou no Ultramarino e, em 1674, obteve para os seus filhos a outorga de capitanias na antiga de São Tomé (Paraíba do Sul); aí fundaram-se as vilas de S. Salvador de Campos (hoje cidade deste último nome) e de S. João da Barra. Não se achando, porém, terras e glebas extensas disponíveis, obteve doação de 30 léguas "nas terras que estão sem donatário até a boca do Rio da Prata" (1676).

Deposição de governador em Pernambuco   Por esta época, Pernambuco também teria um governador deposto – "em nome do rei, da nobreza e do povo", isto é, pela Câmara e pessoas principais de Olinda. Tratava-se de Jerônimo de Mendonça Furtado (64-65), "mais atento ao seu interesse que à sua obrigação" (R. Pita), logo remetido para Lisboa. Deram-lhe a alcunha de Xumbergas por causa dos bigodes "à Schomberg" (nome do cabo alemão que, cedido pela França, comandava em Portugal): devia ser especialmente pernicioso, pois o apelido transferiu-se a uma grave epidemia de bexigas que de Pernambuco passou a outras capitanias.

Restrições aos governadores e funcionários   Furtado se teria excedido (como Salvador Correia, e sem os trunfos deste) na confusão dos interesses particulares com os públicos. Confusão frequente na colônia, o que fez a Corte expedir provisões (1673-80) proibindo aos governadores e funcionários em geral comerciar com loja aberta, criar monopólios, atravessar gêneros, arrematar rendas reais, taxar fretes de navios – e aos governadores em particular ter fábricas ou cultivar terras.

Concedeu-se também preferência aos filhos da terra para o exercício de cargos públicos. Estes podiam ser providos com certas restrições pelos governadores, que não podiam criar ofício novo.

Câmaras e tropa   Às Câmaras era em geral atribuído o pagamento das tropas. À da Bahia fora solicitado por D. João IV aceitar o encargo "enquanto durasse a opressão do reino e do Estado" (guerras com Espanha e Holanda). Para isso lançaram-se novos tributos que, no entanto, ainda muito depois continuavam a se cobrar.

Tributos especiais   Era a moda dos tributos "especiais" que se eternizavam. O mesmo aconteceria com o que foi lançado "para a paz com a Holanda e o dote da Infanta" (ou "da Rainha da Grã-Bretanha"), indenização devida pelo tratado de paz com a Holanda,

1661, e dote de Dona Catarina de Bragança, filha de D. João IV, que foi casada com Carlos II da Inglaterra. A contribuição dos povos devia durar 16 anos (o Brasil pagava a metade do total); em 89 a Câmara de Porto Calvo pedia suspensão desse pagamento, que os moradores estavam exaustos e obrigados a empenhar as joias de suas mulheres para esse efeito.

O casamento e a paz tinham relação entre si: a mediação inglesa influíra no tratado com a Holanda, como influiria no que selou o fim da guerra da Restauração, 1668.

Imigração Com a paz aumentou a imigração para o Brasil, a tal ponto que começou a ser dificultada, por meio de ordens régias, desde 1667, reforçadas já no século XVIII, com a corrida para as minas.

Devassamento dos sertões De um lado, chegavam reinóis. Pelo outro, devassavam-se os sertões. Já não era mais tanto a caça ao gentio, se bem que as "guerras justas" continuassem, e os governadores do norte chamassem paulistas, com seus índios mansos, para acabar com os bravos e com os negros dos quilombos. Era também o afã das minas, que só viria a ser recompensado nos fins do século. Era sobretudo o gado – "que transporta o dono" – formando fazendas do São Francisco ao Parnaíba.

Em todas estas atividades – expedições punitivas ou de resgate, pesquisa de minas, povoamento –, participava quase sempre o Estado através de seus agentes, ora no comando, ora em função auxiliar ou fiscalizadora. Entrelaçavam-se e às vezes chocavam-se as ambições particulares e os desígnios da Corte. Era o processo natural da expansão, que, no entanto, na ocupação dos territórios extremos, sobretudo ao sul, deveria contar com uma iniciativa maior da Coroa.

4. A COLÔNIA DO SACRAMENTO

Tordesilhas era uma linha teórica; a ocupação efetiva, a posse é que determinavam os limites do Brasil. O sul seria o campo da maior instabilidade. Os missionários espanhóis tinham considerado o Paranapanema como fronteira norte; no entanto, gravitavam para o ocidente – enquanto os bandeirantes desciam até às coxilhas. Mas o vazio persistiria enquanto o próprio governo não interviesse.

A união das duas Coroas favorecera o tráfico com o Prata e o estabelecimento de portugueses em Buenos Aires. A separação e a guerra suscitaram projetos ambiciosos. Ao aclamar D. João IV, Salvador Correia expediu mensagens à capital do estuário, ao que tudo indica com ideias de aliciamento. Pouco depois (1643), propôs a conquista dessa cidade com uma frota do Rio e uma bandeira auxiliar de paulistas. Em 1648, Antônio Vieira sugeriu o mesmo lance como compensação pela perda de Pernambuco.

Pensava-se no comércio do couro e na prata do Potosi; chegava-se a cogitar do próprio serro dos Andes – a ser atingido pelo sul ou pelo norte. Em 1652, ao vir o Padre Vieira para o Maranhão, os fidalgos da Corte imaginavam que houvesse um plano secreto do rei; diziam: "Este Maranhão é maranha"; e um deles chegaria a devanear pelo caminho do Amazonas a Quito, daí a Lima, onde se persuadiria o Vice-Rei "que lá se levantasse com o Potosi". Sonho quixotesco, ímpeto de represália, o fato é que a ideia ainda ecoaria no século seguinte, sob forma de apreensões dos espanhóis. Vale sobretudo para sugerir, pelo extremo, uma disposição agressiva que perduraria – já obtida a paz com Espanha – nos Conselhos de D. Pedro II.

O envolvimento de Madri na guerra franco-holandesa (1672-78) estimularia Lisboa a caminhar para o sul. Em 1676, D. Pedro outorga capitanias "nas terras... até a boca do Rio da Prata". Do mesmo ano é a bula, que, a pedido da Coroa, cria o bispado do Rio de Janeiro e estabelece o seu limite meridional no estuário. Ao mesmo tempo a Câmara do Rio pede ao príncipe que fixe no Prata a fronteira e fortifique a margem esquerda. Ainda neste ano, Domingos de Brito Peixoto parte para o sul. Vai fundar Laguna em 1684.

Em 1678, D. Manuel Lobo, novo Governador das capitanias meridionais, recebe instruções para fundar colônia fortificada naquela margem, "para que meus vassalos possam residir nela e nas terras ermas de meus domínios".

Ao chegar ao Rio (maio de 79), D. Manuel trata de obter auxílio de toda a Repartição do Sul; em dezembro, de passagem por Santos, reitera ordens para que os oficiais da capitania obedeçam ao Capitão-Mor Diogo Pinto do Rêgo, encarregado de continuar os socorros à expedição. Esta se compunha de sete barcos, soldados e operários. Sobem o estuário e vão amarrar perto da Ilha de São Gonçalo (1º de janeiro de 1680), em frente a Buenos Aires, onde fundam a Nova Colônia do Sacramento.

O revide castelhano veio logo. O Governador platino recebeu ordem de expulsar os portugueses. Reuniu forças, em que predominavam índios das missões do Paraguai, e veio apoderar-se da praça em agosto do mesmo ano 80. Presos todos os que não morreram. D. Manuel Lôbo veio a falecer mais tarde em Buenos Aires. Uma expedição auxiliar, chefiada por Jorge Soares de Macedo, partira de Santos antes mesmo de D. Manuel Lôbo; Jorge Soares naufragou duas vezes no caminho e acabou sendo aprisionado.

O governo português, no entanto, devia sentir-se bastante forte ao tentar o golpe. Ao ver perdida Colônia, ameaçou romper com Madri; veio um embaixador espanhol a Lisboa dar satisfações. Com a intervenção de Roma, Paris e Londres, assinou-se um tratado provisório (7 de maio de 1681) estipulando a devolução a Portugal e a libertação dos prisioneiros, enquanto se passava a discutir, como século e meio antes, por onde é que devia passar o meridiano de Tordesilhas.

Entrementes, era Colônia devolvida aos portugueses, na pessoa de Duarte Teixeira, Governador do Rio (1683). Mas os recursos para uma ocupação mais extensa falharam, e durante algumas décadas a própria cidadela apenas vegetou. Iria servir mais tarde como elemento avançado para o povoamento do Rio Grande de São Pedro (e como carta importante no jogo diplomático dos limites). Já em 1684 dava-se mais um passo com a fundação de Laguna.

5. A DEFESA DO AMAZONAS

Depois de um século de luta, Portugal acabaria por perder a margem esquerda do Prata. Em compensação conservaria para o Brasil a inteira bacia amazônica.

Pela mesma época em que se fundava Colônia, tomavam os governadores do extremo norte providências de defesa. Iniciava-se a chamada "questão do Oiapoque", no fundo, questão do Amazonas. Impelidos para o norte e depois de disputarem o terreno com holandeses e ingleses, os franceses tinham acabado por se fixar na Guiana que ainda hoje lhes pertence, mas cujos limites, em meados do século XVII, pretendiam que fossem do Orinoco até o rio-mar. Os mais modestos admitiriam uma "guiana dos índios", espécie de estado-tampão, entre o cabo Orange e a ponta de Macapá. A França expansionista de Luís XIV, entretanto, não deixaria de buscar a margem setentrional e a navegação do Amazonas.

Pouco antes de 1680 os colonos de Caiena começam a infiltrar-se, chefiados pelo Senhor de Ferrolles. Em 82 a tradução francesa da obra do Padre Acuña, sobre o grande rio, aviva-lhes a cobiça. Em 84 vinham até perto da fortaleza de Gurupá, "a fazer escravos até do gentio que com as pazes estava domesticado". O Governador Francisco de Sá de Meneses previne a

Corte. E Francisco da Mota Falcão ajusta com a Coroa a construção de mais quatro fortes na região ameaçada – o que é efetivado no ano seguinte. Penetrando por furos e alagados, chega então Ferrolles ao forte do Araguari, afirmando que o território pertence ao Rei Cristianíssimo. O comandante da praça responde que a capitania doada a Bento Maciel Parente, 1637, vai até o Rio de Vicente Pinzón ou Oiapoque. Ferrolles retira-se prometendo castigar. Gomes Freire, Governador do Estado do Maranhão, manda consolidar as defesas pelo capitão do Pará, Antônio de Albuquerque.

Em 91, Ferrolles volta da França, feito governador e marquês, e manda dizer a Albuquerque, agora governando o Estado do Maranhão, que é preciso fixar no Amazonas a fronteira. Albuquerque responde que isso é da competência das duas Cortes; quanto a ele, defenderá o que recebeu. Ferrolles prepara-se. Em 97, aparece cá embaixo e cai de improviso sobre as posições portuguesas. Arrasa dois fortes e ocupa o de Macapá (o de Araguari a pororoca levara).

Sincronicamente Luís XIV prepara diplomacia para assegurar a conquista. Mas, antes que o seu embaixador especial, já em Lisboa, apresente credenciais, chega outra notícia: a de que Albuquerque... reconquistara o Macapá. Estivera inspecionando os fortes, pouco antes, e, ainda em Gurupá, fora rápido na reação.

Seguiram-se negociações em Lisboa, mas já os franceses sem o argumento do fato consumado. Um tratado provisório, 1700, adiava a solução do caso. Em Utrecht os portugueses conseguiriam consolidar a fronteira no Oiapoque.

6. O ESTADO DO MARANHÃO

A Câmara de Belém também funcionava na defesa do Amazonas. Mas os principais agentes da Coroa, como vimos, foram os governadores e capitães do Estado do Maranhão, do qual até agora pouco nos ocupamos. Antes de Gomes Freire e Antônio de Albuquerque, aliás, o que temos é pouco mais do que uma lista de figuras secundárias, que ora brigam, ora se acumpliciam com as Câmaras de S. Luís e de Belém em torno da permanente questão dos índios. As Câmaras embargam as leis protetoras do gentio; os governadores são os primeiros a usar, para os seus granjeios particulares, os índios "livres", isto é, das aldeias del-rei. Território imenso, população escassa, riqueza quase que apenas potencial, os postos não despertam o interesse de gente melhor.

As rixas em matéria de sucessão, sobretudo até 1652, são contínuas. Nesse ano a Câmara do Pará obtém da Coroa a extinção do Estado, como unidade de governo, e a nomeação de dois capitães-mores independentes. Chega o Padre Vieira e manda dizer ao rei que "menos mal será um ladrão que dois..." Vem, entretanto – a par da lei de 9 de abril de 1655, que dá aos jesuítas todo o poder sobre os índios –, a nomeação do íntegro André Vidal de Negreiros para o Maranhão "restaurado", isto é, reunificado. Vidal é talvez o único, antes de Gomes Freire, que não procura explorar o braço indígena e que castiga os motins não por motivos pessoais (como outros depois), mas por espírito público. Vai logo embora. "Teria salvo a Índia", diz o Padre.

Em 62 os jesuítas são expulsos. A obra das missões tinha servido à defesa e expansão do Estado e à sua integração no Brasil. Tinham domesticado a ilha de Joanes (Marajó), de onde ainda se temiam holandeses, e onde em 65 criou-se uma nova capitania, e o donatário mandou fundar a vila de Santo Antônio (Chaves). Tinham subido o Amazonas, o Negro, o Tocantins e chegado à serra de Ibiapaba (Ceará). Voltariam alguns anos depois e continuariam a luta contra o extermínio do indígena, dividindo aliás sua influência com os frades de outras ordens.

Os moradores, entretanto, dependiam exclusivamente dos índios. Em todo o Estado, exceto em S. Luís – dizia Vieira –, não há açougue, nem ribeira, nem horta, nem tenda... nem uma canoa de aluguel... As famílias, por meio de escravos, é que têm os gêneros e as canoas... e as mais ricas costureiras, fiandeiras, rendeiras, teares... "com que cada família vem a ser uma república..." – o mesmo que observara o Bispo de Tucumã em relação à Bahia, oitenta anos antes. Quem não tinha escravos passava fome – como, por exemplo, os açorianos, cuja migração foi nessa época patrocinada pela metrópole.

Continuam, pois, a agitação escravista e a incoerência das autoridades. Rui Vaz de Siqueira (62-67) declara solenemente à Câmara de S. Luís que é ele quem governará daí em diante, em nome del-rei. Mas ao mesmo tempo os procuradores dessa e da Câmara de Belém obtêm da metrópole a administração temporal dos índios; da partilha dos capturados os governadores não participariam; e vemos então o próprio Rui Vaz usar a Câmara para uma interpretação sofística da lei.

Pedro César de Meneses (71-78) seria mais enérgico. Chegou a prender dois vereadores. E a Câmara de São Luís foi severamente censurada pelo príncipe, que lhe estranhou o abuso de chamar os governadores ao Senado por questões de somenos, "prática que nunca se vira em outra colônia..." A ousadia seria, em parte, motivada pelos fumos de nobreza dos moradores que – já em 45, os de São Luís, como em 55 os de Belém – tinham recebido os privilégios dos cidadãos do Porto... "Nobreza", porém, menos respeitada que a de Olinda, que por esse mesmo tempo (1677) recebeu da Corte a declaração de que as Câmaras, tanto como os governadores, "representavam a pessoa do rei".

O clero não jesuíta, na sua maioria corrupto, contribuía para a desordem. A criação do bispado do Maranhão (1677) não adiantaria muito. Gomes Freire ainda se queixa de padres traficantes. Por outro lado, quando D. Frei Timóteo do Sacramento pretendeu moralizar a diocese, entrou em conflito com o ouvidor-geral, houve excomunhões, prisões, o bispo foi chamado ao reino (1700).

Todos esses elementos iriam encontrar-se na Revolução do Beckman. A lei de 1º de abril de 1680, proibindo radicalmente a escravidão dos índios, e o monopólio trazido pela Companhia de Comércio do Maranhão (82) foram as causas imediatas. Já antes do monopólio também as Câmaras de São Luís e Belém, indignadas, haviam enviado procuradores à Corte. De um deles, Manuel Guedes Aranha, é o *Papel Político*, que defende francamente o cativeiro. O outro, Francisco da Mota Falcão, volta de Lisboa com Gomes Freire, que castiga a rebelião, procura pacificar os interesses e melhorar a economia (85-87).

Antônio de Albuquerque (1690-1701) também é abertamente favorável à escravidão; reclama contra a proibição de comerciar imposta aos governadores: fomenta a pesca em Marajó. A extração e também a cultura dos produtos silvestres se tinham desenvolvido, estimuladas pelas faltas do Oriente. Continuava-se a plantar algodão e fumo. A moeda corrente em todo o Estado ainda eram os panos e novelos de algodão.

O caminho do Brasil — No governo de Albuquerque resolve-se enfim a "questão máxima do Estado" (expressão de Capistrano de Abreu): a ligação por terra com o Brasil. Já Gomes Freire mandara o pioneiro João Velho do Vale à Bahia, pelo sertão. Albuquerque organiza novas expedições e corresponde-se com o governador-geral do Brasil, D. João de Lencastre (1694-1702). Uma carta régia de 1697 agradece ao Governador do Maranhão o descobrimento do caminho para o Estado do Brasil.

Sertão do Piauí — Aproveitemos esse caminho. Seu trecho mais difícil era no próprio Maranhão (atual Estado). O sertão do Piauí já estava povoado – a partir da Bahia e de Pernambuco – por alguns pioneiros famosos. Um deles, Domingos Afonso "Sertão", tem no apelido a história de sua vida e suas riquezas. Associara-se em moço à fidalga Casa da Torre. Quando morreu (1711), deixou dezenas de fazendas para os jesuítas.

Outro, o paulista Domingos Jorge Velho, enche com suas andanças e suas guerras uma boa parte dos fins do século. Por volta de 1688 deixava, com mil homens de arco, duzentos de espingardas e oitenta e quatro brancos que os dirigiam.

"o Domicilio q- a poder de hua perfiada e diuturna guerra, contra o gentio brabo e comedor de carne humana... nos tinhamos conquistado, povoado, lavrado..."

Vivera dezesseis anos no Piauí. Vinha combater os Palmares e a poderosa nação dos Janduim.

7. AS ÚLTIMAS "ROCHELAS"

A história dos quilombos em maiores ou menores proporções coincide com a dos escravos negros no Brasil. Sempre houve africanos com vontade – e disposição – para fugir. Os dos Palmares, entretanto, que já eram fortes no tempo dos flamengos – cuja invasão aproveitaram para consolidar-se – seriam exterminados antes do fim do século.

Os Palmares Uma faixa de palmeiras com vinte léguas de largura, afastada da costa e a ela paralela, entre o rio São Francisco e as alturas do cabo de Santo Agostinho. Dali partiam os valorosos negros para assaltos às zonas vizinhas. Conheciam o terreno como, mais tarde, os cangaceiros a caatinga. Como no cangaço, dispunham de coiteiros entre os brancos, gente que ganhava em transações e proteção.

Numerosos e atrevidos, comparados muitas vezes pelos contemporâneos à opressão holandesa; organizados ("têm já tenda de ferreiro", dizia um governador em 1671); batidos aqui, recomeçavam além.

Os moradores estavam exaustos de contribuir para essa guerra; as Câmaras reclamavam.

Rebelião da tropa da Bahia E por fim faltava material humano. Os oficiais da infantaria paga, doentes e velhos, estropiados. A soldadesca, naturalmente maldisposta, pois mal remunerada. (Era o tempo em que os terços da Bahia se rebelavam, pelo atraso no pagamento, e obrigavam o Governador Matias da Cunha (87-88), moribundo, vítima da "bicha" – a febre amarela, que acabara de chegar ao país –, obrigavam-no a assinar um perdão geral.)

Os Paulistas Nessas condições recebe o Governador Souto Maior (Pernambuco, 85-88) notícia de "uns paulistas que andam nos sertões" e que pedem patentes de oficiais para conquistar o gentio. Paulistas, homens capazes de andar "sem mais sustento que caças do mato, bichos, cobras, lagartos, frutas bravas e raízes..." – diz um documento da época. "E por estes homens serem os verdadeiros sertanejos" – escreve o próprio Souto Maior – "os roguei para esta conquista dos Palmares".

Lavra-se então um contrato entre o governador e o "Coronel" Domingos Jorge Velho. Obriga-se este a destruir os quilombos e enviar as presas para serem vendidas, em seu proveito, "no Rio ou em Boinos Ayres". Em troca receberá munições, escravos, sesmarias, hábitos das Ordens Militares do Reino – e anistia dos crimes que tenham eles, os paulistas, cometido.

"Guerra dos Bárbaros" O Nordeste, entretanto, não vivia ameaçado apenas pelos negros. Acima dos Palmares, desde o sertão de Pernambuco, mas sobretudo no Rio Grande do Norte, dominava a nação dos índios Janduim, "a mais valorosa e pertinaz na sua defesa e ódio dos Portugueses" (documento publicado por Ernesto Ennes em obra consagrada aos Palmares). Em 1687 levantou-se em insurreição generalizada e já ameaçava a própria vila capital do Rio Grande. Mandou o governador-geral a Pernambuco para pedir que enviasse todas as tropas disponíveis, incluindo as de Domingos Jorge e de Matias Cardoso, outro bandeirante que se achava na zona do São Francisco. Grande estímulo era o de poderem considerar cativos legítimos os índios tomados na guerra.

Durou esta "preliminar" dos Palmares cerca de seis anos. Em 1692, o Rei Canindé, dos Janduim, mandou à Bahia uma embaixada e concluiu com o Governador Antônio Luís Gonçalves da Câmara Coutinho (90-94) uma solene aliança ofensiva e defensiva (em que não se esquecia uma referência às minas que porventura fossem achadas nas terras dos índios).

Guerra dos Palmares Já antes de terminadas as operações, em que Domingos Jorge perdeu muitos de seus "servos", ordenara-se-lhe que passasse a direção da guerra ao outro mestre de campo paulista, Matias Cardoso, e viesse aos Palmares. Aqui, a primeira campanha não seria brilhante: faltava experiência do terreno e das traças do inimigo; o terço de Jorge Velho vinha destroçado de fomes e marchas. Dez meses depois o novo Governador de Pernambuco, Caetano de Melo de Castro (93-99), mandava "munições de guerra e nenhuma de boca". Veio então enfrentar a triplicada cerca que o régulo Zumbi fizera construir no alto da serra do Barriga, com flancos, redutos, guaritas e no exterior fossas e estrepes. Parecia inexpugnável.

Em janeiro de 1694, com o reforço de tropas auxiliares, comandadas pelo Capitão-Mor de Igaraçu, Bernardo Vieira de Melo, e companhias de infantaria pagas, dá-se início ao bloqueio. Constrói-se uma contracerca. Peleja-se dia e noite. Assaltos de um lado, surtidas do outro. As forças do governo trouxeram algumas peças de artilharia. Os negros usam armas de fogo, flechas, água fervente, brasas... Por fim, tentam uma fuga em massa (noite de 5 para 6 de fevereiro); mais de duzentos bravos caem (ou precipitam-se, conforme diz a lenda) por um despenhadeiro, outros tantos são mortos pela tropa, aprisionam-se quinhentos "de todas idades e sexos", e o resto foge. Muitos são presos ou degolados nos dias que se seguem.

A vitória, que "se não avalia por menos que a expulsão dos holandeses", diz o governador, é ruidosamente festejada pelos pernambucanos.

O Zumbi, entretanto, escapara e só em fins do ano seguinte, traído por um dos seus, é cercado por uma tropa de paulistas. Em companhia de vinte denodados como ele, luta até a morte. Sua cabeça é exposta em praça pública.

Muitos milhares de negros tinham ficado dispersos pelos palmeirais, em quilombos e mocambos. Mas o reduto principal fora destruído. E, garantia suprema, os paulistas com os seus índios por ali se deixam ficar. Fundam arraiais e aldeias que depois se transformam em vilas. Patrulham a região e conquanto às vezes sejam tão temidos pelos moradores quanto os negros fugidos... não mais deixarão que estes se restabeleçam.

Em 1699, Domingos Jorge Velho reaparece no comando de um socorro contra índios do Maranhão. Podemos dizer que se extinguiam as Rochelas do Brasil seiscentista, se afrouxarmos a antonomásia inspirada na praça forte dos protestantes franceses, tantas vezes aplicada no século XVII ao Maranhão, a São Paulo e aos Palmares.

Fim de século

Logo seria criada a comarca de Alagoas. Estendia-se e apurava-se a rede judiciária e administrativa. O Capitão-Geral D. João de Lencastre trouxera autorização para criar vilas, o que era até então privilégio dos donatários. Entre 1696 e 1703 (Bahia, Olinda e Rio, sucessivamente) são nomeados os primeiros *juízes de fora*, ou letrados, de nomeação régia (togados, diríamos hoje) e não simples cidadãos leigos como os juízes ordinários.

Também desde esse tempo, refletindo a maior aproximação da Coroa, deixam de fazer-se por pelouros (sorteio) as eleições dos oficiais para as Câmaras daquelas terras; passam a ser escolhidos, os da Bahia, pelo Tribunal da Relação, e os de Olinda e Rio, por uma junta composta pelo governador, ouvidor e juiz de fora.

Em 1694 montou-se na Bahia a primeira Casa da Moeda, para cunhar ouro e prata, lavrar o metal que ia aparecendo e, sobretudo, refundir o numerário existente; acudir à falta deste e obviar à evasão para o reino (dinheiro "provincial", devia correr somente no Brasil). Em 1698 é transferida para o Rio, em 1700 para Pernambuco, em 1702 novamente para o Rio. Evita-se o transporte de moeda pelo mar, devido aos corsários, e ao mesmo tempo atende-se, na capital do sul, ao crescente afluxo de metal precioso. O Rio não deixará mais de ter Casa da Moeda, e a Bahia recuperará a sua a partir de 1714.

O ouro, entretanto, e o deslocamento político e administrativo para o sul seriam fenômenos característicos do século XVIII. Ao findar o XVII ainda prepondera a cidade do Salvador; e ainda é o açúcar que abarrota Portugal. Lisboa convertera a Casa da Índia em Casa do Brasil. Brasil, já então país de contrastes e que, dizia o Padre Vieira poucos dias antes de morrer (julho de 1697), era um

> "retrato e espelho de Portugal... Guerra sem gente nem dinheiro... vícios sem emenda... luxo sem cabedal..."

8. SÉCULO XVIII

Esboçada no século anterior pela ocupação de quase todo o litoral, pelo devassamento dos sertões, e pela afirmação portuguesa nos extremos norte-oeste-sul, veremos a integração do território nacional praticamente concluída na primeira metade do século XVIII.

Os bandeirantes transformam-se em mineradores e fundam arraiais, logo engrossados por toda casta de gente. Povoa-se a faixa central Minas-Goiás-Cuiabá e delineia-se a fronteira do Mato Grosso.

Ao norte, por conta do Estado do Maranhão, os portugueses percorrem a Amazônia através de alguns rios principais e rechaçam esporádicos estabelecimentos de espanhóis, infiltrações de franceses. Estes continuam a fitar a foz imensa. Pelo interior, como, aliás, até hoje, a selva alagada a si mesma se defende.

O Sul, a verdadeira "fronteira em movimento", é que será teatro de guerra. Enquanto se processa o povoamento do Rio Grande, a colônia do Sacramento é periodicamente atacada e algumas vezes vencida pelos espanhóis de Buenos Aires – que nunca deixam de considerá-la um espinho no flanco. As hostilidades na Europa servem, se não de pretexto para esses assaltos, pelo menos de feliz ocasião.

Tal se verifica logo no início da Guerra da Sucessão da Espanha: no mesmo ano em que Portugal é arrastado à contenda pela sua aliada natural, a Inglaterra – consolidando-se em Lisboa antigos interesses e promessas novas (Tratado de Methuen, 1703) –, os espanhóis de Buenos Aires agrupam forças contra Colônia, que algum tempo depois é sitiada e vencida. Em 1735, uma simples ruptura de relações diplomáticas Madri–Lisboa solta D. Miguel de Salcedo em cima da praça do Sacramento.

Piratas De modo semelhante, o fato de Portugal combater o neto de Luís XIV daria aos franceses, menos do que um motivo (ou mais, conforme o ponto de vista), uma oportunidade para saquear o Rio de Janeiro. É verdade que a *estratégia dos acessórios* (guerra de corso, conquista de colônias, assaltos à costa adversária) tende então a dominar a peleja naval. Mas, dentro ou fora da guerra, a pirataria é um grande negócio; este, há muito, o fato primordial diante das costas do Brasil – e agora no Rio. Ainda em 1719, vinte e sete piratas serão levados daí para a Bahia e mandados enforcar pelo Conde de Vimieiro – para que não fujam, como outros treze companheiros.

A capital das minas A *florissante colonie* das Memórias de Duguay-Trouin, a praça que é agora "a melhor e mais importante de todo o Estado do Brasil" (Conselho Ultramarino, 1712), deve às minas de ouro a maior parte desse prestígio. Desde o século anterior fora sede da Repartição do Sul, baseada principalmente na esperança de metal compensador – afinal descoberto em 1694, e manifestado ao Governador do Rio, Sebastião de Castro e Caldas (1695-97), que fez as nomeações iniciais para as lavras de Cataguases.

A primeira autoridade a visitar a região do ouro é o Capitão-General Artur de Sá e Meneses (1697-1700), "mais como particular que como governador"; voltou rico, foi censurado. Entrevistara-se, no entanto, com Garcia Rodrigues Pais, filho do Governador das Esmeraldas, e ajustara a abertura de uma comunicação direta entre a baía de Guanabara e as minas.

Alguns anos depois estava pronto esse caminho, primeiro traçado da atual estrada Rio–Belo Horizonte; dispensava-se assim o itinerário antigo, que volteava por Parati e Taubaté, onde confluía com a rota dos paulistas antes de galgar a Mantiqueira; confirmava-se a supremacia do Rio de Janeiro.

O *rush* para o Eldorado não aguardara melhoria de comunicações. Rivalizavam com os paulistas os *emboabas*, apelido que os primeiros dão aos adventícios, "encharcando no mesmo desprezo baianos, pernambucanos e portugueses" (Capistrano). No primeiro estalo (1708) os forasteiros ficam por baixo, em seguida prevalecem e forçam a retirada do Governador – do Rio – D. Fernando Martins Mascarenhas. Chega o novo Capitão-General do sul, Antônio de Albuquerque Coelho de Carvalho (que já conhecemos do Maranhão), abranda o conflito e, em 1710, volta feito governador da nova capitania independente de São Paulo e Minas de Ouro, criada no ano anterior – e que continuará a gravitar para o Rio.

Enquanto Albuquerque articula a vida civil nas minas, cria vilas, instala Câmaras – sucede-lhe na Guanabara, com a patente de simples governador, Francisco de Castro Morais.

O Rio em 1710 — A cidade contava então 12.000 habitantes. Comprimia-se entre o mar e a "Vala", que passava por onde hoje é a rua Uruguaiana. Guarnição: dois regimentos (terço velho e terço novo, 590 soldados); mais o terço da Colônia do Sacramento, 300 homens. Milícias (regimento "da nobreza"), 550 homens. Dois regimentos de ordenanças: 780. Uma companhia de moedeiros (50 empregados da Casa da Moeda). E 400 soldados da Marinha. A narrativa das invasões, no entanto, dará melhor ideia do local.

9. FRANCESES NO RIO

Duclerc — Em agosto surgem diante da barra cinco navios de guerra, mil homens de desembarque (alguns condes e marqueses entre a oficialidade), comandados pelo intrépido João Francisco Duclerc. Alvejados pela fortaleza de Santa Cruz, vão para a ilha Grande, tenteiam as praias, um mês depois saltam na Guaratiba e em marchas forçadas, via Jacarepaguá, vêm pernoitar (18 de setembro) no Engenho dos Padres (Engenho Velho). Apenas vinte foram mortos numa emboscada; o "passeio" deve ter aguçado a temeridade que Duclerc em seguida demonstrou.

O governador limitara-se a medidas de defesa, sobretudo guarnecendo uma trincheira de reforço à Vala. Duclerc parte do Engenho Velho na manhã de 19 de setembro, evita a trincheira, toma por Matacavalos (hoje Rua do Riachuelo), afugenta um destacamento junto ao morro do Desterro (Santa Teresa) – que é ocupado por uma parte de suas forças –, enfrenta uns tiros do Castelo, perde alguns homens junto à igreja do Parto e vem ter ao largo do Carmo (Praça 15 de Novembro), enquanto o governador e a maioria dos soldados estão ainda nas imediações da Vala. O convento do Carmo achava-se guarnecido. Preferiu Duclerc atacar o palácio do governo, Rua Direita (Primeiro de Março), onde, no entanto, encontrou árdega resistência de quarenta e oito estudantes comandados pelo Capitão Bento do Amaral Coutinho, logo coadjuvados pelas tropas principais.

Invertem-se as posições. Acuados sobre o Trapiche, os franceses tomam-no e tentam resistir, matando, entre outros, o Mestre de Campo Gregório de Morais. Afinal, capitulam. Os de Santa Teresa, enganando-se com os repiques da vitória, vêm ser envolvidos pelo povo e massacrados. Mortos 280, rendem-se 650. Brasileiros mortos: 70 (15 negros). Ardem o palácio, a alfândega, algumas casas.

Dois dias depois reaparecem os navios, novo alarma. No entanto, mandam cirurgiões cuidar dos feridos, a pedido do próprio Duclerc. Este fica prisioneiro e residindo no Colégio; mais tarde (1711) em casa de um oficial português, com escolta e a cidade por menagem; 18 de março, ao cair da noite, chegam uns embuçados e, chamando-o desbocado e que requestava mulheres honradas, matam-no. É sepultado na Candelária. Tirada devassa, não se apurando os culpados, cogita o governador de um segundo inquérito; o Conselho Ultramarino julgaria o caso gravíssimo, "por se faltar àquela fé que se deve guardar com os prisioneiros" (consulta de 12 de fevereiro de 1712, quando o Rio sofrera nova invasão e temia-se a terceira).

Duguay-Trouin 1711, A notícia do assassínio poderia estimular a expedição comandada pelo já então glorioso René Duguay-Trouin, mas as molas principais seriam outras:

> "... l'e, poir d'un butin immense et surtout... l'honneur qu'on pouvait acquérir dans une entreprise si difficile..."

Financiada por vários acionistas, entre os quais o Conde de Toulouse, almirante de França, prepara-se em Brest, e, apesar do segredo, é conhecida em Lisboa – que avisa às capitanias do Brasil (no Pará reedificam-se as defesas da cidade), e consegue que a Inglaterra mande esquadra àquele porto da Bretanha. Duguay-Trouin, prevenido, passa à Rochela, de onde partem para o Rio de Janeiro, 9 de junho, 17 navios, 700 canhões, 5.800 homens. Uma nau inglesa vai avisar Lisboa e, a pedido desta, ao próprio Rio, onde chega a 30 de agosto, os franceses ainda longe.

A Guanabara era bem defendida, quase tanto quanto hoje. Apenas a Laje, havia muito considerada de "inconcebível força de defensão" (Duarte Correia Vasqueanes, 1630), só viria a ser fortificada alguns anos depois. Cinquenta peças rodeavam a cidade baixa; outras coroavam os morros de São Bento, Conceição, Castelo. Cinco batalhões e muita munição tinham chegado na frota de Gaspar da Costa, o Maquinez. Os sete navios alinharam-se da Santa Cruz à Boa Viagem. Tudo inútil.

Passado o primeiro alerta, as guarnições relaxam. A 12 de setembro, a barra meio encoberta pela cerração, surgem os barcos franceses em fila, forçam a entrada (perdem trezentos homens) e vão fundear em frente à Armação. As naus portuguesas vêm encalhar na Prainha e na ponta da Misericórdia, e são mandadas incendiar pelo Maquinez, que ensandecera. Para cúmulo, queima-se também, acidentalmente, a pólvora de Villegaignon, onde morrem três capitães e muitos soldados.

Duguay-Trouin manda quatro fragatas tomar a ilha do Pina, instalar bateria e proteger o desembarque geral, no dia seguinte, 5.300 homens (inclusive 500 com escorbuto – que em pouco se restabelecem e incorporam). Ocupam o Saco de São Diogo e os morros de São Diogo, Livramento, Conceição; começa o bombardeio.

Ensaiam-se ataques de lado a lado; um deles é obra de um normando, oficial da marinha portuguesa, que capta informações de prisioneiros franceses.

Entretanto, Duguay-Trouin assestara bateria na ilha das Cobras, erradamente abandonada pelos defensores. Antes de usá-la, carteia-se com o governador: alegando crueldades contra prisioneiros do ano anterior, exige dos moradores altas indenizações. Alardeia força capaz de reduzir tudo a cinzas, e magnanimidade para, em nome de seu rei, perdoar a quem se arrependa. Castro Morais protesta ter sempre tratado os prisioneiros segundo as leis da guerra, posto que viessem como piratas. E diz que defenderá a cidade até à última gota de sangue.

No dia seguinte rompe violento e novo fogo. À noite alguns corpos de defesa começam a deixar os seus postos. Havia quem pretendesse resistir; esperava-se socorro de Antônio de Albuquerque. Em conselho, porém, a maioria vota pela retirada. E já os cabos desertam, e o governador, assediado, adianta ordens de abandono... A confusão é completa, pois ao mesmo tempo ordena-se "que ninguém se afaste dez passos de seu posto, pena de morte". Isto às seis da tarde (21 de setembro). Às dez, da "mais terrível noite de chuva e escuro", a fuga é geral. O governador, com o mais da tropa paga, vai parar no Engenho dos Padres e daí até Iguaçu. O povo anda pelos matos, perdido, esfomeado, crianças mortas...

Na cidade ficaram duzentos prisioneiros; logo acenam para os seus, que nela penetram no dia seguinte e acham-na "cheia e recheada". Só do convento de Santo Antônio sacam dois milhões de cruzados (800 contos).

Vem o Governador, a quem a tropa não mais obedece, tratar o resgate da praça. Na altura do Mangue, parlamenta com os invasores e ajustam: 610.000 cruzados (244 contos de réis), cem caixas de açúcar, duzentos bois. Dinheiro fornecido pela Casa da Moeda (110 contos), cofres da Fazenda (67 contos), Órfãos e Ausentes, Companhia de Jesus, particulares. Todos terão de contribuir para o resgate. Todos maldizem Castro Morais.

Ajustada a capitulação, chega Albuquerque com alguns milhares de "mineiros" armados e pouca munição. Resigna-se a esperar. O povo, logo mais, entrega-lhe o governo.

Satisfeito o prometido, ainda permanecem os franceses e conduzem-se como perfeitos cavalheiros. Negociam com a população... Vendem grande quantidade de pólvora. Parecem ter-se reabilitado logo; pouco tempo depois acham-se na terra um cônsul e alguns comerciantes de França.

Duguay-Trouin partiu mês e meio após. Pensou em atacar a Bahia, que lhe daria outro bom lucro, e onde se achavam muitos dos companheiros de Duclerc, para lá enviados a ferros. Mas os ventos foram contrários.

A Câmara enviou à Corte uma catilinária contra o governador; desembargadores da Bahia vêm ao Rio, forma-se tribunal com alguns juízes do sul; condenam Francisco de Castro Morais a sequestro e prisão perpétua na Índia; o seu sobrinho, mestre de campo (filho do que morrera contra Duclerc), a degredo; o sargento-mor que entregara o forte de São João, à morte (fugiu e foi executado em efígie).

10. AGITAÇÃO GERAL

O Conselho Ultramarino procura prevenir o futuro daquela praça, da qual "dependia quase toda a conservação do reino". A Corte tem muito com que se preocupar: o Brasil atravessa uma espécie de conflagração geral. Em Pernambuco ainda se devassa contra a *nobreza* de Olinda, no rescaldo da Guerra dos Mascates (1710-11), que por sua vez sucedera à dos Emboabas em Minas. Bahia é agitada por dois tumultos violentos (outubro e dezembro de 1711). Ambos, aliás, provocados indireta ou diretamente pela ação dos franceses contra o Rio.

Novos tributos A invasão de Duclerc, apenas mais espetacular do que os repetidos insultos de corsários ao largo das costas do Brasil, motivara providências de defesa que – mandava o governo de Lisboa – deviam ser custeadas por novos tributos (10% sobre os artigos importados, taxas sobre escravos, majoração do sal), a serem introduzidos pelo Governador-Geral Pedro de Vasconcelos e Sousa (1711-14). Somada à carestia da vida, a opressão fiscal se adensara com a descoberta do ouro. Era o tempo em que o saboroso Antonil dizia dos fiscais do tabaco, que "como Argos de cem olhos vigiam, quando não são juntamente Briareos de cem mãos para receber, e mais mudos que os peixes para calar". Para o povo da Bahia, entretanto, esse gigantismo era um vexame só.

Motim do Maneta Ao saberem dos novos tributos, amotinam-se muitos descontentes sob a liderança de João de Figueiredo da Costa, vulgo Maneta, e, com a adesão de gente da frota, soldados e oficiais dos terços passam a depredar as casas de alguns ricaços, julgados coniventes. Chegam a afixar "pasquins insolentes" em que ameaçam prestar vassalagem a outro rei... O governador, desembarcado havia pouco, tem de ceder; suspende os aumentos e concede anistia geral (o imposto só seria aplicado pelo Marquês de Angeja, três anos depois).

Motim de patriotas Daí a mês e meio novo alvoroço, quando chega a notícia do sucesso de Duguay-Trouin. Querem ir em auxílio do Rio e veem que o governador, alegando prioridade da frota do açúcar (o que faz lembrar Salvador Correia diante dos holandeses), contenta-se em prevenir lentamente uma expedição de trezentos homens. (Mais tarde, talvez numa tentativa de reparação, Vasconcelos forcejará por instruir a tropa paga e as ordenanças, na "nova forma de peleja da Europa", isto é, o novo domínio da infantaria, pela adoção do fuzil.) Rompem, pois, os patriotas em pedir e bradar que socorra como deve. Oferecem os bens e as pessoas. São reprimidos com dureza, condenados os cabeças a degredo na África, multas e açoites.

O Conselho Ultramarino estranhou a conduta de Vasconcelos: complacente com o primeiro motim, implacável com o segundo. Provavelmente vingou-se de um no outro.

Demagogia e reação

A Câmara da Bahia acaba representando contra o *juiz do povo*, espécie de procurador-geral dos interesses e prerrogativas populares, figura tradicional no reino, que se destacara nesses motins como em outras agitações; pretendia até impugnar resoluções de tribunais que prejudicassem ao povo, "que chamava seu..." Como anteriormente no Maranhão, o ofício é suprimido.

Capitães das vilas

Por outro lado passam a adquirir grande importância em toda a colônia os *capitães-mores* das vilas (não confundir com os das capitanias), chefes de ordenanças e árbitros do recrutamento (terror das populações). A princípio nomeados pelos governadores, em 1709 passam a sê-lo pelas Câmaras, isto é, pelo potentado que esteja por trás delas. Vitalícios, não sofrem as *tomadas de residência* (sindicâncias) que devassam vida pública e particular de todos os altos funcionários, a começar pelos governadores.

Capitães do mato

Mais perigosos, entretanto, são os *capitães do mato*, especializados na captura de negros fugidos – e nos vícios da polícia venal. Forjam dificuldades e até mesmo "fugas" de escravos cúmplices para aumentar a renda dos prêmios. Em 1722, recebem regimento que procura prevenir essas traças. Por esse tempo os temíveis capitães tornam-se necessários também na nova Capitania de Minas Gerais, 1720, onde ocorre uma conspiração de negros.

Inquisição

Trataremos dessa nova capitania a seguir, no quadro da evolução político-administrativa de São Paulo. Antes, porém, há de caber uma referência às atividades do Santo Ofício, que, por esta época, buscava no Brasil não poucas de suas vítimas. Acusavam-nas de judaísmo; o que interessava, sobretudo, eram os cabedais a serem confiscados. O ano de 1713 foi um ano de colheita excepcional: condenaram-se, em Lisboa, trinta e dois homens e quarenta mulheres do Rio de Janeiro. Por muitos anos ainda o Brasil forneceria repasto ao Tribunal. O mais famoso entre os executados seria o dramaturgo Antônio José, o Judeu (1739).

11. PAULISTAS E CAPITANIA DE SÃO PAULO

Foi preciso separar de São Paulo as Minas Gerais e transferir para o oeste longínquo as esperanças e já a realidade de novas descobertas, para que a fabulosa "república de mamelucos" do século anterior conhecesse enfim, efetivamente, a importância e o peso da autoridade régia.

Declarado em 1681 cabeça de capitania, a que passa a dar o nome – como já o dera antes aos "insolentes" paulistas, aos temidos *portugueses de San Pablo* –, continuara o pequeno burgo do planalto a receber uma esquecida atenção da Coroa. Tanto como nas outras vilas que, aliás, rivalizavam ainda com a capital (Taubaté, Parnaíba, Itu...), gozavam ali os bandeirantes de uma liberdade que era antes de tudo fruto de sua pobreza. Os Capitães-Mores, indicados pelo donatário à nomeação régia ou providos diretamente pelo governo-geral, eram figuras de menor expressão. São Paulo, enfim, não tinha importância: os paulistas é que eram conhecidos e temidos em todo o Brasil.

Capitania de São Paulo e Minas de Ouro O ouro das primeiras "gerais" não chega a alterar, pelo menos diretamente, a fisionomia política do planalto paulista. Enriquece os bandeirantes, que podem até pretender comprar a capitania; mas enriquece em maior escala o tesouro real: a Corte de D. João V (1706-50) será uma das mais faustosas da Europa. Quando, em 1709, o paulista José de Góis de Morais faz uma proposta de 40.000 cruzados (46 contos) – favoravelmente acolhida pelo donatário Marquês de Cascais –, o Conselho Ultramarino acha preferível que o próprio rei efetue a transação, "porque esta capitania he hoje a mais importante que V. M. tem... e que contem em si minas". Os moradores de São Paulo, aliás, propõem-se pagar, por conta da Coroa, desde que recebam certas mercês. Em tudo haveria a influência das recentes lutas contra os emboabas. Mas o monarca manda simplesmente comprar a donataria "de dinheiro procedido dos rendimentos dos quintos do ouro".

São Paulo fica de fora nesse negócio; perde a jurisdição sobre as vilas do litoral (anexadas ao Rio) e funciona de certo modo como apêndice de Minas, ou melhor, continua a gozar de uma relativa autonomia. Sua capital, conquanto elevada à cidade em 1711 (no que entraria o propósito de amansar os ânimos ofendidos em Minas), recebe apenas esporadicamente a visita dos Governadores, que fazem da Vila do Carmo a sua sede – e têm no Rio o seu pólo de atração.

Capitania de São Paulo Em 1720, D. João V oficializa, digamos, a independência de Minas Gerais em relação a São Paulo, que, por outro lado, recupera as vilas do litoral, de Parati a Laguna. Seus governadores, entretanto, além de tomarem algumas providências ligadas à colonização e defesa do sul, irão dedicar-se sobretudo aos territórios do oeste e do centro – até que surjam as novas capitanias de Mato Grosso e Goiás.

Por enquanto, instala-se uma administração que vem contrastar com o poderio dos bandeirantes, alguns já amolecidos pela riqueza. O Brigadeiro Rodrigo César de Meneses (1721-26), irmão do Vice-Rei Vasco Fernandes (20-35), vem muito prevenido contra a famosa insubordinação dos paulistas; traz, no entanto, como principais auxiliares, além do secretário do governo, dois "tenentes de mestre de campo general" que são os primeiros a dar exemplo de dissolução e violência. Mas César é habilidoso; com lisonjas, afabilidade e crueza, oportunamente graduadas, impõe a sua autoridade.

Para reprimir e prevenir desordens, reergue na cidade a forca há muito desaparecida. Toma medidas (vesgas) de defesa da capitania (proíbe mineração no litoral, pensa em atulhar a barra da Bertioga...). Mas, sobretudo, atende ao ouro de Cuiabá, recém-descoberto por Pascoal Moreira Cabral (1718), e à busca no sertão "dos goiases".

Cuiabá Logo de chegada deve ocupar-se com os irmãos Leme, que, após distinguirem-se por crimes de morte e estupro, e também no descobrimento das novas lavras, ao lado do velho e honrado Pascoal Moreira, lá se tornaram os régulos do lugar. Acabam de expulsar o vigário, substituindo-o por um religioso "moderno", que favorecia determinado casamento irregular. Vindo a São Paulo, são a princípio afagados por Rodrigo César, que nomeia Lourenço Leme provedor dos quintos e João, mestre de campo regente das minas de Cuiabá. Antes, porém, que retornem, caem vítimas da traição de um valido do governador, de conluio com o Ouvidor Godinho Manso – ambos apostados no ouro dos potentados. Arma-se um processo, em segredo, os Leme são cercados em Itu, fogem, Lourenço é morto, João, preso e remetido à Bahia, processado pela Relação e degolado. Outros paulistas encontrariam o mesmo fim na Bahia no Governo de Vasco Fernandes César de Meneses. Tal é o caso dos irmãos Domingos e Francisco Dias do Prado, que o governador-geral, já então Conde de Sabugosa, mandaria decapitar. A degola era uma forma de suplício honrosa, em que se reconhecia a nobreza dos bandeirantes, ao contrário da forca; a esta última eram, pela mesma época, condenados dez soldados do terço velho da Bahia (motim de 1728).

Na monção de 1726, acompanhado de três mil pessoas em trezentas canoas, faz o Governador Rodrigo César a arriscada viagem de Cuiabá. Aí erige a vila desse nome (1-1-1727), instala Câmara e continua assistindo a terra que só não é miserável em ouro, supervisionando as lavras de operação tão rudimentar, aguçando o fisco – mesmo depois de ter substituto no governo de São Paulo. Volta em 1728.

As assaltadas dos Paiaguás, indígenas canoeiros, aliados aos Guaicurus, cavaleiros, eram o terror dessas expedições. Na mais desastrosa (1730) perece o antigo Ouvidor Lanhas Peixoto, que acompanhara César e só então retornava, como tantos outros funcionários seduzidos pelas lavras. Os índios do pantanal eram talvez incitados pelos castelhanos de Assunción, com quem trocavam o ouro saqueado. Mais tarde abriu-se caminho menos perigoso, por Goiás.

Mato Grosso Em 1734, devassa-se o distrito de Mato Grosso, que dará nome à capitania. Chega-se assim ao Guaporé, que o notável Manuel Félix de Lima desce em 1742, seguindo pelo Madeira e pelo Amazonas até Belém do Pará, onde o Governador Castelo Branco, entusiasmado, remete-o à Corte. Podia-se agora repetir, em condições menos extraordinárias, o périplo que Antônio Raposo Tavares realizara um século antes. Logo se acharia mais fácil atingir Mato Grosso pelo Amazonas do que a partir do Tietê. Por isso, e por motivos estratégicos, a pequena Vila Bela fundada na margem do Guaporé (1752) tomará mais tarde (61) o lugar de Cuiabá, como sede do governo (que agora, portanto, tende para o Estado do Maranhão).

Goiás Ao chegar, em 1721, Rodrigo César já encontrara autorização da Corte para que se prometessem determinadas mercês, em troca do achamento do ouro, ao velho Bartolomeu Bueno da Silva, o segundo Anhanguera, mais um dessa galeria de homens imponentes que parecem recomeçar a viver depois dos sessenta anos. Parte o velho para o labirinto das suas pesquisas em 1722 e volta em triunfo, 1725.

Alguns anos depois, Goiás reclama, como antes Minas Gerais, a presença dos governadores de São Paulo. É lá que falece o Conde de Sarzedas (1732-37). Por lá irá demorar-se D. Luís de Mascarenhas (39-48) cinco anos a fio.

Desse tempo datam provisões mandando que pertencessem a Goiás as minas descobertas e ocupadas por gente do Maranhão nas cabeceiras do Tocantins e até mesmo nas do rio de Manuel Alves (atual divisa goiano-maranhense). Já se configurava a futura província de centro, prestes a desligar-se da capitania paulista.

Mato Grosso e Goiás foram criadas capitanias independentes, ao passo que São Paulo se sujeitava (1748) ao Capitão-General do Rio. Atingindo a maioridade, os filhos separavam-se do tronco paterno, e este era por algum tempo submetido a uma espécie de curadoria.

12. SUL

A fundação da colônia do Sacramento foi apenas a iniciativa maior, plenamente oficial, naquela direção. Às bandeiras de carreira – como a que agrediu Vila Rica do Espírito Santo, Paraguai, 1675 – iriam somar-se outras de povoamento. Incorporado às próprias forças destinadas ao Prata, foi o paulista Francisco Dias Velho fixar-se na ilha de Santa Catarina, onde, alguns anos depois, seria abatido por um pirata inglês. Já, no entanto, esse estabelecimento fora superado por um outro mais ao sul, o de Laguna, fundado em 1684 por Domingos de Brito Peixoto, e resultante, aliás, de uma expedição que saíra de Santos em 1676. De Laguna partiriam os primeiros povoadores do Rio Grande do Sul, que, entretanto, durante cerca de quarenta anos, apenas penetrariam esporadicamente o terreno que Raposo Tavares devassara e onde iriam encontrar ainda missões espanholas, combater os índios Tapes, aliar-se aos Minuanos.

Quarentena   Já então se achava por lá o gado em abundância, remanescente das antigas reduções. Faltavam, porém, recursos ou estímulos para nova empresa de colonização; a metrópole achava-se obsediada pelas minas; e durante a Guerra da Sucessão Espanhola faltou igualmente o escudo avançado que era a praça do Sacramento, capturada em 1706, apesar da resistência oposta por Sebastião da Veiga Cabral e dos reforços que recebeu do Governador do Rio e do Capitão-Geral D. Rodrigo da Costa (1702-05).

No mesmo ano em que Colônia era devolvida aos portugueses (Paz de Utrecht, 1715), o Capitão-General do Rio, Francisco de Távora (1713-16), ordenava a Francisco de Brito Peixoto que fosse abrir caminho para o Rio Grande de São Pedro e para as campanhas de Buenos Aires. Dez anos, todavia, ainda se passariam antes que o filho de Domingos Peixoto mandasse povoar o canal que sangra a lagoa dos Patos e que daria nome à província.

Procuravam, entrementes, os portugueses ampliar o seu domínio à inteira margem do Prata, que o Tratado de Utrecht lhes parecia ter assegurado. Diplomaticamente forcejaram em vão por demonstrar à Corte de Madri que era absurdo possuir Colônia sem o território contíguo, na direção norte. Militarmente tentaram fixar-se em Montevidéu, de onde foram logo expulsos pelos castelhanos que, a seguir, fundaram a cidade que é hoje capital do Uruguai (1724). Conseguiram, no entanto, os do Sacramento, estender pelo interior suas plantações europeias e estâncias de gado.

POLÍTICA E ADMINISTRAÇÃO DE 1640 A 1763

Primeiro povoamento   Finalmente, em 1725, com instruções do Governador de São Paulo, manda o Capitão-Mor de Laguna o seu genro João de Magalhães estabelecer-se no Rio Grande. Mais uma vez joga-se o laço longe, no litoral, para cobrir a penetração do oeste. Já se pensara, aliás, em abrir estrada que ligasse São Paulo a Colônia (Bartolomeu Pais de Abreu, 1720). No Governo de Antônio da Silva Caldeira Pimentel (1727-32), cogita-se de introduzir o gado do sul em São Paulo e Minas. O Sargento-Mor Francisco de Sousa e Faria enceta a construção do caminho que iria fazer de Sorocaba o grande entreposto da pecuária gaúcha. Seu esforço é continuado e melhorado por Cristóvão Pereira de Abreu, morador de Colônia, que traz grande cavalhada em 1731, chega a São Paulo em 1733, prossegue até Minas Gerais, 1735, e volta feito coronel de um regimento em Curitiba – para ajudar a socorrer a praça do Sacramento.

Novo assalto a Colônia   O rompimento de relações entre as duas Cortes na Europa, motivado por incidentes sem maior importância, parecia ter sido forjado pela de Madri com vistas a um desenlace na América. O Governador de Buenos Aires talou a campanha, cercou Colônia e intimou o Governador Antônio Pedro de Vasconcelos; encontrando resistência, não se animou ao assalto, mas continuou fazendo estragos.

Em janeiro de 1736, começam a ir grandes socorros. Vão da Bahia e até de Pernambuco, mas, sobretudo, de São Paulo e do Rio, onde o Brigadeiro Silva Pais substitui interinamente o Governador Gomes Freire. Vasconcelos efetua uma surtida, Salcedo levanta campo e retira-se para Buenos Aires. O armistício lavrado na Europa em 1737 restauraria o *status quo* anterior. Retira-se, entretanto, também a cavalaria "tupia", de volta às Missões e sem o chefe jesuíta, morto por uma bala portuguesa. Perdem os de Colônia algumas vidas, muitas casas, estâncias, pomares, mais de cem mil cabeças de gado.

De volta das Minas, porém, encontra-se de novo no Rio o General Gomes Freire de Andrada, que chegara em 1733 e iria administrar metade do Brasil durante trinta anos. Seu nome ficaria solidamente vinculado à estruturação do Sul. Ainda na vigência das hostilidades encarrega o Brigadeiro Silva Pais de uma expedição que deveria, seguindo instruções da Corte, conquistar Montevidéu e edificar fortaleza na barra do Rio Grande. Forçado a desistir do primeiro alvo, onde os espanhóis concentram suas defesas, entra Silva Pais no canal já povoado pelos lagunistas e funda o Presídio Jesus Maria José (fevereiro de 1737).

O Continente Tem agora a Coroa portuguesa uma base militar para conquista e povoamento do "continente" – como já então se designa a futura província gaúcha, em oposição à ilha de Santa Catarina. Tanto esta como aquela começam a acolher levas de açorianos (migração regulamentada pelo Conselho Ultramarino, 1746-47...). O Continente recebe também o povo do Rio, Bahia, São Paulo, Minas e da própria colônia do Sacramento. Organiza-se logo o Regimento dos Dragões do Rio Pardo.

Paz armada Toda a região, aliás, e todo o litoral ao sul do Rio evoluem sob o signo da organização armada. Na ilha, sujeita militar e administrativamente ao Rio, vem estabelecer-se o Brigadeiro Silva Pais como Governador (1739-49); no entanto, só em 1748 será comarca separada de Paranaguá – quando esta última e sua capital, São Paulo, ficam militarmente subordinadas ao Rio, sempre por intermédio de Santos. Quanto ao Rio Grande, vila em 1747, continuará apenas sede de comando até 1760, quando o Continente passa a ter governador próprio, sempre subalterno ao do Rio.

Os dispositivos militares logo se justificarão. É verdade que no meado do século a perspectiva é mais de paz que de guerra. Ao ressentido Filipe V sucedeu o pacífico Fernando VI (1748-59), casado com princesa portuguesa. Pelo Tratado de Madri (13 de janeiro de 1750) procuraram ambas as Cortes eliminar qualquer motivo de luta na América. O instrumento, todavia, não será facilmente aplicável, pelo menos no sul, o que já se verifica no reinado de D. José I (que sucedera a D. João V em julho de 1750) – isto é, no governo de Sebastião José de Carvalho e Melo, o futuro Pombal).

Tratado de Madri. As Sete Missões Convencionara-se a permuta da colônia do Sacramento, cunha portuguesa à margem do Prata, pelo território das missões jesuíticas espanholas de aquém Uruguai, onde viviam trinta mil guaranis – e que representava por sua vez um bolsão castelhano, a impedir a unificação do Continente. Empresa difícil e desumana se se considera a erradicação dos índios reduzidos –, essa tentativa vai absorver grandes esforços do General Gomes Freire, chefe da comissão portuguesa para os limites meridionais.

Ao deslocar-se para o Rio Grande em 1752, Gomes Freire vem decidido a assegurar para o seu rei uma "nova Província", como dirá mais de uma vez. Sua presença, de fato, contribui poderosamente para o fortalecimento do Continente (obras de defesa e povoamento). Mas seu objetivo imediato não será atingido.

Os castelhanos, por seu lado, anseiam pela posse de Colônia (... *todo nuestro interes consiste en quitar esa colonia que nos pierde el Peru...* – escreverá um ministro espanhol em 1754). Muito diferentes, todavia, a entrega de uma praça fortificada e a de uns lugares abertos, "cuja cessão he dependente da cooperação de muitos..." (Carta Régia de 23-8-1751.) Em carta "Secretíssima", aliás, Sebastião de Carvalho é mais explícito, afirmando que o plano de Madri consiste em: primeiro introduzir-se em Colônia, "deixando-nos depois às presas com os Tapes sobre a entrega e pacífica conservação das aldeias..." Com "os Tapes" queria Pombal referir-se, sobretudo, aos seus diretores, os jesuítas.

Nestas condições, a tarefa de Gomes Freire arrasta-se por sete longos anos e não chega a bom termo. Em vão ajustam-se os generais português e espanhol (Marquês de Val de Lirios) e os respectivos funcionários das comissões de limites – que demarcam sem novidade desde o litoral, ao sul do Chuí, até ao norte de Bajé, onde encontram a primeira resistência. Em vão, depois de uma longa trégua, imposta a Gomes Freire pelos Guaranis e pela retirada de Val de Lirios (1753-56), combinam-se os exércitos e derramam o sangue dos índios aldeados, e ocupam o terreno. Os expulsos não se estabelecem facilmente noutras partes.

Impasse Muitos milhares permanecem na margem oriental do Uruguai. Gomes Freire não se considera suficientemente garantido para ordenar a entrega de Colônia. Depois de alguns meses suas tropas retiram-se para o Rio Pardo, acompanhadas de três mil índios das Missões. Dois anos ainda permanece Gomes Freire no sul. Em princípios de 1759, já com o título de Conde de Bobadela, volta o capitão-general do Rio à sua cidade.

Guerra declarada A decepção e desconfiança tinham sido acirradas nos últimos tempos pelo novo Governador de Buenos Aires, "inseparável dos Padres da Companhia e irreconciliável inimigo do nome português", como diria Bobadela. Logo D. Pedro Cevallos iria ter ocasião de espalhar a sua ojeriza.

A execução do Tratado de 1750 fora um malogro, e não só no Sul; em fevereiro de 1761 as duas Cortes concordam em anular o que tinham antes ajustado. Para isso teria contribuído o falecimento de Fernando VI (1759), pouco depois de sua rainha portuguesa. O sucessor, Carlos III, traz outras disposições: em agosto de 1761 assina em Paris o Pacto de Família, que vai inserir a Península em mais uma disputa anglo-francesa. Portugal volta a enfrentar um Bourbon de Espanha e, mais uma vez, um exército franco-espanhol invade solo português (maio de 1762). Data desse momento a reorganização do exército português pelo Conde de Lipe, que vai refletir-se nas futuras campanhas do Sul.

Já de há muito Cevallos preparava-se para acometer Colônia. E Bobadela para socorrer a praça, sua constante preocupação; o provimento, porém, não é suficiente. E quando Cevallos, após longo cerco – anterior, aliás, à declaração de guerra –, começa a martelar as muralhas do Sacramento, também pouco poderiam adiantar a valentia e atividade do Governador Vicente da Silva da Fonseca. Em fins de outubro de 1762 a praça capitula. A notícia causa enorme desgosto ao Conde de Bobadela, logo doença mortal (faleceu a 1º de janeiro de 1763).

Cevallos, de posse de Colônia, prossegue atacando. E antes que cheguem (pelo menos oficialmente) novas do armistício celebrado na Europa, entra na vila do Rio Grande (maio de 1763) e ocupa também a margem norte do canal. Conhecidas afinal as estipulações da paz, assinada em Paris a 12 de fevereiro, Cevallos devolve Colônia, mas não a vila do Rio Grande, com argumentos especiosos. Sustenta-o sua Corte, norteada pelo Marquês de Grimaldi. Pretendem agora os espanhóis inverter as posições e manter um punhal dentro do que já então, indiscutivelmente, é uma província brasileira. O Rio Grande só será retomado em 1776 e, no ano seguinte, Colônia é atacada e vencida pela última vez. Por enquanto continua a guerra no Sul.

13. NO TEMPO DE POMBAL

Pombal é o "déspota esclarecido", próprio do século em que o absolutismo é dourado pela filosofia das luzes. Governa ditatorialmente, mas procura racionalizar e, às vezes – o que já é mais contraditório – humanizar a administração.

Desde o início, volta suas ideias e prodigiosa atividade para os domínios ultramarinos. Afirmará um dia que as colônias foram estabelecidas "com o preciso objeto da utilidade da metrópole a que eram pertencentes" (documento de 1776); e sabemos que essa utilidade não se opõe apenas à das outras potências (sentido primordial naquele texto), mas inclui a exploração imperialista. Ao mesmo tempo, porém, pretende instaurar uma espécie de nacionalismo liberal, incentivar o progresso e mesmo a felicidade dos povos subjugados.

Quando recomenda a Gomes Freire, 1751, as maiores cautelas contra a cobiça das potências, o resguardo dos sertões, "cujo segredo, e não a força, teve o Brasil em segurança há mais de dois séculos", apenas repete a cediça orientação da metrópole. Mas pela mesma ocasião anuncia suas ideias de política indígena, que, sem serem absoluta novidade, representam uma nova mentalidade de governo. Recomenda não só abolição de diferença entre os portugueses e os Tapes, mas estímulo aos casamentos mistos, cujos filhos

"serão reputados por naturais deste Reino e nele hábeis para ofícios e honras e especial proibição de se 'ridicularizarem os referidos Tapes e outros semelhantes, chamando-lhes bárbaros, tapuias e a seus filhos mestiços...'"

Essas diretivas, no entanto, e algumas outras irão, sobretudo, fazer história no Estado do Maranhão, governado entre 1751 e 59 por Francisco Xavier de Mendonça Furtado, irmão do ministro de D. José.

Ainda o Maranhão

A vila de Moxa (depois Oeiras), instalada em 1718 no sertão do Piauí, "caminho do Brasil", ficara sujeita no temporal, ao Maranhão, no espiritual, a Pernambuco, no judicial, à Bahia. Era uma rosa-dos-ventos, típica daquelas paragens que iriam ajudar a unir o Grão-Pará ao Nordeste.

Pelo outro lado a soberania portuguesa fora reafirmada na margem norte do Solimões, além do Japurá, pela expulsão de missionários espanhóis amparados por tropas de Quito (Governo de Cristóvão da Costa Freire, 1707-16); no Rio Negro, no Oiapoque e novamente na extrema ocidental (Governo de João da Maia da Gama, 1722-28). Fizeram-se a ligação com Mato Grosso e muitas outras expedições que não cabe aqui analisar. Por fim, a tentativa de execução do Tratado de 1750 iria ensejar a definitiva integração do Rio Negro, onde o Governador Mendonça Furtado, primeiro comissário para os limites setentrionais, vai assentar residência por algum tempo (aldeia de Mariuá, atual Barcelos), construir fortes e criar a Capitania de São José do Javari (1755), mais tarde do Rio Negro, hoje Estado do Amazonas.

Desse mesmo ano seria a *Companhia Geral do Comércio do Grão-Pará e Maranhão*, que foi, sobretudo, benéfica à capitania primitiva: São Luís recebe créditos, ferramentas e principalmente africanos. Incrementará enormemente o cultivo do algodão, que já em 1760 fornece a primeira remessa brasileira para o exterior.

E, contudo, o Estado do Maranhão (Grão-Pará e Maranhão, a partir de 1751), agora dominado por Belém do Pará, que crescia e embelezava, continuava a ser um outro país em relação ao Brasil. A vida civil era ainda rudimentar. Apenas em 1749 introduz-se a moeda provincial, em substituição aos grãos de cacau. Sobretudo o que infeccionava a sociedade era a questão dos índios, que perdera importância no resto da colônia, mas aqui continuava a ser acremente disputada entre senhores de escravos e jesuítas. Indígena era o grosso da população; a língua mais usada era o tupi, como em São Paulo, até o século XVII.

Entende-se, portanto, que este seja o palco principal de uma das reformas ideadas por Sebastião de Carvalho e estimulada por informações de Mendonça Furtado, contrárias ao clero regular em geral, mas que evidentemente visam aos jesuítas.

Libertação dos índios De 1755 e para o Estado do Grão-Pará e Maranhão são as leis que Mendonça Furtado irá publicar em 1757, de volta do Rio Negro; uma proclama a liberdade definitiva dos índios, a outra acaba com a administração temporal dos missionários nas aldeias. As maiores destas seriam elevadas a vilas, as menores a lugares; até que os indígenas se mostrassem capazes, deviam ter um diretor em cada aldeia, com funções mais de orientação e instrução que de administração; esta seria exercida pelos novos "magistrados", escolhidos entre os moradores. Devia-se introduzir a língua portuguesa, fazer pagar os dízimos, combater a discriminação... Mendonça escrevia por esse tempo que o seu fito era fazer destes "até agora desgraçados homens por esta forma cristãos, civis e ricos..."

Em 1758 estenderam-se a todo o Brasil a libertação e o Diretório. Este não vicejaria realmente em parte nenhuma: faltava gente interessada e capaz. Aportuguesou, entretanto, o Pará; e sobraram vilas onde antes havia missões. Foi abolido em 1798, depois de abusos sem conta.

Expulsão dos jesuítas Havia muito que os jesuítas eram acusados de enriquecer à custa dos índios, de privilégios e isenções; na realidade, a organização e a parcimônia explicariam muita prosperidade que causava inveja. Agora eram também responsabilizados pelo malogro na demarcação de limites, pela rebelião do Uruguai, por dificuldades opostas à Companhia de Comércio do Maranhão... Defendiam-se, contra-atacavam, agarravam-se ao rei... Por fim são acusados de difamar o soberano, que os despede de seus confessores (1757). Pombal aperta o cerco. De 1º de abril de 1758 é um breve papal para a reforma da Companhia. Logo se chega a dizer que os padres instigaram o atentado contra D. José (3 de setembro de 1758). No princípio de 1759 ordena-se a prisão dos jesuítas, o sequestro de seus bens. A 3 de setembro, exatamente um ano após o atentado, expede-se a lei que extingue a Sociedade nos reinos de Portugal.

Mais de quinhentos religiosos são expulsos do Brasil: do Pará, 115; Pernambuco, 119; Bahia, 133; Espírito Santo, 17; Campos, 4; Rio, 107; Santos, 11; São Paulo, 23; Paranaguá, 5. Grandes fazendas irão arruinar-se. Alguns padres ficam encarcerados em Portugal, outros são remetidos ao Vaticano.

Deve-se lembrar que Pombal não foi o único expulsor dos jesuítas. A França expeliu-os em 1764, a Espanha, em 1767. Alguns anos depois a Companhia foi abolida em toda a cristandade (Bula de 21 de julho de 1773).

Extinção das donatarias   Pombal não poderia deixar de extinguir esses vestígios de feudalismo que eram as obscuras "capitanias" particulares ainda existentes ao inaugurar-se a sua administração.

Desde muito, aliás, obliterara-se na prática a distinção entre capitanias da Coroa e donatarias, sobretudo onde estas tinham adquirido maior importância. Alguns tributos pagos ao senhorio distante, alguns funcionários por este nomeados, pouco significavam entre o poder da Coroa e a vitalidade dos colonos. Pernambuco, por exemplo, quem se lembraria de que essa província rica e guerreira ainda tinha donatário em princípios do século XVIII? E só em 1716, depois de longa demanda nos tribunais de Lisboa, tornou-se capitania do Rei. São Paulo, já vimos como foi adquirida (1709).

Nas pequenas donatarias, porém, era mais próxima a relação de forças entre os moradores e o senhor. Daí conflitos, como o que por muito tempo perturbou os Campos de Goitacases, e reclamou a polícia de Gomes Freire. Por outro lado, a Coroa só teria interesse em acabar com aquele foro estranho. Pombal aproveitou a reclamação dos campistas e passou a incorporar todas as donatarias. Cametá, ilha de Joanes (Marajó), Caeté, Cumá, Itamaracá, Itaparica, Ilhéus, Paraíba do Sul e São Vicente foram adquiridas entre 1752 e 1754. Em 1759 foi sequestrada a de Porto Seguro, mal menor do Marquês de Gouveia, que subiu então ao patíbulo, acusado de regicídio.

A do Espírito Santo fora comprada por D. João V em 1718.

Outras medidas   A legislação agora é numerosa, a iniciativa do governo incessante. Enfrenta-se o declínio das minas, e logo mais a penúria da agricultura, que as lavras tinham feito decair desde o princípio do século. Medidas menores alternam com aquelas reformas mais significativas e com outras que serão referidas mais adiante. Proíbe-se a exportação de negros (1751), procura-se moralizar a venda de ofícios (1758), fomenta-se a estatística. Além da Companhia de Comércio do Maranhão, outra é criada para Pernambuco, menos bem-sucedida. Muito de toda essa atividade irá se esperdiçar. Mas de qualquer modo contribui agora para a consolidação do sistema colonial e, ao mesmo tempo, para o fortalecimento de bases que vai permitir o amadurecer da independência.

Transferência da capital   Dentro dessa evolução, as capitanias meridionais, unificadas em torno do Rio, na administração de Gomes Freire, adquirem importância nova, refletida na mudança da sede do Governo-Geral, agora definitivamente vice-reinado (1763).

O Rio já era a capital eminente das minas e das guerras no Sul (as únicas que realmente ameaçam a integridade nacional); crescera bastante; em 1751, quando vai receber o novo Tribunal da Relação, há muito reclamado, a população de 50.000 almas já é superior à da Bahia (46.000 em 1757). Agora a nova capital vai ser também o centro da evolução para a autonomia.

A chegada do primeiro vice-rei do Rio, portanto, ao mesmo tempo que sanciona uma situação existente, marca o início de uma fase nova na história do país.

CAPÍTULO II

O DIREITO PORTUGUÊS NO BRASIL

No Brasil colônia, o Direito, como ciência, existiu de mistura com o seu Direito Positivo e este, até 1808, foi tipicamente português. De sorte que embalde se há de procurar, em tal período, uma zona lindeira entre o Direito como lei ou norma positiva e o Direito como pesquisa doutrinal.

Através de seus ouvidores e procuradores, o Brasil abebera-se de início nos escritores lusitanos do século XVI, que são o esteio doutrinal das Ordenações Filipinas: é o caso de Gregório Martins Caminha, com sua *Forma de Libelos e Alegações*; Antônio da Gama (*Tractatus de Sacramenti* e *Decisiones Supremi Senatus Regni Lusitaniae*); Álvaro Valasco (*Praxis Partitionum*); Francisco Caldas Ferreira de Castro, Tomé Valasco, e o mais notável de todos, Jorge de Cabedo. Há um florescimento maior dessa literatura no século XVII, quando aparecem nomes como os de Gabriel Pereira de Castro, Manuel Mendes de Castro, Miguel Reinoso, Belchior Febos, Manuel Temudo da Fonseca, Antônio Mendes Arouca, João Pinto Ribeiro, Domingos Antunes Portugal, Manuel Álvares Pêgas, o comentador das Ordenações. No século XVIII, avultam, pela sua obra, Diogo Camacho de Aboim Guerreiro, Silvestre Gomes, Antônio de Paiva e Pona, Antônio de Varguerve, Mateus Homem Leitão, Manuel Gonçalves da Silva, também comentador das Ordenações, e o mais notável jurisconsulto português de todos os tempos, que foi Pascoal José Melo Freire dos Reis.

O Direito Positivo Relativamente ao Direito Positivo, conquanto as Ordenações Manuelinas datassem de 1514, em pouco alteraram as Afonsinas que as antecederam. Mas, precisamente porque desde o século XV, antecedente ao do descobrimento do Brasil, se assinala o aparecimento dos jurisconsultos portugueses influenciados pelo francês Cujas

(*Cujatius* ou *Cujaux*), será possível a Portugal, em começo do XVII, ter o primeiro monumento legislativo a que, guardadas as proporções, se pode dar o nome de *Código*. As Ordenações Filipinas, assim chamadas porque fruídas de recompilação ordenada por Filipe II (I de Portugal), e publicadas em 1603, ao tempo também de Filipe III, resultaram da reunião de textos esparsos chamados "Leis Extravagantes" (coligidos por Duarte Nunes de Leão) e da legislação anterior (Ordenações Afonsinas e Manuelinas). Assim como regeram a vida dos direitos em Portugal, por igual tiveram tal destino no Brasil, onde, aliás, exerceram influência mais extensa do que se tem pretendido, a par com a legislação de circunstâncias e a legislação local.

A legislação de circunstâncias e a legislação local

A legislação de circunstâncias e a legislação local vêm, quanto a Portugal, referidas por Borges Carneiro. Quanto ao Brasil, é preciso lembrar a classificação de Antônio Joaquim Ribas (em *Direito Administrativo Brasileiro*, Rio de Janeiro, 1866), sem esquecer o que consta da coleção conhecida como "Código Brasiliense", em que figuram leis, alvarás, decretos e cartas régias, o qual foi impresso, no Rio, no período entre 1808 e 1820, pela então chamada Imprensa Régia.

A legislação de circunstância, e local, do período anterior à Independência, compunha-se de *cartas de lei*; *cartas patentes*; *alvarás* e *provisões reais*; *regimentos*; *estatutos*; *pragmáticas*; *forais*; *concordatas*; *privilégios*; *decretos*; *resoluções de consulta*, *portarias* e *avisos*.

Cartas de lei e cartas patentes eram emanadas dos reis e das resoluções por eles assinadas. Continham disposições gerais de duração de um mínimo de um ano para mais. Já os alvarás e provisões reais tinham duração ânua. Regimentos, estatutos, pragmáticas, concordatas e privilégios eram publicados em texto de lei. Os regimentos regulavam serviços administrativos (Alvará de 8 de novembro de 1649), devendo enquadrar-se nas Ordenações (Decreto de 6 de julho de 1695). Estatutos regulavam corporações e estabelecimentos de ensino. Pragmáticas coibiam abusos nos costumes, como o luxo imoderado, a pompa fúnebre etc.

Na lista de Ribas figuram os forais, de remota influência no Brasil, onde o feudalismo não pôde ter agasalho. Deviam incluir os *bandos* e as posturas municipais. Os primeiros eram publicados oralmente, porque lidos em praça pública, depois de toques de tambor; as posturas municipais eram leis dos antigos Senados das Câmaras. As portarias ou cartas de secretarias regulavam caso por caso, sem prejudicar terceiros (Resolução de 16 de novembro de 1672).

O Direito Positivo e os arestos — Pouco se tem a dizer, à vista das fontes nacionais, além do que aqui vai, a menos que se queira transformar a conjectura em embasamento de verdade histórica. Também as interpretações que o Tribunal da Casa da Suplicação, as quais tomavam o nome de Assentos, poderiam ser aqui lembradas. Mas aí o de que se trata é de transformar a opinião de arestos em interpretação oficial das leis. Se, contudo, como é penoso dizer, escassos são os elementos com que contamos para conhecimento geral do que foi o Direito Positivo no Brasil colonial, nas cidades brasileiras, não há dúvida que, por força das Ordenações, das relações jurídicas em agrupamento (instituição) foi o Direito Brasileiro muito rico, o que será atestado não só nos trabalhos nacionais de Teixeira de Freitas e Lafayette Rodrigues Pereira, como nas obras de Correia Teles e de Coelho da Rocha. Se, pela influência francesa no Código Civil Brasileiro e pela literatura utilizada nos séculos XIX e XX, aos escritores portugueses se sobrepuseram os franceses (Domat, Duraton, Rogron, Larrombière, entre os civilistas, para falar de alguns apenas), não há negar que, no período colonial e no Brasil Reino Unido, toda a autoridade doutrinal dos arestos emanava da literatura dos praxistas portugueses, onde, por sua vez, a grande influência cujasiana, portanto, francesa, era grande. Os escritores de tal movimento são Aires Pinhel, Manuel da Costa, Soares da Ribeira, Aires da Mesa, além dos que já se mencionaram acima.

O Direito como ciência — O Direito, como ciência, no Brasil, só despontará com seus contornos mais pronunciados depois da Independência, graças à criação dos Cursos Jurídicos de São Paulo e Olinda. O exemplo anterior de José da Silva Lisboa (Visconde de Cairu), com poderosa contribuição, é fato isolado. Ademais, Cairu não é do vulto de qualquer dos escritores portugueses da literatura jurídica utilizada pelos advogados até o começo do século XIX. Mas, se assim é, quanto ao Direito Privado, verdadeira indigência era notada no campo do Direito Público não só no Brasil colônia, como depois e até em plena República. Esse estado de coisas só se modificará quando o Professor Manuel Pedro Villaboim introduzir, através do ensino acadêmico, o conhecimento da escola teuto-italiana de Löning, Ferraris e Vítor Manuel Orlando. Se, no que tange ao Direito Penal, o Livro 5º das Ordenações Filipinas era de um rigor que tocava às raias do ridículo, não consta que, no Brasil, a poder de suas ideias, tivesse surgido, no período anterior a 1808, qualquer tratadista. E aí ainda se utilizavam os comentários de Pêgas, escritos em latim, como até o século XVIII, em toda a Europa, de modo geral.

VIDA ESPIRITUAL

LIVRO SEGUNDO

CAPÍTULO I

A IGREJA NO BRASIL COLONIAL

AINDA que o sentimento católico dominante em Portugal o tivesse defendido do cesaropapismo, a tendência para o absolutismo monárquico fez com que, já no fim do século XV, a posição da Igreja fosse profundamente dominada pelo Estado.

Interessante para o nosso estudo é observar como as províncias ultramarinas chegarão a agir decisivamente sobre a vida religiosa dentro da própria metrópole; o resultado será uma contínua e progressiva interferência do Estado, nos assuntos eclesiásticos até chegar-se ao pombalismo, feição portuguesa do regalismo.

A Igreja em Portugal A posição do Estado em face da Igreja em Portugal, durante a Idade Média, em nada ou quase nada o distinguia das demais nações da comunidade cristã. Se houvesse algum traço característico, esse seria o de uma particular devoção à autoridade papal. Já em 1460, Pio II qualificava de *Fidelíssimo* o Rei D. Afonso V (Bula *Dum tuam*, 25 de janeiro), título este que, no século XVIII, será conferido em caráter permanente aos soberanos portugueses.

Portugal foi dos raros países, aliás, que aceitaram as decisões do Concílio de Trento "sem reservas nem restrições". É fora de dúvida, porém, que a formação de um Estado tão fortemente unificado e centralizado, como foi o português, conduziu o monarca a invadir, em muitos pontos, o setor eclesiástico. No reinado de D. Manuel conseguiu-se obter da Santa Sé o direito de *apresentação* para os *novos* bispados do padroado real. E mesmo para os antigos bispados estabeleceu-se o costume de provê-los em pessoa por quem os reis suplicassem.

No provimento de canonicatos e dignidades capitulares, vigorava o padroado régio nos novos bispados. Nas antigas catedrais permanecia a nomeação pontifícia. Mesmo nessas, todavia, foi a Santa Sé, pouco a pouco, cedendo em suas prerrogativas, a tal ponto que, no século seguinte, poucos eram os beneficiados que não deviam seus cargos à munificência régia. Quanto às paróquias, eram providas por apresentação do padroeiro, e em muitas não eram nem sequer ordenados os titulares que lhes retiravam as rendas. Ficavam regidas por simples curas ou capelães com parcos vencimentos. Nas colônias vigorou sempre, neste setor, o padroado da Ordem de Cristo.

O Padroado da Ordem de Cristo   Não foi simples o regime das relações entre o Estado Português e a Igreja em face da colonização.[1]

O esforço português foi sempre considerado uma nova cruzada. A bula de Martinho V *Sane charissimus*, de 4 de abril de 1418, concedeu largas indulgências aos colaboradores do Rei D. João I na campanha africana e recomendou expressamente a pregação de uma cruzada. Pelas bulas *Rex regum*, de 8 de setembro de 1436 e 5 de janeiro de 1443, Eugênio IV fez novas concessões.

As esmolas colhidas, por autorização do Papa Urbano II em 1088, para auxílio às cruzadas foram posteriormente aplicadas na defesa dos postos ocupados pelos cristãos em diversos pontos do mundo. Várias concessões pontifícias permitiram a generalização da expressão *cruzada*, bem como o emprego da arrecadação das esmolas com aquele título, à difusão do cristianismo.[2]

A Ordem de Cristo, constituída com o ramo português dos extintos Templários em 1319, foi alvo de várias concessões que serão a base do padroado português. Dom Henrique, o Navegador, Duque de Viseu, misto de estadista e de místico, teve o título de "regedor e conservador" da Ordem e obteve singular prestígio junto à Santa Sé.

O ambiente da Europa cristã, ao início do século XV, era de terror ante o avanço descomunal dos turcos, que ameaçava todo o continente. Esforçavam-se os papas seguidamente, mas em vão, por organizar nova cruzada que salvasse o Ocidente. É neste momento que os feitos portugueses repercutem no ambiente da Santa Sé como um primeiro sintoma de reação cristã.

---

[1] Seguiremos neste ponto a exposição de D. Maria Amélia de Sousa Rangel na "memória" apresentada ao IV Congresso de História Nacional.
[2] Só em 1591, a bula *Decens esse* permitiu a instituição em caráter permanente de um complexo organismo arrecadador superintendido pelo *Tribunal da Bula da Cruzada*, que só vem a ser extinto no Brasil após a Independência.

O herói do movimento é o Infante D. Henrique, por sinal um fervoroso devoto de São Luís. Feito "regedor e governador" da Ordem da Cavalaria de Cristo, começa ele a transformar este sodalício num órgão capaz da empresa que tem em mente. Em 1433 obtém do irmão El-Rei D. Duarte a doação em sua vida das ilhas da Madeira, Porto Santo e Deserta. No ano seguinte consegue que o mesmo soberano solicite do Papa a transferência, para a Ordem, do governo espiritual das ditas ilhas "pela guisa que o há em Tomar", isto é, isento da jurisdição de qualquer bispo, mas somente sujeito ao prior do convento central da Ordem.

Em 1441 chega o Infante a enviar um emissário direto ao Santo Padre e consegue indulgência plenária para os que, em estado de graça, combatessem os mouros sob a bandeira da Ordem, o que equiparava totalmente os empreendimentos portugueses às cruzadas.

Do ano seguinte (9 de janeiro de 1442) é, finalmente, a bula *Etsi suscepti* que deve ter sido obtida pelo referido emissário. Por este documento o Papa confia ao Mestre a escolha do bispo que deveria reger espiritualmente as ilhas pertencentes à Ordem, desde que não pertencessem a qualquer diocese. Não é ainda o *padroado*, mas é o início das concessões, cada vez mais importantes, que vai emanar de Roma.

A bula Dum diversas

A bula *Dum diversas*, de Nicolau V (18 de junho de 1452) concede aos reis de Portugal a faculdade de adquirir os domínios dos muçulmanos e infiéis e de possuir os seus bens públicos e particulares. O Sumo Pontífice recomenda, contudo, ao rei que tenha em vista o aumento da cristandade e a exaltação da fé.

A bula Romanus Pontifex

A bula *Romanus Pontitex*, de Nicolau V, de 8 de janeiro de 1455, é particularmente importante. Referindo-se ao Navegante como "nosso querido filho Henrique, Infante de Portugal e soldado de Cristo", classifica como de interesse do mundo cristão o plano de "alargar o grêmio da fé católica" alcançando o que até então fora impossível, isto é, "poder navegar por este Mar Oceano até as praias longínquas do Oriente". Elogia o ideal do Infante de entrar em contato com os povos das Índias "que julgamos submissas a Cristo".[3] O plano era, pois, atacar o mundo muçulmano por outra frente e aliviar a pressão no continente europeu. Daí seu complemento natural que era firmar-se nos pontos decisivos da África. Compete ao rei o direito de erigir igrejas e oratórios e poder mandar missionários.

---

[3] Várias embaixadas desses grupos cristãos isolados haviam criado em Roma a convicção de que se tratava de núcleos de importância muito maior do que realmente representavam.

Para evitar que estranhos venham arrancar os frutos da empresa, ou que "por interesse" ou "maldade" vendam armas aos infiéis ou lhes revelem os segredos de navegação, concede ao Rei e ao Infante o monopólio comercial nesses territórios. Quem ali exercer comércio sem licença deles *incorre em excomunhão*. Esta bula, no juízo de Bensaúde, é a mais importante para compreensão do pensamento do Infante, porque representa a aprovação pontifícia do seu plano. Nela estão realmente amalgamados os dois elementos que o impulsionaram: o fervor missionário e o espírito mercantil, que já parece anunciar a idade moderna. No plano do temporal esta bula concede tudo que se poderia desejar: "Declaramos que esta conquista se estende dos cabos Bojador e Não até por toda a Guiné e *além*, em direção à praia meridional."

Quanto ao espiritual, porém, os poderes são mais restritos; autoriza unicamente a fundação de igrejas e mosteiros, bem como o envio de eclesiásticos às novas regiões, consentindo os respectivos prelados.

A bula Inter coetera

Por esse tempo estava D. Afonso V empenhado em organizar uma verdadeira cruzada em defesa de Belgrado, ameaçada por Maomé II. Doze mil portugueses deveriam desembarcar na Etrúria e encaminhar-se para aquela cidade. É nesse ambiente de fervor em defesa da cristandade que o Papa Calisto III (Cardeal Bórgia) expede a bula *Inter coetera*,[4] de 13 de março de 1456. Este documento é fundamento do direito do padroado, tal como vai ser mantido no Brasil durante a fase colonial. Começa com a confirmação da bula *Romanus Pontifex* e passa a conceder o padroado à Ordem de Cristo, nos seguintes termos:

> "Decretamos, estatuímos e ordenamos que para sempre a espiritualidade e toda a jurisdição ordinária, domínio e poder, nas coisas espirituais somente, nas ilhas, cidades, portos, terras e lugares dos cabos Bojador e Não, e além daquela região meridional até o Indo... adquiridas e por adquirir... toque e pertença a esta milícia e ordem, de futuro, para sempre... E assim que o prior, na dita milícia possa e deva colar todos os benefícios, com cura e sem cura, seculares e religiosos... proferir excomunhões, suspensões, privações, interditos e outras sentenças, censuras e penas eclesiásticas... decretando que estas ilhas, terras e lugares... em nenhuma diocese sejam incluídas."

---

[4] Não confundir com a bula *Inter coetera*, de 1494, expedida por Alexandre VI, sobrinho de Calisto III.

Ficavam, pois, as terras descobertas pela Ordem de Cristo isentas da jurisdição de qualquer bispo, e submetidas, quanto ao espiritual, ao prior do convento da Ordem de Cristo em Tomar, que tinha, aliás, direitos e honras prelatícias, e podia assim assumir a nova jurisdição episcopal. Há muita confusão em torno das concessões desta bula. A administração temporal nunca passou à Ordem de Cristo.⁵ Confirmada expressamente a bula *Romanus Pontifex* fica de pé que a administração temporal competia ao Rei (e parcialmente ao Infante, durante a vida deste).

Acontece, porém, que, desde D. Manuel, o grão-mestrado ficou inerente à Coroa, de modo que a confusão no caso não tinha importância prática.

Uma consequência da maior relevância da bula *Inter coetera* de 1456 foi a cobrança dos dízimos. Por interpretação da Ordem de Cristo, não contestada pelas autoridades eclesiásticas, o encargo de administrar a espiritualidade teve como decorrência o recebimento dos dízimos eclesiásticos que viessem a pagar os habitantes das terras incluídas no padroado. Uma inovação, porém, introduziu-se nesta cobrança. Enquanto em certas regiões da Europa os fiéis contribuíam diretamente para o sustento do clero e do culto, a Ordem de Cristo adotou a centralização das cobranças e o orçamento único. A justificativa do sistema é fácil, tendo-se em vista que seria necessário despender maiores quantias nas regiões onde a catequese era incipiente e a renda diminuta. Com a incorporação do grão-mestrado à Coroa, porém, o resultado foi a confusão dos dízimos com a renda do Estado.⁶

A cobrança dos dízimos pareceu ao rei português não somente um direito, mas um dever intransferível. Nos forais das capitanias exclui expressamente, do poder dos donatários, "o dízimo de Nosso Senhor Jesus Cristo".⁷

A morte do Infante ocorre quatro anos após a bula *Inter coetera*, que satisfaz afinal a todas as suas aspirações.

---

⁵ Não se compreende assim, como observa D. Maria Amélia de Sousa Rangel (*loc. cit.*), a afirmação de Varnhagen (*Hist. Bras.*, I, 5.ª·ed., p. 300) de que as terras do Brasil "como terras que eram do Padroado da Ordem de Cristo continuavam sujeitas *in spiritualibus et in temperalibus* ao seu grão-mestre".

⁶ Em 1523, D. João III vai obter do Papa Adriano VI autorização expressa para dispor dos resíduos dos rendimentos da milícia, tal como o haviam feito os mestres anteriores (M. A. de Sousa Rangel, *loc. cit.*). A bula *Super specula militantis ecclesiae*, adiante estudada, declara que os soberanos podem dispor dos dízimos, uma vez satisfeitas as obrigações do mestrado.

⁷ Fica assim bem claro que se trata das dízimas eclesiásticas e não outros impostos que, com este nome, eram cobrados no tempo.

As bulas Dum fidei constantium e Pro excellenti praeeminentia

Com a subida ao trono de D. Manuel, porém, tudo se modifica. Chegamos ao apogeu da consolidação do poder real. O Rei Venturoso consegue do Papa Leão X (Medici) duas bulas: a chamada *Dum fidei constantium*, de 7 de junho de 1514, que menciona pela primeira vez o *Padroado Real nas colônias portuguesas*, e a *Pro excellenti praeeminentia*, de 12 de junho de 1514. Aqui aparece enfim o direito de apresentação para todas as terras adquiridas nos últimos dois anos e para as adquiridas no futuro. Nas restantes esse direito permanece na Ordem de Cristo. Pela segunda bula, erige-se a diocese do Funchal, na ilha da Madeira, que assume a jurisdição episcopal sobre as regiões além do cabo Bojador, em prejuízo do prior do convento de Tomar.

Se a Ordem de Cristo perdia, pelo seu prior de Tomar, a jurisdição episcopal das novas terras, conservava-lhe o Papa expressamente o padroado sobre as dignidades, conezias e prebendas, além das paróquias e capelanias não referidas, mas que o uso manteve. Conservava principalmente a competência fiscal para a cobrança dos dízimos com os quais continuava o Estado a manter a Igreja nos seus domínios. Este será o regime de provimento dos cargos eclesiásticos no período colonial: o rei apresenta ao Papa os bispos na qualidade de chefe de Estado; e no de grão-mestre da Ordem de Cristo apresenta aos bispos os beneficiários para os cabidos, paróquias e capelanias.

A bula Praecelsae devotionis

A bula *Praecelsae devotionis*, de 3 de novembro de 1514, confirma todos os privilégios concedidos anteriormente e os estende a todas as terras então desconhecidas.

Daí por diante a hierarquia eclesiástica se desdobra dentro deste esquema. A 31 de janeiro de 1533, Clemente VII, às instâncias do Rei D. João III, erigiu novos bispados nos Açores, Cabo Verde S. Tomé e Goa, ficando sufragâneos do Funchal elevado a arcebispado. Por pouco tempo, porém, permaneceu esta Sé com a dignidade metropolitana. Em 1551 passava com todas as suas sufragâneas para a metrópole de Lisboa, a cujo arcebispado ficaram subordinadas, inclusive, a nova diocese no Brasil, como adiante veremos. Anos depois surgiu a diocese de Angola, enquanto a diocese de Goa era elevada a metrópole, e ao seu arcebispo ficaram sufragâneos os ordinários do Extremo Oriente.

Quanto ao Brasil, só em 1534 temos notícia dos primeiros provimentos eclesiásticos. Por alvará de 5 de outubro de 1534, determinou D. João III que o Provedor dos Armazéns pagasse a um vigário e quatro capelães, que iam para Pernambuco com Duarte Coelho, quinze e oito mil-réis respectivamente. Os ditos eclesiásticos haviam sido examinados pelo bispo de S. Tomé, Deão da Capela Real, provavelmente comissionado pelo metropolita do Funchal, chefe de sua província eclesiástica. Esse alvará ocorre no *Livro primeiro das provisões* e está publicado na série *Documentos Históricos* (Bibl. Nac., vol. XXXV, p. 42).

No ano de 1535 são igualmente nomeados um vigário e quatro capelães para S. Vicente; no alvará menciona o rei expressamente o provimento feito pelo arcebispo do Funchal.

O ano de 1549 começa nova fase em nossa história religiosa com a chegada dos primeiros jesuítas. Em carta a Tomé de Sousa recomendou o rei que lhes fosse dado "tudo o que para as ditas cousas houverem mister". Em cumprimento dessa ordem fixou o governador em 5.600 réis o auxílio real para cada um.

A bula Super specula militantis ecclesiae

Fato decisivo para a Igreja no Brasil foi a criação, pela bula *Super specula militantis ecclesiae*, do bispado de Salvador, na cidade de Salvador da Capitania de Todos os Santos, com a cláusula de que, enquanto não houvesse outros bispados na colônia portuguesa, exercesse o novo bispo a sua jurisdição em todas as terras e partes da colônia. O próprio bispo intitulava-se "bispo do *Salvador* e comissário-geral, em todas as terras do Brasil". A carta de apresentação e confirmação do bispo (4 de dezembro de 1554) é um documento notável sob todos os pontos de vista, inclusive o histórico, pois que começa por uma minuciosa exposição relativa à ereção dos bispados nas terras descobertas e ao padroado e termina por determinar expressamente o sistema de escolha das autoridades religiosas: "O bispo ora novamente, e os que adiante se proverem do dito bispado sejam providos à minha apresentação e dos ditos reis meus sucessores, mas a apresentação das dignidades, conezias e benefícios da dita igreja catedral, e assim das igrejas e benefícios com cura, ou sem cura, do dito bispado, seja do Mestre ou Governador (que pelo tempo for) da dita Ordem e Cavalaria de N. S. Jesus Cristo, o que tudo pelo Santo Padre me foi concedido." O rei se propunha sustentar a diocese a princípio com seus próprios rendimentos, visto que "ao presente as rendas que pertencem [nas Terras do limite do dito bispado] à minha Fazenda e à do dito mestrado são poucas, e os gastos que se fazem em as armadas (que continuamente é necessário que andem na costa do mar das terras do Brasil para defensão dos moradores) são muito grandes".

Do direito de apresentar os beneficiados valeu-se o rei amplamente, tanto que a Provisão do bispo, datada de Salvador em 1552, deixa entrever uma discreta queixa quando reza: "Sua Alteza apresentou no Reino quase todos os padres que comigo vieram... não me fica agora por nomear senão seis capelães... e dois moços de coro".[8] As cartas de apresentação que constam dos *Provimentos seculares e eclesiásticos*, porém, respeitam as linhas gerais da carta régia de apresentação e confirmação do bispo. O rei "como governador e perpétuo administrador que sou da Ordem e Cavalaria do Mestrado de N. S. Jesus Cristo" dirige-se por carta régia ao bispo e apresenta candidato que "por virtude da bula do Santo Padre, de criação e instituição do bispado" lhe cabe apresentar e roga passar as letras de confirmação. Nas costas desta carta, assinada do real punho, colocava o bispo sua confirmação, sem a qual não seria ela registrada nos livros do governo.

De um modo geral os provimentos dos cargos eclesiásticos foram feitos através da apresentação do rei ou de um seu representante – o provedor-mor e, mais tarde, o próprio governador-geral – e da confirmação do bispo.

Em resumo, o padroado consistiu praticamente no controle das nomeações das autoridades eclesiásticas pelo Estado e na direção, por parte deste, das finanças da Igreja. Durante os primeiros anos não se conhecem interferências diretas das autoridades civis no terreno espiritual. Pelo menos, durante o primeiro conflito com o bispo, o governador-geral não pensou em cassar, nem impugnar nenhum ato próprio do Ordinário, ainda que representasse violentamente contra as suas atitudes e seus conceitos. Mas, na verdade, de tal maneira estava a administração eclesiástica entrosada na máquina administrativa do governo civil, que seria difícil ao vulgo ver nela não um departamento do Estado, mas um poder autônomo.

O primeiro bispo... O primeiro bispo do Brasil foi um homem ilustrado. Mestre em artes pela Sorbonne, foi aluno do famoso Colégio de Santa Bárbara, núcleo de estudantes portugueses e espanhóis regido pelo célebre Diogo de Gouveia. Foi colega de Calvino, então padre católico, e contemporâneo ou mesmo, segundo parece, professor de Sto. Inácio e Simão Rodrigues. Era homem inteligente e digno, que gozou durante muito tempo da amizade e do apoio dos jesuítas com os quais veio depois a indispor-se. Esteve depois em Goa onde ocupou a vigararia-geral e onde se aproximou de D. João de Castro e de S. Francisco Xavier.

---

[8] *Documentos históricos*, Provimentos seculares e eclesiásticos, Vol. XXXV. Rio, 37, p. 131.

Foram os jesuítas que fizeram a campanha pela criação do bispado. Em cartas sucessivas o Pe. Manuel da Nóbrega evidenciara, perante o provincial português, a necessidade da vinda de uma autoridade que contivesse os péssimos elementos do clero português que para cá vieram. A pobreza de recursos dificultava a obtenção da medida. Os dízimos a esse tempo deveriam representar minguada contribuição. Daí assumir o rei a responsabilidade das despesas pela sua tesouraria, caso as contribuições eclesiásticas não fossem suficientes. A América espanhola já contava dezenas de dioceses quando o Brasil começou a formar sua hierarquia.

O próprio Simão Rodrigues, provincial dos jesuítas em Portugal, conhecedor do zelo e do valor intelectual do antigo vigário-geral de Goa, tomou a peito obter sua nomeação para Salvador.

... seus conflitos Apenas iniciou seu governo espiritual, porém, D. Pedro Fernandes Sardinha revelou terríveis defeitos para o exercício do cargo. Era por temperamento um assomado. Frequentes vezes excedeu-se na aplicação de penas, determinando o recolhimento de padres à prisão comum.

Duas grandes lutas sustentou o bispo durante sua estada no Brasil: a primeira contra os jesuítas, a segunda contra o Governador D. Duarte da Costa. É realmente chocante que, num momento tão delicado da colonização, divergissem forças que deveriam concorrer para a salvação da grande empresa da colonização. Frei Odulfo van der Vat, O. F. M., vê, no primeiro conflito, o choque entre duas mentalidades: a da Renascença, encarnada pelo bispo, nutrido dos ensinamentos clássicos, e a da Contrarreforma, de que eram expressão máxima os jesuítas. Sem contestar a validade da atribuição daquelas representações, é fora de dúvida que aquele conflito é o primeiro igualmente entre duas concepções da empresa colonizadora: a dos jesuítas, querendo colocar a cristianização acima das contingências políticas e mesmo culturais da Europa, e a do bispo, não concebendo a catequese senão como a conquista do Brasil para o tipo de civilização europeia. Confundindo, e até identificando, a religião com a cultura, queria o bispo que se exigisse dos índios, antes de serem admitidos ao batismo, a capitulação diante da civilização ocidental. Escandalizou-se, assim, com o fato de tolerarem os missionários a nudez dos selvagens, mesmo em reuniões religiosas, quando, observava Nóbrega, não haveria no país inteiro fazenda que chegasse para todos. Mais ainda por aceitarem nas procissões e cerimônias não litúrgicas, cantos e danças selvagens. Escandalizou-se ainda mais com o fato de permitirem os jesuítas que as suas visitas às aldeias indígenas fossem feitas, com a cruz alçada, mas cantando os meninos e tocando à moda dos índios "com os seus mesmos sons e cantares, mudadas as palavras em louvor a Deus". Os índios "folgavam muito e vinham ao nosso tanger e cantar e bailar", dizia Nóbrega. Impugnou asperamente a catequese através das crianças, mortificando em extremo o Pe. Nóbrega, que tinha posto nisso todas as suas esperanças. Repreendeu, até certo ponto, os inacianos por admitirem a confissão por meio de intérpretes (e canonicamente aduziu bons argumentos), mas baseado no pressuposto que deveriam os índios fazê-lo em português, "porque enquanto o não falarem, não deixam de ser gentios nos costumes". Sem levar em conta a assimilação pela Igreja de tantos ritos pagãos, dando-lhes um sentido sublime, opôs-se tenazmente a qualquer concessão nos hábitos puramente europeus do tempo. Profundamente racista, ao que parece, não concebia sua missão apostólica senão perante os europeus imigrados e nunca perante os selvagens. Segundo Nóbrega, "não se tinha por seu bispo, e eles lhe pareciam incapazes de toda doutrina, por sua bruteza e bestialidade, nem as tinha por ovelhas de seu curral, nem que Cristo Nosso Senhor se dignaria de as ter por tais". Nem sequer as missões volantes nas aldeias permitiu que fossem mantidas, pois "não gostava de capelas e casas de meninos entre os índios".

Com essa mentalidade, não admira que o bispo quebrasse a resistência dos jesuítas em admitirem como legítima a escravidão dos selvagens. Segundo ele, seria "lícito fazer guerra a este gentio e cativá-lo, *hoc nomine et titulo*, que não guarda a lei da natura por todas as vias". Ninguém, portanto, mais afastado da campanha de um Bartolomeu de las Casas, de um Frei Francisco de Vitória e até mesmo das determinações pontifícias, especialmente do Papa Paulo III que em sua bula *Veritas ipsa*, de 1537, declarara ilícita a privação dos direitos humanos dos selvagens, todos remidos pelo sangue de Cristo.

Nesse conflito portou-se o Pe. Nóbrega com alto espírito de disciplina. Feitos os protestos perante os superiores e esclarecidas as autoridades régias, preferiu retirar-se da Bahia e dirigir-se a S. Vicente onde o chamavam não menos importantes interesses da sua empresa espiritual. Nunca mais se encontraria com o seu digno oponente, porque, ao voltar do Sul, já o bispo tinha sofrido a terrível morte, que bem pode ser tomada como um martírio. Voltaram, mais tarde, os jesuítas a desenvolver amplamente sua ação missionária, mas nunca mais nas bases da larga tolerância para com os costumes indígenas com que a haviam iniciado.

O conflito entre o bispo e o governador teve aspectos bem graves, e até trágicos. Os motivos foram, porém, de natureza bem menos elevada.

Um filho do governador, bravo e folgazão, transformou-se no motivo da disputa entre as duas autoridades. Formaram-se dois partidos. O provedor-mor, a princípio contrário ao bispo, terminou por apoiá-lo, bem como parte do cabido. As queixas, de parte a parte, acumulavam-se na Corte. O rei terminou por convocar o bispo, o que não deixou de constituir uma vitória parcial de D. Duarte da Costa. Com o naufrágio e posterior matança canibalesca dos refugiados, encerrou-se tragicamente a primeira luta no Brasil em torno do papel da Igreja.

A organização eclesiástica da colônia Durante cento e vinte e seis anos em que se sucederam oito bispos, não teve o Brasil senão esta diocese chamada do Salvador. Só em 1676, pela bula *Inter pastoralis officii*, de Inocêncio II, foi elevada a diocese da Bahia à categoria de arquidiocese, ficando o arcebispo como metropolitano da província eclesiástica do Brasil, qualidade que conservou até a República. Por bulas desse mesmo dia (22 de novembro), *Romani Pontificis* e *Ad sacram beati Petri*, foram criados os bispados de S. Sebastião do Rio de Janeiro e de Olinda, sufragâneos da Bahia. O do Maranhão, criado pela bula *Super universas*, de 30 de agosto de 1677, ficou sufragâneo do arcebispado de Lisboa. Até o fim do regime colonial não foram criadas mais que poucas unidades: a diocese de Belém do Pará, pela bula *Copiosus in misericordia*, de 4 de março de 1719 (também sufragâneo do arcebispado de Lisboa), e, finalmente, os dois bispados (sufragâneos da Bahia) de S. Paulo e Mariana, em 6 de dezembro de 1745, pela bula *Condor lucis eternae*. Acrescentem-se também as prelazias, transição para o bispado. Assim em 1575 foi criada a do Rio de Janeiro, um século depois elevada a bispado, como foi dito. Houve, também, entre 1614 e 1624, uma prelazia em Pernambuco. Goiás e Mato Grosso, desde 1745, passaram a constituir unidades dessa categoria. Note-se que, além dos bispados brasileiros, eram sufragâneos do Metropolita da Bahia os bispados africanos de S. Tomé e Angola. Ao terminar o século XVIII, contava, pois, o Brasil, a seguinte hierarquia eclesiástica: 1 arcebispado (Bahia), 6 bispados (Rio, Pernambuco, Maranhão, Pará, Mariana e São Paulo) e 2 prelazias (Goiás e Mato Grosso).

Em toda esta já importante hierarquia, não se pode apontar mais qualquer exemplo de conflito da natureza daquele surgido com o primeiro bispo. Com todos os demais, concorda o Pe. Serafim Leite, "a harmonia foi perfeita" em relação à Companhia de Jesus.

A diocese da Bahia O segundo bispo da Bahia, Dom Pedro Leitão, chegou ao Salvador a 4 de dezembro de 1559 e apoiou fortemente os jesuítas, colaborando, sem qualquer nuvem de desentendimento, com o Governador Mem de Sá. Incentivou fortemente a fundação das aldeias indígenas, ao contrário do antecessor. Acompanhou Mem de Sá na sua segunda viagem ao Sul e assistiu, portanto, à vitória definitiva sobre os franceses e à transferência da cidade.

O terceiro bispo da Bahia foi D. Antônio Barreiros, anteriormente prior da Ordem de S. Bento de Avis. Durante seu governo iniciaram os franciscanos e os beneditinos sua ação em caráter permanente no Brasil. Coube ao bispo presidir a junta do governo que se formou por ocasião da morte do governador Manuel Teles Barreto. Criou-se, também durante seu governo, a prelazia do Rio de Janeiro.

D. Constantino Barradas, quarto bispo, antigo professor na Universidade de Coimbra, iniciou a redação de uma Constituição do Bispado, da qual não nos chegou senão a notícia.

D. Marcos Teixeira, quinto bispo, não foi somente uma figura da História Eclesiástica, mas também da História Civil e até Militar. Assumiu o governo com a prisão, pelos holandeses, de Diogo de Mendonça Furtado. Quase toda a sua ação é absorvida pelos negócios civis e da guerra. D. Pedro da Silva Sampaio não conquistou a estima pública, entrando em conflito com a Câmara Municipal. D. Estêvão dos Santos, que só pastoreou o seu bispado por dias, encerra a lista dos bispos da Bahia.

Elevada a diocese a arquidiocese e transformado seu chefe em arcebispo e metropolita de uma nova província eclesiástica, em 1676, como já se disse, foi D. Gaspar Barata de Mendonça apresentado pelo príncipe regente D. Pedro e confirmado pelo Papa Inocêncio XI. Mas nem sequer chegou a assumir pessoalmente o posto e faleceu em Lisboa dois anos depois.

O segundo arcebispo e o terceiro, ambos franciscanos, governaram por pouco tempo a arquidiocese.

O quarto arcebispo foi D. João Franco de Oliveira, antigo bispo de Angola, que dirigiu o arcebispado de 1697 a 1700, quando se viu transferido para o bispado de Miranda, em Portugal. Percorreu o sertão baiano em enorme extensão e ministrou a crisma a cerca de 40.000 pessoas, provocando uma mensagem de louvor por parte dos cardeais. Erigiu, por isso, grande número de paróquias e curatos.

A maior figura da Igreja baiana na era colonial foi, sem dúvida, do ponto de vista administrativo e legislativo, o quinto arcebispo Dom Sebastião Monteiro da Vide, antigo jesuíta, que abandonou a Companhia para seguir a carreira militar até o posto de capitão, donde passou a

Coimbra, formou-se em cânones e ordenou-se como secular. Veio como arcebispo da Bahia em 1702 e aqui realizou uma considerável obra: o primeiro sínodo de que resultaram as Constituições do Arcebispado da Bahia.

O sínodo de 1707 representou um grande passo para a regularização da Igreja. É evidente que as peculiaridades da vida religiosa na América estavam a exigir uma legislação especial. Embora se regessem as nossas circunscrições pelas Constituições do Arcebispado de Lisboa, já adaptadas aos cânones tridentinos, é fora de dúvida que se fazia preciso elaborar nova legislação. Foram convocados os bispos sufragâneos (Rio de Janeiro, Pernambuco, Angola e S. Tomé) para um Concílio Provincial. Mas estando vagos os bispados de Pernambuco e S. Tomé, e faltando o bispo do Rio de Janeiro, modificou o arcebispo seus planos e celebrou somente um Sínodo Diocesano em que tomou parte grande número de altas personalidades da Igreja tanto do clero secular quanto do regular. Foram então debatidas e aprovadas as Constituições que o arcebispo havia elaborado para a direção e governo deste arcebispado, promulgadas em 21 de julho de 1707.

> Foi este "o primeiro código emanado de uma assembleia colonial, sem audiência e consulta dos mestres do reino, e a primeira manifestação humanista de caráter orgânico apresentada pela cultura brasileira no século XVIII", comenta o Pe. Manuel Barbosa.

Constituem elas a base de todo o funcionamento dos bispados no Brasil. Constam de 5 livros e 279 títulos e mereceram sempre grandes louvores de canonistas europeus. O mesmo ativo arcebispo já havia promulgado o *Regimento do Auditório Eclesiástico* (1704), verdadeiro código do processo, de grande importância nos tempos em que tantos ramos do Direito Civil competiam ao juízo eclesiástico.

Quatorze arcebispos seguem-se até o princípio do século XIX.

Coube ao oitavo arcebispo, Dom José Botelho de Matos (1741-1760), o papel de comissário do Cardeal Saldanha para a reforma dos jesuítas. Não se prestando ao papel que o governo dele esperava na campanha contra essa ordem, e, pelo contrário, ousando defendê-la, foi forçado a resignar e entregou a administração da arquidiocese ao cabido. Acompanhou o prelado quase toda a cidade. Retirou-se o arcebispo renunciante para a ermida da Penha onde terminou tristemente seus dias. Foi dos poucos elementos do clero que ousaram opor-se aos desígnios pombalinos. Substituíra durante certo tempo o Governador Conde de Atouguia.

Dom Frei Manuel de Santa Inês, que veio como seu sucessor, era bispo de Angola. Dada a ruptura das relações com a Santa Sé, permaneceu nessa qualidade, até que em 1771 tomou posse como arcebispo, falecendo no mesmo ano.

Dom Frei José de Santa Escolástica, monge beneditino, assumiu a mitra em 1805. A falta de clero era então problema angustioso. O arcebispo procurou preencher os claros facilitando a ordenação dos varões com capacidade de exercer o sacerdócio. Em alguns lugares, o abuso se fez sentir imediatamente. Por morte do Conde da Ponte, exerceu também o governo interino da Bahia. Dom Frei Dâmaso de Abreu Vieira, franciscano, é o último metropolita vindo de Portugal. Era professor em Coimbra e fora anteriormente bispo de Málaca. Cabe-lhe a glória da fundação do seminário arquiepiscopal, velho ideal nunca realizado. Sua designação, como governador e vigário capitular da Bahia, feita pelo bispo de S. Paulo, sob o pretexto de não ter o cabido promovido a eleição que lhe competia no prazo legal, deu origem a protesto do Núncio Apostólico e a sério conflito com o governo de D. João VI.

A prelazia do Rio de Janeiro — Em poucos lugares evidenciou-se tão claramente o choque entre o ideal cristão e o mercantil.

Ao que parece, a criação da prelazia, por breve de 19 de julho de 1575, desgostou profundamente a população do Rio, que viu na presença da autoridade religiosa uma ameaça ao comportamento que vinha mantendo em relação aos índios e ao relaxamento de costumes. Assim é que o primeiro prelado, Pe. Bartolomeu Simões Pereira, faleceu em 1598 com a suspeita de envenenamento. O segundo, Pe. João da Costa, não se manteve dois anos na prelazia, donde se retirou perseguido e maltratado pelos habitantes e terminou deposto por sentença da Relação da Bahia. Após a recusa do outro nomeado, e não é de admirar, assumiu a prelazia o Pe. Mateus da Costa Aborim, que desenvolveu bastante a vida religiosa. Foi um campeão da liberdade dos índios e fulminou com penas espirituais os colonos que escravizavam e trucidavam os selvagens, motivo pelo qual morreu envenenado em 1629.

Seguiram-se mais duas desistências até que o Pe. Lourenço de Mendonça, assumindo a prelatura em 1631, manteve a linha de conduta de seus antecessores. Recrudesceu, com isso, a resistência dos escravistas. Desta vez introduziram os rebeldes um barril de pólvora na residência do prelado, escapando o sacerdote com vida de terrível incêndio para submeter-se a calunioso processo. Retirou-se para Portugal onde foi absolvido das acusações e nomeado Prior da Ordem de Avis. Desta terrí-

membro da junta que assumiu o governo por ocasião da morte do Conde de Bobadela e, durante seu episcopado, dividiu-se em cinco dioceses a do Rio, com os novos bispados de Mariana e S. Paulo e as prelazias de Goiás e Cuiabá. Obteve do governo dois coadjutores, um dos quais, D. José Joaquim Justiniano Mascarenhas Castelo Branco, será o seu sucessor, último bispo na era colonial e primeiro brasileiro. Foi bastante popular na sua faina de formar e melhorar o clero, e viu-se nomeado reformador dos carmelitas.

Bispos de Mariana A sede do governo eclesiástico em Minas foi fixada em Mariana pelo *motu proprio Condor lucis eternae*, de 6 de dezembro de 1745. Por exceção não ficou junto ao governo civil. Foi para isto necessário elevar a vila do Ribeirão do Carmo à categoria de cidade, cidade de Mariana, já que os bispos, equiparados a nobres de primeira grandeza, não poderiam residir em vilas. Ao contrário destas, as cidades, porém, deviam ter por assento terras emancipadas – distinções sutis e obsoletas que no Brasil não foram pressentidas.

O primeiro titular, D. Frei Manuel da Cruz, então bispo do Maranhão, empreendeu por terra sua viagem até a nova diocese, realizando, em quatorze meses, uma viagem de 4.000 quilômetros pelo sertão. Esta viagem, a entrada do bispo na cidade e as extraordinárias festas então realizadas, reveladoras da extraordinária sensação então causada, constam do opúsculo aparecido em 1749 sob o título de *Áureo Trono Episcopal*.

O primeiro bispo de Mariana era antigo monge de São Bernardo e lente da Universidade de Coimbra.

O segundo foi Dom Domingos da Encarnação Pontevel, dominicano, e o terceiro, último da colônia, D. Frei Cipriano de São José, franciscano. Todos lutaram contra as forças negativas do costume, a ruindade dos escravistas e o mau exemplo de alguns padres. O próprio cabido que logo se erigiu, transformou-se num elemento antes nefasto que favorável à disciplina, vivendo em permanente discórdia com os prelados.

O Seminário de Mariana, fundado pelo primeiro bispo em 1570, é o estabelecimento mais importante de cultura religiosa em Minas. Por ele passou praticamente todo o clero mineiro colonial.

Há uma característica na formação religiosa de Minas: a inexistência durante todo o período colonial de ordens e congregações religiosas. Escandalizados os povos com a atitude menos edificante de alguns clérigos, contagiados pela cobiça do ouro, levaram o governo real a proibir o estabelecimento de conventos e casas religiosas em todo o território das Minas. No princípio do século XVIII erigiram os franciscanos alguns hospícios, mas não conventos. Só no reinado de D. João VI vão estabelecer-se os lazaristas na serra do Caraça. A influência das ordens religiosas, especialmente dos franciscanos, fez-se sentir através das missões. É esse um aspecto chocante na formação mineira. Até mesmo do ponto de vista arquitetônico há talvez qualquer coisa no catolicismo em Minas (quando comparado ao baiano, por exemplo) que nos faz sentir a falta da nota característica das grandes comunidades religiosas.

Prelados de Goiás e Mato Grosso   A prelazia de Goiás não chegou a ter titular até o século XVIII. Os dois prelados nomeados renunciaram antes de empossar-se. Aliás, os dois que logo se seguiram faleceram ambos em caminho.

Também não chegou a Cuiabá o primeiro prelado, em 1782, e o segundo só lá aparece em 1808, para falecer em 1822.

A diocese de S. Paulo   Em 1746 chegava a S. Paulo o primeiro bispo, Dom Bernardo Rodrigues Nogueira, que só governou dois anos. Sucederam-lhe dois franciscanos, D. Frei Antônio da Madre de Deus Galvão (1751-1764) e D. Frei Manuel da Ressurreição. O último bispo da era colonial foi Dom Mateus de Abreu Pereira, que exerceu várias vezes o governo civil, como governador interino da capitania. Se S. Paulo não conheceu as lutas entre bispos e cabido, forneceu, por outro lado, o espetáculo das agitações contra os jesuítas (que defendiam, contra parte considerável dos moradores, o princípio da liberdade dos índios) e, como complemento, a desunião das várias famílias religiosas além dos conflitos entre ordens religiosas.

A diocese de Pernambuco   Como foi visto, em 1614 foi criada a prelazia de Pernambuco e nomeado um prelado, que foi o Pe. Antônio Teixeira Cabral, que a administrou até 1622. No ano seguinte foi ela extinta e voltou o seu território à jurisdição da Bahia, até que em 1676, pela bula *Ad sacram beati Petri*, de 22 de novembro, foi criada a diocese de Olinda, sufragânea da Bahia.

Dom Estêvão Brioso de Figueiredo foi o primeiro bispo, de 1678 até 1684, quando se viu transferido para o Funchal. Seguiram-se D. Matias de Figueiredo e Melo, D. Francisco de Lima (carmelita observante) que se empenhou intensamente na catequese dos índios, e D. Manuel Álvares da Costa que exerceu o governo civil durante a Guerra dos Mascates. Em 1715 foi chamado a Lisboa e transferido para Angra. D. José Fialho, frade bernardo, daí saiu para ser o Metropolita na Bahia, como acima ficou dito. D. Frei Luís de Santa Teresa, carmelita descalço, era irmão de

vel oposição não escapou o Pe. Antônio de Mariz Loureiro, que partindo em visita pastoral para S. Paulo foi forçado a refugiar-se no convento de S. Francisco, tais as ameaças que recebeu. De volta ao Rio, e aumentando de violência a oposição, retirou-se para o Espírito Santo onde foi igualmente envenenado, salvando a vida, mas perdendo a razão. Em representação por ele endereçada ao Rei, e publicada por Alberto Lamego no *Terra Goitacá, I*, vislumbram-se as terríveis dificuldades com que lutavam os prelados, sem o apoio salutar do representante régio. Faltava à autoridade religiosa exatamente o clero, que continuava a ser recrutado na escória do reino. O ponto doloroso continuava sendo o problema da liberdade dos índios. De um sacerdote queixa-se, por exemplo, o prelado Antônio de Mariz, porque, mandado para vigário da vara da matriz de S. Paulo, "uniu-se e acumulou com aqueles moradores de maneira que veio a ser cabeça das suas insolências e desordens... e desterrando-o eu ultimamente para Angola, se passou de lá para essa corte e se saiu com a glória de ficar sem castigo".

A este prelado seguiu-se o Pe. Manuel de Sousa e Almada (1658-1670), cujas desventuras culminaram com um fato inaudito: sua residência foi alvejada com disparos de canhão. Mandou el-rei que se procedesse a uma sindicância, que foi feita pelo desembargador da Relação da Bahia, Antônio Nabo Pipanha, que concluiu estranhamente pela inocência dos agressores e ainda condenou o prelado nas custas.[9]

O último prelado, como todos os demais seculares, foi o Pe. Francisco da Silveira Dias, que era brasileiro e irmão do guardião do Convento de Santo Antônio. Foi também perseguido e caluniado, mas conseguiu passar regularmente o governo eclesiástico ao procurador do segundo bispo em 1681 (porque o primeiro resignou, provavelmente alarmado com o legado que lhe coubera).

A história da prelazia do Rio de Janeiro, aqui resumida, é um atestado do que representava de heróico procurar defender os princípios espirituais no meio colonial.

Bispos do Rio

A história do bispado não é mais animadora.

D. José de Barros Alarcão, antigo professor da Universidade de Coimbra, foi o primeiro bispo do Rio de Janeiro, posto que ocupou de 1682 a 1700. Mas, longe de se acalmar, o azedume parece que

---

[9] Foram as peripécias deste processo que forneceram a Machado de Assis tema para um poema herói-cômico: *O Almada*.

recrudesceu com a promoção do chefe da Igreja. Recebido com alegria, o bispo indispôs-se com os moradores, e, a pretexto de visitar S. Paulo, lá permaneceu três anos, sob protestos da Câmara fluminense, que, contra ele, enviou ao rei as mais violentas acusações. Chamado à Corte para defender-se, lá permaneceu cerca de dez anos e só voltou para falecer pouco depois.

Foi seu sucessor Dom Francisco de São Jerônimo, o primeiro que conseguiu pastorear regularmente o indócil rebanho fluminense, de 1702 a 1721. Era um erudito, também professor em Coimbra e cônego regular da Ordem de São João Evangelista. Empenhou-se na luta pela moralização do clero de sua diocese, conseguindo, afinal, o apoio popular, talvez pela fama de santidade, que logo conquistou apesar de tenaz adversário dos cristãos-novos. Ocupou por três vezes a chefia do governo civil.

D. Frei Antônio de Guadelupe, seu sucessor, antigo magistrado, foi o primeiro que visitou as paróquias de Minas Gerais. Começa com ele a firmar-se o prestígio do episcopado que precisou logicamente apoiar-se no clero. A este dedicou-se exclusivamente o bispo. Primeiro quanto à sua formação, criando o Seminário de S. José, como também o Colégio de S. Pedro, mais tarde chamado de São Joaquim (que veio a transformar-se no Imperial Colégio de Pedro II) e instituiu no bispado as conferências de estudos eclesiásticos a fim de elevar o nível cultural de seus sacerdotes. Depois da formação, voltou-se o bispo para o problema da correção do clero, criando a Aljube, e estendeu sua ação aos regulares, nomeado que foi visitador e reformador dos franciscanos. Suas pastorais fornecem excelente panorama da vida moral do Brasil do tempo, com seus vícios e abusos. Adaptou ao Rio as Constituições do Arcebispado da Bahia.

Seu sucessor, D. Frei João da Cruz, carmelita descalço, aqui chegou em 1741, partiu no ano seguinte para Minas Gerais, em visita pastoral, e, de volta, três anos depois, parece que não se sentiu com ânimo de enfrentar tão espinhoso encargo, porque renunciou à mitra voltando a Lisboa. Durante sua estada, cheia de incidentes, em Minas, entrou em sérios conflitos com o clero local e expediu mandamentos proibindo alguns abusos, com o que deixou tradição pouco simpática entre os mineiros.

Dom Antônio do Desterro Malheiros, beneditino, vindo do bispado de Luanda, chegou ao Rio em 1745. Foi visitador e reformador da Companhia de Jesus e cumpriu tão à risca essa incumbência, que é considerado, por alguns, "o algoz dos jesuítas". Ao contrário do arcebispo metropolitano, que preferiu renunciar à mitra a aderir ao movimento pombalino, mostrou-se de extrema severidade para com os inacianos. Foi

D. Frei João da Cruz, bispo do Rio de Janeiro, e foi tão infeliz quanto este na administração de sua diocese. Teve sérios conflitos com o juiz de fora do Recife, Dr. Antônio Teixeira da Mata, e, por ordem régia, embarcou para Lisboa onde faleceu. D. Tomás da Encarnação Costa e Lima, cônego regrante de Sto. Agostinho, que regeu a diocese até 14 de janeiro de 1784, foi o primeiro bispo brasileiro de Pernambuco, nascido na Bahia, autor de obras de erudição impressas em Coimbra. Outro brasileiro, natural de Sabará, foi seu sucessor, D. Frei Diogo de Jesus Jardim, da Ordem de S. Jerônimo. Em 1793 voltou para Lisboa, donde foi transferido para a diocese de Elvas. Seu sucessor foi a maior figura do episcopado colonial: D. José Joaquim da Cunha de Azeredo Coutinho, também brasileiro, natural de Campos. Nome notável em nossa história cultural, fundou no antigo Colégio dos Jesuítas, em bases ousadamente modernas, o Seminário de Olinda, onde se formou toda uma geração de padres nutridos das ideias liberais que vão agitar a vida política do país no princípio do século XIX. Dom José Joaquim foi igualmente transferido para a diocese de Elvas e vai ter atuação marcante em Portugal.

Frei Antônio de S. José Bastos, beneditino, falecido em 1819, é o último titular antes da Independência.

A diocese do Maranhão Foi o Maranhão a princípio uma simples prelatura anexa à de Pernambuco, criada no reinado de Filipe III de Espanha, e governada pelo prelado de Pernambuco. Em 1677, a bula *Super universas orbis ecclesias*, do Papa Inocêncio XI, criou o bispado do Maranhão, sufragâneo do arcebispado de Lisboa. Poucas dioceses tiveram história tão agitada.

Conflito com os jesuítas Seu primeiro bispo foi D. Gregório dos Anjos, cônego regular de S. João Evangelista e antigo procurador-geral de sua ordem em Roma, bispo de Málaca, chegado em 1679 e falecido dez anos depois. Logo ao chegar, quis visitar o bispado que compreendia então Maranhão e Pará. Assim, em 1680, estava no Pará, onde entrou em polêmica com os jesuítas acerca da isenção que estes sempre alegaram em relação às aldeias indígenas por eles administradas. A questão vinha de longe, como esclarece o Pe. Serafim Leite. A terem de estar sujeitos não só aos ordinários, mas ainda a seus delegados, preferiam os da Companhia abandonar suas missões. Estava então Vieira em Portugal, elaborando a lei de 1680, que confiou finalmente aos padres a administração das aldeias. Em resposta à consulta que lhe mandaram seus subordinados, responde habilmente:

"V.as R.as não devem resistir a que o bispo visite as ditas igrejas e os índios fregueses delas, mas não as pessoas dos párocos, quando S. Senhoria nos não queira fazer a cortesia que sempre nos fizeram todos os bispos do Brasil, não havendo um que até hoje visitasse, nem intentasse visitar aldeia alguma nossa, havendo por bem descarregadas suas consciências pelas visitas que nelas fazem os nossos superiores."

Interessante é que o plano de Vieira era então o que hoje se adota em quase todas as missões: a autonomização das mesmas, ou como ele dizia em carta ao Geral da Ordem: "que o superior de toda ela [missão] por breve de S. Santidade fosse também Ordinário de todos os índios das nossas freguesias e doutrinas".

Resolvida a controvérsia a favor dos jesuítas por carta régia de 2 de setembro de 1684, voltou a reinar a paz nas relações entre o Ordinário e a Companhia, até o falecimento do bispo, aliás respeitadíssimo de seus fiéis.

Conflito com a justiça civil — O segundo bispo do Maranhão foi Dom Frei Timóteo do Sacramento, pertencente à Ordem dos Eremitas de São Paulo e que chegou a S. Luís em 1691. Em 1697, decidido a pôr um paradeiro ao escândalo dos concubinatos em sua diocese, iniciou uma série de processos logo acompanhados de prisão. Levantando contra si o Senado da Câmara, o governador e todas as autoridades, entrou em sério conflito com o ouvidor-geral a quem excomungou porque este ordenou a soltura dos presos. O ouvidor, por sua vez, cercou o paço episcopal com força militar e acabou sitiando o edifício, forçando o bispo a um entendimento. Encaminhados os recursos de ambos a Lisboa, parecia ter voltado à paz, quando recrudesce a disputa, já agora envolvidos na luta os carmelitas de Belém que recorreram ao juiz apostólico em S. Luís, provincial dos franciscanos. Este foi excomungado pelo bispo, por aceitar o recurso, e por sua vez excomunga o Ordinário. Uma imensa polêmica sobre a legalidade desta ou daquela atitude apaixonou os ânimos dos fiéis. Só em 1700 retirou-se o bispo para o reino, morrendo obscuramente em data ignorada e sem mostrar maior interesse por suas ovelhas.

Os últimos bispos do Maranhão — Só em 1717 vem D. Frei José Delgarte, da Ordem da Santíssima Trindade, que consegue finalmente acalmar os ânimos. Durante seu governo, destaca-se do Maranhão o bispado do Pará. Seu sucessor, D. Frei Manuel da Cruz, cisterciense, só chegou 15 anos depois, em virtude da interrupção das relações entre Portugal e a Santa Sé. Desembarcando em 1740, instalou o cabido na Catedral. Entrou em sério conflito com o Senado da Câmara até que se viu transferido para Mariana, como foi dito. D. Frei Francisco de Santiago, franciscano, que teve um governo mais suave, faleceu em 1752. Sucedeu-lhe D. Frei Antônio de S. José, eremita calçado de Santo Agostinho. Amigo e admirador dos jesuítas, e não querendo assistir à perseguição sistemática que lhes era feita, afastou-se, em longa visita pastoral, pelo interior, exatamente quando o bispo do Pará, D. Frei Miguel de Bulhões, desembarcava em S. Luís para desincumbir-se da missão de visitador da Companhia. Tal atitude tornou-o suspeito ao governador, com quem teve conflito de jurisdição a propósito de uma prisão de padres. Coube-lhe, contudo, receber o antigo Colégio dos Jesuítas, a Igreja da Luz, com as alfaias e a biblioteca, que passaram a ser o Palácio Episcopal, o Seminário e a Catedral. Com o novo governador, o famoso Melo e Póvoas, teve novo conflito. Chamado a Lisboa, em 1766, lá permaneceu em convento de sua ordem até a queda de Pombal, sendo em 1778 recompensado com a nomeação de arcebispo da Bahia, cargo que, aliás, não pôde ocupar, falecendo no ano seguinte. D. Frei José do Menino Jesus, carmelita descalço, natural de Jacobina, nomeado bispo, não veio ocupar o seu cargo e acabou transferido para Viseu. Sucedeu-lhe Dom Frei Antônio de Pádua e Belas, franciscano, que, recebido com as maiores demonstrações de respeito pelo Governador José Teles da Silva, dentro de um ano estava outra vez em luta com a autoridade civil, por motivos bastante frívolos, como o do número de dutos de incenso a que teria direito o governador quando comparece à igreja. Pouco a pouco foram-se agravando os atritos. Puniu o bispo um pároco de procedimento escandaloso devidamente averiguado. Apelou este para uma *Junta da Coroa* composta por magistrados civis, que deu provimento ao recurso do sacerdote. Recusou-se o bispo a cumprir a sentença considerada indébita intromissão no espiritual. Respondeu o governador com a aplicação das temporalidades, que consistiam na coação do bispo pelo emprego da força militar. Para livrar-se da fome, fugiu o bispo, nada menos que duas vezes, terminando por conseguir chegar ao Pará através de uma picada aberta por seus partidários, e chegando ao reino onde não obteve o apoio da rainha. Passou seus últimos anos a redigir livros piedosos e faleceu em seu claustro em 1808. Dom Luís de Brito Homem, tímido e doente, governou tranquilamente o bispado de 1801 a 1813.

Mas a série dos bispos na fase colonial não se encerrou sem um agitado episcopado: o de D. Frei Joaquim de N. S. de Nazaré, franciscano.

Designado prelado de Moçambique, foi transferido para o Maranhão, onde se recusou terminantemente a reconhecer a independência do Brasil, dando origem a intermináveis disputas acerca da sua substituição. Retirando-se para Portugal, foi indicado e confirmado bispo de Coimbra, sob o governo de D. Miguel. Tenazmente perseguido, com a queda deste, teve de fugir, entre perigos mortais, para a Inglaterra, e voltou depois ao Maranhão, onde deixara grandes amigos. Recebeu-o o novo bispo brasileiro, Dom Marcos Antônio de Sousa, com as maiores provas de carinho.

Os bispos do Pará   O bispado do Pará, sufragâneo do arcebispado de Lisboa, foi criado em 4 de março de 1719 pela bula *Copiosus in misericordia*, do Papa Clemente XI. Foi seu primeiro bispo D. Frei Bartolomeu do Pilar, carmelita português, que organizou logo o cabido e faleceu em 1733. O segundo bispo D. Guilherme de S. José (1739-1748) era religioso da Ordem de Cristo, de Tomar. Foi sob seu governo que o jesuíta Pe. Malagrida fundou o Seminário de Belém, em 1745. Renunciando em 1748 sucedeu-lhe o dominicano D. Miguel de Bulhões, ardoroso pombalista, de quem falamos a propósito do Maranhão, que também renunciou em 1760. O monge beneditino D. João de São José Queirós subiu em visita pastoral o rio Amazonas, deixando narração impressa da jornada. Chamado a Lisboa em 1763, faleceu no ano seguinte. Só em 1772 chegou o novo bispo, D. Frei João Evangelista Pereira, que governou até 1782, e teve como sucessor D. Frei Caetano Brandão, também franciscano, que chegou a Belém em 1783. Também percorreu em visita pastoral sua imensa diocese e fundou o Hospital da Misericórdia. Foi promovido a arcebispo de Braga em 1789. Em 1821 veio D. Romualdo de Sousa Coelho, brasileiro, que vai ter papel importante no movimento da Independência, sendo eleito deputado às Cortes de Lisboa.

O episcopado na colônia   Desse rápido exame da hierarquia colonial, verifica-se que a ação dos bispos em quase todo o Brasil encontrou três sérios obstáculos. O primeiro é o constituído pelo poder civil que, através de uma confusa legislação, punha a todo momento empecilhos à ação fiscalizadora e disciplinar dos ordinários. Especialmente o recurso a tribunais leigos de decisões de autoridades religiosas, e ainda mais com efeito suspensivo, tirava praticamente à Igreja a direção autônoma de sua disciplina. Com o correr do século XVIII, esse conflito vai crescendo até assumir, no choque entre Pombal e os jesuítas, um caráter sensacional e mundial. A liberdade da Igreja, conseguida paradoxalmente em regimes que não se proclamavam católicos e muito menos fidelíssimos, virá comprovar que o braço secular não chegou senão em poucos momentos a constituir um apoio, mas foi o mais das vezes um embaraço ao cumprimento de sua missão.

O segundo empecilho foi o conflito com os regulares, muito menos sério que o primeiro, mas agravado pelo espírito regalista que os poderes do Estado fomentavam.

Finalmente encontraram muitas vezes os ordinários embaraços inesperados nos seus próprios auxiliares, especialmente no cabido, instituição obsoleta, cujos benefícios estiveram longe de compensar os contínuos conflitos levantados na administração dos bispos. Todos estes conflitos não contribuíram senão para esmorecer o profundo espírito religioso do povo e dificultar a atividade da Igreja, especialmente sua ação missionária.

O clero regular   Esta ação missionária teria sido impossível se não tivesse havido largo e extraordinário desenvolvimento do clero regular. A história de algumas ordens ainda está por fazer.

As obras do Pe. Serafim Leite e do Pe. Francisco Rodrigues são uma resposta à conhecida obra de Capistrano de Abreu. Acha-se muito longe de estar sequer formulada a grande crise do século XVIII, em que se chocaram Pombal e a Companhia, evidentemente porque este conflito não representa mais do que um aspecto local da grande crise universal da Igreja naquele momento.

A Companhia de Jesus   O Pe. Manuel da Nóbrega não fora somente a grande alma das missões brasileiras, mas também, como disse o insuspeito Robert Southey, a maior cabeça política da colônia, o conselheiro de maior relevo do governo de Mem de Sá.

A figura, porém, que na imaginação popular ficou simbolizando todos os esforços e todas as glórias da evangelização do Brasil é a de José de Anchieta.

A obra da Companhia de Jesus compreendeu dois setores principais. No terreno das missões, pela fundação das aldeias indígenas. Na educação, pelo estabelecimento de colégios, que constituíram a base de toda a cultura colonial. Por defender a população indígena, os jesuítas tiveram que chocar-se em vários pontos com os interesses dos colonos. Daí a origem da maior parte dos conflitos que vão servir de pretexto para a perseguição, as expulsões locais, por parte dos colonos, e, finalmente, a crise do século XVIII.

De 1549 a 1604 chegaram de Portugal ao Brasil 28 expedições missionárias da Companhia, que ampliaram extraordinariamente a obra inicial.

A Província do Brasil foi a sexta que instalou a Companhia de Jesus: data de 1553. O primeiro provincial foi o Pe. Manuel da Nóbrega. A Missão do Maranhão foi elevada a vice-província em 1727. O vale do Amazonas foi percorrido e evangelizado pela Companhia de modo surpreendente. Os autores menos simpáticos à Igreja são forçados a conceder que a ela se deve, em grande parte, a incorporação da Amazônia ao Brasil.

Duas grandes organizações das populações indígenas tentaram os jesuítas na América do Sul. A primeira, tendo como centro o Paraguai, foi completamente aniquilada pelo avanço bandeirante, não raro com a complacência de autoridades espanholas. Seu êxito completo teria tido como consequência óbvia a diminuição do território brasileiro. A segunda, na Amazônia. De lá foram banidos por Pombal, mas o que se seguiu ao abandono do plano missionário não significa, ao contrário, um progresso na história das relações humanas em terra brasileira.

Quanto ao sistema educacional estabelecido pela Companhia de Jesus, representou tudo o que havia de realmente estruturado na fase colonial. Sendo quase todos os estabelecimentos de fundação real, eram de fato públicos e, como tais, gratuitos, ainda que não estatais. A função realmente seletiva de valores que realizaram é um dos seus motivos de justificação. Um humilde filho de lavradores, como Basílio da Gama, pôde atingir as mais altas camadas sociais por meio da cultura adquirida através do sistema jesuítico.

Ainda não está devidamente avaliado o que devemos a outras ordens no setor da educação. Mas, por tudo o que sabemos, nenhuma deixou de dar forte contribuição.

Parece fora de dúvida que o sistema inaugurado em substituição ao jesuítico representou um passo gigantesco no sentido do ensino estatal, leigo, tanto ao gosto da ideologia estatística que vai ser a dominante da geração inicial do século XIX.

Quanto ao ensino superior, não chegaram os jesuítas a implantá-lo no Brasil. Apenas alguns graus acadêmicos foram conferidos pelo colégio da Bahia. Fazia parte da política colonial portuguesa a concentração dos estudos universitários no reino. Quando os mineiros se propuseram a manter à sua custa um curso superior médico, o Conselho Ultramarino declarou expressamente que "um dos mais fortes vínculos que sustentava a dependência das colônias era a necessidade de vir estudar a Portugal" (1768). Por isso o governo preferia facilitar a concessão de auxílios e bolsas para o estudo em Coimbra. Mais de 3.000 brasileiros ali receberam o bacharelado e o doutorado. Desde a reforma pombalina esta poderosa influência ficou a serviço do regalismo e da Ilustração.

Registre-se, porém, uma iniciativa que ainda não está devidamente estudada. Em 11 de junho de 1776 um alvará aprovou os estatutos de um curso superior público de filosofia e teologia no Convento de Sto. Antônio, com 8 cadeiras e 13 lentes, que, pelo seu plano, excede em importância muito estabelecimento que, em outros lugares, mereceu o título universitário. Temos dele notícia até o início do século XIX. Tivesse ele frutificado e seria certamente a Universidade Brasileira.

As ordens religiosas: franciscanos

Os franciscanos foram os primeiros religiosos que chegaram à Terra de Santa Cruz. Frei Henrique de Coimbra, pertencente ao movimento franciscano dos "frades do Santo Evangelho", foi o primeiro a celebrar a missa na nova terra. Foi mais tarde confessor do Rei D. Manuel e Bispo de Ceuta.

Há várias notícias da vinda de missionários franciscanos antes mesmo do início da colonização. Em 1534 aportaram à Bahia Frei Diogo de Borba com vários companheiros em viagem para as Índias. Pregaram, batizaram e casaram numerosos colonos. Outras passagens esporádicas de franciscanos são assinaladas em outros pontos do território brasileiro, como Santa Catarina, Pernambuco, Espírito Santo.

Data de 1585, porém, a ereção da primeira Custódia no Brasil, em Pernambuco, sendo custódio Frei Melchior de Santa Catarina. Foi esta Custódia elevada a Província autônoma, com o nome de Santo Antônio do Brasil, em 1657.

Quanto ao Sul, estabeleceram-se os franciscanos a título permanente em 1606. Já em 1615 havia no Rio uma casa conventual com guardião, e em 1657 era erigida em Custódia. Em 1675 criava-se a nova Província, com o nome de Imaculada Conceição.

Foi, por sinal, no governo desta província que surgiu um dos mais importantes sinais do espírito autonomista. Sob o governo do 13º provincial, Frei Boaventura de Santa Catarina, houve sérias divergências entre nativos e reinóis. Só se aquietaram os ânimos com a aceitação da chamada *Lei das alternativas*. Consistia esse *modus vivendi* no seguinte: deviam ser os ofícios de direção da Província igualmente distribuídos entre os religiosos de um e outro grupo, ficando estes encargos "em alternativa" de triênio em triênio. Esta crescente importância dos nativos exigiu mais tarde a criação de mais um cargo de procurador da ordem em Lisboa, de modo a haver sempre um brasileiro junto às autoridades do reino.

A atividade dos franciscanos fez-se sentir especialmente junto às aldeias indígenas em torno do Rio, e na pregação no princípio do século XIX são franciscanos os mais famosos oradores sacros.

Capuchinhos   Os primeiros capuchinhos que vieram ao Brasil foram franceses, chegados ao Rio com Villegaignon e ao Maranhão com La Ravardière. Mas ao tempo da guerra holandesa aqui voltaram. Em 1654 estabeleceram-se no Recife. Eram, na maior parte, franceses e realizaram uma extraordinária obra de catequese entre colonos e selvagens, em que se destacou Frei Martinho de Nantes. Foi ele quem levantou o Hospício na Bahia onde já estavam seus companheiros de hábito desde 1679. Substituíram-nos capuchinhos italianos. Vinte anos antes já andavam no Rio de Janeiro, onde não foram menores seus trabalhos.

Em 1712 estava criada a Prefeitura da Bahia. Mais duas (a de Pernambuco e a do Rio) fundaram-se em 1737.

Beneditinos   Há notícias da vinda de dois monges beneditinos ao Rio em 1565. Foi da Bahia, porém, que partiu o primeiro pedido de uma fundação beneditina, ao mosteiro de Tibães. Frei Antônio Ventura foi o fundador do mosteiro de S. Sebastião da Bahia em 1581.

Em 1589 vêm para o Rio os Padres Pedro Ferraz e João Porcalho, estabelecendo-se na ermida de N. S. do Ó, onde depois se estabeleceram os carmelitas. Em 1590 mudaram-se para o outeiro onde está o mosteiro atual. Em 1592 estavam os beneditinos estabelecidos também em Olinda. Pertenciam os nossos mosteiros à Congregação Portuguesa, da qual só se emanciparam após a Independência.

Carmelitas   A Ordem do Carmo teve seu primeiro convento fundado em Pernambuco em 1584. Em 1686 constituiu-se uma vigararia independente de Portugal, chegando a ter 13 conventos. Em 1726 foi destacada outra vigararia no Norte.

Já os carmelitas descalços tiveram conventos na Bahia, mas nunca se fixaram no Rio de Janeiro.

Ordens extintas   Mencionem-se ainda as ordens extintas. A de N. S. das Mercês, também chamada Mercenárias ou Mercedárias, que teve tanta importância na região amazônica, foi introduzida no Brasil por frades vindos de Quito com Pedro Teixeira, em 1639. Chegou a constituir no Pará uma vigararia ou comendataria. Foi extinta por uma bula de 1787.

Os padres do Oratório, chamados oratorianos (Congregação de S. Filipe Néri), constituíram nos séculos XVII e XVIII exatamente os padres que mais se aproximaram das doutrinas jansenistas e galicanas. Gozavam da reputação de extremamente adiantados. Tiveram a complacência de Pombal, que deles quis fazer os sucessores dos jesuítas. Em seus colégios formaram-se realmente alguns expoentes do liberalismo. Não foram bem-sucedidos, porém, no Brasil, e extinguiram-se no início do século XIX.

É estranho que nunca se tivessem estabelecido no Brasil os dominicanos, ordem tão poderosa e brilhante em Portugal.

Ordens femininas — Não foi fácil obter da Coroa autorização para se fundarem os primeiros conventos femininos. Em 1644, em extensa petição solicitava o povo baiano, sem o conseguir, a fundação do convento de Sta. Clara do Desterro. Só em 1665 atendeu o Rei D. Afonso VI à insistência dos católicos da Bahia, permitindo que se aceitassem 50 irmãs no máximo, e sem voto, sob a direção do Ordinário.

Em 1735 permitiu o Rei que D. Úrsula de Monserrate fundasse um convento de freiras ursulinas nas Mercês, também na Bahia, inaugurado em 1744 também com 50 freiras no máximo. Foram estas as primeiras casas religiosas femininas.

Em 1742, Madre Jacinta de S. José e sua irmã Francisca retiraram-se do mundo e iniciaram o estabelecimento que seria em 1755 transformado em Convento de Sta. Teresa, sob a regra do Carmo reformada por Sta. Teresa.

Estavam longe de exercer a função que delas se poderiam esperar as casas religiosas femininas. No campo da educação era pequena a contribuição delas.

A crise pombalina — O advento de Pombal trouxe a todos os campos do pensamento o predomínio do Estado: na cultura e na política. O ensino passou a servir à supremacia do direito civil sobre o canônico. A escolástica foi oficial e explicitamente banida do reino por solene decreto. Tanto em relação à Santa Sé quanto às próprias autoridades internas da Igreja, passou o Estado a usar de uma política fundamentalmente controladora. A Mesa da Consciência e Ordens, a Real Mesa Censória e outros organismos representaram poderosas armas de uma crescente laicização que não cessou, apenas se mitigou com a queda do pombalismo.

Fim da era colonial — No fim da era colonial não era brilhante o estado das ordens religiosas. Sob o pretexto de reformá-las, várias vezes interveio o poder civil com a drástica suspensão do recebimento dos noviços.

No regime pombalino houve uma medida de ordem geral em 1763. Foi repetida em 1789. O resultado não podia deixar de ser fatal. A disciplina, ante os obstáculos à ação das autoridades centrais, entrou em grave crise.

No reinado de D. Maria I, a relaxação era tal que foi criada a Junta de Melhoramento das Ordens Regulares, de pouco efeito. Só um amplo regime da liberdade poderia, como pôde, no século XX, dar a estes institutos o clima em que retemperaram suas forças.

A assistência social Coube afinal à Igreja, na formação da nacionalidade, o aspecto mais nobre da colonização. Quase tudo o que se fez em matéria de educação, de cultura, de catequese e de assistência social correu por conta de sua hierarquia, de seu clero secular, das ordens religiosas e das corporações de leigos (irmandades e ordens terceiras).

Foram estas corporações destinadas a enquadrar os leigos na Igreja, não somente no campo da exclusiva devoção, como também no da ação social. Algumas tinham caráter corporativista e representavam, de algum modo, uma expressão classista ou social. As irmandades de pretos e de mulatos, especialmente as primeiras, que gozaram de grandes regalias, tiveram importantíssimo papel na fixação dos negros nos quadros da Igreja, precisamente pelo respeito às suas peculiaridades. As irmandades chamadas da Misericórdia, com uma série de regalias e isenções, tiveram importantíssimo papel no setor da assistência hospitalar. Foi através delas e indiretamente que o Estado tomou as primeiras medidas nesse setor. Outros serviços competiam também às Misericórdias, como o da assistência aos presos e do socorro aos expostos, importantíssimo aspecto de um meio social em ebulição.

Sistematizando nossa história colonial, Eduardo Prado considera-a a demonstração da superioridade de um método de colonização que se poderia chamar, sem dúvida, de católico. A esse método atribui, em grande parte, Nabuco o sermos um povo que se orgulha de não resultar da hecatombe de uma raça, mas, ao contrário, da fusão entre raças diferentes.

Não há dúvida que, para a decifração do mistério histórico de nossa unidade, o fator religioso apresenta uma contribuição singularmente valiosa.

CAPÍTULO II

A EDUCAÇÃO E SEUS MÉTODOS

A IDENTIDADE que durou dois séculos, entre a obra missionária da Companhia de Jesus e a política colonizadora da Coroa, se desfez com o advento de D. José I e de seu voluntarioso ministro Sebastião de Carvalho e Melo. Não foram somente os jesuítas que mantiveram, por força de privilégios decorrentes da ação missionária, casas de ensino no país. Outras ordens religiosas alcançaram também regalias que lhes permitiram realizar, como complemento de seus objetivos confessionais, um trabalho de educação secular.

Nas condições político-culturais da lusitanidade o ensino anterior às reformas pombalinas se caracterizava pelo predomínio dos fins religiosos sobre os interesses da sociedade civil. O fato foi assinalado com perspicácia pelo "estrangeirado" Antônio Ribeiro Sanches:

> "Parece que Portugal está hoje não só quase obrigado a fundar uma Escola Militar, mas de preferi-la a todos os estabelecimentos literários que sustenta com tão excessivos gastos. O que se ensina e tem ensinado até agora neles é para chegar a ser Sacerdote e Jurisconsulto."

Mantida pelas ordens religiosas, a instrução não se orientou de fato pelos rumos das aspirações do século. As casas de ensino eram, primordialmente, casas de formação sacerdotal. Aliás, não seria possível imaginar que as coisas se passassem de outra forma. A obrigação de ensinar a mocidade resultava, até então, muito mais de determinações canônicas do que de régias ordenações. Parece-nos natural, portanto, que as aulas "externas" fossem raras nos estabelecimentos religiosos que se instalaram nas terras brasileiras.

Os franciscanos e a educação

Escassas informações nos asseguram que os franciscanos, provavelmente já antes de 1730, mantinham estudos de primeiras letras e gramática nos conventos de Cabo Frio, Macacu e Taubaté. Frei Apolinário, que nos dá esta notícia numa obra ainda inédita, adianta no seu *Claustro Franciscano* que em 1740 cinco conventos ministravam ensino elementar e de gramática. No Convento de São Francisco de Vitória o noviciado floresceu de 1596 a 1638 e, com alguma probabilidade, até 1672. A partir de 1650 havia no Convento de Santo Antônio do Rio de Janeiro um curso de Artes e Teologia. Mencionam-se também depois de 1677 cursos no Convento de São Francisco e de São Domingos de São Paulo. Em Taubaté, no Convento de Santa Clara, havia, ao redor de 1730, aulas de primeiras letras e gramática. No Convento de São Boaventura de Macacu funcionou em 1728 um seminário de gramática. É conjeturável a existência em 1740 de um curso de gramática no Convento de São Luís de Itu. Frei Apolinário no seu *Epítome do que em suma se contém...* afirma que em 1730 havia três casas de estudo na Província Franciscana: no Rio de Janeiro, em São Paulo e na ilha do Bom Jesus. De qualquer forma, todavia, não se sabe ainda se estes estudos eram destinados apenas à formação sacerdotal. Nas suas *Memórias Históricas* registrou Pizarro, a respeito de um convento, esta impressão, contestada pelo erudito historiador franciscano Basílio Rower: "Tem este convento 90 $ réis de Ordinária que lhe deu a liberalidade del-Rei D. João IV, cuja quantia cobra, sem contudo satisfazer a obrigação imposta de ensinar a mocidade." Completam estas informações referentes aos estabelecimentos franciscanos do Sul as notícias sucintas de Jaboatão no *Novo Orbe Seráfico*, segundo as quais havia aulas gratuitas de gramática em Serinhaém, Cairu, São Cristóvão, Penedo, Alagoas e Igaraçu.

Beneditinos e carmelitas Não somente os franciscanos, mas também beneditinos e carmelitas mantiveram, com o zelo heroico de seu trabalho missionário, casas de ensino onde o estudo das letras divinas e humanas se sustentou com penas e fadigas. D. Joaquim G. de Luna assegura no seu esboço histórico sobre *Os Monges Beneditinos no Brasil* que "os estudos eclesiásticos dos monges, isto é, os cursos de filosofia e teologia, eram feitos nos mosteiros da Bahia, Rio de Janeiro e Olinda, mas, parece, não simultaneamente nas três abadias, porém quase sempre em duas ao mesmo tempo". Pouco se sabe, entretanto, sobre os estudos menores, a não ser que sem o curso de gramática e humanidades nenhum pretendente poderia ingressar nos cursos de filosofia e teologia. No norte do Brasil, os missionários carmelitas estabeleceram dois colégios, um em Olinda e outro no Maranhão, este último por conveniência transferido em 1698 para Belém do Pará. Do colégio de Olinda afirma Frei André Prat que, já em 1596, havendo neste convento crescido o número de professores, abriu-se um curso de teologia, precedido de humanidades. Cultivava-se para melhor habilitação dos estudantes a língua indígena.

Por maiores que fossem esses empenhos e outros que porventura se fizeram, mal se comparam ao intenso trabalho desenvolvido na esfera da instrução, pelos jesuítas. Isto explica, em parte, que à expulsão dos inacianos sucedesse inevitavelmente a reforma dos estudos menores de 1759.

Política pombalina No início da administração pombalina não houve nenhum plano previamente traçado de combate aos jesuítas e à sua incontestável influência nos negócios seculares. Bastante significativa é, a este respeito, a ordem dirigida, logo após a catástrofe de Lisboa, ao Ministro Antônio Freire de Andrade Encerrabodes, com o objetivo de obter do Papa a mercê espiritual de fazer de São Francisco de Borja, que fora um dos mais zelosos gerais da Companhia, o patrono e advogado contra os terremotos. A luta entre Pombal e os inacianos foi apenas o reflexo de maquinações tramadas na Corte contra o decidido ministro e de velhas disputas, agora renovadas, entre os colonos e os missionários de Loiola. Nesta disputa, todavia, outros seriam plausivelmente os rumos se uma série de circunstâncias não tivesse contribuído para reforçar o feitio autoritário de Pombal. O ministro de D. José I, celebrado pela pena imaginosa e vibrante de Camilo como um déspota sanguinário, não era, sem dúvida, muito afeito às amenidades da tolerância que os filósofos do Setecentos andavam preconizando. Seu despotismo, entretanto, nem sempre decorreu do exercício de um direito majestático absoluto. Ao contrário, no seu governo, manifestam-se propósitos que traduzem, dentro das tradições portuguesas, um estilo novo de política no qual os objetivos econômicos da monarquia "fundada e conservada *com a espada*" deveriam ser substituídos por outros que melhor se compadecessem com o trabalho e a indústria:

"o Estado que tem terras e largos domínios" – afirma nas *Cartas Sobre a Educação da Mocidade* Antônio Nunes Ribeiro Sanches – "e que deles há de tirar a sua conservação, necessita decretar Leis para promover o trabalho e a indústria, e derrogar ou ab-rogar aquelas que se estabeleceram no tempo em que os adquiriram com a espada."

A libertação dos índios e a secularização das missões No Brasil duas foram principalmente as questões que acirraram a disputa entre Pombal e os jesuítas: a primeira nasceu da resistência ao plano de libertação dos índios e secularização das missões eclesiásticas; a segunda, dos sucessos relacionados com o cumprimento do tratado de limites concertado entre Portugal e Espanha no reinado de D. João V.

No norte, Francisco Xavier de Mendonça, ao pôr em execução as instruções que recebera em 1751 do Secretário do Ultramar, Diogo de Mendonça Corte Real, encontrou sérias dificuldades. Estas instruções públicas e secretas versavam sobre a liberdade dos índios e a secularização das missões.

Na 14ª secreta, recomendava-se a Xavier de Mendonça: "em tudo isso deveis proceder com grande cautela, circunspecção e prudência, fazendo, entretanto, observar, com grande cuidado e exação, a liberdade dos índios, como nesta instrução vos ordeno, para que assim disponhais os ânimos dos moradores desse Estado, para que removam de sua ideia os injustos cativeiros, e o bárbaro modo com que, até agora, trataram os índios".

Mas o que mais importava à Coroa era a defesa de interesses econômicos que se encontravam ameaçados pela crescente influência das congregações religiosas nos assuntos seculares.

Dizem as referidas instruções: "como à minha real notícia tem chegado o excessivo poder, que têm nesse Estado os eclesiásticos, principalmente no domínio temporal nas suas aldeias, tomareis as informações necessárias, aconselhando-vos com o bispo do Pará, que vos instrua com a verdade, a qual dele confio, por ter boa opinião da sua prudência e letras, e pela prática que tem do país, para me informardes se será mais conveniente ficarem os eclesiásticos somente com o domínio espiritual, dando-se côngruas por conta da minha real fazenda para cujo fim deve-se considerar o haver quem cultiva as mesmas terras de que fareis todo o exame para me informardes, averiguando também a verdade do fato, a respeito do mesmo poder excessivo e grandes cabedais dos regulares".

Sabemos, por intermédio de um manuscrito publicado pelo Prof. Lopes de Almeida, que o capitão-general do Estado do Pará e Maranhão fizera sentir aos padres jesuítas "que para o Serviço de Deus e de Sua Majestade naquela parte da América eram bastante sete, ou oito jesuítas no Colégio do Pará, e outros tantos no Colégio do Maranhão e que os demais, ainda Missionários, eram supérfluos; o que proferiu – afirma, significativamente, Domingos Antônio, o autor da *Coleção dos Crimes e Decretos* – não como quem o queria executar, mas como quem, amigavelmente, declarava o seu parecer naquela matéria". Os padres ignoravam o inteiro conteúdo destas instruções e por isto ouviram, como se fossem simples insinuações, determinações que deveriam ser acatadas como ordens. Apegados à legislação vigente, não sabiam os inacianos que as referidas instruções derrogavam dispositivos de direito sobre os quais se assentara o regimento das missões.

A resistência que os jesuítas opuseram aos propósitos regalistas de Pombal tornou-se mais ostensiva nos episódios relacionados com a demarcação de limites empreendida como decorrência prática do Tratado de Madri. Enquanto, no Norte, Xavier de Mendonça não obtinha dos padres da Companhia de Jesus o apoio indispensável ao cumprimento da missão que lhe fora confiado, Gomes Freire de Andrade, com seus astrônomos e engenheiros, encontrava séria oposição dos índios do Paraguai e Uruguai. Apesar das determinações dos reis de Portugal e Espanha e dos conselhos e ordens do Representante-Geral da Companhia, Padre Luís Altamirano, os padres das missões acompanharam os índios na sua obstinada resistência. A atitude dos jesuítas nestes episódios é muito discutida. O erudito Padre Serafim Leite, ao examinar o assunto, não disfarçou as dificuldades que se lhe apresentaram e, na sua *arrumação de conceitos* sobre tão disputada questão, assim concluiu:

> "os missionários (os jesuítas espanhóis) deveriam abandonar os povos. Sentiram-no como missionários e também como súditos de Espanha. O fato é claro e incontroverso. Os espanhóis não acreditavam no propósito sincero da entrega da Colônia do Sacramento. Discute-se realmente se era sincero ou não, e a própria e primeira atitude do seu executor dava fundamento à dúvida. Bastava ela para justificar prevenções e reações de desconfiança nos 'executados' como as que existiam nos 'executores'. O descontentamento de alguns jesuítas influiu inicialmente na decisão dos índios; as tentativas dos outros jesuítas para os deter ficaram sem eco. Mas, uma vez sublevados os índios, os jesuítas espanhóis, como párocos seus, não os abandonaram."

Diante de episódios como os das lutas nas Missões é perfeitamente compreensível a exagerada opinião do redator da *Declaração Cronológica e Analítica*:

"Não há jesuítas portugueses e jesuítas espanhóis porque são, na realidade, os mesmos jesuítas que não conhecem outro soberano que não seja o seu geral, outra nação que não seja a sua própria sociedade; porque pela profissão que a ela os une ficam logo desnaturalizados da pátria, dos pais e dos parentes."

Os atritos que amiúde se renovavam encontravam agora a decisão de um ministro disposto a defender, com firme vontade, as prerrogativas da Coroa. Se o trabalho dos inacianos se limitasse apenas à perseguição dos ideais missionários, talvez não ocorressem, na colônia, dissensões e gratuitas rivalidades. Mas, como observou muito bem o historiador J. Lúcio de Azevedo, que estudou a atuação da Companhia de Jesus no Grão-Pará, os jesuítas transformaram a obra missionária num trabalho colonizador não indiferente aos interesses mercantis: os jesuítas, afirmou Lúcio de Azevedo, foram colonizadores, "a obra que haviam empreendido tinha caráter temporal e, nessa qualidade, somente com meios materiais se poderia realizar. A sociedade religiosa era, pois, também mercantil". O próprio Padre Serafim Leite, insuspeitadamente, reconhece que os jesuítas, "pelas condições particulares da América, não puderam ser o que foram na Ásia, apenas missionários: foram também colonizadores". Nestas condições o conflito tornou-se inevitável. O feitio regalista da política de Pombal não se dobrou sob a pressão dos interesses seculares da Companhia de Jesus. A expulsão dos jesuítas do Grão-Pará foi apenas o prenúncio da expulsão geral de 1759. Desfazia-se assim a tradicional política missionária e colonizadora que desde o reinado de D. João III assegurara à Companhia de Jesus os meios de sua extraordinária expansão em terras brasileiras.

A expulsão dos jesuítas e as novas ideias pedagógicas; Verney e os padres do Oratório

Com a expulsão dos jesuítas, a instrução pública, em Portugal e nas colônias, foi duramente atingida. Desapareceram os colégios mantidos pela Companhia de Jesus, que constituíam então os principais centros de ensino. Urgia, portanto, a adoção de providências capazes de, pelo menos, atenuar os inconvenientes da situação criada com as drásticas medidas administrativas de Sebastião de Carvalho e Melo. O terreno para a implantação de novas ideias pedagógicas, entretanto, já havia sido preparado, com vária sorte, pelos esforços isolados de alguns homens de ciência e de pensamento, entre os quais figuravam o singular Luís Antônio Verney e os padres da Congregação do Oratório de São Filipe Néri.

Escrevia, em 1752, ao Marquês de Abrantes em sua *Balança Intelectual em que se pesava o merecimento do "Verdadeiro Método de*

Estudar", Francisco de Pina e Melo: "Recebemos com gosto inexplicável as modas de França, de Itália, de Inglaterra, porém não nos resolvemos a tomar a moda de seus estudos. Somos como o rebanho, que não vai por onde deve ir, senão para onde o levam: e assim entramos nas escolas mais com a semelhança que com o raciocínio." O propósito de Luís Antônio Verney foi precisamente o de introduzir em Portugal uma nova moda de estudos com o raciocínio no lugar da semelhança, ou em termos mais amplos, como declarou numa carta ao Pe. Joaquim de Foyos o autor do *Verdadeiro Método de Estudar*, o de "iluminar a nossa Nação em tudo o que pudesse..." Nas suas dezesseis cartas analisa Verney, de acordo com as preocupações espirituais da época, a gramática e a retórica, a filosofia e a teologia, a matemática e a medicina. Seus intentos são fundamentalmente reformistas e ilustram de modo significativo um dos aspectos do iluminismo lusitano. Seu "modernismo", todavia, como notou o Prof. Joaquim de Carvalho, não alcançou, no domínio das ciências, a concepção mecanicista que as teorias de Newton amplamente propiciaram ao mundo europeu. Por isso, seus propósitos iluministas têm um feitio característico: a eles se aplicam com mais propriedade a afirmação por que o Prof. Cabral de Moncada definiu o iluminismo português. O iluminismo português, assinalou este ilustre professor, foi "essencialmente Reformismo e Pedagogismo. O seu espírito era, não revolucionário, nem anti-histórico, nem irreligioso como o francês; mas essencialmente progressista, reformista, nacionalista e humanista. Era o iluminismo italiano: um Iluminismo essencialmente cristão e católico".

A reforma preconizada pelo Barbadinho na sua obra de 1746 assentava-se, sobretudo, na concepção de um novo método.

> "O mundo, afirmava Verney na segunda carta, estava mui falto de notícias e de métodos do século passado. Desde o restabelecimento das letras humanas na Europa (direi melhor, no Ocidente) que podemos fixar nos princípios do século XV (melhor direi, desde a invenção da imprensa no meio do dito século) até o fim do século XVI, não tiveram os homens tempo de cuidar em um método próprio às letras e às ciências."

Foi precisamente em nome do método que Verney criticou a gramática latina adotada nas escolas da Companhia de Jesus – *Emmanvelis Alvari E Societate Jesu De Institutione Grammatica Libri Tres*. Acredita o autor do *De re logica* que foram os gramáticos do século XVII que efetivamente descobriram as causas e a explicação da construção das diferentes partes do discurso. Apoiado na *Minerva* de Francisco Sanches, Gaspar Scioppius como, posteriormente, Vossius, aperfeiçoaram e simplificaram a arte gramatical. O método defendido por Verney consistia no cuidado de abreviar as regras da sintaxe, reduzindo-as e explicando-as por intermédio de princípios universais. O alcance didático de semelhante simplificação é evidente: como assinala o autor da *Resposta às "Reflexões" de Fr. Arsênio da Piedade*, as 247 regras de sintaxe da Arte alvarista se resumiam na *Gramática Filosófica* de Scioppius a 15 regras apenas "de sintaxe regular sem exceção nenhuma".

As críticas à gramática dos padres jesuítas foram renovadas com o aparecimento, em 1752, do *Novo Método da Gramática Latina. Dividida em duas partes, para uso das Escolas da Congregação do Oratório na Real Casa de Nossa Senhora das Necessidades*. Os escritos de metodistas e alvaristas se cruzaram numa polêmica viva na qual não faltaram digressões eruditas e curiosas. No prólogo de sua obra indicaram os padres do Oratório cento e vinte erros nas edições lisboeta e eborense da Arte do Padre Alvarez.

> Adiantavam ainda os autores do *Novo Método* que, pelo "que pertence ao modo de explicar algumas regras e apontar a causa de várias construções, tenham entendido os leitores que, se em alguns destes dois pontos nos apartamos do Padre Manuel Alvarez, é porque nos pareceu melhor a doutrina de Francisco Sanches, de Gaspar Scioppius, de Gerardo Vossius, do Padre João Luiz de La Cerda, de Cláudio Lancellote na Arte de Porto Real, e de Jácome Perisônio, ilustrador de Sanches: todos seis gramáticos de primeira plana, e nem na ciência nem na estimação pública inferiores ao Padre Manuel Alvarez".

Nesta polêmica os padres do Oratório ficaram numa posição muito cômoda: serviam-se das lições de Alvarez quando lhes parecia que os seus defensores, esquecidos do foro de latinidade que os escritores antigos lhes garantiam, dela se afastavam; atiravam-se contra o gramático jesuíta quando as suas opiniões não se escudavam na autoridade dos antigos, solidamente restituída, pela crítica mais recente e mais fundada, dos Sanches, dos Vossius e dos Scioppius. Não se tratava apenas de questão gramatical. Os metodistas defendiam uma nova compreensão da latinidade para a qual tanto contribuíra, em seu século, a própria Arte do Padre Manuel Alvarez. "Não é de estranhar, portanto – afirmávamos num estudo do qual, agora, amplamente nos servimos –, que se demorem os metodistas na apreciação da propriedade dos termos, invocando a todo momento a autoridade dos antigos escritores e, ao mesmo tempo, procurem, contra as alegações de seus contendores, provar, apoiados nos críticos modernos, tais como Vossius, Scioppius, Borríquio, Vavasseur, Einécio, Sanches, entre tantos outros mais, a pureza e gravidade de Celso e Columela, a latinidade de Plauto e Lucrécio, o acerto de Vitrúvio e do desacerto de Quintiliano num caso particular em que Cícero e Ovídio justificam o contrário."

Um exemplo poderá ser, neste sentido, eventualmente esclarecedor. Acreditavam os alvaristas que "neste tempo se não deve reputar por bárbaro o nome *Mavors*; visto que usando dele frequentemente lhe deram foro de Cidadão Romano os poetas do século passado, XVII, e presente, XVIII. Mas não assim no século XVI, em que escrevia o Pe. Alvarez e em que era mui raro o uso de *Mavors*". Lembrando Vossius, "o príncipe dos gramáticos", contestavam os metodistas dizendo "que a propriedade e o uso das palavras latinas devem ser aprendidas somente dos Antigos Escritores e não dos que hoje escrevem". A polêmica entre alvaristas e metodistas foi, portanto, muito mais do que um debate sobre questões gramaticais ou do que uma disputa de interesse pedagógico e metodológico, a expressão de um esforço no sentido de reimplantar a tradição humanista que, embora limitada, sob determinados aspectos, representa um dos sinais da grandeza do Quinhentos português.

A reforma de 1759   A orientação preconizada pelos oratorianos transformou-se, por força dos sucessos relacionados com os desentendimentos entre Pombal e os jesuítas, numa das razões fundamentais da reforma dos estudos menores. O alvará de 28 de junho de 1759, pelo qual se reformaram os estudos de latim, grego e retórica, proibiu aos jesuítas "a direção de qualquer desses estudos, bem como a todos que o dirijam o uso do método de ensino que os mesmos jesuítas empregavam". Estabeleceu ainda o alvará uma reforma geral "mediante a qual se restitua o método antigo, reduzido aos termos simples, claros e de maior facilidade tal como o praticam as nações polidas da Europa". Caberá ao professor ensinar, por intermédio da língua portuguesa, "desde o nominativo até a construção inclusive, sem distinção de classes como até agora se fez com reprovado e prejudicial erro de que, não pertencendo a perfeição dos discípulos ao mestre de algumas das diferentes classes, se contentavam todos os ditos mestres de se encherem as obrigações enquanto ao tempo, exercitando-as perfunctoriamente quanto aos estudos e aproveitamento dos discípulos". As instruções que acompanharam o alvará insistem especialmente na necessidade de tornar breve, claro e fácil o ensino do latim, de tal modo que ele excite nos que "aprendem um vivo desejo de passarem às ciências maiores". Os alunos, recomendavam ainda as instruções, deverão servir-se das gramáticas do Padre Antônio Pereira de Figueiredo e de Antônio Félix Mendes e os professores, entre outros livros, da *Minerva seu de Causis linguae latinae* de Francisco Sanches. Os livros utilizados nos colégios da Companhia de Jesus – a Arte do Padre Manuel Alvarez e os comentários e explicações de Antônio Franco, João de Morais Madureira e outros cartapácios – foram proibidos. Dizia expressamente a ordem "que todo aquele que usar na sua escola (a Arte do Padre Alvarez) será preso para ser castigado ao meu real arbítrio, e não poderá mais abrir classe nestes reinos e seus domínios". E o arbítrio real se exercitou implacavelmente. No Arquivo da Biblioteca da Universidade de Coimbra existem numerosos termos passados por professores, como é o caso do mestre de latim Manuel Gonçalves que, em 23 de outubro de 1765, na Vila da Torre de Moncorvo, jurou "não usar mais da Prosódia de Bento Pereira, das teses do Padre Manuel Alvarez e de todos os mais proibidos por Sua Majestade Fidelíssima".

As providências para a execução da reforma Sob a direção de D. Tomás de Almeida empreenderam-se as primeiras providências para a execução da reforma. No Reino e nos domínios do ultramar realizaram-se concursos para a escolha dos professores régios. Na Bahia, em 1759, perante o delegado do diretor-geral dos estudos, dezenove opositores foram aprovados nos exames de latim e retórica. Neste mesmo ano, vindos de Portugal, chegavam a Pernambuco dois professores régios, Manuel de Melo e Castro e Manuel da Silva Coelho. Consta ainda em um dos relatórios do diretor-geral dos estudos, que figura no *Registo das Ordens expedidas para a reforma e restauração dos Estudos destes Reinos e seus Domínios* que, para o Grão-Pará, foi enviado o Professor Eusébio Luís Pereira Ludon e para Vila da Vitória, cabeça da Capitania do Espírito Santo, Domingos Fernandes Barbosa e Torre de Pita Rocha. Embora ainda não se conheçam documentos, é razoável presumir que no Rio de Janeiro, como ocorreu na Bahia, tenham-se realizado concursos. De qualquer maneira, todavia, a supressão dos colégios jesuítas não se efetuou sem que sérios transtornos comovessem o "sistema" de instrução colonial.

As dificuldades que se antepuseram à implantação dos novos estabelecimentos de ensino, agravadas pelas insuficientes providências do diretor-geral dos estudos e de seus comissários, foram, posteriormente, atenuadas. Pelo alvará de 4 de junho de 1771 a administração e direção dos estudos menores foram transferidas para a Real Mesa Censória, instituída em 5 de abril de 1768. Reconhecendo "ser necessário um estabelecimento de estudos menores, cujos professores vivam distribuídos pelas Terras principais do Reino, e de todos os Estados, e por aquelas Terras, que sendo de interior e desigual graduação forem bastantemente provadas", a Real Mesa Censória organizou um mapa com a discriminação das cidades, das espécies de aula e do número de professores indispensáveis. Criaram-se assim no Brasil 17 aulas de ler e escrever: 2 no Rio de Janeiro, 4 na Bahia, 4 em Pernambuco e uma em Mariana, São Paulo, Vila Rica, Sabará, São João del-Rei, Pará e Maranhão; 15 aulas de gramática latina: 2 no Rio de Janeiro, 3 na Bahia, 4 em Pernambuco e uma em Mariana, São Paulo, Vila Rica, São João del-Rei, Pará e Maranhão; 6 aulas de retórica: Rio de Janeiro, Bahia, Pernambuco, Pará, Mariana e São Paulo; 3 de língua grega e 3 de filosofia: no Rio de Janeiro, Bahia e Pernambuco.

O novo plano exigia, porém, a instituição de um fundo financeiro para a manutenção dos estudos reformados. Numa *Consulta sobre o estabelecimento dos estudos menores*, que vem transcrita no já mencionado *Registo das Ordens* do diretor-geral dos estudos, recomenda-se a criação de um imposto especial:

> "O fundo pecuniário que há de manter este projeto pode estabelecer-se suavissimamente, e com muita satisfação dos Povos, que para ele hão de contribuir na imposição de um Real em cada canada de vinho, e quartilho de aguardente, no Reino e Ilhas, e em cada arrátel de vaca na Ásia, América e África."

O novo imposto, o subsídio literário, como passou a ser chamado, deveria garantir aos professores régios ordenados que lhes permitissem "decente honestidade de habitação e de independência".

Por algumas informações sabemos, entretanto, que os recursos do subsídio nem sempre foram aplicados na manutenção das aulas. Logo após a vinda dos professores régios para Pernambuco, em diligências efetuadas nas aulas de gramática latina das vilas de Igaraçu e Goiana e na cidade de Paraíba, o secretário da diretoria-geral dos estudos da Capitania de Pernambuco, José Teodoro de Lemos Duarte, encontrou classes bem frequentadas e alunos instruídos pelo novo método. Em 1780, entretanto, os oficiais da Câmara da Vila de Santa Cruz de Igaraçu, em representação à Rainha, ainda reclamavam o provimento de uma aula de gramática latina: "... e, com efeito, alegavam os oficiais da Câmara, estabelecido o dito subsídio literário naquela Vila, e sua jurisdição em todos estes anos se tem cobrado e remetido o seu produto ao Erário da Real Fazenda e até o presente, sendo passados seis anos completos se não se acha mestre provido naquela Vila".

Apesar destes percalços, a reforma dos estudos menores, com desigual e variável alcance de uma para outra região, lentamente se implantou. Nos últimos anos do século, sob a orientação esclarecida do Bispo Azeredo Coutinho, já florescia em Pernambuco um seminário onde sacerdotes seculares, oratorianos e outros regulares ensinavam, de acordo com as diretrizes da Universidade de Coimbra, reformada em 1772, teologia dogmática e teologia moral, história eclesiástica, filosofia, matemática, ao lado dos estudos de retórica e poética, grego, latim, cantochão, primeiras letras e desenho. Pelo confronto de duas notícias precisas com o mapa de distribuição das aulas elaborado pela Real Mesa Censória, é possível avaliar a extensão dos estudos reformados. Da Bahia o professor régio Luís dos Santos Vilhena, na sua *Recopilação de Notícias Soteropolitanas e Brasílicas*, dá-nos pormenorizada informação das aulas ali existentes ao redor de 1802: havia na cidade uma cadeira de retórica, uma de filosofia, uma de língua grega e outra de geometria; quatro de gramática latina e seis de ler e escrever. Nas demais vilas da Comarca da Bahia e nas comarcas e vilas a ela pertencentes – Sergipe del-Rei, Ilhéus, Porto Seguro – existiam então 17 aulas de gramática latina e 15 de ler e escrever. Outra notícia que consta do Capítulo 6º de um manuscrito ainda inédito do Arquivo Histórico Ultramarino de Lisboa fornece-nos alguns elementos para o conhecimento do estado da instrução em São Paulo, em 1801.

> A memória de Antônio Manuel de Melo Castro e Mendonça, no § 4º do Capítulo 6º, diz: "Os Mestres que atualmente há são os seguintes, na cidade hum substituto de Filosofia Racional e Moral com duzentos e quarenta mil-réis de honorário; hum Professor de Retórica com quatrocentos e quarenta mil-réis; hum de Gramática Latina com quatrocentos mil-réis; e hum de primeiras letras com noventa mil-réis. Em Parnagoá hum Professor de Gramática Latina com trezentos mil-réis, e hum de primeiras letras com cento e vinte mil-réis. Na Vila de Santos, hum Professor de Gramática Latina com trezentos mil-réis e hum de primeiras letras com cento e vinte mil-réis. Em São Sebastião hum Professor de Gramática Latina, com duzentos e oitenta mil-réis. Em Mogy das Cruzes hum Professor de Gramática, com duzentos e quarenta mil-réis. E em Coritiba

hum de primeiras letras com oitenta mil-réis, cuja despesa soma dois contos seiscentos e dez mil-réis."

Foi, como se vê, sensível a penetração dos estudos reformados depois da instituição do subsídio literário, muito embora a carência de documentação publicada e as dificuldades que se apresentam à reunião das informações dispersas nos arquivos não nos permitam ainda a elaboração de um quadro mais preciso da situação da instrução pública colonial.

As reformas pombalinas como manifestação da "crise espiritual" As reformas pombalinas da instrução, mais do que uma reconstrução imposta como decorrência da supressão do ensino jesuítico, constituíram manifestação altamente sugestiva da "crise espiritual" – a expressão é de Teófilo Braga – que agitou a cultura portuguesa. Os intentos do modernismo inovador até então contidos pelos zelos da escolástica inaciana encontravam agora melhor apoio nas escolas reformadas. Nada melhor para caracterizar o ambiente que imperava no período que antecedeu as reformas do consulado pombalino do que o edital de 7 de maio de 1746, do Reitor do Colégio das Artes de Coimbra, no qual se determinava que "nos exames, ou Lições, Conclusões públicas ou particulares se não ensine defensão ou opiniões novas pouco recebidas, ou inúteis para o estudo das ciências maiores como são as de Renato Descartes, Gassendi, Newton, e outros, e nomeadamente qualquer Ciência que defenda os átomos de Epicuro, ou negue as realidades dos acidentes Eucarísticos, ou outras quaisquer conclusões opostas ao sistema de Aristóteles, o qual nestas escolas se deve seguir como repetidas vezes se recomenda nos estatutos deste Colégio das Artes". Seria errôneo, todavia, acreditar que no reinado de D. José I as ideias do além-Pireneus encontrassem ambiente muito mais propício para sua livre circulação. A instituição da Real Mesa Censória foi determinada pelos interesses do regalismo na sua disputa com o ultramontanismo dos jesuítas. A defesa dos ideais da "sociedade cristã civil" condicionava, em última análise, os critérios da nova censura secularizada. Por este motivo, o "modernismo" preconizado pelos arautos do pombalismo foi um modernismo moderado, mais de método do que de fundo. Seu traço mais constante, de natureza ético-jurídica, é o regalismo; a condenação do aristotelismo escolástico – a filosofia "arábico-peripatética" dos jesuítas – foi apenas um instrumento para a consolidação do despotismo iluminado.

No *Compêndio Histórico do Estado da Universidade de Coimbra* a crítica à ética e à lógica de Aristóteles adquire particular significação. Na lógica ela volta-se principalmente contra a "prejudicial lógica dos escolásticos", que era sobretudo uma arte da disputa e não "a Mestra dos preceitos de achar e propor a verdade". Pretendiam os reformadores que a lógica modificada por Pedro Ramus, Bacon, Descartes, Gassendi e outros modernos e "emendada pelas luzes de *Nicole, Malebranche, Mariotte, Thomasio, le Clerc e Wolfio*" fosse "*verdadeiramente Eclética*". Apesar destas afirmações a Real Mesa Censória não permitiu a divulgação de uma obra de Descartes porque "o povo português ainda não está acostumado a ler, no seu próprio idioma, este gênero de escritos, em que com todo o artifício de uma viva eloquência se recomenda o espírito da dúvida, do exame, da independência, da liberdade, e tudo o mais, que na censura se vai notado, e que poderá facilitar para qualquer excesso contra o Estado, ou contra a Religião ou ao menos a formar ideias novas sobre a sujeição; que a esta, e aquela se deve".

Os tais excessos, todavia, nem sempre foram contidos. Lançadas as sementes da "boa filosofia" e profligados os erros do aristotelismo escolástico, a ânsia de iluminação e modernidade não mais se deteve. No Brasil, a renovação cultural evoluiu, identificada com os sentimentos nativos, até se configurar nas pertinazes manifestações insurrecionais de independência política. O florescimento da oratória sacra nas figuras de Santa Úrsula Rodovalho, São Carlos, Sampaio e Monte Alverne não esteve por certo inteiramente desvinculado do novo gosto que a reforma dos estudos retóricos inculcou nos espíritos. Mais foi no terreno da filosofia que horizontes mais amplos se abriram. Sob a força dos acontecimentos da Revolução, a inteligência laicizada que partira da filosofia natural, num característico ciclo de nossa ilustração, alcança, finalmente, na penetrante apreciação de Antônio Cândido de Mello e Sousa, a "pesquisa da verdade social, desejando adequar a vida dos homens aos princípios definidos pela observação racional da natureza". Formada e amadurecida nos quadros da pedagogia pombalina, a renovação cultural podia agora orientar-se para as aspirações da liberdade e os sonhos da emancipação.

LETRAS, ARTES, CIÊNCIAS

LIVRO TERCEIRO

CAPÍTULO I

LETRAS E IDEIAS NO BRASIL COLONIAL

OS PRIMEIROS estudiosos da nossa literatura, ao tempo do Romantismo, se preocuparam em determinar como ela surgiu aqui, já que o relativismo então reinante ensinara que as instituições da cultura radicam nas condições do meio, variando conforme elas. E como a época era de exigente nacionalismo, consideravam que lutara dois séculos para se formar, a partir do nada, como expressão de uma realidade local própria, descobrindo aos poucos o verdadeiro caminho, isto é, a descrição dos elementos diferenciais, notadamente a natureza e o índio. Um expositor racional desta corrente, Joaquim Norberto, chegou a imaginar a existência de uma literatura indígena autenticamente nossa, sufocada pelo colonizador...

Daí, a concepção transitou à crítica naturalista, e dela aos nossos dias, levando a conceber a nossa literatura como processo retilíneo de abrasileiramento, por descoberta da realidade da terra ou recuperação de uma posição idealmente pré-portuguesa, quando não antiportuguesa. Resultaria uma espécie de espectrograma em que a mesma cor fosse passando das tonalidades esmaecidas para as mais densamente carregadas, até o nacionalismo triunfal dos indianistas românticos.

Este ponto de vista é historicamente compreensível como elemento de tomada de consciência da jovem nação, tanto mais quanto os letrados brasileiros, a certa altura do século XVIII, passaram conscientemente a querer *fundar* ou *criar* uma literatura nossa, embora com as aspirações separatistas dos românticos. O ponto de vista moderno tenderia mais ao deles, pois o que realmente interessa é investigar como se formou aqui uma literatura, concebida menos como apoteose de cambucás e morubixabas, de sertanejos e cachoeiras, do que como manifestação dos grandes problemas do homem do Ocidente nas novas condições de existência. Do ponto de vista histórico, interessa averiguar como se manifestou uma literatura enquanto sistema orgânico, articulado, de escritores, obras e leitores ou auditores, reciprocamente atuantes, dando lugar ao fenômeno capital da formação de uma *tradição* literária.

Sob este aspecto, notamos no processo formativo dois blocos diferentes: um, constituído por manifestações literárias ainda não inteiramente articuladas; outro, em que se esboça e depois se afirma esta articulação. O primeiro compreende sobretudo os escritores de diretriz cultista, ou conceptista, presentes na Bahia, de meados do século XVII a meados do século XVIII; o segundo, os escritores neoclássicos ou arcádicos, os publicistas liberais, os próprios românticos, porventura até o terceiro quartel do século XIX. Só então se pode considerar *formada* a nossa literatura, como sistema orgânico que funciona e é capaz de dar lugar a uma vida literária regular, servindo de base a obras ao mesmo tempo universais e locais.

Tradição e meio   Historicamente considerado, o problema da ocorrência de uma literatura no Brasil se apresenta ligado de modo indissolúvel ao do ajustamento de uma tradição literária já provada há séculos – a portuguesa – às novas condições de vida no trópico. Os homens que escrevem aqui durante todo o período colonial são, ou formados em Portugal, ou formados à portuguesa, iniciando-se no uso de instrumentos expressivos conforme os moldes da mãe-pátria. A sua atividade intelectual, ou se destina a um público português, quando desinteressado, ou é ditada por necessidades práticas – administrativas, religiosas. É preciso chegar ao século XIX para encontrar os primeiros escritores formados aqui e destinando a sua obra ao magro público local.

Não se devem por isso perder de vista duas circunstâncias capitais: o imediatismo das intenções e a exiguidade dos públicos, que produziram algumas importantes consequências. Assim, ou a obra se confundia à atividade prática, como elemento dela (sermão, relatório, polêmica, catequese), ou se fechava na fronteira de pequenos grupos letrados, socialmente ligados às classes dominantes, com a tendência consequente ao requinte formal. Num caso e noutro pesava na composição da obra o destino que ela teria. O auditório de igreja, os convivas de sarau seriam os públicos mais à mão; o curso oral, à boca pequena, o meio principal de divulgar. Também a obra exclusivamente escrita pouco se aparta da intenção e pontos de vista práticos, na medida em que é crônica, informação, divulgação.

Estas considerações sugerem alguns dos modos por que se teria processado o ajuste entre a tradição europeia e os estímulos locais, faltando mencionar que os padrões estéticos do momento – os do atualmente chamado Barroco – atuaram como ingrediente decisivo.

Literatura religiosa Procurando sintetizar estas condições, poderíamos dizer que as manifestações literárias, ou de tipo literário, se realizaram no Brasil até a segunda metade do século XVIII, sob o signo da religião e da transfiguração.

Aquela foi a grande diretriz ideológica, justificando a conquista, a catequese, a defesa contra o estrangeiro, a própria cultura intelectual. Era ideia e princípio político, era forma de vida e padrão administrativo; não espanta que fosse, igualmente, princípio estético e filosófico. À sua luz se abriga toda a obra de José de Anchieta (1533-1597), desde as admiráveis cartas-relatórios, descrevendo o quadro natural e social em que se travavam as lutas da fé, até os autos didáticos, os cantos piedosos em que as suas verdades eram postas ao alcance do catecúmeno. As crônicas do jesuíta português Simão de Vasconcelos obedecem a princípio, declaradamente religioso, de informar e edificar; mas o mesmo acontece, no fundo, à *História* do franciscano brasileiro Vicente do Salvador (156?-163?), sob aparência de piedade menos imediata. E até a crônica do militar português Francisco de Brito Freire, tão política, pinta no fundo os progressos da fé, encarnados no guerreiro e administrador que luta contra o protestante flamengo – o que também verificamos no *Valoroso Lucideno*, de Frei Manuel Calado.

Pe. Antônio Vieira Se sairmos dessa literatura histórica, deparamos com a oratória sagrada, seara do maior luso-brasileiro do século, o jesuíta Antônio Vieira (1608-1697). Já aqui a religião-doutrina se mistura indissoluvelmente à religião-símbolo. Estamos em pleno espaço barroco, e a dialética intelectual esposa as formas, as metáforas, toda a marcha em arabesco da expressão *culta*. Estamos, além disso, no gênero ideal para o tempo e o meio, em que o falado se ajusta às condições do atraso da colônia desprovida de prelos, de gazetas, quase de leitores. Nunca o verbal foi tão importante e tão adequado, sendo ao mesmo tempo a via requerida pela propaganda ideológica e o recurso cabível nas condições locais. E nunca outro homem encarnou tão bem este conjunto de circunstâncias, que então cercavam a vida do espírito no Brasil – sendo ao mesmo tempo missionário, político, doutrinador e incomparável artífice da palavra, penetrando com a religião como ponta de lança pelo campo do profano.

Gregório de Matos Seu contemporâneo Gregório de Matos (1633-1696) foi o profano a entrar pela religião adentro com o clamor do pecado, da intemperança, do sarcasmo, nela buscando fanal e lenitivo. Ao orador junta-se este poeta repentista e recitador para configurar ao seu modo, e também sob o signo do Barroco, a oralidade característica do tempo, que permaneceu tendência-limite no meio baiano, até os nossos dias. Apesar de conhecido sobretudo pelas poesias burlescas, talvez seja nas religiosas que Gregório alcança a expressão mais alta, manifestando a obsessão com a morte, tão própria da sua época, e nele muito pungente, porque misturada à exuberância carnal e ao humorismo satírico, desbragados e saudáveis. Nascido na Bahia, amadureceu no Reino e só volveu à pátria na quadra dos quarenta; lá e aqui não parece ter cuidado em imprimir as obras, que se malbarataram nas cópias volantes e no curso deformador da reprodução oral, propiciando a confusão e deformação que ainda hoje as cercam.

Em torno dessas duas grandes figuras circulam outras, também da Bahia – clérigos e homens de prol, dados ao discurso e à glosa. Mas um apenas dentre eles parece ter-se considerado realmente homem de letras, tendo sido o primeiro brasileiro nato a publicar um livro: Manuel Botelho de Oliveira (1636-1711). Já aqui não estamos na região elevada em que o estilo *culto* exprime uma visão da alma e do mundo, emprestando-lhe o seu caprichoso vigor expressivo. Estamos, antes, no âmbito do Barroco vazio e malabarístico, contra o qual se erguerão os árcades, e que passou à posteridade como índice pejorativo da época. Botelho de Oliveira é, deste ponto de vista, mais representativo que os outros da média da nossa literatura *culta*, as mais das vezes apenas alambicada. E nos serve para introduzir o segundo tema dominante, que se definiu justamente graças ao espírito barroco.

Transfiguração barroca O espanto ante as novidades da terra levou facilmente à hipérbole. As modas literárias e artísticas, dominantes desde os fins do século XVI, somaram-lhe a *agudeza* e a busca deliberada da expressão complicada e rica. Em consequência, estendeu-se sobre o Brasil, por quase dois séculos, um manto rutilante que transfigurou a realidade – ampliando, suprimindo, torcendo, requintando. Sobre o traço objetivo e descarnado de certos cronistas atentos ao real – Gabriel Soares, Antonil –, brotou uma folhagem até certo ponto redentora, que emprestou à terra bruta estatura e lenda e contornos de maravilha. Lembremos apenas o caso do mundo vegetal, primeiro descrito, depois retocado, finalmente alçado à metáfora. Se em Gabriel Soares de Sousa (1578) o abacaxi é fruta, nas *Notícias Curiosas e Necessárias das Cousas do Brasil* (1668), de Simão de Vasconcelos, é fruta real, coroada e soberana; e nas *Frutas do Brasil* (1702), de Frei Antônio do Rosário, a alegoria se eleva ao simbolismo moral, pois a régia polpa é doce às línguas sadias, mas mortifica as machucadas – vale dizer, galardoa a virtude e castiga o pecado. Por isto, o arguto franciscano constrói à sua roda um complicado edifício alegórico, nele encerrando os diferentes elementos do rosário. Nesta fruta, americana entre todas, compendiou-se a transfiguração da realidade pelo Barroco e a visão religiosa. Em Botelho de Oliveira, Rocha Pita, Itaparica, Durão, São Carlos, Porto Alegre, ela e outras, no seu séquito, conduzem, até o cerne do século XIX, a própria ideia de mudança da sensibilidade europeia nas condições do Novo Mundo.

A historiografia barroca ampliou o processo a toda a realidade, natural e humana, e os esforços de pesquisa documentária promovidos pelas Academias (dos *Esquecidos*, 1724-1725; dos *Renascidos*, 1759-1760) só deixam de ser listas neutras de bispos e governadores quando os seus dados se organizam num sistema nativista de interpretação religiosa e de metáfora transfiguradora. É o caso, sobretudo, da *História da América Portuguesa* de Sebastião da Rocha Pita (1660-1738), onde o Brasil se desdobra como um portento de glórias nos três reinos da natureza, enquadrando a glória do homem – que converte o gentio, expulsa o herege e recebe como salário as dádivas vegetais e minerais, a cana e o ouro.

Não suprimindo, mas envolvendo e completando o conhecimento objetivo da realidade, a visão ideológica e estética da colônia se fixa de preferência na apoteose da realidade e no destino do europeu, do pecador resgatado pela conquista e premiado com os bens da terra, quando não redimido pela morte justa. Isto mostra como o verbo literário foi aqui – ajudado e enformado pela mão do Barroco – sobretudo instrumento de doutrina e composição transfiguradora. Alegoria do mundo e dos fatos; drama interior da carne e do espírito; concepção teológica da existência. Rocha Pita, Gregório de Matos, Antônio Vieira encarnam as vias mestras do ajustamento do verbo ocidental à passagem moral e natural do Brasil.

Influência da Ilustração   Essa visão transfiguradora se incorporou para sempre à literatura e aos estudos, constituindo um dos elementos centrais da nossa educação e do nosso ponto de vista sobre as coisas. Em meados do século XVIII veio juntar-se a ela uma concepção até certo ponto nova, que representa, nas ideias em geral, a influência das correntes *ilustradas* do tempo; na literatura, do Classicismo de inspiração francesa e do Arcadismo italiano. Sem anular as tendências anteriores, as correntes então dominantes no gosto e na inteligência apresentam caracteres diversos. Poderíamos esquematizá-las dizendo: 1) que a confiança na razão procurou, se não substituir, ao menos alargar a visão religiosa; 2) que o ponto de vista exclusivamente moral se completou – sobretudo nas interpretações sociais – pela fé no princípio do progresso; 3) que, em vez da transfiguração da natureza e dos sentimentos, acentuou-se a fidelidade ao real. Em suma, formou-se uma camada mais ou menos neoclássica, rompida a cada passo pelos afloramentos do forte sedimento barroco.

Aproximadamente com tais características, ocorreu no Brasil uma bruxuleante Época das Luzes, que se encaminhou para a independência política e as teorias da emancipação intelectual, tema básico do nosso Romantismo após 1830. Historicamente, ela se liga ao Pombalismo, muito propício ao Brasil e aos brasileiros, e exemplo do ideal setecentista de bom governo, desabusado e reformador. Para uma colônia habituada à tirania e carência de liberdade, pouco pesaria o seu despotismo; em compensação avultaram a sua simpatia pessoal pelos colonos que utilizou e protegeu em boa cópia, assim como os planos e medidas para o nosso desenvolvimento. Algo *moderno* parecia acontecer; e os escritores do Brasil se destacam no ciclo do Pombalismo literário, com o *Uraguai* de Basílio da Gama, justificando a luta contra os jesuítas; *O Desertor*, de Silva Alvarenga, celebrando a reforma da Universidade, de que foi reitor um brasileiro, D. Francisco de Lemos; *O Reino da Estupidez*, de Francisco de Melo Franco, atacando a reação do tempo de D. Maria I. Isto, sem contar uma série de poemas *ilustrados* de Cláudio Manuel e Alvarenga Peixoto, formulando a teoria do bom governo, apelando para as grandes obras públicas, louvando o governante capaz: Pombal, Gomes Freire de Andrada, Luís Diogo Lobo da Silva.

Daí resultou incremento de nativismo, voltado, agora, não apenas para a transfiguração do país, mas para a investigação sistemática da sua realidade e para os problemas de transformação do seu estatuto político. As condições econômicas eram outras, impondo-se a libertação dos monopólios metropolitanos – sobretudo o do comércio – num país que sofrera o baque do ouro decadente e necessitava maior desafogo para manter a sua população. As revoluções americana e francesa, o exemplo das instituições inglesas, o nascente liberalismo oriundo de certas tendências *ilustradas* completariam o impacto do Pombalismo, formando um ambiente receptivo para as ideias e medidas de modernização político-econômica e cultural, logo esboçadas aqui com a presença da Corte, a partir de 1808. No Brasil joanino conjugaram-se as tendências às circunstâncias, tornando inevitável a autonomia política.

Estas considerações visam a sugerir que, no período em questão, houve entrosamento acentuado entre a vida intelectual e preocupações político-sociais. As diretrizes respectivas – conforme as entreviam os nossos homens de então nos modelos franceses e ingleses – se harmonizavam pela confiança na força da razão, considerada tanto como instrumento de ordenação do mundo, quanto como modelo de uma certa arte clássica, abstrata e universal. A isto se juntavam: 1) o culto da natureza, que favoreceu a busca da naturalidade de expressão e sinceridade de emoção, contrabalançando a sua eventual secura; 2) o desejo de investigar o mundo, conhecer a lei da sua ordem, que a razão apreendia; 3) finalmente, a aspiração à verdade, como descoberta intelectual, como fidelidade consciente ao natural, como sentimento de justiça na sociedade.

No caso brasileiro, estes pendores se manifestaram frequentemente pelo desejo de mostrar que também nós tínhamos capacidade para criar uma expressão racional da natureza, generalizando o nosso particular mediante as disciplinas intelectuais aprendidas com a Europa. E que havia uma verdade relativa às coisas locais, desde a descrição nativista das suas características até a busca das normas justas, que deveriam pautar o nosso comportamento como povo.

A passagem a esta nova maneira de ver é clara na diferença entre dois grêmios, que se sucederam na segunda metade do século XVIII. A Academia dos Renascidos, fundada na Bahia em 1754 por um grupo de legistas, clérigos e latifundiários, visava temas literários e históricos – de uma história lendária e próxima à epopeia ou duma crônica mais ou menos ingênua de acontecimentos. Dela resultaram os *Desagravos do Brasil*, de Loreto Couto, a *História Militar*, de José Mirales, as *Memórias para a História da Capitania de São Vicente*, de Frei Gaspar da Madre de Deus. A Academia assinala um instante capital na formação da nossa literatura, ao congregar homens de letras de várias partes da colônia, num primeiro lampejo de integração nacional.

A Academia Científica, fundada no Rio em 1771 por médicos e retomada sob o nome de Sociedade Literária em 1786, para durar intermitentemente até 95, propagou a cultura do anil e da cochinilha, introduziu processos industriais, promoveu estudos sobre as condições do Rio e acabou criticando a situação da colônia com base em Raynal e inspirações tomadas também a Rousseau e Mably.

Transição do Cultismo para o Arcadismo — Nos escritores deste período encontramos os que representam uma passagem ou mistura, de Barroco e Arcadismo; os que manifestam diferentes aspectos de um nativismo, que vai deixando de ser apenas extático para ser também nacional; os que procuram superar a contorsão do estilo *culto* por uma expressão adequada à natureza e à verdade; os que passam da transfiguração da terra para as perspectivas do seu progresso.

Muito interessantes como sintoma são os *Diálogos Político-Morais* (1758), de Feliciano Joaquim de Sousa Nunes, ou antes a sua "Introdução", onde vem claramente expresso o tema do ressentimento dos intelectuais brasileiros, que desejavam ser reconhecidos a par dos metropolitanos e se apegavam, como defesa, à teoria de que o critério de avaliação deveria ser o mérito, não as circunstâncias de naturalidade ou posição social.

Cláudio Manuel da Costa — Esta atitude ocorre também em Cláudio Manuel da Costa (1729-1789), escritor de transição entre o Cultismo e as novas tendências, representando de algum modo o início de uma atividade literária regular e de alta qualidade no seu país. Contemporâneo dos fundadores da Arcádia Lusitana (1756), que empreendeu a campanha neoclássica em Portugal, reajustou conforme os seus preceitos a forte vocação barroca, encontrando a solução numa espécie do Neoquinhentismo – semelhando um novo Diogo Bernardes pela síntese da simplicidade clássica e certo maneirismo infuso. Há muita beleza nas suas éclogas, apesar da eventual prolixidade; mas nos sonetos está o melhor do seu estro, como forma e elaboração dos dados humanos.

Muito apegado à terra natal, é visível nele a impregnação em profundidade dos seus aspectos típicos, naturais e sociais: rocha, ouro, mineração, angústia fiscal. Neste sentido, empreendeu cantar numa epopeia a vitória das normas civis sobre o caos da zona pioneira de aventureiros, narrando a história da Capitania de Minas. O resultado foi mau, não chegando a publicar o referido poema – *Vila Rica* – embora o tivesse aprontado antes de 1780.

Alvarenga Peixoto e Tomás Antônio Gonzaga — Seu amigo Inácio José de Alvarenga Peixoto (1744-1793) deixou obra pequena, próxima da sua, pela forma e as preocupações políticas, igualmente embebidas na realidade mineira. Com Tomás Antônio Gonzaga (1744-1810), companheiro de ambos em Ouro Preto, o Arcadismo encontrou no Brasil a mais alta expressão. Na sua obra há um aspecto de erotismo frívolo, expresso principalmente nas poesias de metro curto, anacreônticas em grande parte, celebrando a namorada, depois noiva, sob o nome pastoral de Marília. Mas ela vale sobretudo pelas de metro longo, voltadas para a expressão lírica da sua própria personalidade. Nelas, com admirável simplicidade e nobreza, traça um roteiro das suas preocupações, da sua visão do mundo e, depois de preso, do seu otimismo estoico. A ele se tem atribuído cada vez mais a autoria das famosas *Cartas Chilenas*, sátira violenta contra um governador de Minas, em que se verberam desmandos administrativos e revelam costumes do tempo, em verso enérgico e expressivo.

Estes três poetas se envolveram na Inconfidência Mineira, parecendo que apenas Alvarenga Peixoto desempenhou nela papel militante. De qualquer modo, foram duramente castigados e representam no Brasil o primeiro e até hoje maior holocausto da inteligência às ideias do progresso social.

José Basílio da Gama   Igualmente progressistas e muito estritamente pombalinos (como ficou dito) foram dois outros contemporâneos que formaram um par separado: José Basílio da Gama (1741-1795) e Manuel Inácio da Silva Alvarenga (1749-1814).

O *Uraguai* (1769), do primeiro (porventura a mais bela realização poética do nosso Setecentos), classificado em geral como epopeia, é na verdade um curto poema narrativo de assunto bélico, visando ostensivamente a atacar os jesuítas e a defender a intervenção pombalina nas suas missões do sul. Visivelmente atrapalhado por um material polêmico que não teria tempo ou disposição de elaborar, o poeta relegou-o para as notas o mais que pôde. No corpo do poema avultou a simpatia pelo índio, esmagado entre interesses opostos; e a fantasia criadora elaborou um admirável universo plástico, descrevendo a natureza e os feitos com um decassílabo solto de rara beleza e expressividade, nutrido de modelos italianos. Graças a isto, o *Uraguai* se tornou um dos momentos-chave da nossa literatura, descrevendo o encontro de culturas (europeia e ameríndia), que inspiraria o Romantismo indianista, para depois se desdobrar, como preocupação com o novo encontro entre a cultura urbanizada e a rústica, até *Os Sertões*, de Euclides da Cunha, o romance social e a sociologia. Ao tempo de Basílio, tratava-se de optar, neste processo, entre a tradicional orientação catequética e a nova direção estatal, colocando-se ele francamente ao lado desta.

Silva Alvarenga   Na mesma linha se pôs o seu amigo Silva Alvarenga, que veio para o Rio depois de formado, enquanto ele permanecia em Portugal. Silva Alvarenga, no poema herói-cômico *O Desertor* (1774), apoia a reforma da Universidade, atacando os velhos métodos escolásticos; e pela vida afora, mesmo após a reação que sucedeu à queda de Pombal, continuou fiel à sua obra e às tendências *Ilustradas*, em poemas didáticos e, sobretudo, pela já referida atuação na Sociedade Literária, de que foi mentor e lhe valeu quase quatro anos de prisão. O seu papel foi muito importante no Rio dos últimos decênios do século XVIII, influindo, como professor, na juventude de que sairiam alguns próceres da Independência –, o que faz do velho árcade um elo entre as primeiras aspirações *filosóficas* brasileiras e a sua consequência político-social.

Como poeta, entretanto, é sobretudo o autor de *Glaura* (1799), que contém uma série de rondós e outra de madrigais. Os primeiros são uma forma poética inventada por ele com base numa estrofe de Metastásio e constituindo, apesar da monotonia, melodioso encanto em que perpassam imagens admiravelmente escolhidas para denotar o velho tema da esperança e decepção amorosa. Os madrigais, mais austeros como forma, mostram a capacidade clássica de exprimir os sentimentos em breve suma equilibrada. Dentre os árcades, é o mais fácil e musical dos poetas, já que Domingos Caldas Barbosa (1740?-1800) é antes um modinheiro cujas letras fenecem sem a partitura.

Santa Rita Durão   Para encerrar este grupo de homens superiormente dotados, falta mencionar Frei José de Santa Rita Durão (1722-1784), que fica à parte pela decidida oposição à ideologia pombalina e fidelidade à tradição camoniana. A sua cultura escolástica e o afastamento dos meios literários, mais a influência de cronistas e poetas que se ocuparam do Brasil no modo barroco (Vasconcelos, Rocha Pita, Jaboatão, Itaparica), fazem dele, sob muitos aspectos, prolongamento da visão religiosa e transfiguradora atrás mencionada, levando-o a avaliar a colonização do ângulo estritamente catequético. Mas a época e o talento fizeram-no buscar, para além da falsa e arrebicada epopeia pós-camoniana, um veio quinhentista mais puro, para celebrar a história da sua pátria no *Caramuru* (1781). Resultou um poema passadista como ideologia e fatura, mas fluente e legível, com belos trechos descritivos e narrativos, devido à imaginação reprodutiva e à capacidade de metrificar as melhores sugestões das fontes que utilizou. Ele representa uma posição intermediária importante, por ter atualizado a linha nativista de celebração da terra, abrindo caminho para a sua florescência no século XIX.

Costuma-se abranger estes poetas sob o nome coletivo de Escola Mineira. Na verdade, formam, como vimos, três segmentos distintos no movimento arcádico, e a designação só se justificaria caso tomada como sinônimo do grupo brasileiro dentro do Arcadismo português, dada a circunstância de todos eles terem, ou nascido em Minas, ou lá passado as partes decisivas da vida.

Formação e atividade científica no século XVIII

A geração que fez os estudos em Coimbra depois da Reforma pombalina em 1769 encontrou oportunidades novas de formação científica. Os brasileiros as agarraram com notável sofreguidão, sendo proporcionalmente grande o número dos que seguiram cursos de matemática, ciências naturais e medicina. Além disso, começam a ir segui-los em outras universidades europeias, como Edimburgo e Montpellier, alargando os horizontes mentais. Não nos esqueçamos de que eram médicos formados nesta, Jacinto da Silva, um dos principais acusados no processo da Sociedade Literária, e Manuel de Arruda Câmara, mentor dos liberais pernambucanos, enquanto um dos ideadores da Inconfidência Mineira, José Álvares Maciel, estudara ciências naturais e química em Coimbra e na Inglaterra.

Ocorre então um fato ainda não bem estudado – o da quantidade de jovens bem-dotados e de boa formação que, não obstante, se perdem para a vida científica ou não tiram dela os frutos possíveis. É que a multiplicidade das tarefas, que então se apresentam, os solicita para outros rumos, enquanto a pobreza do meio condena a sua atividade, ou ao praticismo, ou ao abafamento pela falta de repercussão. Isto, não só para os que trabalham na pátria, mas ainda para os que servem na Metrópole. O motivo se prende em parte à própria estrutura social, pois a inexistência de estratos intermédios entre o homem culto e o homem comum, bem como a falta de preparação dos estratos superiores, os forçavam às posições de liderança administrativa ou profissional. Eram por assim dizer aspirados pelos postos de responsabilidade, quaisquer que eles fossem – vendo-se o mesmo homem ser oficial, professor, escritor e político; ou desembargador, químico e administrador. Outros, que logravam ficar nos limites da sua especialidade, viam os seus trabalhos votados ao esquecimento, inéditos por desinteresse do meio ou dispersos pela desídia e desonestidade.

De qualquer modo, representam um triunfo relativo das Luzes, e muitos marcaram o seu tempo. Poucas vezes o Brasil terá produzido, no espaço de um quarto de século, numa população livre que não atingisse dois milhões, na absoluta maioria analfabetos, homens da habilitação científica de Alexandre Rodrigues Ferreira, Francisco Luís de Lacerda e Almeida, José Bonifácio de Andrada e Silva, Francisco de Melo Franco, José Vieira Couto, Manuel Ferreira da Câmara de Bittencourt e Sá, seu irmão José de Sá Bittencourt Câmara, José Mariano da Conceição Veloso, Leandro do Sacramento – para citar os de maior tomo, deixando fora uma excelente segunda linha de estudiosos e divulgadores que se contam por dezenas.

Todos, ou quase todos estes homens tinham, como era próprio às concepções do tempo, uma noção muito civil da atividade científica, desejando que ela revertesse imediatamente em benefício da sociedade, como proclamavam tanto um Rodrigues Ferreira no último quartel do século XVIII, quanto o matemático Manuel Ferreira de Araújo Guimarães em 1813, na apresentação da sua revista *O Patriota*. A eles devemos os primeiros reconhecimentos sistemáticos do território, em larga escala, seja do ponto de vista geodésico (Lacerda e Almeida), seja zoológico e etnográfico (Rodrigues Ferreira), seja botânico (Veloso, Leandro), bem como as primeiras tentativas de exploração e utilização científica das riquezas minerais (Vieira Couto, Câmara). Entre eles se recrutaram alguns dos quadros mais importantes da Independência e do Primeiro Reinado, como o naturalista José Bonifácio, os matemáticos Vilela Barbosa e Ribeiro de Resende, pois muitos deles passaram (consequência natural da filosofia das Luzes e solicitação de um meio pobre em homens capazes) da ciência à política, da especulação à administração.

Publicistas e doutrinadores — Ao seu lado avulta um segundo grupo (a que muitos deles pertencem igualmente), também formado sob o influxo das reformas do grande Marquês: são os publicistas, estudiosos da realidade social, doutrinadores dos problemas por ela apresentados, como José da Silva Lisboa (1756-1835), divulgador da economia liberal entre nós, porta-voz dos interesses comerciais da burguesia litorânea; ou Hipólito José da Costa Pereira (1774-1823), o nosso primeiro jornalista, que a partir de 1808 empreendeu no *Correio Braziliense*, publicado em Londres, uma esclarecida campanha a favor da modernização da vida brasileira, sugerindo uma série de medidas do maior alcance, como responsabilidade dos governadores, representação provincial, abolição do cativeiro, imigração de artífices e técnicos, fundação da Universidade, transferência da capital para o interior.

Azeredo Coutinho — Figura de relevo foi a de D. José Joaquim da Cunha de Azeredo Coutinho (1743-1821), que talvez encarne como ninguém as tendências características da nossa Ilustração — ao mesmo tempo religiosa e racional, realista e utópica, misturando a influência dos *filósofos* ao policiamento clerical. A sua obra de educador no famoso Seminário de Olinda é considerada o marco do ensino moderno entre nós, enquanto o admirável e estranho *Ensaio Econômico* (1794) entra pelo devaneio e o plano salvador (que tanto nos caracterizariam daí por diante), procurando associar o índio ao progresso graças ao aproveitamento das suas aptidões naturais, canalizando-as para a navegação, e esta para o comércio do sal, reputado como fonte revolucionadora de riqueza.

Os sacerdotes liberais Com este bispo ilustre, tocamos num terceiro grupo intelectual que desempenhou papel decisivo nas nossas Luzes e a sua aplicação ao plano político: os sacerdotes liberais, diretamente ligados à preparação dos movimentos autonomistas. Núcleo fundamental foi, por exemplo, o que se reuniu em Pernambuco à volta do Padre Manuel de Arruda Câmara (1752-1810), provavelmente de caráter maçônico – o chamado *Areópago de Itambé* – e se prolongou através do proselitismo do Padre João Ribeiro Pessoa, seu discípulo, formando os quadros das rebeliões de 1817 e 1824, a que se ligam outros tonsurados liberais: os Padres Roma e Alencar; os Frades Miguelinho e Joaquim do Amor Divino Caneca (1779-1825), este, panfletário e jornalista de extraordinário vigor, teórico do regionalismo pernambucano, fuzilado pelo seu papel na Confederação do Equador.

Os oradores sacros se desenvolveram então em grande relevo, graças à paixão de D. João VI pelos sermões; e muitos deles, além de contribuírem para formar o gosto literário, usaram o púlpito como tribuna de propaganda liberal, sobretudo na preparação final da Independência e no Primeiro Reinado, sendo muitos deles maçons praticantes, como Januário da Cunha Barbosa (1780-1846), companheiro de Gonçalves Lêdo no jornal *Revérbero Constitucional*. Outros, como os Frades Sampaio e Monte Alverne, chegaram a exercer acerbamente o direito de crítica em relação às tendências autoritárias do primeiro imperador. Assim, pela mistura de devoção e liberalismo, o clero brasileiro do primeiro quartel do século XIX – classe culta por excelência – encarou construtivamente alguns aspectos peculiares da nossa Época das Luzes, ardente e contraditória.

Literatos O quarto grupo nos traz de volta aos escritores propriamente ditos, os literatos, que então eram quase exclusivamente poetas. Entre 1750 e 1800 nascem umas duas gerações unificadas em grande parte por caracteres comuns e, no conjunto, nitidamente inferiores às precedentes. Árcades, eles ainda o são; mas empedernidos, usando fórmulas, e que muitos deles começam a pôr em dúvida. Como recebem algumas influências diversas, ampliam, por outro lado, as preocupações ou modificam o rumo com que elas antes se manifestavam. É o caso de certo naturismo didático ou meditativo, que aprendem no inglês Thomson, nos franceses Saint-Lambert e Delille, e ocorre nalguns versos de José Bonifácio (1765-1837) e Francisco Vilela Barbosa (1769-1846). E se este não sai, poeticamente falando, do âmbito setecentista, o primeiro chega a interessar-se por Walter Scott e Byron, enquanto sua boa formação de helenista o conduz a traduções e imitações, reveladoras de um neoclassicismo diferente do que, entre os árcades anteriores, decorria do trato assíduo de autores em língua latina.

Se um Bento de Figueiredo Tenreiro Aranha (1769-1811) é continuador puro e simples dos aspectos neoquinhentistas da Arcádia, José Elói Ottoni (1764-1851) opta decididamente pelas cadências melodiosas da poética bocagiana, usando o decassílabo *sáfico* (acentuado nas 4.ª, 8.ª e 10.ª sílabas) de um modo bastante próximo ao dos futuros românticos.

De dois outros poetas – Padre Antônio Pereira de Sousa Caldas (1762-1814) e Frei Francisco de São Carlos (1763-1829) – costumavam estes dizer que haviam sido seus precursores, por se terem aplicado à poesia religiosa em detrimento das sugestões mitológicas. A opinião é superficial, ao menos quanto ao segundo, e se explica pelo desejo de criar uma genealogia literária, pois não apenas os temas religiosos foram largamente versados na tradição portuguesa, como, estética e ideologicamente, o poema *Assunção*, de São Carlos, é prolongamento do nativismo ornamental de outros poetas nossos (Itaparica, Durão). É, aliás, uma obra frouxa, sem inspiração, prejudicada pela monotonia fácil dos decassílabos rimados em parelhas. Mas como foi composta ao tempo da vinda de D. João VI, manifesta, muito mais que os anteriores, o senso de integração nacional, abrangendo todo o país na sua louvação ingênua e descosida.

Sousa Caldas A maior destas figuras literárias é Sousa Caldas, inspirado na mocidade pelas ideias de Rousseau, que o levaram à humilhação de um auto da fé penitenciária e à reclusão em convento. Mas o seu liberalismo era acompanhado de fé igualmente viva, que o fez tomar ordens sacras aos trinta anos e destruir quase todas as poesias *profanas* que compusera. Daí por diante, escreveu poemas sagrados – duros, corretos, fastidiosos – e traduziu com mão bem mais inspirada a primeira parte dos *Salmos* de Davi. Mas permaneceu fiel às ideias, sempre suspeito às autoridades. Por altura de 1812-1813, redigiu uma série de ensaios político-morais sob a forma de cartas, de que infelizmente restam apenas cinco, para amostra do quanto perdemos. Elas manifestam ousadia e penetração, versando a liberdade de pensamento e as relações da Igreja com o Estado num molde de avançado radicalismo. Já em 1791 escrevera uma admirável carta burlesca, em prosa e verso, alternadamente, sugerindo atitude mais adequada ao homem moderno, inclusive repúdio à imitação servil da Antiguidade e à tirania dos clássicos no ensino.

Elói Ottoni   Provavelmente por influência de Sousa Caldas – que admirava e cujo epitáfio redigiu –, Elói Ottoni aplicou-se em traduzir textos sagrados, publicando os *Provérbios* (1815) e deixando inédito o *Livro de Jó*. Note-se a preocupação destes poetas com o Velho Testamento – que seria largamente utilizado no Romantismo –, definindo um universo religioso bem diverso da piedade rotineira que São Carlos representa.

O Patriota   Em 1813, o matemático Araújo Guimarães (1777-1838) fundou no Rio *O Patriota*, que durou até o ano seguinte e foi a primeira revista de cultura a funcionar regularmente entre nós, estabelecendo inclusive o padrão que regeria as outras, pelo século afora: trabalhos de ciência pura e aplicada ao lado de memórias literárias e históricas, traduções, poemas, notícias. Como diretriz, o empenho em difundir a cultura a bem do progresso nacional.

O Patriota publicou versos de Tomás Antônio Gonzaga, Cláudio Manuel da Costa, Silva Alvarenga. Dentre os colaboradores contemporâneos, sobressaiu, com a inicial B., ao fim de oito artigos de ciência aplicada, Domingos Borges de Barros (1779-1855), árcade influenciado pelos franceses, sobretudo Parny e Delille, que encontrou a certa altura uma tonalidade pré-romântica de melancolia e meditação, redimindo a banalidade de uma obra medíocre – tanto na parte frívola quanto na poética, esta representada por um poema fúnebre sobre a morte do filho, *Os Túmulos* (1825). Com José da Natividade Saldanha (1795-1832) – tipo muito curioso de agitador liberal, exilado a partir de 1824 –, chegamos ao fim da poesia brasileira anterior ao Romantismo, no que ela tem de aproveitável. É um árcade meticuloso, nas obras líricas e nas patrióticas, mostrando que o civismo incrementava e consolidava a diretriz neoclássica, em virtude do apelo constante aos modelos romanos.

Monte Alverne   Maior agitação interior e claras premonições de Romantismo encontramos nos sermões do referido Frei Francisco de Monte Alverne (1785-1857), que sofreu a influência de Chateaubriand e manifestou pela primeira vez, entre nós, aquele sentimento religioso simultaneamente espetacular e langue, típico dos românticos, parecendo menos devoção que ensejo de emoção pessoal. Apesar da pompa convencional e monotonia das ideias, muitos dos seus discursos ainda resistem hoje à leitura, permitindo avaliar o grande fascínio que exerceu sobre os contemporâneos.

*
* *

As letras e ideias no Brasil colonial se ordenam, pois, com certa coerência, quando encaradas segundo as grandes diretrizes que as regeram. Em ambas coexistiram a pura pesquisa intelectual e artística, e uma preocupação crescente pela superação do estatuto colonial. Esse pendor, favorecido pela concepção *ilustrada* da inteligência a partir da segunda metade do século XVIII, permitiu a precipitação rápida da consciência nacional durante a fase joanina, fornecendo bases para o desenvolvimento mental da nação independente.

CAPÍTULO II

ARQUITETURA E ARTES PLÁSTICAS

CHEGANDO com o colonizador, a arte portuguesa encontrou no Brasil um território aberto à sua exportação. As culturas pré-cabralinas, tanto as então extintas, como fosse a de Marajó, quanto as que conheceriam mais demorado processo de desaparição, como a Tapajó – nisso não deferindo das que ainda sobrevivem no desgaste do insulamento fatal –, eram incapazes de oferecer contraste à criação europeia, não só por se encontrarem ao nível do neolítico, mas ainda por lhes faltar oportunidade de mais vigorosa afirmação, por choque ou na coexistência, em face do invasor. Há indicações claras do aproveitamento de certas técnicas suas pelos portugueses, porém tais processos pouco diferem da simples apropriação pelo branco da experiência condensada pelo indígena. Sobretudo na criação artística, torna-se evidente o caráter suplementar dessa contribuição que mais valeu à reafirmação ou à readaptação dos padrões europeus, quase nunca representando uma verdadeira sobrevivência da cultura nativa.

Posto assim, em campo, aberto e obrigado na existência quotidiana a uma rude condição que bastante se assemelhava à do conquistador num acampamento de fortuna, deveu o português inicialmente enfrentar o novo continente como povoador, denominação que a si próprio atribui com muito boas razões. Sua arte só encontraria, pois, oportunidade de realização, onde a solicitava uma necessidade instante, pois em tal situação não se admitia o supérfluo. Em tal conjuntura deverá, naturalmente, a arquitetura ser convocada em primeiro lugar e para atender à carência de abrigo. Na medida da radicação no chão conquistado, a essa função acrescentará a de padrão de domínio sobre o que, pouco havia, era ainda terra deserta.

Vários, contudo, eram os sentidos do domínio, cujas peculiaridades se acentuavam e enriqueciam com passar o tempo e multiplicarem-se os homens. Não tarda, em consequência, o aparecimento de traços característicos a distinguir uma arquitetura civil da oficial, de ambas se destacando, pela especificidade da função, porém ainda mais pela relativa fartura de meios, a arquitetura religiosa. Assim, as vilas do litoral, como logo repetiram as do interior, exprimiriam suas aspirações nas três linguagens da construção, levantando casas de moradia, a elas contrapondo as casas de câmara e cadeia, enquanto o poder religioso ganhava suas capelas, igrejas, conventos e colégios. Cabe aludir – sobretudo porque não observamos rigores cronológicos neste breve apanhado – a feição especial, porém não desligada desses padrões mais ou menos urbanos, que adotará a construção rural, solicitada a construir o abrigo e, na mesma escala de necessidade, a exprimir o domínio efetivo e incontrastável desses senhores sem castelo, os proprietários da terra. A casa-grande, atendendo a toda a numerosíssima família e aos hóspedes; a casa da máquina, a casa de purgar, a casa de cozimento, os armazéns, o engenho, as senzalas a suprirem as imposições do trabalho; a capela a consagrar uma função religiosa inscrita no âmbito interior do grupo; enfim, todas as inúmeras peças que um modo de vida peculiar e autêntico pedia à invenção dos construtores valiam como novos estímulos à mesma arte que, de início, parecia destinada tão só à satisfação singela e imediata das necessidades básicas da existência.

Rememorando tão conhecidos fatos, desejamos apenas lembrar as duas coordenadas da evolução da arte portuguesa, ou melhor, do transplante da arte portuguesa no Brasil. Uma é a que obriga, pelas condições iniciais do povoamento, a um despojado funcionalismo capaz, por si só, de fazer tornarem às essências fundamentais expressões artísticas que, na terra de origem, se conheciam maduras e, pois, complexas em suas formas finais. Outra pede à mesma arquitetura, assim despojada, que atenda a funções variadas e, também, a solicitações inéditas. Para o que, sem dúvida, precisará adaptar-se o próprio grupo humano, a fim de, num segundo passo, estabilizarem-se, desenvolverem-se e, sendo o caso, inovarem-se os recursos técnicos e os valores estéticos, trazidos de fora ou nascidos aqui.

Povoamento e arquitetura Tem-se acentuado, quase à ênfase, a influência das técnicas construtivas na estabilização da arquitetura brasileira, tanto na sua fase de adaptação imediata às novas condições, quanto na sua posterior progressão em rumos próprios e verdadeiramente originais. As mais primitivas, do início do povoamento, parecem constituir pontos de confluência das culturas em contato, como sucede na adjunção de processos medievais lusitanos e usanças indígenas evidenciada pelo recurso à palha e às palmas de coqueiro para realizar a inteira construção ou para cobrir a obra de pau a pique. Também este resume experiências paralelas, senão do índio, como querem alguns, seguramente dos negros e dos portugueses. E o mesmo sincretismo de processo caracterizaria ainda a taipa (não apenas a taipa de mão, atirada de *sopapo* na trama do pau a pique, mas também a taipa de pilão, comprimida em caixões de tábua) que, sem dúvida, é ponto de partida de técnicas mais avançadas, como o adobe (tal como o tijolo cozido, um desenvolvimento racionalizado da construção de barro), ou a base inspiradora de processos mistos, à maneira da pedra e cal e da alvenaria, que, embora de diversa origem e desenvolvimento, no Brasil deveriam colher os inestimáveis ensinamentos das experiências iniciais, com as quais, de comum, não temem mesclar-se num mesmo edifício, onde a cantaria propriamente dita apenas viria a constituir, em regra, um complemento nobre. O curso forçoso determinado pelas condições materiais que só lentamente se alargaram marcou indelevelmente a fisionomia da construção, mas aí encontramos um só dos fatores do fenômeno histórico em que também agiu o elemento humano diretamente responsável pela expressão dos anseios estéticos por intermédio das formas que a técnica possibilitava.

E também o fator humano reagiria ao aventuroso trânsito traçado pelos azares e vicissitudes da conquista da terra. Quando surgiram, em 1573, os Regimentos dos Oficiais Mecânicos da cidade de Lisboa, já se estabelecera uma diferença fundamental entre o padrão corporativo do resto da Europa e a composição das corporações portuguesas, pois nestas não se definia o mestre pela propriedade da oficina. No Brasil, onde a Câmara Municipal cumpriria função sociopolítica muito diversa da que desempenhava na metrópole, outras e mais fundas diversificações surgiram, quase todas propiciando liberdades e tolerâncias que, em verdade, se opunham à própria estrutura do sistema. Nada restou da assembleia corporativa, da *classe dos vinte e quatro*, da própria alçada do juiz de ofícios que aqui passou a funcionar como mero fiscal da vereança. De maior alcance foi o enfraquecimento do instituto da licença que, após sucessivos abrandamentos, ainda conheceu a subversão trazida pelas licenças provisórias sob fiança. Por vezes a organização de confrarias religiosas pelos elementos de determinado ofício possibilitou o agrupamento profissional que a legislação não conseguiu efetivamente realizar. De outra parte, certas ordens, sobretudo os jesuítas e os beneditinos, aplicavam-se em formar e manter seus próprios artesãos. Nesse clima de flutuações e, ao mesmo tempo, de ambicionados, mas frustros rigores regulamentares, surgem e trabalham os profissionais das numerosas categorias exigidas pela arquitetura, sobretudo pela arquitetura religiosa: oleiros, ladrilheiros e telheiros; pedreiros, canteiros e rebocadores; carpinteiros, carapinas e entalhadores (estes últimos, sem clara definição da categoria, misturando-se aos imaginários e escultores), ferreiros, serralheiros e latoeiros. Não há, contudo, distinções rigorosas entre os ofícios quando postos em atividade. Se há, ao menos em esboço, uma hierarquia na execução dos projetos cuja responsabilidade é do *mestre de obra*, os oficiais podem passar de uma a outra especialidade, e a própria função do arquiteto, algumas vezes chamado *mestre de risco*, é exercida por pessoas das mais variadas condições, sequer se distinguindo a engenharia militar da construção religiosa ou civil. Em tais grupos de trabalho, incluíam-se os pintores e escultores, úteis, sobretudo, na decoração interior das igrejas.

Do ponto de vista sociológico, mais importante do que essa fluidez na especialização, será, sem dúvida, a presença numerosíssima e acomodada por via de certos estratagemas formais (como seja o pagamento por jornais ou tarefas, à maneira do obreiro comum) de mestiços artesãos. A vocação e a destreza artística passam a constituir uma inspirada possibilidade de movimento ascensional na rígida estrutura colonial escravista. Por essa via, forma-se um novo grupo, que não é cativo nem é senhor, cuja cor de tez é ignorada e cuja presença é indispensável. São aqueles prósperos e proficientes artesãos que impressionaram a Juan Francisco de Aguirre e, mais tarde, a Spix e Martius, cujos depoimentos Sérgio Buarque de Holanda relacionou. São aqueles mulatos livres e inventivos, nos quais Mário de Andrade vislumbrou a primeira raiz da consciência nacional a nascer.

Radicação e artes plásticas Os mesmos fatores, trabalhando em condições básicas que são comuns a todo o território, estabeleceram, pois, uma estrutura fundamental para toda a criação artística do período colonial. De outra parte, torna-se impossível ignorar as diversificações locais, evidenciando-se num exame mais pormenorizado das realizações deste ou daquele ponto e explicando-se em função das peculiaridades da própria colonização que conheceu, de ponto para ponto, diferenças de ritmo e de intenções. Considerando-se, porém, as linhas genéricas e, também, o trânsito relativamente farto de peças e artistas havido entre as várias regiões da colônia, melhor será fugir ao agrupamento da produção artística por distintas regiões, continuando a encará-la como fenômeno uno, embora variável e, pois, atendendo apenas a focos de concentração que se alternaram no tempo e no espaço.

Preliminarmente, acentuamos a especificidade do caso do extremo norte, não, porém, por apresentar uma menor riqueza artística, como querem alguns, pois o que o distingue do resto do Brasil antes será resultado dos processos administrativos mais ou menos artificiosos que deram governo à parte ao Estado do Maranhão e Grão-Pará. Depois, considerando a primeira fase da cultura litorânea, quando se aglutinam os centros urbanos de alguma importância, distinguiríamos a coexistência de dois grandes focos de gravitação: Pernambuco (mais precisamente: o complexo Olinda-Recife) que, alimentado pela fartura do ciclo do açúcar, se complementa com Alagoas, Paraíba e Rio Grande; a Bahia, também rica e representando a capital da administração e da Igreja, magnetiza toda a vida social e artística contida pelo grande arco de São Francisco. São as primeiras sedes centrais da criação na colônia e dividem pacificamente encargos e esplendores da função até que o Rio de Janeiro, tornando-se em 1763 a sede do vice-reinado, possa expandir e multiplicar a sua própria arte que, embora em escala mais modesta, se desenvolvia desde os primeiros tempos, quando sua esfera de influência ia do Espírito Santo a São Paulo. Atentando apenas para a data dos monumentos, deveríamos considerar esses três núcleos litorâneos coexistindo e criando durante todo o período colonial; impõe-se, contudo, sublinhar que, do ponto de vista do apogeu de realizações, cabe distinguir um primeiro momento na dupla hegemonia pernambucano-baiana e um segundo, na preeminência carioca. Entrementes, por dois séculos entregue a modestíssimas realizações, cumpria São Paulo a tarefa de penetrar o interior, principalmente no centro-sul para lá carreando a discreta arte de que dispunha – quando a exploração interna fez jorrar a riqueza imensa do ciclo do ouro e do diamante, daquela parca, mas constante sementeira artística nasceria, em Minas Gerais, a mais forte, mais farta e mais bela expressão de uma arte verdadeiramente brasileira.

Cultura litorânea; Olinda

Esse esboço de distribuição no espaço e no tempo implicitamente indica que, nas manifestações do litoral, a arte do Brasil tendia sempre a tomar-se um reflexo da criação portuguesa. De maneira geral, no primeiro século de nossa existência, predominaram obras em materiais provisórios e de acentuada singeleza funcional e, se no fim desse período, as ordens religiosas, notadamente a Companhia de Jesus, decidiram-se a construções mais estáveis, a invasão holandesa, atingindo os dois grandes focos litorâneos, impôs uma pausa a tais empreendimentos. *Grosso modo*, podemos supor que até então a construção religiosa colonial conheceu, mesclando-se, mas também superando a fase da palha e pau a pique, os estágios imediatamente seguintes, exemplificados em Olinda, apesar da proximidade de datas, pela igreja do Colégio Jesuíta e pela igreja, posteriormente bastante modificada, do Convento dos Carmelitas. No sul a amostra preservada em São Miguel (com data bem posterior) indica o que continuava a ser a limpa e econômica linguagem adequada às regiões de menor prosperidade, nas quais regeu não só a edificação de igrejas, mas também a de fazendas e engenhos, tais como, com naturais inflexões de gosto e meio, permaneceriam por mais dois séculos, pelo menos. Onde, porém, aumentassem as disponibilidades, logo se impunha a tendência à realização, completa quanto possível, do modelo português, observação válida também para a decoração interna entregue aos escultores e pintores, tal como a podemos retraçar desde o ponto inicial identificado por Lúcio Costa nos retábulos de pedra daquela mesma igreja jesuítica de Olinda. Pela mesma razão, vem de fora o maior número de esculturas e pinturas, embora alguns remanescentes – da ordem das três famosas imagens de barro cozido que João Gonçalo Fernandes modelou, em 1560, para as matrizes de Itanhaém e São Vicente – indiquem seguramente o início de uma produção local.

O momento de verdadeira expansão da arquitetura litorânea brasileira coincide com aquele em que, segundo Reynaldo dos Santos, avulta em Portugal um barroco iniciado nos fins do século anterior, quando

> "segue uma linha evolutiva de caráter nacional onde de vez em quando se enxerta e surge, como uma lufada renovadora, a influência de um mestre estrangeiro, quase sempre italiano, que introduz novos conceitos arquitetônicos e renova o estilo até que no período seguinte se reata a corrente nacional dentro de suas tradições e gosto".

Assim, ao declinar a influência de Filipe Tércio, ressurge a arquitetura lusitana, com fisionomia própria, em que pese à assimilação do recente aprendizado; marca-se o padrão que o Brasil seguiria.

"Mas o que dá caráter às igrejas seiscentistas em Portugal, mais do que sua orgânica austera que se repete com monotonia, é a riqueza decorativa dos altares e capelas revestidos de talha policromada e dourada, forrando por vezes os muros de alto a baixo, emoldurando as portas e janelas, cobrindo as abóbadas e tetos. Esse revestimento de ouro estender-se-á às igrejas no Brasil (...) Tais são as primeiras bases – arquitetura e talha decorativa seiscentista – que explicam a integração do primeiro período da arte do Brasil nas suas ligações com a arte da metrópole."

Bahia Nesse período (a rigor, o segundo) de integração da arte portuguesa no Brasil, e tal como sucedera na fase anterior, distinguem-se os jesuítas no deixar patente como, em prejuízo do modelo italiano, prefere-se no Brasil o padrão português. Tal processo inicia-se em Lisboa, onde a Companhia de Jesus interrompe a construção da São Roque de Lisboa, a pretexto de adaptá-la à planta da Gesù, mas aí acaba firmando um tipo específico e diferenciado de igreja, como também acontece à Santo Antão e à São Vicente, enquanto o arquiteto Afonso Álvares, que servia à ordem, inspirava-se principalmente no goticismo da São Francisco de Évora, como ensina Mário Chicó. No Brasil, é o irmão Francisco Dias, que trabalhara na São Roque lisboeta, quem traçará a igreja do Colégio de São Salvador e a despojada redução do exemplo português, que é a igreja de Olinda. Entretanto, fazia-se patente o reflexo da mesmíssima São Roque na igreja (hoje desaparecida) do Colégio do Rio de Janeiro. Isso, para o século XVI; seguiu-se uma pausa correspondente à invasão holandesa e às suas sequelas. Retomando suas edificações mais ou menos em 1650, voltam os jesuítas, até 1759, ano da expulsão, ao cristalizado padrão da São Roque, embora não temendo variantes enriquecedoras. Assim, a igreja do Colégio (hoje Catedral) da Bahia (c. 1657-1872) com sua severa modernatura e as grandes volutas de arremate do ático serviria de modelo à congênere lusitana de Santarém, como demonstra Paulo F. Santos. Sobretudo no conceito da planta – marcada por um amplo transepto e por duas linhas de quatro capelas ladeando a nave que vai defrontar um altar-mor com capelas colaterais de inesperadas proporções – é que se revela, nesse edifício, um novo tipo arquitetônico a propor-se. A igreja de Belém do Pará, menos fina e mais barroca, a seguiria. Quanto à talha, a catedral baiana parece opor-se, pela inspiração construtiva e pelo reticulado severo do desenho, às fantasias do barroquismo fitomórfico que, contudo, se faz presente. Fora dos grandes centros ricos, os jesuítas sabiam construir com economia e simplicidade (à maneira da já citada igreja de São Miguel), mostrando-se obedientes às condições locais, como no Embu (São Paulo), ou mesmo resistindo a possíveis, porém supérfluas, ostentações, como em Reritiba (Espírito Santo).

Terminava-se a construção jesuítica da Bahia quando o frade-arquiteto Bernardo de São Bento Correia de Sousa refez os primitivos planos da igreja do Mosteiro beneditino do Rio de Janeiro, conjunto que, dada a destruição ou desfiguramento das demais construções da ordem, hoje figura como amostra única. Os novos planos deram à igreja as duas naves complementares, que tanto a individualizam, porém conservaram, pela sobreposição do coro à entrada, a nota exterior da *galilé*, característica da ordem. A talha decorativa, o conjunto monástico, toda a riqueza de mobiliário e alfaias desse conjunto, cuja construção se prolongaria até o século XVIII, não podem, contudo, fazer-nos esquecer das indicações, fornecidas pelos eruditos levantamentos de D. Clemente da Silva Nigra, acerca de outras edificações beneditinas. Assim, a tão desfigurada São Bento da Bahia, que inicialmente se traçou como a igreja brasileira mais próxima da Gesù. Por isso, o conjunto conventual das Carmelitas Descalças, riscado para a mesma cidade provavelmente pelo mesmo arquiteto, constituiu-se em objeto de estudos que assinalam peculiares características – a sineira plantada sobre o muro lateral da nave e, consequentemente, liberta de interferências, a fachada tão próxima do desenho (Vignola) da Gesù. Traços de tal nitidez levam-nos à convicção de que, conhecendo embora experiências inovadoras em Portugal, a Ordem de São Bento, ao contrário dos jesuítas, preferia a direta referência aos exemplos romanos.

Caberia, contudo, aos franciscanos romper essa hesitação entre duas fontes de modelos, para traduzirem pela arquitetura, em riqueza e requinte, a prosperidade das regiões sob direta influência de Pernambuco e da Bahia. Dos fins do século XVI à metade do XVII, as edificações da Ordem, cuja primeira realização foi a N. S. das Neves de Olinda, expandem-se notavelmente no interior do arco descrito pelo São Francisco. Mas foi a partir de 1650, mais ou menos, que se definiu plenamente o esplendor dos conventos franciscanos, graças a uma série de redecorações, reconstruções e novas construções, como as conhecemos nas amostras preservadas. Há, evidentemente, um padrão fundamental orientando a generalidade dessas construções, cuja massa sempre encontra seu núcleo central num claustro que, cercado de três lados pelos dispositivos propriamente conventuais, conclui-se, na quarta face, pela igreja. Esta, desde o primeiro século, conheceria o complemento, perpendicular à nave, da capela da Ordem Terceira. Atentos a essa estrutura básica, que refletia tão fielmente uma estrutura de vida religiosa ao mesmo tempo recolhida na clausura e posta em comunicação litúrgica com os fiéis, os arquitetos da ordem permitiam-se grande liberdade interpretativa, tanto na construção, quanto na decoração. Assim, se a tradição pedia um espaço vestibular à igreja, tanto se fez em *galilé*, quanto em alpendre. Como também, se foram requeridas colunas toscanas para o claustro, uma infinidade de desenhos elementares e de integrações conjuntivas pode ser encontrada. Se tal largueza de expressões não redundou efetivamente em dispersão estética, nem muito menos em qualquer ecletismo, de tal sorte se comprova a força criadora autêntica que Germain Bazin acreditou discernir no fato de ter essa ordem sempre adestrado, cultivado e desenvolvido seus próprios artesãos. Nesse sentido, deixando de lado o exemplo tão justamente celebrado da Bahia, onde, contudo, se faz mais notória uma direta influência europeia, o estudioso deve procurar compreender que a linha evolutiva da escola franciscana deixou o ponto mais fino de sua decoração na Capela Dourada do Recife, como na arquitetura atingiu o auge no convento de João Pessoa. Avaliando-se devidamente a coerente liberdade com que arquitetos e decoradores puderam realizar essas muitas igrejas e conventos, ao mesmo tempo que condensavam suas experiências e transmitiam-nas aos aprendizes, não será difícil compreender como, nas afirmações externas e riquezas interiores das edificações franciscanas, a igreja barroca do Brasil pôde encontrar caminho franco para sua mais autêntica realização até o século XVIII.

Manda a sinceridade dizer que a escultura e a pintura não alcançaram as mesmas alturas a que, nesta fase, se alçou a arquitetura, salvo quando esta as solicitou à função decorativa. Dizem-nos as amostras até nós chegadas, devendo-se também reconhecer que tal acervo permanece sob as reservas suscitadas por uma pesquisa de identificação desprovida da documentação imprescindível à positivação de data e proveniência da maior parte das peças. Mais felizes não são as tentativas de confronto estilístico, dada a prolongada resistência dos modelos iniciais e a evidente dispersão das peças por zonas afastadas do ponto de origem. Pode-se tão só sugerir uma maior importação de pinturas, inclusive daquelas emolduradas pela talha nos grandes conjuntos decorativos, enquanto a escultura, sem dúvida estimulada pela atividade dos entalhadores, aqui se produzia com mais fartura, porém sempre tendendo à reiteração de padrões e modelos. Tanto se depreende, por exemplo, das indicações disponíveis acerca dos entalhadores e imaginários Simão da Cunha e Frei Domingos da Conceição da Silva, e dos pintores Frei Ricardo do Pilar e José Oliveira Rosa, que trabalharam no mosteiro beneditino do Rio. O caso de Frei Agostinho da Piedade e de seu discípulo, Frei Agostinho de Jesus, que produziram na Bahia, dá a medida dos mais cômodos, porém assaz disciplinados caminhos que trilhavam os criadores de peças "livres". Há, porém, muito que descobrir e estudar, antes de transferir essas inferências e aproximações para o plano das afirmações históricas.

O vice-reinado no Rio de Janeiro; influência artística da nova capital

O ano de 1763, em que se dá a transferência do vice-reinado para o Rio, simboliza transformações sociais e econômicas que se derivam da expansão do povoamento e da ativa exploração dos recursos minerais. O deslocamento dos homens do litoral sul para as terras das Minas Gerais soma-se à intensificação das levas chegadas de Portugal na primeira metade do século XVIII; nos cinquenta anos seguintes, darão base ao ciclo produtivo que passaria para Minas, como foco atuante, e para o Rio de Janeiro, como centro de controle administrativo, o domínio e prestígio que pouco antes ainda estavam na Bahia. Esta, agora, desempenharia um papel que, ainda muito brilhante, já não era de hegemonia. Continuava próspera, porém tendo deslocada parte de sua vitalidade econômica para a função de subsidiária de uma produção alheia a seu território, não disporá mais da íntima coerência da vida social que, anteriormente, alicerçara suas expressões artísticas, muito embora não se possa acusá-las de declínio. O mesmo não se dá em Pernambuco que, graças ao poder constante do açúcar, se manteria no mesmo nível anterior, embora menos favorecido pelas atenções metropolitanas. Acrescente-se que, na estrutura dos quadros sociais, há notáveis novidades: no que tange à arquitetura religiosa, assinala-se o avanço da atividade das confrarias passando à frente das ordens, que se veem proibidas em território mineiro e claramente superadas no processo de urbanização do Nordeste; quanto à arquitetura civil (até hoje desconhecendo um bom estudo de conjuntos), anote-se a linha de relativa prosperidade no quadrante norte, enquanto ao sul o minerador custava a libertar-se efetivamente da austeridade trazida de São Paulo; na arquitetura rural, merece nota a fidelidade aos padrões que, desenvolvidos na primitiva coerência entre meios concisos e fins essenciais, não chegam a alterar-se quando esses meios conhecem maiores larguezas. Ao Rio fica reservada a função de uma capital e, pois, a possibilidade de construir-se como uma capital, ou meia capital europeia, de hábitos cortesãos ou meio cortesãos.

Terá, pois a Bahia, nesse século XVIII, os majestosos monumentos resultantes da evolução anterior – à maneira da São Francisco – ou novos e formosos edifícios de gosto ainda menos local – como a Conceição da Praia –, dir-se-ia que a arte, como a economia, se ressentia da impossibilidade de uma elaboração interior. Pernambuco, desconhecendo deslocamentos na esfera produtiva, demonstrará maior vitalidade tanto no revigorar as afirmações anteriores – na linha de sua singular Madre de Deus – quanto no tentar novas afirmações, do peso e valor da São Pedro dos

Clérigos, com sua elegantíssima verticalidade e sua planta de sábia elaboração. Mas, nesse movimento que, de um modo geral, busca evitar o rococó, insinuado pela Europa, a atenção dos criadores parece fixar-se, de preferência, nas variações tópicas – frontões, coberturas e ornamentação de sineiras, desenho de colunas e modernaturas. Eis por que, para toda a grande região, o elemento mais notável, neste século, se condensará na decoração em pedra. Essa projeção criadora – tão inteligentemente estudada por Ayrton de Carvalho – permitiria exprimir-se, no material propiciado por ocorrência geológica particular, um punhado de aspirações lentamente condensadas enquanto se processava a experiência da talha em madeira. Malgrado certas assimilações da temática rococó, nela é possível discernir uma reiteração barroca, tanto no intuito decorativo que vem do interior para o exterior das edificações, quanto nos extremos expressivos, de quase delirante onirismo, que ficaram na N. S. da Guia (Parnaíba).

Diga-se que a escultura e a pintura, cuja vida é agora um pouco mais documentada, passaram a encontrar ainda mais vasto campo de expansão, embora nem sempre haja progresso qualitativo a par do quantitativo. Sobretudo na Bahia, de que temos mais conhecimento, sente-se que, partindo de um sólido mas retardado barroquismo à europeia – patente na obra de José Joaquim da Rocha, autor do notável forro da nave da Conceição da Praia e iniciador da chamada *escola baiana* – para progressivamente atenuar ousadias perspéticas e expressivas até ausentar-se na calma, para-acadêmica, figuração de Antônio Joaquim Franco Velasco e José Teófilo de Jesus. Entre as muitas e, em grande número excelentes, imagens sacras dos conventos e igrejas baianas, sobressaem-se as identificadas como de autoria de Francisco Chagas, o Cabra, cujo talento e força exigem lugar à parte em nossa história artística, como demonstra o *Cristo na Coluna*, tão famoso, cujo atormentado *páthos* pode tocar à quase demasia expressiva sem afetar a segura capacidade de convicção comunicativa. Este artista não criou, contudo, escola direta ou indireta; seus sucessores, como Manuel Inácio da Costa, farão paralelo à linha de ecletismo formal e premeditada expressão seguida pelos pintores. Quanto ao núcleo pernambucano ainda hoje padecendo daquele quase desconhecimento deplorado por Joaquim Cardoso, não parece fugir a essa diretriz evolutiva, pois continuamos a voltar-nos para Sebastião Canuto da Silva Tavares e João de Deus Sepúlveda, quando buscamos o frescor da verdadeira liberdade de concepção e criação.

Entrementes, o Rio de Janeiro ingressava deliberadamente pelo caminho europeu, requintando uma arquitetura inscrita no barroquismo, mas subordinada ao racionalismo da inspiração lisboeta. A igreja do outeiro da Glória, fina na concepção e no acabamento, surge como a primeira conta do colar de construções poligonais ou francamente curvilíneas com que se enfeitou a sede do vice-reinado, a maioria dos quais (como a São Pedro dos Clérigos) está hoje perdida. Escapando à tendência curvilínea, a São Francisco de Paula e, sobretudo, a Carmo demonstram a inaudita riqueza e a limpeza conceitual com que se procura repetir o padrão português – chegou-se a mandar vir de Lisboa a portada da igreja carmelita –, porém, por isso mesmo, já acusam incapacidade para reagir à infiltração dos primeiros elementos neoclássicos. É o prenúncio da tendência antibarroca que, no penúltimo decênio do século, o vice-rei insistiria em sublinhar por via de iniciativas monumentais e paisagísticas que contariam com a perícia de Mestre Valentim, já afeito às novas modas. E que teria sua decisiva implantação no programa joanino, executado pelos franceses. Em outras palavras, desde os primeiros anos de vice-reinado, o Rio preparava-se, sem o saber, para receber D. João. E sua arte. Em particular, a pintura que, perdendo a força mística comunicada, nos velhos tempos, por Frei Ricardo e limitando-se, na curiosa *escola fluminense*, à lição de Mestre Rosa que já surge identificado, pela formação e pelas encomendas, com a vocação dos vice-reis. Alternam-se, nessa progênie, as encantadoras espontaneidades do primitivismo com os rigores das fórmulas classicizantes, sendo por isso notável, embora redutível a mera coincidência, o caso de Frei Francisco Solano, tão vigoroso na expressão e autodidata. De qualquer modo, quando aparece um José Leandro de Carvalho, a pintura fluminense se encontra, já e sem dúvida, à espera de D. João, constante patrono deste artista, e da missão francesa...

Minas Gerais Nesse panorama geral, avultam ainda mais a arte e a arquitetura de Minas. Partira, ao começar o século, dos materiais primitivos e da singeleza formal peculiares à tradição litorânea, como se verifica mesmo nas edificações mais ambiciosas e complexas dos primeiros cinquenta anos. Fundam-se as igrejas da região num mesmo esquema mínimo que, no retângulo construtivo, destaca, graças aos corredores laterais levando à sacristia posta ao fundo do edifício, o espaço da capela-mor em contraposição à maior largueza da nave. Ademais, até as amostras que, na planta, fogem a esse tipo, acusam nas fachadas uma serena singeleza construtiva (Sé de Mariana e Conceição de Sabará). Sobre essa estrutura mínima e esse despojamento plástico, que indubitavelmente se ligam à arquitetura do primeiro século, desenvolver-se-á um novo tipo de igreja.

A inovação artística parece acompanhar a vida material da região, com ela passando, com espantosa rapidez, do primitivismo pioneiro à prosperidade da mineração bem-sucedida. Ademais, a diferenciação social, tão rígida e impositiva no resto do Brasil, mantém-se com alguma dificuldade num meio em que são tantos os aventureiros e tantas as profissões marginais, pouco nobilitantes, porém assaz compensadoras. Não nos esqueçamos, ainda, de certas variantes introduzidas legalmente na trama das relações, como a proibição das ordens religiosas e, em consequência, o inusitado desenvolvimento das confrarias. Tudo se junta para reforçar o espírito ostentatório e competitivo, inclusive a rivalidade entre as irmandades que daria a Vila Rica cada vez maiores, mais ricas, e postas mais alto na encosta dos morros. Mas, pouco adiantariam o porte e a situação dos edifícios, sem a cabal justificação do esplendor artístico.

Far-se-ia, essa arte, no sentido do barroquismo que, embora pudesse parecer algo atrasado para a Europa e mesmo para o resto da colônia, dispunha ainda das altas glórias da tradição mais recente. Começara, pois, na decoração interna executiva, a partir de 1736, pelo português Antônio Francisco Pombal, na Matriz de N. S. do Pilar: a primitiva construção vê alterado seu espaço interno por um polígono de tribunas que, circundando a nave com seus arcos, pilastras, púlpitos e altares laterais, transforma-a visualmente numa elipse. É a barroquização imprescindível; confirma-se na talha, enrolada em elementos vegetais e sustentando farta teoria de querubins e anjos. Dificilmente, porém, a solução do mascaramento decorativo, como indicava o caso da Pilar que era o de meia transformação do edifício preexistente, poderia satisfazer em novas empresas.

Estabelece-se, portanto, uma tensão entre a inspiração construtiva, à qual as limitações técnico-materiais e o limpo gosto da simplicidade proibiam caprichos, e a aspiração estilística, insatisfeita com a visão retilínea e cúbica dos espaços. Pouco a pouco, surgem os avanços possíveis, num e noutro sentido. Vai-se delineando a fisionomia de uma verdadeira igreja mineira, que podemos descrever idealmente, sem recorrer a exemplos. Antes de mais nada, confirma-se a planta do esquema inicial, graças à sua extrema funcionalidade. Traça-se, pois, um retângulo alongado que, no primeiro lance, a nave preenche em toda a largura, dispensando aos corredores ao longo do corpo da igreja, para só conservá-los aos flancos da capela-mor, por trás da qual se estende a sacristia, sobremontada ou não por uma sala capitular. Por sobre a porta principal e ensejando, inferiormente, um vestíbulo definido pelo corta-vento, coloca-se o coro. Parece melhor, numa tal configuração, pôr fora do retângulo as duas torres que nele anteriormente se inscreviam. Restavam, contudo, obstáculos à visão desejosa de movimento, como as faixas estáticas de muro, sobrantes entre as paredes laterais da nave e o ponto em que o arco-cruzeiro se abre para a capela-mor; o estratagema decorativo dos dois altares escantilhados parece constituir a única solução. Deslizando por eles e buscando o vazio do arco, irá o olhar cair na capela-mor com seu imenso retábulo, onde esplende uma decoração movimentada ao infinito.

No exterior, não se pode chegar aos mesmos fins com igual facilidade. Lateralmente, a diferença da linha da cumeeira que, baixando na porção da capela-mor e sacristia, mais acentua o contraste das torres, obrigava a uma descendente incompatível com o bom proporcionamento, para não falar dos tropeços trazidos pelo acréscimo de corpos laterais ou terminais destinados a atender à sacristia e a seus corredores. Mesmo, porém, na fachada principal, onde deveria esplender todo engenho e arte do autor do risco, eram evidentes as ambiguidades ou precariedades das soluções. O esquema frontal básico era visível já nas primeiras capelas:

"duas pilastras de canto, encimadas por corucheus ou sineiras, marcam os cunhais; uma empena, com um óculo de centro, arremata o telhado; e uma larga porta na nave e duas portas sacadas (ou janelas) no coro completam a composição".

Um único traço evolutivo: "O frontispício das igrejas – reduzido às linhas essenciais – se assemelha ao tipo mais característico de capela com o acréscimo de duas torres, uma de cada lado."

Traçado claro e simples, nascido da funcionalidade da construção, estrutura-se em claras relações – e, por isso mesmo, opõe-se ao capricho do barroco, como atesta a pouquíssima felicidade com que quase sempre nele se buscou transformar a empena em frontão caprichosamente recortado ou preencher o vazio entre as janelas.

Sobre tal base, porém, deveu desenvolver-se a fachada da igreja mineira na segunda metade do século, continuando a ansiar por irreprimível barroquismo. É sempre perceptível na feição original ou apesar das reformas posteriores, que nas sucessivas construções, mais e mais, buscavam aproximar-se do ideal visado. Houve, é verdade, tentativas de adotar o barroco total da planta elíptica e dos muros bombeados (Rosário, em Ouro Preto; S. Pedro, em Mariana), porém, tais construções permanecem à margem da tendência dominante e, o que ainda mais importa, nelas já se reflete (como na Carmo de Ouro Preto, obediente ao esquema básico) a influência da autêntica solução local afinal realizada. Como a deu Antônio Francisco Lisboa, o Aleijadinho, à igreja de S. Francisco de Assis, de Ouro Preto.

Nessa peça única, toda ela (à exceção da pintura) concebida por um só artista, os velhos problemas foram enfim dominados. Com solução original. A começar pela superação do esquema, aparentemente insuperável, da planta onde, Antônio Francisco, com uma ligeira inflexão imposta aos muros laterais pela altura do arco-cruzeiro e com o acréscimo de uma porta abrindo da nave para os corredores e a colocação dos púlpitos no limiar da capela-mor, leva a dissolver-se a superfície morta do muro, que agora se resume a uma suave e ligeiríssima ondulação encaminhadora do olhar na direção do retábulo. A bifurcação desse muro consente, ademais, que se descarregue no dispositivo interno a sustentação da cobertura, com o que, no segundo andar, a massa construtiva (hoje desfigurada pelas varandas) se adelgaça à largura da capela-mor, para só voltar à extensão máxima ao chegar à sacristia. Solução puramente arquitetônica, que na proposição construtiva satisfaz ao programa até então mal atendido e, exprimindo-se sinceramente no exterior, aí supera velha deficiência plástica pela movimentação, bem proporcionada e tridimensional, das massas. Não foi, contudo, a única expressão original do Aleijadinho, nessa igreja.

Reagindo às angústias do barroco oposto ao rígido traçado da fachada tradicional (que ele próprio defrontou na Carmo de Sabará), aplica-se o Aleijadinho em movimentar validamente o frontispício da S. Francisco de Ouro Preto. Começa por inscrever meio corpo das torres no retângulo da nave e, traçando-as com base circular e com as sineiras abertas obliquamente ao eixo da igreja, tornou-as construtivamente fortes e oticamente leves. Plantadas essas afirmações cilíndricas, sobre elas avança mais de três metros o alicerce do muro da portada que se alça entre duas claras pilastras cercadas por porções interrompidas de entablamento curvilíneas e postas de través. No interior dessas duas linhas, reafirmam-se no plano construtivo do muro as três aberturas tradicionais, porém entre elas se espalha uma farta decoração esculpida que se alça até tocar o óculo, agora transformado num medalhão em relevo que, acima da linha da empena, é sobremontado por uma terceira porção de entalhamento que sustenta a cruz entre dois globos em chama. Passando das torres ao plano avançado, dois pequenos muros descrevem uma linha oblíqua e côncava, vazada por uma porta e uma janela.

Todas as indecisões, todos os estratagemas, todas as limitações das soluções tradicionais estão superados, além de estar atendida, na plenitude de uma ótica que resulta diretamente da afirmação construtiva, a aspiração barroca. Sem dúvida, defrontamo-nos com um gênio criador. Perpassam sua obra temas que pertencem iniludivelmente ao rococó e também elementos racionais e formais que anunciam ou prenunciam o neoclássico, porém à análise, que na forma procura um espírito mais do que uma data, impõe-se a evidência de um prolongamento renovado daquela mesma seiva barroca que a cultura europeia, abalada, não fora capaz de manter e continuar. Estamos, contudo, julgando Antônio Francisco Lisboa por uma só de suas obras, embora seja obra completa, e obra-prima, e acentuando, nessa obra, a invenção arquitetônica que é apenas uma das suas muitas possibilidades criadoras. Não aludimos, por exemplo, às realizações na talha, raiz de sua criação, que o levariam, na mesma São Francisco, ao esplendor conceitual e formal da capela-mor, onde o retábulo, em face da tradição, não apresenta menos elementos inovadores do que a frontaria da igreja. Não estamos citando sua escultura – aí representada pelos relevos dos dois púlpitos e pelo lavabo da sacristia – cujo auge nos conduziria a outro conjunto artístico incomum – o famoso adro de Congonhas –, onde a sabedoria da distorção perspéctica de anatomia e o rigor na animação escultória do espaço aberto confirmam a profundidade dos conhecimentos artísticos e a genialidade da invenção formal do artista.

Sem aludir, ainda a que a figura do Aleijadinho constitui, na arte de Minas, o ponto máximo de uma verdadeira escola que, nascida de mestres europeus, frutificou e amadureceu na ânsia de encontrar uma expressão própria e autêntica, tal como o ser de exceção viria a plasmar em definitivo. Tendo aludido à importância da talha da reafirmação do barroco em Minas, comecemos por acentuar sua importância também no aprendizado artístico do Aleijadinho. Seus mestres não foram apenas o pai, "Manuel Francisco Lisboa, arquiteto prestigioso, mestre de obras reais, e João Gomes Batista, abridor de cunhos, desenhista requintado e introdutor no país do novo estilo ou gosto francês", senão "também, provavelmente, Francisco Xavier de Brito e José Coelho de Noronha, que se distinguiam então nas obras de escultura e de talha nas igrejas mineiras", começando hoje a figurar como os principais responsáveis pelo estabelecimento de um padrão local de decoração entalhada. Em vez de, contudo, citar outros criadores das mesmas artes, preferível será demonstrar a riqueza e a coesão da produção artística de então, em Minas, pelo desenvolvimento simultâneo de uma escola de pintura de onde sairia, contemporaneamente ao Aleijadinho, Manuel da Costa Ataíde, que representa o auge de uma linha de condensação e apuramento que acaba por encontrar seu primeiro historiador em Carlos del Negro. Era, enfim, uma verdadeira escola, menos porque as gerações se sucedessem no aprendizado e exercício das artes, do que pela transformação e radicação que, em tal processo, conheciam a visão estética e a direção artística.

Prendem-se, tais desenvolvimentos plásticos, a um movimento espiritual de mais ampla órbita, como é legítimo supor. Permita-se, pois, uma referência (embora em campo alheio ao desse capítulo) para sublinhar a importância do paralelo oferecido pela criação musical de Minas, nesse mesmo instante. Francisco Curt Lange, cuja atividade de pesquisa reconquistou esse aspecto de nossa história artística, afirma: "O que foi escrito e executado na Capitania de Minas Gerais durante o século XVIII alcançou cifras tão vultosas que não cabem em nossa imaginação." Mais importante ainda é verificar que, como nos possibilitou saber a reconstituição e reexecução de algumas peças, a criação de José Joaquim Emérico Lobo de Mesquita e Francisco Gomes da Rocha demonstra verdadeiro parentesco estilístico com o que nos deixou, na pintura, um Ataíde e, na arquitetura e na talha, senão um Antônio Francisco, ao menos um Manuel Francisco Lisboa e um Francisco Xavier de Brito. Havendo aceito o risco do confronto com a música, já não podemos fugir à indicação de outros elementos presentes no mesmo tabuleiro cultural, como a Escola Mineira de poesia e, em medida que já se ajuizou em pesquisas ainda inéditas, os temas ideológicos da Inconfidência. Antes que se condene a ousadia de tais aproximações, diremos a palavra final desse capítulo, provável dirimente para um excesso inevitável, pois servirá para exprimir a convicção, firmada nessas referências a pedir análise conjuntiva de que em Minas, no século XVIII, manifestou-se artisticamente, pela primeira vez, uma autêntica cultura brasileira.

CAPÍTULO III

A MÚSICA BARROCA

A TRANSLADAÇÃO, para a estreita faixa do litoral brasileiro, das tradições musicais eruditas de Portugal, e o seu fomento aí resultaram, durante o período colonial, numa manifestação consideravelmente mais débil do que a metropolitana, uma vez que aquela se encontrava estritamente condicionada pelo desenvolvimento econômico. Ainda não se realizou, no Brasil, qualquer investigação capaz de contribuir para um mais exato conhecimento da atividade musical erudita, desde uma certa estabilização dos núcleos iniciais (1550) até fins do século XVIII, ou, digamos, até a radicação de D. João VI e sua corte na terra de Santa Cruz.

Baseiam-se as informações publicadas em fatos isolados, porém não na revisão consciente dos livros dos mosteiros, do clero secular e da administração colonial, com exceção do artigo que o Padre Serafim Leite dedicou à atividade musical de sua Ordem. Minhas próprias investigações no Recife, na Bahia, no Rio de Janeiro e em São Paulo, condicionadas a breves estadas e longe de serem satisfatórias, levaram-me à convicção de que a tradição musical portuguesa, tanto no que diz respeito aos homens como às obras, foi dominante durante todo o período colonial. Cumpre ainda acrescentar que os numerosos conventos dedicavam grande atenção ao canto gregoriano e ao *organum*, a tal ponto que o clero secular relutaria em aceitar um estilo musical que, no século XVIII, atingiu, em toda a Europa, seu máximo esplendor, subordinando o texto litúrgico à exaltação melódico-dramática e à reiterada insistência de palavras e incisos: a homofonia. As fachadas e os interiores dos templos do litoral brasileiro onde se estabeleceu a administração colonial portuguesa conservam uma correlação bastante fiel com a música que, em suas naves, deve ter soado em exaltação a Deus. É muito possível que as sobrevivências da polifonia vocal pura, a *capela*, tanto portuguesa como centro-europeia, tenham sido utilizadas, pelo menos durante os séculos XVI e XVII, principalmente na Bahia, no Recife, em Olinda e no Maranhão.

Até 1944, no Brasil, não se imaginou que o esplendoroso capítulo da história social e artística da Capitania Geral das Minas Gerais, rica em manifestações culturais de características próprias e independentes, devia oferecer a indispensável coexistência com uma atividade musical, não só intensa, como também caracterizada por traços marcantes. Desde 1934 obcecava-me a ideia de realizar algumas investigações relativas à música erudita de Minas Gerais, até que, em dezembro de 1944, graças a um convite da Prefeitura de Belo Horizonte, pude iniciar, nas horas vagas, minhas primeiras pesquisas. Dos resultados imediatos, obtidos à "flor da pele", no Arquivo Público Mineiro e nos arquivos das corporações musicais de Sabará, Ouro Preto, Cachoeira do Campo, Caeté e outros lugares, surgiu-me a absoluta convicção de ter descoberto uma atividade musical surpreendentemente elevada e tão intensa que sobrepujava de longe toda outra atividade artística do período áureo de Minas Gerais. Dessa descoberta, por mim batizada com o nome de *Escola de Compositores da Capitania Geral das Minas Gerais*, até os resultados dos trabalhos empreendidos em torno desse fenômeno artístico, chega-se à conclusão de que jamais se manifestou, em solo americano, um movimento de expressão tão elevada. Para compreender essa afirmação, que à primeira vista parece temerária, far-se-á necessário historiar os fatos.

1. A FORMAÇÃO SOCIAL

A formação social da Capitania Geral das Minas Gerais

Com o descobrimento do ouro, o enorme afluxo humano, proveniente do litoral brasileiro e do Reino, produziu um *melting-pot* de características especiais, diferentes das do sistema patriarcal da economia nordestina. Deveu-se isso à carência imediata de braços suficientes para a mineração do ouro e, mais tarde, dos diamantes. A vinda de escravos de outras regiões do Brasil não poderia solucionar o problema da falta de braços requeridos por uma exploração rudimentar, como também não o solucionaria a utilização do indígena, trazido, inicialmente, pelos bandeirantes paulistas. Essa carência de trabalhadores acarretou uma intensificação do tráfico de escravos africanos. Por outro lado, até pelo menos 1720, o afluxo humano que povoou Minas Gerais compunha-se quase exclusivamente de elementos do sexo masculino.

Entretanto, o concubinato com mulheres da raça negra foi imposto não apenas por tais circunstâncias. A chegada de portugueses, em ondas cada vez maiores, confirmou novamente, como já ficara demonstrado nas possessões africanas, sua falta de preconceito no amancebar-se com mulheres de cor. Essa inclinação natural fez com que, em 1740, o número de mulatos e pardos igualasse o dos brancos. A tal população de pele escura cabe acrescentar a dos negros escravos e a dos negros forros, de modo que a cifra total desses últimos relegava os núcleos brancos (brasileiros e reinóis) a uma manifesta minoria.

A presença de portugueses e, entre eles, de considerável número de judeus – nordestinos, cristãos-novos do Reino –, de paulistas e crioulos (esses últimos já americanos de nascimento), não alterou essa espécie de canal invisível que atuava como condutor benéfico dos elementos de cultura e civilização nesta região tão vasta e de acesso tão difícil. Também o mulato teve sua existência por ele beneficiada, assemelhando-se a um europeu, pelo idioma, hábitos, mentalidade e religião. Galgou, assim, em pouco tempo, altos postos na administração pública e no clero, pois obtinham-se tais posições – apesar de alguns veementes protestos da metrópole – de acordo com os recursos materiais e relações, sendo a maior ou menor pigmentação da pele encarada segundo as conveniências: em lugar dos preconceitos raciais regulamentados existiam apenas os materiais.

Se pudéssemos reconstruir, visual e concretamente, a época da formação social de Minas Gerais, notar-se-ia, naquele panorama humano, a presença, pela primeira vez no Brasil, de um número verdadeiramente assustador de mulatos, quer guindados a uma boa situação social, quer ainda sujeitos a um *status* social inferior. Possuíam eles, além de inteligência viva, natural ambição e imaginação fértil, uma acentuada inclinação para os ofícios e artes. Entre essas últimas, a música representava, tanto como solaz quanto como profissão, uma de suas mais caras aspirações.

A enorme influência de um clero, inicialmente, de características tão ambíguas como a própria população, aliada à administração portuguesa, já habituado às lides coloniais, pôde colocar um freio ao caos que a ambição humana semeou em toda essa vasta região ainda desconhecida e repleta de perigos. Muitos dos aventureiros, desiludidos pelos percalços da mineração, voltaram a dedicar-se a seus antigos ofícios. Destarte, no curto prazo de quinze anos, já fundadas as primeiras vilas em 1711 – depois de um fantástico crescimento inicial –, produziu-se a consolidação social nesta nova região, completada com sua sucessiva independência das capitanias vizinhas, Rio de Janeiro e São Paulo. Em 1738, Minas Gerais já abrigava

300 mil habitantes, atingindo 650 mil em fins do século XVIII, época em que a mineração já acusava sua irremediável decadência. Liderando as capitanias da Bahia, de Pernambuco, do Rio de Janeiro – esta última alimentada de forma direta por Minas Gerais –, constituiu-se num apreciável potencial humano, material e também espiritual. Vários levantes de protesto e de tentativas de independência, culminando na Inconfidência Mineira, denotam a existência de uma humanidade diferente da das outras regiões brasileiras, produto direto da rápida ebulição no crisol das Minas Gerais.

Erigidas as primeiras capelas em cada arraial, construções toscas, iniciou-se a edificação dos templos. Apesar de se terem prolongado muitas vezes até fins do século e algumas vezes até os começos do século XIX as obras de conclusão de seus exteriores, trinta anos após a constituição dos principais povoados, já possuíam as igrejas magníficos altares, prataria, revestimentos de ouro e pedras preciosas, ricas imagens e um excelente serviço religioso. Proliferaram santos e santas da devoção portuguesa: a Virgem Maria, representada por Nossa Senhora do Carmo, do Pilar, da Conceição, do Bom Sucesso, da Piedade, da Boa Viagem, do Amparo, da Expectação do Parto, das Dores e do Desterro. Em importância, seguiram: Santo Antônio, São José e São Francisco, para citar apenas os mais conhecidos. Nossa Senhora do Rosário foi a padroeira dos negros escravos e forros, tal como Santa Ifigênia e São Benedito. Nossa Senhora das Mercês foi predominantemente protetora dos mulatos e dos crioulos.

A proliferação das irmandades e confrarias ultrapassa tudo que podemos imaginar. Somente na Matriz de Nossa Senhora do Pilar de Vila Rica albergavam-se dez irmandades, fato que nos oferece uma boa imagem da composição e de certa rivalidade recíproca – portanto construtiva – que estimulara sobremaneira o desenvolvimento dos templos e de sua vida religiosa. De grande importância é ressaltar aqui a proibição do estabelecimento de conventos e mosteiros em território mineiro, o que correspondia ao temor da Coroa em ver aumentado o tradicional contrabando de ouro e diamantes, fato que acarretou, ainda na época de Gomes Freire de Andrade, uma interessante correspondência sobre esta questão e sua consequência direta: o ensino.

Entretanto, ainda mais importante para os fatos que comentaremos em seguida, foi a feliz circunstância de, na Capitania-Geral das Minas Gerais, todas as capelas e igrejas serem custeadas, erigidas e adornadas pelas irmandades, e depois das necessárias deliberações de suas respectivas *Mesas de Irmãos* constituídas democraticamente, por voto, nas eleições periódicas de cada uma dessas corporações religiosas de leigos.

Poucas vezes em nossas investigações em todo o continente americano foi-nos dado seguir através dos Livros de Termos, de Receita e Despesa, de Entrada de Irmãos, e outros, tão ardente amor pela constante melhoria de seus templos, aliado a uma fé religiosa tão convicta, como nestas Minas Gerais, onde o clero atinha-se apenas às suas funções eclesiásticas, colocadas a serviço de uma Casa de Deus, organizada e mantida pelo povo. Com isso não pretendemos diminuir a enorme influência que, entre o povo, exerceu esse clero. Como sabemos, a assistência dos atos religiosos era obrigatória, assim como foram indispensáveis os registros de nascimento, batismo, casamento, morte e testemunha. As eleições, realizadas ainda no consistório dos templos mais importantes, permitiam, por sua vez, a seleção, para o Senado, dos elementos mais representativos. Apesar disso, devemos compreender que a discussão da planta de um templo, de sua localização no povoado, da distribuição e características de cada um dos altares, do coro, das imagens, da sacristia, lavabos, órgão e inclusive a contratação anual ou circunstancial da música corria por conta exclusiva da Mesa, formada por numerosos Irmãos.

Cada confraria representa, em Minas Gerais, uma progressiva evolução de conceitos artísticos, imposta por uma maioria quase absoluta de mulatos, ainda que isso também ocorresse dentro das irmandades de brancos, entre as quais predominavam a Ordem Terceira do Carmo e a Ordem Terceira de São Francisco. Porém, ainda nessas igrejas de discriminação racial, a admissão de uma confraria de mulatos ou pardos, que não contava com igreja própria, com o fim de poder celebrar atos religiosos diante de determinado altar e imagem, assim como o enterro de mulatos nas naves de várias igrejas alheias à sua própria corporação, foi um procedimento tão natural como o contrato de pintores, escultores, fundidores de sinos e músicos de cor para embelezar suas funções.

O mulato de Minas Gerais foi o verdadeiro orientador de toda atividade artística e quase seu único intérprete. Essa circunstância deve ter sido aceita como natural e não como irremediável. Em todo caso, foi um fato consumado. Por isso, confundir o barroco artístico mineiro com as expressões primorosamente europeias e poetas formados na Europa – como, por exemplo, as que elaboraram os integrantes da *Arcádia Ultramarina* – representa um pequeno erro, ainda que seja lícito incluí-las no corolário da espiritualidade mineira do século XVIII. Parece-nos mais meritória a assimilação dos elementos europeus e sua nova versão por homens americanos, provenientes de um estrato social inferior, do que a expressão de europeus formados em Coimbra, radicados em solo do Novo Mundo, que ocupavam cargos representativos.

Ante o justificado temor de perder uma fonte tão prodigiosa de recursos, a metrópole ocultou ciosamente as procedências do ouro e dos diamantes. Quando, após a abertura dos portos, nova leva humana pôde atingir a região das minas, a Capitania das Minas Gerais já se encontrava em franco declínio econômico e, consequentemente, com as manifestações artísticas em vias de empobrecimento. Se, apesar disso, homens inteligentes, como Von Spix, Von Martius e Saint-Hilaire, não obstante sua formação europeia sempre disposta à comparação, deixaram-nos frases extremamente lisonjeiras sobre a atividade musical daquele período, compreendemos que, em Minas Gerais, ocorreram dois fatores predominantes, determinando o que hoje se convencionou chamar milagres:

1º) os recursos econômicos fulgurantes, com sua indispensável, ainda que breve, estabilização, condição *sine qua non* para o surgimento, primeiro, de uma cultura híbrida e, depois, legítima;

2º) o mulatismo, importante numericamente e como força potencial, negação da *Teoria da Desigualdade das Raças Humanas*, instituída e divulgada pelo Conde de Gobineau para a infelicidade futura do Velho Mundo.

2. A ATIVIDADE MUSICAL

O período de formação (1700-1750)   O desenvolvimento da atividade musical em Minas Gerais ocorreu paralelamente à construção dos primeiros arraiais e de suas capelas de taipa. É indiscutível que o gosto pela boa música foi inculcado nos portugueses por uma dinastia de reis-músicos, conhecedores do cantochão, quase todos eles compositores, apreciadores da ópera e da música de câmara e criadores, ao mesmo tempo, da maior biblioteca musical que, naquele período, a Europa conheceu. As capelas reais e a ópera representavam, para o português, uma verdadeira bíblia capaz de proporcionar-lhes infindas emoções estéticas. No Brasil ocorreu algo que serviu não só para reviver esta tradição, como também para intensificá-la. O fator solidão juntamente com o auspicioso simultâneo nascimento de várias vilas ou, numa palavra, o crescimento de um novo país conjugaram-se com o espírito religioso e supersticioso do aventureiro que recorre a Deus, santos e santas, pedindo sua proteção e clemência. Em Minas Gerais, uma miserável capela podia oferecer mais esperança e tranqüilizar a ansiedade de um solitário grupo de aventureiros do que uma luxuosa matriz em Portugal. Quando D. Pedro de Almeida e

Portugal passou por São João del-Rei, rumo a Vila Rica – em 1717 –, um regente musical, Antônio do Carmo, mulato, sem dúvida, recebeu a incumbência de com boa música dar as boas-vindas ao Capitão-Geral. E, em Vila Rica, o Capitão-Mor Henrique Lopes, em cuja residência se hospedou esse representante máximo da Coroa, comprou para uma função oferecida a seu hóspede mais "tres negros choromelleyros, que lhe custarão quatro mil cruzados". Trata-se certamente de músicos – tocadores de flajolé ou de oboé – que acompanhavam a aluvião humana em direção a Minas Gerais, homem livre o primeiro, escravos os demais. Entretanto, foi desses músicos, desde o início disseminados pelas comarcas da capitania, que nasceram as gerações de músicos que mais tarde celebrizaram os compositores e intérpretes, a ponto de um provérbio alusivo à sua capacidade ter chegado até nosso século: "Mineiro sabe duas coisas bem: solfejo e latim."

Tendo-se perdido toda a documentação musical correspondente à primeira metade do século XVIII, ser-nos-á possível apenas qualificar este período de acordo com os documentos históricos ainda existentes com a construção de uma poderosa base musical, formada de europeus importados ininterruptamente e em inacreditáveis quantidades. Esta obra, a cargo de intérpretes mulatos e de algum padre músico, compositor e regente, assim como de uns poucos regentes portugueses, abrange tanto o serviço religioso como o do entretenimento, ou seja, a música para solaz. Esses trabalhos musicais começaram a circular através de cópias sucessivas, tanto para uso individual como para fornecimento a terceiros, por todos os lugares onde se considerou indispensável compor boa música. Possuímos dois importantes documentos desse primeiro período que nos fornecem abundante informação sobre a atividade musical. Um é o livro intitulado *Triumpho Eucharistico*, escrito por Simão Ferreira Machado e publicado em Lisboa em 1734. Refere-se essa obra à descrição da transladação, por meio de numerosos cortejos, do Santíssimo Sacramento, desde a Igreja de Nossa Senhora do Rosário – onde se achava provisoriamente instalado – até a nova matriz de Vila Rica erigida sobre a invocação de Nossa Senhora do Pilar de Ouro Preto. A descrição refere-se a grupos vocais e instrumentais, a grupos dançantes, a um notável trombeteiro alemão (sem dúvida componente do regimento local) e a uma missa de dois coros.

O segundo documento é o livro *Áureo Trono Episcopal, colocado nas Minas de Ouro*, também publicado em Lisboa, em 1749. Descreve-nos essa obra a chegada e instalação em Mariana do primeiro bispo, D. Frei Manuel da Cruz, e os festejos organizados em sua honra. Como, em Vila Rica, executou-se a música profana (serenatas, concertos musicais) juntamente com música religiosa. Refere-se novamente esse livro a coros duplos e "era a solfa muzica da melhor composição, e executada pelos mais particulares cantores de todas estas Minas", afã esse que se prolongou pelo século XIX adentro, quando se exigiam, nos contratos, "os melhores músicos do país". Com a designação de organista "e quatro meninos de coro", o antigo Ribeirão do Carmo, elevado em 1745 à categoria de cidade de Mariana, transformou-se numa espécie de baluarte da verdadeira música eclesiástica. O próprio bispo lutou denodadamente, tal como o fizera seu antecessor, D. Frei Antônio de Guadalupe, visitador proveniente do Rio, contra os abusos cometidos no interior dos templos em seus átrios, por clérigos e músicos pouco escrupulosos. Nas condições estipuladas para a profissão de organista, exigia-se em Mariana e outras cidades a observância da música e letra religiosa. Porém, esta fiscalização imposta pelo justo critério de uma Igreja vigilante não pôde impedir que, com o correr dos anos, se produzisse o avassalador desenvolvimento de uma magnífica atividade homófona. Esta impôs-se graças aos músicos mulatos, em Vila Rica e no Arraial do Tejuco (Diamantina) e teve profunda repercussão em Sabará, Cachoeira do Campo, Caeté, Pitangui, Serro, Paracatu, São João del-Rei, São José del-Rei (hoje Tiradentes), Prados e mais tarde em vilas fundadas em fins do século, como Barbacena, Queluz e muitas outras.

A característica desse movimento, acompanhado com todo interesse pelo povo, residiu na independência do músico mineiro, transformado em profissional, formando agrupamentos ou espécies de corporações que trabalhavam em livre, aberta e, ao que parece, cordial concorrência sob os auspícios do Estado e das irmandades.

A demanda de músicos foi extraordinária, sendo regulamentada pelos termos, ditados pelas mesas de cada irmandade ou confraria. Tratava-se, quase sempre, de contratos anuais, prévia seleção de regentes, cantores e instrumentistas, conhecidos por todos pelo seu comportamento particular e pela sua capacidade técnica. É sintomático que a presença do clero, competindo com os músicos profissionais no fornecimento de música anual, tenha dado débeis resultados, sendo quase sempre vencido pelo regente-chefe da corporação. Há apenas uma exceção – ainda hoje não esclarecida – que diz respeito a um licenciado, Antônio de Sousa Lôbo, chamado algumas vezes Mestre de Capela, que exerceu durante aproximadamente trinta anos uma espécie de monopólio musical, do qual também participaram seus irmãos. Por volta de 1750, ingressando na vida religiosa, cessou suas atividades. Seu labor de músico regente (e indubitavelmente de cantor ou instrumentista) levava-o também a Cachoeira do Campo, lugar de veraneio dos Capitães-Generais, em longas caminhadas desde Ouro Preto, acompanhado por negros portadores de instrumentos, estantes e música. Sua corporação era tão conhecida que, no Livro de Despesas da Irmandade do Rosário, era mencionada genericamente como a música "dos Lobos". Durante um certo momento, acreditamos ter descoberto, neste homem, a explicação do desenvolvimento musical e do ensino de música em Vila Rica, acreditando que ele fosse português. Descobertas posteriores demonstraram tratar-se de um mulato, tendo deixado numerosos descendentes de cor.

Nessa época, por volta de 1750, existiam compositores em Minas Gerais, pois alguns termos revelam que a eles cabia fornecer *sua* música. Essa regulamentação da atividade musical por meio de contratos surgiu não só porque o povo exigia a melhor música existente, mas também como resultado do aumento da oferta. Cumpre acrescentar que a constante interpretação da música europeia e a cópia ininterrupta das partes vocais e instrumentais levou, cada vez mais, os músicos mineiros à análise das particularidades de harmonização estilos, tectônica, isto é, ao domínio total da matéria, ao despertar de suas próprias vocações e à condensação destas no papel pautado. Não devemos pôr de lado o ensino das matérias que constituem o saber musical: solfejo, teoria, harmonia ensinados já por professores mulatos; contraponto, fuga, composição e instrumentação, ministrados talvez por padres portugueses ou por algum músico português que tenha chegado a Minas Gerais.

O período da consolidação (1750-1800)

Um minucioso estudo dos livros das irmandades conduz-nos imediatamente à descoberta do "mulatismo musical", se assim podemos chamá-lo. Os homens de cor se haviam agrupado – referimo-nos a Vila Rica, onde se conservou maior número de documentação – nas Confrarias da Boa Morte, das Mercês dos Perdões, das Mercês de Cima, de São José e de São Francisco de Paula, porém seu campo de ação não era somente o da sua própria igreja e freguesia, já que a antiga Vila Rica estava dividida em duas: Nossa Senhora do Pilar do Ouro Preto e Nossa Senhora da Conceição de Antônio Dias. Nossos músicos circulavam livremente e se apresentavam também nos templos cujas irmandades e ordens terceiras só admitiam brancos. Devemos acrescentar que tampouco uma discriminação racial desse tipo seria possível. A música estava em mãos dos mulatos que dominavam sua arte, executando-a com perfeição.

A constituição dos conjuntos musicais que executavam a música religiosa é muito interessante. Normalmente, o número de participantes não ultrapassava 12 a 14 ou, em casos excepcionais, 16. Respeitando o velho preceito: *Mulier in silentio discat cum omnia subjectione. Dicere autem non permitto... sed esse in silentio*, a parte vocal esteve a cargo de homens, cantando em falsete os que possuíam um timbre mais próximo do soprano e contralto. Quando se empregavam vozes brancas (meninos ou rapazes, geralmente escravos), para igualar a intensidade da voz emitida, era hábito, em lugar de uma só voz, utilizarem-se duas ou até mais. Os instrumentos de corda constituíam-se de violinos, violas e contrabaixos, esses últimos construídos para três cordas. Os violinos traziam longínquas recordações da terra muçulmana: *rabecas*, sofrendo, por parte do mineiro, uma feminização: *rebecas*. As violas foram chamadas *violetas*, e o contrabaixo de três cordas, *rabecão* ou, melhor, *rebecão*: uma rebeca gorda. Os instrumentos de sopro eram, em primeiro plano, com grande preferência e no gênero dos metais, as trompas. Nas obras festivas (*Te Deum*) ou em alusões heróicas (música fúnebre) também estiveram presentes os clarins. Entre os instrumentos de madeira nos são conhecidos as flautas, os oboés (chamados "buês" ou "boês"), clarinetes e fagotes. Este último deve ter sido, certamente, o instrumento preferido, principalmente nas casas de família, pois sua venda nas casas comerciais era muito frequente. Registramos igualmente timbales, mais raros e, uma única vez, por ocasião da adjudicação de uma Obrigação pelo Senado da Câmara, uma harpa, o que não significava que esse instrumento delicado não tenha feito parte dos pequenos conjuntos na primeira metade do século. Incorreríamos num excesso de informações, ao mencionar os fantásticos cortejos de músicos durante as procissões, especialmente nas organizadas pela Irmandade de Nossa Senhora do Rosário dos Pretos do Alto da Cruz do Padre Faria, na qual apreciavam *choromelleyros*, pífanos, gaiteiros, atabaques e outros instrumentos de percussão.

O emprego de 14 a 16 músicos representou a exata proporção para a acústica dos templos que, em sua maioria, não ultrapassaram as dimensões das grandes capelas. Mesmo nesse assunto, soube o mineiro ser respeitoso. Foi tradicional a utilização dos dois e até três coros, com acompanhamento instrumental, o que equivale a dizer quatro, oito ou doze vozes mistas, atuando em forma alternativa ou em conjunto, com instrumentos. Em um só caso apenas foi-me possível registrar a existência de quatro coros, ou seja, de dezesseis vozes mistas; porém, como em outros, carecemos de documentação musical e somos obrigados a conformar-nos com a informação histórica. Não faltariam os *cravos*, geralmente substituindo os órgãos inexistentes ou em mau estado, porém ocupando indubitavelmente seu lugar nas casas de famílias abastadas. Pude comprovar a existência de *cravos* no Arraial do Tejuco, em Sabará e em Vila Rica e seria então o caso de perguntar se esse instrumento não teria sido construído na capital e em outras cidades, dada a iniciativa do mineiro neste terreno. Certamente, órgãos de pequeno porte foram trazidos do Rio de Janeiro. O Carmo de Sabará adquiriu um, oferecido por um vendedor que trazia consigo desde o Rio, em lombo de mulas.

Podemos dizer que os órgãos existentes em Minas Gerais não eram em tão grande número como afirmam as referências históricas do Recife e da Bahia. Entretanto, o mineiro preocupou-se grandemente não apenas em adquiri-los como também em conservá-los. Os órgãos importados de Lisboa possuíam o defeito de serem construídos com madeiras pouco resistentes aos numerosos insetos das regiões tropicais. Nestas condições, iniciou-se logo, em Minas, a construção desses instrumentos, embora, na maioria dos casos, os tubos viessem da metrópole. Os órgãos de Tiradentes e Mariana – que se encontram nas respectivas matrizes – somente foram revestidos exteriormente com madeira local. Em outros lugares a construção verificou-se *in loco*.

O trajeto do Rio a Vila Rica representava, na melhor das hipóteses, seis semanas e muitos tombos para a carga. A estrada de São Paulo a Vila Rica não era menos perigosa e o trajeto muito longo. Destaca-se, entre todos os órgãos até agora localizados, o fabricado integralmente, entre 1782 e 1787, pelo Padre Manuel de Almeida Silva, organeiro, para a Ordem Terceira do Carmo. Nas reparações exigidas por tão delicado instrumento, figura a limpeza dos tubos com vinho branco, que parecia conservar melhor o estanho.

Cumpre aqui estabelecer uma reserva com respeito ao cantochão. É lógico que esse figurasse em muitas manifestações do cerimonial e que os músicos, especialmente os organistas, regentes e compositores estivessem muito familiarizados com ele. Observamos frequentes incisões, frases etc., escritas pelos próprios compositores nas respectivas partes, assinalando a intervenção do sacerdote. Isso aparece particularmente nos Ofertórios, nos *Te Deum* e em muitos trechos da música para a Semana Santa, e se percebe também nas missas, cujas partes móveis estiveram certamente, em particular nas festividades maiores, a cargo de sacerdotes que entoavam o cantochão. É de supor que a preferência dos mineiros pela música para vozes mistas e orquestra tenha encontrado seu primeiro desafogo em novenas escritas em honra dos santos e santas, em hinos e, principalmente, no sem-número de bonitas ladainhas, onde a espontaneidade do mineiro encontrou o melhor canal para verter seu otimismo e sua sincera admiração pela Virgem e pelo Menino Jesus. É justo acreditar que de modo quase imediato esse estilo estendeu-se também para as festas mais rígidas do cerimonial católico.

Citaremos agora alguns testemunhos que comprovam nossa afirmação de que, em Minas Gerais, o mulato se tinha imposto como intérprete e compositor, fazendo-o de modo a merecer o respeito de todos, contrariamente à comiseração que a palavra *músico* despertava no século XIX, associada à condição de vagabundo, miserável, faminto e bêbado, frequentador de antros. Em 1780, o Desembargador José João Teixeira Coelho dedicou, com certa irritação e sem o suspeitar, uma frase muito importante aos músicos de Minas Gerais, quando dirigiu um extenso relatório a el-Rei:

"... que aquelles mulatos que se não fazem absolutamente ociosos, se empregam no oficio de muzicos, os quais são tantos na Capitania de Minas, que certamente excedem o numero dos que ha em todo o Reino".

Eis aí uma confissão e também uma constatação de enorme importância. Outra, de índole sociológica, vem-nos do ponderado governador Gomes Freire de Andrade e representa uma resposta à consulta que el-rei lhe fizera através de seu Conselho Ultramarino, por ter recebido uma petição dos mulatos daquela região, solicitando autorização para portar espadas ou espadim, como elemento de distinção e de defesa pessoal. Respondeu aquele ilustre administrador, em 1752:

"O que os suppt^{ez} alegam na petição junta he inteira verdade, pois ha homenz pardoz áfazendados, com escravatura, e fazenda: ha mestres de officioz, Pintores, muzicos e muytos, q' vivem de requerente, e dos mais officioz, que referem, com estimação, e bom procedimento pelo qual se fazem diguinos..."

Vimos que a Igreja, através do que poderíamos chamar de seus "governos populares", formados pelos componentes das irmandades, permitiu um extraordinário desenvolvimento da música religiosa. Não exageraremos ao afirmar que as características sonoras desta música representaram um dos elementos preponderantes da assídua assistência do mineiro às cerimônias. É indubitável que ele apreciava esse tipo de música, identificando-se com ela e elevando, por meio de suas melodias e harmonias, suas frases ingênuas e dramáticas, as preces ao Deus todo-poderoso. Também não exageraremos ao afirmar que essa música constituía, para o mineiro, um deleite.

A proteção, pelo Senado da Câmara, à música erudita   Faz-se mister agora também render justiça igualmente ao governo da Capitania Geral, que não era outra coisa senão a administração portuguesa. Para as quatro festas oficiais custeadas integralmente pelo Senado da Câmara de Vila Rica e os senadores de outras vilas, chamava-se à licitação pública para o serviço de música anual nas referidas festas, extensível, algumas vezes, às festas extraordinárias. As quatro festas oficiais eram: *Corpus Christi* (Corpo de Deus), a do Anjo Custódio do Reino, de São Sebastião, e da Padroeira da Vila, neste caso, Nossa Senhora do Pilar de Ouro Preto. Durante um longo período instituiu-se também o *Te Deum* solene do último dia do ano e a festa de São Francisco de Borja, decretada depois do terremoto de Lisboa. Existia igualmente uma Festa das Ladainhas, sobre a qual carecemos de informações mais pormenorizadas. Se acrescentarmos agora as festas eventuais, que nunca faltavam, motivadas pelo feliz nascimento de um príncipe ou de uma princesa, pelas bodas de um ou dois casais reais, enfermidade ou morte de um soberano, compreenderemos que sempre houve ampla possibilidade de rivalidade entre as corporações musicais existentes.

O leilão público, chamado antigamente de *arrematação*, substituiu a antiga obrigação contraída pelo regente com o Senado por meio de um sistema de outorgamento mais equitativo. Assim como se arrematava a renda do ver, das meias patacas, das cabeças de gado, da aferição de pesos e medidas, dos consertos de calçadas, ou a construção de pontes, chafarizes, quartéis de tropa paga etc., procedeu-se também ao remate público do serviço de música. Os Termos de Arrematações de Músicas começaram aproximadamente entre 1756 e 1757 e prolongaram-se até 1818. Entre o período que vai de 1772 a 1796, ou seja, no momento em que a cultura musical mineira alcançou estranha maturidade, comparada com a música europeia de seu tempo, houve exigências ainda mais interessantes. O licitante era obrigado a apresentar um *rol de músicos*, especificando vozes e instrumentos integrantes do conjunto e os nomes de seus respectivos intérpretes, para que o Senado pudesse examinar previamente essa lista e, eventualmente, recusar a totalidade, parte ou um só dos indivíduos que a compunham. Obtida a arrematação pelo *Porteyro dos Ouitorios*, que depositava nas mãos do vencedor "um ramo verde que na sua trazia, dizendo-lhe que le faça muito bom proveyto", formalizou-se o convênio entre o regente e o Senado, prestando o primeiro uma fiança, constituída por um colega capaz e amigo que, "sem constrangimento algum", responsabilizava-se pela execução fiel da música do compromisso, caso o arrematante falhasse. O rol de músicos deixou de existir em 1799, mas é de grande valor para nossas investigações o que se pôde reunir de nomes e cantores e instrumentistas e da disposição vocal e instrumental utilizada durante um período de aproximadamente trinta anos.

Nessa fase do apogeu da música em Minas Gerais, seus representantes máximos, ou seja, os músicos que evoluíram na dupla função de regente e compositor haviam alcançado uma posição de respeito e solvência. Não eram poucos os que alugavam uma boa casa e que possuíam um ou talvez vários escravos. É provável que alguns tenham chegado a ser proprietários de imóveis, ou ao menos de sua residência. Já na primeira metade do século XVIII, os gastos com músicos eram elevados, chegando-se a remunerar o serviço musical da Semana Santa, incluindo as procissões, com não menos de 200 a 240 oitavas de ouro. A penosa pesquisa e a leitura da documentação histórica dessa época permitem-nos entrever que os pagamentos por parte do Estado eram muito mais demorados do que os atrasos de algumas irmandades, mas talvez o compositor-regente atribuísse mais importância ao fato de servir, com sua arte, as principais festas do ano do que ao imediato pagamento do trabalho seu e de seus companheiros. Não lhe faltavam, pelo menos, ocupações em sua profissão, e as irmandades costumavam pagar assaz regularmente. Resta dizer que muitos foram músicos de tropa paga, tendo, desta forma, permanente sustento material.

A música erudita de câmara   Há sinais evidentes da existência de uma invejável atividade neste domínio. Deixando completamente de lado a música popular, que hoje denominamos folclórica – Gonzaga cita, em suas *Cartas Chilenas*, o lundu – as danças dramáticas, as danças de corporações de ofícios; as que eram executadas, como se lê no *Áureo Trono Episcopal*, por "mulatinhos de idade infantil, imitando os índios Carijós", em festas de exibições nas ruas; além dessa classe de música coreográfica, existia outra, a de salão, representada por *sonatas*, trios, quartetos, quintetos, serenatas, divertimentos etc., à base de vários instrumentos. Faltaria ainda citar a música de bodas e de enterros. Tratava-se, neste caso, da melhor música europeia da época, importada através de Lisboa, em considerável quantidade, pois não devemos esquecer que Portugal foi, neste período, um país de portas abertas, como nação, um "bom europeu", no sentido nietzschiano, colocando seus interesses culturais acima de um estreito nacionalismo. Faltam-nos elementos comprobatórios para a primeira metade do século XVIII, porém a documentação encontrada, correspondente aos fins da segunda metade desse século, demonstra a grande curiosidade, para não dizer a profunda preocupação do músico mineiro em pôr-se a par com a expressão contemporânea europeia. Encontramos, entre esses papéis, fragmentos de obras ou partes incompletas de Wagenseil, Mozart, Boccherini, Pleyel e outros, e a parte do primeiro violino do quarteto, op. 1 n.º 3, de Haydn, copiada em 1794, pelo mulato Maciel da Cruz a milhares de léguas de distância da Corte de Viena, quando ainda restavam a Haydn quinze anos de vida. Executado com grande frequência, mostra o desgaste natural do manuseio e os pingos de cera das velas da época.

Houve música durante os festejos oficiais, música para o Senado da Câmara, música no Palácio do Governador e inclusive entre os próprios músicos, curiosos por enriquecer seu conhecimento e por exercitar-se, ainda que para solaz. O gênero de música de câmara não deu oportunidade para que os próprios compositores mineiros criassem obras baseadas nos modelos recebidos, analisados e executados. A frequência em tais execuções públicas remuneradas foi muito maior, quando comparada com a que ofereciam as irmandades e o Senado no gênero da música religiosa. Não devemos esquecer que a sociedade mineira era uma entidade amorfa, sem segmentação, dedicada mais à mineração e às tarefas do campo, estritamente agropecuárias, do que ao cultivo de hábitos refinados, próprios de uma tradição que só podem ser atingidos em sociedades de prolongada convivência. A existência de certo requinte no mobiliário e nas porcelanas, observado em casa de pessoas abastadas, constituía exceção. A austeridade do mineiro foi e continua sendo proverbial. Nunca existiu uma vida de salões ou palácios, formada em centenas de anos na Europa do Renascimento, do Barroco e do Classicismo; não houve príncipes nem prelados que pudessem manter suas capelas musicais particulares e muito menos mecenas para encomendar obras de valor.

Por outro lado, um fato emocionante conduz-nos ainda mais intimamente ao conhecimento do amor quase místico que tanto caracteriza o homem mineiro do 1800. Quando von Martius, o célebre homem de ciência, atingiu as margens do rio São Francisco, num lugar chamado Brejo do Salgado, causou admiração o seu costume de tocar violino – tradicional num europeu culto – ao entardecer dos trópicos. Um dia, interpelou-o um vaqueiro para pedir-lhe, em nome de seu patrão, fazendeiro radicado a vinte léguas de distância, que acedesse em tocar quarteto. Dias depois, esse "moreno Orfeo" apareceu, acompanhado por seus vaqueiros (dois deles tocadores de viola e violoncelo), por sua família e um carregamento de instrumentos, papéis de música e estantes, num curioso amontoado sobre os lombos das bestas. Conta-nos Martius, abandonando sua habitual ponderação e tomado de entusiasmo, que eles atacaram com *jovial confiança* o quarteto mais antigo de Pleyel e lembra "as feições animadas por triunfante enlevo", de seu "excelente melômano, João Raposo", admirado de como, sobre esta tentativa de quarteto improvisado, pairava o gênio musical do autor, festejando o fato como a expressão do mais alto triunfo artístico no sertão brasileiro.

Caso semelhante ocorreu na antiga Diamantina, onde dois filhos do *Iluminismo*, o intendente e o fiscal do distrito, opondo-se publicamente a determinados aspectos da tradicional festa de Santo Antônio, patrono do Arraial do Tejuco, proibiram a procissão e fizeram os músicos descer do coro da Matriz, para tocar ante o Senhor Exposto algumas obras, e "se fez uma Orchestra de sinfonias, quartetos e outras músicas profanas de Pleyel etc.", participando dela "hum habil cravista". Este *Concert Spirituel* improvisado constitui outra demonstração de que, em muitos lugares de Minas Gerais, existia material musical suficiente para qualquer função, por mais inesperada que fosse a solicitação. Deveríamos ainda lembrar as orquestras das fazendas, formadas por negros escravos de ambos os sexos. Fletcher ouviu, no Engenho Soledade, perto de Paraibuna, em Minas, um conjunto de cantores e instrumentistas, entre os quais um organista, num concerto improvisado que lhe ofereceu o proprietário e anfitrião.

As óperas Sabe-se que, em Vila Rica, existia uma *Casa da Ópera*, construída antes de 1770 por um contratador, pelo preço de 16 mil cruzados. Por falta de documentação, ignoramos se esta Casa da Ópera foi a primeira no gênero ou se existiu outra anteriormente, mas é provável que, já antes de 1740, representações teatrais fossem levadas à cena em outro local menor. Nesta casa teatral, empresa particular, eram representados dramas, comédias, sainetes e verdadeiras óperas. *Ézio em Roma*, de Porpora, foi uma delas, como pudemos verificar numa relação de espetáculos. A atividade cênico-musical desenvolveu-se separadamente das que mencionamos: música religiosa, contratada pelas irmandades e pelo Senado da Câmara, e música instrumental erudita, de índole diferente, para entretenimento, assim como danças de salão. No entanto, é extraordinariamente enaltecedor que, num termo de arrematação do Senado de 1773, assinado pelo Maestro José Teodoro Gonçalves de Melo, fosse incluída a seguinte cláusula: "... con a condissão destrassem nellas [nas músicas religiosas das festas oficiais] alternativamente os muzicos da Casa da Opera...", demonstrando assim a preocupação dos senadores, que acorriam aos espetáculos teatrais, com o aperfeiçoamento técnico dos músicos que neles atuavam, o que demonstra paralelamente o apreço de que gozavam os numerosos conjuntos dedicados ao exercício da música religiosa.

É também indubitável que os compositores de Vila Rica e outras cidades escrevessem "as solfas", para textos de representações teatrais, quer música incidental para dramas e comédias, quer música baseada em libretos de ópera.

Quando o Governador-Geral, Luís da Cunha Meneses, decretou a realização de dois dramas e de três óperas como parte do programa de festejos efetuados pelo motivo do duplo enlace de príncipes portugueses e espanhóis, o curto prazo de que dispunham para a realização das obras não deve ter assustado os músicos profissionais de Vila Rica. Tudo deveria correr satisfatoriamente considerando-se o aumento do consumo de "papel pautado para copia das muzicas", a música composta por Florêncio José Ferreira Coutinho, o ensino de trechos vocais e três dramas e diversos instrumentistas e cantores que deveriam atuar em cena, a regência de Marcos Coelho Neto e seu filho de igual nome. É significativo que nos diversos relatos feitos sobre representações teatrais houvesse críticas, inclusive nas *Cartas Chilenas*, onde Tomás Antônio Gonzaga afirma que "os três mais belos dramas se estropiam repetidos em boca de mulatos", impressão reiterada anos mais tarde por Saint-Hilaire, numa crítica menos incisiva. Mas o cantor de Marília nunca teve que levantar a mais leve objeção a respeito da qualidade das manifestações musicais. Há sempre um evidente elogio nas alusões à música. Ainda desta vez, podemos recorrer ao testemunho de Saint-Hilaire, que afirmava, ao assistir a uma missa, durante a Semana Santa na Matriz da Antiga Vila do Príncipe do Serro do Frio:

> "... La musique convenait à la sainteté du lieu ainsi qu'à la solemnité de la fête, et fut parfaitement exécutée. Plusieurs des chanteurs avaient une voix charmante, et je doute que, dans aucune ville du nord de la France, d'une population semblable, on exécutât une messe en musique aussi bien que le fut celle-ci".[1]

---

[1] A música convinha tanto à santidade do lugar quanto à solenidade da festa e foi executada com perfeição. Vários cantores possuíam voz encantadora e duvido que, em qualquer cidade do norte da França, de população semelhante, se executasse uma missa em música tão bem quanto esta.

O profissionalismo e o companheirismo dos músicos mineiros   O grupo dos músicos mais responsáveis pela execução nas igrejas de obras próprias e alheias era constituído por mulatos que se associavam em importantes irmandades. Se deixarmos de lado os músicos da Irmandade da Boa Morte, fundada em 1721 e pertencente à freguesia de Antônio Dias e sua Matriz de Nossa Senhora da Conceição, podemos escolher duas igrejas-símbolo, ambas situadas em promontórios característicos de Ouro Preto, uma em cima da outra: a de São José e a de São Francisco de Paula. Em seus livros, ou seja, nos da Irmandade do Senhor Patriarca São José e na Ordem dos Mínimos de São Francisco de Paula, será possível encontrar um sem-número de nomes que ajudaram a escrever, sem o saber, a *História da Música em Vila Rica*. Na Igreja de São José originou-se, posteriormente, uma nova irmandade, a de Santa Cecília, padroeira da música, agrupando não apenas os músicos de Vila Rica como também a maioria dos que se encontravam dispersos por todo o território mineiro. Essa concentração de músico em uma irmandade especificamente musical tem um significado ainda muito maior, pois constitui a primeira sociedade beneficente de músicos profissionais e suas famílias, velando pelo bem-estar de cada um, prestando assistência médica, com remédios e enterros gratuitos, assim como assistência espiritual e material àqueles que não dispusessem de recursos regulares. Seria o caso de perguntar se a fundação da Santa Cecília, em 1815-16, deve ser exaltada como a primeira forma de cooperativismo estabelecida no Brasil ou se tal decisão correspondeu apenas à necessidade de associação para uma melhor proteção mútua em dias que se tornavam cada vez mais difíceis para uma profissão livre, como foi em todo o século XVIII. A primeira hipótese parece-me mais provável, pois fácil é verificar que o impulso artístico ultrapassou de muito o período crítico da decadência material, projetando-se pelo século XIX adentro, tão poderoso foi o *élan* dos músicos criadores do Barroco na segunda metade do século XVIII.

Em 1764, o Governador-Geral Luís Diogo de Vasconcelos, desconhecendo talvez o meio em que lhe cabia atuar, recomendou, por ofício, à Mesa do Carmo, o músico José Teodoro Gonçalves de Melo, o qual considerava muito capaz. Mas as autoridades da Ordem Terceira do Carmo reservaram-se o direito de escolher quem bem lhes aprouvesse, contanto que satisfizesse plenamente a maioria dos mesários. A seleção do candidato era feita no instante requerido e não posteriormente.

A magnitude da atividade musical mineira   O campo das pesquisas musicológicas em Minas Gerais apresenta dois aspectos básicos. Refere-se o primeiro à revisão dos documentos oficiais e eclesiásticos em busca de informações relativas à atividade musical em cada templo ou através dos contratos firmados ante as autoridades de uma irmandade ou do Senado. Nomes de músicos, instrumentos utilizados, frequência dos atos musicais, quantias abonadas à corporação musical por contrato anual ou compromisso ocasional constituem o objetivo de exaustivas investigações. Mais de 60 mil páginas de documentação incompleta foram revistas com o objetivo de reunir elementos suficientes para uma história documentada da música religiosa na Capitania-Geral das Minas Gerais. Tais documentos formam já sete espessos volumes. O segundo aspecto refere-se à difícil busca dos papéis de música daqueles tempos longínquos, sua reunião, restauração, transladação à notação moderna e para partitura, provida das indicações dinâmicas requeridas e pronta para uma interpretação adequada.

O que pôde ser salvo até agora representa um ínfimo reflexo de uma esplendorosa atividade criadora que alcançou em diversas ocasiões uma grande beleza, em nada inferior às manifestações musicais europeias dessa época. Os trabalhos colocados em partitura serão reunidos em uma *Monumenta Musicae Brasiliae* cuja primeira série dedicada a Minas Gerais compreenderá cerca de 30 volumes, dos quais quatro já se encontram prontos para impressão. Uma segunda e terceira séries serão dedicadas, respectivamente, aos Estados do Rio de Janeiro e de São Paulo.

Graças ao profissionalismo do músico livre, ao respeito que mereciam suas criações e também sua arte de interpretação, graças ainda à constante exigência de obras novas, por parte do público e das autoridades, e à assistência de que atualmente chamamos *povo*, desse povo mineiro de tão marcada inclinação pela música, pôde desenvolver-se um movimento que conduziu vários compositores a elevadíssimo pedestal artístico. Muito se escreveu sobre a falta de instrução em Minas Gerais durante o período colonial. A revisão dos documentos da época diminui muito o alcance de tal afirmação e, no que concerne ao músico, nunca encontramos, nos livros de recibo e de termos, o característico sinal de cruz colocado por quem não sabe assinar o nome. O analfabetismo era inexistente entre os músicos. Sua caligrafia era excelente, prolixa e fluida, consequência de constantes cópias de música e do texto em latim.

Estando perdidos para sempre os inúmeros documentos de igrejas e das câmaras, não foi possível restaurar os nomes de todos os músicos que trabalharam em Vila Rica, onde se produziu, indubitavelmente, a maior concentração musical desse período. Calculamos ser relativamente fácil chegar, com as pesquisas a serem feitas, a um número não inferior a 250 homens. Até agora nenhum deles apresenta outra ocupação além da de músico, contrastando esse profissionalismo acendrado com o amadorismo existente na maioria dos países latino-americanos, onde o amor pela música não pôde ser acompanhado pelo necessário sustento econômico, recaindo o seu exercício em mãos de homens dedicados a outros ofícios: alfaiates, carpinteiros e ferreiros. A partir de 1815, também em Vila Rica chegou-se a produzir tal fenômeno, observando-se a deserção de músicos, outrora ativos, em direção a cargos administrativos, o que lhes limitava o exercício da música às horas de lazer.

Quando encontrei os primeiros documentos musicais de José Joaquim Emérico Lôbo de Mesquita, só era possível imaginar que sua função de organista no Arraial do Tejuco teria sido uma espécie de suicídio profissional, ao dirigir-se, por equívoco, a um povoado longínquo e isolado onde não poderia existir nenhum estímulo. Quando prosseguiram minhas investigações iniciais, na capital diamantífera, cheguei à conclusão que, num período inferior a trinta anos, houve nesse Arraial não menos do que sete regentes musicais, o que vale dizer, em número de corporações, perto de 100 músicos em plena atividade.

Não se poderá falar em termos diferentes quanto a São José del-Rei, Sabará, Santa Luzia do Rio das Velhas, Caeté, Pitangui, Conceição do Mato Dentro, Serro, Mariana e outros povoados menores. Quando revelamos o descobrimento da atividade musical de Minas Gerais, a primeira objeção da parte dos historiadores, em nada familiarizados com o assunto, consistiu em sua obstinada resistência diante da possível capacidade da gente de cor de evoluir até a interpretação de obras de alto nível universal. A essa atitude foi possível contrapor um argumento de extrema importância: assim como trouxemos de volta à vida os amarelentos papéis de música, possibilitando a sua execução por grandes conjuntos profissionais americanos e europeus, fica demonstrado que a plêiade de compositores mineiros pôde escrever música de tão elevada expressividade porque cantores e músicos correspondiam plenamente às suas exigências de interpretação. Uma insuficiente capacidade técnica teria limitado a evolução dos compositores em direção a um nível superior e poderia ter esterilizado a veia criadora de cada um. Não esqueçamos que suas funções foram idênticas às de todos os criadores do Renascimento e do Barroco, oferecendo música para um calendário repleto de música sacra, fazendo chegar às mãos dos intérpretes partes vocais e instrumentais recém-escritas. O caráter funcional da música mineira é o melhor argumento para justificar o seu estranho apogeu, o maior já registrado nos anais da música artística do hemisfério americano.

Novas condições econômicas impuseram profunda transformação no amor do mineiro pela música. Com o advento do século XIX, formaram-se as bandas cuja dupla função, apresentando música religiosa nos templos e música profana na vila, não pôde evitar que se infiltrassem novos instrumentos nos conjuntos. Fagotes, oboés e trompas eram substituídos por oficlides, trombones e tubas. A melodia fácil da ópera teve rápida penetração na música religiosa; as composições do século XVIII foram cada vez mais abandonadas, tornando-se vítimas das traças nas estantes dos arquivos onde jaziam condenadas ao esquecimento. Mortos os velhos regentes, sua coleção de obras foi dispersada, vendida a interessados, para embrulhar mercadoria ou servir de papel resistente nos fogos de artifício. A tradicional sobrevivência de duas bandas rivais, mesmo nas cidades mais insignificantes de Minas Gerais, é indiscutivelmente uma consequência direta da atividade musical no século XVIII. Mas, ao ser desviada de seu antigo desígnio, contribuiu para extinguir um dos mais surpreendentes movimentos de que se tem notícia na história cultural da humanidade.

Os compositores   A técnica contemporânea não era, de modo algum, desconhecida pelos compositores mineiros. Levou-os, sua curiosidade, a inteirar-se das obras de seus colegas europeus. Não podemos afirmar que as composições importadas chegassem às suas mãos segundo uma rigorosa cronologia, ou, como é mais fácil supor, de forma alternada e caprichosa. É muito provável que alguns conhecessem primeiro Mozart e depois Haendel e, do mesmo modo, Pergolesi e Vivaldi. É, pois, impossível circunscrever as influências por eles assimiladas de determinada área cultural, digamos, Itália ou Áustria. Os papéis de música, enviados diretamente de Lisboa a Minas Gerais, patrimônio cultural europeu projetado no coração da América, representavam seguramente obras de diversos períodos e países, incluindo a Alemanha, França e Inglaterra. Salienta-se, indubitavelmente, em todas as obras mineiras, uma manifesta influência do instrumentalismo italiano.

A contextura das obras dos compositores de Minas é altamente interessante. Nunca abusaram de elementos supérfluos, destinados a um simples aumento de sonoridade. Sua instrumentação representa um alto grau de economia aliado a um máximo de aproveitamento de recursos, e seu conhecimento da voz humana lembra o dos italianos, e também o de Gluck e Mozart, mas não esqueçamos que estes, por sua vez, fizeram sua aprendizagem na Itália. O conhecimento da sexta napolitana, dos processos modulatórios de surpreendente aplicação, do contraponto fluido, de interlúdios instrumentais para entrelaçar dois trechos vocais de grande tensão dramática, quer para diminuí-la, quer para aumentá-la: o respeito pela prosódia, a identificação com o texto litúrgico, tudo isso, enfim, fala-nos de capacidade, de sabedoria e de talento e, não poucas vezes, de gênio.

O maior de todos os compositores mineiros foi, indiscutivelmente, José Joaquim Emérico Lôbo de Mesquita, que aparece nos documentos da Irmandade do Santíssimo Sacramento da Matriz de Santo Antônio do Arraial do Tejuco, em 1782, mas é possível que ali atuasse antes dessa data. Foi organista nessa irmandade e também na Ordem Terceira do Carmo, logo que o Padre Almeida Silva instalou no templo dessa organização o órgão que ainda hoje existe.

Não sabemos onde nasceu José Joaquim Emérico, mas o lugar mais provável seria nas proximidades de Diamantina, onde se radicara um ramo da família Mesquita. Em Ouro Preto, há pouco vestígio dos Mesquitas para pensarmos que ali tivesse nascido. José Joaquim figurou na Irmandade das Mercês dos Crioulos, em 1788, o que sugere sua origem americana e sua condição de homem de cor. Mais tarde, em 1792, uma sua escrava entrou na mesma corporação. Abandonou Diamantina o notável compositor logo no início de 1798, sem que conheçamos as causas dessa viagem. Dirigiu-se a Vila Rica, onde trabalhou como regente musical, por contrato, na Ordem Terceira do Carmo e também no Santíssimo Sacramento da Matriz do Pilar. Desconhecidos também são os motivos que o levaram a sair, em princípios de 1788, da capital mineira de então, tanto que Francisco Gomes da Rocha, igualmente notável músico, veio a substituí-lo, assumindo as responsabilidades da regência e recebendo, por autorização expressa, os haveres que José Joaquim acumulara no pequeno prazo de um ano. Acredita-se que José Joaquim tenha falecido em Caeté, onde os documentos da Igreja Matriz foram queimados, impossibilitando qualquer investigação. Podem-se considerar salvas cerca de 40 obras, entre grandes e pequenas, completas e incompletas, que nos mostram seu gênio musical, plasmado em surpreendentes mutações estilísticas. Sua Missa Grande, sua Missa n? 2 (o algarismo serve apenas para a orientação do pesquisador, pois deve ter escrito diversas missas), seu *Te Deum*, Ofício de Defuntos, *Domenica palmorum* e outras obras já restauradas, como sua famosa *Antífona de Nossa Senhora*, elevam-no à categoria de gênio. Surge como o mais destacado autor no panorama musical americano, não apenas no período colonial, mas também em muitas décadas do século XIX até o aparecimento de Carlos Gomes, que produziu, certamente, em um terreno oposto: o operístico.

Francisco Gomes da Rocha, do qual encontramos unicamente uma avassaladora Novena de Nossa Senhora do Pilar, foi soldado do mesmo Regimento a que pertenceu José Joaquim da Silva Xavier, o Tiradentes. Exercia as funções de timbaleiro, com o grau de ajudante. Trabalhou durante decênios como contralto e, nos fins do século XVIII, como regente. A desenvoltura técnica e a elevada expressividade de sua Novena, homenagem à padroeira de Ouro Preto, fazem-nos supor que tenha sido precedida por cerca de 150 obras, já perdidas. De outra maneira não lhe teria sido possível atingir semelhante desenvoltura em que se revelam fugazes reminiscências de Haendel e Mozart. Francisco Gomes da Rocha pertenceu a várias irmandades de mulatos e faleceu no dia 9 de fevereiro de 1808, sendo sepultado na Matriz de Ouro Preto.

Inácio Parreiras Neves foi o outro músico de excepcional talento. Já em 1754 cantava como tenor. O último documento dessa atividade vocal corresponde a 1792. Foi muito ativo como cantor e regente, falecendo em 1794. Também dele encontramos apenas uma obra que consiste em um maravilhoso *Credo*, cuja criação poderá ser situada aproximadamente em 1780. Esse fato comprova, tal como no caso precedente, que esta obra é posterior a uma vasta produção, hoje totalmente perdida. Inácio Parreiras Neves foi componente da Irmandade do Senhor São José.

Marcos Coelho Neto (pai), famoso trompista, regente e compositor, foi igualmente músico bastante fecundo. Várias de suas obras puderam ser salvas, sendo mais fácil estabelecer uma imagem de sua impressionante capacidade criadora. Ainda hoje não dispomos de suficientes elementos para distinguir suas obras das de seu filho, Marcos Coelho Neto (filho), também compositor e trompista, companheiro do pai em todas as lides musicais. É muito difícil atribuir a um ou outro composições que chegaram às nossas mãos através de segundos e terceiros, cópias feitas em pleno século XIX, sem especificação completa do autor e do ano da criação. Marcos Coelho Neto (pai) faleceu em 21 de agosto de 1806 e foi sepultado na Capela de São José; seguiu-o o seu filho em outubro de 1823, encontrando eterno repouso na Matriz de Ouro Preto, junto a Francisco Gomes da Rocha.

Jerônimo de Sousa Lôbo, violinista, organista e compositor, personagem ainda hoje enigmático, pois que não se pôde encontrar suficiente documentação a seu respeito, também merece ser apontado como muito produtivo e valioso. Deve ter sido filho natural ou enjeitado do licenciado Antônio de Sousa Lôbo, de quem foi o testamenteiro. De suas obras resta uma quantidade bastante apreciável, porque o curto e fecundo período de sua produção musical situa-se em fins do século XVIII. Parece que faleceu muito jovem, em 1803, tendo feito parte da Irmandade do Senhor São José.

A esta relação de simplesmente alguns dos mais destacados compositores, convém acrescentar a figura do ilustre compositor Padre José Maurício Nunes Garcia. Seu campo de ação circunscreveu-se ao Rio de Janeiro, onde nasceu e faleceu, mas foi de origem mineira, por ascendência materna. Sua genitora nascera ainda escrava, nas proximidades de Cachoeira do Campo. O grande talento do Padre José Maurício, na versatilidade em música profana e religiosa, sua excepcional produtividade representam, de fato, um fenômeno isolado, de superação individual, sem grandes exemplos em seu redor? Foram apenas os grandes gênios europeus seus patronos, sua inspiração tutelar? Ou teria sido contagiado pelo prodigioso movimento musical mineiro, cuja existência ninguém poderia ignorar e cujas obras devem ter circulado em várias cidades litorâneas, mas principalmente no Rio de Janeiro?

A história da música brasileira, por não ter sido realizada uma investigação retrospectiva, coloca o Padre José Maurício nos pródromos de uma atividade musical litorânea, pobre de informação e carente de movimentos coletivos, erigindo-o na primeira das três grandes figuras da criação musical brasileira, seguido por Carlos Gomes e Heitor Villa-Lôbos. Uma revisão da história musical poderia talvez explicar-nos melhor a desconcertante evolução solitária do padre-músico. Em suas veias corria o sangue mineiro. Sua inquietude profissional deve ter sido contagiada pela poderosa vaga de músicos mulatos. Os fugatos dramáticos que encontramos em José Joaquim Emérico Lôbo de Mesquita e mais tarde no gênio de João de Deus Castro Lôbo, falecido aos 33 anos, em Mariana, representaram uma técnica e uma modalidade mineira que serviu de paradigma aos fugatos do Padre José Maurício ou tratar-se-ia apenas de uma aceitação, de ambas as partes, da técnica ensinada pelos Tratados? Há muitas provas de que as comunicações durante o período colonial, apesar de penosas, foram excelentes, tanto no Brasil como na América espanhola. A música mineira não poderia constituir nenhum mistério para inquietos criadores radicados em outras latitudes.

Finalizando, cumpre esclarecer que não poucas vezes nomes e sobrenomes de músicos mineiros sugerem uma ascendência branca: José Félix de Magalhães e Faria, Francisco Furtado da Silveira, José Rodrigues Dominguez de Meireles ("o grande músico", como foi chamado em Pitangui), Manuel Dias d'Oliveira, muito famoso, ativo em São José del-Rei. Foram todos eles, sem exceção alguma, como os já citados, mulatos.

Podiam ter, como antepassados, um pai branco casado com uma negra ou mulata, podiam ser também filhos naturais, enjeitados ou abandonados, adotando, nesse caso, tal como fizeram os escravos, o nome de seu genitor, protetor ou dono. Durante o período do *gold-rush* mineiro, ninguém pensaria em aplicar princípios de sangue e ainda menos iniciar as páginas de um livro genealógico.

Vimos que circunstâncias especiais permitiram, em curiosa reciprocidade, um excepcional desenvolvimento da música erudita. Sabemos também, para concluir, que movimentos artísticos, como os de Minas Gerais, não poderão repetir-se. A música até agora restaurada e apresentada em memoráveis concertos, tanto na Europa como na América, representa apenas um apagado vestígio de um imenso tesouro para sempre perdido. Isso lembra o destino do garimpeiro, por cujas mãos calosas correram fortunas, mas que retêm, ao término da exaustiva jornada, alguns diamantes de extraordinário fulgor. Resta-nos, pois, com os documentos existentes a convicção de que existiu, ao mesmo tempo humilde e gloriosa, inseparável das demais manifestações artísticas, uma *Escola de Compositores da Capitania Geral das Minas Gerais.*

CAPÍTULO IV

MEDICINA COLONIAL

POR TODO o decorrer dos três primeiros séculos, a partir da descoberta, o rude meio ambiente brasileiro de precárias condições culturais, de baixo nível social e econômico, não favoreceu o desenvolvimento e a formação de uma ciência médica nacional. A medicina praticada e exercida nessa fase, como também no século XIX, refletiu apenas, no que pôde, a súmula de noções, ideias e preceitos em voga nos centros europeus, dos quais proveio. Se a chegada da Corte portuguesa acarretou, em 1808, a implantação do ensino médico – e as escolas da Bahia e do Rio de Janeiro assinalam um marco evolutivo de real significado –, a verdade é que não se pode, em qualquer tempo, apontar, na medicina aqui praticada, característica que lhe imprimam um sentido de certo modo próprio, "brasileiro", a não ser na época atual, no século XX. Advirta-se, entretanto, que embora originária da europeia, a arte médico-cirúrgica trazida para o Brasil experimentou o toque da terra, do ambiente, sofrendo, ademais, a influência dos agentes incultos, ou inscientes, que a veicularam. Constituiu ela, então, mormente na base agora encarada, má expressão da ciência da época, pois que foi bem pouco conhecida e bem mal praticada, estando ainda prenhe de abusões e superstições.

É a partir do século XVI que se iniciam, na Europa, investigações, estudos e descobertas que irão proporcionar à medicina o cunho científico de que passou a se revestir. E tais investigações e pesquisas não se efetuaram e também não penetraram com facilidade nos centros ibéricos, como Salamanca e Coimbra, onde justamente estudaram os físicos e cirurgiões que até fins do século XVIII exerceram a profissão no Brasil. Ainda incipiente como ciência na maioria dos centros civilizados e até mesmo mal aplicada pela generalidade dos profissionais, não é de admirar que a medicina, em suas ideias e como arte, viesse a decair transplantada para meio adverso e praticada por indivíduos ignorantes, de índole aventureira, desafeiçoados aos estudos, dado que para as terras americanas não emigraram médicos de saber, de cultura, e muito menos professores ou pesquisadores.

Escola clínica — Revestiu-se de cunho empírico a medicina praticada no Brasil nos três primeiros séculos. Não há como aproximá-la de alguma filosofia ou teoria. Quanto a influências, apenas no quarto século, que foi o XIX, pode-se aludir à francesa. Mas, se, apesar de tudo, alguém tentar vislumbrar alguma escola, alguma concepção doutrinária da medicina aqui exercida, essa poderia ser somente uma escola "clínica", de observação imediata, instantânea, junto ao paciente, dos sintomas por ele apresentados. Seria, então, se fosse possível, uma escola sem discípulos, individual, ilhada, finando-se com o mestre, impotente na época para transmitir seu sistema – um conjunto de perspicácia e intuição na interpretação da sintomatologia clínica.

Medicina indígena — O povo nômade, de ínfimo grau de civilização, que habitava o país ao tempo da descoberta, possuía da arte de curar certos conhecimentos práticos e empíricos, subordinados à ação do sobrenatural. A doença era a resultante de um castigo ou provação. Sem nosologia definida, recorria-se, na classificação, ao órgão afetado ou ao principal sintoma apresentado. A tradição oral guardava, de geração em geração, as noções sobre patologia e terapêutica.

Geralmente fortes e sadios, os indígenas brasileiros padeciam de poucas entidades mórbidas. E os cronistas do século XVI reconheceram a boa sorte dos "brasis" em possuir quadro nosográfico tão circunscrito. Foram os descobridores e colonizadores que introduziram no país doenças como a varíola, que iriam desde logo concorrer, juntamente com o apresamento e extermínio empreendidos pelos brancos, para a dizimação do gentio. Citam-se como integrantes da patologia indígena, na ocasião da descoberta, a bouba, o bócio endêmico, certas parasitoses e dermatoses, febres inespecíficas (reumatismo? gripe?), disenterias, afecções do aparelho respiratório, como pneumonia e pleuris, ferimentos de guerra e acidentais, afecções e sintomatologia resultantes de envenenamentos e mordeduras por animais venenosos, afecções resultantes de desvio alimentar... Muitas das chamadas *doenças tropicais* eram, então, completamente aqui desconhecidas. Sobre a malária e a sífilis, discute-se ainda a origem americana, pelo menos em terras brasileiras.

A terapêutica indígena, mágica e mística, valia-se da índole sugestionável do silvícola e baseava-se nas virtudes medicinais de numerosos espécimes da flora nativa. "A mata é a sua farmácia", conforme assinalou o arguto observador que foi von Martius. E aos padres jesuítas cabe o mérito do aproveitamento e vulgarização das propriedades terapêuticas de vegetais que logo foram incorporados à farmácia, como a copaíba, a ipecacuanha, o jaborandi e tantos outros.

Chamava-se *pajé* o indivíduo que curava. Era um misto de sacerdote, feiticeiro e curador. Apalpava, cheirava e defumava o enfermo. Sugava ferimentos, sangrava, amputava e prescrevia o medicamento, ou *puçanga*, por via oral ou local. Era obedecido e temido. Contra ele moveram os colonizadores, principalmente os padres incumbidos da catequese, tenaz campanha de descrédito. Perdida a influência, desmoralizado, foi aos poucos substituído, em suas funções e entre o seu povo, pelo catequista, o padre jesuíta.

Medicina jesuítica A assistência médica constituiu-se poderosa arma de que se serviu a Companhia de Jesus para os trabalhos da catequese do indígena. Chegados os primeiros em 1549, na comitiva do Governador-Geral Tomé de Sousa, e chefiados por Manuel da Nóbrega, os padres jesuítas cedo compreenderam que não adiantariam e nem prevaleceriam os ensinamentos de natureza espiritual sem um efetivo e seguro cuidado com o corpo. E delinearam e executaram a gigantesca tarefa que foi o aldeamento do silvícola para a doutrinação, em particular a do *corumim*, o ensino de ofícios manuais e a prestação de assistência médico-farmacêutica. Não sendo esta assistência, em verdade, um dos fins colimados, tornou-se, entretanto, tão considerável e tão necessária, que manteve a Companhia de Jesus, em seus colégios e até a sua expulsão do Brasil, em 1759, uma *botica* e uma *enfermaria* para o tratamento dos naturais da terra e dos colonizadores.

> Porque, "os mesmos portugueses parece que não sabem viver sem nós outros, assim em suas enfermidades próprias, como de seus escravos: em nós outros tem médicos, boticários e enfermeiros", segundo escreveu José de Anchieta, um dos mais assinalados na enfermagem e nas curas.

No primeiro século a assistência médica foi prestada pelos padres jesuítas em geral. Alguns deles tinham estudado medicina ou possuíam noções da arte, e os dela ignorantes aqui aprenderam praticando. Posteriormente, em cada colégio sempre houve Irmãos Enfermeiros e Irmãos

Boticários, instruídos suficientemente no noviciado. Em pleno século XVIII houve vilas e cidades brasileiras que apenas possuíam botica ou hospital instalados no Colégio dos Jesuítas. "Nossa casa é botica de todos", estão sempre a repetir as cartas informativas que os abnegados de roupeta enviavam ao Provincial de ultramar. A princípio gratuita, tornou-se depois necessária a cobrança de módica soma pela internação na enfermaria e pelo aviamento das receitas.

A prática médica propriamente dita efetuou-se principalmente no século XVI, tanto junto ao indígena, como ao colono povoador. Foi, então, quando o padre jesuíta serviu de físico, cirurgião e barbeiro. Ele moicou, lancetou, sangrou, sarjou, partejou. Soube aplicar os conhecimentos médicos da época e os que adquiriu da medicina indígena. Instruído e observador, identificou os vegetais medicinais nativos, cultivou-os, experimentou-os e exportou-os para a Europa, tornando ali conhecidos alguns do valor da ipecacuanha. Soube substituir pelos produtos da terra aqueles europeus de difícil aquisição.

> "Usamos, em lugar de vinho, de milho cozido em água, e que se junta mel de que há abundância; é assim que sempre bebemos as tisanas ou os remédios", ainda segundo Anchieta.

Cada botica do colégio conservava um caderno manuscrito, a *Coleção de Receitas*, onde se copiavam as fórmulas mais indicadas e que melhores resultados ofereciam. E famosa foi em todo o país a celebrada *Teriaga brasilica*, medicamento jesuítico de composição secreta e prescrito para as mais variadas doenças, uma típica panaceia, cuja fórmula o Padre Serafim Leite, historiador da Companhia de Jesus, deu a conhecer em uma de suas obras.

Através das cartas jesuíticas, levantou-se a nosografia do Brasil no primeiro século de sua existência. Epidemias de varíola e de sarampo, epidemias de malária e disenteria, além de todos os outros males que vitimaram os habitantes nos primeiros tempos, sífilis, afecções hepáticas, pulmonares, gástricas, renais, cardíacas, nervosas, vêm descritas nas crônicas inacianas.

Na assistência médico-farmacêutica e mesmo hospitalar, a medicina jesuítica rivalizou com a medicina desenvolvida pelos profissionais da arte de curar, sobrepujando-a nos primeiros tempos da colonização, nos sentidos de maior eficiência, mais caridade no trato e melhores conhecimentos. Os padres de Santo Inácio, além de condição social superior, possuíam mais instrução e mais cultura do que os físicos e cirurgiões-barbeiros que para o Brasil vieram exercer a profissão.

Profissionais da medicina Fatores econômicos, sociais e políticos, resultantes de condições adversas reinantes na Península Ibérica, ensejaram nos séculos XVI e XVII a transmigração para o Brasil de cristãos-novos e meio cristãos, isto é, judeus ou de ascendência judaica, camuflados em cristãos, que a tanto os obrigara o meio em que viviam. Na quase totalidade eram de posição social inferior, homens de ofício, broncos e ignorantes. Entre esses, e todos oriundos de Portugal e Espanha, alinhavam-se os profissionais da medicina. É justamente nos papéis da primeira devassa que o Santo Ofício efetuou no Recife e Salvador, na última década do século XVI, que se vão encontrar os nomes dos profissionais médicos da época.

Excetuando-se os físicos, formados em escola médica, mas também cristãos-novos, os demais indivíduos que exerceram a arte de curar no país, cirurgiões-barbeiros, barbeiros e mesmo boticários, situavam-se socialmente entre os homens de ofício, inferiores aos burgueses e aos nobres. Donatários e capitães-generais chamavam *criados* os seus cirurgiões de serviço.

Pelo decorrer dos três primeiros séculos e até princípios do XIX os profissionais que aqui praticaram a medicina foram denominados *físicos* ou *licenciados*, e *cirurgiões-barbeiros*, ou *cirurgiões-aprovados* ou *cirurgiões-examinados*. Os primeiros, os *médicos* propriamente ditos, formados em escola europeia, principalmente portuguesa e castelhana, ocuparam os cargos de físicos da Coroa, do Senado da Câmara, do *partido*, da tropa. Diminutos em número e no saber – pois que "médicos que possuam a ciência e o caráter são geralmente os últimos a se estabelecerem num país relativamente novo", segundo a rude expressão de Luccock quando publicou, já no século XIX, as *Notas Sobre o Rio de Janeiro e Partes Meridionais do Brasil* – residiam eles nas principais cidades e vilas, nas sedes de capitanias. Os segundos, os cirurgiões-barbeiros, compuseram a maior parte dos profissionais da medicina. Habilitados ou aprovados na Metrópole ou no Brasil após exame perante autoridades sanitárias, deveriam exercer unicamente a cirurgia. Em verdade, praticavam toda a medicina, dada a escassez de físicos. Como estes, moravam nas cidades e vilas, ocupando igualmente cargos na tropa, no Senado da Câmara e em outros da administração reinol. Ainda mais ignorantes da arte do que os físicos, encontraram nos *barbeiros* os seus maiores concorrentes. Estes últimos, que também se submetiam a exame para os atos de sangria, sarjação, aplicação de ventosas e arrancamento de dentes, distribuíam-se por todos os centros povoados, freguesias, vilas e cidades. Sem qualquer instrução, de baixa condição social, entre os barbeiros contavam-se negros escravos e mulatos libertos. Arvoravam-se também em médicos, quando podiam.

Sendo poucos os profissionais habilitados e muito vasta a extensão territorial, juntamente com eles praticavam a medicina, ainda, os boticários e seus aprendizes, os aprendizes de barbeiros e de cirurgiões-barbeiros, os *anatômicos*, os *algebristas*, os *curandeiros*, os *entendidos*, *curiosos* e outros que tais.

O exercício da profissão não foi muito lucrativo. Os profissionais mudavam constantemente de povoação e somente a partir de meados do século XVII é que os diplomados conseguem ascender na escala social, integrando-se na burguesia citadina. Surgem, ao lado de portugueses e castelhanos, os nascidos no país, já livres da marca de judeus. Vêm depois uns raros médicos franceses, ingleses e alemães. Melhoram as condições econômicas e logicamente sobe o nível cultural. Datam do século XVII as primeiras obras conhecidas da bibliografia médica brasileira.

Mestre João Menelaus, castelhano, bacharel em artes e medicina, físico da armada cabralina, teria sido o primeiro físico a pisar terras do Brasil. A 27 de abril de 1500 desceu na "Ilha de Santa Cruz", tomou a altura dos astros, refez cálculos astronômicos e em seguida partiu, rumo às Índias. Os primeiros profissionais a se radicarem no país foram os cirurgiões-barbeiros, barbeiros e boticários que vieram nas expedições exploradoras e povoadoras. E acredita-se que Jorge Valadares, integrante da comitiva de Tomé de Sousa, designado para físico-mor do Salvador, tenha sido o primeiro licenciado a residir no Brasil.

Nesta fase da medicina, compreendida dentro de trezentos e poucos anos, não há nomes a apontar de facultativos que porventura tivessem realizado pesquisas ou descobertas científicas ou se destacado em algum setor especializado, como o da defesa sanitária. O meio ambiente não foi propício. Por certo que uns tantos se salientaram, ou pelo saber ou pelo tino e argúcia no desempenho de seu ofício. Houve, é verdade, médicos que se dedicaram aos estudos botânicos e à descrição de doenças reinantes, endêmicas e epidêmicas. Como publicassem seus trabalhos, são, então, recordados e têm um lugar garantido na bibliografia médica brasileira, ao lado de Willem Piso, cujo livro o projetou como o mais arguto observador do campo médico nacional. Este, sim, realizou obra de investigação clínica e também botânica. Mas educara-se e adquirira cultura médica e humanística e viveu em outro meio que não o Brasil, país recém-descoberto e em formação.

Ainda nesta base, se não conseguiram os médicos agrupar-se em sociedades próprias, de cunho científico, e nem uma só fundada, pelo menos alguns deles pertenceram às academias literárias que no século XVIII nasceram, pouco viveram e logo morreram, na Bahia e no Rio de Janeiro, os maiores centros brasileiros da época. O Cirurgião-Mor Mateus Saraiva presidiu a Academia dos Felizes, em 1736. À Academia Brasílica dos Renascidos filiaram-se dois físicos, sendo que um foi julgado "acadêmico inútil" e solenemente expulso, por motivo que não foi possível apurar. Já à Academia Científica do Rio de Janeiro, de 1771, mais literária e quando muito botânica do que científica, em sentido amplo, e à Sociedade Literária do Rio de Janeiro, de 1786-1794, pertenceram os físicos e cirurgiões mais em evidência na capital do vice-reinado, José Henriques Ferreira, Ildefonso José da Costa Abreu, Maurício da Costa, Luís Borges Salgado, Vicente Gomes da Silva e Manuel Joaquim Henriques de Paiva. O último, que irá destacar-se como clínico em Lisboa, é autor de numerosos livros médicos; morre em 1829 na Bahia, como professor da Academia Médico-Cirúrgica.

Quanto a jornais e revistas especializados, é óbvio que não existiram.

Medicina ibérica Nada mais intrincado nem mais dificultoso do que delimitar e nomear períodos no delineamento da história da medicina no Brasil. Demarcar fases acarreta sempre inconvenientes e falhas, além de críticas por vezes justas. Já se aludiu, como integrantes da era colonial, à medicina indígena, à jesuítica, e adiante serão abordadas a medicina negra e a medicina no Brasil holandês. Agora, qual o nome apropriado para esta fase da medicina desenvolvida pelos profissionais portugueses, espanhóis e brasileiros descendentes dos povoadores, fase que antecede aquela que se poderia chamar *escolar* ou *pré-científica*, anterior à fase *científica* de nossos dias? Que designação se aplicaria ao período que vai da descoberta até a instalação do ensino médico, em 1808, com a fundação das escolas do Rio de Janeiro e da Bahia? Visto que abarca o tempo no qual a arte foi praticada por indivíduos não só oriundos da Península Ibérica, como também imbuídos do espírito, do sentido e das ideias médicas ali vigentes, parece que se poderia chamá-lo *fase ibérica*, de melhor significação e expressão do que *europeia*, não obstante a medicina ibérica se confunda com a adotada nos demais países europeus. Foi a arte médico-cirúrgica transplantada para o Brasil após manipulação, revolvimento, sedimentação ou mesmo estagnação nos cadinhos das escolas ibéricas. A nosologia, a patologia, a terapêutica, a organização sanitária, a assistência hospitalar, enfim, os diversos ramos em que se divide a medicina, revelaram na filosofia ou no pensamento, e na prática, muito mais a inspiração luso-espanhola do que a orientação francesa ou inglesa, ou italiana e alemã.

Patologia Às entidades patológicas existentes no momento da descoberta, tais como a bouba ou piã, o bócio endêmico, parasitoses e dermatoses várias, disenterias e talvez o paludismo e a lues – o que ainda não se provou –, outras vieram ajuntar-se, carreadas pelos brancos colonizadores e pelos negros escravos. O branco veiculou a varíola, o sarampo, a escarlatina, a tuberculose, a lepra, as doenças venéreas, parasitoses como a sarna e outras afecções, enquanto do continente africano provieram a filariose, a dracunculose ou *bicho-da-costa*, a febre amarela, a ancilostomíase e outras verminoses, o tracoma, o maculo, o ainhum ou mal perfurante plantar e o gundu ou exostose paranasal. Somem-se a essas as diversas afecções dos aparelhos do corpo humano e estará mais ou menos delineada a patologia brasileira nos três primeiros séculos.

Graças às cartas jesuíticas, aos relatos de cronistas e narrativas de viajantes, mais do que à resumida bibliografia médica da época, possível foi levantar o quadro patológico do país com a distribuição geográfica e com a cronologia das periódicas epidemias, tais como as de varíola e sarampo, responsáveis pelo extermínio de centenas de milhares de indígenas, como as de febre amarela, que dizimaram a população em geral, contando-se entre as vítimas o Governador-Geral Matias da Cunha e o Arcebispo D. Frei João da Madre de Deus.

Do mapa nosográfico atual certas entidades mórbidas, como o maculo e outras, de procedência africana, extinguiram-se com a cessação do tráfico negreiro, além de medidas higiênicas apropriadas.

Terapêutica As plantas medicinais nativas constituíram o maior arsenal terapêutico empregado. Já conhecidas dos indígenas e por eles usadas, aproveitadas pelos padres que as difundiram, os demais profissionais da medicina delas se valeram no seu receituário. Acresce que os medicamentos reinóis ou europeus que os físicos e cirurgiões carregavam em suas *caixas de botica*, além de não bastarem para o consumo – e a importação mostrou-se precária e morosa –, deterioravam-se com facilidade. Desde o começo da colonização e ainda mesmo no século XIX, clamou-se contra a falta de remédios. As poucas boticas existentes apresentaram-se sempre com as prateleiras desfalcadas ou vazias. As lojas de barbeiros, onde também se processava o comércio de drogas, da mesma forma ressentiram-se da escassez. A solução foi o aproveitamento da flora medicinal brasileira, rica e variegada, e da qual um grande contingente passou às farmacopeias, incorporou-se à farmácia universal.

Além dos *simples* provenientes dos três reinos da natureza, receitados de acordo com os ditames farmacológicos, empregaram-se à farta fórmulas *secretas*, *teriagas* e *panaceias*, de duvidoso efeito, mais os antídotos, talismãs, amuletos, acompanhados de rezas e palavras mágicas com a invocação do sobrenatural. De *mezinhas* e receitas caseiras serviram-se todos antes de invocarem o auxílio e a sabedoria dos médicos. Manuais de medicina popular, raros no século XVIII e numerosos no XIX, foram de grande auxílio no tratamento das enfermidades. Data de princípios do século XIX a introdução da homeopatia no Brasil.

Organização sanitária A fiscalização do exercício profissional e do comércio de drogas efetuou-se nos três primeiros séculos através dos delegados ou comissários do físico-mor e do cirurgião-mor do reino, até 1782, quando o Governo de D. Maria I criou a Junta do Protomedicamento, com sede em Lisboa e delegados no Brasil. Os representantes das autoridades reinóis aqui examinavam candidatos às *cartas de examinação* para o exercício da profissão de cirurgião-barbeiro e barbeiro, cassavam diplomas e licenças, inspecionavam as boticas, interferiam nos preços das drogas, vistoriavam hospitais, preconizavam medidas de defesa sanitária em tempos de epidemia e fiscalizavam o exercício da profissão por parte dos físicos, cirurgiões-barbeiros, barbeiros e parteiras. Regiam-se por meio de regulamentos, avisos e alvarás periodicamente expedidos.

Dado que eram poucos os comissários, resulta aleatória a ação dos mesmos e quando sobrevinham epidemias eram os *bandos* dos capitães-generais que regulavam as questões de higiene e saúde, determinando providências como limpeza de ruas e casas, isolamento, fechamento de portos, prescrição de medicamentos tidos como preventivos e prisão para os recalcitrantes na desobediência.

Também o Senado da Câmara das vilas e cidades legislou sobre higiene e pelos seus *médicos de partido* velou pela saúde e fiscalizou os profissionais médico-farmacêuticos, dentro, naturalmente, das possibilidades da época e da exiguidade de meios.

Hospitais A assistência hospitalar esteve representada no Brasil pelas enfermarias instaladas nos Colégios de jesuítas, pelas Santas Casas de Misericórdia, pelos *lazaretos* onde se recolhiam os leprosos e portadores de doenças deformantes, *isolamentos* para os atacados de moléstias contagiosas, e hospitais militares mantidos pelo governo para os enfermos da tropa.

Nessa época, a hospitalização não visou melhoria de condições técnicas, como atualmente se propugnava, mas tão somente o fim curativo, de se acolherem os deserdados da sorte, aqueles que, não possuindo meios, não se achavam em condições de realizar o tratamento em casa. Assim, "curar os enfermos" foi apenas uma das sete "obras corporais" propostas pelas Irmandades de Misericórdia em seus Compromissos, sendo as restantes "remir os cativos, visitar os presos, cobrir os nus, dar de comer aos famintos, dar de beber a quem tem sede, dar pouso aos peregrinos e enterrar os mortos".

Pessoas de posses não procuravam os hospitais, onde havia, regra geral, penúria e falta de asseio. Os nosocômios militares ressentiam-se da falta de camas e colchões, de medicamentos e instrumental cirúrgico. O mesmo sucedia nas Santas Casas, que lutaram perenemente contra a ausência de recursos financeiros, mantidas que foram por esmolas e donativos. Lazaretos e isolamentos nada mais eram que depósitos de infelizes doentes, última escala para a morte.

Praticavam a enfermagem negros ou brancos de ínfima condição social, ignorantes da profissão, autênticos veículos disseminadores de germes, de um para outro paciente.

Bem ou mal, no entanto, serviram os hospitais da época colonial aos seus desígnios caritativos, mormente as Santas Casas, beneméritas instituições que arcaram através dos séculos com a parte maior da assistência aos enfermos desvalidos. A primeira delas fundou-se em 1543, por Brás Cubas, no porto de Santos, seguindo-se-lhe a do Rio de Janeiro em fins do século XVI. A essas sucederam dezenas e dezenas de outras, localizadas nas principais vilas e cidades. Norteando-se por um regulamento ou compromisso uniforme para todas e similar ao primeiro que foi o de Lisboa, em 1498, as Irmandades de Misericórdia, com suas Santas Casas, emprestaram um halo de espiritualidade, através da caridade, ao mundo que o português criou.

Bibliografia médica O que se conhece da bibliografia médica sobre o Brasil, na fase colonial, é de pequena monta, inicia-se no século XVII e, salvo exceções, não foi de autoria de brasileiros. Inquestionavelmente a mais importante obra a considerar pela relevante contribuição e pelo caráter científico de que se revestiu proveio do Brasil holandês e publicou-se nos Países Baixos:

Piso, Willem – Historia Naturalis, Brasiliae, Auspicio et Beneficio Illustriss. I. Mauritii Com. Nassau illius Provinciae et Maris summi Praefecti adornata. In qua non tantum Plantae et Animalia, sed et Indigenarum morbi, ingenia et mores describuntur et Iconibus supra quingentas illustrantur. Lugdun. Batavorum, Apud Franciscum Hackium, et Amstelodami, Apud Lud. Elzevirium, 1648.

George Marcgrav incumbiu-se da história natural, descrevendo a flora e a fauna, mais a astronomia e meteorologia, enquanto o físico de Nassau, Willem Piso, escreveu a primeira parte, *De Medicina Brasiliensi,* em quatro capítulos, versando sobre o ar, águas e lugares, as doenças endêmicas, os venenos e seus antídotos, os *símplices* e seu uso. Os estudos de Piso podem ser apontados como o marco inicial das investigações científicas no país, sendo a *De Medicina Brasiliensi* o primeiro tratado publicado sobre patologia e terapêutica no Brasil de antanho. Nasceu Piso em Leyde, Holanda, em 1611, e faleceu em Amsterdã em 1678. Estudou medicina na Universidade de Leyde e doutorou-se em Caen, na Normandia. Clinicou em Amsterdã e em 1637 passou ao Brasil como físico de Nassau, aqui permanecendo até 1644, quando regressou à Holanda e lá escreveu a *De Medicina Brasiliensi.* Teve esta uma segunda edição em 1658, Amsterdã, com a parte de Marcgrav e sob o título de *De Indiae utriusque re naturali et medica.* O Museu Paulista, pela Companhia Editora Nacional (S. Paulo, 1948) e o Ministério da Educação e Cultura, pelo Instituto Nacional do Livro (Rio de Janeiro, 1957), promoveram a tradução e reedição, respectivamente, da *Historia Naturalis Brasiliae* e de *De Indiae utriusque re naturali et medica,* do primeiro tratadista da medicina intertropical, que foi Piso.

Excetuados talvez uns poucos físicos, aos profissionais da era colonial passou em geral despercebida e desconhecida esta contribuição batava. Além de incultos, era-lhes vedado o manuseio de bibliografia que não fosse a luso-espanhola.

Outra obra de certo valor a mencionar depois da de Piso, embora não se lhe compare, intitula-se:

Abreu, José Rodrigues de – Historiologia Médica, Fundada e Estabelecida nos princípios de George Ernesto Stahl, famigeradíssimo. Escritor do presente Século, e ajustada ao uso Prático deste País. Tomo Primeiro. Em que se contêm as suas Instituições incluídas na Fisiologia, Patologia e Semiologia, primeiras partes da Medicina. Escrita pelo Doutor Joseph

Rodrigues de Abreu, Cavaleiro Professo da Ordem de Cristo, e Fidalgo da Casa de Sua Majestade, Familiar do Santo Ofício, e Médico del Rei. Dedicada aos Professores Médicos, Lisboa Ocidental, na Oficina de Música. 1732, com todas as licenças necessárias. E privilégio Real.

Esse o tomo primeiro. Publicaram-se, ainda em Lisboa, mais três partes do tomo segundo, saindo cada volume em 1739, 1745 e 1752. Trata-se de um estudo da filosofia da história médica em sua evolução nos diversos países e em Portugal em particular, escrito segundo os "princípios de George Ernst Stahl", médico e celebrado químico alemão, que ensinou em Halle e faleceu em Berlim em 1734. Na parte referente ao Brasil, discorre o autor sobre a patologia reinante na época de sua estada e viagem pelo Rio de Janeiro, São Paulo e Minas Gerais, aludindo ainda à terapêutica em voga. Justamente por estes dados é que deve esta importante obra portuguesa do século XVIII, que retrata, em linhas gerais, a orientação da medicina da época, ser incluída na bibliografia médica nacional. Foi ela prefaciada pelo filósofo luso Martinho de Mendonça de Pina, o qual ressaltou a erudição e os conhecimentos do autor sobre as descobertas científicas da época. José Rodrigues de Abreu nasceu em Évora em 1682, formou-se em Coimbra e clinicou em Lisboa, aí falecendo depois de 1752. Residiu no Brasil de 1705 a 1714. É ainda de sua autoria o opúsculo *Luz de cirurgiões embarcadiços...* (Lisboa, por Antônio Pedroso Galrão, 1711), amplamente consultado, não somente pelos "cirurgiões embarcadiços", como também pelos demais cirurgiões e pelos leigos que cuidaram da arte médico-cirúrgica. Desse tipo, há outros livros de autores portugueses, como a *Luz verdadeira, e recopilado exame de toda a Cirurgia* (Lisboa, na Oficina de José Filipe, 1757), e ainda outros mais, de títulos diferentes, mas visando a um único fim: colocar os conhecimentos médico-cirúrgicos ao alcance popular. Foram lidos no Brasil. Geralmente mal escritos, inçados de impropriedades, não recomendam a cultura de seus autores.

As obras a seguir citadas, e que poderão integrar a bibliografia médica brasileira do passado, ressentem-se da falta de cunho investigador e científico em suas notas e observações. São meramente descritivas.

Aleixo de Abreu, que clinicou em Angola e parece que passou pelo Brasil, publicou um tratado que é apontado como o primeiro da literatura médica a versar sobre o maculo:

Abreu, Aleixo de – Tratado de las siete enfermidades, De la inflammación universal del Higado, Zirbo, Pyloron, y Riñones, y de la obstrución, de la Satiriasi, de la Terciana y febre maligna y passión Hipocondriaca. Lleva otros tres Tratados, del mal de Loanda, del Guzano, y de las Fuentes y Sedales... En Lisboa, por Pedro Craesbeech, Impressor del Rev. Año 1623.

Escrito em espanhol, além do maculo referiu-se ao escorbuto e outros males que grassaram em Angola e em terras americanas. O autor nasceu em Alcaçovas em 1568, formou-se em Coimbra e faleceu em Lisboa em 1630.

Sob o pseudônimo de Romão Mõsia Reinhipo, anagrama de seu nome, Simão Pinheiro Morão, natural de Covilhã, Portugal, médico pela escola de Salamanca e clínico no Recife, onde faleceu em 1685, havendo nascido em 1620, publicou o livro que se tem até agora como o primeiro em vernáculo, da literatura médica brasileira:

Morão, Simão Pinheiro – Trattado unico das Bexigas, e Sarampos, Offerecido a D. João de Sousa, Composta por Romão Mõsia Reinhipo. Lisboa, Na Officina de João Galrão, 1683.

O título indica quais as doenças descritas pelo autor, que teria deixado, em manuscrito, uma *Queixa contra os abusos médicos que nas partes do Brasil se observam*. Reimprimiu-se o *Tratado único* em Lisboa no ano de 1859, pela *Gazeta Médica*, números de 15 a 23. E ultimamente, o Arquivo Estadual pernambucano reeditou esse e mais dois livros sob o título:

Mourão, Rosa & Pimenta – Noticia dos três primeiros livros em vernáculo, sobre a Medicina no Brasil. Estudo crítico de Gilberto Osório de Andrade. Introduções históricas, interpretações e notas de Eustáquio Duarte. Arquivo Público Estadual, Pernambuco, 1956. XXXVIII, 569 págs.

Esta excelente reimpressão veio tornar acessíveis velhas e raras fontes documentárias, valendo como notável contribuição à história da medicina no Brasil.

O segundo e o terceiro livros, em vernáculo, da literatura médica nacional, foram, segundo se supõe até agora, os seguintes:

Rosa, João Ferreira da – Tratado único da constituição pestilencial de Pernambuco oferecido a El-Rei N. S. por ser servido ordenar por seu Go-

vernador aos Médicos da América, que assistem aonde há este contágio, que o compusessem para se conferirem pelos Corifeus da Medicina aos ditames com que é tratada esta pestilencial febre. Composto por João Ferreira da Rosa, médico formado pela Universidade de Coimbra & dos de estipêndio da dita Universidade, assistente no Recife de Pernambuco por mandado de Sua Majestade que Deus guarde. Em Lisboa, Na Oficina de Miguel Manescal, Impressor do Príncipe Nosso Senhor, Ano 1694.
Pimenta, Miguel Dias – Notícias do que é o Achaque de Bicho, definição do seu crestamento, subimento, corrupção, sinais & cura, até o quinto grau, ou intenção dele, suas diferenças & complicações, com que se ajunta. Por Miguel Dias Pimenta, Familiar do S. Oficio, & residente no Arrecife de Pernambuco. Lisboa. Na Oficina de Miguel Manescal. Impressor do Santo Ofício. Ano de 1707.

A obra de Ferreira da Rosa parece que foi a primeira na literatura mundial a versar exclusivamente sobre a febre amarela, primeiro tratado de febre amarela a publicar-se. Seu autor nasceu em Portugal, formou-se em Coimbra, clinicou em Olinda e Recife e acompanhou de perto a epidemia de febre amarela que, a partir de 1685, devastou a capitania. Consultados pelo capitão-general, ele e seu colega Domingos Pereira da Gama indicaram, por escrito, quais as medidas sanitárias aconselháveis. De regresso a Lisboa, aí publicou o fruto de sua experiência e conhecimento, descrevendo a etiologia, sintomatologia e terapêutica da "constituição pestilencial", isto é, da febre amarela.

Miguel Dias Pimenta nasceu em Landim, Portugal, e residiu no Recife, onde teria exercido a cirurgia, pelo menos como prático. Seu livro versa sobre o maculo.

Luís Gomes Ferreira, cirurgião-aprovado, com estudos feitos no Hospital Real de Todos os Santos, de Lisboa, nasceu em São Pedro de Rates e faleceu no Porto. No Brasil, residiu na Bahia e em Minas Gerais, exercendo a profissão e possuindo fazenda de criação. Publicou:

Ferreira, Luís Gomes – Erário Mineral dividido em doze Tratados, Dedicado, e Oferecido à Puríssima, e Seren íssima Virgem Nossa Senhora da Conceição. Autor Luís Gomes Ferreira. Cirurgião aprovado, natural da Vila de S. Pedro de Rates, e assistente nas Minas do ouro por discurso de vinte anos. Lisboa Ocidental. Na Oficina de Miguel Rodrigues, Impressor do Senhor Patriarca. 1735.

Nesse grosso volume discorre o autor sobre seus conhecimentos em doenças regionais, da época, tais como maculo, escorbuto, "espinha caída", resfriamento, e indica "uma miscelânea de vários remédios, inventados e experimentados para muitas enfermidades", inclusive para mordeduras de cobras.

João Cardoso de Miranda, cirurgião aprovado português que viveu na Bahia e em Minas Gerais, proprietário de um barco empregado no comércio de negros africanos, foi o mais prolífico dos escrevinhadores coloniais. De seus escritos, uns permaneceram inéditos, em manuscritos; outros, depois de publicados, e até reeditados, provocaram críticas, a que respondeu o autor.

Miranda, João Cardoso de – Relação Cirúrgica e Médica, na qual se trata, e declara especialmente um novo método para curar a infecção escorbútica, ou mal de Luanda, e todos os seus produtos, fazendo para isso manifestos dois específicos e mui particulares remédios... Lisboa, Na Oficina de Miguel Rodrigues, Impressor do Eminentíssimo Senhor Cardeal Patriarca. 1747.

Insurgindo-se contra a terapêutica indicada por Miranda, o cirurgião Antônio Antunes, morador no Rio de Janeiro, publicou um *Diálogo Crítico* (Lisboa, na Oficina Novíssima, 1751) sob o pseudônimo de José Aragão Espanha (cf. o historiador português Augusto da Silva Carvalho, *in* reimpressão de *Prodigiosa Lagoa*, Coimbra, 1925), respondendo o autor em manuscrito ainda inédito, existente na Biblioteca da Ajuda.

Miranda, João Cardoso de – Prodigiosa Lagoa descoberta nas Congonhas das Minas do Sabará, que tem curado a várias pessoas dos achaques, que nesta Relação se expõem. Lisboa, Na Oficina de Miguel Manescal da Costa, Impressor do Santo Ofício, Ano 1749.

Deste opúsculo houve reimpressão na Imprensa Régia, Rio de Janeiro, 1820, e em ambas as publicações omitiu-se o nome do autor.

Ainda outros volumes da antiga bibliografia:

Mendes, José Antônio – Governo de Mineiros mui necessário para os que vivem distantes de professores seis, oito, dez, e mais léguas, padecendo por esta causa os seus domésticos e escravos queixas, que pela dilação dos remédios se fazem incuráveis, e as mais das vezes mortais. Oferecido ao senhor Coronel Antônio Soares Brandão, cirurgião da Câmara de Sua

Majestade Fidelíssima, e Fidalgo de sua Casa, cirurgião-mor dos Reinos, seus Domínios e Exércitos. Autor José Antônio Mendes, cirurgião e anatômico aprovado, e seu comissário-geral em toda a América. Lisboa, Na Oficina de Antônio Rodrigues Galhardo, Impressor da Real Mesa Censória, Ano 1770.

Mendes residiu por mais de 30 anos em Minas Gerais, e este seu livro visou a transmitir aos leigos a arte e prática da medicina.

Manuel dos Santos teria publicado em Lisboa, em 1747, uma *Narração histórica sobre as calamidades de Pernambuco, desde o ano de 1707 a 1715*.

Médicos brasileiros, alguns ilustres, como José Pinto de Azeredo e Francisco de Melo Franco, lançaram obras médicas que especificamente não cuidam da arte no país, sendo, entretanto, aqui conhecidas, em seu tempo. O português Manuel Joaquim Henriques de Paiva, renomado clínico em Lisboa e que morreu como professor da Academia Médico-Cirúrgica da Bahia, incluiu-se nessa categoria de autores lidos no Brasil mas que não trataram em especial de capítulos da medicina brasileira. O mesmo, guardadas as devidas proporções, seja dito de um irmão de Manuel Henriques de Paiva, José Henriques Ferreira, clínico no Rio de Janeiro.

Outros, como Mateus Saraiva, Antônio José de Araújo Braga, Teodósio Constantino de Chermont, o naturalista Alexandre Rodrigues Ferreira, Antônio Joaquim de Medeiros, Manuel Joaquim Marreiros, Manuel Fernandes Nabuco e Simão Pereira de Sá, deixaram, em manuscritos conservados em bibliotecas portuguesas e brasileiras, anotações e observações sobre assuntos médico-cirúrgicos. E Bernardino Antônio Gomes fez publicar, já no século XIX, diversos opúsculos cujos manuscritos preparara no Rio de Janeiro em fins do século XVIII.

Medicina no Brasil holandês Sob o domínio holandês viveram e exerceram a arte profissionais médicos de várias nacionalidades, quase todos de origem hebraica. Um dos ofícios preferidos pelos judeus foi o da medicina. Viu-se, anteriormente, que eram cristãos-novos os físicos e cirurgiões portugueses e castelhanos estabelecidos no Brasil no século XVI.

Não obstante, o governo esclarecido do Conde de Nassau, as condições médicas, sanitárias e hospitalares da zona ocupada pelos batavos pouco ou nada diferiam das reinantes no resto do país sob o controle luso. A Companhia das Índias subsidiava os órgãos assistenciais de Saúde, mas, não fugindo à regra geral, pagava salários miseráveis aos físicos, cirurgiões, boticários e enfermeiros, o que determinava constantes alterações no quadro de funcionários, sempre aquém das necessidades. A mesma Companhia destinou as rendas eclesiásticas católicas à manutenção de dois hospitais no Recife, um orfanato, escolas e o culto protestante. Dirigiam cada nosocômio um administrador leigo, um cirurgião-chefe e uma enfermeira-chefe, subordinados todos a um Conselho Administrativo composto de senhoras e clérigos protestantes. Pode-se imaginar a confusão resultante. A exiguidade da verba hospitalar acarretou frequentes apelos à caridade pública. Não providenciando em tempo hábil a remessa de medicamentos, a Companhia das Índias deixou que no Brasil holandês ocorresse a mesma falta de drogas observada no resto do país. Depondo perante os Estados Gerais, Tollner, Secretário de Nassau, demonstrou com atestados médicos "que muitos óbitos se verificaram por falta de medicamentos", segundo informou Barleus. Excetuando Recife, não se instalaram hospitais nas demais vilas e cidades. Enfermarias de emergência, ao acaso das constantes lutas e guerrilhas, atendiam aos soldados feridos e enfermos.

De melhor formação profissional, mais instruídos e mais cultos, os físicos e cirurgiões do Brasil holandês também incorporaram ao receituário as plantas medicinais brasileiras. Chamou-se Abraão Mercado o mais notável dos médicos do Recife. Físico e boticário, ao mesmo tempo, Mercado fugiu do Recife quando da capitulação dos batavos, tal como fizeram muitos de seus irmãos de crença. No Brasil holandês nasceu um judeu, Jacob de Andrade Velosino (1639-1712), que, levado pelo pai a Amsterdã, iria tornar-se um dos celebrados médicos da Holanda, autor de obras de cunho filosófico.

Se no setor assistencial não produziram bons resultados as sábias medidas de ordem sanitária preconizadas por Nassau, pelo menos foi graças ao seu tino administrativo que a bibliografia médica brasileira se enriqueceu de uma das mais importantes obras publicadas no século XVII sobre ciências naturais.

Instada pelo conde governador-geral, a Companhia das Índias estipulou os estudos de história natural, astronomia e meteorologia levados a cabo por George Marcgrav (1610-44) e as observações médico-botânicas de Willem Piso (1611-78). *A Historia Naturalis Brasiliae* (1648) ocupa lugar ímpar na antiga bibliografia científica do continente americano. Pela acuidade e exatidão nas investigações e pela quantidade de observações próprias, apenas se lhe poderia comparar a obra que Francisco Hernández (1514?-97) realizou no México em 1571-77, por ordem de Filipe II. Esse médico do monarca espanhol, incumbido da primeira exploração científica efetuada no continente americano, não chegou a publicar os seus trabalhos. Um incêndio na biblioteca do Escorial destruiu os manuscritos de que só foram impressas condensações nas partes referentes à medicina, aos animais e aos minerais.

Filipe II julgou conveniente mandar investigar os reinos da Natureza em seu domínio mexicano. Nassau ordenou outro tanto no Brasil holandês. E o governo português apenas em fins do século XVIII despachou para o Brasil, em missão de reconhecimento científico, Alexandre Rodrigues Ferreira.

Encarregado da parte médico-botânica, Piso colheu dados sobre o clima, patologia e terapêutica. Citou como doenças e afecções mais frequentes a lues, o maculo, disenterias, *ar de estupor* (paralisias por congestão, embolia ou hemorragia cerebral), *catarros, opilação* (ancilostomíase), verminoses, febres, dermatoses, espasmos, bouba, tétano, hemeralopia, a parasitose provocada pelo bicho-de-pé e afecções próprias de mulheres e crianças. Entre os vegetais medicinais enumerou uma longa série, estudando particularmente a ipeca e o jaborandi.

Medicina negra Ao finalizar, resta aludir à influência que os negros africanos poderiam ter exercido sobre a medicina no Brasil. Em verdade, pouco se terá a dizer. Os conhecimentos e noções sobre a arte de curar trazidos pelos africanos não impressionaram quanto ao montante e nem quanto à qualidade. Contaminada pela *feitiçaria*, relacionada com a magia, praticada por feiticeiros-curadores ignorantes e embusteiros, a medicina dos negros perdeu-se em suas noções essenciais, terrenas, porque a parte sobrenatural, de que estava eivada e sobrecarregada, persistiu entre os praticantes e disseminou-se pela população inculta.

Os feiticeiros-curadores apresentavam-se como intermediários entre os deuses e os mortais. Deuses maus provocavam as doenças. Deuses bons curavam-nas. Sempre a mesma, a etiologia, entre os povos primitivos. A terapêutica resumia-se em raizadas e *feitiços* ou *mandingas*. Como a maioria dos feiticeiros provinha da nação Mandinga, no Brasil chamaram-se mandingueiros e mandingas os seus feiticeiros. Deve-se-lhes o uso da diamba e da jurema, nos cerimoniais fetichistas, nos *terreiros* e *macumbas*. Serviram os africanos de agentes introdutores de doenças reinantes no continente negro a exemplo da filariose, ancilostomíase, tracoma e outras já citadas. À língua portuguesa falada no Brasil incorporaram-se termos africanos designativos de moléstias – como *caxumba* e de parte do corpo humano – como *cacunda*.

CAPÍTULO V

EXPLORAÇÕES CIENTÍFICAS

A NÃO SER no campo da geografia, no qual é lícito incluir a decantada viagem (1742-43) de Charles-Marie de La Condomine ao longo do rio Amazonas, e abstração feita da transitória dominação do Nordeste pelos holandeses, em todo o período colonial, considerando-se como tal o que medeia entre o achamento da terra e a transmigração da Coroa lusitana, difícil será encontrar, digno de referência, qualquer vestígio da participação do Brasil na batalha travada pelo homem, em seu esforço para afastar o véu sob o qual esconde a Natureza os seus segredos. Como consequência, é praticamente completa a sua ausência nos registros de que se constitui a história das ciências. E a explicação disso temo-la, decerto, antes de tudo, no tipo de cultura imperante na metrópole portuguesa, onde, no dizer de uma autoridade nesses assuntos, à maneira da Idade Média, e guardadas as diferenças, toda ordem de conhecimentos continuava tributária da religião; depois, na política por ela adotada com relação à colônia, que se mantinha rigorosamente fechada à curiosidade dos povos mais adiantados, e a que se negavam, receando a propagação de "ideias que pudessem ser contrárias aos interesses do Estado", todos os meios de progredir espiritualmente. Sujeito a tal regime, permaneceu o Brasil terra desconhecida de todos os países em que a pesquisa era alvo de atenções e havida geralmente como condição indispensável ao bem-estar de suas populações, e bem assim a uma honrosa posição no concerto de seus pares. Basta lembrar que o grande Lineu, ao tentar o inventário exaustivo das plantas e animais conhecidos até então, no que respeita ao nosso país, apenas registra os consignados por Marcgrav na obra célebre de que adiante nos teremos de ocupar. Nenhum subsídio lhe prestaram as demais contribuições, na sua grande maioria obra dos missionários deste ou daquele credo, já porque permanecessem ainda no silêncio dos arquivos, sob a forma de manuscritos, já por lhes faltarem os requisitos mínimos para serem consideradas valiosas, ou suficientemente fidedignos aos olhos dos que tinham por escopo a busca da verdade.

Os precursores: Pero Vaz de Caminha... No entanto, óbvio é que, numa época em que a pesquisa científica ensaiava ainda os seus primeiros passos, avulta de importância tudo quanto porventura tenha sido noticiado sobre o Brasil no tocante à história natural. Poderíamos então remontar à própria carta em que Pero Vaz de Caminha, escrivão e cronista da frota cabralina, transmite ao rei de Portugal, com agudeza e minúcia muito de admirar, as suas impressões sobre a terra que se acabava de descobrir. Impressionando-se antes de mais nada com as feições e o viver estranho de seus habitantes, o atilado narrador não deixara sem reparo as peculiaridades do meio físico, tais como a amenidade do clima, a abundância e bondade das águas, a espessura e vastidão das florestas, a que animavam aves de variado feitio e brilhante colorido, a começar pelos papagaios, mais que todas interessantes aos olhos dos europeus, que se acostumariam a associá-los ao nome da nova terra.

... Hans Staden... Se os informes contidos nas cartas e relatórios dos primeiros navegantes só rara e passageiramente se ocupam da natureza, o mesmo não se pode dizer do livro de Hans Staden, fruto de observações feitas durante os meses em que esteve prisioneiro dos Tupinambás do litoral vicentino, degredo a que se vira reduzido em consequência de naufrágio. Tanto mais digno de menção quanto já em 1557 aparecia na Europa em letra de forma, também em nosso assunto se mostra documento precioso, no registrar pela primeira vez vários exemplos da fauna local, entre os quais o bicho-de-pé, que os índios chamavam *tunga*, e os rutilantes guarás, outrora tão abundantes em todo o litoral sulino, onde regularmente nidificavam, mas de há muito confinados ao extremo setentrião do país. São ainda do maior interesse as informações que ali se nos deparam sobre os cardumes de tainhas, *paratis* dos índios, que subiam cada ano o baixo curso dos rios para desovar; assim as referências aos morcegos hematófagos, aos porcos-do-mato (*teyguaçu*), à capivara e ao *buriqui*, como era chamado pelos índios esse gigante dos nossos macacos.

... Thevet e Léry... Muito mais importantes, porém, do que o livro do alemão Hans Staden são as obras dos dois missionários franceses que aqui estiveram por ocasião da malograda tentativa, levado a efeito por Nicolas Villegaignon (1555-1559), de fundar, em nossa Guanabara, uma colônia duradoura, a saber, o franciscano André Thevet

(1502-1590), que introduziu em França o uso do fumo, e o calvinista Jean de Léry. As *Singularitez de la France Antarctique* (Paris, 1557), do primeiro, não menos do que a *Histoire d'un voyage fait en la terre du Brésil* (La Rochelle, 1578), do segundo, são prestantes repositórios de dados e observações sobre a flora e a fauna locais, a despeito de todas as falsidades, erros e ingênuas interpretações existentes de permeio. Sem falar no muito que valem para o etnógrafo, assunto que o presente capítulo não se propõe ventilar, são de Thevet e Léry as primeiras referências ao quati, às araras vermelha e amarela, aos beija-flores, ao macuco e ao papagaio grande, de plumagem empoada, por isso alcunhado de *moleiro*; mas, só através de Léry, muito mais copioso, na sua resenha, é que se travará conhecimento com muito daquilo que a fauna neotrópica apresenta de mais característico, como sejam, entre os mamíferos, os tatus, a preguiça (*aí*, dos índios), os veados (*seouassou*), o sagui, o sariguê, a cutia (*agouti*) e, entre as aves, o mutum, os jacus (*iacoupen*) e a jacutinga (*iacoutin*).

... Anchieta... Para o quanto diz respeito ao meio físico e às riquezas naturais do Brasil meridional, de utilidade ainda maior do que os livros de Thevet e Léry, é-nos a *Epistola quamplurimarum rerum naturalium quae S. Vicentii (nunc S. Pauli) provinciam incolunt, sistens descriptionem*, do Padre José de Anchieta, escrita em 1560, e publicada pela primeira vez em tradução italiana, aliás incompleta, cinco anos depois. Nesse famoso documento, só estampado na íntegra mais de dois séculos depois (Lisboa, 1799), revela o jesuíta verdadeiro pendor naturalístico, que só a ausência de uma adequada formação impediu de produzir maiores frutos. Depois de se ocupar, rapidamente, com as condições do clima e as estações do ano, que qualifica de confusas, não se podendo "facilmente distinguir nem marcar o tempo certo da primavera e do inverno", alonga-se especialmente sobre o mundo animal, descrevendo de maneira exata e sugestiva todos os que lhe foram dados conhecer, excetuando todavia os que se lhe afiguravam "dever omitir por não serem dignos de saber-se nem de contar-se". Discorrendo com mais vagar e pormenor sobre os mais próprios para chamar a atenção, como é o caso dos que já tiveram aqui ocasião de ser referidos, acentua a "infinita multidão de macacos", e é o primeiro a dar notícia do tamanduá-bandeira, do porco-espinho, das lontras, do peixe-boi (abundante por aquele tempo nos rios da costa oriental), da anhuma e de muitos outros componentes da fauna brasileira, sem excetuar o pinguim, ontem como hoje vítima das correntes de água fria tangidas pelo vento sul. Atento aos fatos relativos à biologia das espécies, merecem destaque as passagens relativas à piracema, à evolução ao colorido da plumagem dos guarás (a que já aludira Staden) e à periculosidade das serpentes venenosas e sucuris; assim também o quanto diz sobre a revoada das içás, a atividade dos vespões caçadores de aranhas, e a temibilidade dos mosquitos e das lagartas-de-fogo. Os deslizes em que neste terreno vemo-lo às vezes resvalar refletem o estado rudimentar em que ainda se encontravam as ciências biológicas, as quais, desde Aristóteles, admitiam a geração espontânea, e não poriam muito em dúvida as extraordinárias metamorfoses graças às quais dos bichos-de-taquara ora sairiam ratos, ora borboletas, estas suscetíveis, por sua vez, de se transformarem em beija-flores. Pelos mesmos motivos, quando o inaciano aceita a versão corrente de "só do orvalho" tirarem estes últimos o seu sustento, muito motivo não há para exprobar-lhe a credulidade, ou a ignorância por mais absurda que hoje nos pareçam. No que respeita à flora, as informações do zeloso missionário não são menos dignas de apreço, refira-se ele aos mangues da costa, com o seu enorme raizame, à sapucaia, "cujo fruto é admirável", à copaíba, que destila "um líquido semelhante à resina útil para remédio", ou ao pinheiro, "de frutos semelhantes à amêndoa das castanhas" e profusamente espalhado em extensa região.

... *Pero Magalhães Gandavo*... Na *História da Província de Santa Cruz*, do português Pero Magalhães Gandavo (o nome, derivado de Gand, inculca ser de ascendência flamenga), vinda a lume em 1576, parte relevante é, sem dúvida, a que diz respeito aos animais e às plantas do Brasil, onde consta ter vivido alguns anos. Sobremaneira impressionado com o "pouco caso que os portugueses fizeram sempre da mesma província" ao contrário dos estrangeiros, que "a têm noutra estima, e sabem suas particularidades melhor e de mais raiz do que nós", não esconde o autor o espírito prático em que buscara a inspiração para escrever o seu trabalho, em alguns pontos superior aos de quantos versaram antes dele os mesmos temas. Será essa razão pela qual, avantajando-se neste ponto aos seus predecessores, concede aos peixes, em cujo número inclui o peixe-boi, um capítulo especial; e, ao tratar das baleias, estende-se na descrição e origem do âmbar, objeto então de ativo e rendoso comércio. Por motivos da mesma ordem, grande é o carinho que dedica às árvores frutíferas, descrevendo com minúcia, entre outras, a bananeira, o cajueiro e o ananás, e fazendo outro tanto com a mandioca e o seu cultivo. No que respeita à fauna terrestre, poucas são as espécies de que já não se tivessem ocupado os mais antigos; ainda assim, tratando-as por vezes com mais vagar e minudência, ministra-nos mais de uma informação interessante sobre o seu modo de vida, e utilidade para o homem.

... Gabriel Soares de Sousa... Por muito valiosas que devamos reputar todas essas contribuições para o conhecimento da terra brasílica, deixa-as incontestavelmente longe o *Tratado Descritivo do Brasil* em 1587, de Gabriel Soares de Sousa, fazendeiro e senhor de engenho no interior da Bahia, onde se fixara pelos idos de 1570, vindo de Portugal. Fechando, por assim dizer, com chave de ouro, a literatura naturalística concernente ao século do descobrimento tão enciclopédicas e seguras são, na sua generalidade, as informações contidas no referido livro que, na frase de um abalizado sabedor, a quem o leia parecerá custoso decidir se o seu autor, "com estudos regulares, seria melhor geógrafo que historiador, melhor botânico que corógrafo, melhor etnógrafo que zoólogo". Exímio na descrição geográfica dos lugares, vale dizer da nossa faixa costeira, que o interior longínquo estava ainda quase completamente por explorar, mostra-se igualmente minucioso na descrição das feições, usos e costumes dos respectivos aborígines. Mas é talvez na parte referente ao mundo vegetal e animal que maior empenho tenha feito para ser completo na aparente tentativa de oferecer a resenha total das plantas e animais chegados ao seu conhecimento. Força, porém, é reconhecer quanto esteve longe de atingir esse suposto objetivo; para tão ambicioso plano, seguramente prematuro para a época, tanto mais lhe faltariam os instrumentos indispensáveis, quanto a ciência de bem descrever e classificar os seres vivos esperava ainda pelos gênios a que deve ela a sua criação. Em verdade, não fossem os seus nomes, na sua imensa maioria tomados aos Tupis, observadores argutos, tornar-se-ia, o mais das vezes, de todo impossível chegar à identificação das espécies zoológicas e botânicas tratadas por Gabriel Soares, tão breves são as suas descrições, e incaracterísticos os traços que particularizam. Tanto maior se tornaria assim o contrassenso de, sob este particular, aceitar a comparação, já feita, do autor quinhentista com Félix de Azara, o insigne demarcador das possessões espanholas do Rio da Prata, cuja obra zoológica, datada do alvorecer do século passado (1802-5), pôde incorporar-se vantajosamente ao patrimônio científico, por intermédio de seus continuadores. De qualquer modo, este privilégio escaparia ao redator do *Tratado*, cujo manuscrito, muitas vezes recopiado, permanecera inédito mais de duzentos anos, sendo apenas utilizado por um ou outro historiador, sem que, durante muito tempo, nada de positivo se soubesse a respeito de sua autoria.

... Ambrósio F. Brandão e Fernão Cardim... Em época posterior à do relatório de Gabriel Soares deve ter sido redigido o *Diálogo das Grandezas do Brasil*, outra respeitosa fonte de informações sobre a terra e suas riquezas

naturais, que se atribui a certo colono português, de nome Ambrósio F. Brandão, morador na Capitania de Pernambuco; não cabe, todavia, sobre ele aqui nos alongarmos. Dos três tratados que a crítica histórica atribui ao jesuíta Fernão Cardim, chegado à Bahia em fins do século XVI, interessa-nos sobretudo o que se ocupa *Do Clima e Terra do Brasil*, fruto de uma experiência de muitos anos passados no Brasil, cujo litoral, entre Pernambuco e São Paulo, pode conhecer nas muitas viagens empreendidas em sua condição de visitador, mais tarde provincial e reitor do colégio de sua congregação. Esse trabalho, pilhado que fora por um corsário o seu manuscrito ao trazê-lo consigo Cardim de volta de uma viagem à Europa (1601), teve a breve prazo a sua primeira publicação em inglês (1625), sem indicação de autoria, só apurada muito depois pelo grande historiador Capistrano de Abreu, mediante o confronto com um códice da Biblioteca de Évora. Posto em cotejo com a carta de Anchieta, verificam-se muitos pontos de contato entre esta e o tratado de Cardim; mas isso em nada diminui o mérito do último, no versar com mais extensão e pormenor os mesmos assuntos. Mais bem aparelhado do que Soares para o trato das coisas zoológicas e botânicas, e com maior habilidade no manejo da pena, suas descrições, algumas delas extremamente sugestivas, mostram-se de modo geral bem mais satisfatórias, no permitir a determinação das plantas e animais em causa, sem auxílio dos nomes respectivos.

...*Claude d'Abbeville, Yves d'Evreux e Frei Cristóvão de Lisboa*

São também da lavra de missionários católicos os depoimentos mais antigos que se possuem sobre a geografia, a flora, a fauna e as populações autóctones da costa setentrional, nos trechos correspondentes a São Luís do Maranhão, e ao estuário amazônico; mas, enquanto a *Histoire des Pères Capucins en l'Isle de Maragnan et terres circonvoisines* (Paris, 1614), de Claude d'Abbeville, e a *Suitte de l'Histoire des choses memorables advenues en Maragnan ès anés 1613 et 1614* (Paris, 1615), de Yves d'Evreux, fruto ambas da breve ocupação do referido trecho por franceses, tiveram imediata publicação, jazem até hoje inéditos os manuscritos da *História dos Animais e Árvores do Maranhão*, obra do capuchinho Frei Cristóvão de Lisboa, aqui chegado em 1624. É óbvio que não iremos pedir a estas contribuições mais do que nos seriam capazes de dar os seus autores, homens de fácil credulidade, e espírito demasiado cheio de conceitos para se atreverem a observar a natureza com a necessária isenção e objetividade. As obras dos dois capuchinhos franceses, muito desiguais do nosso ponto de vista, já que Yves d'Evreux confessadamente apenas se propusera acrescentar o que a sua experiência mais longa dos lugares mostrava haver escapado ao seu companheiro, não suportam o confronto com o que de melhor se havia já escrito sobre a costa oriental; mostram-se, além disso, no que respeita à botânica e à zoologia, incontestavelmente muito inferiores ao trabalho de Cristóvão de Lisboa, tanto mais credor de especial consideração quanto vem acompanhado de figuras e desenhos.

Ao tentar o balanço do que devem as ciências da natureza a estes precursores, vemo-los geralmente dedicar carinho especial às coisas zoológicas, terreno em que não raro demonstraram notável acuidade, como o revelam as observações de Gabriel Soares sobre as correições de formigas e a vida das térmitas, ou as de Staden e Anchieta sobre a piracema e as mutações de colorido na plumagem dos guarás; e ainda as de Brandônio relativas à situação dos ninhos de certos pássaros na vizinhança das casas de maribondo, à vida errabunda dos guaiamus na época da reprodução, e às migrações das borboletas. Não obstante, ressentem-se todos, em maior ou menor grau, de deficiências oriundas da ignorância dos assuntos e, ainda com mais frequência, de uma falta de espírito crítico que impede possam os seus trabalhos ser considerados de natureza científica.

Política protecionista da investigação científica do Conde Maurício de Nassau

Em começo de 1630, a Companhia Holandesa das Índias Ocidentais, depois do grande revés experimentado na Bahia, conseguiu firmar o pé em Pernambuco, no firme propósito de ali se estabelecer duradouramente, tirando todo o proveito possível de uma exploração metódica e intensiva da região. Para garantia de tal resultado é que, ao cabo de sete anos, iria escolher na pessoa do Conde Maurício de Nassau (1604-1679), um administrador de larga visão, para quem a prosperidade material da colônia não se mostrava menos necessária ao brilho de seu governo do que as atividades do espírito e as obras da inteligência. Outro não foi o motivo por que procurou ele cercar-se de um luzido círculo de artistas e de homens de ciência, figurando entre os primeiros Frans Post, pintor de excelentes dotes, e, entre os últimos, o jovem médico Willem Pies (1611-1678), latinizado em Piso, e George Marcgrav (1610-1655), de nacionalidade germânica, mas que em Leyde, na Holanda, concluíra os seus estudos universitários, especializando-se em astronomia e ciências naturais. A obra realizada por ambos foi das mais notáveis, merecendo porém a primazia, pela influência que exerceria no progresso da respectiva disciplina, a levada a efeito por Marcgrav, cuja *Historia Naturalis Brasiliae* (Amsterdã, 1648), verdadeiro monumento para a época, ficou sendo o marco inicial do estudo científico das plantas e dos animais peculiares à vasta região que os flamengos tiveram transitoriamente sob seu domínio.

A Historia Naturalis Brasiliae, de Marcgrav   Constitui ela o fruto de experiência adquirida no curso de numerosas excursões realizadas no interior das terras, e da abundância dos meios prodigalizados pelo príncipe que, além do mais, diligenciara, em seu luxuoso palácio residencial de Vrijburg, perto do Recife, a construção de um vasto parque zoológico, onde se podiam observar ao vivo os mais variados exemplares da fauna local. As descrições de Marcgrav são sempre objetivas e, via de regra, suficientemente minuciosas para permitir a identificação das espécies em causa; por este motivo, não hesitaram Lineu e seus continuadores em tomá-las como base de inúmeras espécies, não raro com o aproveitamento dos nomes que lhes davam os índios, que Marcgrav nunca se esquecera de registrar.

Editado que foi depois da morte de Marcgrav, vítima de febres contraídas em Angola, onde, ao deixar o Brasil, pensava continuar os seus estudos, compõe-se o referido tratado de trezentas páginas *in-fólio*, repartidas em oito livros, dos quais os três primeiros tratam das plantas (298 espécies, com 220 xilogravuras); o quarto, dos peixes (105 espécies, com 86 gravuras), crustáceos (28 espécies, com 18 gravuras) e zoófitos (4 espécies, com 1 gravura); o quinto, das aves (115 espécies, com 54 gravuras); o sexto, dos mamíferos (cerca de 45 espécies, com 26 gravuras) e répteis (inclusos os anfíbios, num total de 19 espécies e 7 gravuras); o sétimo, dos insetos (miriápodes inclusive, com 55 espécies e 29 figuras); e o oitavo (com 5 figuras) da geografia, do clima e dos indígenas. Ignora-se até que ponto é Marcgrav responsável pela feitura dos desenhos que serviram de base para o preparo das gravuras que exornam o seu livro, em que pese a serem muito más algumas, e erroneamente situadas no texto outras. Seja como for, sabe-se que o príncipe, ao voltar para a Europa, levara consigo, a par de imenso material museológico, duas magníficas coleções de figuras coloridas de animais brasileiros, uma em formato grande, pintada a óleo, e outra menor, de desenhos a aquarela. Durante mais de um século ignorou-se o paradeiro desse tesouro, que afinal foi descoberto, para grande júbilo dos que esperavam, com o auxílio dele, esclarecer os inúmeros erros inevitavelmente cometidos pelos comentadores da obra marcgraviana, numa época em que o hermético fechamento do Brasil aos estrangeiros impedira pudessem os sábios ter à sua disposição os objetos de que ali se dera a primeira notícia. Na parte zoológica, de tal tarefa se incumbiram vários autores, entre os quais o célebre ictiologista germânico E. Bloch, que numa grande obra sobre os peixes exóticos (1785-95), reproduziria em magníficas estampas muitos dos desenhos em questão e, principalmente,

H. Lichtenstein, autor de uma série de comunicações (1815-1826), apresentadas à Academia de Ciências de Berlim e publicadas nas *Abhandlungen* da mesma instituição.

Marcgrav astrônomo   Como astrônomo, na opinião dos entendidos, o realizado por Marcgrav no Brasil não ficava aquém do que fizera como naturalista, cabendo-lhe a glória de ter sido o primeiro a realizar com base científica observações astronômicas e meteorológicas no hemisfério austral; glória, aliás, que é de justiça repartir com o príncipe que, no seu amor pelas ciências, não satisfeito em fazer de seu palácio um verdadeiro museu, ainda lhe acrescentava bem montado observatório. Infelizmente, ignora-se o destino que tiveram quase todos os manuscritos da obra em que, sob o título de *Progymnastica mathematica americana*, compendiava Marcgrav os resultados de estudos e observações feitos no campo da astronomia durante os cinco anos (1638-43) vividos no Brasil. Sabe-se, todavia, que os tiveram em mãos, utilizando-lhes os dados, grandes especialistas na matéria, como Lalande, Godin e Flamsteed, e é noção corrente que dos problemas abordados no *Progymnastica* constavam um catálogo descritivo das estrelas do hemisfério sul, uma teoria nova sobre os planetas inferiores e a exata determinação das longitudes.

De Medicina Brasiliensi, de Piso   Quanto a Piso, holandês de descendência germânica e doutor em medicina pela Universidade de Leyde, já aos vinte e dois anos de idade (1634), deixava ele a sua clínica em Amsterdã para acudir ao convite do príncipe, nomeado arquiatra da expedição. Nesse mister empenhara todas as suas capacidades e todo o seu entusiasmo, adquirindo a breve prazo conhecimentos bastante dilatados sobre as moléstias reinantes nas populações sob seus cuidados para escrever a respeito nada menos que um tratado, denominado *De Medicina Brasiliensi*. Publicado conjuntamente com a *Historia Naturalis Brasiliae*, de que é geralmente considerado a primeira parte, faz honra o referido estudo às ciências da época, justificando para o seu autor o título, correntemente aceito, de fundador da nosologia brasileira. Consta ele de quatro livros, dos quais o primeiro se ocupa dos fatores geográficos e atmosféricos da região estudada; o segundo, das moléstias endêmicas; o terceiro, dos venenos e respectivos antídotos; e o quarto, da matéria médica, ou seja, das plantas medicinais e suas propriedades terapêuticas. Filho de uma época em que o pensamento científico vivia ainda acorrentado às velhas ideias herdadas dos pais da medicina, a começar pelo grande Hipócrates, de que se mostra entusiasta e convicto seguidor, não admira que em sua obra a parte dedicada à teoria prejudique em larga escala os frutos da observação, e apoucada se nos afigure ela hoje como contribuição útil ao estudo das doenças. Até porque, sob este particular, e ainda durante muito tempo, pouca vantagem alcançariam os que vieram depois, enquanto esse ramo de conhecimentos, com o avanço incessante das ciências físicas e biológicas, efeito por sua vez de uma profunda mudança de atitude mental do homem em face da natureza, não houvesse experimentado a revolução que o trouxe ao seu estado atual, fazendo-o em menos de dois séculos realizar maior avanço do que em dois milênios. Tudo levado em conta, justifica-se plenamente o lisonjeiro conceito de que goza o livro de Piso, considerado por muitos verdadeira obra-prima para a época, tanto se avantaja, sob certos aspectos, à generalidade dos seus contemporâneos. O êxito que alcançou era razão bastante para que o seu autor se animasse a reeditá-lo anos mais tarde, aumentando-lhe o tomo, alterando-lhe o conteúdo e mudando-lhe o título para *De Indiae utrusque re naturali et medica* (Amsterdã, 1658). Infelizmente, ao fazê-lo, cometera Piso a fraqueza de nele incorporar, sem declaração explícita, aquilo que lhe aprouve aproveitar da obra de seu falecido companheiro, dando margem a que lhe lançassem a pecha de plagiário, hoje considerada pelos componentes excessiva.

O obscurantismo do século XVIII   Findo o período brilhante ensejado pela ocupação holandesa do Nordeste, mais densa se torna para o Brasil colonial a obscuridade a que se vira sempre condenado, nada menos de século e meio sendo necessários para que em seu ambiente intelectual surgissem os primeiros indícios de uma nova era, com o abrandamento progressivo dos entraves antepostos à livre expansão de sua incipiente cultura. Dir-se-ia que como fruto da inconformidade com esse obscurantismo é que em todo o século XVIII se sucedem as tentativas de imprimir vitalidade às coisas do espírito, através da criação de efêmeras academias, a primeira das quais intitulada Academia Brasílica dos Esquecidos, fundada em janeiro de 1724, já no mês seguinte encerrava as suas atividades. A verdade, porém, é que nem mesmo das que ostensivamente se propunham incentivar o culto das ciências, como a Academia Científica do Rio de Janeiro, fundada em fins de 1772, nos ficou alguma contribuição digna de nota. E assim tinha de ser forçosamente, porquanto seria inútil querer realizar nesse terreno alguma coisa útil enquanto vigorasse a proibição terminantemente imposta ao Brasil de possuir imprensa própria, e das duras penalidades infligidas aos que ousavam transgredi-la.

Durante aquela quadra, de muito mais valia são hoje para nós os raros documentos legados pela curiosidade espontânea de uns poucos viajantes conhecedores dos nossos sertões, e como tais capazes de falar, com experiência própria, e à maneira dos primeiros cronistas, dos lugares por onde andaram, e respectivos habitantes. Vem a pelo recordar, a título de exemplo, aquele filho da velha Araritaguaba, Manuel Caetano de Abreu, que sob o pitoresco título de *Divertimento Admirável* soube dizer tanta coisa interessante sobre a fauna de mamíferos e aves encontradiços nas solidões do rio Tietê; e, bem assim, a observação relativa ao berne contida no *Diário de Navegação dos Rios Tietê, Grande, Paraná e Guatemi*, que é das mais antigas que se conhecem sobre esse detestado inimigo dos nossos rebanhos.

O vice-reinado de D. Luís de Vasconcelos
Nos fins do século XVIII, sob o governo de D. Luís de Vasconcelos, quarto vice-rei do Brasil, de quem já se disse "sabia reconhecer o mérito onde ele estivesse", a atmosfera começou a iluminar-se entre nós, concorrendo para isso, a par do decidido interesse votado por aquele esclarecido governante ao progresso intelectual da colônia, a influência salutar que fatalmente sobre ela exerceriam os filhos da terra, cada vez mais numerosos, que iam buscar as suas luzes na Universidade de Coimbra, recentemente reformada (1772), pelo Marquês de Pombal, o clarividente ministro de D. José I. Data dessa época a fundação, pelo referido vice-rei, da chamada *Casa dos Pássaros*, organizada segundo o modelo dos gabinetes da história natural então existentes na Europa e que teve o mérito de ser a célula-máter do futuro Museu Nacional, a mais antiga das nossas instituições do gênero. Aos primórdios do gabinete em questão prende-se certo fato, que merece ser relembrado, dadas as circunstâncias que, graças a ele, fizeram talvez do Museu de Paris a primeira instituição europeia, exceção feita da de Lisboa, a possuir exemplares zoológicos oriundos do Brasil. O caso diz respeito a algumas aves empalhadas remetidas para a França, como presente, por intermédio de Joseph Dombey, médico e naturalista, que em 1784 tocara acidentalmente no Rio de Janeiro, de volta de uma missão científica no Peru. Vai sem dizer que essas amostras, desacompanhadas que eram de quaisquer etiquetas indicativas de sua procedência, iriam mais tarde desorientar os que tiveram de estudá-las, com as vistas voltadas para os problemas zoogeográficos.

Frei José Mariano da Conceição Veloso
Outra prova de quanto seria benéfica para o desenvolvimento de nossa nascente cultura a permanência

mais longa entre nós de um governante esclarecido como D. Luís de Vasconcelos, temo-la ainda na decidida proteção por ele dispensada ao primeiro de nossos grandes botânicos, Frei José Mariano da Conceição Veloso (1742-1811). Natural da vila de São José do Rio das Mortes (atual Tiradentes), ao voltar para a pátria, após uma permanência de muitos anos em Lisboa, tomara-se aquele religioso de verdadeira paixão pelos estudos botânicos, recebendo todo apoio do vice-rei, que diligenciara no sentido de que lhe fosse concedida plena liberdade de ausentar-se do convento para realizar as suas excursões. Graças a isso, ao seguir novamente para Lisboa (1790), pôde o estudioso frade levar consigo, prontos para o prelo, os originais de uma importante obra de botânica descritiva, intitulada *Flora fluminensis*, e bem assim os onze volumes das *Florae fluminensis icones*, em que se continham os respectivos desenhos, obra de vários desenhistas, a cuja testa esteve outro franciscano, Frei Solano Benjamim. As chapas correspondentes a estes desenhos, mandadas fazer ao tempo em que o próprio Frei Veloso, então diretor da Tipografia do Arco do Cego, se ocupava da impressão de sua grande obra, estavam porém fadadas a cair anos depois, como presa de guerra, nas mãos do mesmo emissário do Museu de Paris, de que teremos de nos ocupar pouco adiante. Tudo isso concorreu para que a publicação ficasse interrompida, com irremediável perda para o botânico, cujas descobertas só seriam conhecidas quando outros já lhe haviam tomado a dianteira. É também de Veloso um opúsculo sobre as aves indígenas, intitulado *Aviário brasileiro* (Lisboa, 1800).

Interesse do governo português pelas riquezas naturais do Brasil; Alexandre Rodrigues Ferreira

Sob a influência poderosa da sua Universidade, em cujas cátedras pontificavam mestres trazidos de outras plagas, e entre cujos alunos sobressaíam muitos compatriotas nossos, decidira-se afinal o governo português a mandar investigar a fundo as riquezas naturais de sua colônia, escolhendo para este mister os elementos mais capacitados pelo seu saber e firmeza de caráter. No que se refere ao Brasil, a tarefa seria, sem dúvida, o complemento indispensável da cometida às explorações contemporaneamente levadas a efeito para o fim exclusivo de demarcar as nossas fronteiras com a América espanhola. Por indicação do Dr. Domingos Vandelli, catedrático de História Natural, escolheu-se para ela o jovem doutorando em filosofia Alexandre Rodrigues Ferreira (1756-1815), filho da cidade do Salvador, e já a esse tempo demonstrador da referida disciplina. Embora já em meados de 1778 tivesse sido escalado para a empresa, só cinco anos mais tarde partiria Ferreira de Lisboa rumo a Belém, onde chegou em outubro de 1783, juntamente com os seus auxiliares, entre os quais dois desenhistas e um naturalista-colecionador, de nome Agostinho Joaquim do Cabo, também qualificado como botânico. "Primeiro vassalo português que exercitasse o emprego de naturalista", longo seria acompanhá-lo em sua extensa peregrinação pelos rios da Amazônia, desde o dia em que partira de Belém, rumo ao rio Negro, que explorou durante perto de quatro anos (1785-1788) até os limites setentrionais extremos de seu curso em solo brasileiro, sem omitir os afluentes principais (Uaupés, Ixié, Içana), inclusive o rio Branco, até as cabeceiras, para passar-se depois à bacia do rio Madeira, cujo trecho encachoeirado alcança em começos de 1789; e segui-lo depois daí águas acima, até o alto Guaporé, onde paga o seu tributo ao flagelo endêmico das sezões, para, retomando a jornada penosa, alcançar o rio Cuiabá e, por ele abaixo, o São Lourenço e o Paraguai, com paradas mais ou menos longas nas localidades mais bem indicadas para os seus trabalhos de campo, ou a redação de seus manuscritos. Destes escreveu algumas centenas, desde as *Participações* e os *Diários* decorrentes da obrigação de prestar contas às autoridades de Lisboa, até as inúmeras memórias de caráter estritamente científico, e concernentes aos mais variados assuntos. Toda essa documentação escrita, ia Ferreira enviando-a para o museu da Universidade lisbonense, na medida das possibilidades, de envolta com os espécimes etnográficos, zoológicos, botânicos e mineralógicos, obtidos diretamente por ele, ou por intermédio de seus auxiliares, perfazendo tudo uma imensa coleção, capaz de alimentar durante muito tempo, caso a conservassem com o devido cuidado e a estima merecida, uma multidão de especialistas. Entretanto, o contrário é que parece ter acontecido, pois reza a tradição que ao chegar de volta de Lisboa, onde logo o encarregariam de administrar o Real Gabinete de História Natural, foi encontrar "os exemplares que coligira à custa de tantas fadigas e remetera com o maior desvelo para o Gabinete de Ajuda, deteriorados na maior parte, e confundidos todos, perdidos ou trocados os números e etiquetas que trazia". Fruto de desleixo, ou obra da maldade e despeito de rivais, o certo é que o incansável naturalista baiano viu prejudicados em grande parte os estudos que devia ter em mente realizar ele próprio, ou cometer a outros especialistas igualmente competentes. Como o perseguisse a fatalidade, nem mesmo teve a satisfação de ver diante de si por muito tempo a parte mais valiosa e aproveitável das coleções zoobotânicas que enviara do Brasil; pois não tardaria a vê-la arrebatada por Etienne Geoffroy de Saint-Hilaire, do Museu de História Natural de Paris, o qual, aproveitando a invasão de Portugal pelas forças do General Junot, deste obtivera a autorização para "realizar pesquisas sobre os objetos de História Natural existentes em Portugal e úteis ao Gabinete de Paris, retirar e encaixotar para serem transportados para a França os objetos ali especificados". Segundo ele próprio informaria mais tarde, ao deixar Lisboa, na noite de 15 de agosto de 1808, levava consigo uma presa considerável, constituída de 68 mamíferos, 443 aves, 62 répteis, 162 peixes, 490 moluscos, 12 crustáceos e 722 insetos. E foi assim que o famoso zoólogo francês, de volta a Paris, dera logo começo à publicação de uma série de trabalhos em que eram apresentadas ao mundo científico as "descobertas" que acabava de fazer com tão pequeno esforço, e custo ainda menor. Ferreira, que para não arredar o pé de suas destroçadas coleções deixaria de acompanhar a Corte em sua fuga para o Rio de Janeiro, teve ainda o desgosto de assistir à pilhagem de seus manuscritos por parte de Saint-Hilaire para que deles pudesse aproveitar-se, de parceria com os seus colegas. Quando, anos mais tarde, com a queda do regime napoleônico (1815), conseguiu Portugal a restituição de tais manuscritos, já Alexandre Rodrigues Ferreira havia sucumbido ao peso desses desgostos, remate imerecido de uma vida de sacrifícios e por tantos títulos gloriosa. E como se a inclemência da sorte houvesse deliberado persegui-lo ainda depois de morto, seus manuscritos e desenhos, com raras exceções, permanecem inéditos até hoje, embora tenha o Brasil conseguido entrar na posse deles há mais de um século (1842).

José Bonifácio de Andrada e Silva   Cursara também com brilho a Universidade de Coimbra, onde chegara a ser professor, José Bonifácio de Andrade e Silva (1763-1838), outro compatriota nosso, filho da cidade de Santos. Mais ditoso do que Ferreira, faltassem-lhe os louros adquiridos na carreira memorável de homem público, teria ainda assim o patriarca da nossa Independência nome aureolado, como uma das intelectualidades mais pujantes e cultivadas de seu país. De saber quase enciclopédico, dando porém preferência, desde muito cedo, aos estudos mineralógicos, propiciara-lhe o poder público a possibilidade de completar o seu preparo nos principais centros europeus, entre eles Paris, cujos círculos científicos acolhem com gabos uma *Memória Sobre os Diamantes do Brasil* (1790), fazendo-o membro da Sociedade de História Natural, e Freiberg, na Alemanha, onde assiste às aulas do famoso Professor Werner, e se encontra com Alexandre von Humboldt. De modo que, ao regressar à pátria, depois das sucessivas viagens e excursões que o levaram até à Itália e aos países escandinavos, e de haver descrito nada menos de doze novas espécies mineralógicas, estava preparado para os maiores feitos no campo de sua especialidade, não houvessem as circunstâncias atraído os seus serviços para cenário mais amplo e decerto mais importante para o futuro da nacionalidade. Em compensação, tem-se ainda hoje como deveras importantes os trabalhos realizados no Brasil por Martim Francisco Ribeiro de Andrada (1775-1844), seu irmão e conterrâneo, que na qualidade de inspetor das minas e matas da Capitania de São Paulo publicara sobre o assunto relatórios cheios de substâncias, entre os quais merecem destaque especial os *Jornais das viagens de 1803 a 1804* e o *Diário de uma viagem mineralógica pela Província de São Paulo*.

As coleções do Conde Hoffmannsegg — Nos albores do século passado, apesar de todos os óbices, já não era o museu de Lisboa o único a ostentar amostras de material zoobotânico procedente do Brasil, pois numa época em que em certos países europeus florescia a paixão pelos chamados gabinetes de História Natural, é provável que mais de um amador também as possuísse em suas coleções. Entre estas, uma nos merece referência muito especial, tanto pelos dados concretos que nos ficaram a seu respeito, como pela importância que assumiria na fase pioneira da exploração naturalística de nosso território. Pertencera ela a um rico fidalgo alemão, o Conde J. C. Hoffmannsegg, a quem o governo da metrópole, sensível aos serviços prestados, como botânico, em duas viagens feitas a Portugal, concedera o privilégio de enviar ao norte do Brasil um colecionador e de manter correspondência com pessoas capazes de lhe enviar, de outros pontos da então colônia, espécimes convenientemente preparados. O colecionador foi Friedr. Sieber, que tendo chegado ao Pará em fins de 1800, explorou doze anos a região compreendida entre a cidade de Belém e o baixo Tapajós; os correspondentes foram, na Bahia, Antônio Agostinho Gomes, doutor em leis pela Universidade de Coimbra, e, no Rio de Janeiro, um obscuro personagem de nome Beltrão. Enriquecidas com o rico material zoobotânico enviado do Brasil por esses senhores, as coleções do Conde Hoffmannsegg não tardariam a passar, por doação, para o museu da recém-fundada Universidade de Berlim, onde as estudariam numerosos especialistas.

Estava prestes a inaugurar-se o período brilhante das viagens e expedições científicas que se seguiram à abertura dos portos do Brasil ao estrangeiro e, por isso, fora dos limites impostos à presente exposição.

ECONOMIA E FINANÇAS

LIVRO QUARTO

CAPÍTULO I

ASPECTOS DA GEOGRAFIA ECONÔMICA DO BRASIL

Morfologia costeira   P ARA os primeiros povoadores portugueses, o essencial da terra brasileira foi o litoral e o Planalto Atlântico. Na zona litorânea e sublitorânea desta parte do país observavam-se condições ambientais relativamente homogêneas para as atividades iniciais dos colonizadores lusitanos, ao lado de algumas diferenças de aptidões agrárias dos solos, logo postas em evidência. Por toda parte, a despeito das diferenças fundamentais apresentadas pela porção interior da metade norte do Brasil tordesilhano, existiam traços comuns nas paisagens que o colonizador encontrava a partir da costa. Por quase todas as áreas da colonização litorânea, estavam presentes a floresta atlântica, os mesmos tipos de rios perenes, não muito favoráveis à penetração e navegação de longo curso, a mesma fauna de pequeno porte, os mesmos ambientes climáticos quentes e úmidos, comportando diferenças de alguns graus entre o norte e o sul, a chuvarada de tipo tropical, e a ausência de rochas frescas aflorando na superfície, devido à profundidade da decomposição. A topografia, embora bastante variada na porção sublitorânea, apresentava grandes trechos homogêneos na zona mais propriamente costeira. E, além de tudo, pelos mais variados recantos da costa estavam presentes ameríndios do grupo tupi-guarani, com a mesma fala, vivendo um tipo de cultura simples, desconhecendo o uso dos metais, o uso da roda ou de quaisquer veículos terrestres, assim como completamente desacompanhados de animais domésticos auxiliares.

Destacavam-se apenas dois domínios na morfologia do litoral: a costa dominada pelas *barreiras* e por estreitas planícies costeiras, que ia do Nordeste até o Espírito Santo, e, mais para o sul, a costa modelada por entre os esporões da serra do Mar e alguns maciços costeiros isolados. As barreiras eram falésias, vivas ou mortas, que rendilhavam a costa, sem muitos recortes, constituindo o rebordo marítimo dos tabuleiros arenosos litorâneos e sublitorâneos. A maior parte das *rias* existentes no litoral das barreiras já estava assoreada ao tempo da descoberta, de tal forma que os navegadores portugueses tiveram dificuldades em encontrar sítios portuários favoráveis nesse setor da costa. A existência do dique protetor de algumas franjas de recifes, assim como um ou outro acidente mais expressivo do litoral, como é o caso da baía de Todos os Santos, é que ofereceram condições para o estabelecimento de portos, de situação geográfica invejável. No que se refere aos setores sudeste e sul do litoral brasileiro, o grau de recortamento local da costa era muito maior, multiplicando os sítios portuários naturais para abrigar as frotas de pequenos veleiros da época. Aí, de espaço a espaço, existiam pequenas enseadas, planícies costeiras descontínuas, baías e rios do tipo bem diferente daquelas que dominavam mais para o norte. A dificuldade residia, aí, em outro fato mais grave, representado pelas grandes barreiras de relevo que separavam o litoral da hinterlândia desconhecida. E tornou-se necessário encontrar pontos onde a um sítio portuário da costa correspondesse uma passagem mais fácil na serra do Mar, a fim de se iniciar a conquista dos planaltos interiores, como foi bem o caso de São Vicente em relação a São Paulo de Piratininga.

Fisiografia da hinterlândia do Brasil No que diz respeito à fisiografia da hinterlândia do Brasil atlântico, diferenças muito mais flagrantes eram observadas. Os sertões interiores sofriam transições bruscas da Bahia para o norte e daí para o sul. Enquanto no Brasil sudeste eram sertões florestais, densos e de penetração difícil, no interior da Bahia como em todo o Nordeste, eram eles dominados por extensões monótonas e ásperas de caatingas. Na realidade, a partir dessa admirável região de transição que é a Bahia, é que se encontram as paisagens tropicais semiáridas de nosso país. Desta forma, a hinterlândia do Brasil atlântico comporta os maiores contrastes de paisagens intertropicais do continente sul-americano: da Bahia para o nordeste se desdobram vastos compartimentos deprimidos do Planalto Brasileiro, sujeitos a climas menos úmidos do que os dominantes no país e recobertos por tipos de vegetação peculiares às zonas semiáridas (caatingas); para o sul, entretanto, após a faixa de transição, situada nos planaltos fronteiriços da Bahia e do nordeste de Minas Gerais, seguem-se as terras altas do Brasil atlântico de sudeste, com seus mares de morros, suas planícies alveolares, seus maciços e escarpas acidentadas, área quente e úmida de planalto, onde a mata atlântica penetra fundo pelo interior, atingindo desde o Rio de Janeiro até a zona da mata mineira uma largura de quase 600 quilômetros.

No centro-sul de São Paulo, a partir da chamada depressão periférica paulista, outras paisagens naturais se apresentavam aos povoadores, denunciando a transição para os altiplanos subtropicais do Brasil meridional. Aí, como também no norte de Minas, apareciam manchas de cerradões e cerrados, florestas galerias não muito típicas e capões de mato, reproduzindo localmente um tipo de paisagem que, mais para ocidente, encontrava o seu campo de domínio pleno em Mato Grosso e Goiás, já fora da linha tordesilhana. Os cerradões e campos naturais do centro-sul de São Paulo e dos primeiros planaltos paranaenses constituíam uma espécie de vegetação colocada em posição intermediária entre as matas atlânticas e a área de domínio das araucárias, que se estendiam do Paraná para o sul, adquirindo sua maior expressão nas terras altas do Brasil meridional, território bem colocado à margem do Brasil legalmente português da época.

Os sertões das caatingas nordestinas e baianas foram o campo por excelência das atividades de pastoreio tropical, pobre e de pequeno rendimento econômico, porém extensivo e útil para a conquista de um vasto território interior não dotado de outros atrativos ou aptidões agrárias, enquanto as terras acidentadas e florestais do Brasil sudeste, pelo contrário, foram ocupadas muito localmente à custa de modestas atividades agrícolas dispersas e itinerantes. A descoberta do ouro nos planaltos do centro-sul de Minas ofuscou-lhe a vida econômica singela, provocando uma precoce decadência para os agrupamentos humanos segregados que as povoavam. Três séculos e meio após a descoberta, o Brasil sudeste iria ser, entretanto, a principal zona agrícola do país, com o advento e a expansão dos cafezais. Foi também a área que mais sofreu com a passagem da rubiácea exigente, a qual destruiu mais solos do que foi capaz de criar e fixar riquezas na aludida região.

No século XVIII, as pastagens naturais constituídas pelos cerrados do norte de Minas foram aproveitadas para a criação de gado, reproduzindo ali um pouco do esquema que presidiu a expansão do gado pelas caatingas situadas mais ao norte e garantindo a subsistência alimentar dos que se atiravam à aventura aurífera e diamantífera no território das minas gerais. Este núcleo pastoril, ensaiado nestas paragens de transição entre o Brasil leste e o Brasil central, é que depois se expandiria pela área de domínio dos cerrados e cerradões dos planaltos de Goiás e Mato Grosso.

Entretanto, às pastagens naturais do sul, inicialmente representadas por clareiras no meio da área de domínio das araucárias, é que estariam reservados melhores dias, devido às qualidades intrínsecas dos pastos subtropicais. A partir da criação de gado nos planaltos paranaenses e catarinenses, processou-se o efetivo recuo do meridiano de Tordesilhas, na direção meridional. Mais tarde, atingiu-se a principal região de pastagens naturais do país, constituída pelas pradarias mistas da campanha rio-grandense, que sofreu a influência mais direta das excelentes áreas pastoris das planícies temperadas do Prata. Este impacto das tradições pastoris dos países platinos concederia um lugar à parte para a terra gaúcha no quadro geral das áreas de criação de gado do país. Aí, mais do que no império das caatingas e dos cerrados, em plena transição da área subtropical para as zonas temperadas quentes, é que se irão desenvolver os melhores rebanhos brasileiros.

Mineração e agricultura   Muito embora as vistas da administração portuguesa, desde os primeiros dias, estivessem voltadas para as possíveis riquezas minerais, o verdadeiro sucesso econômico do grande país tropical de colonização lusitana por muito tempo esteve ligado à utilização do solo. A vida agrária com base na economia de plantações tropicais e, subsidiariamente, completada pelo pastoreio extensivo, através de pobres pastagens dos sertões semiáridos interiores, é que iria facilitar a penetração do povoamento e a conquista efetiva da terra. As aptidões agrárias das zonas de climas quentes e úmidos, dotadas de manchas de solos ricos, aliadas a facilidades naturais oferecidas pela região semi-árida à expansão do gado, é que realmente importaram para a colonização portuguesa, em seus domínios sul-americanos, já que muito tardiamente vieram a ser descobertos o ouro e o diamante.

E, mesmo após a época fervilhante do ciclo da mineração, quando a penetração do povoamento rompeu as barreiras de relevo da fachada atlântica sul-oriental do país, atingindo os quadrantes mais interiores do Brasil sudeste, houve um contínuo movimento de retorno na direção das atividades agrárias, em parte ainda baseado no cultivo da cana-de-açúcar, e logo depois fixado nas exigências da monocultura cafeeira. No Brasil atlântico, as mais diversas áreas, desde as zonas litorâneas até às "ilhas" de umidade dos sertões nordestinos, ou às regiões serranas sul-orientais do país, sempre houve agrupamentos de roceiros, exercendo uma lavoura itinerante, de subsistência. Essas atividades agrárias, singelas, que existiram nos agrestes, nos "brejos", como nos sertões florestais, nos tabuleiros e nas planícies costeiras, comportaram-se como pano de fundo, modesto e descontínuo, do panorama agrário do Brasil atlântico.

Plantações tropicais e agricultura de subsistência — Desta forma, nos três primeiros séculos da colonização, a agricultura no Brasil esteve subdividida, de modo desigual, por dois grandes domínios: de um lado, as plantações tropicais das áreas de clima quente e úmido e solos ricos da zona da mata nordestina e do Recôncavo Baiano, e, de outro, a agricultura de subsistência, também praticada em solos florestais, porém menos ricos, e disseminada descontinuamente pelas zonas litorâneas e sublitorâneas, de certa forma ainda amarradas à ação de presença dos primeiros embriões de núcleos urbanos estabelecidos na costa e em raros compartimentos de planalto.

Enquanto a primeira foi uma lavoura de grandes plantações, ligadas à economia aberta, com mercados consumidores distantes, controlados pela metrópole, a segunda foi uma imposição das necessidades de alimentação dos agrupamentos humanos radicados em terras brasileiras, e que não participavam das áreas de colonização mais bafejadas por grandes sucessos agroeconômicos (São Vicente e o litoral paulista, São Paulo de Piratininga e áreas povoadas dos vales do Parnaíba e Tietê). Tratou-se de um singelo complexo de atividades agrárias, mais ou menos comum a numerosas áreas do mundo tropical, definido por uma lavoura itinerante e baseada na cultura de alguns produtos agrícolas, que muito cedo provaram bem na garantia da subsistência dos primeiros povoadores, indefesos e isolados. É de notar que tais atividades rurais, em parte por expansão e transplantação e em parte por paralelismo, brotaram nas áreas mais diversas e quase ao mesmo tempo, interessando inúmeros agrupamentos de colonizadores pioneiros, dotados de menores recursos e garantias do que os ricos senhores de canaviais e engenhos. Elas ficaram vinculadas às iniciativas dos sesmeiros e seus acompanhantes, que auxiliaram a ocupação efetiva da terra, tendo, por outro lado, uma distribuição geográfica muito irregular e variável, devido à vastidão do território, à concorrência de outras atividades, à instabilidade do povoamento e ao próprio mecanismo da itinerância e quase nomadismo que as caracterizava.

A esses modestos povoadores que se multiplicavam pelas solidões das regiões serranas florestais do Brasil atlântico é que se deve a ocupação efetiva de muitas áreas segregadas, distantes umas das outras, as quais através dos séculos ficaram mais ou menos à margem dos caminhos de circulação mais geral, atirados aos seus próprios recursos e à sua própria sorte, garantindo sua subsistência à custa de uma produção polimorfa. Na realidade, frente às implicações da segregação e do triste isolamento, tinham que fabricar ou produzir desde a alimentação de que necessitavam, assim como a sua equipagem agrária, sua roupagem grosseira, para não falar das suas modestas habitações caboclas, feitas na maior parte das vezes de troncos de árvores e paus entrelaçados calafetados irregularmente com barro, e recobertas de palha seca. Esse, o personagem humilde do verdadeiro pioneiro caipira dos sertões florestais do Brasil sudeste e de muitas outras áreas do país. Esta, a história, sem documentos, daqueles que vieram a ser os roceiros típicos da terra brasileira, incultos e debilitados, os quais por um lado foram contemporâneos dos guapos vaqueiros que dominaram as caatingas e os cerrados do interior do Brasil, mas também dos ricos plantadores de cana, como dos proprietários de lavras e dos contratadores de diamantes. Dentre eles, destacaram-se os que praticaram uma lavoura *ancilar* para garantir a vida alimentar dos que se atiraram sofregamente à grande aventura aurífera. Até as vésperas do ciclo do café, o mapa agrário do Brasil sudeste estava impregnado pela sua humilde figura e simbolizado pela sua atividade. O café penetrou pelos seus antigos domínios, enriqueceu alguns deles, obrigou outros a um recuo forçado para os cantões mais segregados e impróprios, de onde, aliás, eles voltaram às vezes, a fim de fazer de novo a terra produzir um pouco. A pecuária leiteira, mais recentemente, outra vez os expulsou das terras que sobraram do café. O resultado é que, nos velhos mercadões das cidades antigas do Brasil sudeste, há falta de quase tudo, não se vende mais aquela variada produção dos roceiros caipiras que até certo ponto foram símbolo de fartura.

A lavoura canavieira   No litoral oriental do Nordeste, em zonas de climas bem mais quentes e úmidos e em manchas de solos ricos, os fatos se passaram de modo muito diferente. Muito cedo, na história da colonização portuguesa em terras brasileiras, aquela área tropical dotada de tais qualidades de solo e de uma boa situação geográfica na margem do Atlântico, assim como de uma topografia relativamente suave – comportando planícies, terraços e vertentes suaves de baixos morros e colinas –, favoreceu o desenvolvimento da primeira região geoeconômica importante do país. À sombra de seu desenvolvimento, baseado quase exclusivamente na lavoura canavieira e no fabrico do açúcar, favoreceu ela o estabelecimento de alguns dos mais velhos núcleos urbanos do Brasil (no litoral oriental do Nordeste e em volta do Recôncavo Baiano). Entretanto, na zona canavieira propriamente dita, a ação absorvente dos engenhos constituiu um fator negativo à proliferação de pequenas cidades.

Processou-se ali a primeira transformação mais extensiva dos quadros antigos da paisagem natural, com o desbravamento das matas e a sua substituição por grandes canaviais que penetraram ao longo dos vales e subiram pelas encostas dos morros baixos. O baixo curso dos rios regionais, dotados de correnteza perene, pôde auxiliar bastante os senhores de engenho, como via de circulação para o escoamento da produção açucareira até os portos de embarque, situados na costa. Com isso tudo, multiplicaram-se os *banguês* e as grandes moradias rurais dos senhores da nova riqueza agrária. Inaugurou-se uma corrente contínua de transplantação de humildes trabalhadores braçais de origem africana, escravizados e forçados a atravessar o Atlântico para vir operar servilmente nesta outra banda das terras atlânticas. Criaram-se, para eles, as *senzalas*, símbolos de uma tenebrosa época das plantações tropicais brasileiras. E, assim, a paisagem da zona da mata foi humanizada, sob a vigilância e a iniciativa das casas-grandes sobre um mar de canaviais, enquanto se exploravam a terra fértil e a humilde escravagem – o agrupamento social dominante não pretendendo deixar de ser cristão, para tanto anexando a capela ao cromo da paisagem cultural. Formou-se, à custa de tais contrastes e incoerências de toda época, o patriarcado rural, escravista e latifundiário, que constituiu a primeira aristocracia rural que o mundo tropical sul-americano conheceu após o descobrimento. Dessa história agrária opulenta, que valeu pela primeira proclamação econômica do trópico brasileiro, baseada no cultivo de um produto importante para os mercados europeus da época, o sociólogo Gilberto Freyre deixou toda uma literatura, documentada e viva, à qual, em qualquer momento, se pode recorrer com grandes vantagens.

Do ponto de vista geográfico, o importante a lembrar é que o ciclo da cana-de-açúcar ocasionou a humanização da paisagem de uma parte da região atlântica oriental do país, abrangendo toda uma faixa de terras sublitorâneas que se estende até a zona que precede a Borborema, onde se iniciam as terras do agreste, menos propícias à cana-de-açúcar.

CAPÍTULO II

O PROBLEMA DA MÃO DE OBRA: O ESCRAVO AFRICANO

A CONTRIBUIÇÃO indígena – a princípio voluntária e caracterizadamente interesseira; subordinada, em seguida, a regime escravista – foi que permitiu aos portugueses que mais rapidamente dessem início à tarefa preliminar de reconhecimento territorial e exploração econômica do Brasil, facilitando-lhes a fixação e os meios de subsistência na nova colônia.

Oposição à escravização do gentio   Inutilmente, a partir de meados de 1500, quando o regime de escambo com os silvícolas, inaugurado com êxito pelos traficantes de madeira, já não satisfazia às exigências da empresa colonial, o padre da Companhia de Jesus procura impedir a arbitrária escravização do gentio. Mais persuasiva que a catequese é a necessidade de braços que aguilhoa o povoador europeu, emigrante ardido de ambição, que demanda a colônia à cata de fortuna e que aqui vive enrodilhado de dificuldades, ou degredado, criminoso reincidente, que Portugal, expungindo de si, condenara a vir cumprir *suas penitências a estas partes*. Uns e outros, ou não estavam em condições de compreender a pregação jesuítica, ou só a entendiam como atentatória de seus direitos.

"Os homens que para aqui vêm", verifica Nóbrega, no ano seguinte ao da sua vinda para o Brasil, "não acham outro modo senão viver do trabalho dos escravos". E Magalhães Gandavo, em 1570: "Se uma pessoa chega na terra a alcançar dois pares de escravos, ou meia dúzia deles, ainda que outra coisa não tenha de seu, logo tem remédio para poder honradamente sustentar sua família... Pois daqui se pode inferir quanto mais serão acrescentadas as fazendas daqueles que tiverem duzentos e trezentos escravos, como há muitos moradores da terra que não têm menos desta quantia, e daí para cima".

De par com a ideia dos metais preciosos, é o tráfico vermelho que polariza, nos dois primeiros séculos, as energias dos moradores da Capitania de São Paulo. Ao encalço de escravos e de ouro é que partem, amiúde incentivados pela metrópole, os cabos de tropas bandeirantes com suas turbas de mamelucos e índios.

"De nenhuma maneira", opinavam os membros do Conselho Ultramarino, já em 1700, devia ser dada permissão aos paulistas para mandarem "duas vezes no ano um navio, de preferência a Angola, buscar negros". E o parecer concluía com inteiro descaso pelas leis que, desde 1570, não emudeciam sobre a liberdade dos brasis, que se eles tivessem "só o serviço dos negros, viriam a ser menos guerreiros... não tendo a ocasião em que empregar o seu valor nos sertões, na guerra dos índios, em que fizeram sempre tão conhecido o seu nome, penetrando os sertões em muita distância, só a troco de os trazer em seu poder".

À medida, entretanto, que a empresa colonial ganhava corpo, que à indústria da extração de madeiras vinha somar-se a do açúcar, logo sobrepujando-a em importância, começou a ressaltar à apreciação coletiva, sobretudo nas capitanias do norte, a inadaptabilidade da mão de obra indígena para vários misteres. Mais, assim, do que os óbices levantados à livre exploração dos índios, é a agroindústria que reclama e incrementa a vinda para o Brasil dos africanos, máquinas de trabalho afeitas a toda sorte de esforço e cuja excelência como escravos já se comprovara na colonização portuguesa das ilhas do Atlântico.

Sem dúvida, a atuação dos jesuítas no Brasil, como a dos dominicanos, no Haiti, insurgindo-se contra a escravização do gentio, concorreu para apressar a vinda dos negros para o Novo Mundo. A favor dos aborígines da América, pronunciara-se, igualmente, em 1537, o Papa Paulo III, declarando que a ninguém, sob pena de excomunhão, era lícito perturbá-los no gozo de sua liberdade, enquanto, no que tocava à escravatura negra, a piedade e a cobiça, o missionário e o colono, o legislador e o teólogo, Roma e a Reforma, falavam a mesma linguagem, proclamando-lhe a legitimidade. Mas, apesar disso, como os próprios dominicanos faziam notar a Carlos V, em 1519, não eram eles, como não seriam os jesuítas no Brasil, que propugnavam pela necessidade da introdução de africanos na América. Eram os colonos que os matavam – *nos matan*, escreviam ao imperador – "com os seus pedidos para terem negros".

Também os colonos no Brasil, a esse tempo, como assinala Antonil, referindo-se ao século XVII, já deviam pensar nos negros que eram *as mãos e os pés dos senhores de engenho*. Já então, sem eles, não lhes devia parecer possível *fazer, conservar e aumentar fazenda*. Mas, também sob esse aspecto, a maninha colônia sul-americana, na qual não se encontrara *nenhum ouro ou prata ou outra coisa de metal ou ferro*, ia ser relegada pela coroa portuguesa a plano secundário, uma vez que não lhe convinha que a venda de negros, fornecidos às toneladas, desde as primeiras décadas do 500, para as Índias de Castela, propiciando pingues lucros à Régia Fazenda, fosse desviada para cá.

Escassez e necessidade de escravos negros São portugueses, realmente, os primeiros traficantes que levam negros a vender às possessões espanholas. Mestres no assunto, comenta Scelle, não lhes era difícil chegar com os seus pretos às costas ainda mal conhecidas e policiadas da América, onde tudo passava a depender, substancialmente, da mão de obra africana. O trabalho de um negro é superior ao de quatro indígenas, consignava Herrera. Se faltam os pretos, escrevia o Bispo Cuba, "não haverá sequer vinho para dizer a missa". Não encontrando ouro, a mãos cheias, à sua chegada, anota Carlos Pereyra, o colono espanhol transforma-se em agricultor, tornando o negro indispensável. Viam-se em breve tantos negros nas Antilhas, por causa dos engenhos de açúcar, que a terra se assemelhava *a uma imagem ou efígie da Etiópia*.

Enquanto isso, em vão, o donatário de Pernambuco em 1539, solicitava do rei de Portugal a necessária licença para poder resgatar, por conta própria, *alguns escravos de Guiné*. Repetia o apelo, sem êxito, em tom angustioso, em 1542. E, no entanto, como explicava Duarte Coelho, a providência beneficiaria a colônia, e, consequentemente, o próprio soberano: "... peço a V. A. que se me não proveio desta licença, que olhe quanto seu serviço isto é, quão pouco dano nem estorvo faz dar-me licença para haver algumas peças d'escravos para o melhor servir." Sem eco, igualmente, morre o apelo do donatário da Paraíba do Sul, Pero de Góis, solicitando a remessa urgente para a Capitania de *ao menos sasenta negros de Guiné*.

Assim, até 1550, ano em que a metrópole manda uma partida de africanos para a nova cidade do Salvador, "para se repartirem entre os moradores, descontando-se o seu valor dos soldos e ordenados destes", não se tem notícia de qualquer chegada *em grupo* de negros ao Brasil. Ao contrário, diante de todos os documentos conhecidos, seriam apenas *alguns*, até então, os negros existentes na colônia, todos, ou quase todos, trazidos do reino na bagagem dos povoadores, como trastes de uso individual e doméstico. É essa a primeira vez que o negro é *exportado* para o Brasil como mercadoria destinada ao consumo da coletividade, mas, ainda assim, em quantidade tão reduzida, que Nóbrega, no ano seguinte, era obrigado a escrever a D. João III, encarecendo a necessidade de alguns negros para o colégio da Bahia.

Nessas condições, é só, efetivamente, a partir do alvará de 29 de março de 1559, dirigido ao capitão da ilha de São Tomé e ordenando que, à vista de certidão passada pelo Governador do Brasil, cada senhor de engenho pudesse resgatar até 120 escravos do Congo, pagando apenas um terço de direitos, que começa a ser menor a penúria de braços africanos na colônia. Eles jamais serão fartos entre nós, ao menos até os fins do século XVII, quando cessam as atividades negreiras de Portugal nas Índias de Castela, cujos portos lhe são fechados, primeiro em benefício dos franceses, a seguir, e definitivamente, dos ingleses. Até então, sob a orientação displicente e caótica do governo da metrópole, os assentistas reinóis continuarão mais empenhados em vender negros para Castela do que em atender às necessidades do Brasil.

Assim, ainda por um longo período, e mesmo nas capitanias do norte, a mão de obra indígena continuará participando, ativamente, da exploração colonial. Em 1587, Gabriel Soares atribuía à Bahia uma população de 2 mil europeus, 4 mil negros e 6 mil índios. E o Conde de Linhares, ainda em 1607, pretendia introduzir nas suas fazendas da Bahia e Ilhéus "500 a 600 índios potiguares... no caso de ser da vontade deles".

A escravaria dos rios *ia toda para as Índias e nenhuma para o Brasil ou muito pouca*, o Conselho Ultramarino confessava ao soberano, nos meados do século XVII. E, em Angola, era assim que se pensava: "Porque nesta terra não há dinheiro nenhum e somente escravos e panos songos de palha, e os escravos, indo daqui para o Brasil, perdesse muito neles."

Recuperada a independência portuguesa, D. João IV preocupa-se com a crise de braços africanos em que o Brasil continuava a debater-se e apela para o governo de Cabo Verde, pois, embora proibido, a esse tempo, o comércio com as Índias de Castela, era para lá que continuavam a navegar os negreiros. A proibição só fazia aumentar o contrabando. Edmundo Correia Lopes explica bem a situação: "As patacas das Índias eram decerto mais tentadoras que a farinha do Brasil." Com efeito, os descaminhos ou contrabandos de negros não se fizeram, nos primeiros séculos *para* o Brasil, mas *contra* o Brasil, e o desentendimento a essa circunstância é um dos fatores que têm perturbado o estudo sobre a exata contribuição da mão de obra africana na exploração colonial.

Assim, por exemplo, da massa de pretos referida no Relatório de Domingos de Abreu e Brito a Filipe II da Espanha – *cincoenta & duas mil e cincoenta & três peças de escravos*, que equivaleriam a 70 ou 80 mil cabeças – e que, de 1571 a 1591, teria saído de Angola, aparentemente para os nossos portos, só chegou ao Brasil, como verifica Felner, comentando o inquérito do licenciado, *apenas uma parte mínima*. O mais, no documento, era só fraude contra o fisco: declarando o destino das peças para o Brasil a taxa era de *três mil rs.*, ao contrário das que se destinavam à restante América, que deviam pagar *seis mil rs. de direitos de cada peça*. Na sua monografia sobre o tráfico negreiro, Scelle calcula que o contrabando aumentou "do dobro, no mínimo", as cifras oficiais de entrada de africanos nas Índias de Castela. Descaminhos que se operam, quase sempre, em detrimento do Brasil.

Mas, de qualquer modo, com o alvará de 1559, a Coroa começou a responder aos reclamos da nascente indústria açucareira da colônia e a ele, preponderantemente, devem ser atribuídos os 2 ou 3 mil africanos que Magalhães Gandavo encontra aqui onze anos depois. A escravaria que desembarca no Brasil, nos últimos quarenta anos do século XVI, como a que chega aos nossos portos, em todo o correr do 1600, é em função sobretudo da cana e do seu preparo industrial, a força do tráfico é determinada e mantida pelo açúcar, da mesma forma que a mineração e o café lhe imprimirão os rumos nos séculos seguintes.

Tão vital, com efeito, era a necessidade da mão de obra africana no trabalho dos engenhos, que Nassau, dirigindo-se ao Conselho dos XIX da Companhia das Índias Ocidentais, achava que não era a Bahia, mas Angola o maior manancial de escravos do continente negro, que devia ser atacada e tomada, pois nenhuma outra conquista, como a dessa colônia, podia trazer maiores vantagens à Nova Holanda. Os escravos encontrados pelos holandeses nas capitanias conquistadas, escreve Watjen, bem como aqueles que elas acorreram e os que provinham da captura de navios negreiros portugueses, não lhe bastavam a satisfazer a necessidade de braços. E continua:

> "Depois, porém, que a Companhia adquiriu a posse de feitorias na África, não mais teve de se preocupar seriamente com o abastecimento de escravos à região colonial brasileira". "Na falta de Angola", afirmavam os conselheiros ultramarinos de 1642, "o Brasil se perderá sem outra

guerra". E Vieira: "Sem negros não há Pernambuco e, sem Angola, não há negros".

Com o descobrimento das minas pelos paulistas, nos fins do Seiscentos, subverte-se o caráter agrícola da empresa sul-americana, desviam-se, bruscamente, as energias coloniais para desertas e imensas regiões. Perturba-se e agrava-se, então, o problema da mão de obra negra, cujo preço, como o de todas as demais utilidades, sofre a alta provocada pelas novas fontes de consumo.

Já em 1700, os oficiais da Câmara do Rio de Janeiro representavam ao soberano sobre o aumento do preço dos negros, *pelos ali irem comprar os paulistas.* Era a falta de escravos a principal causa do dano de que padecia a Bahia, queixava-se D. Luís César de Meneses em 1706, "por se irem para elas (as minas) a maior parte dos escravos, em razão do maior interesse das ditas minas". Igualmente, segundo D. Rodrigo da Costa, a míngua de mão de obra cativa e a corrida para as Gerais ameaçavam mortalmente as capitanias do norte, cujos colonos, ele alertava o rei, na impossibilidade de prosseguirem nas suas lavouras, levavam ou vendiam os seus pretos para as minas, *só por lograrem os excessivos que por eles ali se davam.* E ainda em 1728 e 1738, respectivamente, eram idênticas a essas as lamentações de D. Vasco da Cunha Meneses – "porque a opulência (das minas) arrasta os ânimos" – de Venceslau Pereira da Silva – "a carestia e falta de escravos deteriora muito os moradores (da Bahia)". Em 1713, o Governador da Capitania de São Paulo e Minas de Ouro, D. Brás Baltasar da Silveira, escrevia ao soberano:

> "... os moradores desta cidade e dos povos da Serra acima são muito mal providos (de escravos)... e como sejam tão precisos, não somente para a cultura da terra e minas novas, como para continuar nos novos descobrimentos, o que se não pode fazer sem escravos, me parecia conveniente que V. M. permitisse que à dita vila de Santos viessem todos os anos em direitura dois navios de Angola e da Costa da Mina com escravos."

Fazendo-se eco de uma convicção coletiva, D. Rodrigo da Costa afirmava para a metrópole, em 1706, que não se extinguiriam as minas do Brasil enquanto o mundo durasse. *Cadavéricas minas,* no entanto, era o atestado de óbito que lhes passava, em 1780, D. Rodrigo José de Meneses, governador das Gerais. Com efeito, a ausência de qualquer plano de conjunto a que se subordinasse a atividade mineradora, depressa se refletiu nos resultados da exploração, que se foram tornando mais e mais precários à medida que os *vieiros* se aprofundavam na terra. O quinto real do ouro, que rendera em Minas Gerais, no período da capitação e censo das indústrias, de meados de 1735 a 1751, 2.066 arrobas, e, em 1754, nas casas de fundição, 118 arrobas, baixa para pouco mais de 82, em 1763. Rola daí para, apenas, 7 e 2 arrobas, em 1819 e 1829. Em Mato Grosso, nesse último ano, o imposto arrecadado de 1 arroba não bastava para cobrir as despesas da casa quintadora. Atingira 80 arrobas, no entanto, a arrecadação anual na capitania, nos primeiros anos depois de 1719.

A população escrava   Em 1717, a população escrava de Minas era de 33 mil almas. De 50 mil, em números redondos, em 1723; de 96 mil, em 1735. Eschwege, inadvertidamente, no seu *Pluto Brasiliensis*, não considerando que o recolhimento do imposto de 4,75 oitavas exigível por escravo ou forro, a partir de 1735, se fazia em duas prestações anuais, por semestre, de 2 oitavas e 27 grãos cada uma, e somando, como parcelas autônomas, a capitação de duas prestações, de dois semestres, de duas matrículas, atribui para a capitania, em 1742, uma população de 186.868 escravos. Na realidade, no entanto, corrigido o critério e conforme o códice de Caetano da Costa Matoso, a escravaria negra de Minas Gerais andaria, então, pela casa dos 93 a 100 mil – 94.128 escravos capitados na primeira matrícula e, na segunda, 92.740.

Em 1786, para um total de 362.847 almas, numeravam-se, na capitania, entre pardos e negros, homens e mulheres, 274.135 escravos. No período próspero da mineração, 80% da gente de Minas Gerais, brancos e de cor, punha o seu esforço na exploração do ouro. Mas, já por volta de 1815, haverá pouco mais de 12 mil pessoas, numa população de 450 mil almas, apenas semiocupadas nas lavras. Do mesmo passo, à proporção em que a indústria mineradora dobrava a finados, cresce o número de libertos na capitania. Eles mal passavam de 1,2% sobre a escravaria, em 1739; eram 35 a 41%, respectivamente, em 1786 e 1808. Já então, valeria mais a pena alforriar os cativos que sustentá-los.

Média de vida   Roberto Simonsen atribui uma produção média por
e produção do escravo   homem-ano, na mineração, de 200 gramas de ouro, e, no trabalho dos engenhos, de 50 arrobas de açúcar, limitando a 7 anos a vida de trabalho efetivo dos escravos. Tirante o índice de produtividade na extração do ouro, que parece pecar por exagero, os demais estão aquém dos geralmente referidos por outros estudiosos do assunto. Assim,

por exemplo, De Laet, escrevendo em 1644 sobre a Nova Holanda, informava que os grandes engenhos empregavam 100 negros, os médios 50, e 20 os menores, produzindo, anualmente, os grandes, de 7 a 8 mil arrobas, os médios de 4 a 5 mil, e 3 mil os menores. Para van der Dussen, igualmente, no Relatório de 1640 ao Conselho dos XIX da Companhia das Índias Ocidentais, os engenhos médios e grandes podiam moer, trabalhando vinte e quatro horas, 40 a 70 arrobas de açúcar, empregando no seu serviço de 40 a 70 negros. Saint-Hilaire eleva a produtividade anual média, por escravo, a 100 arrobas. Lippmann, do mesmo modo, dá o exemplo de um engenho de Cuba que, com 300 negros, safrejava 40 mil arrobas por ano, rendimento idêntico ao obtido no *Engenho de Ceregipe*, o qual, com 80 ou 100 pretos, produzia 10 mil e 500 arrobas.

Também de modo geral, a substituição da escravaria nos engenhos era menos rápida que a indicada pelo autor da *História Econômica do Brasil*, a vida efetiva de trabalho dos negros prolongando-se muitas vezes por 10 e mais anos, como acontecia no já citado *Engenho de Ceregipe*, com os seus 80 ou 100 pretos, e no qual, todos os anos, uns pelos outros, "era necessário meter ao menos cinco peças em lugar das que morriam". Para Tollenare, nas *Notas Dominicais*, aquela média elevava-se a mais de 20 anos, enquanto, segundo o autor do *Discurso Preliminar*, composto nos fins do século XVIII, a necessidade de renovação de escravos na Bahia era mais apertada: ... "pelo menos, em cada ano, dez escravos em cem." Ainda aí, um pouco mais de 10 anos de vida como média.

Nas capitanias do sul, igualmente, o período de trabalho efetivo dos africanos deve ter-se revelado bem maior que o referido por Simonsen: "... e um mineiro que tem 100 negros, no fim de 10 anos, não os reformando, não terá senão 50 ou pouco mais, perdendo ano por outro 1 em cada vintena, às vezes em cada quinzena", lê-se nas *Considerações sobre as duas classes mais importantes de povoadores da Capitania de Minas Gerais*. Calculando o que gastava por ano, em produtos de origem inglesa, cada negro chegado da África, D. Luís Antônio de Sousa, Governador da Capitania de São Paulo, somava parcelas num total de 3$480. E concluía, em carta de 1768 ao soberano: "Importa o referido em trinta anos, que pode durar o negro, 104$400." Para Rui Barbosa, no seu parecer sobre a reforma do elemento servil, era de 14 anos o prazo depois do qual os senhores podiam considerar-se pagos pelos serviços dos escravos.

Realmente, seria ruinoso o emprego da mão de obra africana se a sua força de trabalho se limitasse apenas a 7 anos. No setor da mineração, a hipótese tornaria proibitivo o seu emprego, uma vez que, mesmo os 200 gramas de produção anual, média dificilmente verificada, as 390 oitavas, afinal extraídas ao fim do período, mal dariam, em determinadas épocas, para cobrir as despesas de capital e juros com aquisição do escravo. Às 250, 300 e até mais oitavas, a que chegou a atingir o seu preço, o negro africano teria sido, com aquele rendimento, não apenas uma máquina dispendiosa de trabalho, mas instrumento de todo inaproveitável na economia colonial, o que está longe de traduzir a verdade. Ao contrário, e embora o concurso do braço indígena, notadamente nos dois primeiros séculos, tenha sido de grande valia para o povoador português, foi o escravo africano, a princípio nas capitanias do norte, e a partir dos começos do 1700, em outras regiões, que lhe tornou possíveis, como incomparável máquina humana de trabalho, a exploração e o aproveitamento das riquezas coloniais.

Afluxo de escravos africanos   Na sua falta, nos primórdios da colonização, emperra o desenvolvimento de algumas donatarias, e sua falta concorre para que outras pereçam. Por ele bramam, desde as primeiras horas, os primeiros povoadores. E, quando a Coroa portuguesa, menos surda aos reclamos que daqui partiam, abre ao Brasil os portos africanos para o seu resgate, são os próprios colonos, com forças e recursos particulares, que vão comprá-lo, durante três séculos, no continente negro. O regime dos assentos, efetivamente, tal como foi sempre praticado para as Índias de Castela – exclusividade dada a um contratante, pessoa física ou jurídica, para introduzir nas colônias, dentro de determinado prazo, uma quantidade ponderável e certa de escravos, a preços e sob condições preestabelecidas –, nunca funcionou para o Brasil. Não passamos, nesse terreno, de algumas tentativas, esporádicas e precárias. O Brasil, se quis pretos, teve de ir buscá-los, foi problema, desde cedo, entregue muito mais à iniciativa privada do que dirigida pela metrópole.

A Costa da Mina – do Cabo do Monte ao de Lopo Gonçalves, tendo em Ajudá o seu porto principal – e Angola, em continuação, estendendo-se até ao Cabo Negro, com os seus três portos – Congo, Luanda e Benguela –, são as duas regiões de que procede a quase totalidade da escravaria vinda para o Brasil. De Luanda e de Benguela são cerca de dois terços dos escravos entrados, de 1700 a 1850, pelos portos de Pernambuco e do Rio de Janeiro. O terço restante, recebido sobretudo pelo porto da Bahia, provinha da Costa da Mina. Os negros de outras regiões africanas, como Cacheu e Cabo Verde, Moçambique e Madagascar, concorrem apenas frouxamente, em parcelas quase sem sentido, para engrossar o tráfico de pretos para os nossos portos.

Trinta mil, no máximo, no 1500; de 500 a 550 mil, no século XVII; 3 milhões, aproximadamente, de 1700 a 1851, o café concorrendo, nas últimas décadas, para incentivar o tráfico, foi de cerca de 3 milhões e 500 mil – *antes menos que mais* – a legião de trabalhadores africanos que ajudou a construir o Brasil. Na agroindústria do açúcar, cuja produção andou na casa dos 650 a 700 milhões de arrobas. Na extração de cerca de 1 mil a 200 toneladas de ouro. Na cultura do tabaco, do qual a Bahia exportava, nos fins do século XVII, 25 mil rolos e Pernambuco e Alagoas, 2 mil e 500. Em vários outros misteres, inclusive o de satisfazer, nos serviços domésticos, a comodidade, o luxo e o prazer dos senhores.

A estimativa não deflui da produção de riquezas verificada no período em apreço, mas resulta de estatísticas e informações coevas, de documentos originais das diferentes épocas, de censos de população, de certidões dos impostos incidentes sobre os negros, de mapas de embarque das feitorias africanas, de manifestos de *tumbeiros*. Os demais elementos, como o volume da produção brasileira, o tempo efetivo de trabalho dos escravos e a rentabilidade de sua mão de obra nos engenhos e nas minas, servem apenas, como crivo de verificação, para consolidar os resultados indicados.

CAPÍTULO III

A GRANDE PROPRIEDADE RURAL

PARA compreendermos a organização e o funcionamento da grande lavoura colonial é indispensável situá-la dentro das condições gerais do processo histórico de colonização, pois foi por intermédio da grande lavoura, sobretudo, que se processaram a ocupação e o povoamento definitivo da maior parte do território brasileiro. É necessário também caracterizar em suas linhas gerais a estrutura econômica geral da colônia, desde que a grande lavoura representa os próprios fundamentos da economia brasileira colonial.

*
* *

Quando procuramos conhecer os elementos predominantes da colonização das Américas, ressalta como característico básico o fato de ter sido um capítulo da expansão comercial dos povos europeus na época moderna. Os europeus vieram a se interessar pelo continente americano no século XV e, sobretudo no XVI, na qualidade de comerciantes e não propriamente como colonizadores. Este interesse resultara logicamente das transformações que ocorreram no comércio europeu, durante aquele século.

Vias de abastecimento do comércio europeu nos séculos XIV e XV — Entre as vias de abastecimento do continente europeu no século XIV, as mais lucrativas são as que levavam ao extremo Mediterrâneo oriental, onde as rotas das caravanas da Arábia, da Pérsia, da Mesopotâmia e do Extremo Oriente tinham sua escala terminal. Por meio dela os povos europeus se abasteciam de produtos tropicais e semitropicais e outras mercadorias de grande valor comercial. Não eram apenas as especiarias, tão famosas e das quais os europeus se revelaram sempre ávidos, como a pimenta (doreino), o cravo, a canela, a noz-moscada, o cominho, o anis, o gengibre, o cardamomo, o açafrão, a cubela, o funcho da Índia. Estes produtos não eram apenas necessários para o preparo de vários alimentos, mas de certo modo indispensáveis para a conservação de muitos deles, como a carne, cujo processo de conservação à base do sal e da pimenta perdura até hoje. Importavam-se também drogas preciosas utilizadas na medicina e na tinturaria, como a cânfora, o ruibarbo, o sumagre, a cochinilha, o índigo, o aloés, o sene, o pau-da-china. Não podem ser esquecidas outras mercadorias igualmente preciosas, como o ferro, o chumbo, o estanho, os tecidos de ouro e de prata, as sedas, os algodões, o açúcar, o chá, o café, madeiras tintoriais e de construção naval, laca, verniz, âmbar, marfim, pérolas, porcelanas, algodão em fibra, perfumes, tapetes, vinhos e até frutas secas ou frescas como tâmaras, passas, ameixas, bergamota e limão. Ainda que muito diversos, os gêneros e os objetos fabricados procedentes das regiões orientais alcançavam grande valor comercial; contudo, entre todos, as especiarias constituíam o ramo mais importante e mais lucrativo do comércio do Oriente.

A mais importante entre as rotas do Levante cortava a Europa Central no sentido norte-sul e se articulava com as vias marítimas que, através do Mediterrâneo, levavam à Síria e ao Egito. Por meio delas, os comerciantes genoveses e venezianos tratavam diretamente com os turcos que eram os intermediários dos mercadores orientais. Seguindo esta rota, as mercadorias orientais atravessavam os Alpes e, acompanhando o Reno, alcançavam as cidades comerciantes flamengas. Dessa maneira, articulavam-se os dois grandes centros de gravitação comercial da Europa do século XV, as cidades italianas e as flamengas, que exerciam um monopólio efetivo do comércio oriental.

Em consequência das várias mudanças políticas na Europa e dos processos alcançados na técnica de navegação e nos meios de transporte marítimos, observa-se desde o século XIV a tendência para uma nova rota comercial, inteiramente marítima. Contornando o continente europeu pelo estreito de Gibraltar, ligava deste modo o mar do Norte ao Mediterrâneo, ou seja, os empórios flamengos às cidades comerciantes da península itálica. A princípio, apenas subsidiária da via terrestre-marítima, a rota atlântico-mediterrânea lentamente deslocou aquela no decorrer do século XIV e, no início do século seguinte, tornou-se o eixo fundamental do grande comércio europeu. Em consequência, a primazia de que usufruíam os empórios comerciais do continente europeu, como escala da rota continental, deslocou-se para a fachada oceânica, para a Holanda,

Inglaterra, Normandia, Bretanha, Espanha e Portugal, ou seja, as áreas localizadas pela nova rota comercial.

Favorecidos pela importância que lhe conferia a rota marítima e pela predominância precoce da burguesia nos negócios do reino, graças à revolução burguesa de 1383/5, os portugueses, mais cedo que os outros, tomaram consciência dos interesses marítimos e coloniais. Desde o início do século XV madrugaram no continente africano (conquista de Ceuta, 1415) e, como pioneiros, empreenderam a exploração metódica do seu litoral. Desse modo, o comércio com o continente africano, ao longo da costa do Atlântico, desenvolveu-se no decorrer do século XV. Primeiramente chegaram a Lisboa as peles e o marfim, mercadorias de menor valor comercial; acrescentou-se depois a malagueta – a falsa pimenta – que fazia concorrência à pimenta-da-índia, cujo comércio era monopólio dos genoveses e venezianos. Mais tarde, na década dos 40, quando a exploração atingiu a Serra Leoa, começaram a entrar no reino o ouro em pó e os escravos da costa d'África. Só então, quando estes produtos forneceram campo novo à exploração comercial, a permuta no litoral africano veio a proporcionar riqueza para os comerciantes lusos. Na segunda metade do século XV, o açúcar das ilhas, produzido pelos portugueses, passou a abastecer a Inglaterra, os portos da Flandres e as cidades italianas. A costa do marfim, a costa da malagueta, a costa dos escravos, a costa d'ouro são expressões que, no século XV, logravam localizar geograficamente, na costa d'África, as sucessivas áreas abertas à exploração mercantil portuguesa.

Aliás, antes dos portugueses, outros grupos comerciantes haviam tentado penetrar nos mistérios do vasto mundo exterior do Atlântico meridional. Já em 1291 os genoveses procuravam um caminho marítimo, africano, para as Índias, e os catalães, em 1396, haviam tentado encontrar o "rio do ouro". Mais recentemente, em 1402, franceses tinham posto o pé no arquipélago das Canárias. O grande mérito do movimento português foi o de ter sido contínuo e persistente. Sua força e vitalidade põem em evidência sua natureza, como fenômeno autônomo de expansão comercial correlacionado com as condições próprias do desenvolvimento precoce da burguesia comerciante e outros fatores ligados às vicissitudes da reconquista cristã e à situação geográfica do reino português em face da nova rota comercial europeia. São estas as grandes forças estimuladoras da expansão portuguesa e não, propriamente, pelo menos de modo direto, as dificuldades crescentes que encontra o comércio no Mediterrâneo oriental, com a penetração dos turcos depois da tomada de Constantinopla em 1453. Aliás, o comércio através da Síria, como do Egito, entreposto fundamental do comércio das especiarias, manteve-se por intermédio das atividades dos comerciantes venezianos, mesmo depois da viagem de Vasco da Gama, em 1496, e nunca foi seriamente afetado pelos turcos antes da conquista do Egito efetuada em 1516.

A criação da rota africana de abastecimento das especiarias da Índia pelos portugueses, que culmina com a chegada de Vasco da Gama a Calecute, é considerada a maior realização europeia, no plano econômico, da segunda metade do século XV. A epopeia conferiu a Portugal uma importância singular no comércio europeu, como entreposto das especiarias asiáticas. A abertura da rota do cabo da Boa Esperança para a Índia, pelos portugueses, significava o acesso direto aos mercados produtores de especiarias e eliminava, assim, os intermediários árabes e os mercadores das cidades italianas. A quebra do monopólio exercido por venezianos e genoveses trouxe, em consequência, o abaixamento geral dos preços e a decadência do Mediterrâneo oriental. Desde 1502, a pimenta-da-índia, importada pela nova rota, chegava a Lisboa por preços muito mais baixos e daí, por intermédio dos negociantes de Antuérpia, distribuía-se pela Europa Central.

Política comercial portuguesa e a descoberta do Brasil É dentro deste quadro amplo de expansão comercial, que compreende a exploração da costa africana, o descobrimento e colonização das ilhas, o estabelecimento da rota africana para a Índia, que se realizaram o descobrimento e a colonização do continente americano, no qual se inclui o descobrimento do Brasil. Rivais dos portugueses, os espanhóis procuraram outro caminho para as Índias, não pelo périplo africano, mas diretamente pelo poente. Com o objetivo de alcançar o Oriente, Colombo chega às Antilhas (1492) e aborda mais tarde o continente sul-americano (1496). Mas, tal é a atração do comércio do Oriente que portugueses e espanhóis, como o fizeram em seguida os ingleses, franceses e holandeses, durante mais de um século, tentaram transpor o obstáculo do continente americano que se interpõe, seja tentando o périplo da América pelo extremo sul, seja procurando incansavelmente uma passagem através do continente.

O comércio de especiarias passou a ser objeto de monopólio do Estado português, permitindo ao próprio rei tornar-se um grande comerciante, sobretudo com a pimenta, seu ramo mais lucrativo. Pelas condições especiais em que se adquiriam os gêneros nas primeiras fontes de produção, o negócio das especiarias proporcionava grandes lucros. O açúcar das ilhas, o tráfico de escravos negros e o comércio de ouro em pó já eram objeto de monopólio real. As operações comerciais com o exterior passaram ao controle do Estado que cobrava direitos consideráveis sobre os produtos importados. Quanto à nova terra descoberta, as perspectivas não foram de molde a atrair, de início, o soberano. Na carta em que D. Manuel comunicou aos Reis Católicos a descoberta do Brasil, o rei se desvanecia na enumeração dos produtos da Índia trazidos pela esquadra de Cabral em sua viagem de retorno, "canela, cravo, gengibre, noz-moscada e outros gêneros de especiarias", "muita pedraria fina de muitas sortes". Sobre o novo descobrimento, apenas alude que "acharam terra em que há minas de ouro", resumindo, deste modo, menos as perspectivas que seus objetivos e interesses. Contudo, foram infrutíferas as pesquisas para descoberta de metais preciosos. As sondagens na floresta tropical revelaram a existência de madeira tintorial, o pau-brasil, da qual a Coroa assumiu logo o monopólio. A terra era "bárbara, inconstante e pobre", na expressão do cronista de D. João III.

Encarada sob esta perspectiva, isto é, à luz dos objetivos mercantis que impulsionaram a expansão ultramarina, compreende-se por que, durante mais de um quarto de século, a descoberta do Brasil tinha permanecido um episódio de importância secundária para os portugueses. Explica-se, também, sob o mesmo prisma, por que a primeira forma de abordagem da nova terra pelos portugueses tenha sido puramente comercial, isto é, com a fundação de algumas feitorias para a prática do escambo com os naturais da terra com o fito de obter pau-brasil e escravos índios. Feitorias litorâneas, apenas uma réplica da experiência asiática, simples postos de trocas comerciais com os nativos, guarnecidos de alguma defesa e destinados a servir de articulação para as rotas marítimas do comércio com a Ásia.

A ocupação efetiva dos territórios americanos A ideia de ocupação econômica, efetiva, do território brasileiro, surgiu somente mais tarde, "como circunstância fortuita", imposta por um conjunto de condições imprevistas criadas com a descoberta das novas áreas de exploração do continente americano. Holandeses, franceses e ingleses infiltraram-se nos novos territórios, conseguindo estabelecer-se, ora nos pontos estratégicos mais importantes para a pilhagem das rotas comerciais do continente, ora nos postos privilegiados para a participação do comércio de peles, de madeiras e de especiarias, ou ainda em áreas que poderiam servir de bases militares para a luta pela supremacia do comércio. O cenário da competição comercial entre as potências marítimas da Europa deslocara-se do Mediterrâneo para o Atlântico, acompanhando as grandes rotas do comércio transatlântico. A pressão política sobre Portugal, assim como sobre a Espanha, exercida pelas outras nações da fachada oceânica europeia, ou seja, pela Holanda, França e Inglaterra, é que levará aquelas a uma política de ocupação efetiva dos seus territórios americanos. A Espanha procurou concentrar seus esforços e seus recursos militares de defesa nas áreas de exploração das riquezas minerais e na conservação de alguns pontos fundamentais da área antilhana que lhe garantiam o funcionamento de suas rotas mercantis. O abandono das terras do continente setentrional lhe custará a perda delas no século XVII, em favor dos ingleses e franceses. No extremo sul do continente, o recurso de estabelecer uma colônia no Rio da Prata (Buenos Aires, 1580), como posto de proteção da área mineradora do Peru, impediu sua absorção pelos portugueses.

Diferentemente da Espanha, a política de ocupar de forma efetiva as terras brasileiras por Portugal consistiu em adotar um plano de exploração agrícola, isto é, de cultivo permanente do solo tendo em vista o fornecimento de gêneros de interesse para o comércio. O povoamento decorreu da necessidade de organizar a produção. Por meio das sesmarias, a Coroa procurou estender os terrenos de cultivo e ocupar o solo de forma permanente, prendendo a ele o lavrador. De novo, aqui, seria um esforço de pioneirismo, pois tratava-se da primeira experiência de criação de uma colônia agrícola em terras da América, à base da grande lavoura. Desta forma, de simples empresa extrativa, destinada ao abastecimento de pau-brasil, a América portuguesa "passou a constituir parte integrante da economia reprodutiva europeia". Técnicas de produção longamente experimentadas pelos portugueses no litoral africano associaram-se com capitais portugueses forâneos para criar no Brasil, de forma permanente, à base da grande lavoura, um fluxo de mercadorias destinadas ao comércio europeu, ou seja, gêneros dos quais a Europa temperada tinha necessidade e os quais somente as regiões tropicais lhe podiam oferecer.

Grande lavoura brasileira em função dos mercados europeus Do processo histórico que condicionou a gestação da economia brasileira à base da grande lavoura resultaram certas características que permaneceram inalteráveis durante todo o período colonial e, em certos aspectos, sobreviveram a ele. Dissemos que o plano de colonização importava em organizar economicamente a colônia, de forma a constituir parte integrante da economia europeia. Não se cogitava de criar e fazer medrar a riqueza tendo como objetivo realizar um plano de desenvolvimento da própria colônia, ou seja, fomentar também outras formas de produção, tendo em vista as possibilidades de expansão do mercado interno colonial. A necessidade premente de ocupar a terra, em face de pressões exercidas pelas potências rivais, situa-se no conjunto das mesmas forças históricas que presidiram aos descobrimentos – as forças de expansão comercial e da luta pela hegemonia comercial. O principal empenho dos dirigentes, portanto, seria de que a colônia se tornasse produtora de bens comerciáveis, isto é, de mercadorias que tivessem alto valor nos grandes empórios da Europa. A grande lavoura, eixo da colonização desde as primeiras donatarias, deveria organizar-se e funcionar com aquela finalidade, inteiramente voltada para as necessidades dos mercados europeus. Como potência comercial, com seus monarcas-mercadores, tais são os interesses prevalecentes da metrópole portuguesa com relação à sua grande colônia americana. Não se trata, porém, de política de exceção por parte de Portugal. Os objetivos que o inspiraram na tarefa de colonizar a América são, de modo geral, análogos aos das nações colonizadoras da Europa Ocidental. Inglaterra, Holanda, França e Espanha modelaram suas respectivas políticas coloniais à base dos mesmos princípios. A Inglaterra no século XVII, época em que assenta as bases da colonização americana e a organiza, ainda não havia formulado uma política colonial e comercial consistente e claramente definida. Será, contudo, com a consolidação de suas experiências mercantis que vai elaborar no século XVIII um programa colonial definido. Neste, as colônias são utilizadas como fontes de poderio e proveito exclusivo da metrópole. O sistema colonial se define no sentido de assegurar exclusivamente para a Inglaterra a exploração dos recursos coloniais, apenas aqueles nos quais está interessada, e com o controle completo sobre o comércio de importação e de exportação das colônias. A bula de demarcação de Alexandre VI, relativa às terras descobertas, sancionara o princípio corrente na época de que cabia à metrópole o monopólio total do comércio das colônias. Tal afirmação, expressa por um papa espanhol, reflete o ponto de vista dos dirigentes da Espanha e representa também o princípio aceito pelas nações católicas interessadas no processo colonial. As formas diferentes de colonização, tal como ocorreu com os territórios ingleses da América do Norte, devem-se a circunstâncias peculiares do processo histórico de seu desenvolvimento. Do ponto de vista das metrópoles colonizadoras da Europa Ocidental, o pacto colonial significa essencialmente que, sob o aspecto legal, as colônias deviam constituir o mercado reservado para as matérias-primas ou mercadorias indispensáveis à metrópole e que esta devia manter o monopólio cabal da importação e da exportação de seus domínios de além-mar.

Tais ideias são expressões da nova doutrina econômica que se elaborava, o mercantilismo, como foi chamado posteriormente e corresponde de modo essencial às necessidades e às possibilidades da nova era. O capitalismo comercial que desabrochava projetava sua imagem no plano das ideias. Os princípios doutrinários insistem no interesse da procura dos escoadouros para a indústria nacional e de novos mercados de abastecimento de matérias-primas, tendo em vista fortalecer o Estado. Os países que dispunham de colônias tinham mais facilidade para atingir esses objetivos. A tendência à reserva do comércio colonial à marinha metropolitana favorece a expansão marítima e também a expansão colonial. Deste modo o capitalismo comercial, a expansão colonial e o mercantilismo desenvolveram-se conjuntamente, no mesmo processo histórico.

Donatarias e sesmarias A conciliação dos motivos preponderantemente comerciais com a urgente necessidade de ocupar o Brasil está expressa no plano de ação da metrópole portuguesa. A grande lavoura que se estabelece com as donatarias organizou-se para fornecer em grande escala, para o exterior, gêneros tropicais produzidos em quantidade ínfima na Europa, desconhecidos nela ou importados do Oriente. Por esse motivo, seja no engenho de açúcar, como na lavoura algodoeira ou na fazenda de fumo, a exploração agrária mantém os característicos fundamentais comuns que lhe advêm da similar organização da produção, condicionada que foi pelos mesmos objetivos preponderantemente mercantis.

A célula fundamental da exploração agrária será a grande propriedade monocultora e escravocrata. A organização agrária que corresponde à exploração em grande escala não fora acidental, mas derivara, em grande parte, das próprias circunstâncias que presidiram à colonização, a que já nos referimos. A posse e a propriedade da terra resultaram de simples doação, na forma de sesmarias, sem restrições de maior importância que não fossem a obrigatoriedade de ocupá-la. Na carta-patente de Martim Afonso de Sousa (20 de novembro de 1530), que registra pela primeira vez o transplante da instituição da sesmaria para o Brasil, estabelece-se a doação da terra como atrativo dos mais importantes para os que se dispuserem a permanecer nela e povoá-la:

> "para que ele dito Martim Afonso de Sousa possa dar às pessoas que consigo levar e às que na dita terra quiserem viver e povoar, aquela parte das ditas terras que bem lhe parecer, e segundo lhe o merecer por seus serviços e qualidades, e das terras que assim se der será para eles e todos os seus descendentes, e das que assim der às ditas pessoas lhe passará suas cartas e que dentro de dois anos da data cada um aproveite a sua e que, no dito tempo assim não fizer, as poderá dar a outras pessoas para que as aproveitem com a dita condição".

Mas o velho preceito das ordenações manuelinas e filipinas que proibia que se desse a uma pessoa maiores terras além das que razoavelmente poderiam aproveitar, assumiu na colônia, mercê da imensidade de seu território e dos reclamos da produção em grande escala, feitio particular. Ainda que tenha havido, em muitos casos, a convergência de dezenas de léguas de terras em mãos de um único colono, tendeu-se mais geralmente à concessão de sesmarias de uma, duas, três ou quatro léguas de testada. O fato de se tornar de imediato grande proprietário constituía um chamariz para o colonizador. Se não estavam em jogo distinções à base de hierarquia social do sesmeiro, a obrigatoriedade de ocupar e povoar a terra implicava discriminação de natureza capitalista, pois os meios para explorá-la, em última análise, iam condicionar a posse efetiva do solo. Ao capitalismo comercial, baseado na iniciativa privada ou dirigido pelo Estado, que caracterizara a atividade portuguesa nas feitorias asiáticas e africanas, sucedia um capitalismo agrário, no qual, tal como havia ocorrido nas ilhas atlânticas de colonização portuguesa da África, os investimentos se faziam em plantações, aparelhamentos e escravos.

Monocultura e escravocracia

Por outro lado, a grande propriedade e a produção em grande escala correspondem às exigências da mentalidade do colonizador e da técnica de exploração. O colono europeu que vinha se fixar no Brasil, dispondo de alguns recursos para adquirir os meios indispensáveis de exploração da terra (aparelhos e utensílios, escravos, animais de trabalho, sementes e mudas de plantas cultivadas), identificava-se com a figura do empresário, do homem de negócios. A extensão das terras é garantida, em potencial, da possibilidade de estender as culturas que lhe permitiam auferir lucros maiores. Além disso, o estágio da técnica das culturas extensivas e do beneficiamento, as exigências próprias da capitalização que, no caso em apreço, inclui também a mão de obra, aliavam-se para tornar a grande propriedade a constante implícita, inseparável do sistema de exploração agrícola adotado.

Não foi diferente a tendência nas áreas de culturas tropicais destinadas à exportação em outras áreas americanas. Nas Antilhas francesas, os primeiros colonos, os que efetuaram as primeiras derrubadas e levantaram na orla litorânea as primeiras moradias, eram pessoas desprovidas de recursos, náufragos ou aventureiros; dedicaram-se à produção do fumo, cultura que podia ser intentada com recursos modestos, pois requeria parcas instalações de preparo e beneficiamento. Tão rudimentares que bastava a associação do esforço de dois ou mais indivíduos providos de alguns machados e enxadas, alguma reserva de alimentos, para efetuar a derrubada e iniciar o cultivo do fumo. Na Martinica, "os pequenos proprietários", os que possuíam "apenas um pequeno número de escravos, e encontrando-se incapazes de instalar engenhos de açúcar, foram obrigados a efetuar plantações de café". Na segunda metade do século XVII e início do XVIII, quando se expandem a lavoura canavieira e a manufatura do açúcar, como o grande produto de exportação, observava-se o declínio da pequena ou média propriedade, "a maioria delas adquiridas por pessoas poderosas", as quais, dessa maneira, conseguiram obter uma grande área para instalar engenhos de açúcar. Na ilha de Guadalupe o terreno outrora ocupado por 50 ou 60 plantadores de fumo achava-se tomado, no início do século XVIII, por cinco ou seis engenhos de açúcar. Na Jamaica, em 1732, lavradores e comerciantes solicitavam ao Parlamento as necessárias medidas para incrementar o cultivo do café, empreendido pela classe média, "a qual não pode suportar as grandes despesas necessárias para levantar e manter um engenho de açúcar ou para cultivar o anil, o algodão ou o gengibre". O desenvolvimento da grande lavoura nas ilhas do mar das Caraíbas condicionou a transformação da estrutura da propriedade rural que passou a ser análoga àquela que, desde os primórdios da colonização, observamos no Brasil.

A grande propriedade é sempre monocultora. Voltada para a produção em grande escala de mercadorias de alto valor comercial, para exportar, nela se concentravam todos os recursos do colono. Aqui, como nas ilhas antilhanas, verifica-se a diferença fundamental entre os pequenos agricultores dedicados à lavoura de subsistência com o recurso apenas dos braços da família, e a grande lavoura monocultora e escravocrata, inteiramente concentrada na produção de um gênero para exportar. O documentário publicado sobre as contas nos anos 1622-53, do engenho de Sergipe do Conde, da Bahia (o qual se tornaria famoso pela descrição que dele fez, no início do século XVIII, o jesuíta André João Antonil), mostra-nos que o engenho produzia apenas açúcar, adquirindo todas as demais mercadorias necessárias à sua manutenção, desde as frutas frescas e em conserva, os ovos e as galinhas, o mel-de-pau e a farinha de mandioca, até os tecidos grosseiros para as roupas dos escravos.

A grande lavoura colonial é escravocrata. O problema da mão de obra foi resolvido, de início, com a escravização do índio. Já o corte do pau-brasil se organizara à base do aproveitamento da mão de obra indígena livre; esta retirava da floresta e transportava os troncos de madeira preciosa em troca de machados e quinquilharias europeias. Contudo, somente o escravo podia garantir os trabalhos de exploração regular, metódica e contínua da grande lavoura. Desde os fins do século XVI começou a se organizar no sul da colônia, na Capitania de S. Vicente, um gênero de vida à base da captura e escravização do índio que era vendido para ser utilizado como força de trabalho na grande lavoura. Na primeira metade do século XVII, justamente quando a lavoura canavieira adquiriu sua maior importância, as densas reservas de mão de obra indígena que os jesuítas haviam organizado em suas reduções, na bacia do Rio Paraná, foram desmanteladas por sucessivas pilhagens levadas a efeito pelos bandeirantes paulistas. A mercadoria humana se encaminhava para os engenhos do Rio de Janeiro, da Bahia, de Pernambuco, permitindo ao paulista obter os produtos manufaturados que estes importavam de Portugal. Todavia, desde o século XVI, uma tênue corrente de importação de escravos africanos começara a fluir para a zona da grande lavoura açucareira. Comprovada a possibilidade de desenvolver em alta escala a produção do açúcar na colônia, e assegurada assim a rentabilidade da empresa que se iniciava, os interesses voltaram-se desde cedo para a aquisição do escravo negro, mais caro, na verdade, porém mais ajustado à rotina pesada dos trabalhos da grande lavoura. O indígena não foi completamente eliminado, pois continuou a ser empregado em atividades complementares, mas o escravo africano tornou-se o elemento essencial da grande lavoura como força de trabalho. Representava ele a mão de obra por excelência, "as mãos e os pés do senhor de engenho", na frase tão conhecida do jesuíta Antonil. O português que emigrava para a colônia não o fazia com o interesse de se tornar simples trabalhador a jornal. Ambicionava a riqueza e a importância que podiam advir do fato de ser dono e explorador de vastas extensões de terras. Esta atitude era análoga à dos colonos de outras áreas tropicais ou subtropicais que se dedicaram à exploração agrícola ou extrativa em grande escala. Poderíamos colocar nos lábios de qualquer outro colonizador da América ibérica a afirmação de Fernando Cortez, conquistador do México: "Não vim para lavrar a terra como um camponês." Seja nas áreas de exploração de metal, como naquelas empenhadas em produzir em grande escala gêneros tropicais, a colonização somente se assentou em bases definitivas quando se resolveu o problema da mão de obra: primeiramente com o recurso da semiescravidão branca nas colônias inglesas (os *indentured servants*, sobretudo no século XVII), ou da semiescravidão vermelha, na América espanhola (os trabalhos forçados dos índios por meio da *mita* nas áreas de mineração ou a *encomienda*, por meio da qual os colonos espanhóis dispunham tanto dos índios como das terras que habitavam) e, mais tarde, com o recurso geral da escravidão africana.

Características de terras do litoral nordestino. Técnicas agrárias

A maior proximidade em relação ao continente europeu e as vantagens do meio natural explicam o desenvolvimento extraordinário da grande lavoura no litoral do Nordeste brasileiro, desde os meados do século XVI. Durante grande parte do período colonial, outras razões de ordem política e administrativa colaboraram com aquelas de natureza econômica de modo a fazer do litoral do Nordeste, sobretudo das áreas de Salvador e Recife, os centros de gravitação da vida colonial. Além do Nordeste, vamos encontrar também no Maranhão e no Rio de Janeiro outras áreas de grande importância econômica, baseada na grande lavoura.

Durante toda a época colonial o litoral foi, por excelência, o domínio da grande lavoura. Esta dependia da proximidade do mar, o grande intermediário das comunicações entre a metrópole e a colônia, como também da própria colônia. Aí, o espaço territorial é imenso, mas as áreas cultiváveis são mais restritas. Por causa da estreita dependência que sempre manteve com referência aos solos fecundos, a área de expansão da grande lavoura limitou-se a uma zona de 30 a 60km de largura que acompanha a costa. Ao sul do Recife esta faixa se restringe, mas na baía de Todos os Santos, na zona privilegiada do Recôncavo, a área da grande lavoura se alarga, contornando toda a baía, e se aprofunda para o interior. A expansão acompanhou a floresta tropical que se estendia ao longo da zona costeira até a Paraíba do Norte. Dela provinham o pau-brasil e os troncos de pau-d'arco que se reservavam para a marinha real. A famosa "zona da mata" não se desenvolvia com continuidade; além da Paraíba do Norte desaparecia completamente; ao sul, ocupava apenas as manchas de solos ricos, provenientes de decomposição dos gnaisses, dos xistos e dos calcários cretáceos, umedecidos pelas chuvas copiosas do litoral. Junto à orla marítima, os tabuleiros de arenitos terciários, com seus solos inférteis, inaproveitáveis para a lavoura, apresentam uma vegetação pobre, com sua paisagem de arbustos raquíticos e plantas herbáceas que desaparecem durante a época da seca. Ao descrever as terras do Recôncavo, em 1781, José da Silva Lisboa informava que os bons solos para a lavoura existiam apenas em "cantões", nas planícies e nas colinas onduladas, as quais se intercalavam em meio a terras de qualidade inferior. O limite comum da vegetação florestal, com seus solos ricos e profundos de decomposição, situa-se no máximo a 50 ou 70km da costa. Mais para o interior penetra-se na região semiárida do Nordeste, e sertão, com sua formação vegetal típica, a caatinga, cujas magras pastagens entretiveram um gênero de vida próprio baseado na criação de gado.

A reserva florestal constituiu nos séculos XVI e XVII a área devastada e conquistada pelos engenhos de açúcar, pelas culturas de fumo, de algodão ou de cacau. A derrubada expunha os solos profundos, de excepcional fertilidade, únicas que interessavam à exploração, na grande lavoura colonial. No Nordeste estes solos são chamados massapês, famosos pela fecundidade, uma "terra negra, compacta, viscosíssima, que triturada nos dedos faz sentir-se uma sensação de untuosidade". De modo geral, os solos ricos são os de madeira de lei e apenas estes, com suas variantes, interessavam à grande lavoura. A correlação estreita entre as grandes culturas coloniais e os solos de derrubada não reflete apenas a mentalidade do colonizador, identificado com o dono de empresa, a que já nos referimos. Estão em jogo, também, as condições próprias da colônia e da economia escravista que o caracterizava. A terra existia em abundância. Não havia pressão econômica no sentido de recuperá-la ou aplicar processos de aperfeiçoamento de cultivo. Quando sua produtividade se esgotava ou descia a um nível não compensador, tornava-se menos oneroso destruir a floresta e abrir novas áreas de plantio, transferindo o capital para os solos virgens de mais elevado rendimento, do que melhorar os processos de cultivo. A ausência de adubação, geral na lavoura brasileira colonial, exceto na lavoura do fumo, é característica das culturas feitas à custa de desflorestamento. Numa economia escravista, a mão de obra representa um investimento de capital efetuado no momento da compra de escravo e se assemelha à compra de aparelhamentos, isto é, seu sustento representa custos fixos, ou seja, gastos feitos, estejam os escravos trabalhando ou não. Assim, o colonizador procurava utilizar a terra, aplicando o mínimo possível de capital imobilizado por unidade de superfície, desde que lhe garanta um nível razoável de rendimento.

Explica-se, assim, o caráter em geral itinerante das grandes plantações, que se deslocam na busca de novos solos florestais, peculiar à grande lavoura colonial. No Maranhão, as culturas algodoeiras são feitas em solos virgens de derrubada e continuamente se transferem à custa de destruição das florestas, permanecendo apenas dois ou três anos no mesmo terreno. Gaioso apontava no século XVIII, entre os fatores que, a seu ver, explicavam a decadência das culturas algodoeiras, a impossibilidade em que se encontravam os lavradores de conquistar novas áreas ao gentio, enquanto as antigas lavouras de algodão definhavam, reduzidas a arbustos, nas terras cansadas. Na Virgínia e em Maryland, colônias inglesas da América do Norte, abandonavam-se depois de três ou quatro anos as terras dedicadas às plantações de fumo ou destinavam-se a outras culturas.

Essas áreas conquistadas à floresta, ocupadas por plantações de fumo, exauridas por elas, abandonadas em seguida e devastadas pela erosão, reconheciam-se logo na paisagem. Era inconfundível sua vegetação pobre de arbustos e de ervas, entre as quais sobressaía, por vezes, o perfil esguio de um pinheiro.

A manufatura do açúcar As preferências dos donatários concentraram-se, desde o início da colonização, na manufatura do açúcar. A morfologia do povoamento, que começa a se desenvolver com as capitanias, põe em evidência o interesse primordial pela atividade rural, tendo em vista a produção de açúcar. Algumas casas e uma fortificação formavam os primeiros aglomerados humanos que conhecemos sob o nome impróprio de cidades: nas terras circundantes expandiam-se desde cedo os canaviais a que vinham juntar-se logo em seguida a moenda e o engenho de açúcar propriamente dito. Donatários, aos quais as aventuras comerciais da Índia haviam espoliado de seus recursos, esperavam reconstituir suas fortunas no Brasil, graças à grande lavoura para a produção do açúcar.

A escolha do produto tropical não fora feita ao acaso. Contava a seu favor a longa experiência dos colonos portugueses com a cultura da cana e a manufatura do açúcar nas ilhas do litoral africano, onde a técnica do cultivo e do preparo do açúcar fora introduzida, de início, na ilha da Madeira, possivelmente por intermédio dos genoveses. Da Madeira a manufatura do açúcar passou ao arquipélago dos Açores, ao do Cabo Verde e à ilha de São Tomé. Esta experiência anterior teve enorme importância para o estabelecimento dos engenhos de açúcar no Brasil, pois familiarizou os portugueses com os problemas técnicos ligados à lavoura da cana e à manufatura do açúcar e fomentou em Portugal a produção de aparelhamentos para os engenhos. Muito importante, ainda, foi o entrosamento realizado com as correntes do grande comércio europeu. De início, o produto encaminhou-se para os canais tradicionais do comércio das cidades italianas, de Veneza, sobretudo. Desde 1472, porém, fazia-se exportação direta para Flandres. Ao iniciar-se a política restritiva da produção para sustentar os preços (1498), o açúcar português contava com o seu maior entreposto em Antuérpia, que importava 40.000 arrobas anualmente, volume equivalente a um terço da produção total da ilha da Madeira. Este passado comercial explica o papel decisivo que foi desempenhado pelos flamengos para expandir o mercado do açúcar na segunda metade do século XVI, fator fundamental para o êxito do desenvolvimento da produção no Brasil. Graças à sua experiência, à sua importância no comércio europeu, à sua organização comercial, puderam criar um mercado de grandes dimensões para o açúcar, de molde a absorver a grande produção brasileira do século XVII. Não foram também alheios ao financiamento da própria indústria do açúcar no Brasil, como o comprova a participação de capitais flamengos no engenho de S. Jorge dos Erasmos, fundado em S. Vicente por Martim Afonso de Sousa. Teriam, também, concorrido outros capitais não portugueses, procedentes das cidades italianas e alemãs, através de Portugal, ou diretamente das ilhas de colonização portuguesa do litoral africano.

Nenhuma outra forma de exploração agrária no Brasil colonial resume tão bem as características básicas da grande lavoura como o engenho do açúcar. Assim aconteceu, dado o seu nível de capitalização, pois requeria, além dos trabalhos de cultivo do solo, uma série de outras operações demoradas e exaustivas para a manufatura do açúcar, o que implica aparelhamento caro e mão de obra abundante. Por essa razão mesma, nenhuma outra forma de exploração agrícola da época colonial foi tão complexa no seu funcionamento.

O engenho do açúcar, com seus vários edifícios para moradia e para instalar o aparelhamento necessário, forma um pequeno aglomerado humano, um núcleo de população. Representa a atividade sedentária que fecunda o solo, amanha a riqueza e lança as raízes da comunidade social. Inicialmente o engenho ocupava apenas uma clareira na floresta: a paisagem primitiva da zona açucareira constituía-se de áreas extensas cobertas de espessa vegetação florestal, que separavam pequenos espaços onde se agrupavam as construções de tijolos ou de adobe e cal, circundadas pelos campos cultivados.

A casa-grande   A casa-grande, residência do senhor de engenho, é uma vasta e sólida mansão térrea ou em sobrado; distingue-se pelo seu estilo arquitetônico sóbrio, mas imponente, que ainda hoje empresta majestade à paisagem rural, nas velhas fazendas de açúcar que a preservaram. Constituía o centro de irradiação de toda a atividade econômica e social da propriedade. A casa-grande completava-se com a capela, onde se realizavam os ofícios e as cerimônias religiosas. Estas congregavam todas as pessoas da comunidade, aos domingos e dias santificados, como também por ocasião dos batizados, casamentos, funerais e sepultamento, pois estes se faziam na própria capela, quando se tratava dos membros da família do senhor de engenho. Próximo se erguia a senzala, habitação dos escravos, os quais, nos grandes engenhos, podiam alcançar algumas centenas de "peças". Pouco além serpenteava o rio, traçando através da floresta uma via de comunicação vital. O rio e o mar se mantiveram, no período colonial, como elementos constantes de preferência para a escolha da situação da grande lavoura. Ambos constituíam as artérias vivificantes: por meio delas o engenho fazia escoar suas safras de açúcar e, por elas, singravam os barcos que conduziam as toras de madeira abatidas na floresta, que alimentavam as fornalhas do engenho, ou a variedade e a multiplicidade de gêneros e artigos manufaturados que o engenho adquiria alhures, tais como: tecidos de vários tipos, linha, agulha, papel e tinta para escrever, anzóis e linhas para pesca; pratos e jarros de estanho de uso dos escravos; enxadas e foices para os trabalhos da lavoura; pregos, tijolos, cobre para as tachas e ferros para os tambores da moenda; tabuada para as caixas de açúcar; cestos para o transporte do bagaço; breu, enxárcia, estopa, cordas e amarras para os barcos; copos de vidro e louça "vermelha" que servia às refeições dos trabalhadores mais graduados; barris de azeite e de vinho; vinagre; sardinha, bacalhau, peixe, carne de vaca, de porco, de baleia; toucinho, presunto, chouriço, queijo, pão, biscoito, sírios de farinha de mandioca; azeitona e manteiga; pimenta, açafrão e sal, para adubar os alimentos; azougues, óleos, coentro, salsa, pedra-ume e solimão utilizados como medicamentos; caixas de marmelada para consumo dos doentes; ovos, galinhas e frutas.

O engenho   A casa do engenho abrigava todas as instalações necessárias ao preparo do açúcar. Muitas vezes se repartia em várias construções, algumas isoladas, outras contíguas, cada uma destinada a um ou mais conjuntos de aparelhamentos, de acordo com as funções a que se destinavam. Na casa da moenda permaneciam os tambores movidos a água ou a força animal utilizados para extrair o suco da cana-de-açúcar. Os engenhos d'água, de maior capacidade produtiva, eram chamados reais, "por terem a realeza de moerem com água, à diferença de outros, que moem com cavalos, e bois, e são menos providos, e aparelhados". Na casa da moenda, as escravas ajudavam a esmagar as canas e coletavam o caldo. A casa das fornalhas, onde se cozia e se apurava o caldo nas caldeiras e tachas, mantinha nos grandes engenhos um ou dois conjuntos de seis bocas de fogo alimentadas a lenha. Aí presidia o mestre de açúcar, enquanto os escravos caldeireiros e tacheiros exerciam o seu rude labor junto às fornalhas, escumando e mexendo continuamente o caldo. Na casa dos cobres, anexa à das fornalhas, guardava-se o vasilhame de cobre no qual se preparava o açúcar: paróis, caldeiras, bacias e tachas. No tendal das forças o açúcar era posto para esfriar e condensar, passando em seguida à casa de purgar, para ser branqueado. Nos galpões e áreas anexas, os pães de açúcar eram "mascavos", quebrados em várias partes e reduzidos a pó, o qual, em seguida, secava-se ao sol. Finalmente, pilado em enormes caixões de 25, 30 e até 50 arrobas, o açúcar era remetido para o porto de exportação.

A casa-grande, a senzala, a capela e a casa de engenho formam o quadrilátero principal e característico do engenho de açúcar. Outras construções, em número variável, servem de residência ao capelão, ao mestre de açúcar, aos feitores e a outros poucos trabalhadores assalariados. Além do núcleo de construções sucediam-se as culturas de cana-de-açúcar feitas pelos escravos ao próprio engenho ou pelos lavradores livres ou a ele obrigados. Em geral, os canaviais do engenho constituíam apenas uma parte, às vezes a área menor das terras dedicadas ao cultivo da cana-de-açúcar. Da imensa gleba de três léguas e meia ao longo da costa e quatro léguas pelo sertão adentro, que constituíam as terras do engenho de Sergipe do Conde, cerca de uma légua e meia em quadra, ou seja, pouco mais de um sexto da superfície, apenas, estava tomada pelos canaviais. "Tudo o mais são matas que só servem para fazer roças de mantimentos e para alguns currais de gado 'vacum'", dizia o jesuíta Estêvão Pereira, autor do relatório de 1635 sobre aquele engenho. Estas áreas iam sendo arrendadas a pequenos lavradores que, após as derrubadas, faziam suas lavouras de subsistência. Todavia, as terras ocupadas pela floresta "são muito mais, sem comparação, do que se cultivam".

A superfície cultivada A superfície cultivada com cana-de-açúcar distribuía-se em vários quinhões chamados *partidos*, separados ou distanciados uns dos outros, entremeados por espaços de terras de alheios, umas obtidas por compra legítima, outras porque seus ocupantes se haviam infiltrado fortuitamente e as mantinham pela posse, favorecidas pelas prescrições dos direitos dos seus proprietários. Plantavam-se ainda "as terras de sobejo", isto é, as que fraudulentamente se acrescentavam nas medições às áreas vendidas. Os lavradores livres cultivadores de cana, de hierarquia diferente quanto ao uso da terra, espalhavam-se pela área pertencente ao engenho, abrindo clareiras na floresta à medida que levantavam suas moradias e faziam suas plantações. Alguns formavam e entretinham os canaviais em áreas arrendadas ao engenho, com recursos próprios; outros efetuavam essas plantações com o auxílio do engenho, e lavradores havia que, além da cana-de-açúcar, mantinham pequenas roças de milho, de mandioca ou de feijão para sua subsistência. Contavam-se ainda os colonos vizinhos, sem recursos para montar engenho, que plantavam cana em terras próprias, obtidas por sesmaria, e serviam-se do engenho para fazer açúcar, em troca de uma parte da produção. Todos eles formavam, na verdade, uma clientela de importância vital para o engenho, pois, muitas vezes, somente com o concurso dessas lavouras subsidiárias ou dependentes, o grande engenho conseguia manter atividade ininterrupta de 24 horas durante oito ou nove meses da safra. Considerava-se tão expressiva a contribuição dos lavradores de cana para a economia do engenho de açúcar, que a dependência dos lavradores "obrigados à moenda" acompanhava a propriedade do engenho, garantida pelo selo dos tabeliães e pela sentença dos juristas. Muitos dos que se dedicavam à lavoura de subsistência vegetavam à sombra da tolerância do senhor de engenho que, deste modo, podia contar com recursos para o abastecimento de sua família e de seus trabalhadores, a pouca distância da casa-grande. Sua presença correspondia à necessidade de produzir a farinha, o feijão, o mel, os ovos, os frangos ou as frutas, em nível pouco acima da economia de subsistência, mas que podia servir de algum modo à comunidade em geral. Sobre todo esse conjunto de criaturas o senhor de engenho exercia uma autoridade variável segundo a forma de ocupação ou laboreio da terra. Sua condição apresentava, em consequência, variações jurídicas, econômicas e sociais que se escalonavam desde a do negro africano que trabalhava na terra na condição de escravo até a dos lavradores livres de partido que moíam *cana livre*. Entre os dois extremos, situavam-se os vários tipos de lavradores livres em suas pessoas, mas dependentes à base da propriedade da terra que ocupavam ou das colheitas que granjeavam, entre os quais aqueles cujos partidos, obrigados à moenda, suas colheitas significativamente são conhecidas por *cana cativa*.

Além do pessoal diretamente empenhado na manufatura do açúcar, contava-se um número mais ou menos grande de pessoas ligadas às atividades do engenho pelos seus ofícios. "O ser senhor de engenho, diz Antonil, é a que muito aspiram, porque traz consigo o ser servido, obedecido, e respeitado de muitos." Dessas pessoas, várias são livres, como os barqueiros, os canoeiros, os calafates, os carpinas, os oleiros, os pedreiros, os carreiros, os vaqueiros, os pescadores. Outras são de condições servis, como as mulatas ou mulatos, escravos e escravas que se ocupam dos afazeres domésticos, além dos escravos do serviço da lavoura.

A técnica do cultivo da cana-de-açúcar A técnica do cultivo do engenho do açúcar é muito rudimentar. A denominação "escravos de enxada e foice", reservada para os que labutam nas plantações, põe em relevo a exiguidade do instrumental que a serve. Em geral as culturas de cana-de-açúcar permanecem durante muitos anos nas mesmas terras, seis ou sete, segundo Antonil (início do século XVIII), quarenta ou cinquenta, escrevia Marcgrav no século XVII. José da Silva Lisboa referiu-se em 1781 aos canaviais do Recôncavo Baiano que perduravam há mais de sessenta anos nos mesmos terrenos. Ainda que seja notícia sobre casos excepcionais, as épocas de decadência da exportação do açúcar não seriam favoráveis à formação de novas culturas, sendo razoável que as velhas perdurassem indefinidamente. Por outro lado, a distância cada vez maior dos portos de exportação levaria muitos senhores de engenho a preferir cortar os velhos canaviais e fazer no mesmo terreno as novas plantações, apesar do decréscimo do rendimento.

> Segundo as palavras de Vilhena, "na mesma terra que há 90 anos dava açúcar ao avô, hoje o está dando ao neto, àquele muito, pouco a este porque não lhe tem feito mais do que lavrá-la, lançar-lhe a semente e colher aos 14 ou 16 meses o fruto".

O trabalho de derrubada se completava com a da queimada para limpar completamente o terreno. Cortadas as árvores, utilizava-se o fogo para destruir as ervas e arbustos e os restos da vegetação arbórea. Ainda com o recurso do fogo fazia-se a limpeza do canavial, após o corte, como "preparo" para que as raízes remanescentes (*socas*) brotassem com mais vitalidade. Aqui, como nas Antilhas, tinha-se como certo que o fogo regulava a capacidade fertilizadora dos solos: "terra virgem não queimada nada produz", dizia José da Silva Lisboa, pois as canas do primeiro plantio cresciam demasiadamente com prejuízo do seu teor em sacarose: o suco, pouco doce, servia apenas para a fabricação de aguardente ou utilizavam-se as canas para as novas plantações.

As "fazendas obrigadas" Por causa do estágio da evolução da técnica da manufatura do açúcar, caracterizada pelo enorme desperdício da matéria-prima, seja por causa do aparelhamento deficiente de moagem (apenas são extraídos 40 a 50% de suco da cana), como pela perda no processo de cozimento do açúcar, o engenho de açúcar, para se manter, devia contar com considerável base agrária. Os senhores de engenho interessavam-se em geral mais pelo setor da manufatura do açúcar do que propriamente pela lavoura canavieira. O tão citado engenho de Sergipe do Conde estava sem culturas canavieiras próprias nos anos de 1622 a 1653, utilizando apenas as canas procedentes das lavouras dependentes ou subsidiárias. Tal desinteresse se explica porque, pelo preparo, recebiam o pagamento *in natura*, isto é, sobre o açúcar feito, sem incorrer nos ônus de todo o processo de produção. Nas *fazendas obrigadas*, o lavrador recebia a metade do açúcar produzido pela cana entregue ao engenho, mas ainda pagava, pelo aluguel da terra que arroteava, certa porcentagem em açúcar. Segundo José da Silva Lisboa, o senhor de engenho encontrava real proveito na meação dos açúcares e dos melaços recebida dos lavradores que levavam sua cana a moer no engenho. Por esse motivo procuravam "ter agregados a si quantos lavradores mais possam ter".

Capacidade produtiva dos engenhos A complexidade das funções e o numeroso pessoal que exigia a manufatura do açúcar durante a época colonial não nos devem levar a uma ideia falsa quanto à sua capacidade produtiva. Dada a facilidade com que se obtém a terra, é pela força de trabalho, expressa pelo número de escravos, que se pode avaliar a produção de um engenho colonial. Engenhos de 50 escravos são reputados medíocres no final do século XVIII, mas considerava-se o mínimo de 40 escravos indispensáveis para que o engenho pudesse moer "redondamente" durante as 24 horas do dia. Escrevendo no primeiro quartel do século XIX (1815/16), Koster calculou em 45 caixas de 15 quintais cada uma a produção de um engenho de 40 escravos. Segundo Vilhena, quem não possuía mais de 80 escravos tinha-se em conta de "fraco senhor de engenho". O engenho de Sergipe do Conde contava no início do século XVIII com 150 a 200 escravos, incluindo-se neste número os de propriedade dos lavradores de partido. Grandes engenhos, registrados na Capitania do Rio de Janeiro, mantinham algumas centenas de escravos, como o da Ordem de São Bento com 432, e os sequestrados aos jesuítas com 1.400. Estes casos devem ser considerados antes exceções, pois, segundo parece, teriam predominado os pequenos engenhos com reduzido número de escravos e movidos pela força animal.

Qual seria, entretanto, a média de produção de um engenho colonial? Na época em que Antonil escreveu a sua obra (cerca de 1710), calculava ele em 528 os engenhos de açúcar do Brasil, com a exportação total de 37.820 caixas de 35 arrobas cada uma. Em termos das medidas de hoje, tal produção importava em 323.925 sacas de 60 kg, da qual se deduz a média de pouco mais de 600 sacas (613 sacas e meia) por engenho. O grande engenho de Sergipe do Conde, considerado um dos maiores do Brasil colonial, produzia em média, nos anos de 1622 a 1635, cerca de 10.000 arrobas de açúcar por ano, ou seja, 2.500 sacas de 60 kg. Manuel Ferreira da Câmara, ao descrever a Capitania de Ilhéus em 1789, época de decadência, afirmava que o senhor de engenho que, em qualquer parte do Brasil, manufaturava mil pães de açúcar de 3 arrobas cada um, era considerado grande lavrador (750 sacas de 60kg). Segundo Antonil, a área de maior produtividade e de maior produção seria a da Bahia, cuja exportação compreendia não somente o açúcar dos engenhos desta capitania, mas também de Alagoas, de Ilhéus e Porto Seguro; seus 146 engenhos exportavam 126.875 sacas, do que resulta a média de 869 sacas por engenho. Em Pernambuco, com 107.625 sacas, safra de seus 246 engenhos, a média por unidade alcançaria pouco mais de 500 sacas (505,20), enquanto no Rio de Janeiro a produção média de seus 136 engenhos orçava pouco mais de 636 sacas (exportação total: 89.426 sacas).

Para os engenhos antilhanos temos no século XVIII, de acordo com os dados fornecidos por Labat, a média de 1.720 sacas de açúcares de diversas qualidades para um engenho d'água com 120 escravos. Pelos cálculos de Edwards a produção anual média, por engenho, orçava em 1.333 sacas de 60kg. É difícil deduzir com referência ao nível superior de capacidade produtiva, porque não conhecemos com os pormenores indispensáveis as unidades a comparar. Contudo, a informação de Labat representa um alto índice de produtividade, explicável, entre outros fatores, pelo grau mais elevado da técnica de cultivo nas Antilhas, onde se praticavam normalmente a adubagem, o afolhamento e a renovação anual ou bienal dos canaviais, assim como pela importância que assumiam, na produção dos engenhos, os açúcares de recuperação.

A lavoura do fumo   Imediatamente em seguida ao açúcar, quanto à sua importância, a lavoura do fumo ocupa o segundo lugar na economia colonial. Esta importância, como ocorre com o açúcar, advém do papel que assume no comércio de exportação. O fumo, além de ser exportado para Lisboa, era a mercadoria de base para as trocas do mercado africano, onde os portugueses se abasteciam da mão de obra para a lavoura brasileira. Somente os comerciantes portugueses levavam fumo da costa d'África; por meio deles, os traficantes holandeses e ingleses adquiriam esse gênero, aguardando ao largo do litoral africano os navios procedentes do Brasil. Deste modo, a importância do fumo brasileiro nas trocas do litoral africano transcendia as áreas de influência dos traficantes portugueses, para se tornar um dos produtos básicos dos mercados de escravos do continente africano. Aliás, o fumo representava a mercadoria ideal para a travessia do Atlântico, dados o seu grande valor e o pequeno volume, o que significava fretes baixos.

Ao contrário da grande lavoura canavieira, que se dilatava por áreas maiores ou menores do litoral ocidental do Brasil, a grande lavoura do fumo manteve-se concentrada em manchas restritas, em espaços isolados, disseminados por várias partes da colônia. A maior produção na época colonial encontrava-se na Bahia, que gozava das vantagens de ser o principal mercado de importação de escravos durante o século XVII. Aí o território de Cachoeira, na orla do "agreste", servida pelo rio Paraguaçu, onde "se descobriu a terra mais própria e melhor", conservou-se como o centro de maior interesse na manufatura do fumo. Em importância, vinha depois Alagoas, que, juntamente com a Bahia, constituíam as duas únicas áreas produtoras no início do século XVII, mencionadas por Antonil. No Rio de Janeiro a cultura do fumo progrediu na primeira metade do século XVIII, sendo abolida em 1757, para não fazer concorrência à exportação da Bahia. Digna de apreço, ainda, no início do século XIX, a produção do sul da Capitania de Minas Gerais, onde, segundo o depoimento de Saint-Hilaire, a riqueza dos proprietários era avaliada em pés de fumo.

O crescimento das lavouras de fumo na Bahia data do século XVIII e, segundo parece, a técnica do cultivo, de início, foi copiada da dos índios. É provável que a produção do fumo tenha sido também fomentada pelos holandeses, pois não se pode deixar de correlacionar o seu desenvolvimento com a intensa atividade mercantil do século XVII desempenhada pela Companhia das Índias Ocidentais, que criou e ampliou mercados de consumo.

Sobre a fazenda de fumo não possuímos descrição tão pormenorizada e completa como as de que dispomos sobre o engenho de açúcar, de modo a poder reconstruir a sua paisagem e sentir o ritmo de sua atividade quotidiana. Contudo, os relatos minuciosos sobre o processo de cultivo e manufatura mostram que os característicos da organização da produção do fumo são análogos aos que apontamos com referência à da cana-de-açúcar.

Sendo monocultora e escravocrata, voltada para os interesses do mercado exterior, a exploração do fumo se enquadrava naquelas características da grande lavoura em geral, das quais já nos ocupamos. Contudo, na lavoura do fumo há alguns aspectos próprios. Pelo fato de necessitar de cuidados especiais, foi a única lavoura que, de fato, os recebia, na época colonial, sendo também a única, em cuja técnica a estrumação é registrada como prática corrente. Além disso, como requeria apenas instalações de pequeno custo para o seu beneficiamento, foi possível ser realizada também por lavradores modestos.

> "Não demanda no seu estabelecimento umas grandes possessões, e uns extraordinários suprimentos, de que resulta estar este ramo de agricultura desempenhado e todos os seus lavradores ricos com avultadíssimas somas depositadas em caixa e porque ela não demanda grandes custeios, todos

quantos querem, e podem, tendo qualquer princípio de estabilidade, são lavradores deste gênero e cada um se contenta com o que pode plantar, e fabricar, sem que inveje a abundância, a maioridade e a preeminência dos outros lavradores."

Aliás, nas ilhas do mar das Caraíbas, a cultura do fumo permaneceu sempre associada às camadas mais modestas da população. Nas colônias inglesas da América do Norte, a grande *plantation* organizada para a manufatura do fumo coexistia com pequenas lavouras nos contornos da baía de Chesapeake e na parte meridional da Carolina do Norte. Nos meados do século XIX, quando a cultura do algodão cresceu com avassaladora vitalidade, o fumo sobrevivia nas pequenas propriedades rurais, cujos campos de cultivo dedicados à planta alcançavam em média cinco acres e meio (22,258 m²), área tida como suficiente para ser cultivada apenas por duas mãos.

Nenhuma outra lavoura colonial requeria tantos cuidados, nenhuma demandava tão grande soma de trabalho monótono e contínuo e de vigilância infatigável. "O ano do fumo tem treze meses", dizia um rifão do sul dos Estados Unidos, resumindo a implacável continuidade das tarefas que se prosseguiam durante todos os meses do ano. O fumo exaure rapidamente o solo. Por esse motivo, nas colônias inglesas da América do Norte, a mantença dessa manufatura exigia o trabalho constante dos escravos na derrubada da floresta, para formar novos campos de plantio. Após dois ou três anos eram abandonados ou entretinham-se aí culturas comercialmente inferiores, enquanto avançava mais além a zona das clareiras que iam receber novas semeaduras de fumo.

Método de cultivo do fumo

O método rudimentar de cultivo consistia, no Brasil, em fazer as plantações em currais, para obter terrenos estrumados. Os cercados de gado deslocavam-se por toda a área a ser utilizada, permanecendo os animais o tempo necessário para fertilizar o solo. Preparado o terreno, começava uma longa sequência de trabalhos. Primeiramente, a semeadeira em canteiros, a luta contra as ervas daninhas, o transplante para os cercados. Em seguida, o firme desvelo durante o crescimento que ocupava quatro meses do ano: as limpezas de oito em oito dias, a vigilância contra as lagartas, o pulgão, a formiga, o grilo, os achegos periódicos de terra e o corte à mão do topo e dos brotos supérfluos (*capar* e *desolhar*) para aumentar a espessura das folhas, operação que se repetia todas as semanas. Passava-se, então, à colheita e à *cura* das folhas, ou seja, as operações do processo especial de secagem, que ocupavam todos os braços disponíveis, a família inteira quando se tratava de agricultores de menores recursos. Depois, vinha o trabalho excepcionalmente penoso de torcer e enrolar em corda as folhas já curadas, seguido da cura das cordas que demorava de 15 a 20 dias, tarefas estas reservadas sempre para os escravos. Não era apenas a fase mais pesada de todo o processo de preparo do fumo, mas também a mais desagradável, que somente os escravos robustos e experimentados podiam suportar. Os negros mestres comandavam as operações mais importantes da manufatura assim como as dos momentos decisivos do crescimento da planta.

Quanto à produção, dada a carência de dados estatísticos, dispomos apenas dos cálculos de Antonil, que registrou um total de 25.000 rolos, dos quais 17.500 representavam a exportação da Bahia e a parte restante, a das lavouras de Alagoas. A média por proprietário variava de 200 rolos, para os grandes lavradores, a 20 apenas para os mais modestos.

A grande lavoura de algodão   A grande lavoura de algodão, a terceira em importância na economia colonial, data do século XVIII. A variedade arbórea (*Gossypium brasiliense*), nativa no Brasil, que vegetava com facilidade na maior parte do seu território, fora sempre utilizada em pequena escala, em diversas capitanias, para a manufatura de tecidos grosseiros destinados a roupas de escravos e elementos mais pobres da população. Nos meados do século XVIII, a grande lavoura algodoeira encontrou condições para progredir, mercê da conjuntura do mercado internacional, com amplas perspectivas para os mercados produtores. O grande fator dinâmico de desenvolvimento da cultura algodoeira no Brasil, como alhures, foi a Revolução Industrial que, no último quartel do século XVIII, consistiu, sobretudo, nos progressos técnicos alcançados no campo da industrial têxtil. Esta, que fora essencialmente uma manufatura artesanal baseada na produção de tecidos de lã, transformou-se numa indústria mecanizada cuja matéria-prima é o algodão. Neste caso foi a Inglaterra, pioneira nos processos mecanizados da indústria têxtil, que criou e expandiu os mercados de consumo para novos tecidos, sustentada pelo sistema de produção em massa e para a massa, que se tornará típico da chamada Revolução Industrial. Os preços cada vez mais baixos dos tecidos de algodão inglês puderam concorrer vitoriosamente, no mercado mundial, com as manufaturas nacionais, de tipo artesanal, que assentavam ainda, do ponto de vista técnico, na tradição medieval.

O algodão e o mercado internacional   A entrosagem nos canais do mercado
do século XVIII   internacional, através do fornecimento da matéria-prima à Inglaterra, foi fundamental como fator que podia esti-

mular o crescimento da grande lavoura algodoeira no Brasil, como acontecia, aliás, com os demais gêneros coloniais que representavam a grande lavoura, dado o sistema que caracterizava nossa economia colonial. A iniciativa teria sido tomada pelas companhias fundadas para fomentar o comércio com o Brasil na época pombalina. Os centros mais importantes de produção algodoeira desenvolveram-se no Maranhão e no Nordeste (sobretudo Pernambuco), dadas as vantagens que a situação geográfica oferecia para exportar para a metrópole. Sabemos que a Companhia do Grão-Pará e Maranhão, fundada em 1755, executou papel essencial como propulsora e financiadora da grande lavoura algodoeira no Maranhão e, talvez, função análoga tenha desempenhado a Companhia de Pernambuco e da Paraíba (1759). O Brasil pôde ganhar vantagens no mercado internacional, graças à conjuntura criada com a Revolução Francesa e as guerras napoleônicas. As lutas nas ilhas do mar das Caraíbas interromperam os fornecimentos que estas faziam à Europa, sobretudo à Inglaterra. Esta, em 1780, importava das Índias Ocidentais cerca de dois terços do algodão necessário às suas fábricas, calculado em seis a sete milhões de libras (pouco mais de trinta toneladas) anuais.

Plantio e colheita do algodão   Os métodos empíricos de plantio e do processo de expansão das culturas, assim como as técnicas rudimentares de beneficiamento, conservam as mesmas características gerais da grande lavoura. As culturas de algodão eram feitas em terras virgens e, como esgotavam rapidamente o solo, transferiam-se à custa das derrubadas, permanecendo apenas alguns anos na mesma área. Gabriel Soares de Sousa descreveu a sua paisagem no século XVI: árvores que pareciam "marmeleiros arruados em pomares", que duravam sete, oito anos ou mais. Fácil e simples, empreendida em grande escala, sem atenções maiores, a cultura do algodoeiro prestava-se admiravelmente ao emprego da mão de obra escrava. Feitas as sementeiras, deixava-se crescer o algodoal, com o cuidado apenas de duas ou três limpezas por ano, feitas a enxada.

A lavoura típica de algodão que serve de modelo para as considerações de Gaioso, que a descreveu em 1818, consta de 50 escravos que produziam anualmente 2.000 arrobas de algodão em caroço ou 600 arrobas de algodão em pluma. São as dificuldades para obter a mão de obra na época de colheita e não propriamente o trato das plantações que restringiam a cultura algodoeira, pois aquele mesmo número de escravos poderia entreter maiores campos de plantio, se houvesse possibilidade de conseguir excedentes de braços durante a época da colheita. Por outro lado, o grande problema com que se debateu a lavoura algodoeira colonial foi o do beneficiamento. No Brasil, não se conseguiram ultrapassar os processos mais empíricos de descaroçamento. Como nas variedades arbóreas as sementes se separam da fibra com grande facilidade, recomendava-se e praticava-se ainda na época de Gaioso o descaroçamento manual. Este autor condenava o "novo método" de descaroçar que se introduzira recentemente, "açoutando barbaramente com varinhas", pois as fibras manchadas se misturavam com as alvas. A *churka* oriental (dois rolos que se movem em sentido contrário), primitivo aparelho acionado à mão, foi registrada no Nordeste, mas a famosa máquina de descaroçar inventada por Eli Whitney em 1793 não chegou a ser conhecida no Brasil durante o período colonial.

Quando as primeiras remessas de algodão do Maranhão (1760) e de Pernambuco (1778) chegavam a Lisboa, as colônias meridionais da América inglesa ainda se dedicavam principalmente à lavoura do fumo e do arroz. Cultivava-se do algodoeiro a variedade chamada *herbácea*, que só se introduzirá no Brasil no período da Guerra de Secessão (1860-65). A produção americana era insignificante, peada pelos processos empíricos de descaroçamento. Somente na década 1810-20 começaria a se expandir, graças à invenção da máquina de descaroçar (1793). Esta permitiu à grande lavoura algodoeira do sul dos Estados Unidos desenvolver-se sobre bases capitalistas, pois a mecanização do beneficiamento resultou em considerável acréscimo da produtividade, passando, assim, a proporcionar lucros. A produção diária por escravo, no descaroçamento manual, orçava em cerca de uma libra diária (435g), enquanto a máquina de Whitney descaroçava 160kg de algodão por dia.

Consequências econômico-sociais do desenvolvimento agrotécnico — Além do açúcar, do fumo e do algodão, que representam os ramos mais importantes da grande lavoura, e da quase totalidade da economia agrária da colônia, temos ainda o cacau, o arroz e o anil, os quais, ainda que também representem a grande lavoura, dado o caráter da organização da sua produção, constituem, todavia, setores de menor importância na economia colonial e, portanto, de menor interesse nesta exposição.

Tratamos, sobretudo, dos aspectos essenciais que caracterizaram a grande lavoura, na sua estrutura e no seu funcionamento. Restaria ainda considerá-la por um instante, no sentido dinâmico do seu desenvolvimento técnico. Se excetuarmos a introdução dos tambores verticais entre 1608-12, nos engenhos de açúcar (de que nos dá notícia Frei Vicente do Salvador), os quais substituíram a moenda de dois tambores horizontais, proporcionando, assim, considerável aumento da produtividade, o panorama das técnicas de produção da lavoura colonial caracteriza-se por geral estagnação. Fracassaram as tentativas do século XVIII para introduzir sementes de fumo da Virgínia e de Maryland, com suas respectivas técnicas de cultivo, assim como outras feitas no sentido de elevar o nível técnico das instalações dos engenhos, aproveitando as vantagens reveladas pelos aperfeiçoamentos realizados na área açucareira das Antilhas.

A explicação deve ser procurada na crise geral que afetou sucessivamente os principais setores da grande lavoura colonial. Em primeiro lugar, a crise do açúcar, sensível desde o último quartel do século XVII com a concorrência criada pelos mercados antilhanos, e com a política de suas respectivas metrópoles de reservas dos seus mercados à produção colonial. Prolongar-se-á pelo XIX, exceto o pequeno intervalo de florescimento durante o período da Revolução Francesa e das guerras napoleônicas que, desorganizando os mercados antilhanos, proporcionaram oportunidade favorável ao açúcar brasileiro no mercado europeu.

O comércio do fumo no litoral africano foi seriamente molestado pela política de repressão do tráfico levado a efeito pelos ingleses desde 1810. A cultura algodoeira decaiu rapidamente, ao findar o primeiro quartel do século XIX, ante o impacto das formidáveis safras dos Estados Unidos, graças à mecanização do processo de beneficiamento. A renda total gerada pela grande lavoura açucareira, que atingira cerca de dois milhões de libras esterlinas, no fim do século XVI, decresceu consideravelmente. A grande lavoura estagnara no nível técnico que presidira ao primeiro ímpeto de seu desenvolvimento. Seus produtos haviam perdido suas posições nas rotas do comércio internacional. A expansão da grande lavoura realizara-se apenas com um processo quantitativo, sem modificações estruturais no sistema econômico. A decadência operou-se também sobre a base de um processo da mesma natureza, o que é característico da economia escravista. O senhor de engenho ou o fazendeiro de fumo, de algodão ou de cacau, nas épocas de declínio, não incorria em perdas catastróficas, porque mantinha a propriedade de todos os fatores de produção. Ainda que paralisando suas atividades, os gastos de manutenção dependiam principalmente de utilizar a mão de obra escrava. O ajustamento econômico às circunstâncias do abaixamento de preços operava-se no sentido do decréscimo dos gastos dos bens de consumo que o engenho era obrigado a adquirir alhures, como também diminuindo a reposição ou o efetivo da força de trabalho, ou seja, a mão de obra importada. Deste modo, verificava-se diminuição lenta e progressiva no ativo da empresa. Ela decaía progressivamente, sem modificar a sua estrutura.

Por outro lado, as novas técnicas criadas pela Revolução Industrial mal haviam penetrado no nosso território, ao findar o período colonial. Quando muito teriam entrado sob a forma de bens ou serviços de consumo, sem contudo afetar a estrutura do sistema produtivo que se preservou, assim, intacto, mesmo quando, no século XIX, no período nacional, assentamos a nossa economia sobre a grande lavoura cafeeira.

CAPÍTULO IV

AS ÁREAS DE CRIAÇÃO DE GADO

QUANDO Frei Vicente do Salvador[1] escreveu a frase, tantas vezes repetida, onde compara os portugueses, por se terem somente estabelecido na costa, a caranguejos, a ocupação do interior brasileiro apenas se tinha iniciado. Todos os núcleos ficavam ao longo da orla marítima; à exceção de São Paulo, o centro de expansão dos bandeirantes, que só no fim do século XVII e começo do seguinte iriam fixar-se nas áreas de mineração; a Amazônia começava a despertar o interesse dos portugueses e de outros povos; no vasto sertão do Nordeste apareciam as primeiras tentativas de fixação do homem por meio da criação de gado; as extensas campinas do sul, favoráveis à pecuária, só no século seguinte atrairiam o povoamento.

Pecuária e povoamento do hinterland A pecuária, apesar de ter constituído no período colonial uma atividade secundária e acessória, ficando sempre em segundo plano e dependendo das outras grandes explorações econômicas, ou seja, da agricultura de exportação, principalmente da cana e da mineração, teve um papel extraordinário no desbravamento e na ocupação de vastas áreas do Brasil atual. A ela devemos o povoamento da zona das caatingas do Nordeste e das campinas do sul do país, além de outras áreas de menor importância. A área povoada por intermédio da pecuária é bem maior do que a que deve sua ocupação à mineração. A expansão devida à criação sempre se deu por contiguidade a partir de um centro de irradiação; as áreas pastoris do Brasil colonial apresentam, portanto, um povoamento contínuo, se bem que ralo, não havendo desertos de homens como acontece nas áreas de mineração, onde existe entre os diversos núcleos de povoamento uma solução de continuidade. Foi a criação de gado que nos deu "a segunda dimensão da terra

---
[1] Frei Vicente do Salvador escreveu sua *História do Brasil* em 1627.

brasileira", no dizer de Nelson Werneck Sodré, muito antes de se iniciarem os estabelecimentos nas regiões de mineração. Devido às dificuldades de transporte no Brasil colonial a pecuária constituiu, além da mineração, é óbvio, a única atividade econômica rendosa para os sertões, pois o gado a si próprio se transporta. E foi a pecuária que deu ao homem colonial a noção do valor econômico das áreas que não apresentavam riquezas minerais e que não se prestavam à lavoura comercial.

Tanto no sul, como no norte, a criação de gado desenvolveu-se rapidamente; isso se deveu principalmente ao consumo sempre crescente das populações agrícolas e mineradoras. A pecuária fornecia à população colonial não só a carne, um dos gêneros fundamentais da alimentação do brasileiro daquela época, mas também o agente motor principalmente para os engenhos, o meio de transporte tanto para os agricultores como para os mineradores; finalmente não deve ser desprezado o couro que, além de exportado, era de extrema utilidade na própria colônia. Assim, a um desenvolvimento sempre maior dos rebanhos correspondia um aumento constante das áreas pastoris. A criação, além disso, não exigia muitos capitais, nem muitos braços: daí a relativa facilidade para a organização de uma fazenda de criar. A pecuária oferecia largas possibilidades para os que, não dispondo de meios suficientes, não se podiam dedicar no litoral à agricultura de exportação e não podiam organizar a exploração de uma mina. Além disso, o aprendizado do trabalho de uma fazenda de criar era relativamente fácil e simples.

Áreas pastoris Como já vimos, são principalmente duas as áreas pastoris do Brasil colonial. A primeira a ser povoada foi a das caatingas do Nordeste, que fornecia carne e animais para o trabalho nos engenhos e para o transporte na zona da cana. Com a descoberta das minas, a zona pastoril do Nordeste tornou-se também subsidiária da região mineradora que lhe ficava imediatamente ao sul. Os campos que se sucedem de Curitiba para o sul abasteciam no início as populações do litoral. A abertura de um caminho por terra para as Gerais dará um incremento extraordinário principalmente à pecuária do Rio Grande do Sul, pois essa área passa a fornecer os animais de carga (muares) para a zona de mineração. Com o estabelecimento das primeiras charqueadas, os rebanhos aumentam rapidamente, passando o extremo sul do país a ter uma importância grande para o abastecimento da população brasileira. Ambas as áreas, portanto, estiveram vinculadas à zona de mineração. O ouro como que ligou, por meio de boiadas e tropas de muares, o norte e o sul do país. Interessante é observar que, no período colonial, o sul, apesar de mais favorável ao estabelecimento do homem, era ralamente povoado, ao contrário das caatingas, que ofereciam condições geográficas adversas à vida humana. É que a região das caatingas era o *hinterland* da zona mais densamente povoada, mais rica e mais antiga da colônia. A criação de gado no sertão do Nordeste abastecia a zona da cana e dava vazão aos excedentes demográficos da mesma. Indivíduos sem posses e marginais, sobretudo, encontravam um meio de vida no sertão. O sul, ao contrário, abastecia a rala e pobre população do litoral. Há ainda outro contraste digno de nota entre a criação das campinas e a das caatingas. A afirmação de João Ribeiro de que a criação é "importante, pacífica e é, ao contrário da turbulência do litoral ou das aventuras das minas, o quase único aspecto tranquilo de nossa cultura", só é válida até certo ponto para a pecuária dos sertões nordestinos, onde o desenvolvimento dos rebanhos correspondia a um aumento de fazendas, portanto de pessoal que cuidava do gado. Nas caatingas não apareceram grandes rebanhos bravios. O homem introduziu o gado e foi ele quem, de algum modo, controlou o seu desenvolvimento. No extremo sul, ao contrário, oriundo talvez das missões, o gado ocupou as extensas campinas muito antes de aí se desenvolver a criação propriamente dita. As campinas constituiriam o teatro de preia do gado bravio que aí vagueava livremente, sem dono. Mesmo depois do aparecimento das estâncias, a zona pastoril do extremo sul não deixou de ser turbulenta. Zona de fronteira, além de oferecer um vasto campo para os contrabandistas e ladrões de gado, as contínuas lutas entre tropas portuguesas e espanholas interrompiam violentamente o aumento dos rebanhos nas estâncias. Os problemas gerados pela Colônia do Sacramento e pelas missões jesuíticas não deixavam de ter consequências sobre a pecuária. Assim, a criação no sul, durante o período colonial e mesmo nos primeiros tempos do Império, não teve nada de pacífico. Pelo contrário, o homem, além de criador, tinha que ser soldado para defender seu rebanho. O sertão do Nordeste não apresentava esses problemas; a criação pôde desenvolver-se tranquilamente, e nem mesmo os ataques e roubos praticados por indígenas conseguiram sustar ou prejudicar o seu progresso.

Além dessas duas grandes áreas pastoris, tivemos no Brasil colonial mais alguns núcleos menores de criação, entre os quais destacamos a ilha de Marajó, que abastecia principalmente Belém do Pará, o sul de Minas Gerais, onde surgiu a criação em função da mineração, os Campos dos Goitacases, que tinham como centro consumidor o Rio de Janeiro. Finalmente, não se deve esquecer de que os núcleos mineradores de Goiás e de Mato Grosso também deram origem a uma criação em menor escala.

AS ÁREAS DE CRIAÇÃO DE GADO

De todas essas áreas, a mais importante foi a do sul de Minas, que, aliás, apresentava os métodos mais adiantados da colônia.

As caatingas   O sertão do Nordeste não oferece condições muito favoráveis à pecuária. A caatinga, com sua vegetação arbustiva, proporciona uma alimentação que deixa muito a desejar, pois possui poucas ervas forrageiras e gramíneas. O gado é obrigado a alimentar-se das ramas dos arbustos, principalmente de leguminosas, e cactáceas que aí abundam. O regime pluviométrico é igualmente muito desfavorável devido à pobreza e à irregularidade das precipitações. Nas secas prolongadas toda a vegetação se ressente e uma grande parte dos rios seca. Poucas são as correntes fluviais que, por ocasião das secas, concentram todos os rebanhos e todas as populações das redondezas. Há, não obstante, alguns fatores positivos que favorecem a penetração e o desenvolvimento dos rebanhos: o relevo formado por peneplanícies, em grande parte, e os barreiros salinos, encontrados, as mais das vezes, ao longo do médio São Francisco. Num meio tão difícil, o gado introduzido teve de passar por um longo período de adaptação, o que repercutiu na sua constituição: animais de pequeno porte, pouco exigentes, mas bastante resistentes.

Apesar das condições pouco favoráveis para a pecuária, o homem foi impelido para a zona das caatingas. A lavoura exclusivamente comercial que se estabeleceu no litoral oriental do Nordeste, desde os primórdios da colonização, não permitiu ao seu lado uma criação que devia abastecê-la de animais de corte e trabalho, mas que lhe diminuiria as áreas reservadas para a agricultura. A criação de gado era contra o interesse do senhor de engenho e, por conseguinte, também da metrópole que, por uma Carta Régia de 1701, proibiu a criação numa faixa de 10 léguas da costa. As invasões holandesas também contribuíram para a expansão da área pastoril, pois muitos, fugindo do litoral dominado pelos holandeses, dedicaram-se à criação; além disso, as contínuas guerrilhas e marchas pelo interior tornaram o sertão conhecido e devassado. A história da expansão pastoril é bastante obscura e confusa. Basílio de Magalhães, em sua obra *Expansão Geográfica do Brasil Colonial*, considera o período entre 1590, depois da conquista do Sergipe, e 1690, quando a corrente povoadora atinge o sul do Ceará e do Maranhão, o mais importante da expansão pastoril. Desde o início da colonização os currais espalharam-se em torno de Salvador e de Olinda, os mais importantes núcleos do litoral nordestino. Partindo da Bahia, a conquista do Sergipe levou o gado até o rio São Francisco, onde as fazendas de criação se desenvolveram rapidamente. A expansão pernambucana, apesar de menos significativa, logo em seguida atingiu o rio São Francisco, que assim se transformou em um condensador de populações a partir das primeiras décadas do século XVII. Tal era a densidade de fazendas de gado que durante muito tempo foi denominado "Rio dos Currais". Mais tarde, com a descoberta das minas, os currais subiram o rio São Francisco, ocupando a área imediatamente ao norte da zona mineradora. A expansão baiana rapidamente ocupou o que Capistrano de Abreu denominou com muita propriedade "sertão de dentro", ou seja, o território do atual Estado da Bahia, atravessando o rio São Francisco, povoou a margem esquerda que pertencia a Pernambuco, e procurou atingir a bacia do Parnaíba, devassando o sul do Piauí e do Maranhão, sendo que, do Piauí, o movimento refluiu para o Ceará. No Ceará, confluíram duas correntes de povoamento, a baiana e a pernambucana. A expansão pernambucana conquistou o "sertão de fora", ocupando primeiro a costa da Paraíba e do Rio Grande do Norte, depois o interior e, finalmente, atingiu o Ceará. Desde os fins do século XVII o sertão do Nordeste encontrava-se devassado e ocupado, apesar de ser bastante rala a população. As densidades, entretanto, não eram uniformes para todo o sertão pastoril. Ao longo dos rios, a população apresentava suas maiores densidades, pois

> "as fazendas, e os currais de gado se situão aonde ha largueza de campo, e agoa sempre manente de rios, ou lagoas"... segundo Antonil.

Outras áreas eram quase desprovidas de população e apenas atravessadas pelas rotas das boiadas, ao longo das quais se fixaram uns poucos moradores explorando pousos para os condutores de boiadas. A não ser alguns pousos, como, por exemplo, Cabrobó, e algumas feiras como Sant'Ana, que deram origem a núcleos urbanos, a zona pastoril apresentava uma população eminentemente rural que vivia dispersa em gigantescas fazendas. As distâncias que separavam um morador do outro às vezes eram superiores a cinco léguas. As vilas do sertão nordestino apareceram principalmente no século XVIII, eram geralmente insignificantes e de crescimento lento.

As fazendas nordestinas e os métodos de criação — O tamanho padrão de uma fazenda de criar era de três léguas,[2] havendo uma légua de terras devolu-

---

[2] Na maioria das vezes, a sesmaria tinha uma légua de frente para um curso d'água (ou meia légua de ambos os lados) por três de comprimento. A légua quadrada de sesmaria tem 43.560.000 metros quadrados. Como medida linear, a légua de sesmaria é igual a 6.600 metros.

tas para separar uma da outra. Houve, entretanto, no período colonial, devido à facilidade para obtenção de terras, famílias que possuíam áreas imensas.

> Antonil relata que "sendo o sertão da Bahia tão dilatado, ... quase todo pertence a duas das principais famílias da mesma cidade, que são a da Torre (os d'Ávila) e a do defunto Mestre de campo Antônio Guedes de Brito".

Para melhor aproveitar essas terras, os proprietários arrendavam grande parte delas. Além da facilidade para obtenção de sesmarias no sertão, não havia necessidade de muitos recursos para a instalação de uma fazenda:

> "levantada huma caza coberta pela maior parte de palha, feitos huns curraes, e introduzidos os gados, estão povoadas três legoas de terra e estabelecida huma fazenda", como fala pitorescamente o autor anônimo do *Roteiro do Maranhão a Goiaz pela Capitania do Piauhy*.

Havia necessidade de poucas pessoas para o serviço na fazenda de criar; o autor anônimo acima citado afirma que bastavam dez a doze pessoas para uma fazenda de gado de três léguas. Às vezes o proprietário com sua família dava conta de todo o trabalho. Embora raramente, também encontramos negros escravos na fazenda de criar. Geralmente, entretanto, tratava-se de assalariados brancos, negros forros, mestiços ou mesmo indígenas – eram os vaqueiros. O índio adaptou-se admiravelmente ao trabalho da pecuária, mais livre e mais de acordo com sua índole de nômade do que o da lavoura canavieira.

É verdade que no início da expansão pastoril houve alguns choques com os indígenas, mas essas lutas não conseguiram sustar o desenvolvimento do pastoreio. Na pacificação (ou destruição) de tribos indígenas, não se deve esquecer a atuação dos bandeirantes, que depois se transformaram muitas vezes em criadores de gado, a exemplo de Domingos Jorge. O vaqueiro era pago com um quarto das crias, que ele só recebia no fim de cinco anos. Um ótimo método para fazer com que o vaqueiro se interessasse pelo desenvolvimento da criação e que contribuiu para o rápido progresso da pecuária do sertão nordestino, porque ao cabo de cinco anos o vaqueiro contava com um número suficiente de animais para instalar-se por conta própria.

Os métodos de criação eram bastante primitivos; poucos cuidados se dispensavam às reses, que se criavam à solta em largas áreas devido à pobreza dos pastos. O cavalo era indispensável ao vaqueiro, cujo principal trabalho constituía em percorrer os campos para cuidar do gado e impedir que se tornasse selvagem. Uma fazenda pequena necessitava de vinte e cinco a trinta cavalos; uma boa, porém, de cinquenta a sessenta, segundo informações do autor do *Roteiro do Maranhão a Goiaz*. O número de cabeças de gado de uma fazenda variava muito; havia fazendas, segundo Antonil, com mais de vinte mil cabeças – naturalmente constituíam exceção. Em geral uma boa fazenda não podia produzir mais de oitenta a mil crias por ano; portanto, anualmente não conseguiam vender uma boiada de mais de 250 a 300 cabeças. Para o começo do século XVIII, Antonil calculou o rebanho da Bahia em meio milhão de cabeças e o de Pernambuco em oitocentas mil. Boiadas de 100 a 300 cabeças percorriam o sertão para atingir os centros de consumo situados no litoral. As estradas naturalmente procuravam atravessar áreas onde o gado encontraria água e campos para pastar. Eram muitas as estradas de boiadas que atravessavam o sertão nordestino em busca dos dois mais importantes centros de consumo: Pernambuco e Bahia. Assim, por exemplo, parece que havia cinco estradas que ligavam a Bahia à área pastoril do Piauí e do Maranhão e que atravessavam o rio São Francisco entre Cabrobó e um ponto do sul do Sobrado. O autor do *Roteiro do Maranhão a Goiaz* nos dá a relação dos lugares onde, das diversas áreas pastoris, era vendido o gado no último quartel do século XVIII:

"Os gados que na Capitania de Maranhão se crião pelas margens do rio Parnahiba, tem sua extração para a Cidade da Bahia, e porto da mesma Parnahiba; na barra do Iguarussu pertencente à Capitania do Piauhi: os do Piauhi para os portos do Siará, Pernambuco, Bahia e Minas. Os gados do Siará e Rio Grande para Pernambuco, e Bahia: os de Pernambuco, e Bahia creados nos Sertões do Rio S. Francisco para as suas Capitaes, e tambem para as Minas."

Aliás, com o surto minerador, as populações do litoral nordestino tiveram seu abastecimento prejudicado, pois os donos dos currais preferiram vender o gado para as minas onde os animais alcançavam um preço bem mais vantajoso. A pecuária que se desenvolveu ao sul das minas logo fez concorrência, aliás, à dos sertões nordestinos quanto ao abastecimento das minas.

A zona pastoril do Nordeste fornecia para os habitantes da colônia, além da carne fresca, a carne-seca, a carne de ceará, como também era chamada, a qual se tornou um dos produtos mais importantes no comércio interno da colônia. Essa indústria, com suas "oficinas", localizou-se no litoral norte do Nordeste, onde o clima seco e quente e a existência de salinas favoreciam tal empreendimento. No fim do século XVIII, essa área perdeu a primazia da produção da carne-seca para o Rio Grande do Sul. Não se deve esquecer da importância do couro para o comércio colonial. Pelas cifras que nos dá Antonil em princípios do mesmo século, pode-se concluir que o couro em cabelo correspondia à metade do valor do animal.[3] O couro era exportado para Portugal e muito procurado na própria colônia para diversos fins, inclusive para se confeccionar a roupa do vaqueiro. Capistrano de Abreu fala numa "época do couro", tal a importância desse produto da pecuária para o homem do sertão nordestino.

A pecuária no Sul   Mais estreitos no Norte e alargando-se para o Sul, onde se confundem com os pampas platinos, os campos que se estendem numa longa sucessão pelo sul do Brasil a partir de Curitiba oferecem condições extremamente favoráveis para a criação. O relevo é formado por suaves colinas; a altitude e a latitude tornam o clima bastante ameno; os numerosos rios e riachos que recortam os campos suprem de água os rebanhos; a vegetação rasteira, composta principalmente de gramíneas e algumas leguminosas, fornece ao gado a melhor e mais rica forragem nativa do Brasil; capões de mato e florestas ciliares abastecem de lenha e madeira os fazendeiros. Esses campos devem sua ocupação principalmente à criação de gado, embora em algumas áreas, a exemplo dos campos gerais, como eram denominados nos arredores de Curitiba, aparecesse no período colonial ao lado do criador de gado o pequeno agricultor.

Foi nas campinas do Rio Grande do Sul que a pecuária mais se desenvolveu, constituindo a única atividade importante no período colonial, e dando origem a uma sociedade tipicamente pastoril. A ocupação das campinas da Capitania de São Pedro pelos portugueses ocorreu relativamente tarde e as estâncias, como são ali chamadas as fazendas de criar, só apareceram depois do primeiro quartel do século XVIII. Entretanto, desde longo tempo vagueavam nos campos e pampas ao norte do Rio da Prata grandes rebanhos selvagens que atraíam tanto portugueses como espanhóis. A origem desse gado é discutida. Consideram-no, alguns historiadores, introduzido pelos espanhóis, outros pelos portugueses; outros finalmente acham que a origem deve ser procurada nas missões jesuíticas

---
[3] Uma rês na Bahia custava de 4 a 5 mil-réis, e o couro em cabelo 2$100.

que se localizaram nas margens do rio Uruguai. Não se deve esquecer da importância que a criação de gado teve para as missões jesuíticas; o Padre Sepp fala-nos de "rebanhos incontáveis de gado" que pastavam nos extensos campos de sua redução. Nas missões o gado era criado à solta e recebia poucos cuidados. Os índios aldeados, entretanto, também lançavam mão dos rebanhos selvagens. O mesmo Padre Sepp conta que em dois meses os índios, de certa feita, reuniram 50.000 cabeças que deveriam servir para a alimentação durante o ano. As tropas portuguesas e espanholas em luta pela posse da Colônia do Sacramento, fundada em 1680, caçavam esses animais para seu abastecimento. A Colônia do Sacramento transformou-se num centro de preadores de gado, pois aí se desenvolveu importante indústria de couro. Os bandeirantes, de preadores de índios, passaram a preadores de reses no momento em que descobriram o valor dos rebanhos, principalmente para o abastecimento das Gerais. Com o correr do tempo, esses paulistas tornaram-se povoadores, organizando estâncias. Por volta de 1719 estabeleceram-se os primeiros povoadores em Viamão; vinham de Laguna, ponto mais meridional da expansão paulista. É pelo litoral que os paulistas realizaram as primeiras comunicações com as campinas do sul. Em 1730 foi descoberto outro caminho. Deve-se a empresa a Francisco de Sousa e Faria, que conseguiu ligar o sul a São Paulo, aproveitando-se daquela faixa de campos que se estende de Curitiba para o sul. A partir dessa data, temos, portanto, duas correntes povoadoras de origem paulista, uma chegando às campinas do sul pelo litoral, outra percorrendo os campos do planalto. A essa última deve-se a ocupação dos campos de Vacaria (a partir de 1735). Além dos povoadores provenientes de Laguna e dos paulistas, há os que, devido às contínuas lutas, abandonaram a Colônia do Sacramento e se tornaram estancieiros no Rio Grande do Sul. Também muitos soldados espanhóis e portugueses estabeleceram-se como criadores. A fundação do presídio do Rio Grande em 1737 foi mais um passo para a colonização, pois funcionou como um centro de irradiação de estâncias. Muitos dos açorianos que foram localizados por iniciativa oficial na costa para se dedicarem à agricultura tornaram-se criadores. Ocupando o litoral e a região das lagoas, as estâncias penetraram os vales do Taquari e Jacuí, onde, em meados do século XVIII (precisamente em 1751), apareceu Rio Pardo, uma das mais velhas cidades do Rio Grande do Sul. Depois do Tratado de Santo Ildefonso (1777), foram organizadas as primeiras estâncias ao longo da fronteira, na região mais meridional do atual Estado do Rio Grande do Sul. Apesar de todas as dificuldades – lutas por causa da fronteira, conflitos com os índios, ausência de povoamento orientado pelos poderes governamentais –, a pecuária progrediu rapidamente e em fins do século XVIII já havia mais de quinhentas estâncias na capitania.

Como no sertão nordestino, também no sul a limitação legal (três léguas) para o tamanho de uma fazenda de criar não foi estabelecida. Não eram raras as estâncias com mais de vinte léguas. O gado vivia aí à solta, às vezes em estado semisselvagem. Os cuidados dispensados aos animais eram muito reduzidos, e os cronistas coloniais continuamente se referem ao fato de que o gado platino era muito superior ao gaúcho. O nível técnico da criação só melhoraria com a introdução da rendosa indústria do charque. Devido a essa falta de cuidados, em muitas áreas os estancieiros não podiam vender anualmente mais de um décimo de seu rebanho, segundo informa Saint-Hilaire. Pouco gado em pé era exportado durante o período colonial; o principal objetivo dessa criação era o couro, tanto que se abatia não raro o animal para tirar a pele, abandonando a carne. O Rio Grande do Sul exportava couro em grande escala. Como no Nordeste, também para o gaúcho, o couro tinha importância extraordinária. "O couro, tanto do gado vaccum como do muar e cavallar, recebe no Rio Grande applicações desconhecidas ou desprezadas em outras partes...", ao que nos informa Dreys já no período imperial. Com o aparecimento das primeiras charqueadas, a criação recebeu incremento fora do comum. Foi uma verdadeira revolução no panorama pastoril do Rio Grande do Sul. Essa indústria possibilitou o aproveitamento da carne até então desprezada. O sul perdeu assim sua excentricidade com relação aos centros consumidores e passou a ter papel notável para o abastecimento das populações coloniais. A primeira charqueada foi erigida em 1780 por um cearense (José Pinto Martins) nas margens do arroio Pelotas. Em pouco tempo, essa indústria desenvolveu-se nos arredores do arroio Pelotas e do Rio São Gonçalo, e já em 1783 um documento fala em caçada e preparo das reses para o charque, como trabalho característico do vaqueiro gaúcho. Muitas vezes a charqueada e a estância estavam na mão de um só dono. As instalações de uma charqueada eram muito simples: um galpão onde se preparava e salgava a carne e os secadores ao ar livre. A carne-seca era exportada para o Rio, Bahia, e outros portos do Brasil e para Havana. Servia principalmente para alimentação dos escravos. No começo do século XIX a exportação era de quase 600.000 arrobas por ano, e em 1814 chegara a mais de 900.000. Rio Grande era o principal porto exportador. Nas charqueadas, além da carne e do couro, eram ainda aproveitados o sebo, os chifres, a crina.

Estâncias gaúchas   Nas estâncias como nas fazendas do Nordeste não havia necessidade de muito pessoal.

"A pecuária nesta região pouco trabalho dá. O gado é deixado, à lei da natureza, nos pastos, em completa liberdade, nem havendo o cuidado de lhe dar sal... O único cuidado que reconhecem necessário é acostumar os animais a ver homens... a fim de que não fiquem completamente selvagens, deixem-se marcar quando preciso for e possam ser laçados os que se destinarem ao corte e à castração. Para tal fim o gado é reunido, de tempos em tempos, em determinado local... A essa prática chamam "fazer rodeio" e ao local onde prendem os animais dão o nome de rodeio."

É assim que Saint-Hilaire resumiu todo o trabalho da estância. O trabalho era realizado pelo capataz e pelos peões: às vezes negros escravos, outras, assalariados brancos, índios ou mestiços. Não raro o próprio dono, ajudado pelos filhos, fazia o trabalho. O negro escravo apareceu com relativa frequência nas estâncias e charqueadas. A Capitania do Rio Grande foi considerada o "purgatório" dos negros, pois principalmente nas charqueadas eram tratados com muita rudeza. Segundo Oliveira Viana, no começo do século XIX cerca de 40% da população era constituída de escravos. A estância, com sua criação de gado, deu-nos um tipo de homem todo especial: o gaúcho, alegre, robusto, vivaz, sempre montado. O cavalo era-lhe imprescindível. Um observador do século passado, depois de descrever a importância do cavalo para o gaúcho, concluiu: "em suma, o gaucho a cavallo he homem superior".

O cavalo, portanto, era também criado em grande escala no Rio Grande, todavia raramente era exportado. O muar, esse sim, durante o período colonial e durante boa parte do Império, era criado para a exportação, pois o gaúcho não se servia dele. O principal centro de consumo de muares era Minas Gerais, onde, devido ao relevo acidental do solo, prestavam ótimos serviços como animais de carga. O comércio do muar centralizou-se na feira de Sorocaba, onde os comerciantes das minas iam buscar os animais. Saint-Hilaire afirma que em certos anos chegavam a Sorocaba mais de vinte mil muares. Devido ao alto preço que esses animais atingiam nas minas, o contrabando prosperou ao longo da fronteira luso-espanhola. Esse comércio ilícito prejudicava os criadores nordestinos de cavalos, mas os poderes públicos jamais conseguiram pôr fim a negócio tão lucrativo

De qualquer modo, a criação de gado desempenhou papel importante na formação geográfica do Brasil colonial. Os carros de bois e as tropas de animais asseguraram o desenvolvimento econômico; os lucros produzidos pela pecuária, ao contrário da mineração e da agricultura comercial, foram incorporados ao país, contribuindo para o seu progresso material, apesar do pouco que fez a Metrópole no sentido de auxiliar essa atividade econômica.

CAPÍTULO V

A MINERAÇÃO: ANTECEDENTES LUSO-BRASILEIROS

JÁ SE ASSINALOU nestas páginas[1] a escassa atração que o mister rural exerceu sobre os portugueses ao longo de sua história. Verdadeira sem dúvida para os tempos que se seguem à grande expansão marítima, a observação não deixaria de sê-lo para a fase que antecede o descobrimento e a conquista de Guiné. Caberia, a propósito, confrontar aquela etiqueta de monarquia "agrária", associada à mesma fase, desde os estudos pioneiros de um J. Lúcio de Azevedo, com as reservas que lhe têm sido opostas mais recentemente por outros pesquisadores.[2]

Avessos ao labor ingente do solo, que não lhes dá, em verdade, fruto bastante para sua subsistência, e mal equipados, assim, para desenvolvê-lo em grau notável, dificilmente se imagina que estariam mais aptos a explorar, onde as houvesse, as riquezas do subsolo. O mesmo acontece, aliás, com seus vizinhos espanhóis, tidos, em grande parte do século XVI, por maus metalurgistas e piores mineiros. Esses nem ao menos podiam invocar alguma razão aparentemente plausível, como o seria a da penúria de recursos naturais, para o pouco préstimo e experiência que revelavam na mineração. É proverbial, para só citar um exemplo, a riqueza das jazidas de ferro de Biscaia, que servem para se fazer o aço bem temperado das lâminas de Toledo. Mas o fabrico de arneses, armas brancas, escopetas, permanecerá largamente em mãos dos forasteiros, ou é especialidade de mouros. E quando se cuida de aproveitar o azougue de Almadén e a prata de Guadalcanal, apela-se, não raro, para o tirocínio de técnicos, operários e até administradores alemães.

---

[1] *História Geral da Civilização Brasileira*, t. I, vol. 1, p. 29.
[2] *Cf.* ANTÔNIO SÉRGIO, *História de Portugal*, I (Lisboa, 1941), p. 73. Veja-se também, do mesmo autor, o opúsculo intitulado *Em torno da designação de Monarquia Agrária dada à primeira época da nossa História* (Lisboa, 1941), *passim*.

A economia portuguesa e a escassez de ouro Carecendo dos mesmos recursos em sua própria terra, compreende-se que aos portugueses falte de início o preparo, só possível através de longa prática, para o imediato incremento de atividades semelhantes em seus senhorios e conquistas. E ainda que possam parecer vivamente sedutoras, em nossos dias, as tentativas para vincular a expansão lusitana, em seus inícios, a alguma imperiosa necessidade de gêneros alimentícios, que desse modo pudessem ser atraídos, estão bem longe de impor-se sem discrepâncias. Nem os escritos de cronistas, nem os textos oficiais da época, nem os ralos dados numéricos disponíveis servem para dar grande peso a tais esforços.

Não falta além disso quem trate de explicar a captura de Ceuta pela insofrível penúria de ouro em que se debateria o Ocidente no século XV. Mas o certo é que tal penúria não se aguçara tão atrozmente em princípios do Quatrocentos ou, ainda menos, nos anos imediatos à ascensão do mestre de Avis, quando das guerras castelhanas. O ouro servia então, antes de tudo, em transações internacionais de grande vulto, o que lhe assegurava apreciável estabilidade, num vivo contraste com a prata que, necessária para as despesas internas, e é o caso dos próprios gastos de guerra, podia ser mais livremente aviltada, o que redundava em lucros para a Coroa: é notório que D. João I fez elevar o valor nominal da moeda durante seu reinado para cima de mil e cem vezes mais do que fora o curso no começo das lutas de independência.

Quando a tomada de Ceuta inaugura, em 1415, sua política de expansão no ultramar, situava-se Portugal muito apartado ou na periferia dos principais centros de atividade mercantil ou manufatureira para que se apresentasse a aquisição de ouro, a qualquer preço, como solução inevitável da sua crise monetária. E em verdade, mesmo naqueles centros, seria talvez prematura, no momento, a exigência de uma solução de tal ordem; é preciso esperar ainda um vintênio para que, nas maiores praças de comércio da Europa, se acentuem a penúria e a sede de ouro, embaraçando os pagamentos internacionais, com o aumento das transações ao final da Guerra dos Cem Anos.

O "padrão ouro" e os Eldorados africanos Já em 1447, porém, decide-se em Gênova que sejam efetuados em ouro todos os pagamentos. A data é decisiva na evolução do mercado internacional, escreve o historiador Albert Girard em estudo dedicado à guerra monetária nos séculos XIV e XV, pois marca "o nascimento oficial do padrão ouro". Surgindo, de início, em um único Estado, ele se há de expandir através do mundo em ritmo lento e seguro, que só o extraordinário afluxo da prata no Novo Mundo sofreará, sem, todavia, extinguir.

Poderia ajuntar-se que naquele mesmo ano de 37 um certo Antônio Malfante mandava a Gênova, de Tamentit, no oásis de Tuat, onde chegou após doze dias de viagem, numa caravana saída da costa da Tunísia, notícias do ouro que os tratantes muçulmanos do litoral iam a buscar ali em troca de suas mercadorias civilizadas. Impõe-se naturalmente a tentativa de aproximar desse episódio o edito genovês sobre os pagamentos em ouro, e não deixou de fazê-lo já Charles de la Roncière, que divulgou em primeira mão o relato de Malfante, segundo manuscrito achado na Biblioteca Nacional de Paris.

A façanha de Malfante não constitui, aliás, um caso isolado. Prende-se, segundo parece, à constante demanda da misteriosa "Pagliola" ou "Palola", de onde ia o metal precioso para a costa da Berberia, empreendida através de toda a Idade Média por aventureiros e comerciantes italianos. Aquele Eldorado tenebroso, que corresponde de fato à região das areias auríferas do Sudão, tinha atraído, já no começo do século XIV, um "fidedigno mercador genovês" que se fixou em Sigilmeça. E depois de Malfante ainda aparece o florentino Benvenuto Dei, que numa carta de 1469 contará sua viagem a Tombuctu, antigo centro de distribuição do ouro e, em geral, de todo o comércio sudanês. Certo passo do *Libro del Conoscimiento* de um franciscano espanhol, que antes de 1350 pretende ter encontrado moradores genoveses no coração do deserto, além da referência à "insula Palola" ou ao "flumen Palolus", em cartas do mesmo século, como a de Carignano (1320) e a de Pizigagno (1367), mostra a sedução exercida na Itália por aqueles tesouros ocultos. E ainda se pode lembrar o caso daquele homem "de nossa nação", que Antoniotto Usodimare, gentil-homem genovês, foi achar em 1455 nas partes de Gâmbia: descendia, a seu ver, da gente das galés dos Vivaldi, que tinham saído em 1421 da Ligúria para tentar a circunavegação da África, passando pelo estreito de Gibraltar.

Foram genoveses, aliás, segundo apurou seu historiador Roberto Lopez, os que mais se obstinaram na demanda de Palola. Sempre que rareava o ouro na Itália, faziam-se mais intensas as buscas. Normalmente, porém, eles não precisavam ir tão longe. Adquiriam as preciosas palhetas ou barras nos entrepostos da costa da Berberia a mercadores muçulmanos que, por seu lado, costumavam obtê-lo a preço vil, em troca de sal, contas ou cobre, das tribos sudanesas.

A MINERAÇÃO: ANTECEDENTES LUSO-BRASILEIROS

Apesar da ignorância em que são mantidos sobre a procedência desse ouro, que os negros, praticando em geral o comércio mudo, escondem aos próprios caravaneiros, sai-lhes o negócio altamente lucrativo. Isso porque – a observação ainda é de Roberto Lopez – a sua balança desfavorável de pagamentos força os mouros a saciar com semelhante recurso a cobiça notória daqueles cristãos. Já que os artigos da própria lavra, como sejam, lãs, peles, cera, índigo, coral, e pouco mais, não pagam as inúmeras e valiosas mercadorias de toda a Europa, até do Levante, até da Espanha, levadas nas barcas italianas, faz-se preciso reforçá-los com coisas de mais preço, oriundas do sertão longínquo, e aqui entra o ouro em pó, além de escravos pretos e alúmen.

Só assim chegam a ser compreendidas facilmente a rapidez e a intensidade com que naquelas partes se expande o comércio genovês desde cedo. A fundação, em 1136, do *fondaco* de Bugia marca, a esse respeito, a primeira vitória apreciável dos comerciantes e marujos da Ligúria. Depois aparecem estabelecimentos similares – fondaques, *ruas*, aduanas – em Túnis, Ceuta e outros lugares da costa. Em 1162 a expansão chega a alcançar em Salé a costa atlântica. É que a ascensão ao poder dos Almóadas marroquinos valorizara, de súbito, as regiões ocidentais, fazendo-as mais atraentes para o comércio.

A verdade, porém, é que mesmo durante esse efêmero fastígio do Magreb as preferências italianas continuam a ir para os portos da Ifriquya vizinha, onde desembocam, aliás, as duas rotas de *caravanas* que, saindo de Tombuctu, através do Tuaf, vão ter ao Mediterrâneo. A própria Ceuta, onde os genoveses dispõem de um fondaque e de uma rua, semelhante à *ruga* que Balduíno I lhes concedera em Jafa ou à que em Laodiceia lhes outorgaram (e aos pisanos) os normandos de Tancredo, é bem menos procurada do que Bugia.

Ficavam longe esses estabelecimentos de desfrutar, em todo caso, dos amplos privilégios atribuídos aos seus congêneres da Palestina. Em geral, ocupavam brevíssimo espaço, o necessário, se tanto, para albergar comerciantes de passagem, além do escrivão permanente e admitir mercado, registro, depósito, para os gêneros, com as imunidades que conviessem ao exercício de tratos e contratos. Foi eminentemente uma expansão pacífica: mas não está nisso um dos segredos de seu bom sucesso?

Havia, sem dúvida, conflitos ocasionais com as populações e os potentados mouros, que por mais de uma vez degeneraram em luta armada. Ceuta em 1235, durante as turbulências desencadeadas pela queda dos Almóadas; Trípoli em 1354, por ocasião de um dos desmandos de Filipo D'Oria que age por sua conta, embora em frota armada pela

Comuna, prejudicando por longo tempo os interesses dos próprios compatriotas, fazem exceção àquela regra. No primeiro caso, a ação dos genoveses prendera-se à disputa, onde se viram afinal envolvidos, entre os novos donos da terra e o Emir de Marrocos. O assalto, incêndio e saque de seus estabelecimentos, pela paixão xenófoba dos inimigos do emir, levaram à organização, pela República, de uma formidável expedição punitiva, a maior que jamais saíra de Gênova, com o auxílio de particulares, constituídos numa espécie de sociedade por ações que lhes asseguraria alguma parte no lucro líquido da empresa.

É essa, ao que se sabe, a mais antiga *maona* genovesa, protótipo de inúmeras outras que ganhariam celebridade. E embora só parte, a menor parte, das vinte galés, setenta naves grandes, trinta naves pequenas, com os barcos auxiliares, movidos a remo ou vela, constasse de unidades propriamente de guerra, o cerco a que sujeitaram a praça e as grandes pedras arremessadas das galés sobre as suas muralhas venceram, ao cabo, a resistência aguerrida do sarraceno. Não só receberam os vencedores todas as satisfações antes reclamadas, e negadas, pelo sultão, como lograram alcançar uma parcela substancial da renda aduaneira do porto.

Esse fruto pode não parecer à altura do aparato e grandeza da expedição. Os genoveses estavam em condições de obter mais, se assim o quisessem, e Ceuta, agora à sua mercê, sem meios de reorganizar a resistência, mal podia recusar-se a satisfazer-lhes os caprichos. Não seria, talvez, o caso de uma conquista pura e simples? Tem havido, entre historiadores, quem formulasse a pergunta.[3]

Contudo, a renúncia a essa efetiva posse territorial, que estava à mão, em favor de uma simples recuperação de antigos privilégios, consolidados, apenas, e ampliados, devia melhor corresponder ao espírito da atividade "colonial" dos genoveses. A vitória, com efeito, tinha praticamente assegurado, e por longo tempo, aos cidadãos da República, o senhorio pleno

---

[3] Para as atividades dos mercadores italianos na África do Norte durante a Idade Média, e em particular para o exame da questão do ouro no Senegal, foram aqui utilizados, sobretudo, a obra clássica e, em alguns pontos, não superada, até hoje, de ADOLF SCHAUBE, *Handelsgeschichte der Romanischen Völker des Mittelmeergebiets bis zum Ende der Kreuzzügen* (Munique e Berlim, 1906), pp. 280-316 e os estudos mais recentes de ROBERTO S. LOPEZ, em *Storia delle Colonie Genovesi nel Mediterraneo*, Bolonha, 1938; "The Trade of Medieval Europe; The South", *The Cambridge Economic History of Europe*, II (Cambridge, 1952), pp. 257-354, e "Settecento anni fa: il ritorno all'oro nell'occidente duecentesco", *Rivista Storica Italiana*, Ano LXV (Nápoles, 1953), pp. 19-55 e 161-98. O trabalho, citado no texto, de Albert Girard, intitulado "La guerre monétaire (XIV-XV siècles)", pode ler-se em *Annales d'Histoire Sociale*, II (Paris, 1940), pp. 207-218.

do comércio e navegação de Ceuta, senão de todo o Mediterrâneo ocidental. Por outro lado, o vigor e eficácia das represálias tomadas contra a praça marroquina moveram o soberano de Túnis a ceder-lhes um *fondaco* em cada um dos portos da zona que vai de Bugia a Trípoli.

A conquista de Ceuta pelos portugueses Esse longínquo episódio serve para iluminar o significado de outra e mais gloriosa empresa que, quase dois séculos depois, irá ter como alvo a mesma cidade de Ceuta. É fora de dúvida, comparado à façanha anterior dos de Gênova, que, bem-sucedido embora do ponto de vista militar, o gesto por onde inicia Portugal sua expansão ultramarina foi, em todos os demais aspectos, uma empresa perdulária. Se não há como negar que a avidez dos despojos de uma guerra curta pode ter contribuído para o novo golpe contra a praça marroquina, é menos de crer que se achassem os seus promotores aparelhados para uma obra que não depende da ardidez de cavaleiros senão do tino de bufarinheiros e regatões. O que buscavam então os portugueses era ganhar o mais, se possível, em menos tempo, e não tinham em boa conta as desvairadas razões que os de Gênova, desconfiados do vulto de preparativos militares cuja finalidade era guardada em estrita reserva, mandavam dizer de Lisboa aos seus parceiros em Sevilha. A ideia que faziam eles dos genoveses bem pode resumir-se em certa opinião registrada na crônica de Zurara, a saber que estes só queriam "salvar aquele dinheiro que têm, porque em ele está toda a sustância de sua vida e honra".

Sucede que a conquista, do modo como foi empreendida, se dava azo a proezas militares, tirava o acesso a bens materiais que só podiam vir do sertão longínquo pelas rotas das caravanas. Os ganhos em ouro e em outros produtos de grande valia, que alcançavam os italianos por meio de tratos com os naturais, e que estavam, aliás, mais bem equipados do que outros para alcançá-los, devido à extensão incomparável de sua atividade econômica, abrangendo todas as grandes praças da Europa e do Oriente Próximo e a superioridade de suas técnicas comerciais, eram vedados precisamente por uma ação que condena os vencedores de Ceuta a viver ilhados entre as muralhas da cidade, no meio de uma terra pobre, ou empobrecida e erma, quando não hostil.

Economicamente, o fruto dessa conquista é incomensurável com o das explorações da África Ocidental, quando o ouro da Mina irá em correntes cada vez maiores para o reino. Como esperar de Ceuta, apenas engastada na África, mas sem verdadeira articulação com suas fontes de riqueza, que remediasse a situação financeira do país? Sua posse não dará alívio ao povo e nem se pode dizer com segurança que fora orientada por algum estímulo econômico bem definido (diverso da desordenada cobiça de bens materiais, que é de todos os tempos e nações). A conquista, depois de um sério revés, alarga-se ainda no Magreb, a contar de 1458, com a tomada de Alcácer-Ceguer, e de 1472, com a queda de Arzila e a ocupação, enfim, de Tânger. Mas a esse tempo já tinham nas navegações costeiras aberto mais venturosas perspectivas em mares nunca dantes navegados.

Parece lícito admitir que as considerações mercantis prevalecem mais ao findar-se do que ao iniciar-se o primeiro ato da expansão portuguesa no mundo. E mesmo no segundo ato, que conduz aos feitos de Guiné, não se pode dizer que a captura do ouro tivesse papel mais saliente do que, por exemplo, a de pretos escravos: em Portugal servem estes para o consumo interno e ainda sobram para a exportação.

O tráfico negreiro Dos vultosos e inesperados proveitos alcançados por inúmeros particulares do tráfico negreiro, que os soberanos portugueses vão depois converter num monopólio bem regulamentado – coincidindo com o progresso nas técnicas de navegação e transporte da mercadoria humana –, é que se desenvolvem talvez a possibilidade e a necessidade de uma utilização econômica em vasta escala das explorações da costa d'África. Convém notar, porém, que ela não se faz de início sem luta contra escrúpulos longamente arraigados entre naturais do reino.

Assim é que, em 1444, os burgueses de Lagos e os camponeses do Algarve, avezados embora à prática da escravatura, ainda se apiedam e se indignam diante do primeiro espetáculo do tráfico moderno, que se inicia, com toda a sua procissão de horrores, naquele ano, mais exatamente no dia 8 de agosto daquele ano, conforme já observou, recentemente, o historiador belga Charles Verlinden. E em 1445, ao despedir-se de Álvaro Fernandes, na caravela de que o fez capitão, ordena João Gonçalves Zarco expressamente a esse seu sobrinho que não vá a cativar pretos, mas a acrescentar em sua viagem o mais que possa. Em outra ocasião, o próprio Infante louva o ardimento do escudeiro Dinis Dias, fazendo-lhe grandes mercês, pelo achado do Cabo Verde e de terras que supunha do Egito, apesar da escassa presa alcançada: apenas quatro negros.

A expansão comercial pela África e Ásia; a crise econômica Com o tempo, entretanto, iam aprendendo os mesmos portugueses a valorizar o que antes tinham por desdenhoso e menos confessável, de sorte que passariam a sobrepor à honra sem proveito, o amor e esperança de ganho certo. Zurara assinala com precisão o ano – 1448 – em que as coisas de Guiné passam a fazer-se mais "por trautos e avenças de mercadoria que per fortaleza nem trabalho das armas". Inaugura-se agora, na costa atlântica, um sistema de expansão comparável ao dos genoveses no Mediterrâneo, onde o dispêndio de energias se mede segundo lucros prováveis ou seguros, ao mesmo tempo em que nas ilhas se desenvolvem a colonização e a lavoura.

O primeiro ouro em pó, chegado ao reino com os primeiros escravos capturados nessas expedições, ouro da mesma origem que o dos mercadores italianos na costa da Berberia, não parece ter excitado vivamente as imaginações lusitanas. Talvez por sua escassez, a ele se refere em poucas palavras o cronista daqueles feitos: em compensação, aborda mais prolixamente os enormes ovos de avestruz que, ao mesmo tempo, levou Antão Gonçalves, e de que o Infante desmentindo nisto sua famosa frugalidade teve à mesa, num só dia, três iguarias. Bem é de presumir, ajunta Zurara, "que príncipe cristão não seria em esta parte da cristandade que semelhantes iguarias em sua mesa tivesse".

A renúncia em favor das trocas pacíficas, às razias e pilhagens dos primeiros tempos não quer dizer que se abandone por completo a ação militar onde se faça necessária para a segurança e boa ordem dos negócios. É significativo que, justamente ao limiar da fase nova de avenças e tratos, se situe a edificação, por ordens do Infante, da fortaleza de Arguim, destinada a centralizar por algum tempo todo o tráfico da região. E mais tarde, quando el-Rei D. João II, melhor negociante do que seus antecessores, procura dar novo alento à atividade expansionista, começa por fazer construir outra fortaleza na Mina.

Sobre as entradas de ouro africano em Portugal, as notícias menos vagas datam dessa fundação do castelo de São Jorge e principalmente do último decênio do século. O grosso ia, no entanto, para o financiamento das próprias explorações e, ainda, para a compra do material destinado a sustentá-las. Não é muito dizer que, sem o apelo constante a importações cada vez mais substanciais, capazes de suprir a penúria de matérias-primas ou artigos manufaturados, ficaria Portugal impossibilitado de levar avante a sua política de expansão.

Para começar faltava-lhe madeira boa e bastante para alimento de sua marinha, constantemente desfalcada pelas perdas nos mares remotos, sobretudo após a inauguração da carreira da Índia. E com a madeira era forçoso importar quase tudo quanto requer a construção naval: cotonias e teadas para o velame, chapas de chumbo para a proteção do costado, canhamaço, estopa, alcatrão, breu, cera, betume para calafetagem, cânhamo para amarras e enxárcias. Somem-se ainda os objetos para os esmabos: lãs e linhas de Flandres, capas de Inglaterra e Irlanda, artefatos de Nuremberg (ferramentas, agulhas, contas de vidro coloridas e quinquilharias de toda espécie), objetos de cobre da Europa Central, conduzidos a Lisboa nas ruas de Dantzig, Lübeck ou Hamburgo, estanho da Grã-Bretanha.

Como a aquisição dos negros, do ouro, das outras preciosidades da África e do Oriente dependessem sempre das importações, e cada vez mais, sem lograr compensá-las, explica-se a constante miséria do reino, apesar dos sucessos de sua empresa ultramarina. Se já ao tempo do Infante navegador permaneceu sempre deficitário o negócio da África, nada faz crer que, em épocas ulteriores, o alargamento das navegações e conquistas aumentasse efetivamente os réditos.

É sabido como os erros políticos e desmandos financeiros de D. Afonso V irão deixar praticamente exaurido o tesouro do reino. De que vale a portentosa riqueza dos descobrimentos se o próprio rei se vê obrigado a confiscar a prata das igrejas, obrigando-se a pagar apenas metade de seu valor? E não é o mesmo D. Afonso quem converte em fato consumado a usurpação pela Coroa de imposições tais como as das sisas, que não são direitos reais, mas pertencem aos Concelhos e devem ser por estes cobradas para atender a necessidades temporárias dos povos? Mais pecunioso, embora, o Príncipe Perfeito não pareça de todo adverso a gastos suntuários que traduzem antes ostentação do que verdadeira opulência: as grandes festas que mandou fazer, por exemplo, no casamento de D. Afonso, seu filho, foram, no dizer dos cronistas, a coisa mais rica e aparatosa que jamais se vira em Portugal ou nos outros reinos da Cristandade. O resultado delas, dizem-nos ainda Rui de Pina e Garcia de Resende, foi que não teve el-rei, o resto da vida, recursos bastantes para ir em pessoa à África, segundo um plano que acariciara longo tempo. E apesar do muito dinheiro que cobrou por cabeça aos judeus expulsos de Castela – e que, por sua vez, deveriam descansar brevemente em Portugal – não consegue saldar senão metade dos compromissos assumidos pelo pai quando confiscou a prata das igrejas.

Seria de esperar depois disso que o feito do Gama, quando abriu caminho novo para a terra das especiarias, aliviasse consideravelmente tal situação. A verdade é que as riquezas do Oriente estão longe ainda de pagar o que custam, sem falar no que se perde em tenças, ordinárias, casamentos, moradias, graças especiais ou faustosas embaixadas. No mesmo ano em que se descobre o Brasil, o próprio D. Manuel é levado a vender os juros da dívida real para fazer frente às despesas crescentes. Mas a dívida não deixará, apesar disso, de avolumar-se de ano para ano, levando-o, por fim, quase à falência declarada.

É bom notar que, em toda essa gloriosa demanda de novas terras e maiores tesouros, os metais preciosos, como o próprio ouro, de Guiné ou de Sofala, ocupam lugar bem mais minguado do que outros produtos, e o que deles cai em mãos lusitanas acaba por enterrar-se discretamente nos reinos estrangeiros, senão na mesma Índia. Não é nesta, porém, na Índia verdadeira, que irão surgir, ao cabo, os cobiçados metais, é, sim, nas chamadas Índias de Castela. Os ciúmes e rivalidades que se acendem por isso entre os portugueses menos lisonjeados pela fortuna, leva-os, de início, a querer ter em pequena conta esses achados do castelhano, e é, por exemplo, o que vemos num Garcia de Orta, ao dar por falsas e suspeitas as esmeraldas do Peru, sendo elas, no entanto, perfeitamente autênticas. E quando, afinal, se torna impossível fechar os olhos à própria evidência, vai surgir e espraiar-se a impressão de que algum destino mau persegue a gente portuguesa, roubando-lhe o que lhe parecia devido por sua primazia e porfia nas dilatadas navegações oceânicas.

Assim é que, ao tempo del-Rei D. Sebastião, o "soldado" de Diogo do Couto, com o pensamento posto nos falados tesouros de Monomatapa, julga verdadeiro milagre o poder sustentar-se todo o Oriente, sem que se fizesse a conquista dos tais tesouros. Pois a Índia, diz ale, "rende para si piedosamente... para mais não". As minas, porém, acrescenta, "parece que todas se guardaram para os espanhóis, e praza a Deus que se não guarde inda este reino para eles". Mais tarde, e bem depois de cumprir-se o triste vaticínio, um dos interlocutores dos *Diálogos das Grandezas do Brasil* há de repisar ainda o tema fatídico, perguntando por que Deus teria reservado aos castelhanos o ouro todo e a prata deste Novo Mundo.

Brasil: visão do Eldorado É de crer que, entre os fatores dominantes da ocupação efetiva do Brasil pela Coroa portuguesa, estava, mais do que o intento de defendê-lo simplesmente de rivais cobiçosos, ao tempo em que abandonava praças marroquinas que davam honra sem proveito, a esperança de fabulosas riquezas, sugeridas pela vizinhança do Peru. Não é provavelmente por acaso que a instituição do governo-geral da Bahia de Todos os Santos, significando uma interferência mais direta nos negócios americanos, ocorrerá apenas quatro anos depois do achado da veia rica de Potosi. De qualquer modo, a associação entre as minas pretendidas e essa proximidade do Peru, não raro forçada pela cartografia da época, já é, ao tempo de Tomé de Sousa, uma ideia fixa de povoadores e administradores.

O próprio Governador-Geral não deixa de assinalar a Sua Alteza, em 1550, que esta terra do Brasil e a do Peru "he toda hum". Pela mesma época escreve de Porto Seguro Duarte de Lemos, que aquela capitania é a melhor via de acesso aos lugares "donde está o ouro", situando-se na mesma latitude do Peru e achando-se o gentio dela muito em paz e amigo dos colonos. Essa opinião parece combinar com notícias levadas a Porto Seguro por índios do sertão, alusivas à existência ali de uma resplandecente serra, e é corroborada pelo boticário e astrônomo Filipe Guillén, o qual, confiante em suas amizades na Corte, já se propõe ir em pessoa a achar a mina, valendo-se de certa "arte de Leste e Oeste" que inventara.

É significativo, além disso, que do Porto Seguro, enquanto ali dominam índios de paz e, em seguida, da capitania contígua do Espírito Santo, quando a paz se perturba e perde, com a intrusão do gentio Aimoré, partirão nos decênios imediatos algumas das mais intensas explorações, favorecidas pelo governo, em busca de riquezas minerais. E se, num primeiro momento, notícias levadas por índios e sertanistas fazem crer que essas riquezas consistiam principalmente em ouro, símbolo tradicional de opulência, aos poucos tomarão as buscas nova direção, sugeridas, sem dúvida, pelo modelo que proporcionavam as conquistas de Castela.

Ofuscados pela brilhante fama de Potosi, muitos abandonam agora as antigas e mais radiosas esperanças, para se apegarem ao que lhes pareça coisa segura e quase ao alcance da mão. De sorte que vão forjando rapidamente uma ideia das riquezas do Brasil calcada em grande parte sobre o que constava de certas áreas do deslumbrante Império espanhol, fartas em prata, mais do que em ouro. O próprio Tomé de Sousa pretendera expressamente fazer do Brasil um outro Peru e, passados cinquenta anos e mais, D. Francisco de Sousa cogitará mesmo (para isso chega a obter provisão régia) em mandar vir duzentos lhamas, que façam casta em São Paulo, como se mais não fosse preciso para converter as montanhas de Paranapiacaba numa réplica dos Andes.

Em suma, o que no Brasil se cuida encontrar é o Peru, não é o Brasil. Por isso, o que saem a buscar em nossos sertões tantas levas de aventureiros, custosamente organizados pelos governos, pois que os particulares preferem sempre andar atrás de índios de serviço, já não tanto o ouro, mas a prata. E nem são diamantes, são esmeraldas.

Brasil, colônia de plantações

O ouro, porém, e os diamantes só irão aparecer em abundância depois de século e meio a dois séculos dessa renitente caça aos tesouros preciosos. E como a América portuguesa não se pode sustentar tão longamente de simples promessas ou malogradas esperanças, parece forçoso, ao menos como solução temporária, buscar remédio em outras fontes de recursos. Não é assim uma inclinação íntima e inquebrantável de seus colonizadores, capazes de distingui-los radicalmente dos conquistadores castelhanos, que os leva logo de início, e ainda por longo tempo, a fazer do Brasil uma colônia de plantações: talvez a mais antiga colônia de plantações em grande escala, protótipo de outras, que surge no mundo tropical.

É ilustrativo o confronto com o que ocorre nas possessões castelhanas, onde só se implanta uma economia agrária, e a princípio de modo elementar, quando faltam ou rareiam os cobiçados metais e as pedrarias: nas Antilhas – que todavia conheceram explorações auríferas, incipientes e de pouco fruto –, nas partes costeiras da América Central e da Venezuela, no Paraguai, no Rio da Prata... Para os espanhóis, lavoura e pastoreio constituem, nessa etapa inicial, atividades periféricas e suplementares. Por esse motivo aparecem de preferência fora das áreas aquinhoadas com a única riqueza verdadeiramente digna de tal nome para o conquistador: em terras pobres, *tierra de hambre*, como são às vezes chamadas.

A ocupação do solo é afetada em todos os seus aspectos por essas condições particulares. A escassez daqueles tesouros naturais, que em todos os tempos têm gerado nos homens a cupidez e a discórdia, e a inexistência, por outro lado, de organizações estatais mais ou menos poderosas, como as da Nova Espanha ou as do Peru capazes de coordenar melhor a resistência indígena à invasão, atenuam, muitas vezes, o ímpeto da verdadeira ação militar e de conquista, deixando espaço à placidez de empresas mais laboriosas e monótonas.

Em casos tais, o que primeiramente se há de requerer para o bom sucesso dos estabelecimentos coloniais é a presença de povoadores sempre alertas ante possíveis incursões dos naturais da terra, e estes não usam dar peleja fidalga, mas de guerrilhas, emboscadas, e traições, que são exercício impróprio de *caballeros de armas*. Pode-se, pois, dizer que são circunstâncias locais, quase sempre imprevisíveis, não tanto peculiaridades étnicas, o que de ordinário os força à atividade agrária.

É inútil querer descobrir algum abismo, nesse ponto, entre o comportamento dos castelhanos e o dos lusitanos que se fixaram no Novo Mundo. Se agiram diversamente, de início, nos modos de ocupação, povoamento e granjeio da terra, foi, em parte, porque os primeiros, solicitados, em suas Índias, pela fabulosa colheita de riquezas minerais, desde cedo manifestas, hão de relegar para segundo plano atividades econômicas que os portugueses, desprovidos ainda desses tesouros, se viam levados a fomentar.

Acresce que para a mão de obra empregada nas plantações (e também nos engenhos), onde todo o trabalho se faz com mãos e pés de negros, dispõem estes de inexaurível manancial em seus entrepostos da costa da África. Pelos processos de posse territorial, de organização econômica e de formação da sociedade que nela se instalam, a América portuguesa surge propriamente como uma colônia, no sentido moderno da palavra. De fato, comparada aos centros de gravidade do Império espanhol no Novo Mundo, ela é bem mais uma colônia do que uma "conquista"; não importa se, no sentido moderno, a palavra só comece a ter curso em Portugal em épocas mais tardias.

O tempo, a experiência, principalmente os desenganos que no Brasil se seguem a buscas tantas vezes inúteis de gemas e metais raros, serviriam para dar estabilidade a tal situação. Não faltou mesmo quem aceitasse aqui, de bom grado, a ideia de uma empresa colonial de vastas proporções, apoiada, economicamente, na grande lavoura e só nela. Mas em uma lavoura que consiste em extrair da terra toda sua riqueza sem nada lhe dar em troca.

Note-se que essa forma de exploração predatória está longe de representar exclusivo patrimônio do Brasil português. O consumo sucessivo de terras novas, terras para desfrutar e depois abandonar quando já imprestáveis, com o crescente assolamento de vastas regiões, é inseparável da lavoura latifundiária e escravista. Onde quer que esta se tenha praticado, verificou-se aquele dito de Jefferson a propósito da Virgínia de seu tempo: "É mais barato comprar um acre de terras virgens do que fertilizar outro de solo já usado." Seria injusto assim querer censurar os portugueses pela introdução de uma lavoura extensiva cujos malefícios persistem ainda hoje. Não se pode sequer pretender que tenham escolhido, entre outras possíveis, essa forma de exploração do solo, porque, com a terra farta e os rudes operários de que dispunham, não havia simplesmente opção possível.

Para levar avante a colonização do Brasil, fazia-se mister a produção em grande quantidade de algum gênero, como o açúcar, que pela fácil aceitação nos mercados externos pudesse compensar as despesas com seu estabelecimento. E naturalmente que consentisse uma redução ao mínimo necessário destas despesas para que a empresa se tornasse atraente. O fato de terem sido achadas aqui terras excepcionalmente aptas para esse gênero de produção foi, sem dúvida, decisivo dos rumos da atividade colonizadora.

Nos primeiros decênios do século XVII, em que começa a avultar extraordinariamente a produção canavieira na Bahia e nas capitanias do Nordeste, não é opinião isolada a de D. Diogo de Meneses, quando manda dizer a Sua Majestade, a propósito da nomeação de D. Francisco de Sousa para governar as capitanias "de baixo" e superintender as minas, que no açúcar, além do pau-brasil, estavam as verdadeiras minas desta América portuguesa. Se no caso do Governador-Geral podia prender-se um pouco ao ressentimento que nele causou aquela nomeação, esse modo de ver parece, no entanto, justificar-se amplamente pelos muitos gastos sem grande ou nenhum efeito que se faziam com o incremento à mineração, comparados às grandes rendas, sem qualquer despesa, que já dava à Régia Fazenda o produto da lavoura do açúcar.

Há mais a considerar que o plantio de canas se impunha naturalmente aos portugueses, depois da sua longa e feliz experiência nas ilhas do Atlântico, na Madeira, em particular, e depois no Cabo Verde. Dessas ilhas, como depois do Brasil, começa-se por importar, no reino, o fruto da exploração extrativa, constituída ali, sobretudo, de produtos tintoriais (urzela e sangue-de-drago), cera, mel, madeiras – estas em tamanhas quantidades e de tal grandeza e corpulência que fizeram mudar, em Lisboa, o estilo das edificações, tornando-as mais altas "que se vão ao céu", disse-o Zurara – enquanto não se desenvolvia a atividade agrária, concentrada de preferência na cana-de-açúcar. Atividade que se processou, em geral, nos moldes que também se adotarão no Brasil e que os nossos colonizadores não precisaram, assim, tomar aos índios, afeitos também às chamadas roças volantes: tamanha foi, nas ilhas, a devastação das matas, desde o memorável incêndio na Madeira testemunhado por João Gonçalves Zarco, quando começaram o povoamento e a ocupação daqueles lugares, que já no século XV se predizia o desaparecimento rápido dos paus para engenhos e fornalhas.

A ignorância de técnicas extrativas — Por outro lado, não tinham os primeiros portugueses que aqui se instalaram nenhum dos conhecimentos necessários à prática da mineração. O ouro que lhes ia da Guiné ou de Sofala obtinham-no, por comutação e resgate, das tribos africanas. Nisto não se pode dizer que fossem muito além dos mercadores italianos da Idade Média, que se dedicavam ao mesmo negócio na Berberia e até em certos lugares da costa atlântica do continente negro, sem chegar à exploração direta das areias auríferas e ainda sem estabelecer contato com as tribos que praticavam sua coleta.

Mesmo na costa leste, limitam-se esses portugueses a um comércio de segunda ou terceira mão para a captura do ouro e prata no Monomotapa. O próprio piloto árabe de Vasco da Gama, nos textos só recentemente publicados pelo Instituto de Estudos Orientais da Academia de Ciências da U.R.S.S., já se refere àquela gente ocidental, ao Franco-Português, como os chama, que leva cinábrio e cobre, como os infiéis de Sofala: o cobre, acrescenta, "para aqueles que têm o ouro e a prata."[4]

É de supor que algum desse ouro africano já saísse lavrado para o reino, se cabe interpretar assim a passagem do Regimento do Tesoureiro da Casa de Guiné, datado de 1510, onde aparece, entre as obrigações do dito tesoureiro, a de fazer contar o "ouro que veio em joyas y o ouro como nasce". Mas não é impossível que este ouro "em joias" fosse fornecido por muçulmanos ou ainda que o Regimento consignasse uma hipótese simplesmente viável.

Dos africanos que trabalhavam no meneio das areias ricas, e com estes os tratadores não entravam em relações, apenas consta que sabiam catar e lavar as mesmas areias. Nem é crível que os pretos introduzidos no Brasil pelo tráfico tivessem sido portadores de técnicas, mesmo primitivas, de mineração, já que as ignoravam em suas terras de origem. Para tanto estariam menos aparelhados do que os próprios portugueses. Esses podiam ao menos alegar conhecimento das veias da Adiça, perto de Lisboa, exploradas uma vez ou outra, sem que os ganhos, entretanto, dessem para cobrir os gastos da operação.

Quanto à metalurgia, não faltava em Portugal quem conhecesse o bastante para ofícios tais como os de ensaiador, afinador e ourives. Apenas os primeiros, porém, os ensaiadores, seriam de algum préstimo aqui no entabulamento das minas preciosas, e esses, em geral, se deixavam ficar no reino, onde conheciam e examinavam as amostras mandadas. Seja como for, os enganos a que tantas vezes se expuseram, assim como as desmedidas e falaciosas esperanças que infundiram em descobridores e governantes, não parecem recomendar altamente a aptidão de muitos desses oficiais.

Notícias de descoberta de gemas preciosas

Podia ocorrer, é certo, que fossem eles próprios os primeiros logrados pela astúcia de pretensos descobridores, ambiciosos de honras, mercês e privilégios, os quais chegavam a mandar amostras verdadeiras e de mina já sabida, como se pertencessem ao suposto descoberto: é notório que tais burlas existam e, ao menos em um caso, foi desmascarado o intrujão. Ou então era possível que, insuficiente para uma prova cabal, sem maior conhecimento do terreno da jazida, a amostra mandada se prestasse a

---
[4] Cf. T. A. CHUMOVSKY, *Três Roteiros Desconhecidos de Ahmàd Ibn-Mãdjid, o Piloto Árabe de Vasco da Gama* (Moscou-Leningrado, 1957), p. 49.

enganos. Não só em Portugal, aliás, como também em centros cientificamente mais avançados, foram frequentes esses erros, principalmente no que respeita à identificação de gemas preciosas, até a segunda metade do século XVIII, quando se começa a apurar melhor o estudo de sua natureza, estrutura e variedade.

Não estaria nisto uma das explicações para a obstinada procura de pedras verdes que, bem antes da célebre jornada de Fernão Dias Pais, em realidade desde meados do século XVI, ocupou tantos aventureiros e sertanistas? O fato é que, mandadas amostras ao reino, vinha constantemente o veredicto positivo dos entendidos: eram esmeraldas. E se acontecesse, como em geral acontecia, serem as pedras um tanto descoradas e foscas, atribuíam o defeito ao processo usado muitas vezes em sua extração, que era aquentarem-se ao fogo os cristais onde se incrustavam, até arrebentarem estes, soltando de si as gemas. Ou então ao fato de procederem das camadas superficiais, em que jaz a escória das melhores. E, como as melhores ficavam nas entranhas da terra, o remédio era aprofundarem-se as escavações: então se achariam as pedras boas, tão boas, luzentes e coradas, como as da Etiópia e do Peru.

As mesmas sugestões, feitas, segundo Gabriel Soares de Sousa, a propósito das pedras verdes de Antônio Dias Adorno, serão reiteradas, quarenta anos mais tarde, pelos lapidários ou práticos de Lisboa, à vista das que manifesta Marcos de Azeredo. Dadas estas, a princípio, por boas e muito finas, desacreditadas alguns decênios depois, segundo versão que Varnhagen divulgou, mas não documentou, apesar disso novamente procuradas com afinco, e achadas, afinal, por Fernão Dias – se umas e outras vinham do mesmo serro –, são reconhecidas ainda uma vez como genuínas para serem desclassificadas só em 1697, dezesseis anos após a morte do paulista, diante de amostras resultantes de outra expedição, sem que esse laudo parecesse decisivo para as autoridades lusitanas. Estas não deixarão, com efeito, de dar o nome prestigioso de esmeralda às pedras verdes, segundo se depreende de carta régia daquele mesmo ano de 97, por onde se provê a Garcia Pais, filho de Fernão Dias, em algumas das administrações de minas dessas pedras, e de animar a busca e extração delas, que há de continuar durante todo o século XVIII e mais tarde.

Também os diamantes, com menos frequência, embora já se anunciam em mais de uma ocasião, bem antes de 1729, a data mais geralmente aceita para o seu descobrimento ou começo de exploração. Além de uma alusão vaga de Gabriel Soares a certas pedras do sertão da Bahia, as quais são de uma banda oitavadas e mui sutilmente lavradas como diamantes, é sabida a notícia dada em 1643 por Domingos de Azeredo Coutinho e Antônio de Azeredo de que seu pai teria encontrado dessas gemas, além de esmeraldas. Se exata, o que é duvidoso, segundo já o sugeriu Orville Derby, tal notícia faria recuar o descobrimento até 1611, data provável da expedição de Marcos de Azeredo.

Em 1702 já há quem inclua diamantes entre os muitos tesouros que faziam do Brasil a verdadeira Índia e Mina de Portugal, no dizer de uma testemunha, pois a Índia, escreve, "já não he India": embarcavam-no, "não em bisalhos, mas em caixas, que todo ano vem a este Reyno". Não obstante seu cunho oficial, pois consta da aprovação do Paço a um livro de Frei Antônio do Rosário, parece de escasso valor esse depoimento isolado, que os historiadores, com razão, têm esquecido. Outras versões fazem datar ora de 1714, ora de 1725, o encontro dos primeiros diamantes de Minas Gerais, mas não se casam bem com o alvoroço provocado na Corte pelas amostras de pedra branca que mandou a el-rei, só em julho de 1729, o Governador da Capitania, D. Lourenço de Almeida.

É verdade que, em sua resposta ao Governador, D. João V fala em remessas das mesmas pedras brancas chegadas a Lisboa, nas frotas do Brasil, durante os dois anos anteriores e "que he sem duvida serem diamantes". Aproveita a ocasião para censurar acremente a "indesculpável omissão" de D. Lourenço, que deixara de averiguar logo no seu princípio uma novidade de tamanha importância, sabendo que as minas de tais pedras eram de sua regalia, como as dos metais preciosos, e sujeitas ao pagamento do quinto.

Não só minas de esmeraldas e diamantes, mas de ouro também, e de prata, são sucessivamente manifestadas, certificadas pelos práticos, e abandonadas, ao cabo, para ressurgirem em sítio diferente, com renovadas esperanças e desenganos. Como não pensar, no caso dos metais preciosos, que muitos desses alardes, tal como se deu com as pedras raras, só nasceram de bons desejos dos mineiros e de erros dos ensaiadores?

É significativo que as novas sobre o achado de tais minas no Brasil se amiudassem precisamente quando mais vivos eram a esperança e o desejo delas: ao tempo dos primeiros governadores-gerais. Buscam-nas e julgam encontrá-las nos sertões da Bahia, de Pernambuco, de Porto Seguro, do Espírito Santo, mas é nas partes do sul, onde já se propalara sua existência desde a viagem de Caboto e onde se mandava procurar Martim Afonso, que se localizam com mais insistência e precisão. Uma carta do Bispo D. Pero Fernandes Sardinha parece positivar, em julho de 1552, o descobrimento ali de ouro em grande cópia. Anchieta reitera a informação em

1554, e agora já não se trata apenas de ouro, "em grandíssima abundância", mas ainda de prata, ferro e outros metais. No ano seguinte insiste na notícia, ajuntando que de tais pedras andavam cheias as casas dos moradores de S. Vicente.

Esses testemunhos, que levariam a datar de meados do século XVI o início dos descobrimentos de ouro no Brasil, são bem conhecidos dos historiadores. Outro tanto não se dá com o depoimento, aparentemente ainda inédito, que se guarda em Sevilha (*Archivo General de Indias*, 2-5-1/14 Rº 22), onde o castelhano Martin de Orue, que estivera mais de uma vez no Rio da Prata, dá conta da missão que lhe fora confiada em cédula de S. Majestade, para informar-se com diligência e discrição em Lisboa sobre a viagem de Luís de Melo.

> Nesse papel declarou Orue que em setembro de 1553 "veio um homem da mesma Capitania de São Vicente e vizinho dela, chamado Adão Gonçalves, por parte do capitão daquela terra, o qual trouxe certos metais que houvera da gente do Rio (da Prata), que lhe haviam dado os espanhóis que tinham pousado em sua casa e lhes tomou o capitão e parte desse metal diz que era de Assunção e parte do Piquiri".

Acrescenta que, avisado da nova, Martim Afonso de Sousa, e feitos dos metais certos ensaios, acharam que era prata e de boa qualidade.

Diz mais o espião que o caso logo se divulgou em Lisboa e que os mesmos Martim Afonso e Adão Gonçalves, juntamente com dois mercadores com negócios de açúcar em São Vicente, a saber o flamengo João Veniste (isto é, Jan Van Hielst, agente dos Schetz de Antuérpia) e o genovês Filipe de Adorno, conseguiram de Sua Alteza não permitir de nenhum modo passagem pelo caminho de São Vicente a Assunção que Tomé de Sousa mandara cegar. Ao mesmo tempo, instavam para lhes ser autorizado ir terra dentro em busca de minas e metais, dizendo que onde os encontrassem pagariam os direitos e quintos devidos à Coroa. Outrossim, desejavam que, onde encontrassem os ditos metais e por espaço de vinte léguas em torno, ninguém pudesse entrar a buscá-los e descobri-los, o que lhes foi deferido com os mais requerimentos. E seu fim, comenta Orue, era "ir às minas de Piquiri, porque dizem que aquela terra e ainda a Assunção entram na demarcação de el-rei de Portugal".

No mesmo ano de 53 alude o Padre Manuel da Nóbrega, por sua vez, ao descobrimento de minas de prata em tais lugares, admitindo, embora, que, por falta de quem as fundisse, não houvesse certeza de que fosse. As quais minas, diz mais, "acharam e descobriram os castelhanos do Paraguai, que estarão daqui desta capitania (de São Vicente) 100 léguas, e está averiguado estarem na conquista del-rei de Portugal".

Esses dados podem ser precisados e ampliados com o que se sabe do Paraguai, onde, já antes de 1552, data das notícias recebidas pelo Bispo Sardinha, ocupava-se o Governador Martínez de Irala de uma "tierra rica", onde se encontraram, aparentemente, minas de boa pinta. Nos anos imediatos, de 53 e 54 chega a ser atestada a existência de minas de prata, perto de Assunção, e de ouro, na região de Piquiri, por um ensaiador e fundidor da Nova Espanha, e um prateiro de Sevilha, residentes ambos no Paraguai e tidos como hábeis para tais exames. Tão convincentes pareceram essas provas que não hesitou Irala em confiar o entabulamento das minas achadas, ao menos de uma das minas, a particulares com capacidade para tanto, segundo as condições, obrigações e mercês que vigoravam no Peru.[5]

Em tudo isso, o que parece claro é que as supostas minas tinham sido achadas no Paraguai, que a Nóbrega, como a Tomé de Sousa, parecia situar-se nos sertões de São Vicente e, por isso, na demarcação de Portugal. Mas as minas do Paraguai logo se desvanecem, depois de ensaios mais acurados. E por esse ou outro motivo também se apazigua, entre portugueses, aquele alvoroço com que fora acolhida a nova de seu descobrimento.

Não se sabe até onde chegou, aliás, o ardente zelo que o assunto chegou a suscitar em capitães e mercadores de Lisboa ou até de Antuérpia. Sabe-se apenas de Adão Gonçalves, o mais empenhado no negócio, que cuidará depois dos gados de sua fazenda e acabará na Companhia de Jesus, sem mais sonhar, ao que consta, com minas de prata; assim também aos Schetz, ou ao seu feitor, bastarão, em São Vicente, os gastos cada vez maiores de seu engenho de açúcar para demovê-los de uma aventura tão mais remota e incerta. E os embargos que, com a notícia das minas, e por causa dela, opusera Tomé de Sousa ao estabelecimento dos jesuítas no planalto, desaparecem, por outro lado, sem maior explicação: em 1554, quando Adão Gonçalves ainda não tinha voltado do reino, funda-se no campo de Piratininga um colégio e povoação, para nela pregar-se o evangelho.

---

[5] *Cf.* R. DE LAFUENTE MACHAIN, *El Gobernador Domingo Martínez de Irala* (Buenos Aires, 1939), pp. 252 e segs.; 262, 491 e segs.

O próprio donatário, sempre assomado e sonhador, mormente agora, que viera da Índia coberto de glórias, tinha pensamentos muito altos para tratar de vagas promessas em terra tão apagada de onde já tinha saído escarmentado pelo triste malogro da jornada de Pero Lôbo. Não é mesmo de crer que o Brasil o seduzisse muito mais do que ao seu primo, Conde de Castanheira, contrário às grandes despesas que faz aqui Sua Alteza, "a fim de coisa que o não mereça" – são palavras suas –, apesar de todo o "ouro de lavagem" de São Vicente e de todas as "esmeraldas" do Espírito Santo, mencionados num dos seus livros de apontamentos. Ouro que não se acharia propriamente em São Vicente, aliás – num São Vicente sem aquele inchaço paraguaio que lhe punham o primeiro governador e o primeiro provincial dos jesuítas – como não estão no Espírito Santo de hoje as celebradas jazidas de pedra verdoenga.

Brás Cubas e Luís Martins descobrem ouro; início da atividade mineradora

É provável, no entanto, pois os apontamentos do conde não são datados, que esta passagem ele a redigisse tendo em conta as expedições de Brás Cubas e Luís Martins, ou só deste último, segundo parece, isto é, sete e oito anos depois do escrito onde Nóbrega mandara a novidade dos metais ao Padre Simão Rodrigues. Nesse documento, como em outros, já alude o Provincial, passageiramente, é certo, a boatos de ouro, mas é à prata que dá maior relevo – "tem-se por certo haver muita prata na terra e tanta que dizem haver serras dela" – ao passo que o depoimento de Martin de Orue nem se refere a ouro. Por outro lado a carta em que Brás Cubas informa, em 1562, Sua Alteza do achado de Luís Martins, diz expressamente que este fora ao sertão a buscar ouro, acrescentando: e "quis Nosso Senhor que o achou em seis partes, trinta léguas desta Vila, tão bom como o da mina e dos mesmos quilates..."

Esse e outros dados, com a larga repercussão que logo alcançaram, poderiam liquidar, em favor de Martins, a primazia nos descobrimentos do ouro brasileiro. No entanto, ou é absolutamente omissa a documentação a respeito, ou a Coroa desdenhou de todo o aproveitamento do tesouro descoberto nos anos de 1560 e 61.

A sugestão proposta por historiadores de que o ouro de lavagem passara a ser explorado por particulares, que o guardariam em suas casas, poderá ser válida, e está documentada, para meados do século seguinte, mas, para os anos que imediatamente se seguem às expedições de Brás Cubas e Luís Martins, não passa de uma hipótese mal apoiada. Além disso, se ela serve para insinuar que as expedições foram frutíferas, não explica o pouco zelo da Coroa em colher os frutos.

Também não há motivos para relacionar esse desinteresse aparente com os sérios problemas dinásticos que se suscitaram desde a morte de D. João III, em 1557, até a ascensão de Filipe II. A verdade é que esses problemas não chegam a interromper, em outros lugares do Brasil, as buscas de minas realizadas por inspiração ou iniciativa oficial, como as de Vasco Rodrigues Caldas, Sebastião Tourinho, Antônio Dias Adôrno, e nem tolhem as grandes obras do Governo de Mem de Sá, inclusive a expugnação do Rio de Janeiro e a fundação da cidade de São Sebastião.

Não é para desprezar, além disso, o conhecido testemunho do inglês John Whithall, ou João Leitão, como era conhecido, morador em Santos e ligado à gente principal do lugar (pois estava para casar-se com uma filha de José Adôrno), sobre minas descobertas, não só por Brás Cubas como por Jerônimo Leitão, as quais só esperavam a vinda de mineiros práticos para ganhar incremento sua exploração. O depoimento, que traz a data de 1578 e consta de carta dirigida a um Richard Staper e divulgada por Hakluyt, fala não só em ouro, que sem dúvida existia em várias partes da capitania, mas ainda em prata, objeto constante de tantas buscas e tão malsucedidas.

Só isto, além do que se sabe dos muitos veredictos ilusórios de mineiros e ensaiadores, permite alguma suspeita sobre a autenticidade do ouro manifestado na capitania até aquela época. Do próprio Luís Martins, tido como mineiro prático, e de seu tirocínio no mister, pouco ou nada se conhece. A carta de 7 de setembro de 1559, por onde é mandado às partes do Brasil, declara, sem maior qualificação, que vinha a "ver os metais que se diz que nelas há". Venceria quarenta mil-réis por ano, enquanto no dito negócio entendesse e houvesse por bem e não se mandasse o contrário.

A julgar pelo resultado aparente de sua ida ao sertão, de onde levou e apresentou à Câmara de Santos três marcos de dobra e seis grãos de ouro, deu boa conta, e bem depressa, da incumbência. Na mesma oportunidade pede embarcação para mandar à Bahia as amostras alcançadas. Quem as mandará é Brás Cubas, que mais tarde se dá por descobridor de ouro e metais. E no mesmo ano de 1562 vai aparecer Luís Martins em São Paulo, como procurador do Conselho. Ligado, desde então, a esse e a outros cargos municipais, não mais aparece, em documentos conhecidos, entre os que cuidam da exploração das minas, como se já não entendesse no dito negócio, para usar das palavras da carta de nomeação.

Nada impede, porém, que ele ou alguns dos práticos em minas, já esperados em 1578, tivessem dado princípio a explorações de ouro de lavagem que parecem positivar-se mais para fins do século. O nome de

Afonso Sardinha – o pai e o filho homônimo – anda quase invariavelmente associado a essas tentativas, iniciadas, segundo diferentes versões, entre 1590 e 1597. Propostas por autores que se serviram de fontes hoje desaparecidas ou não nomeadas, essas datas já se têm prestado à crítica. Basta-nos lembrar, em abono de tais dúvidas, que no testamento publicado de Sardinha (o velho), que o fez em 1592, não há os indícios de seus achados de ouro, que se deveriam esperar, se anteriores àquele ano.

É sabido, no entanto, pela narração de Anthony Knivet, que em 1591 os ingleses de Thomas Cavendish encontraram em Santos depósitos de ouro levados de Mutinga, onde os portugueses tinham minas.[6] Se está certa a identificação já tentada entre essa Mutinga e um ribeirão que, com o mesmo nome, corre do Jaraguá para o Tietê, desaguando adiante de Osasco, é forçoso admitir que principiara o serviço de mineração em local mais tarde celebrado pela produção aurífera. Ou então já se tomaria por ouro o que não passava de ogó, numa confusão que se repetirá muitas vezes.

Parece indiscutível, de qualquer modo, que a última década do século XVI foi decisiva para as origens da mineração no Brasil, e por esse, não por outros motivos, tem sua importância. Ao registrar em 1606 certas minas que achara em quatorze sítios diferentes, Clemente Álvares, ferreiro de profissão, dirá que as descobrira num período de quatorze anos. Entendida literalmente, o que aliás é pouco indicado para época ainda não afeita à precisão numérica, essa declaração levaria até o ano de 1592.

Todavia é mais para fins do que para o começo deste decênio que parece acentuar-se a atividade mineradora. Assim, quando Pedro Taques tenta individuar as zonas onde Sardinha efetuou suas primeiras pesquisas de ouro e também de ferro – Jaguamimbaba (Mantiqueira), Jaraguá, Voturuna, Araçoiaba –, é 1597 o ano que mais vezes aparece. E é dois anos depois, em maio de 1599, que o próprio Governador-Geral do Brasil, D. Francisco de Sousa, chega a São Paulo, passando então a residir na capitania, onde se estabelecerá mais tarde, elegendo-a para sede de suas atividades no governo das partes do sul e superintendência das minas.

---

[6] No texto original, impresso por Samuel Purchas, lê-se: "We found store of gold in this Towne (Santos), that the Indians had brought from a place called by the Indians Mutinga, and now the Portugals, mynes there", *Hakluytus Posthumus or Purchas His Pilgrimes*, by Samuel Purchas, B. D., vol. XVI (Glasgow, 1906), p. 83. Cf. também ANTHONY KNIVET, *Vária Fortuna e Estranhos Fados de...*, versão do original inglês por Guiomar de Carvalho Franco (São Paulo, 1947), p. 25 e n.º 24. Uma análise crítica minuciosa das fontes para o conhecimento da mineração quinhentista em São Paulo, que não caberia neste simples capítulo, pode encontrar-se em MÁRIO NEME, *Notas para a Revisão da História de São Paulo* (SP, 1959), pp. 311-372.

Não há melhor indício de que as jazidas de metal, embora pobres, eram aqui uma realidade e capaz de impor-se à atenção dos agentes da Coroa.

As técnicas mineradoras na Europa Na ausência de documentação suficiente, não há meios de saber até onde essa lavra incipiente chega a ultrapassar os métodos mais empíricos. Na Europa é principalmente entre alemães e, muito menos, entre italianos, que, devido a condições locais favoráveis, chegara a desenvolver-se de modo considerável a mineração de metais preciosos, se bem que a metalurgia propriamente dita tenha alcançado apreciável grau de desenvolvimento em outras terras, inclusive nos Países Baixos espanhóis. As jazidas de Joachimsthal, na Boêmia, e as de Chemnitz, na Saxônia, chegaram a tamanha importância e celebridade que o nome das primeiras serviria para a designação de espécies monetárias bem conhecidas – o *thaler*, por exemplo, ou *dollar* – e que a palavra "saxão" se transformara quase em sinônimo de mineiro.

Essas regiões, devido às exigências de uma exploração contínua, tornaram-se, além disso, verdadeiras escolas de formação e aperfeiçoamento de mineradores, ensaiadores, engenheiros e metalurgistas de toda a Europa. São as técnicas desenvolvidas particularmente na Saxônia que vão disseminar-se no mundo inteiro, inclusive na Espanha e nas Índias, depois de publicado o tratado *De re metallica*, de Georgius Agrícola (Georg Bauer) que, impresso primeiramente em 1556, se tornará mais ainda do que a obra anterior de Biringuccio, onde vêm descritos os métodos alemães e italianos de extração de metais, uma espécie de catecismo dos especialistas em mineração.

Sabe-se que já em 1557 o próprio Filipe II encomendou um exemplar da obra de Agrícola e logo depois estabeleceu, para os mineiros da Espanha e das Índias, dispositivos práticos acerca da extração de metais largamente calcados em técnicas empregadas na Saxônia.[7] Durante dois séculos e mais, foi nas lições de Agrícola que se inspiraram, diretamente ou através de adaptações e glosas, os mineiros da Nova Espanha, Nova Granada e Peru. E é mais do que provável que, imbuídos de tais lições, os especialistas trazidos ao Brasil, a partir de 1590 e 91, ajudaram a expandi-las, com o que abriram caminho para o melhor conhecimento e exploração de nossas riquezas.

---

[7] *Cf.* a respeito ROBERT C. WEST, *The Mining Community in Northern New Spain*, Berkeley-Los Angeles, 1949, pp. 15 e segs., e MODESTO BARGALLO, *La Mineria y la Metalurgia en la América española durante la época colonial*, México-Buenos Aires, 1955, pp. 14, 17, 86 e *passim*.

Os primeiros técnicos mineradores no Brasil   Não é muito fácil, todavia, com a documentação disponível, descreverem-se os pormenores desse período de aprendizagem que se inicia, certamente, na América portuguesa, em particular na capitania de São Vicente, cerca de um século antes do descobrimento das grandes jazidas auríferas no sertão de Minas Gerais. D. Francisco de Sousa, que depois de sua primeira residência em São Paulo, voltara à Corte dos Filipes deslumbrado com os tesouros naturais que sua imaginação lhe descrevia na mesma capitania, foi um dos mais veementes partidários da vinda de técnicos estrangeiros. Como, sem o socorro deles, seria possível o eficaz aproveitamento daquelas trezentas léguas de terra coalhadas de ouro, só em parte desvendado, além da prata, esmeraldas, pérolas(!), cobre, ferro, salitre e tantas outras preciosidades que se achariam nas mesmas partes à espera de benefício?

Em apontamentos que então ofereceu a Sua Majestade e de que resultará sua nomeação para governar as capitanias do sul e superintender as minas de todo o Brasil, indica expressamente, para o trato das minas de ouro, a vinda de mineiros do Chile, para a prata, gente de Potosi, para as pérolas, da Margarita; das Índias Ocidentais, para o diamante, assim como oficiais de Biscaia, para o ferro. Além disso, seriam encomendados, na Alemanha principalmente, mineiros para o ouro de beta e mais para o salitre e o enxofre. E não deveria esquecer-se da conveniência da remessa de ensaiadores e refinadores de onde os houvesse para toda casta de metais.

Em escala mais modesta, providências semelhantes tinham sido adotadas, aparentemente, desde 1586. Guarda-se na Biblioteca da Ajuda um rol manuscrito de mineiros, fundidores, ferreiros e outros oficiais trazidos às capitanias de baixo, que assim se chamavam então a de São Vicente e as outras existentes do Espírito Santo para o sul, entre aquele ano e o de 1604. Deduz-se dessa informação que, ao tempo do primeiro Governo de D. Francisco de Sousa, foram mandados vir um mineiro, dois fundidores, um lapidador de esmeraldas, um mestre de adubar pérolas, assim como um ferreiro prático e mestre de consertar foles (para fornos catalães?). Logo depois, sob Diogo Botelho, fez-se vir, expressamente para a Capitania de São Vicente, um prático da Alemanha, com seu intérprete e língua, e um padre agostinho castelhano, dado por "grande mineiro", com igual destino. Além desses, trazidos por iniciativa governamental, é possível que outros tenham chegado por conta própria, atraídos pelo que se propalava da opulência do Brasil.

São extremamente sumários, no entanto, os dados relativos à parte que teriam tido esses práticos e oficiais no incremento da mineração brasileira e vicentina. No rol mencionado, apenas de um deles consta o prenome: trata-se do lapidador de esmeraldas, chamado Mestre Cristóvão, e esse tudo faz para supor que se dirigiu à Capitania do Espírito Santo, onde se julgava existirem em grande cópia aquelas gemas. É possível, mas não indiscutível, que o mineiro da Alemanha fosse o mesmo que, com essa naturalidade e com o nome estropiado de Jaques Oalte (Walter? Walther?), aparece por esse tempo a propósito das pesquisas de minas de ouro. E, ainda, que o padre agostinho, "grande mineiro", seria o mesmo Agostinho Soutomaior, nomeado provedor das minas do Brasil em 1591, depois de ter servido em Monomotapa e porventura nas Índias de Castela. Contra essas identificações pesa, porém, o fato de figurar o alemão, tanto quanto o espanhol, na lista dos que trouxe Diogo Botelho: ora, este só virá ao Brasil, por governador-geral, em 1602, e Soutomaior já estava nomeado mais de um decênio antes, para vir com D. Francisco de Sousa, ao passo que Oalte é apontado entre os companheiros do mesmo D. Francisco em São Vicente, durante a viagem de 1599.

Além desses e de Cristóvão, o lapidador de esmeraldas, sabe-se que foi nomeado, pela mesma ocasião, feitor das minas, certo João Correia. Este, ou um homônimo, surge como vizinho da vila em 1593. Algum tempo depois encontra-se na mesma vila Geraldo Beting. Dado em velhos textos por alemão, como Oalte, houve recentemente quem objetasse a isso, dizendo que era flamengo. Não seria nem uma nem outra coisa se natural da Gueldria, como se pretende. Essas precisões, contudo, que hoje seriam obrigatórias, não parecem tão válidas numa época em que até os filhos dos Países Baixos católicos, que se manterão fiéis vassalos del-rei de Castela, se chamam "alemanes flamengos".

De outro especialista na construção de engenhos de ferro que deixará, como Beting, ilustre descendência em São Paulo, figurando nela notáveis descobridores de minas de ouro, consta igualmente que era originário da Flandres. Nada porém se pode afirmar com segurança sobre a naturalidade desse Cornélio de Arzing, cujo cognome, se era assim, foi logo aportuguesado para Arzão ou Darsam.

Um dos obstáculos, aliás, a toda tentativa de se identificarem os técnicos estrangeiros importados resulta precisamente dessa tendência generalizada para a naturalização de seus apelidos. Certo flamengo de nome ignorado e, ao que parece, arrevesado, passa a chamar-se, por exemplo, João Guimarães, como o inglês John Whithall se tinha convertido, ora em

Leitão, ora em Ortega, e o francês Jean de Léry chegou a ser traduzido para João d'Oliveira. De alguns dos que podem ter contribuído para iniciar os moradores no trato de metais e minas, só há notícia através de livros e arquivos de outras terras: é esse o caso do florentino Bacio de Filicaia, que serviu com D. Francisco de Sousa, e o do holandês Willem Jost ten Glimmer, prático em mineração, que chegará a participar de uma expedição bandeirante aos sertões do São Francisco.

A Coroa desinteressa-se da exploração aurífera em S. Vicente

O aparecimento dessas personagens na capitania vicentina, justamente quando mais se propalam, e com maior precisão, notícias de achados e fundições de metais preciosos, dificilmente se poderia atribuir a mero acaso. É certo que os frutos colhidos de tamanho esforço daqueles que os atraíram, cuidando desvendar logo, com seu auxílio, os tesouros mais fabulosos, pareceram corresponder muito mal a essas esperanças. O próprio D. Francisco de Sousa que, mais do que ninguém, se obstinou em perseguir tais fantasmas, morre paupérrimo na vila de São Paulo, tanto que, sem a piedade de um teatino, não teria sequer uma vela em sua agonia, a julgar pela versão de seu contemporâneo Frei Vicente do Salvador.

Seria preciso mais para explicar o arrefecimento, pouco depois, do zelo e entusiasmo suscitados na Corte pela novidade das grandes minas de São Vicente? A nomeação, em 1613, de Salvador Correia de Sá, o velho, para superintender as minas do sul, assemelha-se já, em alguns pontos, à liquidação forçada de uma empresa cujos proveitos não correspondem às grandiosas expectativas com que se anunciara. Apesar da experiência que se podia supor em quem, como Salvador Correia, se exercitara em Potosi no labor das minas, da diligência que pôs no incremento de lavras novas, e dos esforços contínuos que fez para atrair práticos de outras terras, o novo superintendente que, em contraste com D. Francisco de Sousa, pouco se demorou em São Paulo, preferindo permanecer no Rio de Janeiro, onde tinha propriedades, já não logrou convencer muita gente das vantagens que tiraria a Coroa de mais generosas inversões em negócio tão inseguro.

No Regimento que deu ao velho Correia de Sá, quando o despachou para o lugar que ocupara D. Francisco de Sousa, S. Majestade ainda se refere ao que lhe fora representado sobre as minas de ouro da Capitania de São Vicente que, beneficiadas, poderiam eventualmente ser de muita utilidade à Régia Fazenda e aos seus vassalos. De onde a conveniência de se mandar pessoa com experiência e zelo do Real Serviço a averiguar a verdade e certeza das ditas minas.

Passados cinco anos, a essa atitude de expectativa sucede o quase ceticismo que transpira da introdução ao segundo Regimento das terras minerais do Brasil, datada de 8 de agosto de 1618, onde se lê:

> "Eu El-Rei. Faço saber aos que este meu Regimento virem que, considerando eu o que em decurso de tantos anos e por muitas diligências feitas por D. Francisco de Sousa, Governador que foi do Estado do Brasil, e Salvador Correia de Sá, aos quais cometi o descobrimento das Minas de Ouro, prata e mais metais das Capitanias de S. Paulo, S. Vicente, daquele Estado, se pôde averiguar a certeza das ditas Minas, e não ter tirado delas proveito algum para a minha Fazenda, por fazer mercê a meus Vassalos das ditas Capitanias, e todos os mais moradores daquele Estado..."

Não se tratava, em todo caso, de um veredicto terminante contra a existência dos metais anunciados, pois no mesmo Regimento se diz Sua Majestade informada da presença de ouro de lavagem, que as invernadas levam com as correntes aos rios e ribeiros. E admite, entre as jazidas *já descobertas* ou por descobrir, que alguma, pela sua maior opulência, merecesse ser beneficiada, não pelos particulares, mas pela Régia Fazenda. O próprio fato de se largarem as minas, de modo geral, a particulares, desde que pagassem pontualmente o quinto, indicaria quando muito tenuidade, não ausência do ouro cobiçado.

O ruidoso malogro, no ano seguinte, da empresa de Belchior Moreia em Itabaiana, acabará por sufocar as esperanças que punham as autoridades responsáveis no ouro e prata da América portuguesa, firmando cada vez mais a certeza de que as verdadeiras e mais rendosas lavras do Brasil eram as do açúcar e não as de metal precioso. O resultado é voltarem-se agora todas as atenções dos que sonham com maiores tesouros para as riquezas ocultas do continente negro, tão celebradas e, não obstante, tão desdenhadas, desde que se propalou como coisa certa que os senhorios lusitanos no Novo Mundo não precisariam, nesse ponto, invejar as Índias de Castela. Em 10 de março de 1620 ordena Sua Majestade, com efeito, que se passem para Monomotapa os mineiros que ainda restam no Brasil.

Até agora, o que de positivo se verificara aqui, em matéria de metais pobres, era sua existência na Capitania de São Vicente. Mas esse pouco ouro, ouro de lavagem, não de betas e veias ricas, como a princípio se esperava, pagaria as despesas havidas com seu aproveitamento? Recorrera-se mesmo à experiência de forasteiros, alguns até suspeitos de heresia, como foi o caso do próprio Cornélio de Arzão, preso mais tarde em S. Paulo, como aderente do credo reformado. E qual o fruto de tamanho esforço? Onde se podiam distinguir alguns desses práticos estrangeiros, sobretudo os alemães, era na perfeição dos trabalhos subterrâneos, já largamente comprovada nas possessões castelhanas do Novo Mundo. Trabalhos estes que pareciam, em verdade, de todo desnecessários no sertão vicentino, com seu ouro de superfície, que se trabalhava a céu descoberto, sem necessidade de instalações dispendiosas e complicadas.

Prospecção, extração e fundição a cargo de particulares — Parece exato, assim, que a importação de técnicos para o trabalho dos metais não deu logo resultados que satisfizessem a Régia Fazenda. É difícil, porém, pretender com a mesma certeza que as obras de prospecção, extração e benefício desses metais deixaram de agir sobre os moradores da capitania. Se a exploração das minas era de pouco proveito, também era de pouco custo para os que aqui residiam, desde que aprenderam a identificá-las e localizá-las. O equipamento essencial para essa exploração, além do almocafre que se podia substituir por ferramentas usuais até na lavoura, era a bateia – espécie de gamela de pau onde se lavavam, por meio de movimentos circulares apropriados, a terra e os seixos auríferos, depositando-se ao fundo as partículas mais pesadas de metal – cuja falta supria, por sua vez, com o prato de estanho usado nas refeições.

O trabalho restante competia naturalmente aos fundidores, cuja existência por essa época, na vila de São Paulo, senão a da própria casa de fundição, prevista já no primeiro Regimento das terras minerais, está bem documentada. Quanto ao ferro, é certo que dele se fundiu enquanto houve fábrica em Santo Amaro, nas proximidades de São Paulo (as forjas da região de Biraçoiaba, anteriores a essa fábrica, segundo alguns textos, e onde o ferro de início passava por prata, só surgiram, de fato, mais tarde) entre 1607 e depois de 1620: era um ferro brando, mais brando que o de Biscaia, talvez por menos temperado, segundo um papel que consta do Livro Primeiro do Governo do Brasil. Cabe ao menos certa importância histórica ao engenho de Santo Amaro, por ser, cronologicamente, o mais antigo de que há notícia no hemisfério ocidental, embora ao de Jamestown, na Virgínia, se dê comumente essa primazia.

Nada impede que pela mesma ocasião, e ao contato de técnicos estrangeiros, alemães, em parte, e também castelhanos, estes, por sua vez, aprendizes de alemães, muitos dos moradores de São Paulo se tivessem iniciado no meneio das minas de ouro, e que semelhante prática, suscetível de transmitir-se de geração a geração, propiciasse, com o tempo, o descobrimento de jazidas de melhor proveito. Nem é de imaginar que essa prática lhes pudesse chegar por outra via, se tem fundamento a opinião do cavaleiro português Luís Álvares Barriga, quando adverte, por volta de 1634, que seus compatriotas "por natureza" se mostravam avessos à investigação de minas, não se achando, entre eles, quatro homens com aptidão para lavrá-las.[8]

O mesmo informante refere-se, no entanto, ao metal precioso da Capitania de São Vicente, explicando que a nenhuma esperança de galardão e ao temor de que caíssem em mãos intrusas as riquezas achadas faziam com que se não fossem descobertas ou aproveitadas. Ao menos esta última explicação é plausível, segundo irá mostrar o tempo. A ela e, mais ainda, ao temor da sujeição em que fatalmente cairiam os moradores, se divulgadas as suas minas, há de referir-se o Governador Antônio Pais de Sande, em escrito onde narra como fora morto um mineiro de D. Francisco de Sousa que poderia propalar a nova dos metais.

Manuel João Branco, genro do primeiro Fernão Dias, que já vivia em São Paulo ao tempo de D. Francisco, também se refere a esse caso do mineiro morto, "mineiro alemão", escreve ele, em carta a Sua Majestade datada de 1636, apontando ainda para a abundância das minas da terra, que os moradores, mais afeiçoados à caça de carijós, punham pouca diligência em explorar. E quando iam às minas, acrescenta, não cuidavam de quintar o ouro tirado, mas vendiam-no em pó, e a sete tostões a oitava, naturalmente devido a quebras e impurezas.

A esse tempo já funcionava com certeza a Casa de Fundição de São Paulo; menciona-a expressamente um papel incluído entre os do Livro Segundo do Governo do Brasil, que não vão além da gestão do Governador Diogo Luís de Oliveira, encerrada em dezembro de 1635. Dez anos depois dessa data, já se começará a falar até, e em mais de um documento, na Casa da Moeda e Fundição dos Quintos, que el-rei mandou entabular na vila, onde "as pessoas que tiverem ouro e o quiserem fundir em moeda o possam fazer".

Embora seja fora de dúvidas a existência de ordens e providências para esse entabulamento, nada prova de modo cabal que se chegasse, em resultado delas, a bater as moedas "São Vicente" mencionadas em certa passagem de Simão de Vasconcelos. Não seriam muito estimulantes, aliás,

---

[8] "Advertencias que de necessidad forçada importa al servicio de su Magestad, que se consideren en la Recuperación de Pernambuco... Hechas por Luys Alvares Barriga Cavallero Portuguez", *Anais da Biblioteca Nacional*, vol. 69 (Rio de Janeiro, 1950), p. 241. *Cf.* também C. R. BOXER, *Salvador de Sá*, pp. 16 e segs.

as experiências anteriores da casa de fundição, segundo se pode deduzir da própria leitura do papel das notícias a propósito das amostras tiradas das minas de ouro que descobriu Clemente Álvares.

<small>Novas jazidas entre Iguape e Paranaguá</small> Só depois de achadas algumas jazidas novas nas partes do sul, onde se teria praticado, ainda no século XVI, alguma incipiente mineração é que tendem a ganhar maior alento essas atividades. É ali, entre Iguape e Paranaguá, e um pouco nas aluviões auríferas das vizinhanças de São Paulo, principalmente para as bandas de Parnaíba e Voturuna, que se vai desenvolver nessa fase a maior colheita de ouro. Quando, em 1647, se erige o povoado de Paranaguá em vila, com o nome de Nossa Senhora do Rosário, já tinha sido nomeado, no ano antecedente, um provedor para suas minas, na pessoa de Mateus de Leão. E em 1649 aparecem queixas à Câmara de São Paulo contra os descaminhos de ouro que ali se verificavam, como se fazia patente nas barretas oriundas da vila de Paranaguá, com marca diferente da que se usava na casa da fundição. Dizia-se mesmo que, nas minas lá descobertas e que o Capitão Gabriel de Lara fora a registrar à Casa da Moeda e Quintos Reais de São Paulo, fizera Heliodoro Ébano uma casa de fundição onde quintava e mandava marcar ouro com oficiais que fizera para esse fim.

A atração do ouro foi causa, segundo velhas notícias, da fixação de grande número de moradores de São Paulo no lugar das novas minas. Não só as margens do Cubatão e dos contrafortes que circundam a baía de Paranaguá foram esquadrinhadas por essa gente: também no alto da serra, as jazidas do Atuba e do Barigui serão logo procuradas. Uma planta de 1653 já assinala nos campos de Curitiba dois casebres, um cruzeiro e até um pelourinho, quinze anos antes de criar-se ali a vila de Nossa Senhora da Luz.

Não admira se muito das riquezas extraídas nesses lugares escapasse à vigilância dos delegados régios. Em 1657, na cidade de Assunção do Paraguai, o marinheiro português Domingos Farto, que dez anos antes estivera em São Paulo, dirá como viu tirar ouro em quantidade e como o tirara e lavrara, ele próprio, declarante, de um lugar chamado Ibituruna, a sete léguas de São Paulo, e também do porto de Paranaguá. São estas, acrescenta, as duas paragens onde se lavra e tira o ouro "por todos los que quieren ir a sacarlo porque son minas comunes para todos". O depoimento de Farto, que pode ser lido entre os papéis do *Archivo General de Indias*, de Sevilha, impressos nos *Anais do Museu Paulista*, é mais um indício, entre outros, de que, afeitos embora à captura de índios, especialmente se aptos ao granjeio da terra, os moradores de São Paulo não seriam tão indiferentes, como se pode supor, às riquezas minerais que afloravam em vários lugares da capitania, sobretudo quando tinham meios de sonegar os quintos devidos à Coroa.

Para pôr termo a semelhantes abusos, causa principal, segundo alguns, do pouco rendimento das minas para a Régia Fazenda, tudo fizeram as autoridades de aquém e além-mar para animar os descobrimentos e explorações. Às justas suspeitas de fraudes, somava-se agora o receio de virem a excitar aquelas minas, de mais fama que proveito, a cobiça de forasteiros, para reclamarem uma ação mais direta nas lavras. Esse receio pareceu reforçar-se com a notícia do aparecimento de navios franceses na baía de Paranaguá e com as ameaças do inimigo holandês, que em dada ocasião chegara, em vários barcos e uma sumaca, a um lugar situado além da beta de ouro.

As reiteradas acusações aos paulistas de sonegarem os reais quintos tinham a vantagem de sustentar, contra todas as aparências, a ilusão das inexauríveis riquezas auríferas e até argentíferas, segundo opinião corrente, que se ofereceriam a pouca distância da barra de Paranaguá. Explicava-se desse modo a exiguidade das rendas que auferia a Coroa com as lavras. No ano de 1657, quando fervia a novidade das opulentas descobertas, o tesoureiro das minas entregava à Câmara da vila apenas um arrátel menos uma oitava de ouro, quer dizer, ao todo, menos de 456 gramas. O Provedor-Mor Pedro de Sousa Pereira, que já antes visitara Paranaguá para inspecionar a purificação e averiguação das minas, de que se fez, talvez por iniciativa sua, uma planta, tomada pelos holandeses em alto-mar, voltou a percorrê-las em 1658, depois de anunciar-se o descobrimento de nova beta, mais rica do que as anteriores.

O descobrimento fora obra do mineiro espanhol Jaime Comas, que, vítima de acidente ou crime, não lhe sobreviveria por longo tempo. A versão do homicídio foi propalada pelos próprios moradores, que não hesitaram em atribuí-la ao próprio Pedro de Sousa, por intermédio de um escravo. Longe de dissipá-la, porém, ela só poderia dar mais crédito à velha suspeita dos tesouros que os de São Paulo prefeririam dissimular, temendo os rigores do fisco e as opressões dos agentes da Coroa. Não fora essa a causa do assassínio do mineiro alemão de D. Francisco de Sousa? E, para lembrar fatos mais recentes, a do desaparecimento do índio vaqueano que por incumbência do mesmo Pedro de Sousa Pereira deveria ir mostrar as minas de Sabarabuçu a Álvaro Rodrigues do Prado?

O próprio Governador Correia de Sá, ao ter aviso de novas riquezas em Paranaguá e "das boas esperanças que havia de seu descobrimento", segundo palavras de Tomé Correia de Alvarenga, que o substituía interinamente no posto, apressou-se em ir pessoalmente averiguar a certeza ou desengano delas. Para tanto, fez-se acompanhar de cinco mineiros práticos, muitas ferramentas e grande quantidade de azougue. Apesar de todo esse aparato, não pareceram confirmar-se porém as boas esperanças que levara Salvador Correia. O fato é que, depois de sua viagem, durante doze ou treze anos, há um arrefecimento sensível no interesse despertado pelas riquezas de Paranaguá. E quando ressurge, com grande alvoroço, o prestígio dessas riquezas, já não é a sedução do ouro, mas a da prata, o que mais contribui para suscitá-lo.

A fama das minas de prata, ali como em outros lugares do Brasil, não era nenhuma novidade. E nos anos que precederam imediatamente a criação da vila de Nossa Senhora do Rosário, não foi ela o que principalmente determinou as expedições, à mesma Paranaguá, do sertanista Antônio Nunes Pinto? Ofuscada logo depois pelos achados de Gabriel de Lara, ressurgia essa fama no momento preciso em que se patenteava a diminuição do direito do quinto, que "ao presente não rendem quase nada", segundo um papel que acompanhava a carta do Príncipe escrita da Câmara da vila em 14 de abril de 1673.

No ano seguinte volta Sua Alteza ao assunto, dessa vez, porém, em carta a Manuel de Lemos Conde, o provedor das minas de Paranaguá, estranhando a longa falta de notícias sobre o rendimento daquelas minas. E é como quem responde às queixas e veladas censuras de D. Pedro que o próprio provedor anuncia, logo depois, o achado de outras riquezas, com que o Brasil pudesse, enfim, equiparar-se às Índias espanholas. Por tratar-se de metal de menos preço, a existência da prata parecia talvez mais digna de crédito aos que já se mostravam céticos acerca da propalada riqueza das veias de ouro da região. Explica-se assim que essa nova quimera rapidamente ganhasse curso na Corte e mesmo entre os moradores de Paranaguá e São Paulo, sendo precisos mais seis ou sete anos para desvanecer-se.

O desengano das minas de prata manifesta-se, de fato, com o aparecimento ali de D. Rodrigo de Castelo Branco, personagem cujo papel, nesse e em outros casos, é bem o de um desmancha-prazeres de governantes e bandeirantes: de uns, porque neles dissipa a esperança de maiores riquezas; de outros, porque o entabulamento das minas, de que se vê incumbido, já promete um freio para sua antiga independência e soltura. Assim é que, chegando em abril de 1679 a Paranaguá, depois de ter buscado sem fruto as minas de Itabaiana, menos de um ano lhe é bastante para pôr termo à sua missão, com um veredicto francamente desalentador. Prata não havia, nem em Paranaguá, nem em Curitiba, onde efetuara contínuas e diligentes buscas; quanto ao ouro, era este tão de superfície e minguado, que mal cobriria os gastos de uma lavra em grande estilo.

Para não redundar um tal esforço em completo fiasco, era preciso que se exercesse sobre betas fundas e fixas. Estas, porém, se de fato existiam na América portuguesa, deviam ser procuradas em outra parte, não aqui. A decepção produzida pelo pronunciamento do fidalgo espanhol, além dos grandes gastos, sem proveito tangível, que já efetuara a Coroa para o descobrimento e averiguação das minas, não impediu o Regente de nomear o mesmo D. Rodrigo para sua derradeira e malfadada missão. Deveria ele sair ao encontro de Fernão Dias Pais, nos morros lendários de Sabarabuçu, onde também se finaria dali a pouco o próprio Governador das Esmeraldas.

CAPÍTULO VI

METAIS E PEDRAS PRECIOSAS

NINGUÉM duvida que, tendo partido em busca das pedras verdes e de prata, Fernão Dias Pais ajudou a desbravar o caminho para o encontro, mais tarde, de minas de ouro, infinitamente mais abundantes e férteis do que todas as outras anteriormente exploradas. Parece inevitável admitir, por outro lado, que o simples trato e meneio das pobres faisqueiras do sul terão tido uma função propedêutica nada irrelevante, contribuindo, não obstante seu pouco rendimento, para formar homens aptos ao reconhecimento de maiores tesouros, só manifestos durante o último decênio do século XVII. Nesse caso, as lavras de São Paulo, Parnaíba, Curitiba e, principalmente, de Paranaguá apresentam-se como fase preparatória e necessária da verdadeira Idade do Ouro no Brasil.

Primeiras descobertas do ouro das Gerais   Isso pode verificar-se particularmente a propósito de Antônio Rodrigues Arzão, natural de São Paulo, "homem sertanejo, conquistador do gentio dos sertões da Casa da Casca", que a maior parte dos autores antigos e modernos considera, bem ou mal, o primeiro bandeirante a revelar o ouro das Gerais. Dele se afirma que, em 1693, tendo ido a prear índios naqueles sertões, e vendo "alguns ribeiros com disposição de ter ouro", graças a sua experiência nas minas que "se tinham descoberto em São Paulo, Curitiba e Paranaguá", fez certos exames com pratos de pau ou estanho, apurando ao todo três oitavas de ouro. E mais teria alcançado se não fora o gentio, que o forçou a romper o sertão com seus homens, rumo à Capitania do Espírito Santo, de onde se passou para São Paulo, achacado e enfermo. Como, por essas razões, lhe fosse impossível retomar a empresa, cometeu-a a Bartolomeu Bueno de Siqueira, seu concunhado, que logo organizou uma entrada com o fito expresso de descobrir ouro, o que de fato conseguiu e não já na Casa da Casca, mas nas barrancas de Itaverava.

Esses dados são corrigidos ou completados com a informação fornecida mais tarde ao Padre Diogo Soares pelo Mestre de Campo José Rebêlo Perdigão, que, na qualidade de secretário do Governador e Capitão-Geral do Rio de Janeiro, Artur de Sá e Meneses, acompanhou este em suas viagens a São Paulo em 1697 e 1700, e às Minas Gerais, onde lhe seria possível obter notícias recentes sobre os primeiros achados de ouro naqueles sertões. Tais achados, segundo pudera apurar, deveram-se ali a companheiros de Fernão Dias Pais na jornada de Sabarabuçu (1674-1681), em particular a um sertanista chamado Duarte Lopes, o qual, fazendo experiências nas areias de um ribeirão que deságua no Guarapiranga, tirou ouro com sua bateia, e em tal quantidade que, ao chegar em São Paulo, dele fez várias peças lavradas para sua casa.

O bom sucesso de Lopes e de outros que tinham ido à conquista do sertão das esmeraldas fez com que vários paulistas organizassem uma expedição à Casa da Casca, onde, diziam, era muito e precioso o ouro. Foi assim que, no verão de 1684, saiu uma bandeira, encabeçada, entre outros, por Manuel de Camargo, seu cunhado Bartolomeu Bueno de Siqueira, seu genro Miguel d'Almeida e João Lopes de Camargo, seu sobrinho. Chegados todos a Itaverava, logo encontraram ali algum ouro, mas, como fosse pouco para sua cobiça, prosseguiu o dito Manuel de Camargo, com seu filho Sebastião, rumo à Casa da Casca, segundo sua primeira intenção, mas antes de chegar a esse misterioso sítio foi morto pelos índios bravios, salvando-se do grupo apenas seu filho e alguns homens do gentio que imediatamente voltaram.

Esse informe não é inconciliável, segundo se pode ver, com o anterior, uma vez que Bartolomeu Bueno, um dos cabos da entrada, bem poderia ter recebido a novidade do ouro por duas vias diferentes, isto é, do Arzão e de Duarte Lopes. A primeira versão encontra-se pormenorizadamente exposta num manuscrito do códice Costa Matoso, pertencente à coleção Félix Pacheco da Biblioteca Municipal de São Paulo e dela se valeriam, entre outros, o poeta Cláudio Manuel da Costa, José Joaquim da Rocha ou quem quer que fosse o anônimo da "Memória da Capitania de Minas Gerais", de 1781, e Diogo Pereira Ribeiro de Vasconcelos, o velho.[1]

---

[1] "Memória Histórica da Capitania de Minas Gerais" é o título da cópia manuscrita existente na Biblioteca Nacional do Rio de Janeiro, impressa na *Revista do Arquivo Público Mineiro*, II, pp. 425 e segs. A atribuição de autoria a José Joaquim da Rocha funda-se numa nota de Monsenhor Pizarro e Araújo em suas *Memórias Históricas do Rio de Janeiro*, t. VIII, pte. II (Rio de Janeiro, 1822), p. 120, onde se trata de uma "História Corográfica da Capitania de Minas Gerais" dedicada ao Governador D. Rodrigo José de

PRANCHA 1. – René Duguay-Trouin. Ilustração das *Memoires de Monsieur Duguay-Trouin, Lieutenant Général des Armées Navales Commandeur de l'Ordre Royal & Militair de Saint-Louis, à Amsterdam, Chez Pierre Mortier. MDCCXL.*

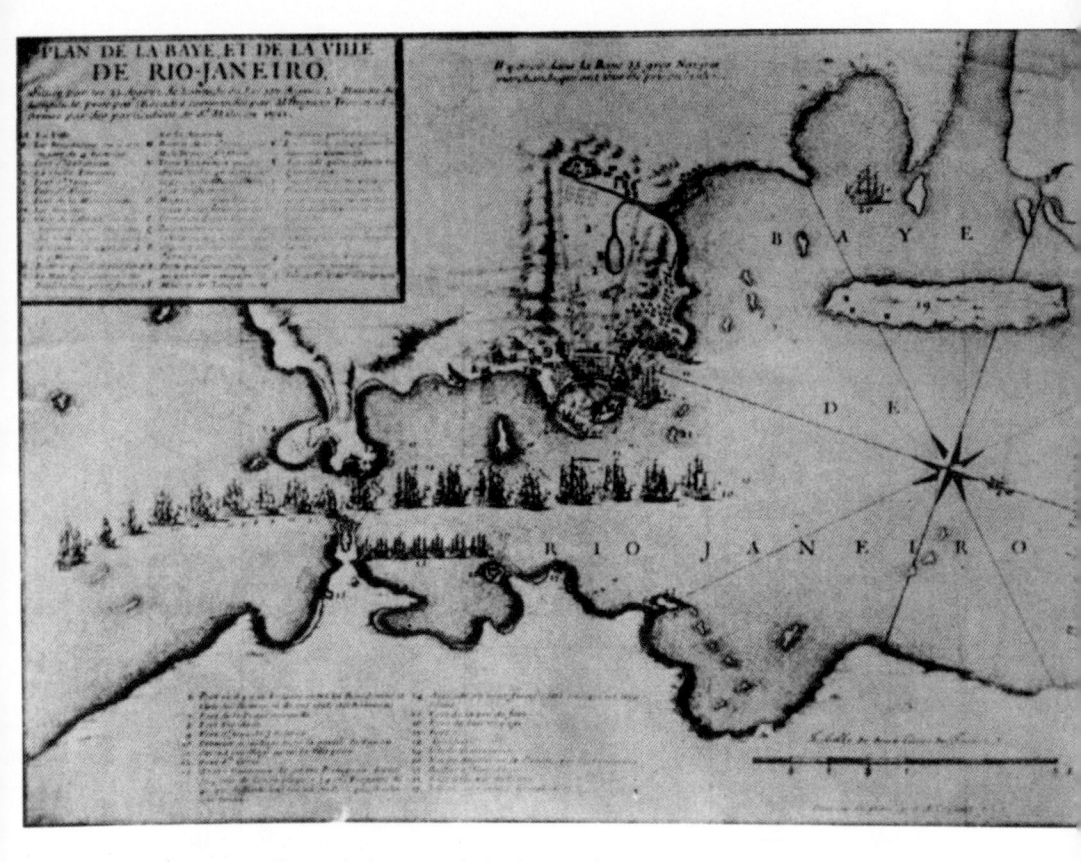

PRANCHA 2. – Planta da baía e cidade do Rio de Janeiro em 1711. Das *Mémoires de Monsieur Duguay-Trouin*, vol. cit., em face da p. 160.

PRANCHA 3. – Fac-símile do frontispício do *Directorio que se deve observar nas povoaçoens dos índios do Pará, e Maranhão.*

PRANCHA 4. – Antigo Colégio dos Padres da Companhia de Jesus em Paranaguá. (Deferência da Diretoria do Patrimônio Histórico e Artístico Nacional. Ministério da Educação, Rio de Janeiro.)

PRANCHA 5. Rede de transporte. M. Frézier: *Relation du voyage de la mer du Sud aux côtes du Chily et du Pérou, fait pendant les années 1712, 1713, 1714*. Paris, 1732, Prancha 31, p. 372.

O URAGUAY
POEMA
DE
JOSÉ BASILIO DA GAMA
NA ARCADIA DE ROMA
TERMINDO SIPILIO
DEDICADO
AO ILL.ᴹᴼ E EXC.ᴹᴼ SENHOR
FRANCISCO XAVIER
DE MENDONÇA FURTADO
SECRETARIO DE ESTADO
DE
S. MAGESTADE FIDELISSIMA
&c. &c. &c.

LISBOA
NA REGIA OFFICINA TYPOGRAFICA
ANNO MDCCLXIX
Com licença da Real Meza Censoria.

PRANCHA 6. – Fac-símile do frontispício da 1ª edição de O *Uraguai*, de José Basílio da Gama.

PRANCHA 7. – Portada do Paço do Saldanha, Salvador, Bahia. (Deferência da Diretoria do Patrimônio Histórico e Artístico Nacional. Ministério da Educação, Rio de Janeiro.)

PRANCHA 8. – Pintura do teto da capela de São Francisco em Ouro Preto, Minas Gerais. (Deferência da Diretoria do Patrimônio Histórico e Artístico Nacional. Ministério da Educação, Rio de Janeiro.)

PRANCHA 9. – Cópia da página de rosto da *Antífona de Nossa Senhora*, manuscrito original de José Joaquim Emérico Lôbo de Mesquita, composto em 1787 no Arraial do Tejuco. É obra para coro misto, violinos, contrabaixo e órgão.

PRANCHA 10. – Estátua de Jonas, um dos doze profetas que Antônio Francisco Lisboa, o Aleijadinho, esculpiu nos primeiros anos do século XIX para o adro do Santuário de N. S. do Bom Jesus de Matozinhos em Congonhas do Campo, Minas Gerais.

PRANCHA 11. – Órgão da Igreja da Ordem Terceira de Nossa Senhora do Monte do Carmo, do Arraial do Tejuco. Construído entre 1782 e 1787 pelo Padre Manuel de Almeida Silva, foi inaugurado por José Joaquim Emérico Lôbo de Mesquita, organista e compositor ativo nesse templo *circa* 1787. (Foto Hans Mann.)

PRANCHA 12. – Cópia da página do primeiro violino da *Antífona de Nossa Senhora*, manuscrito original de José Joaquim Emérico Lôbo de Mesquita.

TRATTADO
UNICO
DAS BEXIGAS, E SARAMPO.
OFFERECIDO
A D. JOAÕ DE SOUSA.
COMPOSTO
POR ROMAÕ MÕSIA REINHIPO.

LISBOA.
Na Officina de JOAÕ GALRAÕ

Com todas as licenças neceſſarias.

PRANCHA 13. – Fac-símile do frontispício do *Trattado unico das bexigas, e sarampo*, de Romão Mõsia Reinhipo, anagrama de Simão Pinheiro Mourão, que é o nome verdadeiro do autor.

PRANCHA 14. – Castigo público. Cópia, a bico de pena, de um detalhe de uma ilustração de Moritz Rugendas, *Malerische Reise in Brasilien,* de..., Herausgegeben von Engelmann & Cie., in Paris/Mulhausen, 1835.

PRANCHA 15. – Engenho de açúcar. Ilustração de Willem Piso, M. D., De *Medicina Brasiliensi* e George Marcgrav de Liesbstad, *Historia Rerum Naturalium Brasiliae*, Amstelodami, 1648. (Deferência da Biblioteca Municipal de São Paulo.)

PRANCHA 16. – Retrato de Erasmo Schetz, datado de 1530, existente no Kunstmuseum de Basiléia. Em *Opus Epistolarum Des. Erasmi Roterodami*, ed. Allen, Tomo XI, Oxford. MCMXLVII, em face da p. 321. Poderoso homem de negócios em Antuérpia durante a primeira metade do século XVI (faleceu em 1550), Erasmo Schetz adquiriu o quintão de Martim Afonso de Sousa e outros na sociedade que formaram em 1534 para o estabelecimento, na ilha de São Vicente, do Engenho do Trato (ou do Senhor Governador), como a princípio fora conhecido, e que passará então a chamar-se de *São Jorge dos Erasmos*. Seu nome e os de seus filhos, principalmente o de Gaspar Schetz, prendem-se, assim, aos primeiros passos da indústria açucareira no Brasil.

PRANCHA 17. – Engenho de açúcar. Desenho de Franz Post para a obra de Gaspar Barleus, *Rerum per octennium in Brasilia et alibi nuper gestarum sub praefectura Illustrissimi Comitis J. Mauritii, Nassoviae & Comitis, nunc Vesaliae Gubernatoris & Equitatus Foederatorum Belgii Ord. sub Auriaco Ductoris historia*, Amsterdã, 1647. (Deferência da Biblioteca Municipal de São Paulo.)

PRANCHA 18. – Lavagem do minério de ouro perto do pico de Itacolomi. De Moritz Rugendas, *Malerische Reise in Brasilien*, von... Herausgegeben von Engelmann & Cie. in Paris/Mulhausen, 1835. (Deferência da Biblioteca Municipal de São Paulo.)

PRANCHA 19. – Vista parcial de Ouro Preto, apresentando à esquerda a Igreja da Ordem Terceira de São Francisco de Assis da Penitência e à direita a da Ordem Terceira do Carmo: as duas irmandades de homens brancos cujos serviços religiosos incluíam capelas, regentes e compositores mulatos. (Foto de Francisco Curt Lange.)

PRANCHA 20. – Instrumentos de mineração reproduzidos de Georgius Agrícola, *De re metallica*, Basiléia, 1556. As armações de madeira para lavagem das terras minerais, que se usariam na Europa Central no século XVI, não foram, aparentemente, introduzidas no Brasil. (Deferência da Biblioteca Municipal de São Paulo.)

PRANCHA 21. – Lavagem de metal precioso nas lavras da Europa Central, *apud* Agrícola, *De re metallica*, cit. Na figura, a cavadeira de ferro (letra E) é o correspondente de nosso almocafre; a vasilha para a separação do cascalho (H) equivaleria ao carumbé; finalmente, o alguidar ovalado e bojudo para lavagem das terras auríferas (I) tem função idêntica à das nossas bateias, embora prevaleça, geralmente, entre estas o formato circular. (Deferência da Biblioteca Municipal de São Paulo.)

PRANCHA 22. – Fac-símile do frontispício da *Instituição da Companhia Geral do Grão-Pará, e Maranhão.*

INSTITUIÇAÕ
DA
COMPANHIA GERAL
DO
GRAÕ PARÁ,
E MARANHAÕ.

LISBOA.
Na Officina de MIGUEL RODRIGUES,
Impreſſor do Eminentiſſimo Senhor Cardeal Patriarca.

M. DCC. LV.

PRANCHA 23. – Casa dos Contos. Ouro Preto, Minas Gerais. (Deferência da Diretoria do Patrimônio Histórico e Artístico Nacional. Ministério da Educação, Rio de Janeiro.)

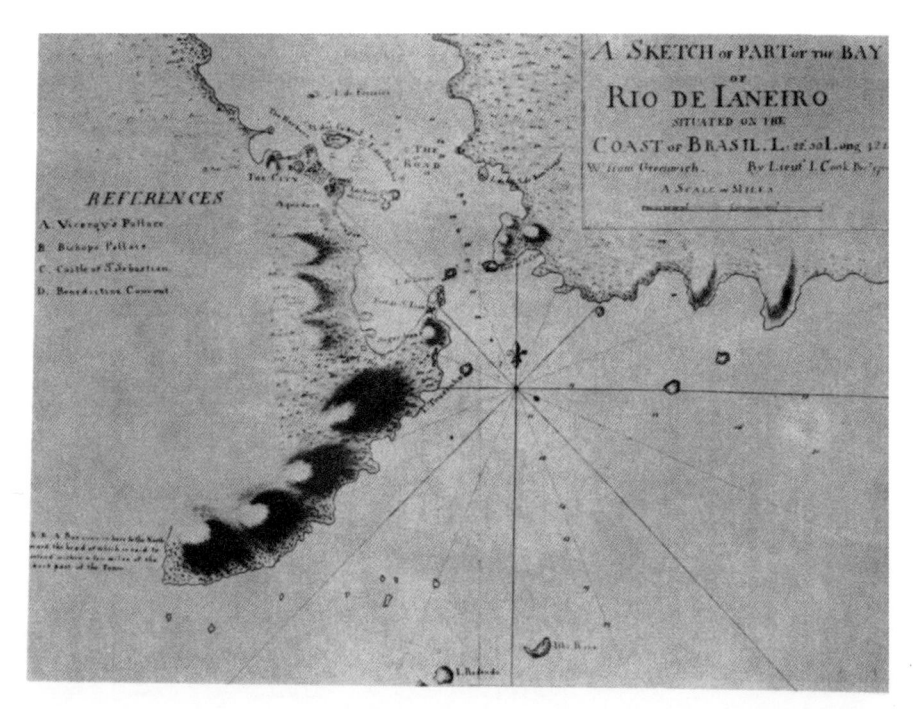

PRANCHA 24. – Aspecto parcial da baía do Rio de Janeiro em 1786. O original, quase certamente da autoria de Cook, desenhado na viagem de Endeavour, 1768-71, guarda-se no British Museum (Add. *MS* 7085, 2). Reprodução em *The Journals of Capitain James Cook*, I. Edited by J. C. Beaglehole, *The Voyage of the Endeavour*. Charts and Views, drawn by Cook and his Officers. Ed. by R. A. Skelton, Cambridge, 1955, n. II. (Publicado para a Hakluyt Society, Série Extra, n. XXXIV.)

PRANCHA 25. Vista da Ponte de Sorocaba, em São Paulo. Ilustração da obra *Curiosidades Brasileiras* por F. L. d'Abreu Medeiros. Natural da Cidade de Sorocaba. Rio de Janeiro, Em Casa de Eduardo & Henrique Laemmert, 1864.

PRANCHA 26. – Casa do inconfidente Padre Carlos Correia de Toledo. Tiradentes, Minas Gerais. (Deferência da Diretoria do Patrimônio Histórico e Artístico Nacional. Ministério da Educação, Rio de Janeiro.)

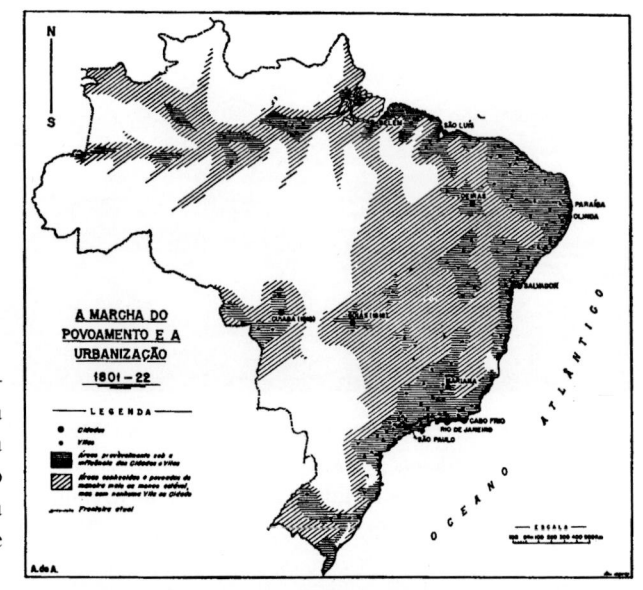

PRANCHA 27. – A marcha do povoamento e a urbanização de 1801 a 1822. (Mapa cedido por especial deferência do Prof. Aroldo de Azevedo.)

Antonil, na *Cultura e Opulência do Brasil*, impressa primeiramente em 1711 (mas logo em seguida confiscada e destruída a edição), oferece uma versão só aparentemente discrepante dessas a respeito do primeiro ouro descoberto nos sertões de Minas Gerais. Segundo ela, o verdadeiro descobridor desse ouro foi "um mulato que tinha estado nas minas de Paranaguá e Curitiba". Este, acrescenta, tendo ido àqueles sítios à procura de índios e chegando, nessa demanda ao serro de Tripuí, desceu abaixo com uma gamela para tirar água do ribeiro que depois se chamaria de Ouro Preto. Ao meter a gamela na ribanceira, com esse intuito, roçou-a pela beirada do rio e viu que havia nele granetes cor de aço. Em Taubaté, para onde foram levados, venderam-se desses granetes a meia pataca a oitava e, feito o exame deles no Rio de Janeiro, apurou-se que se tratava de ouro, e finíssimo.

Na narrativa do jesuíta luquense não aparece a data precisa do achado. Diz-se apenas que ocorreu quando Artur de Sá e Meneses governava o Rio de Janeiro, e isso quer dizer que se teria dado depois de junho de 1697, mês e ano em que o dito capitão-general assumiu seu cargo. Antes disso registraram-se pelo menos duas bandeiras de que há notícia e resultaram no descobrimento de ouro; em 1693 a de Arzão, à Casa da Casca, e a de Bartolomeu Bueno de Siqueira e outros, em 1694, a Itaverava. Pertencem todas, de fato, à série de expedições que durante o último decênio do século XVII prepararam a grande fase das explorações auríferas nas Minas Gerais. E tendo-se em conta o já lembrado relato do Mestre de Campo Rebelo Perdigão, não fica de todo excluída a possibilidade de descobrimentos mais diretamente vinculados à grande jornada de Fernão

---

Meneses por aquele escritor. Um texto mais perfeito e aparentemente definitivo existe hoje no Ministério das Relações Exteriores, proveniente do arquivo do Barão do Rio Branco, sob o título de "Geographia Histórica da Capitania de Minas Gerais". Desse códice foi tirado certo número de cópias fotográficas, em 1933, por iniciativa do Ministro Afrânio de Melo Franco e sugestão do historiador Luís Camilo de Oliveira Neto: uma delas serviu, de preferência, às versões impressas, na elaboração do presente capítulo.

Igualmente anônima é a "Breve Descrição Geográfica, Física e Política da Capitania de Minas Gerais", redigida em 1896 e atribuída com razões plausíveis ao velho Diogo Pereira Ribeiro de Vasconcelos. Acha-se publicada, sob o título de "Memórias sobre a Capitania de Minas Gerais", na *Revista do Arquivo Público Mineiro*, VI, pp. 757 e segs., juntamente com outro escrito do mesmo autor, com o título de "Minas e Quintos de Ouro". Deste último, que Capistrano de Abreu considerava a melhor descrição de nosso regime tributário colonial, há outro MS mais completo e correto na Coleção Lamego da Faculdade de Filosofia, Ciências e Letras da Universidade de São Paulo, catalogado sob nº 104 e intitulado "Sobre a arrecadação dos Quintos do Brasil". Dele fez-se uso na confecção deste capítulo.

Dias Pais, anteriores, por conseguinte, àquele decênio. Nessas circunstâncias não parece de desprezar inteiramente a tradição que associa a algumas das primeiras explorações de ouro em Minas Gerais o nome de Manuel da Borba Gato, genro do Governador das Esmeraldas e seu companheiro na jornada de Sabarabuçu.

A verdade é que já em 1691 se falava com nova insistência nas minas de ouro de São Paulo, como se não servissem de escarmento os malogros ainda recentes dos esforços para entabulá-las. Em carta de junho desse ano, o Governador-Geral Antônio Luís da Câmara Coutinho, empossado em outubro de 1690, escusava-se, em carta a Sua Majestade, de não ter podido cumprir as ordens recebidas para mandar conferir o descobrimento das ditas minas, porque Frei João de Santa Maria, provincial que fora dos Carmelitas Descalços, e que melhor podia dar razão desse negócio, já se tinha partido para o reino, quando ele, governador, chegou à Bahia.

Em julho de 1693, antes, por conseguinte, da expedição de Bartolomeu Bueno e Manuel de Camargo, o mesmo governador trata de defender, perante el-rei, os moradores de São Paulo, acusados de se valerem dos índios das aldeias de Sua Majestade para os seus descobrimentos de ouro. Tinham alegado os acusadores que, nesses descobrimentos, metiam-se os índios nas águas dos rios "por cuja causa lhes morrem muitos", de sorte que os paulistas prefeririam poupar os seus próprios, socorrendo-se do gentio aldeado, "e desta maneira os vão destruindo e livrando os seus do trabalho". A Câmara Coutinho não parecia mau que assim o fizessem, uma vez que davam aos mesmos índios o estipêndio devido, coisa que não ia contra as ordens de Sua Majestade. "Assim me parece", conclui, "não haver inconveniente para que estes índios vão ao descobrimento das minas. Vossa Majestade mandará o que for servido."

Deveria soar como estranha novidade essa defesa da gente de São Paulo, justamente por parte de quem, como Câmara Coutinho, lhes fora constantemente antipático. Essa animadversão, inspirada desde cedo pelas "insolências e tiranias" atribuídas a régulos paulistas que corriam o sertão, ainda mais se atiça depois do gesto da Câmara de São Paulo, que se recusa a dar cumprimento às ordens régias sobre a baixa da moeda, e nem se digna responder às cartas do governador nesse sentido. A Câmara Coutinho parece-lhe essa, expressamente, uma atitude de "maus vassalos", que pretendem saber "mais daquilo que convém aos Povos do que El-rei, que é o Senhor deles".

Isso mesmo manda o governador dizer aos camaristas. A el-rei já escrevera, em junho de 1692, sobre o assunto, tachando de "terras pouco obe dientes" as de São Paulo e São Vicente. Em toda a sua correspondência (e de outras autoridades reinóis) por essa época, o que não faltam, aliás, são críticas acerbas aos excessos contínuos de vassalos tão indóceis. Em uma carta a Sua Majestade chega a apodar os paulistas de "ladrões destes sertões". Em outra acusa-os de "vassalos rebeldes", que nenhuma ordem do governo-geral guardam, nem as leis de seu soberano, e ainda de "mais vassalos pelo nome que pela obediência". Posteriormente, encarecendo a necessidade de se introduzirem presídios, assim em São Vicente como em São Paulo, observa que "aqueles povos ainda estão para conquistar".

Agora, porém, que o denodo desses mesmos povos se revelava benéfico à Régia Fazenda, muda-se depressa em exaltação o que antes foram condenação e repreenda. Já não são os paulistas rebeldes ou insolentes, senão briosos, valentes, impacientes da menor injúria, ambiciosos de honra, amantíssimos de sua pátria e adversíssimos a todo ato servil. É nesses termos que a eles se refere o Governador Antônio Pais de Sande, naquele mesmo ano de 1693 em que ganham novo alento as notícias de abundantes minas de ouro na Casa da Casca em Itaverava e certamente em outras partes do chamado sertão de São Paulo, achadas pela diligência de seus moradores.

Nas primeiras cartas de Câmara Coutinho sobre a ordem para se conferirem, em 1691, os descobrimentos de ouro, e ainda sobre o emprego de índios das aldeias de Sua Majestade na diligência desses descobrimentos, não há menção dos lugares em que se teriam achado as novas minas. São eles indicados, porém, nas cartas dirigidas pelo mesmo governador a Sua Majestade, ainda em julho de 1693, sobre o encargo dado por el-rei a Antônio Pais de Sande, de ir a São Paulo a cuidar dos quintos do ouro de lavagem e averiguar as minas com amplíssima jurisdição em tudo o que tocasse ao dito negócio, sem outra dependência mais que da pessoa do soberano, e agora já não se fala só em Paranaguá e Itabaiana, apesar das desenganadas esperanças que em seu ouro e prata se tinham posto, como em Sabarabuçu.

A incumbência dada a Pais de Sande não a cumprirá este, mas Artur de Sá e Meneses, seu sucessor no governo do Rio de Janeiro. Contudo, o fato de já estar nomeada Sabarabuçu entre os lugares onde se tinham ou podiam achar as minas tão cobiçadas parece dar mais força à probabilidade de uma vinculação entre a jornada de Fernão Dias e as primeiras explorações de ouro no sertão de Minas Gerais. O próprio Artur de Sá terá ocasião de atestar a fertilidade das chamadas minas do Rio das Velhas, achadas e exploradas por Borba Gato.

Também parece inegável, convém repeti-lo, que os novos descobertos só se puderam manifestar numa rápida sequência em diferentes lugares do mesmo sertão, graças à longa experiência ganha por alguns desses descobridores no trato anterior das minas de São Paulo e sobretudo de Paranaguá. Assim o disseram já os primeiros cronistas da jornada da Casa da Casca, de Antônio Rodrigues de Arzão. Pertencente a uma família ligada ao labor das minas ou dos metais, desde os tempos do flamengo Cornélio de Arzão, seu avô, Antônio Roiz pudera unir, assim, uma tendência ou prática tradicional em sua gente aos conhecimentos que ele próprio adquirira nas lavras sulinas.

Da bandeira que se segue à sua em direção a Itaverava e que, segundo consta, fora inspirada em suas informações e em seu exemplo, faz parte, como um dos principais cabeças, o cunhado de Bartolomeu Bueno, Manuel Ortiz de Camargo ou Manuel de Camargo, o velho, de quem se sabe que andara em 1693 a sertanejar em Paranaguá. E é possível que só a falta de dados biográficos acerca de outros descobridores contemporâneos não nos deixe afirmar o mesmo de alguns dos seus companheiros.

O próprio Antonil parece autorizar a ideia de que a prática anteriormente obtida nos ribeiros paulistas teria ajudado a generalizar ali mesmo – ou, talvez, principalmente – entre as camadas mais ínfimas da população da capitania, a busca e conhecimento das pintas rendosas, quando atribui o primeiro descobrimento do ouro das Gerais a certo mulato que estivera nas minas de Paranaguá e Curitiba. De passagem, convém notar que a palavra "mulato" se aplicava em São Paulo a mestiços de índios tanto como de negros e àqueles naturalmente mais do que a estes por ser então diminuta ali a escravidão africana: mesmo durante a primeira metade do século XVIII, os registros de batizados de carijós falam em "molatos" com tal acepção, e só raramente aludem a "mamalucos".

Com o tempo e a maior experiência na faina mineradora que em seus primeiros estágios é confiada, de ordinário, a administrados ou escravos, irão ter estes, por vezes, papel decisivo no achado de jazidas preciosas. É ilustrativo, a esse respeito, o caso dos índios de Miguel Sutil, que, mandados a buscar mel-de-pau, levam de volta, a seu amo, os granetes de ouro encontrados casualmente nessa demanda: origem das celebradas lavras de Cuiabá. Assim também o preto João, escravo de Manuel José da Rocha, achará por volta de 1785 um diamante de cinquenta grãos no arraial do rio das Velhas, que seu senhor entregará à Coroa, por força da disposição que declara pertencente à Régia Fazenda todas as pedras de vinte quilates para cima. Ainda em 1782 ocupara-se o governador da Capitania de

Minas, em virtude de aviso de Lisboa, do caso dos diamantes descobertos, ao que se dizia, por negros fugidos, em local distante sete léguas de Itacambiruçu.

Na colheita do ouro, particularmente, não seria preciso mais, durante os primeiros tempos, do que os métodos rudimentares postos em prática nas faisqueiras de São Paulo, onde não existissem betas. Num papel anônimo, de fins do século XVII, existente na Biblioteca da Ajuda, lê-se como os que iam a tirar as faíscas, em Paranaguá, serviam-se de um bordão ferrado que metiam na terra: topando pedregulho, podiam estar certos de haver ali ouro em quantidade bastante para dar lucro. Cavado o pedregulho, enchiam dele, diz o documento,

> "huas bandejas de pao a que chamam bateas, e na ribeira mais vezinha a mergulhão, e a corrente de agua lavando o terrestre, assentão no vaso e fundo da bandeja os grãos de ouro..."

Paragens havia, naquela costa, em que um índio apanhava, diariamente, apenas dez vinténs de ouro, ao passo que de outras conseguia extrair cinco, seis, dez, até doze tostões, "conforme o acerto da experiência dos que o buscão".

Interesse oficial pelas jazidas do sertão de Minas Trabalhadas, sem dúvida, por métodos similares, as jazidas do sertão de Minas revelam-se logo muitíssimo rendosas e começam a atrair o interesse oficial, sobretudo quando Carlos Pedroso da Silveira se apresenta ao Governador Sebastião de Castro Caldas, do Rio de Janeiro, que assumira o cargo por impedimento de Antônio Pais de Sande, em princípio de 1695, com as primeiras amostras do ouro achado no ano anterior em Itaverava, alcançando logo em seguida a nomeação de guarda-mor das minas e depois de provedor dos quintos reais na casa de fundição que se cria em Taubaté. E tão bem se houve no dito cargo que não deixou, nos anos seguintes, de levar novas amostras, e cada vez mais consideráveis, das minas então chamadas dos Cataguases, tanto que de uma só vez, ao que se pretendeu, chegou a conduzir três arrobas e quatorze arráteis de ouro que cabiam a Sua Majestade.

O progressivo aumento dessa produção poderia ser estimado pelo dos valores anualmente levados ao reino na frota do Brasil. Até aqui vinham sendo geralmente aceitos os do rol organizado há mais de um século pelo Visconde de Santarém, que em seu *Quadro Elementar das Relações Diplomáticas* se fundara principalmente em documentos dos embaixadores da França em Portugal. Só agora, depois de novas pesquisas efetuadas pelo historiador português Vitorino Magalhães Godinho, não apenas em arquivos consulares franceses como nos cadernos e livros de registro do ouro conservados entre os papéis da Casa da Moeda em Lisboa, começam a aparecer, porém, dados mais completos e perfeitos sobre o volume dessas remessas de metal brasileiro.

Deles resulta, por exemplo, que tais remessas subiram de 725 quilos no ano de 1699 para mais do dobro ou, precisamente, 1.785kg em 1701 e 4.350 em 1703. De 1703 é a seguinte passagem do diário de John Evelyn que poderia servir para ilustrar os dados que apurou Magalhães Godinho: "O rei de Portugal recebeu tamanha renda do Brasil para sua Fazenda, que é de recear, para nós, sua neutralidade ou sua adesão à causa da França."[2]

Não tinham grande fundamento os receios, nem havia como temer semelhante gesto de D. Pedro II, desde que, no ano antecedente, se recusara Luís XIV a cumprir as cláusulas do acordo por onde se obrigava a mandar socorros navais a Portugal no caso de uma ameaça castelhana, que já se concretizava, e não era grande segredo para ninguém o seu intento de galardoar Filipe V com toda a península ibérica. Fosse como fosse, em maio de 1703 seria assinada, em Lisboa, a aliança ofensiva e defensiva com a Inglaterra, Áustria e Holanda. E a 17 de dezembro do mesmo ano, o Tratado de Methuen.

Primeira fase da expansão em busca do ouro

O crescente vulto das colheitas de ouro e, por conseguinte, da renda dos quintos da Coroa, espelha o devassamento, em poucos anos, de novas áreas produtivas. Mortos Manuel Ortiz de Camargo e Bartolomeu Bueno, durante a jornada que alcançara e ultrapassara Itaverava, um corpo da mesma bandeira chefiada por Miguel Garcia, genro do primeiro, alcança o importante descoberto de Gualacho do Sul, depois de contornar a serra de Itatiaia, onde achara algum ouro em 1696. No mesmo ano, a bandeira de Manuel Garcia Velho realiza, por seu lado, proveitosas incursões na zona do Tripuí, enquanto Belchior Barregão e Bento Leite entram, com igual sucesso, no Itacolomi, e Salvador de Mendonça Furtado localiza as primeiras pintas do Ribeirão do Carmo, ampliadas em 1699 por João Lopes de Lima.

As jazidas mais notáveis de Ouro Preto, que em 1698 se manifestam ao taubateano Antônio Dias de Oliveira, tornam-se logo um atrativo sem-par

---

[2] *Cf.* JOHN EVELYN, *The Diary of...* (Londres, 1959, p. 1.094.)

de homens de toda casta, procedentes de São Paulo, e também de outras capitanias e da metrópole. No mesmo ano e nos imediatos são ali encontrados e registrados importantes álveos auríferos pelo Padre João de Faria Fialho, no córrego que recebeu seu nome; por Francisco e Antônio da Silva Bueno em um sítio, abaixo de Campo Grande, que ficará sendo o Ribeirão Bueno; por Tomás e João Lopes de Camargo no lugar do futuro arraial dos Paulistas, e por Félix de Gusmão Mendonça e Bueno, no Passa Dez.

Outras expedições encaminham-se simultaneamente para a área do Gualacho do Norte, do Brumado, do Sumidouro e, afinal, do Rio Pardo, de onde se esgalham grupos de aventureiros para diferentes rumos. Essa primeira fase da expansão em busca do ouro tem seu remate, se assim se pode dizer, em 1706, ou pouco antes, quando João de Siqueira Afonso, natural de Taubaté, que já descobrira minas apreciáveis em Guarapiranga e nas imediações do rio das Mortes, perto da atual São João del-Rei, dá a manifesto as da Aiuruoca.

Afluência de forasteiros, jurisdição temporal e espiritual A valia, sem precedentes conhecidos, da maior parte desses descobertos explica, por si só, a enorme afluência de forasteiros que, em Ouro Preto, principalmente, mas também em outras partes, entraram a catar e mandar catar ouro dos ribeiros, ou a negociar, vendendo e comprando o que havia mister para sustento e regalo dos moradores. Antonil, que publicou seu livro no ano de 1711, mas já o tinha redigido muito antes e se fundara em informações de terceiros em sua descrição das minas, estimava em cerca de trinta mil almas a população já então estabelecida naqueles sertões.

Cada ano, escreve, vinham nas frotas quantidades de portugueses e estrangeiros para passarem àquelas partes.

"Das cidades, vilas, recôncavos e sertões do Brasil vão brancos, pardos e pretos, e muitos índios de que os paulistas se servem. A mistura é de toda a condição de pessoas: homens e mulheres; moços e velhos; pobres e ricos; nobres e plebeus; seculares, clérigos e religiosos de diversos institutos, muitos dos quais não têm, no Brasil, convento nem casa."

Quanto ao temporal, não tinha havido, até a época em que recolhera suas informações, correspondentes aos primeiros anos do século XVIII, nada que parecesse coação ou governo algum bem ordenado. Guardavam-se tão somente as leis que se relacionassem com as datas e repartições dos ribeiros auríferos. No mais, acrescentava, não havia ministros, nem justiças, que tratassem ou pudessem tratar eficazmente do castigo dos crimes, e estes não eram poucos, principalmente os de homicídio e furto.

No que respeita ao espiritual, prevaleciam constantes dúvidas acerca da jurisdição, de sorte que os mandados de uma e outra parte, ou como curas, ou como visitadores, ficavam bastante embaraçados, além de embaraçarem a outros, que nunca acabavam de saber a que pastor pertenciam aqueles rebanhos novos. E quando se averigúe o direito de provimento dos párocos, acrescenta, "poucos hão de ser temidos e respeitados naquelas freguesias móveis de um lugar para outro, como os filhos de Israel no deserto".

Finalizando o capítulo onde trata das pessoas que andavam nas minas e tiravam o ouro dos ribeiros, escreve ainda o jesuíta: "Agora sabemos que Sua Majestade manda governador, ministros da justiça a levantar um terço de soldados nas minas, para que tudo tome melhor forma de governo." Tais sucessos devem situar-se a partir de 1709, ano da carta régia que nomeia Antônio de Albuquerque Coelho de Carvalho para Governador e Capitão-General da capitania independente de São Paulo e Minas de Ouro, com sede na vila, pouco depois cidade – em 1711 – de São Paulo. O que havia, até então, além do guarda-mor, era, quando muito, o superintendente das minas, com jurisdição civil e criminal: o primeiro fora nomeado em 1702 e assistiu apenas dois anos naquelas partes, tornando ao Rio de Janeiro com bastante cabedal.

O primeiro Regimento das minas

Bem antes de criar-se, porém, a capitania, a imensa e inesperada riqueza da região mostrara a insuficiência do disposto no Regimento das terras minerais de 15 de agosto de 1603 que, com pequenas mudanças e acréscimos – os principais são os do segundo Regimento, de 8 de agosto de 1618 – ou sem eles, vigorara durante a maior parte do século XVII. Esse diploma, por sua vez, altera em alguns pontos e amplia o disposto no livro segundo, título XXXIV, das Ordenações Filipinas.

Pelas mesmas ordenações, o descobridor de veeiros ou minas de ouro e prata ou qualquer outro metal, que se consideravam propriedade da Coroa, necessitava de autorização especial do provedor dos metais para sua exploração. Cabia ao dito provedor demarcar ao concessionário um quadrilátero de sessenta varas de cinco palmos de comprimento, por oito varas de largo. Da data da demarcação, contados dois meses, era este obrigado a trabalhar nela continuadamente, sob pena de perder a veia. E de todos os metais, depois de fundidos e apurados, era-lhe forçoso pagar o quinto, salvo quando fossem as veias tão fracas que o não suportassem, e neste caso ao achador competia requerer à Coroa para prover como fosse de seu serviço. Em cada veia das demarcações podiam, outrossim, os oficiais da Régia Fazenda tomar para ela, em qualquer tempo, um quinhão, até a quarta parte, entrando com as despesas e pagamentos dos direitos. Das demarcações que se dessem, assim de minas novas como das velhas, fazia Sua Majestade mercê para sempre às pessoas que as tivessem registrado, para si e todos os seus herdeiros, com as mesmas condições.

A partir do Regimento de 1603, sem as ligeiras modificações que lhe foram feitas quinze anos mais tarde, elevou-se a extensão da demarcação, que passa a constituir-se, agora, de dois quadriláteros, um de oitenta varas de comprido e quarenta de largura, e outro, na mesma beta, de setenta varas de comprido, por trinta de largo, havendo entre eles duas minas de setenta varas cada uma. O descobridor da mina podia extrair de toda a beta o metal nela encontrado, enquanto não aparecesse quem pedisse mina. Havendo, porém, quem a pedisse, deveria, no prazo de quinze dias, escolher, para balizar-se e demarcar-se, a sua parte de oitenta varas no lugar que quisesse. Depois de feita a escolha, não seria possível variar e fazer outra. E o primeiro que pedisse mina e repartição ao descobridor devia demarcá-la e medi-la dentro de dois dias, e o mesmo fariam os outros que, sucessivamente, após ele viessem.

Ao longo dos sessenta artigos que abrangem o Regimento, consideram-se os diferentes casos que possam surgir no meneio das minas, em particular os de condomínio, e também as regras práticas da arte de minerar, segundo a experiência mostrara em muitos lugares do Peru e da Nova Espanha; regula-se a exploração em regatos e rios caudais, margens, campos, pontas de rios, quebradas, e assim também o uso das matas próximas; estabelece-se, enfim, isenção de penhora nos escravos, ferramentas e mais petrechos de minerar utilizados, sendo pagas as dívidas eventuais do concessionário segundo o que lhe rendam as lavras. Ao provedor das minas, figura central na legislação, cabe visitá-las, as mais vezes que puder fazê-lo, a fim de ver se estão limpas, seguras e bem trabalhadas, sem prejuízo para as concessões vizinhas.

O segundo Regimento das minas No segundo regimento, o de 8 de agosto de 1618, são conservadas as grandes linhas do sistema, que substancialmente não se modifica. Ampliam-se ainda mais as atribuições do provedor, obrigado agora a tirar devassa, todos os semestres, das pessoas que extraíam metais sem pagar os quintos e dos que deixarem de marcá-lo. Além disso, aumenta-se ao dobro a superfície do primeiro dos dois quadriláteros concedidos ao descobridor, passando de oitenta por quarenta varas a oitenta braças (isto é, de 88 metros de comprido por 44 de largo a 178 por 88 metros), e diminui-se o comprimento da segunda doação, de setenta para sessenta varas, conservando-se a mesma largura.

Além de tais disposições, o novo diploma determinara a atribuição ao descobridor de um prêmio pecuniário de vinte cruzados. Ainda que não figurasse no Regimento anterior, essa recompensa, destinada, como outras medidas introduzidas na segunda legislação, a estimular ainda mais as lavras, não constituía novidade. Figurava nas próprias Ordenações Filipinas, que estipulavam a mesma paga de vinte cruzados ao descobridor, sendo a mina de ouro ou prata, e de dez cruzados, sendo metal menos nobre. Ficam limitadas a três as minas que pode possuir cada pessoa, estendendo-se o privilégio do descobridor a todos, portugueses, índios, até forasteiros, desde que tenham estes últimos a devida autorização para residir no Brasil.

O Código Mineiro, como se chamou, permanece todavia letra morta no Brasil, onde só em 1652 é registrado nas capitanias do sul. Mesmo depois dessa data, porém, nunca chegará a cumprir-se perfeitamente. Em breve resenha, onde critica a maior parte de seus dispositivos, Eschwege acentua que, calcados quase sempre sobre outros textos legais, inaplicáveis às condições brasileiras, precisaram eles ser corrigidos através de leis especiais, destinadas a regiões onde se presumia existirem riquezas metálicas apreciáveis.

Entre os traços que lhe parecem mais infelizes nessa legislação está a extraordinária latitude das atribuições conferidas ao provedor, que seria obrigado a ter largos conhecimentos do mister se quisesse desempenhá-lo eficazmente. Em distritos diminutos ainda poderia ser de algum proveito sua atividade, não em territórios vastos, tão vastos como a Alemanha inteira ou a França, e era este o caso das regiões de mineração encontradas no Brasil. O resultado era cuidarem, esses funcionários, muito menos do meneio das lavras do que da arrecadação do quinto. Pouco a pouco os interesses privados passaram a prevalecer sobre esses dispositivos legais, inexequíveis, em geral, quando não nocivos.

Enquanto a produção das minas mal compensava a sua lavra, e as esperanças postas continuamente em maiores riquezas logo se desvaneciam, pareceu desnecessário à Metrópole mudar radicalmente uma legislação de pouco efeito e já consagrada pelo tempo. A partir do último decênio do século XVII, no entanto, com o início da verdadeira Idade do

Ouro, o descaso com que até então se considerara a necessidade de novas medidas tendentes à proteção e expansão da atividade mineradora evidenciou-se de súbito. A importância sem exemplo dos achados de Minas Gerais serviu para pôr em destaque as graves deficiências do velho código mineiro, que entrou logo em colapso.

O Regimento de 1702 Impõe-se, agora, uma vigilante atenção das autoridades que assegure os privilégios da Coroa na exploração de veeiros ricos, coíba transações ilegais ou nefastas, tempere, em benefício dos mais modestos, a cobiça dos mineiros poderosos, anime a colheita de ouro, facilite a ação fiscal e adote, finalmente, medidas práticas para o incremento e polícia das lavras. Esses propósitos acham-se à origem do Regimento de 19 de abril de 1702 que, completado ou, em partes, explicado, por leis posteriores, como as das cartas régias de 7 de maio de 1703, irá vigorar, sem mudança essencial, durante toda a fase em que a vida econômica do Brasil é dominada pela atividade mineradora.

No novo sistema que altera, por sua vez, substancialmente a legislação anterior, desaparece a figura do antigo provedor ou tem este modificadas suas primitivas atribuições, transformando-se agora no superintendente das minas. Este oficial já não é obrigatoriamente um prático ou entendido na mineração, mas uma pessoa capaz, em teoria, de bem interpretar e executar a lei, procurando atalhar discórdias, punindo os culpados de delitos, apaziguando, se possível, os ânimos, e escolhendo elementos de competente zelo para as tarefas diretamente ligadas à exploração dos metais.

Para assisti-lo nesse particular é nomeado o guarda-mor, cabendo, porém, ao superintendente verificar se os ribeiros de pinta geral, como se dizia, não distam muito uns de outros. No caso de serem tão apartados, que o guarda-mor não possa, por si só, determinar e fiscalizar as repartições, cabe-lhe, ainda ao superintendente, escolher guardas menores, destinados aos diferentes lugares onde existam ribeiros de bom rendimento: são estes, para os paulistas, segundo informação de Antonil, os que, em cada bateada, dão duas oitavas de ouro pelo menos (havendo-os capazes de dar bateadas de três, quatro, até vinte e trinta, ou mais oitavas).

No capítulo quinto do Regimento, onde se regula o processo das repartições, diz-se que, achado um ribeiro de ouro, deve o guarda-mor, depois de inteirar-se da extensão da jazida, destinar ao seu descobridor duas datas diferentes: a primeira à guisa de mercê ou prêmio, e será onde o dito descobridor tenha feito a escolha, e a outra em sua qualidade de mineiro ou, como está no texto, de "lavrador". Além delas, reservará o mesmo guarda-mor ainda uma data para a Régia Fazenda, "no mais bem parado do dito ribeiro". E serão, estas três, datas inteiras, quer dizer que terão trinta braças (66 m) em quadra. O restante deve distribuir-se por sorteio àqueles que o requeiram ao superintendente e constará de datas de tamanho proporcionado ao número de escravos que cada requerente tenha para a cata do ouro. Aquele que disponha de doze escravos para cima receberá uma data inteira, de trinta braças, como o próprio descobridor, e quem os tiver em menor número alcançará duas braças e meia, isto é, 5,5m, por escravo, a fim de que todos aproveitem da mercê que lhes faz el-rei. Nas datas de cada pessoa e também no que tocar à Régia Fazenda, serão colocados marcos, a fim de que não surjam dúvidas sobre a parte que lhe for assinada.

A data del-rei é posta em praça, obrigando-se quem a arremate a lavrá-la, o mesmo devendo suceder com as mais repartições. Nesse ponto visa o legislador, expressamente, a impedir que os mais poderosos, vendo-se aquinhoados, não explorem sua data, ou não deixem que outros a explorem, o que prejudicaria, ao cabo, tanto os vassalos como o erário régio, privando-o dos quintos. Para evitar que isso se dê, determina mesmo o Regimento que a ninguém seja destinada segunda data, se não tiver lavrado a primeira.

Achando-se todos os mineiros acomodados e havendo outras terras por distribuir, então se atenderão os que dispuserem de mais negros. Assim, quem os tiver em número maior do que os doze exigidos para a primeira data recebe alguma parcela do restante da mina, sempre na proporção prevista de duas braças e meia para cada negro que sobejar. E, se tiver notícia o guarda-mor de que algum mineiro já lavrou sua data, receberia este nova repartição, na forma da lei.

O produto das lavras, ainda quando rendosas na aparência, era frequentemente inseguro e, não raro, decepcionante. Como devessem os candidatos à repartição dar uma oitava de ouro de propina ao superintendente e outra ao escrivão, para despacho de sua petição, podia acontecer que, oferecendo-se, de uma só vez, quinhentas petições, recolhiam, ambos, esses oficiais, mil oitavas, enquanto os mineiros não tiravam, todos juntos, a mesma soma das suas datas, por falharem estas no rendimento.

Por isso muitos saíam a procurar outros ribeiros, esperando com isso recobrar, multiplicando, o perdido no primeiro. Mineiros houve que tiraram de poucas braças enormes quantidades de ouro, ao passo que outros não chegaram a extrair senão escassas faíscas de muitas. E chegou a haver quem, por mil oitavas, vendeu a data de que o comprador retirou sete arrobas, isto é, trinta vezes mais do que o preço da compra: "Pelo quê", escreve Antonil, comentando estes casos, "se tem por jogo de bem ou mal afortunado o tirar ou não tirar ouro das datas."

Isso teria acontecido principalmente durante os tempos iniciais, quando ainda predominava uma lavra de tipo extensivo, praticada quase somente nos leitos dos ribeirões, onde se apuravam maiores proveitos com pequeno trabalho. Era o sistema usado tradicionalmente pelos paulistas em suas terras de origem, e nem se podia esperar que conhecessem outros, já que deveria ser impraticável nelas, por antieconômica, a exploração de veeiros auríferos, que reclama profundas escavações e serviços de água.

As minas, os paulistas e a Coroa

São os paulistas "os únicos que, com bom sucesso", sabem ir aos descobrimentos de minas de ouro. E assim se dá, não apenas naqueles tempos iniciais, como ainda mais tarde, depois que a criação da capitania independente suscitou ali alguma aparência de ordem civil: é o próprio rei de Portugal quem, em carta de 14 de outubro de 1718, dirigida ao Governador Conde de Assumar, reconhece aquela espécie de apanágio dos de São Paulo. Apenas pondera que já não vão de bom grado a tais descobrimentos, desde que se veem impedidos de fazer, eles próprios, a partilha das datas, coisa que "justamente increpavão o guarda-mor e o superintendente, um dizendo que lhe toca a medi-las, outro fazer a repartição", segundo o estipulado no Regimento de 1702.

Tamanho era o préstimo dos paulistas na revelação das jazidas, que D. João, reconhecendo, embora, a justa causa com que superintendentes e guardas-mores se opunham às suas pretensões, vai ao ponto de admitir, na mesma carta, uma atitude prudentemente conciliatória para com os descobridores. Importava, antes de tudo, que não fosse defraudada a Régia Fazenda – sendo que no governo das minas o quinto e a distribuição das terras eram "os negócios mais importantes" – e que não ficassem inúteis muitos tesouros, "que por falta de descobridores se não pode saber onde estão". Era mister, porém, alguma dose de complacência para com os que pudessem revelar tamanhos tesouros, mesmo que se descumprisse, em alguns pontos, ou se reformasse o Regimento.

A verdade estava em que, sem os de São Paulo, não se poderiam aproveitar devidamente aqueles sertões. Mas, com eles, ou só com eles, poderiam constituir-se ali estabelecimentos fixos e duradouros? Fiéis à única experiência que podiam ter em matéria de mineração, logo que se esgotavam os depósitos superficiais, acessíveis às suas técnicas rudimentares, tratavam esses descobridores de desampará-los e sair à busca de novos ribeiros, onde reiniciavam, com os mesmos resultados, o mesmo processo.

Por vezes, esqueciam-se de prover o necessário à subsistência, tal a sofreguidão com que, em grandes números, se lançavam sobre alguma pinta mais rica, tal como as chamadas de ouro preto, por causa de sua coloração externa, e onde logo aprenderam a conhecer a riqueza oculta trincando nos dentes um granete: mostrava-se, assim, sua cor natural, de um amarelo vivo como gema de ovo. Neste caso chegava o ouro a valer até vinte e três quilates. Mas a improvidência podia também levá-los a outros descobrimentos. Assim se deu principalmente nos primeiros tempos, quando, tangidos pela fome, abandonaram antigos arraiais em busca de terras menos estéreis, e nessa demanda fizeram achados novos: origem, por sua vez, de novas povoações.

Nem depois de se tentar pôr alguma ordem nessa avalanche tumultuária que ia inundando as minas, interrompem-se as lavras volantes. Em muitos casos, a ação das autoridades nomeadas pela Coroa, nos termos do próprio regimento, dá lugar a resistências e até a sedições. Nas minas de Pitangui, por exemplo, de onde os paulistas tinham vedado o ingresso de emboabas, chegou-se ao extremo de proibir, sob pena de morte, o pagamento dos quintos. Quando premidos por força maior, preferiam à submissão o êxodo, com que davam causa a novas preocupações para as autoridades: isso ocorreu em mais de uma ocasião. Em tais casos o recurso a meios suasórios parecia mais eficaz do que a violência.

Assim agiu o Conde de Assumar, por exemplo, quando resolveu perdoar os sublevados, na esperança de que se repovoasse a mesma Pitangui com os seus antigos habitantes e "todos os que da Comarca de São Paulo se quiserem ali novamente estabelecer", conforme consta de seu bando de indulto. Mais tarde, nas instruções levadas por João Lobo de Macedo para reger o povoado, inclui-se o de fazer com que os moradores se "situem em partes estáveis e duradouras e que não andem vagabundos, como é costume nos Paulistas, porquanto o que será, será mui conveniente usar com eles de afabilidade e cômodo, e tratá-los, em todas as matérias, mais com brandura de que com rigor".

Era para isso necessário, e diziam-no as mesmas instruções, que os paulistas estabelecidos em Pitangui explorassem as minas com serviços de água, porque este

> "será o caminho de estarem mais permanentes e de não andarem sempre divagando pelos matos para o que será bom ver se se podem associar com os reinóis para desfazer a oposição que há entre uns e outros".

A experiência mostrara como, em outras partes de Minas, o recurso a técnicas menos primitivas pudera incrementar a função de povoados regulares e fixos, sempre que a grandeza das jazidas suportasse semelhantes técnicas.

Começava a dificuldade nas explorações quando os ribeiros passavam a ganhar maior cabedal de água, distanciando-se as lavras mais das nascentes. Ainda nesses casos, porém, era possível algum trabalho preventivo quando não houvesse desmontes e entulhos que encobrissem o cascalho. Só então fazia-se necessário o recurso a serviços hidráulicos de vária espécie, e alguns, como os das lavras de rodas, tão dispendiosos que requeriam largas posses.

A melhora no sistema de exploração das minas A melhora no sistema de exploração e, por conguinte, no rendimento das minas, deu-se lentamente e deveu-se, talvez, em grande parte, à contribuição de práticos chegados com os forasteiros ou mandados vir expressamente pelas autoridades portuguesas. Neste caso estavam, por exemplo, aqueles quatro mestres na arte de minerar a que alude a carta régia de 26 de janeiro de 1700 em resposta à de Sá e Meneses, pedindo a vinda de mineiros práticos. Seriam estes, provavelmente, os que Pedro Taques nomeia em sua *Informação Sobre as Minas de São Paulo*, acrescentando, todavia, que ficaram mal contentes com o salário que se lhes atribuiu.

Os próprios descobridores, por sua vez, não se alhearam de todo a tais progressos. Foi do natural efeito que fazem as águas nas invernadas que, segundo Bento Fernandes, filho de um deles, aprenderam esses mineiros, pelo ano de 1707, o artifício de desmontar as terras com água superior aos tabuleiros altos.

"Logo se comunicou grandemente a todas as partes o invento", acrescenta, "de que foram usando todos, conduzindo custosas águas, desfazendo penhascos, cortando montes, fazendo passar por bicas e outros por alcatruzes, ou bicas fechadas, descendo e subindo com elas, até pô-las nos lugares que dessem ouro."

Por essa forma fertilizaram-se de novo as Minas, crescendo as povoações e o concurso dos negócios de escravos, gados de corte, cavalgaduras e fazenda de todo gênero.

A um clérigo alcunhado "Bonina Suave" atribui Cláudio Manuel da Costa o invento das rodas para esvaziamento das catas, no ano de 1711, em que se erigia, no mesmo lugar, a Vila Rica de Albuquerque. Só por volta de 1725, se aperfeiçoaria, no entanto, essa máquina, se é exato que em Vila Rica, nesse tempo, melhorou-a Manuel Pontes, alcançando logo privilégio para fabricá-la.

Pouco antes, desde 1721, pelo menos, passaram os mineiros a atacar as encostas das montanhas, o que foi feito, pela primeira vez, no morro de Mata Cavalos, perto do arraial da Passagem. É o que deduz Eschwege de um bando do Governador Lourenço de Almeida, de 26 de setembro daquela era, permitindo a qualquer pessoa a abertura ali de poços, desde que distassem, uns de outros, quarenta palmos para mais. O emprego dos engenhos de pilões, se já não existia, surge pelo ano de 1733, quando aparece nas terras do Padre Manuel Gomes Neto, no Taquaraçu.

Da rapidez com que se difundem os métodos novos e mais rendosos, propiciados pela própria opulência nas Minas Gerais, em confronto com os descobertos anteriores, pode servir de exemplo o caso, narrado por Pedro Taques, de um Fernão Bicudo de Andrade, que, de volta a São Paulo, em 1721, depois de um período de aprendizagem naquelas lavras, estabeleceu-se com serviço de talho aberto nas antigas faisqueiras do Jaraguá. Obtida para esse efeito a concessão, no ribeiro de Santa Fé, que mana daquele morro, quebrou ele a escarpa de pedra viva à força de pólvora, marrões, picaretas, alviões, cunhas e outros instrumentos de ferro, levantando um açude cujas águas canalizou através de rego largo e comprido até o sítio onde seriam trabalhados os depósitos auríferos. Contudo não pareceu o resultado de tanto esforço corresponder às esperanças nele depositadas: o fato é que, já em 1730, Bicudo de Andrade passa a escritura de venda do serviço do Jaraguá a outra pessoa e sai de casa mudada para as minas de Goiases.

Repressão ao estabelecimento de forasteiros

Na fase primeira e caótica do povoamento das Gerais, a administração reinol tentara em vão regular ou sustar de todo as correntes de forasteiros, que de todas as partes do Brasil e ainda da metrópole, assim como de terras estranhas, rumavam para aqueles sertões em busca de riquezas. Correspondiam, tais tentativas, ao vivo empenho da Coroa de ver frustradas, tanto quanto possível, as atividades dos contrabandistas, que iriam redundar, com a fuga do ouro, em grave dano para a Régia Fazenda de Sua Majestade.

Quase simultaneamente outras medidas eram adotadas com igual finalidade e sem melhor fruto. Chegou-se a mandar suspender em 1703 o descobrimento de minas que pudessem existir nas vizinhanças dos portos de mar, atraindo a cobiça de inimigos. Por esse motivo o capitão-mor do

Espírito Santo deveu retirar, de certo distrito onde tinham achado, em sua companhia, granitos de ouro miúdo, a gente que lá fora a minerar.

Na mesma era proibia-se ainda a mineração nos distritos da Jacobina, na Bahia. O interdito é renovado em 1714 e, em 1719, como não fosse rigorosamente cumprido, ordena-se às autoridades locais sua "inviolável execução", empregando, se preciso, força militar. Caso faltasse às ditas autoridades poder bastante para impedir que se tirasse ouro daquelas partes, caber-lhes-ia ordenar, sob graves penas, aos lavradores de mantimentos, que os não vendessem e nem dessem aos mineradores, "para que a falta deles os faça largar os lugares em que estiverem minerando e retirar-se".

Renovam-se na mesma ocasião, e mais tarde, as proibições aos estrangeiros de virem às conquistas de Portugal ou morarem nelas. Informado de que, a despeito dessas ordens, muitos tinham passado e continuavam a passar em grandes números, não só para habitar as praças marítimas, mas ainda o sertão e mormente as Minas, adota el-rei novas providências, em 1707, para o cumprimento da ordem. Todos os estrangeiros deveriam, sem remissão, ser despejados da terra, exceção feita de quatro famílias de ingleses e outras quatro de holandeses, que podiam residir na cidade da Bahia, por lhes ser concedida essa faculdade em tratados anteriores.

As razões oferecidas para o ato prendem-se aos interesses dos vassalos, e ainda mais aos da Coroa e da Régia Fazenda. Por um lado a presença desses estrangeiros parecia nefasta, porque viriam eles a fazer o seu próprio comércio, que era dos naturais do reino: já nisso a Coroa viria a ser prejudicada, uma vez que correndo os tratos pelas mãos de intrusos não poderia ela deixar de padecer maiores descaminhos em seus direitos. O mais grave, porém, estava nisto, que sendo o Brasil devassado por tal gente, acabariam ganhando informação das forças dele, disposições de sua defesa e capacidade dos portos e surgidouros, bem como das entradas das terras para as minas.

Da diligência que punha o governo em fazer com que se estancassem ou, ao menos, diminuíssem as perdas sofridas na deficiente arrecadação dos direitos sobre o metal precioso é testemunho a abundante e variada legislação relativa aos quintos do ouro. Não cabe abordar aqui um assunto que pertence a outro capítulo, onde é tratado em pormenores. Baste-nos lembrar como não hesitava a Coroa, se necessário, em criar embaraços à própria colheita de ouro em terras onde se tornava difícil uma fiscalização eficaz. No Serro do Frio, por exemplo, onde as bateadas no ribeiro do Padre Frei Pedro da Cruz, em 1705, eram de libra e meia libra, chega-se, em dado momento, a ordenar que não haja cultura das lavras.

Os religiosos e a fuga do metal   É notório, aliás, que, desde os primeiros descobrimentos de ouro nas Gerais, os religiosos, em geral, mas principalmente os frades, são apontados como dos que mais contribuem para a fuga do metal. Em documento contemporâneo daquelas explorações iniciais, existente na Biblioteca da Ajuda e incluído na "Informação Sobre as Minas do Brasil" impresso nos *Anais da Biblioteca Nacional* do Rio de Janeiro, já se alude à "grande multidão de frades que sobem às minas e que sobre não quintarem o seu ouro ensinam e ajudam os seculares a que façam o mesmo". O remédio contra tais abusos estaria na limitação ou total exclusão desses religiosos das ditas minas.

O governo, como se sabe, não fará ouvidos moucos a advertências nesse sentido que lhe vão seguidamente e de várias fontes. Em nota ao códice do Itamarati no tratado setecentista de José Joaquim da Rocha sobre a Geografia Histórica das Minas, lembra-se a ação perniciosa desses "indivíduos regulares", documentada com as cartas do Conde de Assumar a D. Pedro de Almeida, relacionadas às ordens que recebera del-rei, nesse sentido. Pretende o mesmo governador que, ao chegar ao Rio de Janeiro para ir tomar posse, consultara sobre essas ordens o Bispo D. Francisco de São Jerônimo (e fora esse o primeiro passo de seu governo) sobre os meios convenientes para "desinfetar as Minas daqueles homens", por constar a Sua Majestade que os ditos frades, esquecidos de sua obrigação e do seu estado e só lembrados dos meios com que podem servir aos próprios interesses, "não reparam em fazer venais os Sacramentos, usando indecorosamente da administração deles, mais para granjear interesses do que para a edificação de católicos, não sem grande escândalo da Cristandade".

Entre as acusações feitas por D. Pedro de Almeida a esses eclesiásticos consta a de sugerirem publicamente, nos púlpitos, que os vassalos de Sua Majestade não tinham obrigação de contribuir com os direitos e mais despesas que deveriam pagar-lhe. O prelado não contestou, segundo parece, o que lhe fora dito. Respondeu mesmo que tinha procedido contra os religiosos assistentes nas Minas com excomunhões, de que eles, entretanto, não faziam caso, alegando que o bispo não era seu juiz competente e, por conseguinte, que de nada valiam suas censuras e ameaças.

Para corrigir o mal, alvitrara D. Francisco de São Jerônimo uma solução prudente. Sugeria que o governador e capitão-general agissem contra os frades mais culpados de escândalos, para que o castigo servisse de escarmento aos timoratos. O conde, entretanto, acredita que só uma decisão radical acabaria com os abusos. Dificultoso seria nas Minas separar os melhores dos outros, porque, dizia, "por qualquer lado estão todos com mau procedimento, pois, se algum há que vive com menos escândalo e se não engolfe com tratos ilícitos, poucos são os que não vivem alheios do seu instituto e em contratos e comércios indignos do seu caráter e entendo para mim não há frade que venha às Minas que não seja para usar da liberdade que nos seus conventos têm suprimida".

A exclusão dos frades do território de Minas é, e será ainda mais tarde, objeto de constantes preocupações da Coroa ou de seus agentes no Brasil. Em 1738 uma ordem régia ao governador da capitania determinará mesmo a prisão de todos os religiosos que estiverem nela "sem emprego ou licença". Oriunda sobretudo de motivos econômicos, essa proibição dos frades que, aliás, nunca se cumpriu à risca e, como contrapeso, a proliferação de irmandades e confrarias, que se incumbiam de custear, erigir e adornar igrejas, não podiam deixar de vincar fortemente o caráter da vida religiosa, social e cultural em Minas: dessas condições deu-se notícia mais larga nos capítulos do presente volume dedicados à Igreja e também às manifestações artísticas na colônia.

Os mercadores e a fraude aos direitos da Coroa — Ainda mais difícil e a bem dizer impossível era uma ação terminante contra os mercadores que, por meios variados e nem sempre ostensivos, ajudavam a defraudar os direitos da Coroa. Sem os tratos não se mantinham os mineiros, nem as lavras; por meio deles, no entanto, se introduziam ali burlas de toda espécie, que resultavam em contínuos prejuízos para a Régia Fazenda. Logo que chegaram a todo o Brasil novas das minas descobertas pelos paulistas, grandes levas de homens entraram a subir o São Francisco, caminho geral para as povoações da Bahia, Pernambuco, Maranhão, tanto da marinha, como dos recôncavos e sertões, estabelecendo comunicação assídua com os seus currais. Não se podia impedir que por semelhante via se abastecessem os que trabalhavam nas lavras, e contudo ninguém podia evitar a introdução, com essa, de outras formas de comércio que prejudicavam o interesse do Estado.

Já no artigo XIV do Regimento de 19 de abril de 1702 procurara acautelar-se Sua Majestade contra os riscos que podiam seguir-se do negócio dos gados vendidos nas Minas. Porque, diz o legislador, "como o que se vende é o troco de ouro em pó, toda aquela quantia se há de desencaminhar, e porque esta matéria é de tão danosa conseqüência, é preciso que neste particular haja toda cautela". Previne-se assim às autoridades responsáveis que, tendo notícia da chegada às Minas de algum gado, façam os condutores dar entrada de todas as reses, sujeitando-se os que as ocultarem a pagar o seu valor "anoviado" (isto é, multiplicado por nove) e ainda a ser presos e castigados com as penas impostas aos que descaminham a Fazenda de Sua Majestade. O superintendente há de informar-se, além disso, do preço por que for vendido o dito gado, para que se paguem nessa base os quintos de ouro dispendido, salvo se o ouro já estiver quintado.

De acordo com ordens anteriores, ficava expressamente proibida a introdução de negros escravos pelo caminho do São Francisco, havendo para isso o do Rio de Janeiro, onde ela era autorizada. Da mesma forma, ninguém podia levar da Bahia às minas, pela via do sertão, outras fazendas ou gêneros que não fosse gado. Querendo alguém introduzir tais fazendas, deveria levá-las primeiramente ao Rio de Janeiro e as podiam conduzir por Taubaté ou São Paulo, como faziam outros, para de tal sorte se impedir o levarem ouro em pó. Ao superintendente e ao guarda-mor cabia ainda o cuidado de lançar fora das minas "todas as pessoas que nelas não forem necessárias, pois só servem de desencaminharem os quintos e de gastar os mantimentos aos que lá são precisos".

Pode-se bem imaginar o pouco efeito de tais cautelas. Nada mais simples do que iludir qualquer vigilância sobre as margens do caminho geral das povoações do norte. E, além do São Francisco, não faltariam outras estradas mais dissimuladas ou protegidas pela natureza que escapavam, estas de todo, às mais severas tentativas de fiscalização. Uma, aberta por João Gonçalves do Prado, e mais breve do que as demais, passava pelo espigão mestre da serra do Espinhaço entre a zona de Curvelo e a bacia do alto rio das Contas. Este era, em suas nascentes, o ponto de encontro das vias de comunicação e chegaria com o tempo a ser explorado largamente pelos mineradores, assim como a Jacobina.

Por tais caminhos, não só subia muito ouro das lavras sem paga dos direitos de Sua Majestade, e era esta a maior preocupação dos legisladores, como desciam gêneros de comércio, negros, até mesmo lavradores e senhores de engenho, com o que tendiam a esvaziar-se as capitanias do norte, arruinavam-se as casas e subiam todos os preços "ao galarim", segundo expressões de um depoimento da época, deixando empenhados os proprietários. O mal alastrara-se, aliás, por toda a América lusitana e não era compensado sequer por um influxo de novas correntes de povoadores do reino, que todos vinham com sentido no ouro.

A corrida do ouro e suas consequências econômicas   Não foram menos ruinosas, ao contrário, as consequências de semelhante debandada sobre São Paulo, onde a economia rural nunca chegara a conhecer a prosperidade alcançada em outras partes. Esse êxodo acha-se, fora de dúvida, à origem do abatimento em que mais tarde, e por longo tempo, ficariam prostradas as suas terras.

O Rio de Janeiro, ao menos na aparência, podia tirar algum proveito de um comércio que não esbarrava em entraves legais. Mas essas mesmas aparências, no seu caso, não deixam de ser em muitos pontos enganosas. No diário, impresso em Ruão em 1723, de certo viajante anônimo, talvez agente da Companhia do *Asiento*, que viaja a bordo de um navio ocupado no tráfico de negros com Buenos Aires, traça-se um quadro impressionante dos efeitos produzidos pelo achado das minas (que o autor situa sem hesitar no ano de 1696), na cidade fluminense, visitada por ele em 1703.

Depois de confessar que era essa uma das melhores colônias e porventura a melhor praça que os portugueses tinham no Brasil, refere-se ele ao grave desequilíbrio econômico resultante da deserção de mais de mil homens, que a tanto se elevara, em sua estimativa, a contribuição da Guanabara para o povoamento das Gerais, deixando as plantações desertas, maninhas as terras e tudo reduzido à penúria em que se debatia então o resto do Brasil. Se esses dez mil homens, escreve, que antes se dedicavam, quase todos, a cultivar a terra, não desamparassem suas habitações, permaneceria ali a abundância que fazia a sua verdadeira riqueza. Em consequência do afluxo para as terras mineiras, a farinha de mandioca, se já era cara na Bahia, desaparecera do Rio ou era vendida a preços fabulosos. O próprio autor, três dias depois de desembarcar, tivera ocasião de testemunhar tais exorbitâncias, vendo como se chegava a pagar a três escudos a fanga de farinha.

Não seria exagerado o número de dez mil emigrantes do Rio para as Gerais, nos seis anos que se seguiram ao descobrimento daquelas terras, se estivesse certa a população que o mesmo anônimo dá às "minas de São Paulo", como as chama: mais de sessenta ou oitenta mil habitantes, entregues à sua exploração. Não havia meios, naturalmente, de avaliar com segurança o total dos moradores das Minas, mas as cifras dadas por outros depoimentos, ainda que variáveis, já falam então, ou pouco mais tarde, em dezenas de milhares de almas. Escrevendo em 1705, dois anos depois do francês, um amanuense de Garcia Rodrigues Pais estima a população, só de mineiros, em cinquenta mil, enquanto o autor de *Cultura e Opulência*, apoiado em notícias de terceiros, fala em trinta mil, ocupados uns em catar, outros em mandar catar nos ribeiros de ouro, outros em negociar, vendendo e comprando o que se há de mister não só para a vida, mas para o regalo, em maior quantidade do que nos portos de mar.

É certo que apenas uma parte desses moradores, e não a maior, se ocupava da mineração. Os atrativos da mercancia, por onde se dispersava muito dos direitos de Sua Majestade, não eram de desprezar em sítios onde tudo se pagava a peso de ouro. Esperara-se, de início, que, admitindo o trânsito de fazendas e mercadores através do Rio de Janeiro e ainda de Parati, Taubaté e São Paulo, seria possível velar melhor pelos ditos direitos. O privilégio que Sua Majestade assim outorgara àquelas passagens podia ter fácil explicação: pelas de São Paulo entravam os mineiros nas minas e pela do Rio sairia o ouro das mesmas minas, mormente depois de concluído o caminho novo encomendado ao filho do Governador das Esmeraldas.

Já se sabe como o aparente benefício que assim se concedera a fluminenses e provisoriamente a paulistas redundara para esses povos numa falsa mercê, e bem poderia ser em detrimento do Estado. O abandono a que os primeiros iam relegando cada vez mais as suas lavouras para se devotarem em grande parte a negócios de compra e venda, tanto os lícitos como os vedados, ameaçava constituir um primeiro passo para o total desamparo de sua marinha, capaz de se tornar assim presa fácil de estrangeiros cobiçosos. Aos poucos, os próprios paulistas, e não apenas emboabas do Rio, do norte e do reino, deixavam-se contagiar pela sedução dos grandes cabedais que resultavam do comércio nas Minas.

A tanto chegará essa mudança de hábitos nos antigos descobridores e mineiros, que o Governador-Geral D. Rodrigo da Costa é movido a escrever a Borba Gato, superintendente das minas gerais de ouro, no tom de quem quer machucar o ponto de honra daquela gente, esperando inclinálos a serviços, mais decorosos para eles próprios e mais proveitosos para a Coroa. Depois de chamar a atenção do bandeirante, nessa carta, de março de 1705, para as mercês de Sua Majestade aos que descobrem as minas ricas e tesouros dos seus reais domínios, recomenda-lhe que a manifeste àqueles que pretendem antes ser mercadores do que mineiros.

Esperava que um simples aceno àquelas honras e mercês os conduzisse a lavrar o ouro, deixando, são palavras do próprio D. Rodrigo,

"o trato mercantil, de que nunca o brio dos Paulistas usou, senão agora, tornando-se de Martes valorosos em sáfios chatins, baixeza que certamente não cabe em ânimos tão generosos, como todo o mundo testemunha; e que tão bem souberam apertar o punho da espada, fazendo-se, com o seu brioso valor, conhecidos entre os mais fortes soldados".

A sedução dos negócios altamente rendosos, incluídos neles os de contrabando, serviu, provavelmente, para povoar aqueles sertões, ainda mais do que o das minas de ouro, que foram causa indireta deles. Dentre as atividades produtivas é a lavoura que, de início, ao menos, desperta menos vocações. E isso não só porque oferece menores perspectivas de riqueza; mas também devido à crença então generalizada de que os lugares que dão ouro não hão de dar outra coisa, senão falharia nisto a Divina Providência que distribui equitativamente seus favores e bênçãos. Já o dissera Antonil: a terra que produz ouro é esteriríssima de tudo o que se faz mister para a vida humana, e não menos estéril é a maior parte dos caminhos das minas. Por outro lado, a própria Coroa não busca estimular vivamente as plantações, que podem desviar braços da produção principal e mais rendosa para sua Fazenda. O cultivo das canas, então, era objeto de contínuas proibições, por motivos ou pretextos que a rigor poderiam passar por plausíveis em qualquer parte da colônia.

<small>Características sociais do povoamento de Minas</small> A sociedade *sui generis* no Brasil, que por tudo isso se ia constituindo nas Minas Gerais, agregado mais ou menos informe de elementos de várias procedências e de todos os estratos, só poderia espelhar, e espelhará ainda por longo tempo, essa formação compósita. Não parece excessivo dizer, ao menos em confronto com a de outras partes da América lusitana, que a ocupação do território se processou ali democraticamente. Muito mais, sem dúvida, do que a das áreas açucareiras.

Para começar, já o sistema das demarcações era, ao menos em teoria, e muitas vezes na prática, um convite à promiscuidade entre gente de toda casta que aflui aos descobertos. Aqui lucram tanto os humildes como os abastados, ainda quando estes disponham de numerosos escravos e os primeiros de raros, pois tudo acontece como nos jogos: ganha o que tem mais sorte, não o que mais pode. Quando o legislador procura assegurar os pobres contra os poderosos, não é por simples afetação, como se poderia supor. Ele sabe que aqueles buscam mais afanosamente do que estes tirar proveito das concessões, não dispondo de outros recursos que os deixem esperar ou descansar, e ao cabo esse afã só pode beneficiar o erário régio.

É certo que as leis foram, também no Brasil, "obedecidas, mas não cumpridas", segundo o refrão popular nas Índias de Castela. Contudo, o simples princípio de que se hão de defender os pobres miseráveis "em parte de sua data, por achar com pinta rica", de algum poderoso que pretenda esbulhá-los de seu bem – conforme se lê no Regimento de 1702 –

representa ao menos um limite ideal para os abusos do poder, coisa que não existe, salvo por exceção, nas grandes propriedades canavieiras. Até a onipresença obrigatória dos agentes da Coroa, significando a todo instante os direitos do soberano, com um aparelho fiscal sempre ameaçador, mesmo se ineficaz ou momentaneamente complacente, é para o mineiro um desses limites.

Acresce que os instrumentos rudimentares exigidos nas faisqueiras, a que de início todos se dedicam e que, mais tarde, nem os ricos desdenham, servem para afirmar o cunho relativamente democrático que assume o povoamento das Gerais, por isso que ajudam ainda mais a nivelar a gente que vive de catar e mandar catar. É só com o progressivo apuro das técnicas reclamadas para a exploração das matrizes que se pode introduzir algum princípio de diferenciação entre elementos oriundos desse meio amorfo. Mais depressa do que em outras partes, a escala social vem a ser determinada pela posse maior ou menor de bens da fortuna: o fato, registrado em inúmeros documentos, dará lugar a mordentes sátiras do autor das *Cartas Chilenas*. Quem senão os que pela riqueza, bem ou mal ganha, se colocam em posição sobranceira na sociedade pode dispor daquelas máquinas usadas pelos mineiros "de roda", a que alude Silva Pontes em fins do século XVIII? Algumas delas, diz, com efeito, chegam a constar de quatrocentas chapas de ferro, e cada chapa de oito libras de peso, fora as cavilhas e chavetas do mesmo metal, o que as faz sumamente dispendiosas, além de estarem sujeitas a desmanchar-se toda vez em que a caixa onde trabalha por seus rodetes passa do ângulo de 45° com o horizonte.

Por outro lado, a brevíssima extensão das datas, a necessidade de constante vigilância sobre os operários das minas, que procuram, não raro, beneficiar-se das lavras de seu senhor, mormente nas horas noturnas, tendia a apagar diferenças e distâncias entre os homens e, em numerosos casos, de livres para escravos. A constituição de arraiais mais ou menos populosos e frequentemente pouco apartados uns de outros processa-se assim com notável rapidez, embora no começo, quando vigorava quase unicamente a utilização do ouro de *placer*, tendessem alguns deles a desaparecer com igual presteza. A maior permanência, assim como a complexidade maior da estrutura social e econômica das comunidades mineiras, depende largamente do caráter das betas existentes e dos métodos de exploração delas.

Todas estas circunstâncias, somadas à conveniência dos tratos e contratos, senão dos continuados pleitos, demandas, rabulices, que se acham de ordinário nas minas de ouro, e são mais próprios dos meios citadinos do que dos campos, irão militar fortemente no sentido das formações urbanas, que concentram os moradores em dias de folga ou festa. As autoridades, por sua vez, são levadas a animar essa tendência, que serve eventualmente para corrigir a dispersão dos moradores e dominar sua turbulência e falta de polícia.

Não admira, assim, se entre as medidas postas em prática pelo primeiro governador da Capitania de São Paulo e Minas de Ouro quando, chegado àqueles lugares, se propõe apaziguar os tumultos e compor os ânimos, figure logo a da criação de tantas vilas quantas sejam permitidas pelas condições de povoamento. De sorte que, sossegados aparentemente os moradores, passa Antônio de Albuquerque, num ritmo veloz, a executar este intento: a 8 de abril de 1711 cria a vila do Ribeirão do Carmo, mais tarde cidade de Mariana; três meses depois, a 8 de julho, funda no lugar do Ouro Preto a Vila Rica, e ainda a 17 do mesmo mês e ano, a Vila Real do Sabará, destinada a cabeça da comarca do Rio das Velhas.

Seus dois sucessores no governo da mesma capitania conjunta de São Paulo e Minas, a saber D. Brás Baltasar da Silveira e o Conde de Assumar, prosseguem essa obra com igual intensidade. Num lapso de cinco anos, entre 1713 e 1718, surgem e recebem os respectivos forais cinco outras vilas: a Vila Nova da Rainha, no Caeté, a de Pitangui, a de São João del-Rei, a de São José e a Vila do Príncipe.

Os quintos de ouro   A assistência dos capitães-generais nas minas de ouro, se não pôs termo aos muitos abusos de que se queixava a administração financeira do reino, parece fora de dúvida que contribuiu de modo apreciável para o incremento nas exportações de ouro, e, naturalmente, nas arrecadações do quinto de Sua Majestade. Era inevitável, aliás, que a maior fixidez dos centros mineradores, além da simples presença do governador, fomentasse de algum modo a implantação de técnicas mais apuradas no meneio das lavras e, por conseguinte, sua produtividade maior.

Quanto à cobrança dos direitos reais, a sucessão de medidas adotadas por Albuquerque desde que se empossou no governo, visando a melhor garanti-la, se não atendeu plenamente aos interesses da Coroa, mostra o acurado zelo que pôs em defendê-los. Empossado em São Paulo aos 12 de junho de 1710, já aos 17 de julho seguinte providencia a convocação da Câmara local e assim dos procuradores e da nobreza de outras vilas da capitania, para, juntos, cuidarem do negócio dos quintos. Como resultado dessa junta, ficou assente que a cobrança se faria por avenças com os mineiros e na proporção das suas baterias (isto é, dos carijós ou escravos que as usassem), com o desconto das eventuais falhas, mortes ou fugas dos mesmos operários e também dos meses impróprios para a colheita do ouro, de sorte que se evitassem prejuízos aos descobridores e concessionários de datas.

Da diligência com que se houve o governador no particular da cobrança dos quintos podem dar ideia, ainda, algumas providências que veio sucessivamente a tomar. Para conter o extravio ordena ao juiz ordinário de Guaratinguetá, em portaria de 21 de agosto, que faça quintar todo o ouro de que não conste, por certidão, terem-se pago os direitos nas minas. Comina a pena de perda do metal extraviado, dele cabendo dois terços à Régia Fazenda, o resto, ao denunciante. A 3 de setembro determina, sob igual pena, que se registre perante o superintendente do rio das Mortes o ouro destinado às vilas de serra acima e a Parati, pelo caminho velho, deduzindo-se logo o quinto.

Adotadas antes de um conhecimento mais prolongado da situação nas regiões auríferas, muitas dessas primeiras decisões hão de ser, mais cedo ou mais tarde, reformadas, e pelo mesmo capitão-general: a da cobrança por bateias, por exemplo, resolvida em junho na junta que se reunira em São Paulo, já lhe parecerá inaceitável em dezembro, quando convocar uma segunda reunião no Caeté para deliberar sobre a matéria. É que no entretempo chegara a persuadir-se de que o bom funcionamento do sistema proposto, e que Sua Majestade não relutará em acatar, esbarrava, na prática, em inexpugnáveis obstáculos e daria como consequência uma arrecadação bastante minguada.

Um desses obstáculos estava em que os mineiros sonegavam constantemente a declaração dos escravos e carijós que tinham em serviço, seguindo nisto os conselhos e recomendações dos eclesiásticos, para os quais, e assim o diziam, o quinto era tributo e a lei que manda pagá-los não podia obrigar a ninguém em consciência. Ora, tal argumento, que tendia a converter uma lei das Ordenações – onde expressamente consta que os veeiros pertencem aos direitos reais – em simples questão de foro íntimo e, neste caso, naturalmente maleável, conforme a vontade e os interesses de cada um, bem podia, pelas suas consequências, ser nocivo à Coroa e afinal aos próprios vassalos, tirando a el-rei parte do que lhe era devido, não apenas para sua sustentação, mas ainda para os muitos gastos que faz pela República.

Não é talvez por acaso que as estatísticas conhecidas acerca dos quintos cobrados mostram, justamente no ano seguinte ao da posse de Albuquerque, um aumento já apreciável das somas correspondentes aos quintos apurados. Com efeito, em 1711 é alcançada pela primeira vez, e ultrapassada a casa das três arrobas: ao todo apuraram-se 49 quilos de metal limpo e beneficiado para a Régia Fazenda. Chegou-se a essa conclusão tomando como base as cifras mais geralmente utilizadas pelos historiadores, isto é, as que, em 1780, compilara o Desembargador José Teixeira Coelho, em sua Instrução para o Governo da Capitania. Adicionado o fruto do confisco, a saber 21kg, tem-se um rendimento global de perto de cinco arrobas.

Em nenhuma época anterior chegara-se a tanto. No ano de 1710, até então o de maior renda para a Coroa, alcançara-se metade dessa soma, também com a inclusão do ouro confiscado: a simples arrecadação regular não chegara a 20kg e meio. Mas o ápice de 1711 não se há de repetir durante dois anos consecutivos: em 1712 registra-se uma sensível queda, e outra, maior ainda, em 1713. Em nenhum dos dois casos, contudo, desce o rendimento do quinto a menos de três arrobas. Só a contar de 1714 é que se assinala nova ascensão, e esta vertiginosa, mas explicável pelo estabelecimento, agora, do regime das fintas anuais de trinta arrobas fixas.

Adotando para o ouro exportado nas frotas o cômputo do Sr. Vitorino Magalhães Godinho, verifica-se que essas exportações seguem, até chegar-se àquela época, uma curva aproximadamente paralela à das arrecadações do quinto. Tendo subido, como já foi lembrado, de 725kg em 1699 para 1.765 em 1701 e 4.350 em 1703, atingem elas, em 1712, um primeiro teto – 14.050 – que corresponderia ao quinto apurado nas Minas durante o ano anterior. Segue-se uma baixa de 50 por cento no ano de 1713, e depois, no imediato, uma pequena ascensão, chegando então as exportações a perto de 9.000kg.

É bem possível, e até provável, que o ouro de particulares, levado anualmente nas frotas, abrangesse colheitas de diferentes períodos, o que torna impossível seu emprego sem reservas para julgar-se do movimento real da produção. É de notar, ainda, que, não obstante seu paralelismo aparente, há uma distância colossal entre os números da arrecadação do quinto, acrescida dos confiscos, e as quantidades do ouro exportado, sendo estas intensamente mais vultosas do que os primeiros.

Não pode servir para justificar tal distância o fato de provirem os quintos arrecadados, a que se referem as cifras acima, apenas das Comarcas de Vila Rica, São João del-Rei e Sabará. Num tempo em que todas as atenções se volviam para os novos descobertos, a verdade é que a produção do resto da chamada Capitania de São Paulo e Minas de Ouro, incluídas as faisqueiras do Jaraguá, Ibituruna, Paranaguá, Curitiba, devia ser praticamente irrelevante. As de Cuiabá, por outro lado, ainda não tinham sido achadas: sua produção em quantidades notáveis pertence à terceira década do século, época em que também se manifestam as de Goiás e em que são afinal legalizadas as lavras do sertão da Bahia.

Mesmo quando se considere que, na ausência, para a fase anterior à da cobrança por fintas anuais de trinta arrobas, dos dados da Casa da Moeda de Lisboa, que só começam a aparecer em série contínua a partir de 1713, o Sr. Magalhães Godinho se teria valido principalmente das fontes francesas, onde há lugar para alguma parte do total das remessas clandestinas, o problema não deixa de persistir. Aquelas remessas foram sempre consideráveis, e esquivam-se a qualquer tentativa de estabelecer seu montante, mas evidentemente não podiam figurar nas cifras oficiais portuguesas, que ainda após o abandono, em 1725, do regime das fintas anuais uniformes, continuarão a ser desproporcionadamente mais elevadas do que os direitos cobrados, que só teoricamente deveriam corresponder a 20 por cento da extração.

Parece claro que essa percentagem meramente ideal, mas incessantemente visada, continuará sempre muitíssimo longe de se fazer realidade, por isso mesmo não fornece qualquer ponto de apoio válido para um cálculo do movimento da produção. Não é preciso mais para explicar as constantes oscilações da política lusitana a respeito dos modos de arrecadação, bem como a volta, de 1750 em diante, ao sistema das fintas anuais uniformes.

Os dados hoje disponíveis revelam como, depois de 1714, e por mais de sete anos, os totais do ouro entrado em Lisboa passam por altos e baixos, sem alcançar todavia o recorde de 1714. De súbito chega-se a um segundo teto – 25.000kg – em 1720. Mas durante o decênio seguinte, salvo em 1725, quando se assinalam 20.000kg, as maiores somas vão de cerca de 11.000kg e isso apenas nos anos de 1721 e 1722; no restante são muito menores.

Pode-se imaginar, à vista de tais dados, que a ampliação, durante esse decênio, da área de exploração do ouro afeta mediocremente o volume das remessas. Os números oficiais correspondentes a 1720 mal poderiam abranger o produto da Bahia, explorado clandestinamente, onde as lavras da Jacobina são autorizadas só nesse ano, e as do rio das Contas no seguinte. O de Cuiabá, por sua vez, ou antes o da barra do Coxipó-Mirim, está em suas primícias: só algum tempo depois hão de manifestar-se as célebres lavras do Sutil. As primeiras cifras conhecidas sobre a cobrança do quinto nessa área, onde ela ainda é feita por bateia, pertencem a 1724, e chegam apenas a 14kg. Não se poderia, pois, atribuir a seus contingentes qualquer influência sobre as grandes remessas de ouro brasileiro no ano imediato, se os números da arrecadação dos direitos reais servissem de base para uma estimativa da produção e exportação.

É em 1727 que chega ao ponto mais alto a arrecadação dos direitos sobre o ouro cuiabano – 120kg – e ainda não haveria de pesar muito na exportação do metal brasileiro, que nos anos seguintes, e até 1730, se mantém entre 6 e 8.000kg por ano. A esse tempo já começavam a render também as minas goianas, de onde o segundo Anhanguera e seu genro João Leite da Silva Ortiz tinham trazido em 1725 as primeiras amostras, deixando cinco ribeiros com pinta de lavra descoberta. A partir da mesma região, onde se estabelecerá em definitivo Bartolomeu Bueno, expandem-se largamente as lavras em virtude de descobrimentos sucessivos que se prolongarão até os anos de 40 e mais tarde.

Aqui, como em Cuiabá, e depois Vila Bela, a explicação de riquezas minerais há de fazer-se sempre em moldes rudimentares. Na "memória" que José Manuel de Siqueira escreverá já no começo do século XIX sobre a decadência das três capitanias de minas, diz-se que o mais ignorante das Minas Gerais sabia melhor dirigir um serviço do que o mais entendido mineiro de Goiás, assim como o mais ignorante de Goiás tinha melhor conhecimento do que o mais entendido da Capitania de Mato Grosso.

Se o terceiro decênio do século representa uma fase de estagnação, a partir de 1731, ainda segundo os dados que divulgou o Sr. Magalhães Godinho, nenhuma remessa anual é inferior a 11.000kg, salvo durante os dois anos de crise, 1732 e 1736, sendo que esta, a de 36, é compensada pela cifra excepcional da carga levada um ano depois nas frotas. A década que se inicia em 1740 registra um novo progresso: as frotas não levam menos de 14.000kg por ano, às vezes 16.000kg, e assim até 1755. Só há duas exceções, a de 1744, em que foram somente 6.000kg, e a de 1754, 10.500kg.

A extração de diamantes O negócio altamente lucrativo dos diamantes, de que em 1729 se tomou conhecimento oficial, prometia novas vantagens à administração e novas ameaças e perigos aos mineiros. Desbravado em grande parte e relativamente povoado o sertão das minas, parecia agora mais fácil do que ao tempo dos primeiros descobridores de ouro sustar ou reduzir a proporções mínimas a exploração clandestina.

Em dezembro do mesmo ano declarava-se monopólio régio a extração das gemas e anulavam-se, em virtude do mesmo ato, as cartas de datas e escrituras de propriedade em toda a área onde fossem elas achadas. Seguiu-se a essa uma série de medidas de severidade implacável visando a assegurar melhor o privilégio da Coroa. Em 1731 é determinada a suspensão imediata de todo trabalho de mineração na dita área, sob pena de degredo dos recalcitrantes para Angola e confisco de seus bens. Como não desse o resultado esperado, antes estimulara a colheita ilegal e contrabando das pedras, essa ordem foi seguida de outra, em que se mandaram expulsar no mais breve prazo os negros, negras e mulatos forros que se achassem em toda a Comarca do Serro do Frio. O resultado da nova exigência vai ser a multiplicação de quilombos, que tendem a complicar ainda mais o problema, dando lugar à garimpagem desenfreada.

O receio de que a cabal execução de ordens semelhantes fosse empecilho ao descobrimento de rios e ribeiros ricos acabou, no entanto, por suplantar o rigor das deliberações iniciais. Em resposta a apelos dos moradores, que já admitiam a elevação de cinco para quinze mil-réis o pagamento por negro escravo ocupado no mister de minerar, mostra-se mais moderado o Governador D. Lourenço de Almeida: apenas quer que se aumente para 20$000 a taxa de capitação.

Apesar do novo calor que com isso tiveram os trabalhos de exploração, julgou-se necessário organizar de modo mais efetivo a administração do negócio. Assim é que em 1734, no arraial do Tejuco, instituiu-se uma Intendência dos Diamantes incumbida de gerir a lavra e polícia naquelas terras. Procede-se logo a sua demarcação por meio de padrões colocados nas raias da mesma área. Contudo a jurisdição do intendente não fica restrita a esse distrito, mas há de expandir-se à medida que apareçam outras zonas produtoras.

No ano imediato suspende-se o regime da capitação e passa-se ao do arrendamento por braças. Em 1736, de conformidade com instruções expressas de Lisboa, adota-se o dos contratos, que há de durar por sua vez trinta e cinco anos. É então que irá prevalecer a administração direta, por conta da Régia Fazenda, através de um sistema especial que se há de celebrizar pelos poderes, verdadeiramente sem exemplo na América lusitana, atribuídos pelo Regimento Diamantino de 2 de agosto de 1771 aos intendentes.

A população mineira

Apesar dos muitos embaraços que se opunham por vezes aqui, assim como no restante das Minas, à entrada de elementos cuja ação permanecesse particularmente nociva ao Estado e ainda mais aos interesses do erário régio, uma população numerosíssima concentrava-se, em meados do século, nos lugares mais opulentos da capitania. As próprias interdições à entrada de forasteiros oriundos dos reinos estranhos eram mal cumpridas ou burladas.

Deles alguns aparecem, desde cedo, entregues à lavra de ouro, como os franceses Cláudio Guyon e Bento Fromentière, que deixaram lembrança no nome do bairro de Monsus (*Monsieur*) em Mariana. Outros, logo que os moradores se congregaram em sítios fixos, dedicam-se a ocupações diversas, mas igualmente rendosas, fazendo-se, alguns, largamente conhecidos e benquistos, sem embargo de sua condição de estrangeiros.

Neste caso estava, para citar um exemplo notável entre muitos, certo cirurgião de nacionalidade húngara, mas abrasileirado pelo nome que lhe deram de João da Rosa. O qual, além do ofício principal, exercia os de hervanário, químico e farmacêutico, e fora levado por Deus àquelas Minas, diz uma testemunha, para remédio dos aflitos, e "muito principalmente dos pobres, de quem era universal benfeitor". Teria sido contemporâneo, ou quase, dos primeiros estabelecimentos da região, pois o cirurgião aprovado Luís Gomes Ferreira, que a ele se refere com aquelas expressões lisonjeiras, em seu *Erário Mineral*, já o tinha achado "antigo no clima", experiente, por isso, das enfermidades ali reinantes e das mezinhas da terra, além de muito estimado de todos quando ali chegou por volta de 1720.

Em meados do século o negócio dos metais e das gemas preciosas não ocuparia senão o terço, ou bem menos, da população, segundo os cálculos mais generosos, cuja fidelidade, todavia, não é dado averiguar com certeza. O grosso dessa gente compõe-se de mercadores de tenda aberta, oficiais dos mais variados ofícios, boticários, prestamistas, estalajadeiros, taberneiros, advogados, médicos, cirurgiões-barbeiros, burocratas, clérigos, mestres-escolas, tropeiros, soldados da milícia paga ou, desde 1766, do corpo auxiliar, que se tornaram, uns e outros, pelas suas turbulências e atropelos, causa de constante alarme entre os moradores. Sem falar nos escravos, cujo total, segundo os documentos da época, ascendia a mais de cem mil.

A lavoura e a pecuária — A necessidade de abastecer-se toda essa gente provocara, principalmente, nas partes regadas pelo São Francisco, a formação de grandes currais, que se expandem depois em direção ao oeste e ao sul da capitania, enquanto na vizinhança das lavras se desenvolvera a criação de porcinos, herança, talvez, dos hábitos alimentares dos primeiros desbravadores paulistas. Essa atividade pecuária não deixou de ser estimulada, desde o início, pelos governos, inspirados no desejo de tornar as minas menos dependentes, para a aquisição de reses, do comércio com a Bahia e as capitanias do norte, fonte notória de muitos descaminhos.

Por outro lado, a própria lavoura, que os antigos tinham descurado, ganhava alento novo, com os grandes proveitos derivados da venda de seus frutos. A princípio não ia ela muito além das primitivas roças de milho, cujo produto era vendido a preço exorbitante e passaria a constituir, mesmo depois, uma das bases do sustento dos moradores. Um escrito anônimo de 1747, incluído no Códice Costa Matoso, relaciona algumas das "muitas comidas que se fazem de milho" nas Minas: pipocas ou, como se dizia, "escolhido da brasa", curau, pamonhas, farinha, cuscuz, biscoitos, bolos, alcomônias ou pés-de-moleque, catimpuera, aluá ou cerveja de milho verde, aguardente, sobretudo canjicas grossas, que os ricos "comem por gosto e os pobres por necessidade, por não ter mais tempero que o ser bem cozido", sem falar no fubá, destinado em geral aos animais da criação doméstica e também aos escravos, pois dele se fazia "o angu para os negros, cozido em um tacho de água athe sequar". Aqui, como em São Paulo, pode dizer-se que o milho fornecia o verdadeiro pão da terra, em lugar da mandioca, comumente usada nas mais capitanias.

Contudo, os mandiocais não deixaram aos poucos de ter certo incremento ao lado de algodoais e arrozais. A própria cana-de-açúcar, a despeito das proibições expressas da metrópole, expande-se nos intervalos deixados no meio das lavras de ouro ou, para começar, entre as zonas de criação bovina: com efeito, o primeiro engenho de açúcar de que há notícia surge em 1706 no Curralinho, à margem do rio das Velhas, onde mais tarde aparecem faisqueiras. Seguem-se, porém, outros, e agora nos lugares onde mais intensa é a lavra de ouro, como o que erigiu, antes de 1711 perto de Santa Bárbara, Fernando Bicudo de Andrade, e é possível que não se saísse bem do negócio, pois já se viu acima como volta depois a São Paulo, onde funda no Jaraguá um estabelecimento de mineração, e afinal se muda para Goiás.

Para meados e sobretudo para fins do mesmo século, a decadência da mineração e a situação dos mercados consumidores poderiam dar novo estímulo, aqui como em outras partes do Brasil, à produção de açúcares. Contudo, a posição geográfica das Minas impede-a de concorrer vantajosamente, para a exportação do produto, com as províncias marítimas, em particular com a do Rio de Janeiro. Destinando-se assim, de preferência, a produzir para o consumo local, que aliás não é pouco, seus engenhos, movidos quase sempre por tração animal, encontram poucas possibilidades para progredir. Dedicam-se, na grande maioria dos casos, ao simples fabrico de aguardente ou quando muito de rapaduras e mascavos.

É esta uma das causas que desde cedo tinham movido os governos a opor restrições severas à feitura de engenhos e engenhocas no sertão das minas de ouro, sabendo que a aguardente era causa da ruína das mesmas minas. Todas essas providências resultariam porém improfícuas, pois já ao tempo em que escrevia o Desembargador Teixeira Coelho raras eram as fazendas, ainda que pequenas, onde não houvesse engenhos de cana, de sorte que a aguardente se vendia a preço ínfimo. Os prejuízos dessas fábricas pareciam evidentes, pois que os negros se embebedavam e faziam mil distúrbios, de que com a diversão dos negros resultava necessariamente um decréscimo das safras de ouro e diamantes.

Parecia-lhe por tudo isso, a Teixeira Coelho, que na Capitania das Minas só se deveria trabalhar nas lavras de metais e gemas preciosas, quando muito na produção de gêneros indispensáveis ao sustento dos povos. Melhor fora que as águas ardentes se mandassem das Capitanias de São Paulo e Rio de Janeiro onde não havia ouro. É certo, dizia, que desse modo hão de ser mais caras, o que era entretanto um mal, pois assim se reduziria seu consumo pelos escravos e nem haveria tantos bêbados.

A cultura do tabaco; o "caso Francia", no Paraguai
As mesmas razões que deviam contrariar, a seu ver, as fábricas de aguardente pareciam-lhe militar de certo modo contra a indústria do tabaco. O cultivo deste produto podia fazer-se nas Capitanias do Rio e de São Paulo, não em Minas, e agora vem o motivo decisivo para abandonar sua lavoura e algumas outras que importassem em sacrifício para a atividade mais rendosa em tais lugares. É que o "grande número de escravos" que se dedicavam ao plantio e benefício do fumo "podia empregar-se", diz, "na extração do ouro, em utilidade do real quinto e dos direitos das entradas que se pagam nos registros".

O fato é que a lavoura do tabaco ia ganhando apreciável impulso, mormente na região situada imediatamente ao sul das terras do ouro, mas também nas próprias áreas mais voltadas para o trabalho das minas, constituindo ali focos de atração para os trabalhadores das lavras, que assim se viam desviados dessa atividade. Não só o plantio do tabaco requeria braços numerosos, como ainda o preparo do fumo em corda, artigo que então se apresentava com grande coeficiente no comércio exportador do Brasil e chegava a alcançar excelente reputação em países estrangeiros, principalmente na Espanha e nas Índias espanholas. Tanto que um dos mais celebrados expoentes do mercantilismo sistemático espanhol no século XVIII, Gerônimo de Uztáriz, entre os mestres e artesãos estrangeiros que reclamavam para o fomento da instrução técnica em sua terra, chegara a recomendar expressamente a ida de portugueses do Brasil para a manufatura do fumo em rolo, ao lado de especialistas flamengos para a indústria de tapetes.

Publicada primeiramente em 1724, a obra mestra de Uztáriz, intitulada *Teórica e Prática del Comercio y de La Mariña*, onde aparecem aquelas recomendações, teria tido a sorte de nosso Antonil, a ser exata a versão mais aceita, que Earl J. Hamilton julga porém duvidosa, parecendo-lhe incompatível com o confisco da obra o prestígio ilibado de que continuará a gozar o autor na Corte de Espanha. Mas seria sempre obrigatória essa incompatibilidade? A retirada da circulação do livro de Antonil não o impede de continuar a exercer o reitorado na Bahia, apesar das ordens que proíbem estrangeiros em cargos semelhantes; sabe-se até que para seu caso houvera especial dispensa. Se há talvez diversidade, está em que a obra do "anônimo toscano" cai em longo olvido, ao passo que os conselhos do economista navarro acham quem pontualmente os siga, em particular no que respeita à introdução de manufaturas de fumo em corda. E não haveria um indício da existência dessas manufaturas na Capitania de Minas na presença de algum dos naturais dela entre os que foram a difundi-las em terras da Coroa de Castela?

Em 1742 sairá afinal, em Madri, uma nova edição da *Teórica* de Uztáriz, agora impressa sem empecilhos e até patrocinada pela Coroa. Passados poucos anos, por volta de 1750, um dos governadores do Paraguai, empenhado em fomentar o cultivo ali do tabaco, trata de atrair para Assunção brasileiros peritos no seu granjeio e na arte de torcê-lo em cordas. Dá bom resultado o negócio, tanto que já em 1753 as primeiras amostras fabricadas por esses peritos obtêm a aprovação de Sua Majestade. Conhecem-se os nomes, não a procedência, dos dois introdutores da arte na província castelhana do Prata: chama-se um deles João Chaves de Oliveira, o outro, Antônio Moreira. Um sinal, porém, de que vinham da Capitania de Minas pode encontrar-se na circunstância de levarem consigo um menino que, segundo se tem apurado, nasceu na cidade, então vila, de Mariana, em 1739. Tinha este o nome de José Engrácia Garcia Rodrigues França (ou "da França"?).

Apesar dos muitos serviços que depois prestará ao rei de Espanha, até contra paulistas, no Iguatemi, nunca lhe esquecerão os inimigos a origem luso-brasileira, que por si só é motivo de suspeita. Alguns o apodam de *mameluco paulista*, outros, ao que parece, de *carioca*. E, fingidas ou sinceras, as suspicácias hão de volver-se bem mais tarde contra o filho do mineiro ou paulista do Ribeirão do Carmo, o sombrio Doutor José Gaspar de Francia. Quando este, tendo galgado o posto de *Supremo*, inicia uma política, logo mangrada, de aproximação com o reino do Brasil, para contrabalançar a influência de Buenos Aires, dirão os descendentes de espanhóis: *es hijo de português, nos va entregar a Portugal*.[2] A naturalidade brasileira e mineira do pai de Francia acha-se correntemente admitida, após acuradas pesquisas em arquivos de Assunção e Buenos Aires. Menos apoiada é a versão, sugerida por historiadores paraguaios, de que, originário de Mariana e ligado, talvez, à lavoura e manufatura dos tabacos, se entroncava ele, pelo lado materno, nos Caldeira Brant e, pelo paterno, na geração bandeirante dos Garcia Velho.

Atividades produtivas novas

Este parêntese serve para colorir, ao menos, um fato que já se faz notar em Minas ao cabo de meio século de exploração aurífera: o aparecimento de atividades produtivas novas, não menos rendosas, muitas vezes, do que a das próprias jazidas, uma vez que atraem, por vias diferentes, o produto delas. À medida que se vão exaurindo as datas, não custa tentar, a alguma distância, pois a própria terra socavada ou revolvida pelo mineiro não atura o trabalho de enxada, alguma das granjearias de consumo abundante naquelas partes. E assim sucede que da lavra do ouro se passam facilmente à lavra dos tabacos, senão à das canas, e que de um negro faiscador se faz não raro um "torcedor" entendido: assim se designam os que sabem enrolar, escapar e curar as folhas, aprontando-as para o consumo.

Não é esta certamente a regra geral, sobretudo quando fique mais patente a exaustão das lavras, que já não darão com que pagar novas empresas. A regra geral será então o estancamento de grande parte da produção pela penúria inevitável dos mercados locais – os únicos que poderiam sustentá-la a tamanhas alturas – e assim também o comércio e toda a circulação de bens que necessitam de algum poderoso estímulo para expandir-se numa zona empobrecida e apartada dos portos de mar. Contudo essa passagem mofina pertence muito menos ao século XVIII do que a eras mais tardias. E ainda quando se esvaírem muitas das velhas riquezas, não se perderá tão depressa o fruto, bom ou mau, que delas se colhera.

---

[2] JULIO CESAR CHAVES, *El Supremo Dictador*. Biografia de José Gaspar de Francia, Buenos Aires, 1946, pp. 19 e seg. e 214. Sobre a obra de Uztáriz e sua fortuna. EARL J. HAMILTON, "The Mercantilism of Geronime de Uztáriz, a Reexamination (1670-1732)". *Economics, Sociology and the Modern World*, Cambridge, Mass., 1935.

Escrevendo nessa fase de decadência, quando o número de moradores da capitania beirava, se já não alcançara, meio milhão de almas, formando naquele sertão remoto – milagre do ouro e do diamante – a província mais densamente povoada de todo o Brasil, um cientista da terra ainda podia deter-se com alguma complacência nas bondades dela, comparada às demais partes da colônia. As Minas Gerais, dizia com efeito Silva Pontes, nos últimos anos do século XVIII, são hoje no continente de nossa América o país das comodidades da vida, e só o ouro o fez assim.

Passando ao confronto com outras regiões brasileiras, realça ainda a posição especial que ocupava a sua entre as mais capitanias do Brasil, onde se produziam apenas gêneros em estado bruto, ou pouco menos, "sem mãos intermédias": algodão, açúcar, cacau, café... Nestas, os ricos faziam uma vila bastante das suas casas para poder ter o que houvessem mister, pois não existiam tratos de mercadoria. Nas Minas Gerais, porém, viviam este de cultivar as maçãs da Europa, os pêssegos, os marmelos, outro de os beneficiar em doces, outro de fazer sabão, outro ainda de fabricar calçados de couro e de pau, muitos de preparar as carnes de porco, ou de vaca, ou de produzir queijos, e todos acham cada um o seu cômodo, vendendo bem o que produzem.

Entraria alguma dose de boa vontade nessa descrição, redigida, talvez de encomenda, para D. Rodrigo de Sousa Coutinho, que queria ver animada a exploração mineira, clareando os seus lados melhores, na ânsia de libertar o reino das consequências do Tratado de Methuen e melhorar sua balança de pagamentos com a Inglaterra, que chamava a si todo o produto das lavras. Era um fato que se plantavam com bom êxito nas Minas algumas plantas próprias de climas temperados e contudo haveria exagero no que diz o autor sobre o cultivo das maçãs da Europa, que era excepcional e, em todo caso, não bastaria para sustentar ninguém. Os pessegueiros, porém, e os marmeleiros – ainda uma herança paulista? – davam-se, esses, admiravelmente, e serviam para a fabricação de doces. Podia-se ainda acrescentar que as videiras, em muitas partes, frutificavam bem e duas vezes no ano, que o trigo granava como na Europa, assim como o centeio e ocasionalmente plantavam algum linho.

Aos produtos manufaturados que menciona, ainda caberia juntar os tecidos de algodão e lã que, embora grosseiros em sua maior parte, chegavam a ser exportados para capitanias vizinhas, assim como os chapéus, também de lã. E é bom recordar que a produção de queijos, em que desde cedo se especializou a comarca de São João del-Rei, constituiu sempre um dos distintivos da capitania.

Uma relação breve, embora, e muito salteada, de produtos tão vários, que naturalmente se hão de somar aos outros, comuns a esta ou aquela região do Brasil, que quase todos se acham ali bem representados, pode dar alguma razão ao escritor, onde afirma que em suas Minas não se davam apenas, como nas mais capitanias, gêneros em bruto, sem "mãos intermédias". Que deles, e não só de minerais preciosos, já houvesse exportação, nada irrelevante por vezes, é tanto de notar quanto nas próprias Minas existia mercado consumidor numeroso.

Ofícios mecânicos e comércio   É certo que os preços de toda casta de mercadorias, importadas ou não, pareciam próprios para fomentar ali a diligência dos que se quisessem ocupar de manufaturas e de permutações. Das primeiras, talvez, mais ainda do que das últimas, houvesse entre os moradores, descendentes em sua grande maioria de portugueses, uma tradição que as favorecesse, respondendo assim às solicitações ambientes. O comércio de mantimentos e vestimentas da Europa não se fazia, por outro lado, sem dificuldades, pois tudo ia onerado com as despesas em passagens, registros, alfândegas, além dos impostos de que já se tinham taxado os artigos desde Lisboa e do Rio de Janeiro. E achando-se as Minas tão entranhadas no continente era mister acrescer essas despesas do que se devia gastar com transportes e riscos. Se, apesar de tudo, era tamanho o comércio, mormente na grande época do ouro, imagina-se que, com toda a carestia dos gêneros, ainda ficava margem para lucros avultados nas transações.

Suscitadas, embora, e sustentadas, pela riqueza aurífera, a verdade é que o comércio, assim como a lavoura e outras atividades de produção, gozariam, comparadas à extração e benefício dos metais, de uma liberdade de ação, de uma capacidade de iniciativa e expressão própria, que as destacavam vivamente do labor das minas. O fato por si só, de a grande maioria dos moradores se dedicar ali, mesmo no apogeu da economia mineira, a tais atividades e não à extração de ouro e diamantes, ainda é insuficiente para lhes assegurar essa posição de relativa independência. Mais importante seria frisar, talvez, que voltando-se quase exclusivamente para a riqueza aurífera e diamantífera, pois tinha sido forjada e estava mobilizada para atender, em face dela, o exigido pela Coroa, a pesada máquina administrativa e fiscal que se implantara na capitania se achava mal preparada para agir fortemente sobre outros negócios.

Acresce que o ouro dessas minas é o único produto, entre elas, que tem valor certo e marcado, não cabendo a pessoas particulares levantar-lhe ou baixar-lhe o preço, segundo a menor ou maior abundância da safra, ao contrário do que sucede a todas as outras mercadorias e produtos manufaturados. E se o próprio ouro das lavras e o diamante se livravam com frequência das restrições impostas, de sorte que o contrabando era efetuado em alguns lugares quase sem reservas, e nos próprios registros só se descobria, em geral, quando houvesse delação, havendo uma infinidade de meios para dissimulá-lo, que dizer das mercadorias, vendidas, compradas e trocadas sem tais restrições e disfarces?

Os próprios ofícios mecânicos eram exercidos aparentemente com mais isenção do que no resto da colônia, a julgar pelo que revelam as atas municipais de Vila Rica, justamente o maior centro urbano da região mineira. De um estudo atento de tais textos, ficou apurado que raros oficiais sujeitavam-se ao exame prévio exigido nas posturas, apesar de as Câmaras elegerem anualmente, para esse fim, os juízes de ofício, prevalecendo assim as simples licenças com fiador. Quando muito os sapateiros, alfaiates e ferreiros submetiam-se sem maiores resistências àquela exigência, de que ficavam em geral dispensados outros profissionais, como pintores, entalhadores e douradores. Do abuso de juízes que permitiam, "por amizade", o trabalho de oficiais não examinados há notícia expressa numa das atas estudadas pelo historiador Salomão de Vasconcelos. Não consta, porém, que o combate a esse abuso fosse além de recriminações e ameaças de pouco efeito. Muitos, sobretudo os mais brilhantes, escusavam-se de tirar as próprias licenças, alegando, como alegaram, ao menos uma vez, que elas só eram necessárias para quem trabalhasse em casa e sem sua loja aberta.

Assim, apesar de todas as tiranias, imposições e violências de que está cheia a história colonial de Minas, o fato de recaírem elas sobre uma única atividade ou sobre os indivíduos que a exercem vai deixar, por isso, considerável autonomia de movimentos às outras autoridades, que só indiretamente, quando muito, se relacionam com a mineração. E como a pressão dos governos é muitas vezes caprichosa e não escolhe vítimas, pesando indiferentemente sobre grandes e pequenos, que todos, no fundo, podem ser suspeitos de lesar o fisco, aquele que menos lesa pode sempre envolver-se, sem defesa possível, em alguma trama de calúnias e denúncias poderosas.

A mobilidade da hierarquia social em Minas A espécie de igualitarismo, que neste caso se estabelece entre elementos de todas as classes e extrações, e, de outra parte, as largas possibilidades que a tantos indivíduos, alheios à empresa mineradora, se deixam para disporem de si mesmos e de seus atos, principalmente na esfera econômica, servirão de reforço, provavelmente, ao cunho democrático assumido pela ocupação do território nas Gerais, comparada à de outras partes do Brasil. É compreensível que esse cunho marque principalmente os decênios iniciais da ocupação, quando uma avalanche de imigrantes de toda casta, de fato a primeira imigração espontânea em massa que recebera a colônia portuguesa em qualquer das suas partes, se lança sobre aquela terra, esquadrinhando-a em todas as direções, na demanda de riqueza fácil.

É sobretudo a diversidade de aptidões bem ou mal afortunadas, que servirá para distribuir os vários elementos em camadas sociais, e é forçoso então que essa hierarquia se estabeleça segundo os padrões ibéricos e portugueses que são afinal os disponíveis. Aquela massa, pouco menos do que indiferenciada, dos primeiros tempos, vai recompor-se, na terra de adoção, conforme tradições que lhes venham da pátria de origem. A escala social refaz-se naturalmente, à medida que parece estabilizar-se o povoamento em núcleos fixos, como se tudo estivesse para voltar às velhas normas universalmente aceitas, e no entanto existe uma diferença. A escala é a mesma, contudo não são os mesmos os indivíduos que se distribuem pelos degraus.

Não há aqui, certamente, nenhuma novidade extraordinária, mormente para o Brasil ou para a generalidade dos países de condição ou formação colonial. O extraordinário é, aparentemente, a rapidez e facilidade sem precedentes com que tudo isso se processa nas terras do ouro, comparadas às da lavoura: da grande lavoura, bem entendido. Na grande lavoura, e antes de tudo nos engenhos de açúcar, a gradação hierárquica, ainda que muitas vezes frouxa, segue apesar de tudo as linhas tradicionais. Quem requer sesmaria há de contar com um mínimo de meios e ainda de relações pessoais para fazer valer a petição. E ninguém poderá fazer-se grande proprietário e lavrador se não dispuser de escravaria em bom número ou de recursos para adquiri-la. E ainda mais se quiser ser senhor de engenho, pois não é pouco o que se faz preciso para montar e manter a maquinaria do estabelecimento.

Poderia lembrar-se talvez que a hierarquização, nesses casos também, depende apenas do maior ou menor cabedal em dinheiro que possa ter o proprietário ou o candidato à condição de proprietário. O certo, porém, é que a posse de bens materiais raramente se improvisa nestes casos, e o tempo gasto por quem se habilite a alcançá-los é como um estipêndio obrigatório para a conquista de foros de nobreza. Mesmo no reino, aliás, onde houve sempre escasso rigor nestes assuntos, até a oficiais mecânicos e peões dava-se por muito menos oportunidade legal de ascenderem à condição de cavaleiros, quando menos de cavaleiros de *contia*, ainda quando não houvessem ganho honra de cavalaria ou não tivessem sido recebidos em ordem militar, condições estas que se requeriam, em princípio, dos fidalgos chamados de "espora dourada".

Nesse sentido não há demasia em dizer dos grandes proprietários e senhores de engenho do Brasil, título este, no conhecido juízo de Antonil, tão estimável proporcionadamente quanto o dos fidalgos do reino, que sua posição eminente se compadece, em suma, com os princípios geralmente aceitos e as práticas consagradas e irrecorríveis. Fosse como fosse, os que detinham postos privilegiados, em tais condições, tinham-se tornado, mal ou bem, portadores de uma tradição ancestral.

Nada disso vai suceder nas terras do ouro. Para a distribuição das datas minerais, o que menos se quer do candidato é a posse de bens pecuniários, pois os mais necessitados, em geral, e os humildes, gente, em sua grande maioria, sem passado, e que a lei expressamente protege, porque esse é o interesse da Coroa e da Régia Fazenda, são de ordinário os mais diligentes e esforçados no negócio: nem se vexam às vezes de ir catar ombro a ombro com o escravo, se o têm. Juntamente com eles, são mercadores e mecânicos, em número ainda mais avultado, os que lançam o primeiro fundamento da colonização nas Minas Gerais, e os que se acham em melhor posição para alçar-se a postos eminentes e dignificar-se. Isso por força de imposições locais, que se fazem valer muitas vezes em detrimento de costumes venerados ou até de leis do reino.

É naturalmente compreensível que, sobre o tumulto inicial, se vá impor cada vez mais alguma aparência de estratificação. E apesar disso, durante longo tempo, a bem dizer em todo o curso do século XVIII, essa espécie de ordenação forçada, puramente exterior, não consegue dissimular ali a ebulição íntima. Existe, é claro, a norma externa, ao menos como um modelo formal, pois qualquer sociedade de homens se há de pretender civil e bem composta. Mas como impedir que venham constantemente à tona os contrastes entre a idealidade e uma realidade tangível e bruta? O que de tudo ressalta é a estrutura movediça que se desmancha, em partes, e se recompõe continuamente, ao sabor de contingências imprevisíveis.

Essa situação verdadeiramente sem precedentes no mesmo grau e na América lusitana, que os próprios agentes da Coroa acabam, não raro, por tolerar ou até fomentar, não podendo resistir sem prejuízo ao que se fizera regra geral, é para outros, menos comprometidos com ela, mais afeiçoados às velhas formas, motivo de indignação e surpresa. Como suportar tranquilamente que o comando dos bisonhos corpos de ordenança seja confiado a indivíduos que saíram da classe dos tendeiros? Ou que no séquito de um governante tomem lugar, como se foram novos Martes, elementos de classe baixa, que ainda vivem de dar o sustento, o quarto, a roupa, aos que viajam, e capim às suas bestas? Não é certo que, esses uns foram almocreves, outros taberneiros, ou alfaiates, ou viviam há pouco tempo de fazer sapatos, puxando a dentadas o couro?

Dos cabos de milícia, quem o diz é ainda o Critilo das *Cartas Chilenas*, alguns não admitem sequer que inflamam suas bengalas, nas mãos lixosas, quando pesam a libra de toucinho ou medem o frasco de cachaça, se lhes faltam os negros incumbidos de governar suas vendas. O pior é que dessa escória se vai levantando uma raça nova de magistrados, que parece trazer o selo da origem vil, no mais escandaloso desafio às leis do reino.

E como é irreprimível a força do contágio, todos, mesmo os grandes, e os que por dever de ofício deviam fazer respeitados os bons costumes, deixam-se emaranhar nesses atropelos. De sorte que um governador chega a tomar a frente do bispo em cerimônia pública e dar-lhe a esquerda na sege, violando uma regra comezinha de precedência, que admite exceção quando se trate de vice-rei, não de simples capitão-general.

Os desmandos dos eclesiásticos Aliás, os maus exemplos não vêm só dos chefes militares e civis, mas dos próprios eclesiásticos, a começar pelos prelados. Critilo, omisso neste particular, não registra os desconcertos que vão pela diocese de Mariana, onde em 1782, ou já um decênio antes, ao tempo de D. Joaquim Borges de Figueiroa, que não indo ao bispado, lá deixou, no entanto, procurador, começara a grassar a dispensa, para muitos ordenados, do impedimento a que estavam sujeitos por não serem havidos de legítimo matrimônio ou ainda por mulatos. E uma vez começado o abuso, não faltaria, mais tarde, quem o repetisse e com os maiores excessos.

Entre os zelosos da tradição, por acanhada que andasse ela nas Minas, esse tranquilo desprezo aos impedimentos ou inabilidades para as Ordens, pareceria ainda mais escandaloso do que a excessiva cobiça de muitos clérigos (causa de sua expulsão daqueles lugares) ou do que o gênio turbulento de outros. É que nesses casos, ainda quando numerosos, agiam os sacerdotes como homens particulares e como tais se viam tratados: assim quando o Padre Antônio Mendes Santiago, vigário de S. Romão, entrara em conflito com moradores do Paracatu em 1761, disseram-lhe os últimos que, como indivíduo, o ofendiam, quer isto dizer de mineiro para mineiro, sendo ele absoluto e despótico, mas como pároco lhe pediam perdão de toda injúria. No menoscabo, porém, à lei canônica, dava-se coisa diversa, mormente se vinha de um prelado e, ainda mais, se público em demasia e freqüente, pois então a injúria ia ferir todo o instituto eclesiástico.

Tanto as tradições, como as constituições diziam de modo muito claro que, nos ordenados, só ao Sumo Pontífice cabia, regularmente, dar dispensação de impedimentos chamados "por defeito" e entre eles figuravam os dos filhos ilegítimos e os dos mulatos: defeitos, respectivamente, de "nascimento" e de "origem". Em contraste com estes havia outra espécie de impedimento ou inabilitação para receber Ordens, os chamados de "delito oculto", onde, ressalvadas uma ou duas exceções, podia a dispensa ficar a critério do bispo.

Uma inteligência mais liberal desses dispositivos tolerava, é certo, que às autoridades episcopais fosse lícito dar dispensa "em certos casos" até para algum impedimento por defeito: o caso apontado nas *Constituições Primeiras do Arcebispado da Bahia*, válida geralmente no Brasil inteiro, é o dos "ilegítimos para serem ordenados de Ordens Menores", o que implicitamente os exclui dos graus de subdiácono, diácono e presbítero. Aqui, e ainda em certas permissões especiais que faziam os Pontífices a bispos ultramarinos, admissíveis em terra como o Brasil, de muita mancebia e mestiçagem, entendiam os tradicionalistas que entrava uma licença a ser usada como cautela. No bispado de Mariana, porém, já se podia dizer que neste caso a regra era a exceção.

Nem sempre se mostrara a Igreja tão pouco rigorosa para com os naturais da mesma diocese pretendentes ao sacerdócio. Basta lembrar como o processo de *genere* de Cláudio Manuel da Costa, começado em 1751, achara-se sete anos mais tarde inconcluso, por deficiência de dados e informações necessários sobre alguns ascendentes próximos do habilitando. Mas agora já se admitem para ingresso na carreira clerical, não só aqueles sujeitos que incorrem nos citados impedimentos, como outros, que buscam eximir-se, e não sem causa, do foro secular.

O descrédito do formalismo Depois de tudo, não se admira se nos dias de Cunha Meneses já andem cada vez mais em desuso os floretes e as bastas perucas brancas. Até os magistrados expõem os cabelos naturais; nem se pejam alguns de sair à missa de chicote em punho e chapéu fincado, "na forma em que passeiam os caixeiros". Ao mesmo tempo vão desaparecendo as manifestações consagradas de decoro e urbanidade. Não se sentam mais, os homens, direitos e graves, como antigamente, e as próprias damas aprenderam a atravessar as pernas sobre as pernas. Assim também perderam muitos o hábito de se despedir dos amigos, preferindo retirar-se das reuniões em segredo, pois é voz corrente, Doroteu,

Que os costumes se mudam com os tempos.

Esse descrédito dos formalismos, a instabilidade nas maneiras de comportamento e a implantação fácil de modas novas e efêmeras, que tanto amarguram Critilo, são próprios de uma sociedade de meio aluvial como aquela, feita em sua imensa maioria de hordas de imigrantes, que não conheceram, em sua terra de origem, a oportunidade de assimilar os altos padrões de civilidade e luzimento. Some-se a isso a falta de sedimentação, aqui, das várias camadas dessa sociedade, que incessantemente se renovam, passando a abrigar elementos diversos que sobem dos socavões ou das tendas de negócio. O que se podia esperar de estável entre indivíduos recrutados unicamente segundo sua disposição para a luta áspera: luta contra a natureza, tanto mais bruta quanto mais dadivosa, e luta, ainda, contra interesses e facções rivais.

Dessa inevitável escolha vai resultar, em seus inícios e por longo tempo ainda, um povoamento predominantemente masculino: as mulheres são, de fato, comparativamente poucas nas Minas, poucas e de baixa condição quase sempre. O que faz ressaltar particularmente essa anomalia é o volume excepcionalmente grande da imigração, imigração de homens, que em ondas sucessivas se despeja no território. Em outras partes do Brasil, onde os colonos vieram em muito menor número e espaçados, suprira-se um pouco essa carência de mulheres europeias recorrendo às do gentio. Nem por isso era possível aqui, pois os índios já se achavam em sua maior parte dizimados, e os que ficaram eram esquivos e intratáveis.

Não deveria ser de pequeno efeito a quase exclusão de um dos sexos das levas de imigrantes que demandam estas terras. Justamente do sexo que em toda parte tem sido o principal guardião das instituições, penhor necessário de sua continuidade e sobrevivência. Além de representar uma força eminentemente conservadora e uma garantia de maior estabilidade para os grupos humanos, a mulher tem ainda o papel decisivo na origem e preservação dos rituais de cortesia, que afinam as maneiras e ajudam a separar em camadas distintas os componentes da sociedade. Neste caso, o acesso às posições mais altas há de processar-se forçosamente na razão inversa da dependência em que se achem as mesmas camadas das lides grosseiras, que sujam e calejam as mãos.

A aristocracia de ociosos e letrados Mesmo nas Minas, passada a fase mais caótica da exploração aurífera, já se faria sentir a tendência para um tipo de estratificação social favorável ao maior prestígio dos que podem aparentar uma digna ociosidade. Não só é essa tendência a mais consentânea com velhas tradições lusitanas e hispânicas, como é a única verdadeiramente compatível com os processos de colonização daquelas partes. Como sucede em muitas sociedades de formação democrática, e onde os valores pecuniários governam largamente as atividades, tanto quanto as relações humanas, o toque da distinção está aqui nos que possam ou pareçam escapar a esta lei. O próprio lugar das aristocracias de sangue vem a ser vivamente reqüestado, à falta delas, por aqueles que se mostrem aptos à disposição de seus lazeres segundo outra ordem de valores, ordem essa em que os interesses simplesmente materiais já não ocupam o primeiro posto.

Assim é que, na segunda metade do século XVIII, e num meio quase inteiramente dominado pela cobiça de bens da fortuna, subitamente aparecem, e começam a mostrar-se cônscios de sua importância, os portadores de virtudes mais bonançosas ou inutilitárias, que se exprimem no gosto estético, na cultura espiritual e, ao que parece, no apuro maior das maneiras. O próprio Critilo, tão avesso à ascensão social da gente miúda, mormente mulatos e tendeiros, partidário tenaz de uma divisão hierárquica e mais ou menos impermeável das classes, que lhe parece coisa obrigatória em reino bem regido, coloca-se entre os privilegiados dessa aristocracia do espírito, que pouco tem a ver com os acidentes de nascimento e origem.

Que império, pergunta, que império pode sustentar um povo que só se forma de nobres sem ofício? É de toda necessidade que exista um corpo de nobreza, mas é mister, ao lado dele, cada qual na posição que lhe foi naturalmente assinada, que também haja milícia, comércio, lavoura. Por outro lado, ele tem como coisa assente e indubitável que à sua, à nobreza togada, cabe lugar especial na República, e em nada inferior ao dos próprios fidalgos de sangue, pois, diz,

As letras, a justiça, a temperança,
não são, não são morgados que fizesse
a sábia natureza, para andarem
por sucessão nos filhos dos fidalgos.

Não ousa ainda pensar ou dizer abertamente que essa aristocracia do espírito, mais ilustre do que a velha, a dos que "não cessam de contar genitores da raça dos suevos" mais dos "godos", abre exceção à regra da boa polícia, que impede de subir a distintos empregos as pessoas que "vêm de humildes troncos". Cláudio Manuel da Costa, o bom amigo Glauceste, só se gloriava da boa ascensão paulista de parte da mãe, sem lembrar que, através do pai reinol, vinha de tronco humilíssimo. Sabe-se, com efeito, de seu avô, que, em Portugal, vivia de vender "azeite por miúdo, trazendo às costas em um odre pelas portas", e ainda que a avó também era de "segunda condição".

A velha fidalguia guardava e continuará a guardar muito de seu realce, mas aparece como coisa remota e inabordável, por isso fora das contendas. Os lugares distintos são disputados cada vez mais, no entanto, pela nova casta de homens, formada geralmente de letrados e doutores. É a única, endinheirada ou não, que se pode opor, fundada em títulos irrecusáveis, aos que baseiam toda a sua força nos grandes cabedais acidentalmente ganhos em lavras e tratos. E é a que procura, muitas vezes, suprir com seus pergaminhos ilustres a carência de fidalgos e filhos de fidalgos.

Não se pode fixar com grande precisão a data em que principiam a surgir e a atuar decisivamente esses homens na vida da capitania. É certo que, já entre as primeiras levas de aventureiros chamados pela riqueza aurífera, se inclui, além de religiosos em grande número, e de um outro físico, muita gente formada em leis, o que seria de esperar em terra onde grassavam processos e demandas. Difícil, porém, é saber até onde as simples preocupações intelectuais os distinguem vivamente do restante, uma vez que todos, eles e os mais, tinham sido chamados pela mesma e insaciável cobiça de riqueza.

Pode-se determinar com alguma aproximação a fase em que, no tumulto dos que disputam por todos os meios essa riqueza, começa a haver espaço para formas de vida mais plácidas, que em geral só se tornam possíveis com uma cupidez já sossegada. A determinação tem sua importância, aliás, por outros aspectos, pois ajuda, até certo ponto, a marcar os limites entre o primeiro tempo de exploração tumultuária das minas e o início, nelas, de uma sociedade mais assentada, capaz, ocasionalmente, de distrair-se da porfia comum em atividades menos interessadas, sejam de natureza estética, especulativa ou até científica.

É inútil frisar que nem esses limites são perfeitamente rígidos, nem são infalíveis os meios de que dispomos hoje para estabelecê-los. Parece inegável, entretanto, que um levantamento dos naturais das terras do ouro e do diamante que, das épocas de grande produção e mais tarde, buscaram e obtiveram graus acadêmicos, serve para aproximar-nos deles. Não é evidentemente necessário que todos esses homens, ou a maioria, se distinguissem particularmente pelos dotes ou interesses espirituais. O que se pode, porém, pretender é que a concentração em maior número, nesta ou naquela região, de indivíduos que fizeram seus cursos superiores, coincide quase sempre com a maior difusão nelas da preocupação com as coisas da inteligência ou do saber. Entre os naturais de Minas que alcançaram título universitário, acham-se de fato algumas das figuras que mais se hão de notabilizar na vida política, administrativa, eclesiástica, científica do Brasil no século XVIII, e parte do seguinte.

Um exame, sumário embora, das listas de estudantes brasileiros em Coimbra extraídos dos registros de matrículas e livros de Atos e Graus, não sugere que fossem extremamente precoces nas Minas, apesar de sua população numerosa, logo superior à da maior parte das capitanias, essas vocações para os estudos superiores. É verdade que quinze anos apenas depois de se estabelecerem ali os primeiros Concelhos, já se candidatam à Universidade pessoas oriundas das terras do ouro, nascidas, sem dúvida, antes de iniciar-se nelas a vida municipal.[3] Justamente em 1726 aparece um estudante, apresentado, sem precisão maior, como natural das "Minas de Ouro", além de outro oriundo do "Rio das Mortes". Ainda não se trata de corrente regular e contínua, pois o terceiro estudante procedente de Minas, este mais precisamente das "Minas de Ouro Preto", isto é, de Vila Rica, só comparecerá à matrícula quatro anos mais tarde, em 1730.

A corrente regular terá início, de fato, em 1732, quando se registra um quarto candidato, natural, também este, de Vila Rica. A partir de então não se passa ano sem que compareça à Universidade algum candidato mineiro. A princípio poucos, um ou dois anualmente, oriundos em geral de Vila Rica, mas também do Ribeirão do Carmo, do Sabará e do Serro do Frio. O aumento, porém, é crescente nos anos de quarenta, embora a participação mineira continue inferior à baiana e à fluminense

---

[3] No rol organizado pelo Sr. Francisco de Morais e que serviu para este capítulo, aparece, evidentemente por engano, a naturalidade de "São João del-Rei" atribuída a estudantes de 1607 e 1609, isto é, mais de um século antes da fundação da mesma vila. O engano resulta possivelmente de má interpretação da abreviatura de "Sergipe del-Rei". Ver a relação em *Brasília*, Supl. do vol. IV (Coimbra, 1949), onde se incluem estudantes brasileiros a contar de 1577. A lista impressa em *Anais da Biblioteca Nacional do Rio de Janeiro*, vol. LXII (Rio de Janeiro, 1942), compreende apenas o período de 1772 a 1872.

nos melhores casos a algumas das duas.* Em 1750, no entanto, ela consegue, quase repentinamente, ultrapassar uma e outra, mantendo-se no primeiro lugar, por vezes a grande distância desses concorrentes, através de todo o decênio (apenas no ano de 1758 é igualada pela da Bahia), e até 1762 inclusive.

O declínio da população de Minas Gerais principia justamente por ocasião da transferência da sede do vice-reinado. Com três estudantes apenas, coloca-se ela, agora, depois da Bahia (4 estudantes) e muito depois do Rio de Janeiro (12): São Paulo vem imediatamente em seguida, com 2 candidatos, e finalmente o Pará com 1. É significativo que, nos anos seguintes de 64 e 65, não se encontre nenhum filho de Minas nos registros de matrícula. Há apreciável afluxo em 66, mas é superado pelo comparecimento ainda maior de estudantes baianos. Rio de Janeiro e Bahia disputam a partir de então, e já sem esse concorrente, o primeiro lugar, salvo ligeiras interrupções na nona década do século. A partir de 88 a contribuição de Minas passa a minguar de ano para ano e, agora, sem sinal de recuperação.

Os universitários mineiros e a produção aurífera — É interessante notar como o acréscimo considerável de estudantes mineiros em Coimbra, logo ao iniciar-se a segunda metade do século XVIII, coincide exatamente com a grande fase da produção aurífera na capitania. Na falta de dados exatos ou completos sobre essa produção, resta-nos o recurso a cifras existentes sobre a renda do quinto. Enquanto perdurara a capitação, elas só poderiam dar lugar a estimativas extremamente vagas e inseguras. Depois de 1750, porém, com o estabelecimento das quotas fixas anuais de cem arrobas, que deverá prevalecer daí por diante sem mudança, se ainda não é lícito partir delas para o cálculo preciso da produção, dispomos de uma base, no entanto, para apreciar sofrivelmente as flutuações ocorridas.

Bem aceito, de modo geral, pelos povos, que só o podiam comparar vantajosamente com o sistema anterior, o das quotas produziu, logo de início, um rendimento superior ao previsto de cem arrobas, quer dizer, 1.474kg. Já no ano de 1º de agosto de 1752 ao fim de julho de 1753 o excesso foi de cerca de 115kg. E em 1753-54 foi acima de 266kg, baixando um pouco nos anos seguintes. Pode estimar-se a importância dessas sobras, do "acréscimo", como então se dizia, considerando que só a soma delas, desde o estabelecimento do novo sistema até o ano de 1757-58,

---

* Remetemos o leitor para o Adendo na p. 463.

inclusive, monta a mais de mil quilogramas de ouro, equivalente a dois terços da quota estipulada para cada ano.

A um observador atento não escaparia, entretanto, que a redução agora desses excedentes, ainda que discreta, é contínua, fazendo suspeitar que em pouco tempo se desceria ao limite ou mesmo aquém do limite prefixado. Assim, a partir de 1754 e nos três períodos seguintes diminuem os saldos anuais sucessivamente, de 18 para 17, 14 e pouco mais de 10 por cento da quota. A queda vai verificar-se mais depressa do que seria dado supor: já em 1757-58 baixa a arrecadação a 1.312kg, o que equivale a um *deficit* de 162kg. A diferença recupera-se no ano imediato, quando o excedente de mais de 16 por cento é inferior apenas de uma arroba ao de 1754-55. Outro *deficit*, este de 40kg, ou pouco mais, sugere logo depois que o acréscimo não representava uma recuperação positiva e duradoura. Há ainda excedentes nos dois anos imediatos, um ainda apreciável, de 150kg, outro, o último, apenas de 30kg. E a contar de 1762-63, quando a arrecadação só chega a 1.220kg, isto é, 250kg abaixo da finta, nunca mais se alcançarão as cem arrobas anuais.

O paralelismo que já se assinalou entre a participação maior ou menor de candidatos mineiros aos estudos superiores e as vicissitudes da produção aurífera em meados do século também pode ser discernido, e de modo impressionante, quando se considerem as flutuações ulteriores e por fim o declínio franco nos rendimentos do quinto. Deve parecer natural, aliás, que as crises na produção do ouro, repercutindo fortemente nas demais atividades da capitania, afetassem as condições de vida dos moradores, ainda quando tivessem estes recursos para sustentar, no Velho Mundo, os estudos de seus filhos ou protegidos. Tanto mais quanto a própria situação geográfica das Minas deixava-as, por esse aspecto, em nítida desvantagem, comparada à dos lugares da beira-mar como o Rio de Janeiro ou a Bahia.

Não é talvez por acaso que a diminuição mais sensível nas matrículas mineiras no decênio que se inicia em 1750 – a de 1758 – corresponde exatamente ao primeiro *deficit* no rendimento dos reais quintos: o produto da arrecadação que se mantivera sempre bem acima de cem por cento do exigido baixara, com efeito, a menos de 89 por cento no período 1757-58. A própria queda verificada em 1759-60, por ligeira que fosse, também coincide com uma baixa na contribuição de Minas para os estudos superiores: apenas cinco estudantes em 1760, contra onze no ano antecedente e outros onze no subsequente.

Já se sabe como, depois disso, se vai acentuar o declínio. Em 1762, apresentam-se em Coimbra apenas quatro estudantes naturais de Minas, e três em 1763; nos dois anos que se seguem não se aponta um só nos registros de matrículas. Essa regressão e pausa espelham a queda notável, e já sem remédio, que em 1762-63 se verificara nos rendimentos do quinto. E não só essa queda como sobretudo o recurso às exações, de que se vai valer agora a Coroa para suprimento das faltas: do mesmo ano de 1762-63 data, com efeito, a primeira derrama.

A soma, superior a 194 quilogramas de ouro, que se recolhe por esse meio, ainda não cobre o *deficit* na arrecadação do mesmo período, mas equivale a uma sangria sem precedentes nos recursos da população, que atinge igualmente os grandes e os pequenos. Depois do retrocesso consequente nas matrículas, recebem elas, nos dois anos seguintes, um ligeiro incremento. Pode relacionar-se o fato, ainda uma vez, ao movimento ascendente que também se registra durante dois anos consecutivos, no volume das arrecadações, que subiu nesses períodos à casa das noventa arrobas, sem todavia alcançar a quota regular de cem: a ascensão reflete, sem dúvida, um desenvolvimento relativo da produção do ouro. Seja como for, não bastará isso para restituir a Minas o primeiro lugar perdido entre as capitanias brasileiras representadas nos registros de matrícula de Coimbra.

É verdade, segundo se observou acima, que na nona década do século a representação mineira nesses registros avantaja novamente as de outras capitanias brasileiras.* E para essa vantagem seria inútil de todo buscar um paralelo semelhante nos números da arrecadação do quinto. Nos anos em que ela se verifica – isto é, em todo o período que vai de 1782 a 88 (exceto 1785) –, longe de se dar uma ascensão nos rendimentos, o que encontramos nos dados oficiais é, ao contrário, uma queda quase vertical nesses números, que baixam de 65 a apenas 41 por cento da quota obrigada. Só ocasionalmente a discrepância pode explicar-se pelo decréscimo, atribuível a outros fatores, nas contribuições de outras capitanias para as matrículas da Universidade: assim se dá em 1788 quando Minas, só com os seus quatro estudantes, ainda pode fazer boa figura ao lado do Rio de Janeiro e da Bahia que se apresentam, cada qual, com três apenas.

Uma das hipóteses plausíveis para explicar essa situação, mas que evidentemente não se pode documentar com cifras, estaria em admitir que nesse período a produção mineral da capitania seria, apesar de tudo, bem superior ao que podem sugerir os dados oficiais sobre a arrecadação e

---

* Remetemos o leitor para o Adendo na p. 463.

que, por conseguinte, ganhavam os particulares, talvez mais do que antes, muito do que perdia a Régia Fazenda. É compreensível que os moradores buscassem compensar-se pelo declínio inegável na produção, valendo-se de descaminhos e sonegações. Não é por nada que o Visconde de Barbacena, em sua circular de 3 de março de 1789, apresenta como principal causa para a diminuição das quotas pertencentes ao régio erário a crescente atividade de contrabandistas e extraviadores.

A falta e a extrema dificuldade das averiguações e providências no sentido de se evitarem tais práticas, e naturalmente a impunidade com que em geral podiam contar os contraventores, deviam servir de incentivo para a situação. Outrora recorrera-se a um remédio drástico, mas legal, para suprimento das diferenças no rendimento do quinto. De pouco valera a derrama, no entanto, quando da primeira vez se aplicou; na segunda vez, que foi de 1769 a 71, pode-se dizer que teve efeito contraproducente. O remédio era, por outro lado, cheio de riscos, conforme se verá logo depois, e parecia agora posto de lado pelas administrações e até esquecido, o que era grande desafogo para os que viviam do ouro das minas. Só agora se lembrava de repente a própria Corte de um tal remédio e chegava a estranhar expressamente o esquecimento em que tinha caído.

Outras causas podem apresentar-se, talvez, além desse relativo desafogo dos que deviam viver do ouro, para o aumento da participação de gente de Minas nos estudos universitários durante os anos que precedem imediatamente a Inconfidência. Caberia recordar que a exploração aurífera, apesar de ter servido de arrimo e estímulo para muitas atividades econômicas, não era, agora principalmente, a única fonte de riqueza da capitania. Mesmo no domínio da produção mineral, há ainda a dos diamantes que davam grande proveito aos próprios particulares, garimpeiros ou especuladores.

Já tinha passado também a grande época dessa extração na capitania; a grande época situa-se de fato entre 1740 e 71. Depois dela, no entanto, e até o final do período abrangido no presente volume, ainda é apreciável sua importância, com a média anual de 30.000 quilates, segundo cálculo fundado em cifras oficiais, que naturalmente não incluem o comércio ilícito: tão notável, no entanto, era este comércio que chegava a pesar nas cotações de Londres ou Amsterdã. E embora nos registros da Universidade de Coimbra nem sempre se dê com pormenor a naturalidade dos estudantes (de muitos só consta vagamente que nasceram "em Minas Gerais"), não parece irrelevante assinalar a proporção considerável, no período de 1782-88, que agora nos interessa, de matriculados que se dão por oriundos da região diamantina. Assim é que, no ano de 1782, quase a metade dos candidatos mineiros procede do "Arraial do Tejuco" e do Serro do Frio: quatro num total de nove matriculados das Minas.

O decréscimo da produção mineira e o crescente prestígio da atividade agrícola

Além da zona diamantífera, e sem falar em Vila Rica, centro administrativo, onde se concentram comerciantes sólidos e funcionários bem aquinhoados, outro grande núcleo fornecedor de candidatos, durante a mesma fase, é São João del-Rei, que no ano de 1786 contribui com metade do contingente de dez estudantes com origem em Minas. A esse propósito poderia lembrar-se de que, para o antigo arraial do rio das Mortes, a cessação da exploração aurífera não impede que muito ouro continue a afluir, mesmo nos tempos de depressão, pois abastece toda a capitania do fruto de sua atividade agrária, pastoril e até manufatureira.

Além da produção da lavoura saem, em grandes quantidades, toucinhos, queijos, chapéus e tecidos de algodão, que não se destinariam apenas a escravos, mas também a gente branca, segundo consta de notícias da época, apesar das leis que vedavam no Brasil as manufaturas, em particular qualquer tipo de tecelagem que não fosse além das "grosserias" para negros. O pouco efeito ali dessas proibições teria provocado a O. R. de 1º. de dezembro de 1800, para que o governador anime os povos à lavoura e ao trabalho das minas, desviando-o do trabalho das manufaturas "que nada lhes convém".

Medidas como essa pertencem claramente aos ideais do mercantilismo e estão longe de constituir, como a tantos pareceu, uma exclusividade portuguesa na colonização do Brasil. Por esse lado elas se enlaçam bem às outras, não menos odiosas para os nossos dias, que adotara constantemente a metrópole com o fito de garantir para si boa parte do produto das lavras.

A muitos parecia difícil aceitar a ideia de que a diminuição do rendimento do quinto não fosse devida apenas a descaminhos. Havia, sem dúvida, bom fundamento para as constantes referências ao extravio e ao contrabando de metais ou pedras preciosas. Mas, por outro lado, a queda efetiva da produção, que cedo se manifesta em algumas partes – em São Paulo, Mato Grosso, Bahia e Goiás – e que em Minas Gerais se acentuará desde 1763, não é menos uma realidade. E parece igualmente provável que essa realidade ajudasse, por sua vez, as extrações e trocas clandestinas, com que muitos se ressarciriam da perda e da desesperança de bens maiores, e seriam coisa menos necessária em tempos de fartura.

A quase coincidência entre esse decréscimo no rendimento das minas preciosas e as novas perspectivas que se vão abrindo, ao mesmo tempo para o açúcar, o algodão e outros produtos da lavoura tropical, se não impede que alguns, e é o caso de D. Rodrigo de Sousa Coutinho, ainda procurem meios de recuperar uma riqueza que julgam inesgotável, força no entanto a atenção de muitos sobre as grandes vantagens que parece oferecer de novo o trabalho agrícola. Se proliferam largamente por essa época os tratados sobre a decadência das minas e os meios possíveis de restaurar sua antiga produtividade, também começam a aparecer, e cada vez mais, os argumentos contra a própria existência de riqueza mineral e de sua lavra que, por tanto tempo, servira de arrimo à economia lusitana.

Típicas desses argumentos, que parecem tanto mais sedutores quanto mais ajudam a racionalizar os desenganos padecidos com a perda do ouro e do diamante, são as palavras do Bispo Azeredo Coutinho, onde atribui, como tantos outros, ao achado das minas do Brasil, a ruína de nossa agricultura colonial, em particular a da cana. Ao tempo, escreve ele, com efeito,

> "em que nossas fábricas de açúcar se achavam já muito melhoradas, com mais de noventa e sete anos de adiantamento do que as de todos os estrangeiros, e nós quase senhores únicos deste comércio, se descobriram, para nós desgraçadamente, as minas do ouro, que nos fizeram desprezar as verdadeiras riquezas da Agricultura, para trabalharmos nas de mera representação".

A polêmica dos partidários da lavoura contra a exploração do subsolo é de todos os tempos, e mesmo no Brasil tivera numerosos adeptos, mormente antes do descobrimento das grandes minas de ouro. Agora, porém, vinha consideravelmente reforçada pelo contraste flagrante entre o deperecimento econômico dos países que em suas colônias descobriram jazidas preciosas e o florescimento dos que dependiam principalmente do comércio, da indústria e da agricultura, contraste esse que não se cansaram de glosar autores europeus do século XVIII. O próprio Azeredo Coutinho reportara-se nas palavras citadas, e para apoiá-la, a uma passagem de Montesquieu. Pela mesma época lembrara Silva Pontes, neste caso para contestá-lo, um artigo da Enciclopédia onde se dizia que

> "quanto maior for a massa de ouro na Europa, tanto mais Portugal será pobre, tanto mais tempo será ele uma província de Inglaterra, sem que

por isso ninguém seja mais rico" e que "o ouro do Brasil tem feito de Portugal o país mais árido e um dos menos habitáveis da Europa".

Posteriormente há de ganhar novo reforço essa contenda, por influência, direta ou não, da especulação dos fisiocratas em favor do trabalho agrário, tido por mais produtivo do que outros, do que o artesanato, a manufatura ou o comércio. Não custava querer transpor um pouco dessas razões para o Brasil, num momento em que renascia, e aparentemente se justificava à vista de todos, a confiança nos benefícios da lavoura. Esses benefícios resultavam, é certo, da oportunidade favorável que se criara no mercado mundial com a Revolução Francesa e com as perturbações nas Antilhas, que eram os competidores tradicionais da América portuguesa na produção do açúcar. Como não pensar, porém, à primeira vista, que essas oportunidades tinham sido idênticas em todos os tempos e persistiriam para todo o sempre? E como não supor, além disso, que só a cegueira dos homens os teria levado a trocá-las por uma ilusão fantástica e desastrosa?

A verdade é que o trabalho do solo, tal como se praticara, e continuaria a praticar-se no Brasil, mormente o mais rendoso, que era a lavoura canavieira – não lhe cabe a rigor o nome de agricultura –, mal se poderia opor, como foi moda opô-lo, à exploração do subsolo. Tratava-se, em essência, de uma forma diferente de minerar e talvez mais perniciosa em seus efeitos do que a outra, a mineração do ouro ou dos diamantes, pois tendia a devastar uma riqueza que podia ser mais bem aproveitada e conservada, o que não se deu: é outra questão, note-se de passagem, o saber se esse melhor aproveitamento seria possível no Brasil, ao tempo e nas condições em que pode iniciar-se a sua colonização e ainda mais tarde.

Contudo ainda não se apagaram de todo, em nossos dias, os ecos da polêmica setecentista e oitocentista entre a renascente lavra do açúcar e a lavra decadente dos metais e pedras preciosas. A esterilização cada vez maior das jazidas pareceu dar razão aos adeptos da lavoura, mesmo, ou sobretudo, depois que o açúcar teve de ceder sua primazia ao café. Uma consideração mais objetiva dos fatos, que dê o destaque devido ao papel histórico da mineração no Brasil, não importa, é claro, em fechar os olhos aos seus aspectos negativos, mormente aos métodos rudimentares e perdulários que a distinguiram constantemente e que não caracterizam menos, aliás, a lavoura tropical baseada no latifúndio e sustentada no braço escravo.

De qualquer modo, parece hoje inegável que a grande expansão mineira não determinara, tão desgraçadamente como o pareceu a Azeredo Coutinho, e a tantos outros, o abandono da riqueza agrária. Dentro do plano, mau ou bom, pouco importa, em que se desenvolveu a colonização, ela servira para alentar nossa economia justamente numa fase de aguda depressão, quando se perdia a lavoura com a perda de mercados para seu produto. E, se desfalcou de braços muitos lavradores de cana e senhores de engenho mais afetados pela crise, não impediu, ao contrário, que outros, os mais bem equipados, pudessem sobreviver de algum modo, criando, no interior da própria América lusitana, um mercado que no exterior lhes faltava.

Por outro lado é fora de dúvida que o desenvolvimento da mineração ajudou a incrementar a formação de novas áreas de produção rural a menor ou maior distância de seus distritos. E não apenas deles como do Rio de Janeiro que, convertido em escoadouro natural das Minas Gerais, irá crescer e opulentar-se com esse comércio a ponto de poder rivalizar em pouco com a cidade do Salvador, que irá substituir mais tarde como sede do vice-reinado. Dessa forma reanima-se necessariamente e diversifica-se a economia de toda uma vasta região do centro-sul, relegada até então a uma posição secundária na vida da colônia.

As Minas e a criação de animais de carga no Brasil Sul

As vastas distâncias existentes muitas vezes entre os vários núcleos de mineração e as que separam os mesmos núcleos dos portos de embarque irão aguçar, aos poucos, o problema dos transportes. Nos primeiros tempos, enquanto o trajeto para o litoral se fez pelo caminho velho, empregam-se para isso cavalares, únicos animais de carga então utilizados em grande escala no Brasil. Tamanha é, por esse motivo, a procura deles que cabe atribuir-lhe, provavelmente, o desaparecimento quase total dos equinos de São Paulo e Santos, registrado para fins do século XVII e começo do seguinte, no inventário ainda inédito dos bens de Matias Barbosa, residente então nessas partes. Depois da abertura do novo caminho para o Rio de Janeiro, o transporte passa a ser feito principalmente nas costas dos pretos, que, além de menos capazes para este emprego, se viam assim desviados, cada vez em maior número, do trabalho das lavras.

Torna-se assim indispensável alguma solução mais adequada. A solução estaria no recurso às bestas muares, que só se podiam obter em grande quantidade nos campos do Viamão e regiões vizinhas do Prata. A importação desses animais (e ainda dos jumentos, cavalos e bovinos), que também se revelam prestimosos nos serviços de apuração dos metais, passa a fazer-se, não obstante restrições e proibições expressas da metrópole, a contar da quarta década do século XVIII, quando mais se intensificam os trabalhos da extração do ouro e, já agora, também do diamante.

Por esse meio todo o extremo sul torna-se o centro de uma atividade intensa, que servirá para inseri-lo definitivamente na vida econômica do Brasil e contribuir de modo decisivo para incorporá-lo, afinal, ao restante das terras portuguesas no Novo Mundo. Não só o Rio Grande de São Pedro, aliás, se beneficiará com esse ramo de comércio, mas ainda São Paulo, que, através das feiras de Sorocaba, vai ser o grande centro distribuidor dos animais: por momentos, e até que se desenvolva também em sua capitania a grande lavoura de cana, surgida em grande parte com o crescente consumo das zonas mineiras, as principais fortunas paulistas acham-se em mãos de tropeiros que se ocupam de semelhante negócio.

Minas e o desenvolvimento demográfico Parece desnecessário recordar ainda a enorme contribuição das minas para o nosso desenvolvimento demográfico: estimativas autorizadas indicam que a população colonial de procedência europeia chegou a decuplicar durante o século em que foi mais intenso o trabalho das lavras. Essa imigração, quase toda espontânea, serviu para povoar uma vastíssima região arredada do litoral, e que de outra maneira ficaria sem dúvida abandonada e talvez perdida para os portugueses, afeitos tradicionalmente à colonização costeira. O descobrimento das jazidas do extremo oeste (Mato Grosso) e a fundação ali de núcleos urbanos e fortalezas, em resultado desses achados, dará como fruto a silhueta geográfica do Brasil atual.

Minas e a paisagem intelectual Não é demais relembrarem-se, por fim, as
e artística do Brasil imensas oportunidades que a riqueza tirada das minas irá proporcionar para o cultivo do espírito e do gosto artístico. Já se mostrou, aqui, a estreita conexão existente entre o aumento da produção de ouro e o dos contingentes de estudantes mandados anualmente ao Velho Mundo para os cursos universitários. O fato é que, menos de um século depois de começado o trabalho áspero das lavras, Minas Gerais tomava a posição dominante em nossa paisagem intelectual e artística. Não é este, contudo, o lugar para o exame de algumas das suas manifestações, cuja importância, conforme já se viu em outros capítulos, parece transcender, e cada vez mais, o próprio âmbito colonial e brasileiro.

CAPÍTULO VII

O COMÉRCIO COLONIAL E AS COMPANHIAS PRIVILEGIADAS

A POLÍTICA que Portugal realizou, no particular do comércio de seu mundo ultramarino, foi caracterizada pela ausência quase total do elemento estrangeiro. Era essa, aliás, a prática de vários povos que efetuavam e possuíam impérios coloniais, e decorria da preocupação de evitar, com a concorrência econômica, as perdas territoriais, o desaparecimento do controle dos negócios, o que tudo significava perigo para o exercício do domínio colonial. Em Portugal não havia, com relação ao estrangeiro, reservas que lhe dificultassem o acesso aos negócios. Ao contrário, a legislação, se não era de todo liberal, nem por isso pode ser inquinada de vexatória. O que se desejava impedir é que, com o escancaramento das portas do império, se viesse a constatar a perda desse mesmo império. Vivia-se a grande disputa dos espaços coloniais que levava a medidas acauteladoras naturais.

Legislação proibitiva de comerciar com estrangeiros durante os reinados de D. Sebastião e dos Filipes

Não houve legislação proibitiva nos primeiros tempos. Mas as providências que se tomavam contra os que se atreviam a penetrar nas áreas que os portugueses haviam criado para suas operações mercantis, como decorrência dos descobrimentos geográficos e da expansão, já importavam a existência de uma orientação rígida, constante, que não podia ser abandonada ou interrompida. O ousio dos franceses, dos ingleses e dos holandeses, que cortavam os mares e se atiravam à concorrência com os portugueses, na África, no Oriente e posteriormente no próprio Brasil nascente, disputando-lhes a posse daqueles trechos de terra exótica, rica em mercadorias solicitadas pelos mercados europeus, exigira providências rigorosas.

Contudo, as exceções registravam-se a todo instante. As urcas flamengas, por exemplo, frequentavam os portos do Nordeste, buscando açúcar e levando a produção dos Países Baixos. Os ingleses, de quando em quando, descarregavam mercadorias no mesmo Nordeste, no Maranhão, na costa sul, em comércio com ares de clandestinidade, mas que as autoridades não ignoravam e aceitavam, apesar de não haver uma base legal para o exercício de intercâmbio tão estranho. Os assaltos holandeses contra a Bahia e contra Pernambuco de certo modo podem ser explicados pelo conhecimento adquirido através das idas e vindas das urcas. A legislação proibitiva, clara, positiva, começou sob D. Sebastião. A 3 de novembro de 1571, decretava el-rei que ninguém podia fretar nem carregar mercadorias para o Brasil e demais partes do ultramar sem ser em navios portugueses. A segunda lei pertinente teve a data de 9 de fevereiro de 1591. Por ela, vedava-se aos barcos estrangeiros, sem licença especial, a ida aos portos de Portugal e respectivos domínios, o Brasil em especial. Veio a seguir a de 5 de janeiro de 1605. Visava ao comércio com a Holanda.

> Os "contratadores das alfândegas do pau-brasil e quaisquer outras pessoas que tivessem obtido licença para enviar urcas e navios estrangeiros ao Brasil e outras conquistas não fizessem suas viagens sem primeiro justificarem, no Conselho da Índia, onde obteriam um passaporte assinado pelo presidente e conselheiros".

A 18 de março do mesmo ano de 1605, Filipe II baixava, por fim, ordem taxativa – nenhum navio estrangeiro, fosse qual fosse a nacionalidade, poderia ir à Índia, Brasil, Guiné e ilhas, nem a quaisquer outras províncias descobertas ou por descobrir, abrindo-se exceção apenas para a Madeira e os Açores, de acordo com o costume desse modo respeitado. A experiência adquirida com as facilidades outorgadas após a expedição do ato de 1591 indicava a drasticidade da medida. A providência, na rigidez com que fora decretada, incluía até a viagem de estrangeiros em embarcações nacionais ibéricas, mesmo que esses estrangeiros vivessem em território ultramarino de Portugal. Os estrangeiros que estivessem morando naqueles territórios deveriam mudar-se para Portugal, abrindo-se aos que habitassem "o Brasil e mais partes ultramarinas de Cabo da Boa Esperança para cá" o prazo de um ano para a transferência. Penas severas seriam executadas sobre aqueles que transgredissem a legislação. Pena de morte e de confisco das propriedades.

D. João IV e a legislação liberal Com o advento da Restauração, D. João IV não pode manter o regime nacionalista decretado sob os Filipes.

Vira-se o Estado português na contingência de negociar com as potências europeias para obter os favores, garantias e alianças necessárias à manutenção da independência da pátria. O comércio, como era fatal, em termos de liberalismo, estaria, como esteve realmente, nas exigências que lhe fizeram para o rendimento maior das negociações. Permitiu-se, em consequência, o comércio, sob reservas, é certo, sem grandes possibilidades de pôr em perigo os interesses dos comerciantes portugueses e da soberania de Portugal. Os mais favorecidos foram os ingleses, tradicionalmente ligados a Portugal por laços políticos que levavam a laços mercantis. Por atos de privilégio que lhes foram outorgados, os negociantes ingleses estabelecidos em Portugal, e eles não eram poucos, podiam negociar diretamente com os portos do Brasil. Mais: quatro famílias inglesas teriam direito a instalar-se em Pernambuco, Bahia e Rio de Janeiro. As mercadorias britânicas estavam sujeitas a um regime de favores tributários – apenas 23% de direitos, isto é, 10% de dízimos, 10% de sisa e 3% de consulado. No particular dos espanhóis, no tratado de paz assentara-se que o comércio entre os vassalos dos dois países poderia continuar como anteriormente, exigindo-se, todavia, a necessária permissão expedida pelo monarca português. Abria-se a exceção para os barcos que viessem do Prata, trazendo metal precioso. Esses poderiam ir aos portos, comerciar, pagando em boa moeda e comprando os gêneros do Brasil. Na hipótese de não terem os espanhóis a seu cargo a iniciativa dos negócios, os vassalos de D. João IV se encarregariam da operação.

Prejuízos dos comerciantes portugueses — Regulara a matéria um decreto de 13 de fevereiro de 1671. A liberalidade da legislação trouxera, no entanto, graves prejuízos aos comerciantes portugueses. Os barcos estrangeiros frequentavam os portos do Brasil em todas as épocas, vendendo e comprando por preços de interesse das partes. Quando os portugueses chegavam, já as mercadorias que traziam não encontravam mercado, sortidos que estavam os moradores pelo estrangeiro. E, quando conseguiam vendê-las, os preços eram baixos, o que estava criando graves perdas aos mercadores de Portugal. Numa representação enviada a Sua Majestade, a 10 de janeiro de 1672, esses pontos eram indicados, com a sugestão de, sendo os tratados de difícil modificação, pelo menos dar licença para que as embarcações portuguesas freqüentassem os portos brasileiros em qualquer época do ano sem necessidade de virem com as frotas. A paz vigente com as nações concorrentes era a garantia para que houvesse a navegação livre das amarras das frotas periódicas. O alvará de 27 de novembro de 1684 vedou às embarcações que deixassem os portos brasileiros o uso de qualquer outro porto que não fossem os portugueses.

Tentativas de reprimir os abusos dos comerciantes estrangeiros   Em 1711, a 8 de fevereiro, em face de abusos constantes e cada vez mais intensos por parte dos navios estrangeiros, que realizavam o comércio nos portos brasileiros, S. Majestade baixou ordens terminantes ao vice-rei e aos demais governantes das capitanias brasileiras – os barcos estrangeiros só tivessem aceitação no Brasil se fossem com as frotas de Portugal, na base do que estava estipulado nos tratados internacionais ou arribassem por motivo de tempestade ou falta de mantimentos e aguada, recebessem a ajuda conveniente, sendo mandados prosseguir viagem sem autorização, sob qualquer pretexto, para relações mercantis. As autoridades que permitissem o desrespeito à lei seriam punidas exemplarmente. E os que exercitassem o comércio vedado sofreriam, igualmente, os rigores da lei.

Não foi, todavia, suficiente a ordem régia. Os abusos continuaram. As denúncias sucediam-se. A 2 de outubro de 1715, Diogo de Mendonça Furtado comunicava ao Conselho Ultramarino a vontade de Sua Majestade sobre a matéria.

> E logo a 5 do mesmo mês, expedia-se alvará, determinando – "seriam confiscados todos os navios estrangeiros que, sem ser por tempestade ou necessidade urgente, fossem a qualquer porto do Brasil; nos casos acima apontados poderiam comprar o que necessitassem, com o seu dinheiro, ou letras seguras; não tendo dinheiro, letras ou crédito, poderiam descarregar as suas fazendas que viriam para o Reino nos navios da frota, pagando os direitos na Alfândega, pois no Brasil não se venderia nada; se se tirasse ou vendesse alguma fazenda, recolhida, seria toda ela confiscada; sendo a carga de negros, ser-lhe-ia permitido vender no Brasil os precisos para pagar a despesa, cobrando-se o dobro dos direitos que se levavam, aos que eram trazidos por conta dos portugueses. Para examinar a causa da arribada dos navios, devia o vice-rei, o governador-geral da Bahia, nomear um dos ministros da Relação, de maior confiança; e os governadores do Rio de Janeiro, Pernambuco e Paraíba, encarregariam a mesma diligência aos ouvidores-gerais das suas capitanias, mandando um relatório a el-rei do averiguado. Aos navios estrangeiros seria assinalado um local para estacionarem, sob o fogo da artilharia, mas se dentro do prazo de vinte e quatro horas o não tomassem seriam considerados navios piratas e inimigos comuns, e como tal seriam tratados. Obedecendo às ordens, iriam, imediatamente, a bordo oficiais das diligências; porém, antes de entrarem no navio, ordenariam que dele saíssem o capitão e mais oficiais, ou pessoas, que lhes parecessem necessários

como reféns dos que entravam, e os que assim saíssem seriam todos separados para depois serem interrogados; interrogada seria, também, toda a tripulação do navio. Feita a averiguação, proceder-se-ia conforme os capítulos do alvará. O vice-rei, ou governador, seria o juiz supremo, sem apelação nem agravo, na decisão do motivo que trouxera o navio, mas no que respeitava à declaração de ter incorrido nas penas da lei, e à sua imposição ao capitão e navio, caberia à Relação fazê-lo, procedendo-se breve e sumariamente. Aos governadores do Rio de Janeiro e Pernambuco, e capitão-mor da Paraíba, deviam ser remetidas as cópias da Relação da Bahia, e dos exames dos ouvidores-gerais das ditas capitanias. Em seguida, tudo deveria ser remetido para o Reino, ficando os traslados nos governos do Brasil".

Em 1718, o Duque do Cadaval, no Conselho Ultramarino, falava a respeito da situação que se agravava em virtude do que ele entendia que era "o descuido dos ministros e a má execução das ordens del-rei". Perdia-se aos poucos o Brasil, pela entrada clandestina de mercadorias estrangeiras, com prejuízo das nacionais. Impunha-se que o monarca mandasse "cumprir e guardar as suas ordens, porque todos os danos que causassem aos estrangeiros seriam justos e seria também a única maneira de os fazer abandonar aqueles portos". A 27 de janeiro, o mesmo Duque de Cadaval pronunciara-se a propósito de uma consulta sobre os estrangeiros que residiam no Brasil sem autorização régia. Deviam ser expulsos sumariamente, estranhando-se ao vice-rei o não ter agido já nesse sentido.

Ainda em 1718, o Conselho Ultramarino, debatendo o assunto, cada vez a apresentar características de maior gravidade, ouviu parecer emitido pelo Conselheiro Antônio Rodrigues da Costa. Estava em pauta uma exposição do capitão-general de Pernambuco, uma petição de comerciantes do Porto, a informação prestada pelo Desembargador Cristóvão Gomes de Azevedo em cumprimento à ordem de demora determinada pelo Conselho, a petição de proprietários de navios que fizeram o tráfico para o Maranhão, todos alarmados com a extensão do comércio estrangeiro. De quatro partes do que se exportava para o Brasil, três eram estrangeiras ou mercadorias enviadas por mercadores estrangeiros. A maior parte dos barcos que frequentavam o Brasil, mesmo incorporados às frotas, pertencia a mercadores estrangeiros. No Maranhão, os ingleses estavam açambarcando os negócios. O descobrimento das minas provocava um interesse maior desses estrangeiros, pondo em perigo a integridade da colônia. Imaginava-se que nos vinte primeiros anos de sua exploração já tivessem produzido mais de cem milhões, havendo mesmo, esclarecia-se, quem dissesse que mais de cento e cinquenta. Ora, dessa fortuna, tinham ficado em mãos portuguesas apenas dez milhões, passando o restante às dos estrangeiros. O Brasil trabalhava para eles e não para a mãe-pátria. Sucede que as providências sugeridas para pôr cobro aos excessos dos estrangeiros parecem perigosas. Portugal não dispunha de meios materiais bastantes para enfrentar nações poderosas nos mares, em particular a Inglaterra. Qualquer medida que significasse restrição ou interpretação menos liberal ao que estava estipulado nos diplomas internacionais expunha a nação aos perigos de uma cobrança violenta. Fora esse o parecer do Duque de Cadaval, a 4 de janeiro de 1719.

Uma larga representação oferecida ao rei pelo provedor e deputados dos homens de negócios de Lisboa, da Irmandade do Espírito Santo, de data não consignada no documento, evidentemente, dessa fase, vale como um excelente retrato da situação. Os estrangeiros arrematavam os contratos, arrendavam as comendas, assinavam nas alfândegas, tomavam os assentos para as milícias, tinham partes nos navios onde se transportavam os frutos e "nos Brazis estabeleciam companhias e sociedades de cabedais excessivos, onde iam moradores de quase todas as partes dos reinos estranhos adquirir extraordinários lucros, que remetiam para as suas pátrias. Ultimamente tinham passado ao Brasil várias casas de homens de negócios ingleses, franceses, holandeses, "flanderinos", italianos e de outras nações, as quais estabeleciam correspondência com Lisboa e o Norte, havendo companhia que se dizia ter trezentos contos de fundo, do que resultava uma total ruína para os vassalos portugueses. Não contentes com isto ainda praticavam "novas e perniciosas indústrias" porque, mandando os seus navios em direitura aos nossos portos da América, entravam neles simulando vários pretextos, descarregando as suas fazendas, e recebendo em troca ouro e tabaco. Daí voltavam uns para suas terras e outros, continuando a viagem, navegavam para as regiões orientais onde recebiam, pelos gêneros brasileiros, roupas, drogas e espécies do Oriente. Tornavam então ao Brasil e, fingindo outros "semelhantes pretextos", entravam nos portos comutando de novo o que traziam por tabaco e ouro e regressando então ricos e opulentos às suas pátrias. Não era o que diziam receios sonhados, nem discursos metafísicos: "sam sim verdades puras, canonizadas ja pello tempo e pella experiência". No porto do Salvador, Bahia, mais de vinte navios de nações diversas tinham fundeado. O mestre de um barco português recentemente chegado a Lisboa informava que só ele vira, em quatro meses, entrarem sete navios estrangeiros para comércio. Tudo isso, mais o que adiantavam, criava uma inferioridade imensa para os portugueses que viam sua riqueza desaparecer na voragem dos lucros adquiridos pelo estrangeiro. Ademais, esse contato que se estava estreitando entre o Brasil, os brasileiros e os mercadores estranhos, podia pôr em xeque a soberania do reino na colônia, uma vez que "os moradores e naturais do Brasil, quanto ao gentio sam altivos, quanto aos cabedais muito opulentos".

A determinação oficial para evitar a participação dos estrangeiros no comércio do ultramar, no Brasil em particular, uma vez que o crescimento da colônia exigia as maiores precauções, não esqueçamos, não foi revogada. Não evitou, no entanto, que o comércio clandestino se fosse verificando, aqui mais, ali menos intensamente, mas sempre existente, atuante, com graves perdas para a fazenda portuguesa que não dispunha de meios para conter os negócios proibidos. Quando da chegada do Príncipe D. João ao Brasil, esse comércio, clandestino ou não, era grande. O ato da abertura dos portos às bandeiras dos povos amigos na realidade significou a legalização de uma situação de fato.

Da mesma forma por que proibia o comércio com os estrangeiros e defendia a realização das operações mercantis através de barcos portugueses e unicamente com os portos portugueses, nesse particular não se diferenciando das outras potências colonizadoras, que adotavam igual política, Portugal criava obstáculos ao intercâmbio do Brasil com os territórios coloniais vizinhos, espanhóis, batavos e franceses. Sabemos que, no tocante ao Prata, o comércio foi autorizado e mesmo incentivado. Logo após a Restauração houvera interrupções, mas depois prosseguira, dado que ambas as partes se beneficiavam do negócio. Não sucedeu o mesmo, todavia, quanto a Maynas e a fronteira norte, no alto rio Negro, proibido terminantemente. Quanto à Guiana Francesa, apesar de tentativas por parte de seus possuidores, que teimavam em tomar contato, ou antes abastecer-se no Pará, esse contato não foi permitido. O comércio clandestino exerceu-se, mas sem largueza.

Da necessidade e imposição de navegar em frotas O comércio português, não o esqueçamos, desde o domínio espanhol perdera a impetuosidade, destruída que fora sendo a frota de que Portugal fizera uso e por meio da qual se impusera na façanha dos descobrimentos e da atuação mercantilista. A princípio, esse comércio exercitara-se com certa liberdade de iniciativa. Os perigos que foram assaltando as embarcações portuguesas num oceano que já não constituía mais um mar fechado exigiram a mudança do sistema. E em vez dos barcos isolados, ou em pequenos grupos, fora sugerida a constituição das frotas. O regime não aparecia como novidade. No negócio do Oriente, o grande comércio fora sempre executado pelo funcionamento do sistema dos comboios ou "armadas". Com os barcos mercantes, os barcos de guerra que lhes garantissem a viagem, impondo respeito e reagindo às agressões dos corsários, piratas e competidores ousados. Ordenara-se que os navios que faziam o Brasil fossem sempre armados, para que pudessem defender-se. Com o andar dos tempos e o crescimento dos perigos, vira-se que a providência não era suficiente. Os frutos que produzia eram minguados. As perdas sofridas pelos mercadores portugueses aumentavam.

Por uma consulta feita ao Conselho de Estado, verificava-se, no ano de 1626, que essas perdas registradas nos três últimos anos somavam 120 navios, perdendo-se mais de cinco milhões em 60 mil caixas de açúcar, pau-brasil, couros, tabaco, algodão, âmbar, escravos, dinheiro. No referido ano de 1626, haviam desaparecido 20 navios, seguramente atacados por piratas ou corsários holandeses e argelinos. Os perigos da navegação, de outro lado, influíam na produção açucareira, porque, minguando os barcos para transportá-la, os engenhos entravam em decadência, caindo os preços. Muitos dos que viajavam nos barcos aprisionados eram conduzidos para Argel e ali negociados, o que causava ainda maiores danos à Régia Fazenda do reino com a paga de altos resgates. O produto do assalto era levado aos mercados consumidores na Itália, na Inglaterra, a preços mais baixos que os dos portugueses, numa concorrência deslealíssima. A solução seria a organização de frotas, comboiadas por dez navios de guerra. E o regime das frotas foi sendo adotado. A princípio, uma frota única, compreendendo as embarcações vindas dos vários portos brasileiros, no norte, centro e sul. Depois, as frotas se dividem: são do Pará-Maranhão, de Pernambuco, da Bahia, do Rio. Esta é a frota do ouro, como aquelas eram, respectivamente, do cacau, do açúcar, do tabaco.

A lei de 3 de novembro de 1571 estabelecera que os navios deveriam partir entre 1º de agosto e 31 de março, mas só quando atingissem o número de quatro, mínimo, navegariam, em conjunto, sendo um deles maior e mais bem armado. Ao atingirem a linha do equador poderiam então apartar-se uns dos outros, prosseguindo a viagem isoladamente em busca do porto de destino. No regresso, repetiriam a viagem agrupando-se os quatro. Quando encontrassem frota de guerra portuguesa, ligar-se-iam a ela, acompanhando-a em direção ao reino.

O regime das frotas mereceu as críticas dos mercadores e dos que comandavam as embarcações do tráfico. É que, para eles, a exigência tirava-lhes certa liberdade de ação e lhes impedia de aproveitar as oportunidades para a realização de negócios rendosos. Os perigos estavam praticamente extintos, pelo que a lei poderia liberalizar a navegação. Em 1688, porém, em vez de atender aos reclamos, o alvará de 9 de novembro insistiu na navegação em frotas. Havia a frota do Rio de Janeiro, a da Bahia e a de Pernambuco. O sistema vigorou até a chegada do Príncipe Regente, conquanto ocorresse igualmente um comércio realizado fora das frotas, o que valia como desrespeito frontal ao que se estipulava na legislação, revestindo-se, em consequência, do caráter de operação clandestina, ou tolerada de fato pelas autoridades fáceis...

Política do restabelecimento do Império — Nação que se elaborara economicamente desde os descobrimentos pela ação mercantilista intensiva, Portugal, ao recuperar a independência, em 1640, sentia os rigores de tremenda crise econômico-financeira. O Império diminuíra, em certos aspectos, de extensão, com as perdas sofridas no Oriente e no Brasil nordestino. Sua frota de guerra praticamente desaparecera. Quanto à mercante, constantemente renovada nos estaleiros montados ao longo do litoral atlântico, sofria os rigores da luta contra os concorrentes, em especial as potências rivais de Espanha. Sua restauração não poderia ser obtida com rapidez. Mas, sem ela, o Império não proporcionaria à mãe-pátria os recursos necessários, fundamentais, para que ela se restaurasse politicamente. As alianças com as nações inimigas de Espanha não bastavam. Impunha-se a recuperação do ultramar. E quando se fala em ultramar naquele momento, a referência é particularmente ao Brasil, em parte ocupado pelos holandeses. A política a seguir, portanto, seria uma política que interessasse a todos quantos podiam contribuir para o esforço de verdadeira salvação nacional.

Antônio Vieira e o capital judaico — Antônio Vieira, o jesuíta que despertara cedo para a compreensão da gravidade do problema e o via realisticamente, num pragmatismo realmente admirável, levantou então a ideia de apelar-se para a participação dos judeus e para a experiência das companhias privilegiadas. Uma serviria ao Oriente e outra ao Ocidente, isto é, o Brasil. Pregara em São Roque sustentando a tese arrojada. Depois, defendera-a perante D. João IV. E no prosseguimento de suas reflexões, uma vez que os recursos no reino eram pequenos ou medrosos, por que não apelar para o capital alienígena, organizando-se companhias com a participação de portugueses, franceses e suecos?

A oposição aos judeus explodiu imediatamente. D. João IV não aceitou o projeto do religioso, que aparecia agora como um avisado e atilado homem de negócios, a não poder imaginar que o reino deixasse à margem aqueles vassalos que se haviam engrandecido pela atividade mercantil e, no país e no estrangeiro, constituíam um núcleo admirável de seiva e de riqueza por utilizar nos melhores interesses da pátria. Tampouco aceitou a sugestão para a participação do capital alienígena. Mas como enfrentar a tremenda realidade da guerra na península, nos mares e sem possibilidades imediatas para a restauração do Império?

Em 5 de dezembro de 1648, um parecer oferecido à consideração do monarca sobre a grave situação do Nordeste, onde lavrava a revolta contra a permanência dos batavos conquistadores, e a propósito dos esforços sem resultado para a paz com a Holanda, tocava-se na tese da organização de uma companhia de comércio. O remédio a empregar, "único de Deus abaixo", seria fazer uma Companhia de Comércio que tomasse à sua conta o provimento das praças do Brasil, e que 30 ou 40 naus de guerra fossem em duas frotas buscar os açúcares e mais frutos. Com 40 naus particulares que lhes juntassem, tendo todas 14 ou mais peças de artilharia, poderiam vir seguras. Nestas condições, entrariam os holandeses "em noua conçideração".

Elementos do comércio, de sua vez, pronunciando-se a respeito, sustentavam a excelência da medida. De Pernambuco, os homens da produção entendiam-se, na oportunidade, para a composição de um "assento" pelo qual os de Portugal se obrigavam a enviar ao Nordeste, de 4 em 4 meses, ou de 6 em 6 meses, 12 navios carregados de mantimentos, munições, roupas, e quanto mais fosse conveniente, enquanto os do Brasil, em contrapartida, lhes supririam as embarcações com açúcar e pau de tinta. Falando sobre as propostas de paz com os holandeses, a 10 de dezembro de 1648, o Conde de Odemira concordara com a solução da companhia para o Brasil na hipótese de fracassarem aqueles entendimentos diplomáticos de que estava encarregado D. Francisco de Sousa Coutinho. "Letrados, Teólogos e Juízes de maiores lettras, virtudes e religião mandadas ouvir por S. Magestade foram de parecer favoral à iniciativa." As restrições de alguns comerciantes refletiam receios de não obter lucros imediatos, o que lhes perturbaria os negócios, já meio difíceis à míngua de capitais.

D. João IV, pelo alvará de 6 de fevereiro de 1649, sem considerar os protestos da Inquisição, proibia que se seqüestrassem os bens dos judeus, mesmo que condenados pelo Santo Ofício, ou os incorporassem ao fisco real, uma vez que estavam na disposição de fortalecer o Estado com a formação de companhia de comércio juntamente com outros vassalos. E a 10 de março, por outro alvará, aprovava os estatutos da organização, que recebia o nome de Companhia Geral do Comércio do Brasil. As companhias privilegiadas não eram uma novidade em Portugal. Nos primeiros tempos da façanha descobridora, o Lançarote, que administrava os negócios do Príncipe D. Henrique, constituíra, com a cooperação de pessoas gradas, a Companhia de Lagos, que servira à aventura de reconhecimento marítimo ao longo da África e promovera o relacionamento econômico do continente negro com a península. A empresa da Guiné fora uma sequência da organização mercantil. O Príncipe beneficiara-se do negócio, participante que era da associação.

As companhias de comércio   Sob Filipe II, em 1587 fora criada a Companhia Portuguesa das Índias Orientais, que, além do comércio exclusivo, monopolístico, que executaria, tinha a competência de promover o desenvolvimento e a defesa dos territórios sob soberania de Portugal ali existentes, oferecendo resistência aos holandeses, franceses e ingleses, que se lançavam sobre eles no desejo de criar os seus patrimônios ultramarinos. Os resultados obtidos com a companhia não parecem ter sido satisfatórios. Logo em 1619, todavia, voltava-se ao sistema com um projeto de companhia privilegiada para a Índia. Um grupo judaico português, estabelecido na Holanda, em 1621, por intermédio do economista Duarte Gomes de Solis, propôs a incorporação de outra, agora visando ao desenvolvimento mercantil do Brasil. Pretendiam os hebreus que o governo, aceitando o projeto, lhes concedesse o direito de comerciar nas colônias. Por fim, em 1624, Filipe III encarregava D. Jorge de Mascarenhas de organizar uma companhia que pudesse, com os recursos mobilizados na península, em particular Portugal, enfrentar as organizações semelhantes que os concorrentes holandeses, franceses e ingleses tinham constituído e estavam conquistando dia a dia, além do comércio, o domínio político na Índia. Só em 27 de agosto de 1628, foi, porém, constituída a companhia, aprovados nesse dia os respectivos estatutos, entrando ela em ação pouco depois, sem resultados compensadores, apesar dos esforços e das grandes esperanças do Monarca que lhe dedicara um entusiasmo, um interesse pouco comuns.

O COMÉRCIO COLONIAL E AS COMPANHIAS PRIVILEGIADAS

A ideia das companhias para o comércio e para a colonização tomara corpo na Europa. Imaginara-se, à falta de possibilidades materiais dos próprios governos das potências que disputavam aos espanhóis e portugueses o senhorio dos mares e do trato das especiarias do Oriente e do chamado Novo Mundo, não escondendo por fim o propósito de empossarem-se dos territórios que eles haviam encoberto e estavam explorando, que, utilizando os capitais privados ou os capitais privados e governamentais em conjunto, fosse possível vencer resistências internas e externas, constituindo os fundos necessários ao empreendimento mercantil e colonial. As companhias pareciam assim uma solução perfeita. E todos aqueles países constituíram-nas, investindo-as, pelas concessões que lhes outorgaram de poderes especiais, que importavam no investimento de capital sob a proteção da bandeira nacional de cada nação concessionária. Os ingleses, já tendo alcançado êxito com uma companhia para o comércio com a Rússia, depois de tentativas menores para a exploração da Guiné e do Senegal, criaram em 1599 a Companhia das Índias Orientais, a que a Rainha Isabel concedeu poderes quase majestáticos e resultou na fundação do primeiro império britânico.

Os franceses, conquanto não tivessem uma ideia firme acerca de uma ação imperial, para muitos sem propósitos, sem oportunidade, dado que nem todos os seus problemas continentais, que a muitos pareciam os que exigiam preferência de tratamento, estavam devidamente resolvidos, também se lançaram ao negócio do comércio a distância e à empresa da colonização por meio de pequenas companhias organizadas com o capital de banqueiros e homens de negócio dos portos do Atlântico e do Mediterrâneo. Entre 1599 e 1789, foram incorporadas 75 companhias, o que dá uma visão do que eram os lucros obtidos, o sucesso experimentado. O domínio exercido nas Antilhas era, por exemplo, uma resultante da ação das companhias privilegiadas, que transportaram colonos, escravos, promoveram a lavoura da cana, do tabaco e do café. A primeira fora a Companhia do Canadá e Acádia. Só com o nome de Companhia das Índias Orientais houve sete; com o de Companhia do Cabo Norte, três; de Companhia da China, outras três.

Os holandeses, em 1602, fundaram a Companhia das Índias Orientais e em 1621 a das Índias Ocidentais, que estabeleceria colônias no atual território norte-americano, nas Antilhas, nas Guianas e no Nordeste do Brasil. Os dinamarqueses, os suecos, os prussianos, seguindo as pegadas daqueles outros povos, também criaram as suas companhias com êxitos muito menores, mas nem por isso desprezíveis quando se quer verificar a extensão da ideia que realmente envolvia a Europa. A matéria-prima das terras novas, matéria-prima exótica e agora fundamental para satisfação das necessidades dos povos do Velho Mundo, o desejo de possuir colônias e o propósito de expandir a fé religiosa serviam de fundamento para a corrida às companhias como fonte de sucesso e de enriquecimento rápido e seguro.

Os privilégios que se lhes concediam eram imensos – monopólio de comércio e navegação, direitos fiscais, direitos de senhoria, que incluíam a organização política dos territórios ocupados. Sob a proteção das bandeiras nacionais, podiam organizar exércitos e marinhas de guerra, empregando, inclusive, elementos recrutados nas forças armadas nacionais, realizar todas as operações terrestres e navais que dessem em resultado a obtenção de espaços exploráveis. A aquisição de recursos financeiros muitas vezes, além da contribuição do Estado, geralmente participante do negócio, era realizada através de lançamento obrigatório de subscrição popular, contribuição das cidades interessadas, subvenções oficiais, investimento de organismos bancários e comerciais.

A Companhia do Comércio do Brasil A Companhia do Comércio do Brasil e posteriormente a Companhia de Comércio do Maranhão, que D. João IV autorizava a funcionar, não dispuseram de poderes tão amplos. Iam atuar em terra já sob soberania portuguesa ou que se desejava recuperar. Não se lhes outorgaram, portanto, aqueles poderes majestáticos. Sua função era fundamentalmente econômica, conquanto se atribuísse também, à do Comércio do Brasil, a prática de atos militares ligados aos acontecimentos que tinham por teatro o Nordeste. Para isso devia armar 36 naus de guerra, de 20 a 30 peças de artilharia cada uma, tripuladas por pessoal habilitado, e com elas cooperando com as armadas reais na luta pela libertação do Nordeste.

Os artigos dos estatutos da Companhia do Brasil eram em número de 52. Podiam ser acionistas todos os portugueses, sem distinção de qualquer espécie, e os estrangeiros que vivessem em Portugal, contanto que subscrevessem vinte cruzados para cima. Havia prazos para a subscrição nas ilhas e no Brasil, como para a integralização do capital — um terço em dinheiro imediatamente e o restante em oito meses. A duração era confiada a uma junta de deputados, escolhidos pelos homens do comércio que tivessem entrado com um mínimo de 5.000 cruzados. Um dos deputados representava o povo, isto é, aqueles que possuíssem menores obrigações. Não havia limitação ao capital. As ações não estavam sujeitas a sequestro. Podia a companhia usar as armas nacionais, estando seus barcos autorizados a bater bandeiras quando encontrassem as armadas reais, gozava de isenção de impostos sobre o vinho que fosse gasto nos seus navios, do direito de guardar as presas que fizessem, e liberdade para contratar tripulação estrangeira quando necessária, nenhuma subordinação aos tribunais; direito: de armazenamento em Portugal e no Brasil, de requisitar as embarcações de que carecesse, de comprar vinho, azeite, trigo e carnes. As dívidas à companhia podiam por ela ser cobradas por meios coercitivos, inclusive as execuções fiscais e exigido a ação dos ministros. Podia recrutar, como se fosse para o serviço do Estado, quantas pessoas carecesse para os seus serviços de terra e mar. Possuía o privilégio do comércio na costa do Brasil. Obrigava-se a comboiar todos os navios mercantes que fossem ao Brasil ou voltassem dele, sobre as mercadorias carregadas e comboiadas, gozando de taxa não superior a 10% e seguro de não menos de 25%.

A companhia tinha ainda o estanco de todo o vinho, azeite, farinha e bacalhau de consumo no Brasil, estanco aumentado posteriormente pelo pau-brasil. Quem cometesse a infração de comerciar com esses gêneros ou transportá-los sem a aquiescência da companhia sofreria confisco, inclusive da embarcação transportadora. A pipa de vinho custaria 40$000; a arroba de farinha e de bacalhau, 1$600; cada seis almudes de azeite, 16$000. Proibiam-se, no Brasil, em consequência do monopólio fixado, a produção e o comércio de vinho de mel e aguardente de cana. Era proibida também a navegação fora dos comboios que organizasse. A todos esses direitos, garantias e concessões, a companhia, em contrapartida, serviria ao Brasil, mandando-lhe duas frotas por ano, de 16 velas de guerra cada uma.

Os acionistas mais fortes foram os que realmente representavam os maiores cabedais do reino – grandes famílias poderosas pelos recursos em dinheiro de que eram possuidoras. Algumas subscrevendo, como foi o caso dos Botelho, 40$000 cruzados. O capital realizado atingiu os 1.255.000 cruzados. Nem todos os subscritores cumpriram as obrigações, havendo necessidade de ação do governo para compeli-los à integralização.

Aplaudida nos inícios, a companhia em breve teria de enfrentar as restrições dos que se sentiram prejudicados com a sua atuação e dos que não se sentiam beneficiados por essa mesma atuação.

Logo a 4 de novembro de 1649, largava de Lisboa, do Tejo, a primeira frota – 18 navios de guerra, comboiando 48 mercantes, dos quais 32 armados para qualquer eventualidade. O porto inicial no Brasil seria a Bahia, de onde um grupo da frota de guerra se dirigiria ao Rio de Janeiro para comboiar os 20 barcos de comércio que ali estacionavam aguardando a escolta. A 7 de março, fundeavam na Bahia, sem perdas. Era o primeiro sucesso. Tudo corria bem. E no entanto, ao passar por Pernambuco, tivera de haver-se com os holandeses senhores daquela praça. No regresso, a frota do Rio velejava diretamente e fora assaltada na barra do Tejo por uma esquadrilha britânica. A que partira da Bahia, totalizando 70 embarcações, atingira o destino em perfeito estado. Nada ocorrera de mal. O açúcar que trouxera chegara em boa ordem. Somava 40.000 caixas. Trouxera igualmente tabaco e outros gêneros da produção brasileira. Mês de janeiro de 1651.

A segunda frota partiu em 1651. Não somava senão um pequeno número de embarcações. A terceira, em 1653. Compunha-se de 64 velas. Comandava-a o General Pedro Jaques de Magalhães e levava por Almirante Francisco de Brito Freire. A 20 de dezembro unia-se às forças que bloqueavam o Recife, então ainda em poder dos batavos. Vinha, assim, cumprir um dos objetivos por que a companhia fora incorporada – a luta contra o invasor para a recuperação da terra ocupada por ele. O sucesso alcançado foi total. A esquadra inimiga bateu em retirada. A quarta frota partiu em abril de 1655. Eram 36 naus, armadas em guerra, além dos barcos mercantes. No regresso, somava 139 embarcações, que carregavam para Lisboa 53.221 caixas de açúcar, além de tabaco e dos outros gêneros exportáveis das capitanias brasileiras. A carga estava avaliada em nove milhões de cruzados. A quinta frota movimentou-se em 1656, a sexta em 1659, a sétima em 1661, a oitava em 1662 e a nona e última em 1664. A oitava voltara com 84 barcos, que carregavam mercadorias num total de sete a oito milhões de cruzados. A última trouxera 30.000 caixas de açúcar e 12.000 quintais de pau-brasil.

Oposição à companhia de comércio — Os resultados que a companhia estava oferecendo não pareciam satisfatórios. As queixas amiudavam-se. O Santo Ofício não podia ceder à ventura dos mercadores judeus que D. João IV aquinhoara com favores para participarem da companhia. Tratava-se, portanto, na opinião do Tribunal, de ato praticado em contrário aos princípios da Igreja. De outra parte, alegava-se que a companhia não cumpria as obrigações: não trazia as frotas nos totais estabelecidos na concessão, o que não supria os mercados brasileiros das mercadorias de que tinha o estanco; impunha preços injustos, deixava que se perdesse muito da produção local à falta de embarcações em número suficiente. Uma feita, informou-se em pronunciamento dos povos da colônia, deixara de celebrar-se missa no Rio de Janeiro, à falta de vinho. No Espírito Santo, um vigário se vira na contingência de comungar a hóstia sagrada, pois que não havia azeite para iluminar o

Santíssimo Sacramento. A escassez de gêneros era gritante. Por fim, acusava-se, registravam-se negócios ilícitos. Os dirigentes da companhia não procediam com lisura.

Faz-se necessário referir que, de parte do Estado, houvera igualmente certas práticas que poderiam ser utilizadas pela companhia, para defender-se, como, por exemplo, a permissão para que barcos isolados fizessem a linha do Brasil, a produção de vinho de mel e a aguardente continuasse, como se nada constasse em contrário, o que tudo importava prejuízo à organização.

D. João IV, que acreditava no sucesso da companhia ante a grita que lhe chegou ao conhecimento, inclusive pelo memorial que lhe foi presente mandado do Brasil por pessoa de confiança do Governador-Geral, Conde de Atouguia, memorial da Câmara do Rio de Janeiro, e em que se resumiam as reclamações universais da colônia, deu os primeiros passos para conter o que poderia ser abuso ou falta de cumprimento de obrigações. Chegaram-lhe às mãos, igualmente, os argumentos de defesa da entidade acusada – tudo resultava do despeito de muitos e dos prejuízos do Santo Ofício. Os lucros eram pequenos ou inexistentes. Houvera até necessidade de tomar recursos emprestados para atender a despesas de rotina. Os capitais empregados não cobriam todas as exigências do negócio, de vulto. Esses mesmos capitais ficavam empatados no Brasil, onde as mercadorias não eram pagas imediatamente, vendendo-se a crédito. A colônia não dispunha de numerário suficiente para operar com rapidez. Quanto ao açúcar, as safras do Rio não se verificavam na mesma época do Nordeste. Os embarques, em consequência, maiores nos portos do norte e menores no sul, e vice-versa, conforme a época, não podiam ainda ser equilibrados.

A reclamação maior referia-se ao problema do abastecimento regular. O estanco assegurado à companhia parecia inconveniente. É que, conforme as denúncias havidas, ocorria uma especulação desmedida. Não remetendo as quantidades necessárias, a companhia, por seus dirigentes, ou por meio de intermediários, suspeitos de estarem ligados a eles ou a funcionários sem escrúpulos, forçava a alta dos gêneros. O tabelamento não se cumpria, na realidade. Porque a venda não se fazia diretamente ao público e sim a intermediários que adquiriam as grandes partidas e, por sua vez, impunham os preços que desejavam no negócio com o consumidor.

D. João, para atender às reflexões que chegavam e partiam de câmaras, do Governador da Bahia, de comerciantes de Portugal, de consumidores que tinham coragem para reclamar, designou uma comissão para examinar o problema. A comissão passou a agir, mas tão morosamente que Salvador Correia de Sá se dirigiu ao monarca indicando soluções que corrigiriam a situação. A companhia não se mostrou irredutível. Ao contrário, estava disposta a ceder ao estanco se lhe assegurassem proventos imediatos que compensassem a perda. Desejava o monopólio do sal, até então monopólio do Estado, e uma tributação pesada sobre o açúcar que transportasse do Brasil. A comissão por fim deu seu parecer: o estanco era prejudicial, mas prejudicial principalmente à companhia, pelo que devia ser revogado. Concedesse S. Majestade, no entanto, como compensação, novas garantias à companhia para que pudesse ela cumprir as obrigações estatutárias. O Conselho da Fazenda, respondendo à consulta da Rainha Regente, sugerira a incorporação ao Estado. Pelo decreto de 2 de fevereiro de 1657, o privilégio do confisco para os capitais foi revogado. A Rainha Regente, D. Luísa, pelo seu alvará de 9 de maio de 1658, revogou o estanco, autorizou a companhia a fazer a linha uma só vez ao ano, com apenas 10 navios de guerra. A navegação de ida ao Brasil ficava livre, mas, no retorno, as embarcações deveriam incorporar-se à frota da companhia. Pela perda do estanco concediam-se-lhe 40, 30 e 20 réis, respectivamente, por cada arroba de açúcar branco, mascavo e de panela nos direitos de comboio, mas 40 réis de avaria por arroba a ser paga pelos mestres das embarcações, sendo que a preferência para os embarques cabia aos navios da companhia.

À primeira vista estava resolvida a grave questão. Mas assim não era. Porque, com o peso que incidiu agora sobre o açúcar, que significava nervo e vida da colônia, agravava-se a situação dos mercados exportadores. De outro lado, o abastecimento, mesmo o mau abastecimento da companhia, não se operava mais com intensidade, pelo que os protestos, as reclamações continuaram. Os navios isolados não supriam as exigências do consumo regional.

A reforma administrativa da companhia Em 1662, pelo decreto de 15 de novembro, foi reformada a administração da companhia, numa verdadeira intervenção, que resultava de pareceres, inclusive do Conselho de Estado. Uma nova direção, agora diretamente governamental, passava a ter em suas mãos os destinos do organismo, subtraído aos interesses dos comerciantes que o haviam orientado até então e passavam a ser apontados como corruptos, descaminhadores das rendas do Estado. Em 1663, a companhia transformou-se em Junta de Comércio, isto é, Tribunal de Comércio, passando a tratar dos mais vários negócios e não mais restringindo-se aos assuntos do Brasil. No particular do Brasil sua função restringiu-se a manter a frota de guerra que devera comboiar os navios do giro normal da colônia. Os descaminhos, no entanto, não cessavam. E ocorriam mais frequentemente no próprio porto de Lisboa, o que levou o governo a medidas drásticas para evitar mal maior. Pelo alvará de 1º de fevereiro de 1720, D. João IV, ante as exposições da própria Junta, que alegava insolvência, apesar de órgão do Estado, extinguiu o que restava dá companhia, providenciando os meios e modos de saldar-lhe os compromissos, que eram bastante elevados. O regime das frotas passou à competência do Conselho da Fazenda.

Os comerciantes portugueses, a essa altura, cogitaram de outra companhia, com os capitais privados, mas sob a égide do Estado, que lhe asseguraria proventos e garantias. A ideia, defendida e argumentada com veemência, não foi bem recebida nos meios oficiais. Pretendia-se agora que à nova organização, além das operações mercantis, fosse atribuída a competência de estabelecer colônias. O modelo seriam as congêneres francesas do Mississípi e do mar do Sul. Pouco antes, 1715, um grupo de catalães, à frente dos quais se encontravam os irmãos João e Paulo Martins, pretendera os favores governamentais para outra companhia, que não teria senão um arremedo de monopólio do comércio, pelo espaço de cinco anos, na Índia, entre o cabo Comorim e as ilhas do Japão e Molucas, mas outorgando-se-lhe o direito de vender livremente no Brasil as fazendas que trouxesse dali. Segundo o pronunciamento do provedor e mais oficiais da Casa da Índia, da Mesa do Espírito Santo, dos procuradores da Fazenda e da Coroa e do Conselho Ultramarino, o negócio proposto era péssimo – fraudava as rendas pelo sistema alvitrado, competia com o comércio regular dos nacionais portugueses; no fundo, o que visavam os novos monopolistas era vender no Brasil o que conseguiam no Oriente, pelos preços que impusessem. As minas constituíam um atrativo. Em mãos de estrangeiros o abastecimento do Brasil, em breve a fortuna que produzisse estaria unicamente com eles que, em última análise, se transformariam nos beneficiários do *rush*.

A Companhia de Comércio do Maranhão, cujo funcionamento e sucessos a que deu casa serão estudados quando nos referirmos aos primeiros movimentos de tendência localista que se registraram no Brasil norte, não produziu frutos. Foi nociva. Desserviu aos objetivos para os quais fora estabelecida. Quanto às companhias que se fundaram no século XVII para operar na África não visavam ao Brasil, mas à América espanhola, que deviam abastecer com a mão de obra negra. O suprimento da colônia americana era realizado por contratantes diretos, que iam e vinham num tráfego constante e nem sempre suficiente. Apenas a Companhia da Guiné, de que o próprio D. Pedro II era acionista, depois de vários insucessos, perdas importantes, trabalhou no Brasil introduzindo escravos.

Pombal e as companhias Com o advento de Pombal, a experiência das companhias ia tomar alento. Voltar-se-ia a elas. Porque em suas reflexões, visando à restauração do Império, caminho certo para a restauração econômica e dignificação política da nação, imaginava a cooperação dos capitais privados a serem mobilizados em organismos daquele tipo. É preciso observar que Pombal, com a preocupação da presença do Estado em todas as atividades, quando solicitava a participação da iniciativa, da energia e do capital privado, nem por isso lhes abria perspectivas para que se desenvolvessem isoladamente ou com independência. O Estado, soberano e ponderante, intervencionista, absorvente, traçava os caminhos, fixava as normas e utilizava a experiência, a boa vontade, os interesses e os recursos da coletividade, a todos se sobrepondo. Pombal, nesse particular, foi um nacionalista exaltado da concepção de nossos dias. Em nenhum momento permitiu a ausência do poder do governo, inflexível, atento, por vezes torturante. O controle estatal era o fundamento maior de sua concepção em matéria de política econômica. Quando, por isso, encontramos, em diplomas régios expedidos ao seu tempo, referências à conveniência da liberdade de ação econômica, como garantia para o sucesso, é preciso considerar, conforme já foi lembrado, que, se ele a imaginava, na base da lição britânica, uma verdade irrecusável, na prática considerava necessário considerá-la através da outorga aos capitais privados, tímidos, desabituados às iniciativas arrojadas. Porque Pombal, nos seus propósitos de recuperar a pátria, não imaginava processos rotineiros, atividades demoradas. Ao contrário, queria tudo dentro de um ritmo dinamizado e de planos amplos, fruto de visões quase fantasiosas. Portugal vivera uma tentativa de revigoramento, sob a ação de D. Luís de Meneses, Conde de Ericeira. No *Testamento Político* de D. Luís da Cunha, fizera-se um retrato amargo do reino, seus homens, seus costumes, suas técnicas de vida, seu processo de governo, sua burocracia rotineira, morosa, incapaz. Vindo ao poder, Pombal desejava mudar tudo. Mas mudar sem demora, vencendo, assim, aquela modorra, responsável, em muitos casos, pela marcha vagarosa do país. A iniciativa privada não frutificara em empreendimentos de vulto. Impunha-se assisti-la, coordená-la, impulsioná-la, dando-lhe vigor e consistência. A liberdade de comércio devia ser compreendida nas limitações impostas pelo meio socioeconômico, insistamos, desabituado aos empreendimentos arrojados. Liberdade *sui generis*, realizada na base de monopólios promovidos pelo Estado, mas a cargo do capital privado.

A Companhia do Grão-Pará e Maranhão e a de Pernambuco e Paraíba

Duas companhias fez organizar Pombal para o Brasil – a do Grão-Pará e Maranhão e a de Pernambuco e Paraíba. A primeira, em 1755, a segunda, em 1759. Uma terceira, para o Rio de Janeiro, não passou de cogitação. Que projetava com elas, por que as fez incorporar, como as fez funcionar, que resultados obtiveram?

Eram precárias as condições em que viviam o Norte e o Nordeste, quando Pombal assumiu a suprema direção do Estado, à frente do governo que D. José lhe foi confiando, possivelmente em consideração ao que insinuara D. Luís da Cunha. O esforço que seus moradores e seus governantes vinham despendendo para alterar para melhor aquela situação não produziam efeitos, pelo menos efeitos sensíveis e imediatos. Havia um estado de crise latente. O açúcar, no Nordeste, sofria a concorrência da produção antilhana. Sofria o peso de uma tributação excessiva. O pau-brasil não constituía mais uma garantia de êxito na vida econômica local. O tabaco era monopólio do Estado. O braço escravo era desviado para as zonas de mineração. As frotas do comércio não significavam um resultado alentador para o que se criasse da Bahia ao Ceará e tivesse condições de aceitação ou procura nos mercados da Europa. E liberdade de navegação não importara melhoria dos negócios. Faltavam embarcações para levar a produção, que, em consequência, diminuía mais. No extremo norte, o Estado do Maranhão e Grão-Pará, a especiaria, a famosa *droga do sertão*, representada no cacau, na canela, nos cravos fino e grosso, nas oleaginosas, nas variedades que a floresta vinha proporcionando, encontrava pela frente não a procura nos mercados do consumo, mas os meios de transporte, que eram escassos. Será conveniente esclarecer que, embora a busca ou colheita da *droga* fosse incentivada pelo poder público e constituísse o fundamento maior da atividade econômica da região, os que com ela mercadejavam não obtinham os rendimentos excessivos ou mesmo satisfatórios para uma vida menos difícil. Nesse particular, no Nordeste agrário vivia-se com mais conforto, com mais liberalidade, com mais à-vontade, sem limitações gritantes. Levava-se, mesmo, certa vida de grandiosidade, alargando-se os senhores de engenho nas despesas para a manutenção de um diário de algum modo ainda faustoso. As condições de existência do Estado do Maranhão caracterizavam-se por muito menores possibilidades de bem-estar material. As frotas não procuravam os portos de São Luís e

Belém. Passavam-se grandes temporadas sem que ali fundeasse uma embarcação para o giro mercantil, em São Luís, especialmente. Até 1749, não circulava no Estado a moeda metálica. O algodão e os caroços de cacau faziam as vezes de moeda. Assumindo o governo em 1751, o irmão de Sebastião José, o Capitão-General Francisco Xavier de Mendonça Furtado, traçara, em sucessivas cartas-relatórios ao ministro, um quadro realístico e triste do que encontrara e estava exigindo imediatas providências, mas providências profundas, que penetrassem com impetuosidade no organismo combalido da região.

Os moradores do Maranhão já haviam dirigido a S. Majestade, por intermédio da Câmara de São Luís, um pedido de autorização para constituir uma companhia, com os capitais locais, visando à introdução de braços africanos. A resolução de 17 de julho de 1752, do Conselho Ultramarino e a provisão régia de 22 de novembro do mesmo ano, concederam a mercê, com a cláusula de que quantos não se dispusessem a participar na companhia podiam livremente comerciar com a África, visando ao suprimento de mão de obra. No tocante à exportação dos gêneros da produção regional, os mesmos moradores haviam peticionado ao monarca para que lhes desse liberdade de constituir a sua navegação. A resolução de 16 de outubro de 1752 e o alvará de 23 de novembro do mesmo ano concederam a liberdade pleiteada, que era estendida aos moradores do Pará, apenas se condicionando que os navios do Maranhão só carregassem a carga maranhense, e os do Pará, a carga paraense.

Francisco Xavier de Mendonça Furtado, uma vez que as duas providências não surtiram resultado, dado que os capitais locais eram por demais pequenos, sem perspectivas de desenvolvimento rápido que possibilitasse sua utilização imediata nos projetos propostos, promoveu então um entendimento com os homens de negócio das duas unidades do Estado e com eles assentou um plano de inversão de recursos que possuíssem na constituição de companhia que satisfizesse as aspirações econômicas coletivas e se destinasse à dinamização regional. O que foi possível obter continuou a ser pouco – 30.000 cruzados. O capitão-general, que se apaixonara pela iniciativa, transformando-a agora em iniciativa sua, sugeriu ao irmão a participação de comerciantes do Porto e Lisboa. Seria o meio de ter fácil e seguramente os elementos indispensáveis para uma obra de tamanha envergadura. A 15 de fevereiro de 1754, os moradores do Pará dirigiram-se a D. José pedindo que à companhia fossem de logo assegurados os seguintes favores – isenção por trinta anos de direitos para as madeiras que exportassem nos navios que trouxessem escravos africanos, garantia de que o capital ficaria a salvo de execução por dívidas contraídas antes de constituir-se a companhia, isenção deste confisco para esse mesmo capital, inclusive nos casos de lesa-majestade. Quanto às gentes do Maranhão, sob orientação do Ouvidor Manuel Sarmento e de reflexões do Governador Pereira Lobato, endereçaram longo memorial ao Rei – liberdade de navegação para os moradores, introdução de escravos africanos, matéria-prima indispensável a qualquer plano de objetivos realísticos.

No Nordeste, os moradores movimentavam-se com os mesmos objetivos. Comerciantes de Pernambuco, em face das dificuldades que constatavam, mostravam-se dispostos a reunir os seus capitais aos dos homens de negócio de Lisboa e do Porto para a organização de uma companhia que os libertasse das angústias que todos experimentavam.

> E em petição de 30 de junho de 1759, dirigiam-se com eles a D. José: "havendo conhecido e experimentado quanto a Real Grandeza de Vossa Majestade favorece, protege e promove os communs interesses do commercio; e esperando que será de Real Agrado o novo estabelecimento de humma Companhia geral para as Capitanias de Pernambuco, e Paraiba, com a qual, muito consideravelmente, se augmentem os lucros que se podem tirar daquelle Commercio; sendo elle regulado pelas direcções competentes, que ordinariamente se não encontram nos Commercios livres: Tem convindo em formar a referida Companhia, havendo Vossa Magestade por bem de a sustentar com a concepção e confirmação dos Estatutos, e Privilegios".

Os signatários eram José Rodrigues Bandeira, José Rodrigues Estêves, Policarpo José Machado, Manuel Dantas de Amorim, Manuel Antônio Pereira, José da Costa Ribeiro, Inácio Pedro Quintela, Anselmo José da Cruz, João Xavier Teles, José de Alva Leque, João Henrique Martins e Manuel Pereira de Faria.

Os que firmavam a petição final para a companhia que serviria ao extremo norte eram: Rodrigo de Sande e Vasconcelos, Domingos de Basto Viana, Bento José Álvares, João Francisco da Cruz, José de Araújo Lima, José da Costa Ribeiro, Antônio dos Santos Pinto, Estêvão José de Almeida, Manuel Ferreira da Costa e José Feliciano da Cruz. Fora coordenador dos capitalistas para esta organização José Francisco da Cruz, da intimidade do marquês, e pessoa de sua inteira confiança.

Os estatutos da Companhia Geral do Grão-Pará e Maranhão, com cinquenta e cinco parágrafos, têm a data de 6 de junho de 1755 e foram aprovados por alvará régio com força de lei a 7 do mesmo mês e ampliados pelo alvará de 6 de fevereiro de 1757. Os estatutos da Companhia Geral de Pernambuco e Paraíba, em número de sessenta e três parágrafos, foram aprovados pelo alvará régio de 13 de agosto de 1759. Os dois estatutos aproximavam-se na quase totalidade das obrigações e vantagens concedidas. A sede das duas companhias era a cidade de Lisboa. Mas no Porto, para ambas, havia uma direção local, com um intendente e seis deputados. Ambas eram governadas por uma Junta de Administração, integrada por um provedor, oito deputados do Grão-Pará e dez na de Pernambuco, além de um secretário e três conselheiros. Mas no Grão-Pará havia ainda um representante da Casa dos 24 de Lisboa.

A do Grão-Pará previa direção local em Belém e em S. Luís, enquanto a de Pernambuco apenas no Recife.

O selo da companhia do Maranhão era assim – Estrela do Norte, sobre uma âncora de navio, e a Imagem de Nossa Senhora da Conceição; a da companhia de Pernambuco, estrela com a expressão – *Ut luceat omnibus* e a Imagem de Santo Antônio.

As duas companhias tinham vinte anos de prazo de funcionamento. O capital da do Grão-Pará era de um milhão e duzentos mil cruzados, em mil e duzentas ações de quatrocentos mil-réis cada uma; o capital da de Pernambuco era de três milhões e quatrocentos mil cruzados, em três mil e quatrocentas ações de quatrocentos mil-réis cada uma.

Concedia-se-lhe o monopólio do abastecimento das duas áreas políticas, mais o comércio e a navegação. Suspendia-se, em consequência, toda a navegação livre porventura existente em direção àqueles destinos do Império. Para a África, possuíam ambas o direito de navegar e manter as feitorias que lhes garantissem o suprimento da mão de obra negra a trazer para o Nordeste e para o Maranhão. As embarcações que empregassem seriam adquiridas, podendo o Estado ceder de suas frotas. As respectivas tripulações seriam recrutadas como se fossem para o serviço real, mesmo os oficiais de alta patente. Os estrangeiros tinham possibilidade de engajamento.

A fortuna privada podia ser participante das duas organizações sem qualquer limitação, inclusive a dos estrangeiros domiciliados em Portugal. O Estado fornecer-lhes-ia os meios materiais representados em prédios, estaleiros, armazéns, e mais edificações, para que nelas se instalassem e aos seus serviços, o que de fato fizeram tanto em Lisboa como nos territórios do Ultramar. A utilização da matéria-prima, em especial as madeiras, de que carecesse, podia ser requisitada, pagando pelo que fosse empregado o seu justo valor. A percentagem dos lucros para as chamadas "fazendas secas", excetuando as farinhas e comestíveis secos, que poderiam ser de quarenta por cento para cima sobre o primeiro custo em Lisboa, vendidas a dinheiro de contado, e quando vendidas a crédito seriam acrescidas do juro de cinco por cento. "As fazendas molhadas, farinhas e mais comestíveis que fossem secos de volume não podiam ser vendidos por mais de quinze por cento, livres", para as companhias, nos respectivos armazéns e mais serviços, sem que houvesse autoridade capaz de impedi-lo. Os ministros de Justiça que não lhes dessem compromisso às ordens ficavam sujeitos a julgamento pelas juntas e das companhias e respectivas mesas diretivas. Os interessados nas companhias estavam libertos de ação sobre eles de qualquer tribunal do reino. Os embarques de mercadorias produzidas nas capitais servidas pelas companhias só podiam ser feitos pelos próprios lavradores que os produzissem. Os acionistas de mais de dez mil cruzados gozavam do privilégio de homenagem em suas próprias casas. Os que possuíssem dez ações de daí para cima gozavam do privilégio de nobre. Como os servidores de maior graduação. Não podiam ser presos a não ser em flagrante delito. Quando em serviço, os servidores podiam andar armados. Quando houvesse guerra, os vassalos das potências que lutassem contra Portugal e tivessem ações ficavam isentos de qualquer medida coercitiva, gozando de absoluta liberdade. Para garantir, no caso da Companhia de Pernambuco, a sua movimentação comercial, ficavam proibidos, por ato expresso, os negócios que realizavam os agentes dos mercadores britânicos que sediavam em Lisboa.

Oposição às companhias As duas companhias, cercadas das reservas dos que se sentiram prejudicados nos seus interesses imediatos, enfrentariam a situação, procurando cumprir as obrigações que lhes haviam sido atribuídas. Logo de início, a Mesa do Bem Comum, que sucedera à Junta do Comércio, em Lisboa, compareceu à presença de Pombal e protestou contra a Companhia do Grão-Pará, que, pelos privilégios e pelos objetivos, ia criar uma tremenda dificuldade ao sistema de liberdade de comércio vigente. A Mesa foi extinta, o advogado João Tomás de Negreiros, que redigira o memorial de combate ao ato régio de criação da companhia, foi preso. Outras vozes que se levantaram foram caladas. A Companhia de Jesus sofreu a acusação de estar a serviço dos que faziam reservas à companhia e padeceu, da mesma maneira, a reprimenda oficial. A Companhia de Pernambuco não teve as honras de companhia idêntica nas suas origens. Em Pernambuco, o Capitão-General Luís

Diogo Lisboa da Silva lançou bando pedindo a compreensão de todos para com o empreendimento que vinha ao encontro de necessidades coletivas. Contra ela, todavia, se levantaram, posteriormente, tremendas dúvidas e reservas. Ambas, em consequência, tiveram de mover-se na apresentação de razões visando à destruição dos argumentos negativos, exaltando-se e indicando-se como credores do respeito, da admiração e dos agradecimentos das duas regiões a que vinham servir.

A Companhia de Pernambuco foi acusada de vender por preços exorbitantes as mercadorias e os negros que deviam negociar; vender gêneros deteriorados e sem que os compradores os pudessem escolher; desvalorizar os produtos regionais que deviam adquirir para a exportação; não introduzir a moeda metálica na medida das exigências locais; fraudar as rendas aduaneiras, não assegurar às duas capitanias, que seriam as beneficiadas de sua existência, os elementos indispensáveis a que se restaurassem, pelo que o açúcar e os outros gêneros de sua produção estavam a diminuir como alicerce da economia regional. As Câmaras de Olinda, Recife e Paraíba, moradores das duas unidades políticas, por mais de uma vez endereçaram os seus argumentos e reclamações a S. Majestade, concluindo por solicitar a extinção da companhia.

Esta se defendeu. E à luz de documentação impossível de contestar, constante de certidões e estatísticas, provou que não tinham fundamento as alegações. Os senhores de engenho que se levantavam contra ela esqueciam que a situação grave em que se encontravam decorria da falta de regra na condução dos próprios negócios. Sem medir as consequências de seus gastos, acima de suas possibilidades, cada dia se comprometiam mais, endividando-se, não por obra da companhia, que lhes fazia empréstimos quase continuados, mas porque desperdiçavam em larguezas não compatíveis com as respectivas posses. A preocupação da vida faustosa era a responsável maior por tudo quanto lhes sucedia. Os engenhos, quando a companhia começara, reduziam-se a 267, dos quais 80 em condições de produzir, 113 sem essas condições e 74 empenhados e quase destruídos. Esse total era o mesmo dos engenhos existentes depois da guerra holandesa, o que significava que nenhum novo fora construído ou aberto ao trabalho. Em dez anos de atividade da companhia, a situação alterara-se para um quadro novo – os engenhos subiam a 390, em pleno funcionamento. Entre 1750 e 1759, em sete frotas, a exportação atingira a 55.580 caixas. Entre 1762 e 1771, subira para 72.052 caixas, portanto 720 por ano a mais. Em 1772, 12.154 caixas; em 1773, 9.444; em 1774, 10.141; em 1775, 10.116. O tabaco, ao começar a companhia, era uma atividade decadente, o que a levava a lançar edital prometendo ajuda aos plantadores, ajuda que proporcionara e constante da vinda de um técnico para orientar as culturas e recursos em dinheiro a eles adiantados. O resultado estava positivado nos algarismos – em 1761, entre 20 e 25 arrobas. Agora, entre 1762 e 1775, 68.705 rolos e 215 mangates com mercado garantido na costa africana e preço compensador de 1.200 réis por arroba. Os couros em cabelo, nos dez anos anteriores ao advento da companhia, representavam-se em 366.495 unidades; nos 10 anos seguintes, 500.925 e nos anos posteriores, de 1772 a 75, mais 233.715. A sola curtida em 20 curtumes que fabricavam 70.000 meios ao preço de 1.400 e 1.600 réis cada um. A companhia pagava os de melhor acabamento a 1.100 e 1.300 réis, e os inferiores a 320 e 640 réis. Os prejuízos com o negócio eram grandes, mas nem por isso fora abandonado o incentivo ao negócio. E em 15 anos de exportação subira, de 645.000 meios, em quanto somara a exportação dez antes da companhia, para 913.048. Os atanados de uma só fábrica, a de Luís da Costa Monteiro, em dificuldade de movimentação, em dez anos não haviam passado dos 114.366; com o empréstimo de 35.000 cruzados da companhia, tinha ascendido a 216.194. O anil, o algodão, o arroz vinham merecendo o maior incentivo. Os escravos, introduzidos entre 1750 e 59, em 70 embarcações, alcançavam o número de 21.848, dos quais 13.385 haviam sido vendidos para o Rio de Janeiro. De 1761 a 1770, por meio dos barcos da companhia, totalizando 51, só de Angola tinham chegado 21.229 e da Costa da Mina, 2.920, dos quais apenas 5.975 expedidos para o Rio. E toda essa escravaria negociada sem pagamento imediato. As fazendas mais em uso nas duas capitanias eram o linho, a bretanha e os camelões. Entre 1762 e 1771, o volume de fazendas trazidas da Europa subira a 4.608:584#195, havendo sempre em depósito estoques de 200:000$000. Quanto aos preços, variavam de acordo com as alterações da conjuntura. Ademais, as taxas em vigor em Portugal subiam também, o que explicava as mudanças. Em 18 anos, a companhia invertera em fazendas, escravos e embarcações 27 milhões, 644 mil cruzados e ganhara 32 milhões, e 700 mil cruzados, 312 mil e 300 réis. Era de registrar, ainda, que a melhoria geral das condições de vida podia ser verificada facilmente – os bairros do Recife cresciam em população, em edificações, algumas suntuosas, em templos, polimento da sociedade. Havia desenvolvimento de núcleos urbanos no interior. Só no Recife, Olinda, Afogados e Boa Vista contavam-se 800 moradias novas. Na Paraíba, esse mesmo bem-estar material se constatava. Escreve um historiador nada simpático à companhia, Maximiano Lopes Machado – em sua *História da Província da Paraíba*:

"Reviveu o comércio, melhoraram as casas da cidade, edificaram-se outras, principalmente no Varadouro. A alfândega, até então quase sempre fechada, principiou a funcionar regularmente, restabelecendo-se os seus oficiais e as rendas públicas aumentaram. O porto passou a ser frequentado por grande número de navios, até então desconhecido, sendo necessário estabelecer o imposto de tonelagem pela criação de um piloto prático, com o título de patrão-mor, pelo Estado com ordenado certo."

A Companhia do Grão-Pará, criada em momento em que principiavam os atritos entre o Governador Mendonça Furtado e a Companhia de Jesus, que ele acusava de estar a sabotar-lhe os planos e os trabalhos de demarcação das fronteiras com os territórios espanhóis, apesar de receios que havia sobre o comportamento dos religiosos, avisados de que seriam punidos severamente se tentassem qualquer manobra para impedir o funcionamento, manobras que não se atreveram a desencadear, iniciou as suas atividades em 26 de abril de 1756, quando partiu do Tejo a primeira frota.

No particular do Maranhão, sua intervenção foi positivamente efetiva e de resultados sensíveis. No da Amazônia, esses resultados, conquanto também efetivos, não podem ser atribuídos unicamente a ela. Porque a atividade do Capitão-General Mendonça Furtado se fazia sentir de tal modo intensa que foi a soma das duas forças em ação que assegurou a melhoria das condições daquele trecho ao território do Estado. Mendonça Furtado acreditava no êxito da companhia que era, em parte, uma resultante de suas reflexões junto ao irmão. Cabe referir que para o êxito, na Amazônia, teve uma atuação preeminente o administrador que mantinha em Belém, Bernardo Simões Pessoa, com o qual o capitão-general conseguiu situações para, atendendo aos interesses da organização, não ferir os dos produtores locais. É de assinalar que, no caso do Maranhão, a companhia teve a cooperação de um governante, que lhe foi um braço suficiente e preciso, o Governador Francisco de Melo e Póvoas, sobrinho de Pombal e, como ele e o tio Mendonça Furtado, convencido de que tinham missão a cumprir e, nesse sentido, não encontrando embaraços ou canseiras que o fizesse ceder ou diminuir o ritmo de trabalho e a confiança no seu êxito.

Um balanço do que foi produzido no Maranhão e na Amazônia está por fazer, sem confundir os esforços da companhia com os dos dois governantes. É certo que para o seu êxito a companhia devia contar com essa ajuda que, se falhasse, levaria a comprometer inclusive os projetos de Pombal, projetos que, em dado momento circulou, abrangiam a própria preparação do extremo norte para receber a família real portuguesa em face das circunstâncias políticas difíceis da conjuntura internacional e particularmente da península.

O incentivo à lavoura   Segundo os dados estatísticos mais conhecidos, sujeitos às correções que os arquivos da companhia podem oferecer, entre 1757 e 1777, o Pará e o Maranhão receberam, por tráfico dela, 25.965 escravos, sendo 9.229 de Bissau, 8.326 de Cacheu e 7.774 de Angola. Desses, 12.587 ficaram no Maranhão, num valor de 761:296$445. O problema do braço, que era dos mais angustiantes, uma vez que o braço indígena não podia ser recrutado com facilidade, à grita dos religiosos e à proteção que a legislação lhe dispensava, com essa mão de obra africana, em parte era superado. A lavoura das espécies indígenas e alienígenas foi incentivada – algodão, cacau, cravo, café e arroz. Além dos favores constantes da legislação de fomento, decretada de Lisboa, a companhia, pelos mercados que assegurou, pelos preços que pagou e pelas facilidades que apresentou, como empréstimos em dinheiro, instrumentos agrários e conselhos técnicos, teve um papel preponderante nesse esforço agrário, que era da mais alta importância numa região cuja característica principal, no que diz respeito à sua economia, era justamente a desatenção pela atividade rural, dominados que estavam os seus moradores pela atividade florestal da colheita das espécies de rendimentos financeiros mais apreciáveis e de mais fácil obtenção.

O arroz e o algodão, de todos esses gêneros agrícolas, foram os que mais mereceram o incentivo da companhia. Havia no Maranhão e na Amazônia um arroz selvagem, o chamado arroz vermelho, nativo, mas de mercado inexistente por ser muito duro. Importando sementes das Carolinas, nos territórios ingleses do norte, atendendo à solicitação do administrador José Vieira de Sousa, a companhia fez distribuí-las em 1765 aos agricultores maranhenses. No primeiro momento, o sucesso foi desencorajador. A vinda, em 1766, de um técnico, de nome José Carvalho, ainda que por solicitação do referido administrador, que não se deixava vencer pelos primeiros resultados, levou a uma nova experiência – foi construído no Anil um primeiro engenho d'água para seca do produto. Outros engenhos foram montados, entre eles os de Lourenço Belfort, um irlandês que se distinguia na paisagem social por uma série de iniciativas admiráveis. Em 1767 fez-se a exportação experimental para Lisboa: 285 arrobas. Provou bem. Vieram então ordens para que se incentivasse a lavoura da espécie, facilitando-se o braço escravo aos que se quisessem dedicar ao plantio do arroz. Sucede que o ano de 1768 foi o ano da seca. A produção falhou, mas a companhia não desanimou e determinou que se prosseguisse no negócio, redistribuindo sementes. O sucesso foi conquistado. E já em 1771 faziam-se exportações totalizando, só um barco, 2.847 arrobas e 23 libras. A companhia, por sugestão do Governador Melo e Póvoas, passou a pagar o arroz a dinheiro amoedado, baixando o preço dos escravos africanos.

O algodão foi outro produto assistido. O lavrador José Maurício Gomes, com propriedades na boca do Itapicuru, tendo conseguido um tipo apreciável, apresentou-o à companhia, que louvou e imediatamente apresentou como exemplo aos demais lavradores concitando-os à plantação em maior extensão. Até então o algodão maranhense era uma lavoura restrita às necessidades locais. Fora mesmo proibida sua exportação. Com os incentivos da companhia, os lavradores iniciaram as plantações extensas. Já em 1760 exportavam-se 651 arrobas e 1 libra e, em 1768, 25.437 arrobas e 23 libras.

A cana e o fabrico de açúcar não experimentavam, no Maranhão nem no Pará, a mesma dinamização. Não se tratava de lavoura nova. Nos inícios da conquista, haviam-se estabelecido os primeiros engenhos, mas aos poucos fora caindo o interesse pela produção. Com a atuação da companhia, o número de engenhos não cresceu, nem se restauraram os que estavam decadentes. É que, por determinação de Lisboa, contida no aviso de 16 de junho de 1761, não devia ser assistido nem incentivado, pela concorrência que provocava com o açúcar de Pernambuco e da Bahia. A regionalização da produção já era uma constante da política econômica no Brasil. Contudo, produziu-se açúcar tanto no Pará como no Maranhão, mas sem que ocorresse para tal a interferência animadora da companhia.

O anil, a urzela, o urucu, o gengibre foram assistidos e incentivados como culturas ativas. Interessando a moradores das duas capitanias, fornecendo-lhes as instruções necessárias à ampliação das lavouras, conseguiu um rendimento interessante. A seda, fabricada da matéria-prima fornecida pelo bicho, experimentada e prometendo sucesso, também mereceu acolhida. Lourenço Belfort fez plantações, criou bichos e exportou, pela companhia, o que ele e outros que o acompanharam produziam. D. José, de uma feita, recebeu, presente de Lourenço Belfort, um terno de seda trabalhada no Maranhão.

O comércio da produção regional

O comércio da produção regional, agora facilitado pela existência de embarcações suficientes, desenvolveu-se rapidamente. Constava, além daqueles gêneros a que já nos referimos, mais de madeiras, cacau, café, cravo, tabaco, copaíba, sebo, velas, âmbar, tapioca, meios de sola, atanados, óleo de tartaruga. De Lisboa, a companhia trazia o necessário ao bem-estar das populações, que melhoraram suas condições de existência. Eram aparelhos de louças da Índia, abotoaduras, agulheiros, barretes, brilhantes de seda, blusas de retrós, bretanhas, brincos, balanças de folha, baetas, cambraias, camisas, chapéus de sol de seda, chapéus finos, colheres, garfos de prata, caixas para barbear de prata, candeias, candeeiros, chaveiros de osso, canivetes, bordões da terra prateados, caixas de folha, espelhos, escovinhas, estribos, esporas, enxadas de ferro, espadins, fivelas, facas, fitas, frascos, jarras, lenços, punhos, plumas, sedas, tesouras, tinta, mantas finas, tafetás, meias, tudo, portanto, um mundo de utilidades que serviam ao diário da vida como ao supérfluo, o que significava que as condições de refinamento na região começavam a ter existência. E esse refinamento, como sucedia em Pernambuco e na Paraíba, era em grande parte decorrência do que a companhia trazia para satisfazer vaidades de uns e necessidades de todos.

Os gráficos da exportação pelos portos de São Luís e Belém, numa evidenciação ponderável do que representava a facilidade de comunicação com o exterior, indicam igualmente que a região se beneficiava sem cessar, crescendo na sua produção.

Mas a companhia não se estava restringindo a essa atividade econômica. Solicitada a todo instante para socorrer o Estado nas suas unidades políticas que o integravam e mais tarde as outras duas que se vieram a formar, o Rio Negro, hoje Amazonas, e Piauí, supria as deficiências da administração, pagando as folhas do funcionalismo, ajudando na execução de serviços públicos. Em 1760, mês de outubro, foi com os recursos em dinheiro que forneceu que o governo se pôs em dia com o soldo da guarnição, há um ano em atraso. Mais tarde, novembro de 1760, mais 50.000 cruzados para mais seis meses à tropa; no mesmo ano, ainda em novembro, nova soma para pagar os cônegos e outros ministros da Catedral de Belém, que estavam do desembolso de dois anos de côngruas. Para transportar os jesuítas mandados sair do Estado, a companhia teve de pagar as despesas da viagem (4:518$510). As embarcações de guerra que o governo português mandara construir em Belém receberam a assistência especializada do pessoal técnico da companhia, que forneceu também o grosso do material necessário. As fortificações da região carecendo de restauração de acordo com a política de assegurar o Estado em face da desenvoltura de vizinhos cobiçosos, como os franceses e os espanhóis, receberam a ajuda em material para as obras, recursos em dinheiro de transporte de equipamento de guerra. Pelo interior da Amazônia, seja no Madeira, que era o caminho para as comunicações com as minas de Mato Grosso, seja no Alto Solimões, na fronteira com Maynas, espaço político espanhol, a companhia manteve estabelecimentos de assistência à navegação e ao comércio. Em Tabatinga, por exemplo, montou vasto escritório e depósito de mercadorias que seria motivo de incidentes entre servidores técnicos portugueses e espanhóis, por ocasião das demarcações decorrentes do Tratado de Santo Ildefonso. E em Belém montava estaleiro, onde construiu embarcações de alto porte para a navegação atlântica.

A campanha contra as companhias — A campanha contra as duas organizações, apesar dos benefícios que prestavam, numa atividade que lhes rendia bastante, mas contribuía, fortemente, para assegurar vitalidade, promover o desenvolvimento de duas vastas áreas do Império de Portugal no Novo Mundo, não cessava. Os que a movimentavam seguramente o faziam com as necessárias cautelas, uma vez que as duas entidades eram as meninas dos olhos de Pombal. Muito arriscada, pois, uma investida violenta. Elas existiram, no entanto, e foram aos poucos provocando o clima ideal para dar-lhe o golpe de morte. O Capitão-General Manuel Bernardo de Melo e Castro, em agosto de 1760, dirigindo-se a Mendonça Furtado, a quem sucedera no governo do Estado do Grão-Pará e Maranhão, escrevia verdadeiro libelo contra a companhia, que não estava servindo a região: as mercadorias que trazia eram da pior espécie, os preços que cobrava por elas, exorbitantes, e os que pagava pelos produtos regionais tão baixos que podiam levar ao desinteresse dos lavradores. Já vimos que as Câmaras de Olinda, Recife e Paraíba, moradores das duas capitanias nordestinas, dirigindo-se a D. José pleiteavam a extinção da Companhia de Pernambuco. O Capitão-General José César de Meneses, a certa altura quase que comandando a oposição, fazia (1777) advertências muito fortes à direção da companhia, ao mesmo tempo que a Câmara de Recife e moradores de Pernambuco e Paraíba voltavam à carga pedindo sua extinção pura e simples. A situação financeira da companhia não se apresentava boa. Seus compromissos elevavam-se. Seus credores exigiam pagamento. Reclamavam com certa acritude. Quando a companhia solicitou para minorar a situação e atingir uma posição capaz de enfrentar as dívidas, não teve acolhida. Vivia-se a "Viradeira". Tudo que tivesse sido obra de Pombal estava condenado. Pelo ato de 8 de maio de 1780 foi declarada extinta. Ia começar a liquidação, que se arrastaria por muitos anos, embaraçada pelo Ministro Martinho de Melo e Castro, que desejava aproveitar a experiência e as embarcações para uma nova empresa colonial, agora nas Índias.

A Companhia do Grão-Pará, tendo concluído em 1776 o período de sua vida legal, dirigiu-se a D. José pleiteando prorrogação de prazo para prosseguir nas atividades. Não teve despacho o pedido. E em 1777, pelo ato de 5 de janeiro, de D. Maria, apesar dos esforços do mesmo Ministro Melo e Castro, que estava no propósito de utilizar toda aquela experiência e todos aqueles barcos da frota da companhia para operações de giro mercantil em outros trechos do ultramar, foi declarada finda no privilégio por que se constituíra. De nada valeram os argumentos que ofereceu para solicitar prorrogação do prazo de existência. Foi determinada a liquidação, que também se arrastou por anos e anos até o século XIX.

Não há negar, mal conduzidas ou não, acusadas de autorizar o enriquecimento fácil de muitos, de não haverem servido convenientemente às duas regiões, inquinadas de constituírem peças do aparelhamento, através do qual o marquês realizava sua política de controle de todas as atividades, certo de que era essa a orientação exata que o momento indicava para poderem restaurar-se a dignidade do Estado e o bem coletivo, as duas companhias foram instrumentos de uma política de desenvolvimento que pode ser avaliada por atividades novas, comércio extenso e intenso, fisionomia renovada no social e no cultural das duas áreas políticas do ultramar.

CAPÍTULO VIII

A POLÍTICA FINANCEIRA

UM OBSERVADOR superficial, diante da enumeração dos tributos e taxas vigorantes durante o período colonial do Brasil, das constantes mutações monetárias do reino e da existência, primeiro de duas – as moedas metropolitanas e as coloniais – e, depois, de três — as moedas especiais das regiões das minas – circulações paralelas com padrões e ligas diferentes, tem a impressão de falta de unidade, desordem e até mesmo inexistência de uma política financeira, a orientar as finanças e a moeda coloniais. Nada menos exato, porém.

O mercantilismo Os séculos XVI e XVIII, em verdade, distinguiram-se por uma grande unidade de pontos de vista a respeito da política do Estado moderno europeu e das normas orientadoras das finanças políticas. Heckscher nos mostra que este período, a época mercantilista, caracterizou-se singularmente por uma concepção unitária da vida, em que todos os aspectos estavam ligados por um fio condutor. Daí a necessidade de sintetizarmos o conteúdo político do mercantilismo, para compreendermos o sentido e a coerência da política monetária e financeira do Brasil colonial.

As ideias portuguesas sobre o poder real, aliás generalizadas em toda a Europa, tinham como postulado a afirmação de que o direito natural era de origem divina e, portanto, a autoridade do monarca procedia de Deus. Embora os homens fossem livres e iguais por natureza, o povo, ao transferir o poder ao monarca, mediante contrato, ficava obrigado à obediência. O poder político reside na comunidade, mas a soberania passa a ser um poder supremo que reina sobre os súditos e cidadãos, sem restrições legais. O rei, chefe incontestado do Estado, tem supremacia absoluta na organização política e econômica, de tal sorte que as únicas limitações ao seu poder são as leis de Deus e as da Natureza. Ora, sendo a colônia o transplante de um fragmento do país, o Brasil era apenas uma parcela de Portugal transferida para o Novo Mundo, e os colonos continuavam a estar sujeitos à mesma soberania, ao mesmo poder metropolitano. Estas ideias mestras da política mercantilista, elaboradas em Portugal, estenderam-se, portanto, ao Brasil, aqui adquirindo feição especial. Condicionaram a doutrina e orientaram as normas da política financeira portuguesa na colônia.

O mercantilismo e o poder real Entre os vários autores que cuidaram das finanças mercantilistas, cumpre destacar a obra de Petty, na qual estão sintetizadas as ideias e normas financeiras dos principais países da Europa. O seu livro *A Treatise of Taxes and Contributions* justifica as despesas públicas, classificando-as por ordem de importância e encarece a necessidade do estabelecimento de fontes especiais da receita para o Erário. A ideia básica da doutrina financeira mercantilista é que o rei conhece o país sobre o qual reina e, melhor que ninguém, sabe dos interesses, quer públicos, quer privados; paira acima de conveniências e paixões de indivíduos e grupos e, por isso, conhece o que convém à nação. Pelas maiores fontes de informações de que dispõe, é o único capaz de perceber qual o estado das relações entre o seu país e as demais nações. Por ordem de importância, as despesas ligadas à defesa por terra e por mar, quer dizer, militares, devem ser as primeiras. Os descobrimentos coincidiram com a aparição do Estado moderno. O sistema feudal esboroou-se e a realeza ficou robustecida no plano nacional. Esta consolidação, porém, foi enfraquecida pela perda do sentido de universalidade que, durante a Idade Média, a Igreja imprimira à política europeia. Se, por um lado, o poder temporal se fortaleceu, por outro, desaparecida a liderança da Igreja, começou a luta para se encontrar, entre as nações, qual seria aquela capaz de conduzir a política e a economia europeias. Por este motivo, os séculos XVI e XVIII foram estigmatizados pelo signo de Marte. O estudo de Silberner salienta que o mercantilismo se caracterizou pelo temor da guerra, ora declarada, ora latente, guerra fria como diríamos hoje.

As despesas É natural, pois, que fossem avultadas as despesas ligadas aos orçamentos de guerra. Se não havia, como hoje, gastos astronômicos com os engenhos bélicos, comparativamente muito mais simples de mais baixo custo, em contrapartida, as tropas eram mercenárias, hoje substituídas pelo serviço militar obrigatório. Curioso é notar, porém, que na colônia a população estava sujeita a serviço militar gratuito, pois um dos deveres dos colonos era servir sob o comando do Capitão-Mor em caso de guerra ou necessidade de defesa. A segunda fonte de despesas refere-se aos gastos com o governo, os quais podem ser divididos em duas partes: dispêndio com a Corte e com os funcionários executivos. A primeira parcela deste item destinava-se à manutenção do rei, da nobreza e dos vassalos a eles ligados; embora possa haver grande incompreensão a respeito destes gastos e as colônias reclamem pelo fato de uma grande parte das suas contribuições alimentar a opulência, o fausto, a suntuosidade da Corte, é preciso que os colonos compreendam que na metrópole está a sede do poder e que a abundância e o esplendor constituem meios de reforçamento do poder real. Uma Corte que se empobrece ou se apresenta mais modestamente é um soberano e, portanto, um país que perde prestígio, tanto internamente, quanto no plano internacional. Estando a sorte do Brasil ligada à projeção política de Portugal, muito natural lhes parecia que os tributos fossem pesados e que a arrecadação maciça alimentasse essa opulência, porque com ela o prestígio político da metrópole se refletiria favoravelmente sobre a colônia. O segundo item das despesas com o governo era formado pelas somas necessárias ao pagamento do funcionalismo público – administradores, polícia e justiça. Principalmente os primeiros, representantes do poder real na colônia, deviam ter rendas suficientes para viver num certo fausto e abundância, à imagem e semelhança da própria Corte. Além disso, tal prodigalidade seria um meio de torná-los mais interessados na administração colonial, atenuando-lhes o desejo de retorno a Portugal. A terceira grande fonte de despesas destinava-se à Igreja, para atender à direção pastoral das almas e à conduta das consciências. Tais despesas eram pagas pela Coroa, pois o Rei de Portugal era o chefe supremo da Ordem de Cristo, modo hábil de burocratizar o clero e pô-lo a serviço da administração pública. Em quarto lugar, o Estado subsidiava as escolas do reino e da colônia e a Universidade de Coimbra. Justificava-o dizendo que somente para serviços grosseiros e quotidianos se poderia utilizar o trabalhador sem nenhuma instrução. Os funcionários que têm a missão de executar as ordens reais, no entanto, precisavam de cuidadoso preparo intelectual. Além disso, o rei deve ter os seus orientadores e conselheiros entre os cidadãos mais cultos. A direção espiritual do povo, por fim, exige uma formação que somente o tempo e o estudo podem proporcionar. As duas últimas parcelas, em ordem de importância, nas despesas públicas, seriam as necessárias ao amparo de órfãos e inválidos e à manutenção das vias de transporte.

Esta hierarquização das despesas era válida e a ela obedeciam tanto o poder central, quanto os regionais e locais, devendo de todos os gastos, a princípio os donatários e depois os governadores-gerais, prestar contas ao Rei e aos alcaides-mores das vilas e povoações a estes.

As fontes de receita   Mais relevante problema era saber de onde podiam a metrópole, os governadores e os alcaides-mores retirar os recursos necessários ao atendimento das despesas públicas. Se dividíssemos, como hoje se faz, as fontes de receita em renda ordinária e renda extraordinária, poderíamos dizer que na colônia, durante os séculos XVI e XVIII, quase exclusivamente eram exploradas fontes ordinárias de receita, quer dizer, impostos e taxas. O empréstimo público era praticamente desconhecido. Mas, embora naquela época não houvesse moeda de papel, a moeda metálica funcionava como fonte extraordinária de receita, mediante o recurso às manutenções monetárias na metrópole e à criação de um sistema monetário colonial no Brasil, como adiante veremos.

Os historiadores são unânimes em apontar o fato de que a tributação colonial era muito pesada, atingindo às vezes limites insuportáveis. Tais fatos não podiam ser negados pela metrópole, por serem demasiado evidentes. No entanto, procurava o rei, entre os seus conselheiros, uma justificação. Por mais elevado que seja o imposto, se ele for igual para todos, as fortunas em todo o país, tanto na metrópole quanto na colônia, se reduzirão proporcionalmente e os súditos conservarão suas posições relativas, sua dignidade e seu prestígio. Haverá apenas uma transferência de riquezas das mãos dos vassalos para as do rei; mas isto não empobrece a nação, porquanto aquilo que o soberano recebe é logo depois redistribuído. A opulência da Corte transforma-se em pagamento por serviços a ela prestados, além de estimular a produção e o comércio das mercadorias que consome. Seu luxo e suas festas divertem o povo, e não só de pão vive o homem. É verdade que os colonos não podiam participar desta diversão, de modo que tal argumento a estes não colhia. Os impostos não devem ser pagos só em espécie, porque a moeda pode tornar-se escassa para uso comercial e bancário, se o seu maior volume for desviado para o pagamento de impostos. Considerando-se que a colônia já possuía menos moeda que a metrópole, tanto assim que não raro havia necessidade de recorrer a mercadorias que servissem de moeda, o pagamento anual dos tributos em espécie poderia causar graves danos à economia colonial. Ademais, o Estado utilizava mercadorias para o seu próprio consumo. Mas, como último e decisivo argumento, aparecia o verdadeiro interesse no recolhimento dos impostos *in natura*: o Estado vendendo os tributos recebidos podia ser beneficiado por melhoria de preços nos mercados consumidores e desta forma ganhar mais.

Dízimos e quintos   Estes argumentos foram de grande importância para justificar a prática do recolhimento dos dízimos e dos quintos: 10% ou 20% da produção realizada de determinados produtos eram entregues pelo produtor à Coroa, em pagamento de impostos. O recolhimento dos dízimos e dos quintos era considerado, pelos mercantilistas, a mais inteligente e fecunda das formas de arrecadação, não apenas pelos seus efeitos financeiros, mas principalmente pelos seus resultados econômicos. Enquanto os impostos recebidos em moeda empobreciam os súditos — diziam — porque representam parcelas retiradas à fortuna privada e diminuem o capital disponível para aplicações em outras atividades, os dízimos e os quintos estimulam a produção, porque para pagá-los é preciso produzir. O aumento da sua arrecadação é o melhor índice de prosperidade nacional, porque indica que a produção colonial está em crescimento, sendo portanto sinal de prosperidade, razão pela qual nenhum colono inteligente e compreensivo deveria revoltar-se com o pagamento desses tributos. A prática do pagamento *in natura* começou com a exploração do pau-brasil, entre 1500 e 1532, quando, ao estabelecer Portugal as feitorias para a sua exploração, determinou que 1/4 da extração pertenceria à Coroa, além do que, pelos 3/4 restantes, o feitor pagaria um cruzado por quintal de pau-brasil exportado. Tal prática não durou porque, tendo o rei percebido que o comércio de matéria-prima para tinturaria era extremamente lucrativo, declarou a extração do pau-brasil monopólio da Coroa, o qual durou até 1823. O dízimo propriamente dito começou a ser cobrado durante o ciclo do açúcar. Ao estabelecer as donatarias, a Coroa reservou-se o direito de receber a décima parte da produção açucareira. Mais tarde, quando as mesmas foram abolidas, seja mediante indenização aos herdeiros, seja por reversão à Coroa por faltas dos mesmos, seja por confisco ou compra de direitos, e se estabeleceram os governos-gerais, o dízimo do açúcar continuou vigorando: a rigor só terminou com a proclamação da Independência. A mesma prática foi seguida na produção pecuária. A décima parte dos rebanhos pertencia de direito à Coroa. Os impostos *in natura* eram representados também pelo quinto sobre o couro curtido (o couro cru pagava 30%) e pelos quintos e fintas do ouro. Ainda que aceitas como razoáveis as discutíveis ideias sobre a excelência da arrecadação *in natura*, faltava à Coroa uma organização mercantil que lhe permitisse negociar diretamente a produção colonial recolhida sob forma de tributos. Na verdade, o argumento era usado apenas para justificar certas práticas e adormecer consciências, porque para os mercantilistas portugueses e, portanto, para o governo, a verdadeira riqueza não era formada pela produção em si e sim pela renda que a mesma proporcionaria à Coroa. Era preciso tirar da colônia o dinheiro necessário às despesas da Corte e à manutenção do poderio político-militar da metrópole. Era, portanto, mais prático e imediato receber menor soma em dinheiro do que comerciar os produtos nos mercados europeus, embora com possibilidade de ganhar mais.

Os dizimeiros   Por isso, a arrecadação dos dízimos e quintos sobre a produção, exceção feita do ouro, era entregue a comerciantes, investidos do poder de cobrar e realizar as arrecadações. Eram os chamados *dizimeiros*. Mediante um preço único previamente arbitrado, após a arrecadação dos dízimos e quintos, faziam recolher ao Erário Real o valor total da produção recolhida em nome do rei; depois realizavam por sua conta o comércio desse produto, ganhando a diferença de preços decorrentes da venda. Como estes dizimeiros operavam em nome do rei, estavam isentos dos impostos de exportação e dos fretes a que os colonos se tinham de sujeitar. Caio Prado Júnior relata-nos os abusos praticados por estes dizimeiros durante a arrecadação. Mesmo que tal não fizessem, é fácil compreender como a arrecadação do imposto *in natura*, ao mesmo tempo que enriquecia o reino de Portugal, permitia que se locupletassem os que gozavam do favor do recolhimento dos dízimos e quintos. No que se refere à produção aurífera, o problema mudava de figura, porque o metal precioso era moeda corrente na Europa e, portanto, para a Casa Real não havia o problema da colocação do produto no mercado. Daí o especial carinho com que a Régia Fazenda cuidou da arrecadação dos quintos do ouro.

Os quintos do ouro   Em 1700, assim que se revelaram as primeiras grandes descobertas de jazidas auríferas, o rei se apressou em nomear provedores especiais para recebê-los. E no ano seguinte proibia a exportação do ouro sem prova de pagamento do quinto. O contrabando, porém, era muito grande, facilitado pela possibilidade de mais facilmente esconder-se o ouro em pó. Por isso, desde 1710 surgiram projetos de criação, nas minas, de casas de fundição. Os mineradores, porém, reagiram a esta ideia e ofereceram-se para pagar uma contribuição extraordinária anual, correspondente a uma finta de 30 arrobas, com a condição de não se criarem aquelas repartições públicas, bem como se continuasse a permitir a exportação livre do ouro em pó, ao lado do ouro em barra. Tal medida efetivou-se em 1713. Com o correr do tempo, os mercadores verificaram que a finta constituía tributo muito pesado, principalmente para as pequenas minerações, e em 1718 foi ela reduzida a 25 arrobas. É fácil compreender, porém, que a finta não suprimia o contrabando. Símonsen estimou em mais de 20%, sobre a produção legalmente exportada. Esta foi a razão pela qual, em 1725, o governo português abriu mão da finta e criou as casas de fundição. Em 1730, o quinto do ouro foi reduzido a 12% da produção, em virtude de reclamações dos mineradores.

A capitação   Tendo a redução de 8% diminuído as rendas da Coroa, foi criado, porém, em 1735, um imposto especial de capitação, mediante o qual cada minerador devia entregar, além dos 12% do tributo, mais 17 gramas de ouro anuais, por escravo de mais de 14 anos, empregado na mineração. Em 1750, porém, o governo português abandonou a capitação e voltou ao quinto, garantindo os mineradores um mínimo de 100 arrobas de produção, compensável de dois em dois anos. À medida, porém, que as minas se exauriam, caíam não só a produção aurífera, como as rendas da Coroa. Daí as suspeitas de sonegação e o aumento de rigor no fisco, segundo se pode verificar na história da chamada Inconfidência Mineira.

Já que falamos em capitação, convém lembrar que os próprios mercantilistas julgavam este imposto de difícil justificação; para ser equitativo deveria abranger toda a produção, mas, como entre os súditos há diferença de fortuna, a capitação igual para todos pesaria mais sobre uns do que sobre outros. Foi por isso que o governo português preferiu limitar esta forma de imposto ao mercado de trabalho, vale dizer, aos escravos. Com efeito, desde que se estabeleceu o tráfico africano para o Brasil, a Coroa estabeleceu um imposto de 3 mil-réis por cabeça de negro entrado, imposto este que vigorou até 1699, quando passou a 3.500 réis por cabeça, elevando-se a 4.500 réis por negro enviado para as minas. A lei estabelecia ainda que sobre cada escravo *ladino*, quer dizer, cada negro já aclimatado na colônia e habilitado a trabalhar, incidiria um imposto de 5% sobre o valor da revenda. Esta capitação sobre o negro escravo continuará durante todo o período colonial. Em 1818, além de elevar-se o imposto a 6 mil-réis, paga-se um adicional de 9.600 réis *per capita*, para constituir um fundo de auxílio à expansão da colonização branca. A Coroa Real não se contentava, porém, com estes lucros indiretos sobre o tráfico; após uma carta régia expedida em 1697, não lhe repugna, muitas vezes, entrar em concorrência com os particulares dedicados ao comércio negreiro, fazendo compra e venda direta de escravos. Se nos lembrarmos de que cada escravo válido era colocado nos portos da colônia pelo custo médio de 49 mil-réis e que em 1703 era vendido a 160 mil-réis, preço este que se elevou na medida em que a mineração se expandia, para alcançar, em 1719, por exemplo, 300 mil-réis, bem poderemos compreender o interesse da Coroa neste comércio.

A Casa Real e a política monopolizadora   A Casa Real não se limitou, porém, a comerciar esporadicamente; lançou-se ao monopólio das produções mais lucrativas da época. Os governantes justificavam esta política monopolizadora, afirmando que o monopólio atingia a todos os consumidores, nacionais ou estrangeiros, das mercadorias monopolizadas, constituindo um tratamento equitativo; graças a ele, e sendo as mercadorias monopolizadas as de maior procura, portanto mais compensadores os seus preços, a renda auferida habilita o Estado a lutar contra dificuldades na arrecadação dos demais impostos, impede que estes últimos sejam agravados e até ajuda a aliviá-los. Além disso, tornando mais fácil a fortuna real, permite ao rei encorajar as artes, as ciências e as indústrias, dar bases mais sólidas e duradouras à opulência da Corte e, portanto, ao poderio real. Já vimos que o primeiro monopólio foi o do pau-brasil. A ele seguiu-se o da pesca da baleia, que durou de 1603 a 1798. Logo depois, em 1642, foi estabelecido o do tabaco, que durou até 1820 e chegou a ser a mais importante receita do Erário, depois das rendas da Alfândega. Em 1658, criou-se o monopólio do sal, abolido somente em 1801. Este último teve por justificativa a proteção às marinhas portuguesas de Setúbal, Alverca e Figueira, que já começavam a sofrer concorrência do produto brasileiro, razão pela qual proibiu el-rei a exploração de salinas no Brasil, apesar de anteriormente, quando se criaram as capitanias hereditárias, ter sido dado aos donatários o monopólio das marinhas de sal que se criassem nas capitanias, monopólio este que o donatário poderia arrendar a terceiros. Mais tarde, em 1699, tendo aumentado em demasia a procura de sal na colônia, em virtude do desenvolvimento da pecuária, que servia ao mesmo tempo aos engenhos e às zonas de mineração, Portugal autorizou a exploração das marinhas de Cabo Frio, produzindo-se, no entanto, o suficiente apenas para suplementar a procura não atendida pela produção portuguesa. Outro monopólio, cuja origem é bastante curiosa, foi o dos diamantes. As primeiras jazidas foram descobertas em 1729, no Serro Frio, e a exploração era livre, sujeitando-se os garimpeiros apenas à legislação já existente para o ouro, quer dizer, o pagamento do quinto. Houve, porém, corrida para os garimpos e de tal maneira aumentou a oferta de diamantes na Europa que ocasionou crescente baixa internacional do preço do quilate, chegando a atingir 75%, em 1731, sobre os preços de 1729. Ora, os tesouros reais compreendiam joias, nas quais se engastavam muitas pedras preciosas, além de outras soltas. Semelhante baixa significava a redução das fortunas dos fidalgos e do próprio rei. Por esta razão, em 16 de março de 1731, uma carta régia determinou que a exploração de diamantes constituía monopólio de Estado, e assim persistirá até à proclamação da Independência. Ainda aqui notamos que a Coroa portuguesa não estava aparelhada para acompanhar as ideias da época e tirar dos monopólios o proveito que também não tinha sabido ou podido tirar dos impostos *in natura*. A falta de uma organização comercial do Estado ou o trabalho que isto pudesse dar fez com que todos estes monopólios fossem delegados a contratadores, os verdadeiros negociantes. Desde o estabelecimento do monopólio do pau-brasil, assim se deu. A Coroa estabelecia um preço fixo anual para o quintal de pau-brasil e um limite máximo de exploração de 10 mil quintais por ano. O contratador pagava à Coroa, a esse preço, a produção extraída, e realizava na Europa as vendas do produto pelos preços correntes de mercado. O mesmo acontecia com o tabaco, com a pesca da baleia, com o sal e com os próprios diamantes. De todos os monopólios, o que maior lucro proporcionou aos contratadores foi o do sal. À guisa de exemplo, basta lembrar que, em 1710, o custo do sal na metrópole era de 53 réis por alqueire, para o contratador; custava em Santos 1.280 réis, incluídos os impostos de 160 réis por alqueire, de honorários e soldos dos governadores e um adicional de um cruzado por alqueire, para despesas com a guarnição da Fortaleza da Barra de Santos. No litoral, era, porém, vendido a 20 mil-réis o alqueire; no interior, em São Paulo e arredores, a 100 mil-réis e nas zonas de mineração chegava a alcançar de 200 mil-réis a 500 mil-réis o alqueire. O contrato de exploração dos diamantes era um tanto diferente. Em lugar de um preço fixo pelo qual o contratador pagava à Coroa a produção realizada, como acontecia com os demais produtos, os contratadores de diamantes pagavam um imposto de capitação de 230 mil-réis, por escravo empregado no garimpo, podendo vender livremente as pedras obtidas. Em 1753, este sistema foi modificado, estabelecendo-se uma separação entre a produção e o comércio. O primeiro contratador realizava o garimpo com a garantia de lote mínimo, pagando à Coroa um preço fixo por quilate garimpado, uma vez atingido o mínimo ou produzindo acima dele. Vendia a produção, a um segundo contratador, pelo preço que ficasse convencionado entre os dois, e este último, para comerciar, pagava à Coroa uma taxa, variável anualmente, tendo a liberdade de negociar as pedras compradas como bem entendesse. Em 1771, porém, o governo português eliminou o sistema de contratadores e passou a realizar o monopólio real direto, talvez por haver percebido que no comércio de pedras preciosas a organização da empresa comercial não precisava ser tão complexa e volumosa.

Tarifas de importação e exportação — Os dois últimos impostos do sistema fiscal colonial eram as tarifas alfandegárias sobre importação e exportação e os impostos de transmissão de propriedade, ou seja, os de sisa. Procurava-se justificar as tarifas de importação e exportação, afirmando que as mesmas constituíam um prêmio dado ao rei pela proteção que o Estado confere às mercadorias durante o embarque e desembarque, defendendo-as contra assaltos de piratas e contra roubos. Além disso, os direitos sobre a exportação são justos, porque permitem a outro país o uso do que o trabalho nacional criou. É bem de ver, no entanto, que este argumento servia para justificar o imposto sobre a exportação destinada a países estrangeiros, e tal prática se voltava contra os próprios reinóis. Os produtos brasileiros exportados para a metrópole eram tributados em 10% *ad valorem*, os dízimos de exportação, recolhidos na colônia, mas, como eram incluídos no preço das mercadorias, eram portugueses, em última análise, os que pagavam o tributo. Quanto aos impostos de importação, já naquela época se argumentava que tinham por função evitar que os produtos estrangeiros concorressem com os nacionais. Além disso, a majoração dos preços das mercadorias entradas tinha a função adicional de desencorajar o luxo e o vício. Acontecia, porém, que as importações do reino, entradas na colônia, não representavam concorrência de produtos estrangeiros aos nacionais, porque a política portuguesa considerava as suas colônias como extensão do território metropolitano, e, portanto, parte integrante da nação. Além disso, proibia-se que o Brasil tivesse produções agrícolas ou industriais concorrentes das portuguesas, como vimos quando tratamos do sal; podemos ainda citar o caso da proibição da produção de vinhos e até mesmo de aguardente de cana, para não prejudicar a entrada dos produtos portugueses no Brasil. Os dízimos de importação, 10% *ad valorem*, tinham apenas a finalidade fiscal de aumentar as rendas do Erário. Não se destinavam, além disso, a desencorajar o luxo e o vício, porque recaíam sobre todos os produtos trazidos para o Brasil. Nem mesmo podemos aceitar que tais impostos eram devidos à proteção que o Estado dava às mercadorias. Para o serviço de transporte marítimo cobravam-se fretes e nos portos eram cobradas taxas de carga e de descarga. Já vimos que em Santos, por exemplo, um imposto especial se criou para o pagamento da guarnição da fortaleza; embora não tenhamos documentação, é bem possível que o mesmo tenha ocorrido em outros portos. Não resta dúvida que esta proteção aos navios mercantes constituiu sério problema. A Coroa portuguesa, no entanto, transferiu a outrem as responsabilidades e despesas. Em 6 de fevereiro de 1649, com o dinheiro dos cristãos-novos, o rei autorizou a criação da Companhia Geral do Comércio do Brasil, cuja finalidade era constituir uma frota de 36 navios de guerra artilhados para comboiar os barcos mercantes e servir de frota auxiliar da defesa da costa e dos portos coloniais. Mas, em contrapartida pela proteção que os comboios recebiam, cada barco era obrigado ao pagamento de uma taxa de 10% sobre o valor das mercadorias comboiadas. Além disso, conferiu-se à Companhia o monopólio do comércio dos vinhos, azeites, farinhas e bacalhau. Pelo que se vê, na verdade a colônia pagava, pelo serviço de defesa e proteção, tributos especiais e, portanto, tais gastos não saíam da receita tributária das tarifas de importação e exportação. Em 1694, a Companhia Geral do Comércio do Brasil foi transformada em Junta Régia, passando diretamente para a Coroa, junta esta extinta somente em 1720.

Impostos de sisa   Os impostos de sisa, por fim, tinham como justificativa o fato de que a transferência da propriedade beneficiava, ao mesmo tempo, vendedor e comprador; aquele, pela renda que recebia; este, pelo uso da propriedade. Acontece, porém, que durante o período colonial a sisa não recaía somente sobre a propriedade imobiliária, mas constituiu um imposto *sui generis*, participando ao mesmo tempo da natureza do de transmissão *inter vivos* e do atual imposto de vendas e consignações. Salvo exceções, era de 10% *ad valorem* e recaía sobre qualquer transação, inclusive as decorrentes do comércio exterior. Poderemos agora compreender quanto esta superposição de impostos, sobre as mesmas mercadorias, encarecia a vida da colônia.

Oscilações da moeda metropolitana   Para o governo português, como já dissemos, a moeda foi tão somente um recurso extraordinário de receita e apenas eventualmente um instrumento intermediário de trocas. Por isso, entre as moedas metropolitanas, as mutações monetárias foram regra, apesar de, paradoxalmente, o ouro entrar às mancheias no reino. Talvez se pudessem explicar as quebras de padrão, ocorridas até o século XVIII, por dificuldades orçamentárias do governo português. Os *deficits* orçamentários do reino eram frequentes. Na colônia não havia registro sistemático da execução orçamentária. Os donatários, os governos-gerais, os alcaides-mores tinham as suas próprias fontes de receita e aplicavam os recursos arrecadados discricionariamente. O registro e estudo sistemático destes orçamentos regionais e locais, porém, ainda estão por fazer havendo grande carência de dados. Certo é que, sendo o direito de bater moeda privilégio real, não seria possível à colônia usar a moeda como fonte extraordinária de receita. Desta, somente o reino se beneficiava. Entre o reinado de D. Manuel e de Filipe II, o cruzado sofreu redução de peso e aviltamento da liga; enquanto a princípio tinha 3,614g de ouro de 23,3/4 de quilates, em 1621, naquele último reinado, seu peso era apenas de 3,116g de 22,1/8 de quilate. Tal alteração representava uma perda de valor de cerca de 65%. D. João IV, ao mesmo tempo em que empobreceu a liga da peça de moeda para 22 quilates, provocou mutação de valor, aumentando o valor nominal do cruzado de 400 réis para 750 réis, em 1642, e para 875 réis, em 1646. D. Afonso VI transformou o cruzado em moeda de mil-réis e D. Pedro II elevou-lhe o valor nominal primeiro para 4 mil-réis e mais tarde para 4.400 réis; D. João V, por fim, já em 1718, em pleno ciclo do ouro, alterava outra vez o seu valor para 4.800 réis, enquanto D. José I, ao lado desta moeda, criou o cruzado novo de 480 réis e o escudo de 1.600 réis. É digno de nota que o peso deste escudo novo correspondia ao peso do cruzado de 400 réis do reinado de D. Manuel I.

Justifica-se, em parte, o fato de não ter a moeda metálica desempenhado função econômica na colônia. O produtor não necessitava numerário, porque o pagamento do trabalho se reduzia à manutenção do escravo: um teto na senzala, a veste grosseira de algodão, o alimento na gamela. Os próprios feitores e empregados qualificados recebiam principalmente *in natura*. Durante todo o período colonial, nas zonas de produção, o regime de trocas diretas constituiu regra, existindo antes a mercadoria moeda do que propriamente a moeda metálica: o escravo na região açucareira e nas zonas de mineração; o boi e o muar nas zonas de pastoreio; o cacau para moeda de troco no Maranhão, Pará e Bahia. A moeda, existindo em pequena quantidade, só se acumulava nas cidades mais importantes e ali mesmo somente nas mãos dos ricos; estes, por sua vez, não tendo necessidade de um intermediário de trocas, dadas a rarefação da população e a exiguidade das suas necessidades, mais a entesouravam do que a faziam circular. Isto explica por que foi acanhada a circulação de pesos espanhóis, iniciada em 1580, e apenas local a das moedas coloniais pernambucanas, em 1645. Mesmo assim, o desequilíbrio da balança comercial portuguesa em favor do Brasil, apesar de funcionar a metrópole como único fornecedor de tudo quanto a colônia precisava e não podia produzir, obrigou Portugal a criar uma moeda colonial, que pagaria os saldos favoráveis do Brasil, mas que nas mãos dos brasileiros iria entesourar-se, por ausência quase completa de trocas indiretas. As moedas coloniais tinham os mesmos valores nominais das chamadas peças nacionais ou metropolitanas, mas continham 10% a menos de ouro ou de prata e por vezes a própria Casa da Moeda falsificava-as, diminuindo-lhes ainda mais o peso. Depois da descoberta do ouro, Portugal mandou, em 1752, bater moeda especial de prata com o fito exclusivo de comprar ouro, moeda mais desvalorizada do que as nacionais e as coloniais, de circulação restrita à região mineira. Acontecia, portanto, o seguinte: os produtos da colônia podiam ser pagos com moedas coloniais de menor valor intrínseco e o ouro comprado nas Gerais com moedas ainda mais desvalorizadas. Quando se tratava, porém, de pagar impostos ou de comprar mercadorias do reino, não tendo nem as moedas coloniais nem as das regiões das Minas circulação na metrópole, os colonos eram obrigados a pagar com moedas nacionais, de maior peso em ouro. É fácil compreender que, com este sistema, Portugal conseguia uma remessa adicional disfarçada de mais de 10% do ouro sob forma monetária, tributo indireto, portanto. Outra consequência nociva ao Brasil foi que nosso sistema monetário era verdadeiramente anárquico, até a ocasião da vinda da Família Real Portuguesa. Havia várias relações legais entre o ouro e a prata e, além disso, a moeda podia ser falsificada com facilidade. A coexistência de três diferentes moedas, de mesmo valor nominal e diferentes valores reais, provocava multiplicidade de preços e favorecia especulações.

Tal anarquia monetária foi mais um fator de drenagem do ouro brasileiro para a Europa. Pena é que toda esta riqueza, subtraída ao Brasil, não tivesse beneficiado o reino de Portugal. Em virtude de uma falta de percepção da necessidade e conveniência de aplicação de capitais num programa de desenvolvimento econômico do reino, em virtude do imediatismo fiscal de arrecadação volumosa e em virtude ainda do luxo e ostentação da Corte, embora exaurindo o Brasil e dificultando-lhe a expansão, Portugal não tirou da imensa riqueza que lhe proporcionamos as vantagens que a Inglaterra, por exemplo, com a mesma política mercantilista, conseguiu obter. Ao contrário disso, o Tratado de Methuen, de 1703, impediu até mesmo o surto da industrialização portuguesa e canalizou os capitais retirados do Brasil para a Inglaterra. As importações suntuárias da Corte, por outro lado, derramaram o ouro restante por outros países da Europa, particularmente a França. A colônia, porém, só herdou problemas, alguns dos quais estão até hoje a exigir resposta.

A CAMINHO DA EMANCIPAÇÃO POLÍTICA

LIVRO QUINTO

CAPÍTULO I

POLÍTICA E ADMINISTRAÇÃO SOB OS ÚLTIMOS VICE-REIS

Transferência da sede do vice-reinado — EMBORA muito já se tenha escrito sobre a transferência da sede do governo colonial para o Rio de Janeiro, ainda há o que dizer acerca da importância intrínseca do fato de algumas de suas implicações. Não, exatamente, para acrescentar novidades ao já conhecido. Mas, com maior propriedade, para compensar certa distorção interpretativa, derivada de ilustres precedentes e logo tornada comum, que reduz o acontecimento às dimensões de mera providência administrativa resultante tão só do plano militar traçado para atender às vicissitudes das disputas armadas do Prata.

Sem dúvida, para tal simplificação interpretativa de fato cuja significação real é, contudo, múltipla e complexa, concorre sua própria e singular posição na cronologia brasileira. Ocorrendo na segunda metade do século XVIII, chega à consideração do analista quando se dispõe este ao balanço da elaboração social dos primeiros duzentos e cinquenta anos, que se diria pronta para definitiva sedimentação, não fora o abalo de uma substancial mudança material e estrutural esboçada desde o início do século e alcançando seu paroxismo pouco antes daquela transferência de capital, cuja determinação desempenhou, aliás, função preponderante. De outra parte, o historiador nem sempre consegue superar a poderosa atração exercida sobre sua curiosidade pelo futuro sucesso da transmigração da Corte portuguesa, pois dele decorrerá toda uma nova compreensão do Rio de Janeiro como foco central do exercício do poder.

Vantagens militares — Defrontando-o, assim, entre dois problemas maiores, muito humanamente recusa-se o analista a ampliar a importância do fenômeno. Eis como acaba por parecer cômoda a sua redução à ordem estritamente estratégica, na melhor das hipóteses obviada por breve referência ao fator econômico.

Como já ocorria com Southey: "Por esse tempo foi a sede do governo do Brasil transferida para o Rio de Janeiro. Ficando mais perto *tanto de Minas* (o grifo é nosso) como do Prata, adquirira esta cidade maior importância que a Bahia, sobre ter a vantagem de ser mais segura e bem fortificado o seu porto, enquanto o da antiga capital era incapaz de tal defesa."

Como já dissemos, não há fugir à explicação de ordem militar, consoante aos fatos e justa em si mesma, senão temperar-lhe o simplismo, a começar pelo abreviado de sua própria formulação. Importava, sem dúvida, deslocar a capital "mais para o sul", isto é, para mais perto da zona conflituosa, e localizá-la onde houvesse boas condições naturais de defesa completadas por fortificações tranquilizadoras. Tudo isso, efetivamente, oferecia o Rio de Janeiro. Tais requisitos, contudo, correspondiam à solicitação, instante porém transitória, do conflito em curso. Mais do que ao acaso, devemos atribuir o fato de a cidade escolhida ainda apresentar outras condições e vantagens capazes de atender, para além das exigências imediatas da guerra, a uma política mais ampla e mais duradoura, como aliás viria confirmar sua contínua utilização, durante mais duzentos anos, pelos governantes de três diferentes regimes. Comecemos pela mais curiosa dessas condições: a sua localização na costa do Brasil.

Pombal e o Brasil; esquema territorial — Não há aqui lugar para análise pormenorizada dos planos pombalinos relativos à colônia. Se, não obstante, rememorarmos alguns dos seus traços principais, ficará evidente que o primeiro e fundamental planejamento visou a obter – em proposição que se poderia chamar de geométrica, tanto procurava sobrepor o linearismo de um esquema à natural variedade do mapa – a clara divisão dos territórios portugueses na América e, neles, a ubicação racional da sede do poder. Para tanto, reafirmou-se a antiga separação dos dois Estados, experiência nem sempre bem-sucedida ao tempo do empirismo rotineiro. Depois, configurou-se a presença ativa do poder num eixo retilíneo ideal: horizontal e acompanhando o grande rio, no Estado do Maranhão; oblíquo e seguindo a costa marítima, no Estado do Brasil. As sedes de governo, logicamente, seriam implantadas nestas linhas diretrizes, em algum ponto particularmente indicado pela meticulosa avaliação das demais circunstâncias.

Apesar de sua calculada exatidão, de seu geometrismo desejado, o planejamento não ignorava as imposições da Natureza. Tomava-as, pelo contrário, em plena linha de conta ao traçar a orientação geral e ao determinar as mais importantes providências executivas – como tão claramente evidencia a atenção posta nas vias naturais de comunicação — apenas recusando-se àquela corrida atrás dos fatos consumados ao sabor do desenvolvimento espontâneo do corpo colonial, que estafava as anteriores administrações. Segundo a melhor filosofia do Século das Luzes, Razão e Natureza deviam compor forças, para que esta se subordinasse, pelo exato conhecimento, àquela que, de seu lado, se poderia avançar apoiada na realidade. É o que percebemos, sem dificuldade, já no plano da política territorial traçada para a América portuguesa por Sebastião José de Carvalho e Melo, cuja visão de estadista, ao mesmo tempo, se mostrava muito fiel ao conceito de soberania como o constante e real domínio de um espaço geográfico bem demarcado, pois outra não era a noção de território nacional adotada pelo despotismo esclarecido.

Definição de fronteiras   Riscar-se-ão as fronteiras, portanto. O que não é só desenhá-las nas cartas, mas sobretudo plantá-las no chão por via de fortificações e da imprescindível comunicação com o centro administrativo. Para o que, numa *bona gubernatio*, se faz imprescindível o contato direto e esclarecido com a realidade local, como a conhecia e muito evoluidamente buscava dominá-la, já antes de subir D. José ao trono, o invulgar Gomes Freire de Andrada. Como depois poderia fazer, com exatidão e fidelidade, o irmão do ministro, Francisco Xavier de Mendonça. Este, no Maranhão, e aquele, no Rio de Janeiro, mas compreendendo seu governo, desde 1748, a maior parte do Brasil, representaram o novo tipo de administrador suposto pela nova política, exercendo, aliás, funções e poderes antes desconhecidos pelos governadores. E começaram, ambos, a exercê-los em missões especificamente destinadas a demarcações de fronteiras e ajustes territoriais.

No Maranhão, a redefinição do território, responsável pela criação da nova Capitania de São José do Rio Negro (1755), obrigou ao estabelecimento, desde Macapá até o Rio Negro, de uma linha de fortes, novos ou reformados, que acompanha o eixo administrativo e, portanto, a linha natural de comunicação neste trecho em que ambas coincidiam com a fronteira natural. No extremo interior e apesar de exatamente aí se aguçar a carência de habitantes, não se trepidou em também adotar o expediente da fortificação lindeira extensiva, abrindo-se, numa atividade que preenche todo o período pombalino, o grande leque de fortalezas que circundam, de Mato Grosso ao alto Rio Branco, as terras mais ocidentais.

Belém do Pará, capital do Estado do Maranhão   Tudo começara, porém, com a transferência da sede do governo do Estado do Maranhão, que vai localizar-se em Belém do Pará, como parece lógico e exato nos termos do esquema geral, desde que esta cidade representava o ponto de conexão entre o eixo de penetração fluvial no interior e o eixo de comunicação marítima com a metrópole. Ademais, se considerarmos em toda a extensão o arco natural descrito inicialmente pela costa atlântica, da Paraíba à foz do Amazonas, depois continuando-se pelo curso do rio (que, então, funcionava como uma espécie de "costa" interior), para afinal completar-se pelo leito do Javari, verificamos que Belém se encontra muito próxima do centro dessa imensa linha. Além de contar com o recuo para dentro da foz do Pará e para trás da massa da ilha de Joanes que lhe garantiam melhores condições de defesa. Dir-se-ia ali coincidirem as virtudes de lugar geométrico do esquema de planejamento com as vantagens de lugar geográfico naturalmente privilegiado – confluência de indicações que, mesmo admitindo-se não haja a planificação pombalina, realmente apuradas a tal ponto suas elucubrações, haveria de influenciar, ainda que apenas em vago sentimento da situação, o espírito de estadistas iluminados.

Rio de Janeiro, capital do Brasil — No Estado do Brasil, seria diverso o curso dos acontecimentos, porém não no sentido geral da política pombalina e, também, sua proposição territorial-administrativa. Digamos, desde logo, que, embora tardando mais a transferência da capital, pois o Rio levaria doze anos para igualar-se a Belém, com isso não se altera o paralelismo das duas situações. De fato, a expressão "mais ao sul", tão frequente nas interpretações simplificadoras, não parece exata quando nos lembramos de que a costa do Estado do Brasil não passava ao Norte, do Ceará, com governo dependente ainda de Pernambuco, enquanto ao Sul sempre a conceituavam os portugueses como incluindo o estuário do Prata e, nela, a Colônia do Sacramento, ainda quando em dúvida, *de jure* ou *de facto*, a posse desta. Compreende-se, pois, que o Rio de Janeiro antes se apresentava como uma sede "mais ao centro" do Brasil de então. Tal e qual Belém do Pará, punha-se a meio caminho entre os pontos extremos do eixo ideal de administração e, pois, da via natural de comunicações. Como acontecia com a nova capital do Estado do Maranhão e, certamente com ainda maior largueza, a tais vantagens somava as de uma defesa natural bastante segura e progressivamente reforçada pelos dispositivos erguidos pelo comando militar. Ademais, se esse ponto médio oferecia excelente conexão entre a linha de comunicação costeira e a linha de comunicações com a metrópole, não se deixará de mencionar – pois talvez tenha sido este, de todos, o fator determinante mais poderoso – a ligação direta, e intensamente frequentada, com a região aurífera das

Minas Gerais. A importância do elemento econômico dispensa maiores comentários, salvo talvez para reparar que a ele se deverá, com toda a probabilidade, a relativa lentidão em transferir a capital.

A guerra do Sul   Velha como Tordesilhas, a questão do Sul, que tantas reproposições conhecera, mais uma vez se aguçou com a Guerra dos Sete Anos. Quando, referindo-se ao Pacto de Família, que juntava os Bourbons espanhóis aos franceses na luta contra a Inglaterra, Fernando VI desejou o apoio de D. José, seu cunhado, pôde Sebastião José de Carvalho repelir o fraco argumento de Madri; não, porém, evitar as hostilidades, pelo que, consequentemente, incluiu-se depois Portugal entre os signatários do tratado de paz (Paris, 1763). Ora, durante a guerra, D. Pedro Cevallos preparara-se para conquistar aquela Colônia do Sacramento que, quarenta anos depois da Restauração, D. Manuel Lôbo fora fundar ao Prata. Assinado, agora, o tratado, França e Espanha, sem atentarem bem para todas as cláusulas, açodaram-se num oportunismo colonial, visando à anexação de quantas terras encontrassem sob estatuto menos definido, prática a que, diga-se de passagem, não era indiferente a Inglaterra. Em consonância ocasional ou consciente cumprimento de tal política, D. Pedro Cevallos não só prossegue nos preparativos como dá o assalto a Sacramento, conseguindo tomá-la, para depois invadir o Rio Grande, em franca transgressão da letra do pacto firmado e, segundo alguns, premeditando-a com perfeita consciência.

Tais fatos e sua imediata conexão com a transferência da capital são inegáveis; todavia, a rendição da Colônia do Sacramento e, sobretudo, a invasão da região rio-grandense sobrevieram fora das previsões imediatas dos portugueses. Se a defesa de Sacramento representava séria preocupação por causa da sua ingrata posição estratégica, por isso mesmo fora guarnecida e municiada de modo a poder-se esperar ao menos resistência prolongada. Bobadela, que a Pombal mandava dizer: "A praça de Colônia é o grande osso e cuidado deste governo", ao saber que Sacramento se entregara ao primeiro sítio, surpreende-se a ponto de morrer dessa mágoa, segundo depoimento de contemporâneos. Quanto à invasão do Rio Grande, que se encontrava na segunda linha de defesa e coberto por direitos até então menos contestados, sem dúvida representava hipótese ainda mais longínqua, se jamais considerada antes de os fatos consumarem-se. Ambos os sucessos, dado o imprevisto, seriam em si mesmo inábeis para provocar decisão da importância da transferência da capital. Ademais, não se pode desprezar a sugestão das datas que dão a notícia da queda de Colônia como chegando ao Rio a 6 de dezembro de 1762, tendo ocorrido a morte de Bobadela a 1º de janeiro de 63 e sendo de 27 de junho do mesmo ano a carta-patente que nomeava o Conde da Cunha Vice-Rei e Capitão-General do Estado do Brasil e expressamente determinava sua residência na cidade de São Sebastião do Rio de Janeiro. Considerando o tempo necessário às comunicações, tendem-se a crer que a fixação da capital não poderia corresponder a uma decisão firmada no curto prazo entre a chegada da notícia da morte de Bobadela e a expedição do correio da resposta, senão que, anteriormente planejada, apenas foi então posta em vigor.

Do ponto de vista estratégico, o vice-reinado do Rio era quase a consagração jurídica de uma prática de fato já adotada por Bobadela ao cabo de longa e bem conduzida experimentação, cujas conclusões positivas vinham confirmar o esboço geral da planificação pombalina. O fato inscreve-se, portanto, no largo plano territorial-administrativo que tentamos concretizar, talvez com ligeira ênfase no elemento esquemático que, contudo, inegavelmente conduziu os projetos de Sebastião José de Carvalho e Melo. De qualquer forma, a transferência da capital, mais do que mero pormenor de planos estratégicos, representa o estabelecimento, ou melhor, o referendo legal de uma nova fase da vida política do Estado do Brasil e, pois, da América portuguesa.

Deslocamento do centro de gravidade

Importa compreender o sucesso em sua mais larga significação e inscrito numa etapa evolutiva que, embora com demasiada valorização do fato bélico, Oliveira Viana já descrevia como aquele em que "o centro de gravidade econômica e militar da colônia deslocava-se do norte para o sul e com ele o centro de gravidade política". De qualquer forma, a interpretação desse historiador, dos mais interessados em relacionar as realidades socioeconômicas com as diretrizes político-administrativas no descrever a formação nacional, supera largamente a ingênua simplificação que, de início, acusávamos. O elemento militar não chega a confundir-se, para Oliveira Viana, com as exigências específicas de tal ou qual campanha, se, em verdade, não tende ele a oposta exageração generalizadora. Assim, no passo que comentamos, sublinhando o choque básico e as sucessivas acomodações da natural tendência centralizadora do poder com a espontânea formação de uma comunidade em que os "nódulos sociais se perdem, disseminados e rarefeitos, sobre uma área territorial imensurável", acaba por captar com muita argúcia o papel desempenhado, nesse processo, pela progressiva organização militar. Se, porém, não chega propriamente a exagerar a importância da sua função unificadora após a longa fase em que dominara a "fragmentação do poder como meio melhor de defesa e administração", tende pelo menos a considerar a estrutura defensiva e separada da política geral que a promoveu. Efetivamente, a partir da invasão de Cevallos, "o problema da defesa perde o seu caráter local e se torna geral", porém daí não se conclua que a tendência à unificação do órgão bélico se deva à provocação eventual ou se desenvolva por si mesma, pois já vimos como representa uma parte complementar das demais, na realização concreta de todo um plano político-administrativo geral, compreendendo os dois Estados portugueses da América.

Pressões externas e defesa planejada Difícil será, pois, aceitar o desenvolvimento do órgão militar central e a sua translação para o sul, como exclusivamente resultante de "um outro fator, também influente na organização da estrutura governamental: as diversas *pressões externas* atuando, na linha das fronteiras, sobre a massa colonial". Não se pode tomar a causa circunstancial pela determinante, e esta parece bem mais visível e operante nas imposições fundamentais do despotismo iluminado que, longe de conceituar-se em função na medida e ocasião das ameaças externas, como realmente sucedera com o empirismo paternalista anterior, propunha uma estrutura governamental global concebida pela razão esclarecida dos poderosos que, nesse plano, se confundiam com o poder. Daí a definição territorial básica a que já aludimos e em função da qual o elemento militar significa o efetivo exercício da soberania e, ao mesmo tempo, a presença ativa do governo. Eis por que aquilo que à visão especializada de hoje pareceria exclusivamente militar, na concepção do absolutismo iluminado deve ser visto como verdadeira ossatura da organização do Estado.

Tanto pela aspiração intelectual própria do século da ilustração, desejoso de aproximar toda e qualquer ação humana do rigor objetivo da ciência natural, quanto pelo teor acentuadamente realista que a revisão esclarecida do absolutismo assumia contra o tradicionalismo obsoleto, a nova política deveria, combatendo o dogma e a rotina, apelar constante e conjugadamente para o planejamento positivo e para o realismo pragmático. Aplicado ao Brasil, o método haveria de trazer enfática valorização do elemento econômico, então em plena mudança.

Transformação da economia A partir do último decênio do século XVII descobrem-se e começam a ser explorados os depósitos auríferos das Gerais e, depois, de Cuiabá e Goiás, com o que se altera a estrutura produtiva brasileira e, em consequência, a vida financeira metropolitana. Aqui, desde logo se afeta a função central desempenhada pela Bahia durante o período da produção agrícola e pecuária, vindo mais para o sul o foco de interesses materiais. Inicialmente flutuante e provocando uma série de alterações administrativas, primeiro leva a Capitania de São Paulo a formar com Minas um só governo (1709), que logo depois se biparte para dar a Minas capitania própria (1720), como acontecia mais tarde com Goiás (1744) e Mato Grosso (1748). Pelo jogo dessas divisões, combinado com o do exercício dos governos dessas unidades, que muitas vezes e sem variadas combinações foram exercidas pela mesma mão, acaba o ouro de Minas por encontrar seu mais natural e mais breve escoadouro, que era o Rio de Janeiro; assim se ligam as duas capitanias e assim se vai firmando a necessidade de atribuir ao Rio uma preeminência política e uma função administrativa capaz de encampar a posição fiscal assumida de fato. Na metrópole, chegavam o ouro e, a partir de 1830, o diamante para engrossar a receita de um orçamento que, já fundamente comprometido, não se reorganizou para assimilar a nova contribuição, com o que, paradoxalmente, mais vasto se tornou o descalabro quando maior se fazia a riqueza.

Aí estava a segura indicação dos fatos, tais quais os conheceu Sebastião José de Carvalho quando subiu ao governo. Insinuavam já as soluções pedidas a seu planejamento, porém este só adquiriria inteira consistência e habilitar-se a produzir verdadeiros frutos quando se firmasse na experiência de Gomes Freire de Andrade, a cuja iniciativa, aliás, seria entregue a execução das providências renovadoras.

Maranhão; decadência do interior

Antes, porém, de cuidar das medidas políticas e administrativas ligadas à mineração do ouro, convirá lembrar as transformações – que estas mais decorreram da iniciativa governamental do que da evolução espontânea — causadas pela política de Pombal no Estado do Maranhão. Delas, a mais evidente é, sem dúvida, a expulsão dos jesuítas que, embora efetivada antes do período que incumbe a este capítulo, alcança-o, contudo, pelas suas consequências materiais no interior amazônico.

Ressalvamos, desde logo, a legitimidade política da medida, não obstante seus efeitos danosos em outros setores, pois, efetivamente, ao absolutismo esclarecido haveria de tornar-se intolerável o sistema quase soberano, segundo o qual os jesuítas governavam os estabelecimentos de sua fundação. Ora, o amplo desenvolvimento das missões amazônicas – como ao sul as missões fronteiriças, sujeitas, estas, à Espanha – tornaria flagrante o intolerável da situação para a visão política pombalina, também movida, aliás, por outros poderosos motivos na sua luta contra a Companhia. Na América portuguesa, portanto, haveria de processar-se, com toda a violência, a primeira reação contra o jesuitismo, o que representou apenas o primeiro passo efetivo de um movimento internacional interessando a todos os tronos em que se sentassem monarcas tocados pelas luzes da Ilustração.

Legítima à luz dos princípios pregados pelos detentores do poder e, mais, necessária à sua política de total afirmação do poder do Estado, a expulsão dos jesuítas causaria, contudo, o declínio econômico do Amazonas missioneiro. Nesse sentido, pouca ou nenhuma foi a ajuda trazida pelas providências acauteladoras de Mendonça Furtado que, em 1758, conseguiu ver aprovado o Diretório dos Índios e partia em viagem de reforma, transformando em Vilas do Reino as maiores das antigas aldeias e aí investindo civis nos cargos. Se ia muito de artificialismo na organização jesuítica do gentio, ainda mais artificiais eram os novos laços com o poder real. A anarquia dos aborígines e o desânimo dos colonos progrediram sempre. O ouvidor e intendente-geral dos índios da Capitania do Rio Negro confessava em 1772 que "os índios vivem errantes; não tomam amor a domicílios, porque não os têm, não se lembram das lavouras, porque as esquivam". Os que permaneciam sob a autoridade dos prepostos reais eram por estes distribuídos para trabalhar em benefício de pessoas de sua simpatia e interesse. Assim, desfeito o sistema antigo, nenhum o substituiria, arruinando-se a capitania e desaparecendo os índios, como acusava, com termos ainda piores, em 1787, D. Caetano Brandão, Bispo do Pará. De fato, sequer o relativo retrocesso que D. Maria I viria a praticar depois de Pombal valeria para deter a ruína material da região e, sobretudo, a rápida e progressiva extinção dos indígenas.

Progresso do litoral Contrastando com o descalabro do interior, o litoral conhece verdadeiro ímpeto progressista sob o regime pombalino. A instituição, em 1755, da Companhia Geral do Comércio do Grão-Pará e Maranhão propiciou, senão tanto àquele, mas com muita abundância a este, meios para escoar a produção estagnada e, também, possibilidade de novas iniciativas agrícolas. Antes de mais nada, forneceu escravos negros. Depois, sementes de arroz, máquinas para descascá-lo, processos mais adiantados de cultivar o algodão. O surto da revolução industrial e as guerras da América do Norte confirmaram, pelo aumento de demanda, esse progresso que, pois, continuou sempre ascendente, podendo ser posto em direta relação com as estatísticas referentes ao período de 1812-21. Mais de meio século de prosperidade, inspiradora da vaidade progressista e cultivada de São Luís, decorria assim da administração pombalina.

O Pará, se não colheu tão fartos proveitos diretos da Companhia de Comércio, nem por isso desconheceu lucros e progressos. Suas exportações valiam menos da metade das conseguidas pela capitania vizinha, mas, em relação ao passado próximo, atingiam índices inéditos. O que, também daí, sem dúvida, se devia à escravidão africana e à procura estimulada pela revolução industrial. Só a Capitania de São José do Rio Negro não conseguia fugir à desorganização e à penúria, o que começou a acontecer apenas nos anos imediatamente anteriores à fixação da capital em Manaus, em 1808, e graças à introdução do gado no Rio Branco, complementando as culturas antes iniciadas no Rio Negro.

Há, pois, uma completa modificação senão mesmo inversão, da fisionomia econômica do velho Estado do Maranhão a partir do governo de Mendonça Furtado. Sua menor valorização pelos nossos historiadores talvez se deva ao fato de, já no século seguinte, ocorrer nova e maior subversão regional com o ciclo da borracha, apagando-se rapidamente a obra antes conseguida. É bem visível, contudo, a continuidade da política pombalina nos desenvolvimentos sucessivos e nos efeitos continuados, mesmo quando, mais tarde, a "viradeira" mariana se desinteressou de continuar cumprindo o programa proposto e ia em pleno processo a desintegração territorial do antigo Estado. Assim, ao norte, malgrado os planos malsucedidos, como a tentativa de libertação e valorização do índio, e todas as providências de frustros resultados, como a substituição dos jesuítas na regência das missões, o planejamento político-administrativo pombalino conseguiu firmar-se e realizar-se plenamente pela presença de um poder que defendia o território, impondo sua autoridade e estimulando a produtividade dos seus súditos.

Estado do Brasil; o ouro e o fisco Ao sul, no Estado do Brasil, a agricultura, que contribuíra ao norte para soerguer a economia maranhense, conhecia o contraste do ouro. As condições quase impossíveis das primeiras descobertas de minas, a técnica mais que rudimentar da exploração e as condições semibárbaras da vida nas regiões auríferas não impediram um brutal *rush*. Ao meio do século, quando sobe D. José ao trono, ia no auge a produção de ouro, porém já se verificara que tamanha riqueza passava por Portugal sem remediar suas péssimas finanças, na conformidade do simples e arguto sistema imaginado pelos propositores do Tratado de Methuen. Aqui, desde 1733, Gomes Freire de Andrada, ainda submetido aos moldes rotineiros do velho paternalismo, mas já ansiando por uma esclarecida previsão administrativa, buscava orientar e dominar essa produção, tão nova, tão vigorosa, tão comprometida.

Sua experiência na administração do ouro iniciara-se em termos assaz curiosos. De fato, tornara-se evidente que a tributação, para fazer-se mais rendosa, dependia não só do sistema de impostos, mas também de concorrentemente controlar o tráfego do metal, como o percebera o governador Artur de Sá e Meneses em 1700, no estabelecer "registros". Igualmente desde cedo se percebeu que só nas casas de fundição se encontraria recurso seguro para garantir a eficácia dessa vigilância, entrosando a operação fiscal da cobrança com a atividade policial nas estradas.

O sistema melhor (ou menos mau), o das fintas de 100 arrobas, só vigorará, contudo, a partir de 1750, num momento em que já não poderia ser tão bom. De fato, parece que os últimos dez anos do governo de Gomes Freire assinalam o período em que o ouro de Minas, havendo atingido o seu auge, esperava pelo primeiro sintoma de declínio, que se encontrará na aprovação da derrama de 1762-63. É de crer que morreu Bobadela sem suspeitar de um real decréscimo da produção de ouro e convencido de que se conseguira estabelecer o processo certo para dominá-la eficazmente, canalizando-a para o Rio, depois de submetida às fundições das intendências de Vila Rica, São João del-Rei, Sabará e Serro Frio. Seria esse, aliás, o maior argumento, entre tantos, para localizar-se no Rio a sede do vice-reinado.

Os diamantes No capítulo dos diamantes, iniciado um tanto mais tarde, pois o anúncio oficial de sua existência é de 1729, os precedentes da política fiscal são mais breves e mais rudes. Reclamados, de começo, os direitos da Coroa à exclusiva exploração, de 1733 a 40 adotou-se o sistema de contratos e, em 1711, novo e bem diferente método de exploração em proveito da Coroa. Veio o famigerado *Livro da Capa Verde*, ou seja, o Regimento Diamantino, cujos duros termos visavam à formação de uma verdadeira ilha sitiada, em cujo interior se produzissem diamantes por conta do rei, sob a direção do próprio Pombal, na qualidade de presidente do Tesouro, de três diretores residentes em Lisboa e de administradores vivendo no distrito defeso. As terras entregues à lavra de cada ano, os escravos a serem aí empregados, os processos e técnicas de mineração, a passagem de viajantes, a residência dos que na lavoura e ofícios ganhassem a vida sem buscar diamantes – tudo, enfim, era submetido à rigorosa vigilância e minuciosa ordenação desse governo especial. Todo um destacamento de cavalaria prevenia os casos extremos. E as próprias decisões governamentais e judiciais não pareciam mais brandas, bastando, por exemplo, que duas testemunhas imputassem a pessoa de qualquer condição a presunção de crime de contrabando, para processar-se sua imediata expulsão do distrito. De outra parte, a proibição de aí viverem, ou pelo menos exercerem sua profissão, os bacharéis, visava, por certo, a outros fins além de coibir a exagerada influência do talento da palavra, como pensou Saint-Hilaire. No *Livro da Capa Verde* possivelmente registra-se o mais alto índice de despotismo pombalino, que, na espécie, sequer precisava mostrar-se esclarecido, porquanto dispunha sobre matéria tipicamente colonial e de puro e simples rendimento fiscal.

Reflexos no Rio — Cabeça desse sistema de polícia administrativa e financeira, funil por onde forçosamente passavam os proventos, o Rio de Janeiro não poderia deixar de conhecer os benefícios naturais de sua posição. Dissemos que, ao menos no tocante ao ouro, a mais rendosa administração, já vem a coincidir com o início do declínio ou, pelo menos, com o fim do apogeu da mineração, porém é preciso compreender que os sinais de enfraquecimento inicialmente se mostravam brandos e suscetíveis de serem confundidos com as naturais oscilações de qualquer produção, perdurando mais ou menos até o fim do reinado de D. José tal impressão, equívoca mas isenta de maior pessimismo. Houve, assim, tempo e recursos para um largo desenvolvimento material e até cultural da nova sede de governo. Iniciara-o Gomes Freire de Andrada.

Gomes Freire procurara imprimir novo impulso à vida do Rio, beneficiando-o com medidas administrativas, militares e culturais que vão das obras dos arcos da Carioca, ligadas às preexistentes na adução da água do morro do Desterro (Santa Teresa), para a cidade, até o apoio à criação da Academia dos Felizes (já em 1736) e à instalação da tipografia de Antônio Isidoro da Fonseca. Mas Bobadela, antes do reinado de D. José, já antecipava as diretrizes iluminadas do novo absolutismo, entre as quais, sem dúvida possível, incluem-se essas do programa material e da ilustração espiritual dos povos. Que, no Brasil, não haveriam de espalhar-se geral e indiscriminadamente, pois, afinal, era esta uma colônia destinada, portanto, mais a fornecer rendas à Coroa do que a receber benefícios do erário. Não obstante, onde quer que tivesse sede o poder, abria-se campo para tais iniciativas estimuladoras da atividade dos súditos e dignificadoras da visão dos governantes. O Rio, transformado em capital, continuaria, pois, no caminho em que o pusera a antecipação iluminista de Bobadela, mesmo porque à compreensão pombalina não haveria de parecer contrastante a promoção dos progressos da capital com a política do arrocho fiscal.

Em 1763, pode-se, pois, considerar o Governo do Brasil inteiramente estruturado segundo o planejamento pombalino, que dispunha, aliás, de amplas experiências preliminares. Compreende-se que, segundo tais conceitos e dentro desses quadros, a maior parte das iniciativas e decisões se concentrasse no plano característico das providências administrativas propriamente ditas, isto é, que se exprimissem em ordens e regulamentos, cuja amplitude podia alcançar as inéditas dimensões do Regimento Diamantino.

Poderes do vice-rei Houve, contudo, alguns acréscimos ao aparato institucional. Se os governadores e vice-reis de até então dispunham de um poder que Vieira já considerara "monstruoso", o reforço da autoridade metropolitana, como a exercia Sebastião José de Carvalho e Melo, não iria diminuir, senão ampliar sua autoridade. O Conde da Cunha, ao receber a herança de Bobadela como primeiro vice-rei com residência no Rio de Janeiro, investe-se, pela carta-patente, nas prerrogativas de delegado, sem restrições, do poder absoluto do monarca:

"... todo o poder e alçada sobre todos os generais, mestres de campo, capitães de fortalezas, pessoas que nelas estiverem e que forem nas ditas armadas e capitães das que lá andarem e forem àquele Estado e sobre todos os fidalgos e quaisquer outros meus súditos de qualquer qualidade, estado ou condição que sejam, do qual em todos os casos, assim crimes como cíveis, até morte natural inclusive, poderá usar inteiramente; e dar-se-á execução às suas ordens e mandados, sem delas haver mais apelação nem agravo e sem excetuar pessoa alguma em que o dito poder e alçada se não entenda."

Excluída a submissão ao real mandante, tal definição, ou melhor, tal indefinição de poderes agradaria a qualquer tirano. Era a autoridade ilimitada típica do absolutismo renovado, como também este se caracterizaria, na alçada administrativa, pela precedência dos objetivos fiscais e pela plena autoridade sobre os funcionários civis e militares:

"... dou-lhe poder que nas coisas de minha Fazenda ordene ou faça o que houver mais por meu serviço; e mando aos ministros de minha Fazenda, feitores e escrivães de minhas feitorias, que tudo o que por ele lhes for da minha parte mandado acerca da minha Fazenda, gastos e despesas dela, e em todas as outras que a elas tocarem, o cumpram inteiramente, porque para tudo lhe dou poder"... E, depois de declarada sua plena capacidade de admitir e demitir *ad nutum* os funcionários da Fazenda "e quaisquer outros oficiais, de Justiça, ou Guerra", buscava deixar bem claro a inviabilidade de interpretações restritivas, pois: "...este poder e alçada lhe dou em todos os casos aqui declarados e em quaisquer outros que possam acontecer."

As Juntas Gerais O contraste à autoridade do vice-rei que alguns historiadores querem ver nas Juntas Gerais merece reparo. De fato, tais juntas – compostas pelo bispo ou seus representantes, pelos ocupantes dos mais altos cargos da guerra, fazenda e justiça, e pelos ouvidores das capitanias, prevendo-se ainda a presença de delegados das Câmaras em casos de seu interesse particular – resolviam sobre matérias da mais alta importância, inclusive denúncias contra juízes e funcionários superiores, questões de segurança interna ou externa, e conflitos de jurisdição. Agiam, contudo, no expresso silêncio, na espécie, da legislação vigente e sob a presidência do vice-rei que, mesmo havendo solicitação popular ou do Senado da Câmara, mantinha o privilégio da convocação. Com o que as juntas se caracterizam como órgão interno da administração, por mais importante que se mostrasse sua pauta de trabalhos – não eram, em caso algum, órgão de contraste ao poder do vice-rei, ao qual, aliás, se submetiam. Um alvará de 1765 criou juntas de justiça, que, com as juntas da fazenda e as militares, constituiriam como que alçadas especiais do grande órgão consultivo e administrativo.

O Senado da Câmara Uma provisão de 1757 conferira à Câmara do Rio de Janeiro o título e as prerrogativas de Senado da Câmara, mas não se julgue que o corpo municipal pudesse arrogar-se o arbítrio com que, ao tempo de Salvador Correia, depunha seus prepostos diretos, ou a amplitude de funções que conhecera, anteriormente, em outros centros urbanos. O delegado do rei concentrava nas mãos todo o poder de mando que, sem abrandamentos funcionais ou regimentais, exercia direta e inteiramente na ação administrativa, cuja especialização dos três ramos da guerra, justiça e fisco, apenas servia para mais fortalecer a autoridade central.

O Conselho Ultramarino Acima desta, restava como sempre o Conselho Ultramarino, que, se tivermos em conta a sua relação de continuidade com o Conselho das Índias, representou o órgão mais estável da administração metropolitana em matéria colonial. Ainda no século XVIII é por seu intermédio que os vice-reis prestam contas ao rei. De sua exclusiva função era, também, a completa administração fazendária da colônia, porém nesse capítulo há reparar para a reorganização que, com a fundação do Erário Régio pela lei de 1761, Sebastião José de Carvalho e Melo praticara nos negócios financeiros, impondo-lhes racional e direta ordenação que, na prática, entregava, por assim dizer, às suas próprias mãos e em espécie, todas as rendas da Coroa. Prende-se a tal revisão o envio ao Brasil, em 1767, de dois peritos em contabilidade a fim de

"pôr em arrecadação todos os rendimentos dessa Capitania e da Administração da Junta da Fazenda, pondo tudo na conformidade do que se pratica no Erário Régio".

Conde da Cunha Assim governou até 1767 o Conde da Cunha, cujos maiores cuidados foram postos nos problemas militares e nos edifícios públicos. A reforma das antigas fortalezas, a construção dos fortes da Praia Vermelha, de Fora, do Monte Frio, do Arsenal da Marinha e de dois depósitos de armas e pólvora, a disciplina das tropas e o reforço dos contingentes, bem como a reedificação do palácio dos governadores, da Cadeia, da Relação, da Casa dos Contos e de hospitais civis e militares, tomaram-lhe os quatro anos de vice-reinado em cujo curso teve de executar, sob antipatia popular e desta escondendo a desaprovação pessoal que contudo significou a Lisboa, a carta régia de 1766, que extinguiu o ofício de ourives em Minas, na Bahia, em Pernambuco e no Rio de Janeiro.

Conde de Azambuja Sucedeu ao Conde da Cunha, D. Antônio Rolim de Moura Tavares, primeiro Conde de Azambuja, homem já experimentando na administração de Mato Grosso e Bahia, cujo vice-reinado se consumiu quase inteiramente na fortificação do litoral. Deixaria o posto, em novembro de 1769, para D. Luís de Almeida Portugal Soares de Alacão Eça e Melo Silva e Mascarenhas, segundo Marquês do Lavradio e quarto Conde de Avintes.

Marquês do Lavradio A administração do Marquês do Lavradio coloca-se em altura comparável somente à de Bobadela, a quem possivelmente igualou tanto no espírito de iniciativa quanto no descortínio das questões públicas, ao modo de verdadeiro governante esclarecido. Dois documentos muito divulgados demonstram a que ponto chegava a perfeita carência de ponto de vista e harmonia de ação comum reinante nas relações diretas entre Pombal e Lavradio. A extensa carta de 9 de julho de 1774 em que o Marquês de Pombal pormenoriza suas instruções acerca dos preparativos militares para enfrentar novos problemas surgidos, ao sul, com os espanhóis, vale como um atestado de incansável e minudente atenção do ministro pelas questões em curso, dando, ao mesmo tempo, medida de confiança total que depositava no vice-rei. Já o famoso relatório que o Marquês do Lavradio passa, ao fim de seu governo, às mãos do sucessor, D. Luís de Vasconcelos e Sousa, serve para demonstrar que, como a Pombal, não lhe escapava nenhum problema da administração, podendo depor exatamente, tanto sobre as virtudes pessoais, quanto sobre as qualidades funcionais de cada um dos comandantes do exército e ocupantes de cargos civis superiores do Brasil, bem como oferecer soluções, quer para os problemas miúdos, quer para as questões relevantes, econômicas e administrativas, de cada núcleo povoado da colônia. De outra parte, não lhe faltava energia para cumprir decisões menos simpáticas se em proveito da Coroa, como se viu quando restabeleceu a prática de só dar reparos aos navios estrangeiros arribados por força de tormenta contra depósito de parte da carga (e não contra letras de câmbio, como se ia fazendo praxe) para ser ela vendida em Portugal e o produto enviado ao Brasil em acerto de contas.

Com tal pulso e tal ânimo governou Lavradio, naturalmente tomando em primeira linha de conta os problemas militares do sul, sempre presentes e recrudescendo com inesperado vigor quando no ministério espanhol Grimaldi é substituído por Flórida Blanca, planejador de um ataque maciço que visaria a proporcionar a posse definitiva das terras do Prata até a ilha de Santa Catarina. O problema que só encontraria termo, não de todo satisfatório, no Tratado de Santo Ildefonso, assinado depois da morte de D. José e da queda de Pombal, obrigaria a constantes e numerosas obras de fortificação da Guanabara e costa adjacente, sem falar da excepcional mobilização interior levada a efeito quando a ameaça de invasão parecia iminente. As obras de paz, que então deveriam visar sobretudo à produtividade da colônia e às rendas da metrópole, nem por isso mereceram menor atenção. No próprio Rio de Janeiro, o Marquês do Lavradio estimularia a recuperação de um engenho de descascar arroz e o estabelecimento de uma fábrica de cordas, ao mesmo tempo animando o plantio de fumo. Sua atenção era incansável e, por vezes, quase exagerada quando se cuidava da obtenção de um produto novo, como sucedeu com o anil e a cochonilha. Uma feira livre, de impostos, que estabeleceu na Glória, incentivou o comércio que, de outra parte, procurou livrar dos excessos do fisco. Mas, relevando faceta típica do homem ilustrado posto no governo, cumulou a capital com melhoramentos urbanos, do arruamento às providências higiênicas. Mais ainda, esse filho do Século das Luzes haveria de acolher a sugestão e inaugurar a instalação da Academia Científica, destinada a promover o desenvolvimento dos conhecimentos exatos pela reunião de seus cultores.

Não se creia, contudo, que tais medidas constituíam meras superficialidades suntuárias ou providências tomadas ao sabor dos acontecimentos e necessidades. Pelo contrário, no relatório deixado ao sucessor, o Marquês do Lavradio evidencia a sistematização dos problemas num vasto plano administrativo capaz de justificar ou, pelo menos, de explicar todas as suas decisões, inclusive as antipáticas. Conhecia os seus súditos, aludindo ao "caráter dalguns americanos destas partes da América" com expressões não muito lisonjeiras acerca "dum espírito muito preguiçoso" porém capaz de "fazer tudo aquilo que lhes mandam"; contudo não confunde esses juízos de situação com prejuízos de casta ou nação, tanto que explica:

> "Estes mesmos indivíduos que por si sós são facílimos de governar, se vêm a fazer dificultosos, e às vezes dão trabalho e algum cuidado por causa dos Europeus, que aqui vêm ter seus estabelecimentos, e muito mais por serem a maior parte destas gentes naturais da Província do Minho, gentes de muita viveza, de um espírito muito inquieto, e de pouca ou nenhuma sinceridade (...) porque logo que aqui chegam não cuidam em nenhuma outra coisa que em se fazerem senhores do comércio que aqui há, não admitirem filho nenhum da terra a caixeiros, por donde possam algum dia serem negociantes; e no que toca à lavoura mostram-se tão ignorantes como os mesmos do país"...

Nesses quadros humanos, a realidade econômica não pode parecer promissora, sobretudo em matéria de comércio, exatamente a atividade que o vice-rei olhava com maior carinho, para, no entanto, verificar que "a maior parte das pessoas a que se dá o nome de comerciante nada são que uns símplices comissários", sem verdadeiros contratos sociais, capitais disponíveis ou escrituração, para o que de pouco valera o ensino da Aula de Comércio. Eis o que, iniludivelmente, acusava a ausência daquela mola propulsora da produtividade que o século enaltecia. Urgia, pois, a intervenção fecundante do Estado.

Este, por seu vice-rei, devera ser onipresente e onipotente

> "que tudo (...) que me estava incumbido a mim me pertencia, e tinha jurisdição para meter a mão em todas as repartições, e providenciar como entendesse ser mais próprio a conseguir aqueles fins" – apenas evitando a

arrogância descabida – "sobre o governo da Câmara deixar o Presidente e os Vereadores governarem como lhes competia" e, sendo o caso, "determinando o que me parecia deviam praticar (...) porém estas minhas determinações (...) eram mandadas executar pela mesma Câmara em seu nome". Quanto à opinião pública, aparentar indiferença – "não fazer algum caso das murmurações do povo" – porém utilizar, como judicioso critério, as sugestões certas e úteis que daí viessem, nas providências governamentais.

Assim exercido, o poder buscava corrigir os defeitos da ordem espontaneamente estabelecida desde o tempo em que a Coroa apenas cobrava impostos e dispensava justiça, sem, no rigor da palavra, governar. Então, impunha-se estudar o entrosamento das frotas que traziam mercadorias de Portugal com a demanda dos produtores locais, sobretudo dos mineradores, examinando-se a função real do tão desejado comércio. E, se procuravam os mineiros tecer panos para não comprar os do reino, a causa do Estado, traduzida na prosperidade comercial, impunha uma decisão da ordem daquela que – parecendo-nos hoje insólita – proibiu fábricas e teares particulares nas Minas Gerais. Ademais, a já citada feira da Glória funcionava ao tempo das secas e, pois, das estradas fáceis, a fim de atrair os teimosos mineiros para as compras na capital. Estranha, talvez, para a mentalidade moderna, porém admirável, para quem hoje fala de ação planejada do Estado, mostra-se essa intervenção praticada em razão de todo um ciclo minuciosamente estudado. Não poderia Pombal pedir mais de seu amigo e preposto.

Valha o exemplo, tão só como exemplo, pois não cabe repetir todo o relatório do Marquês do Lavradio. Com o mesmo critério, complexivo sem prejuízo da análise, paciente, nele se passa em revista a situação financeira: Sua Majestade, devendo à praça do Rio cinco milhões, espera um aumento de rendas e um progresso local que, por aquele meio, diretamente impossibilita. Além disso, assume orientação perdulária e sem quaisquer garantias reais no vender, por exemplo, as fazendas dos jesuítas contra letras, enquanto os compradores podem negociar de pronto o gado e os escravos assim conseguidos. E, mais, a apressada arrematação de dívidas que seriam pagas em "dinheiros líquidos". E, mais, a corrupção nos contratos de fornecimento...

"pelo feito de cada uma das fardas por arrematação se pagava a três mil-réis, dois mil e quatrocentos, e ultimamente a mil e seiscentos; agora se fazem a oitocentos réis"... e nas obras públicas.

Tudo corrigido, sempre que possível, pelo vice-rei solerte e firme.

Seguem-se as medidas de fomento da produção, com especial interesse pelos produtos novos, agrícolas ou industriais, ao modo da cochonilha, do anil, das cordas e também das novas terras, de colonização recentemente reforçada, como o continente do Rio Grande e a ilha de Santa Catarina. O que, somado às observações anteriores, indica o desejo de encontrar novas parcelas para o balanço da produção local e também novos itens para o orçamento real. Que, ambos, conheceriam sob tão zeloso e esclarecido governo, o tremendo abalo trazido pelo inevitável esgotamento do ouro.

É o que atesta, de modo irrefutável, a memória – *Instrução para o Governo da Capitania de Minas Gerais* – do Desembargador José João Teixeira, ao tratar da economia mineira, em 1780, já convencido de que o ouro fraquejava e desconfiado de que o mesmo pudesse sobrevir aos diamantes, de modo que os quintos, os contratos, o "subsídio voluntário" restabelecido em 1768 e o "subsídio literário" cobrado desde 1772 não conseguiam manter caudalosa aquela corrente de proventos que a metrópole pedia à América. Aponta o desembargador uma série de causas para o declínio da mineração do ouro, desde as de falta de capital, escravos (muito diminuídos pela tributação) e boas técnicas, passando pelos erros das autoridades executivas (concessões) ou judiciárias (demandas de privilégios e partilhas de heranças), até medidas que, devendo beneficiar os mineiros, os arruinavam, como a trintena que, tornando impenhoráveis os donos de mais de trinta escravos, deixavam-nos praticamente sem crédito. Análise realista, como a dos desmandos e crimes que ameaçavam o defeso distrito dos diamantes, mas que, ambas, não saberiam remediar o mal fundamental, a exaustão das jazidas. Tal como virtualmente consumada, a caracterizaria, com suas consequências, D. José Joaquim da Cunha de Azeredo Coutinho, Bispo de Pernambuco já nos títulos da *Memória Sobre as Minas de Ouro*, que apresentou à Academia Real das Ciências de Lisboa, e na qual se contém um "Discurso sobre o estado atual das Minas do Brasil, dividido em duas partes. Na primeira mostra-se que as Minas de Ouro são prejudiciais a Portugal, não só pelo muito que já hoje o Estado perde nelas, mas também pelos muitos braços que elas tiram à agricultura. Na segunda apontam-se os meios de aproveitar a agricultura do continente das Minas, que aliás é já perdido para o ouro".

Em meio à crise a agravar-se, finda-se o reinado de D. José e Pombal. A "viradeira", denominação bem adequada para a contramarcha reacionária processada sob D. Maria, não parece, contudo, alcançar a administração do Marquês do Lavradio, que só passaria o governo a 5 de abril de 1779. Exceto no que tange ao Tratado que deveria pacificar o Sul, e já no conceito dos contemporâneos, prejudicial à causa portuguesa. Mas curioso, porém, é que o sucessor de Lavradio surja como um autêntico e elevado continuador de sua obra. Não podemos, contudo, esquecer que a política mariana, disposta a desfazer os traços, sobretudo quanto às situações pessoais, do domínio de Pombal, não se apresentava com diretrizes bastante definidas para substituir as que aborrecia. Apenas negativista, não conseguiria sequer cumprir totalmente seus desígnios destrutivos. Ademais, não poderia romper frontalmente com o Iluminismo que pouco antes gozava todos os favores, já por lhe ser impossível desprezar boas e velhas relações, até de família, como aconteceu, no setor intelectual com o Duque de Lafões e seu grupo (à sombra do qual se formava nosso José Bonifácio), senão também deixar de convocar para a administração os mais capazes se, porventura, carregassem consigo a marca da Ilustração neles encarecida pelo ministro deposto.

D. Luís de Vasconcelos e Sousa   Seja como for, D. Luís de Vasconcelos e Sousa continua com os méritos próprios a obra do antecessor, sobretudo no que interessa à cidade do Rio de Janeiro. Por força do convênio de Santo Ildefonso, as iniciativas militares passavam, ao menos temporariamente, para o segundo plano e, pois, tem o vice-rei mais tempo e recursos para, no Rio, enfrentar a "zamperina", recompor o aqueduto da Carioca, abrir ruas, erigir chafarizes artísticos, ampliar edifícios públicos. Faz-se mecenas notório, estendendo sua atenção também aos cientistas, para os quais instala a "Casa dos Pássaros".

Não será preciso acrescentar que esse urbanismo progressista de modo algum deixava em segunda plana a administração propriamente dita, nem que apenas no Rio se concentrava a atenção da Coroa e de seus prepostos no Brasil. Do rol de delegados reais destacaram-se, no período mariano, entre alguns bons governadores da capitania, o de Pernambuco, D. Tomás José de Melo, e D. Rodrigo José de Meneses, que de Minas passou à Bahia. Ambos, por sinal, procuraram dar às respectivas sedes de governo melhoramentos paralelos aos que conhecia, então, o Rio de Janeiro.

Diretrizes da metrópole   Além disso, o governo metropolitano, por intermédio de Martinho de Melo e Castro, alertava constantemente o zelo tanto do vice-rei quanto dos governadores, como nos atestam dois preciosos documentos desses períodos, que são as instruções dirigidas a Luís de Vasconcelos e, sobretudo, as endereçadas, com surpreendente minúcia e precisão, a Rodrigo José de Meneses. Domina-os, sem dúvida, a cautela fiscal, como é compreensível num período de declínio das rendas brasileiras, quando fartura já não havia para disfarçar os efeitos dos maus sistemas burocráticos e também dos descaminhos ilegais. Assim, ao vice-rei lembra Martinho de Melo e Castro que o objetivo das juntas estava

> "essencialmente em se aumentar o rendimento sem vexação, nem violência, e em se diminuir a despesa, sem faltar ao necessário", mas acrescenta que "se isto se tem conseguido depois do estabelecimento das ditas juntas, é negócio, que até agora não consta, que tenha chegado à real presença".

A Rodrigo José de Meneses, depois de enumerar individualmente todos os cargos de todas as repartições reais superiores, conclui que estas, com as repartições subalternas das vilas e cidades do interior da capitania,

> "formam uma multiplicidade de Corpos destinados unicamente ao Governo e Administração da Justiça e Fazenda, para as quais se inventaram perto de 500 oficiais da mesma natureza dos que ficam acima indicados, e de que a maior parte, em lugar de contribuir para o bom governo dos Povos, e da Administração da Justiça e Fazenda só serve de os oprimir com emolumentos, propinas e outras contribuições, e gravar os rendimentos da Coroa com grossos ordenados, que absorvem uma grande soma do Real Patrimônio".

Casos havia, como o do juízo do mamposteiro-mor dos cativos, que não só se haviam tornado obsoletos, pois

> "é uma corporação que parece não só inútil, mas muito prejudicial pelas repetidas queixas, que dela se tem feito de violências, descaminhos e extorsões".

como continuavam a fornecer emprego para parasitários numerosos e, além disso, sem os títulos exigíveis. Em contraste, outras unidades administrativas ou judiciais pediam reforço e ampliação de funções. Tudo anota, aconselhando ao governador, o ministro zeloso.

Continuidade administrativa

Se tivermos em mente, por exemplo, o relatório de Lavradio a seu sucessor, com a apreciação pessoal de cada alto funcionário, verificamos que não houve substancial modificação no espírito e no estilo de administração ao substituir-se o domínio pombalino pelo de D. Maria. Da semelhança passamos ao franco paralelismo, senão mesmo à identidade de propósitos e processos, quando continuamos o exame das questões particulares. Assim, por exemplo, há ininterrupta continuidade de providências num mesmo sentido (em que, a rigor, poderíamos remontar ao Bobadela da fase pré-pombalina, no capítulo dos contingentes militares, pois agora Martinho de Melo e Castro apenas sumaria, referindo-se expressamente à obra de Lavradio, as experiências anteriores e delas tira diretriz definitiva num esquema que hoje poderíamos chamar de federalizado:

> "Estas forças, devendo consistir em tropas regulares e auxiliares, e não permitindo as circunstâncias de cada capitania que haja das primeiras mais que o número proporcionado à capacidade e situação dela, pois que de outra sorte seria converter em estabelecimento de guerra um país, que só deve ser composto de colonos e cultivadores; é por consequência indispensável e necessário que as segundas, isto é, os corpos auxiliares, formem a principal defesa das mesmas capitanias; porque os habitantes de que se compõem os ditos corpos, são os que, em tempo de paz, lavram nas minas e cultivam as terras; criam os gados e enriquecem o país com seu trabalho e indústria; e em tempo de guerras, são os que com as armas na mão defendem os seus bens, as suas casas, e as suas famílias das hostilidades e invasões inimigas". E mais adiante: "Se faz indispensavelmente necessário que V. Exa. conserve os ditos regimentos (do Rio de Janeiro) sobre o mesmo pé e debaixo da mesma disciplina, com que o Marquês do Lavradio os criou."

A semelhança entre as diretrizes pombalinas e marianas atinge as raias de uma identidade total e, ao mesmo tempo, curiosíssima, quando encontramos, nas observações do ministro novo ao novo vice-rei, os mesmíssimos pontos que Luís de Vasconcelos e Sousa já conhecia, e muito bem, do relatório de seu antecessor, acerca da produção e comércio. Dir-se-ia que o segundo documento foi escrito à vista do primeiro, de que difere apenas por sumariá-lo. Isso começa com as observações acerca do comportamento dos brasileiros:

> "... a ambição do ouro transportado das minas do Rio de Janeiro e a indolência ou preguiça, transcendente por todo o Brasil, fizeram esquecer aos habitantes daquela capitania o benefício e vantagem que se tiveram da cultura..."

E acaba por abordar aqueles pontos particularíssimos em que Lavradio lobriga oportunidades de conseguir novos produtos industriais e agrícolas, pois lá estão o anil, que já então bastava para atender às solicitações das fábricas portuguesas de Portalegre e Covilhã, e a famigerada cochonilha, para não falar de madeiras utilizáveis na tinturaria. Depois, a esperada palavra sobre

> "os contrabandos e descaminhos (que) não são só a ruína dos úteis vassalos, mas os que diminuem o real patrimônio destinado à causa pública..."

Ligava os dois vice-reinados um fiel continuísmo sem dúvida favorecido pela mentalidade iluminada que marcava tanto Lavradio quanto Luís de Vasconcelos, porém taxativamente imposto pelas diretrizes chegadas de Lisboa, que, ao menos nesse plano, pouco ou nada mudara. Operava, sem dúvida, o puro negativismo da "viradeira", incapaz de substituir o que desejava destruir. Esse elemento, não contraditório, ao menos paralisante, certos historiadores portugueses apressam-se em anotar como causa da loucura da rainha, para depois esquecê-lo como traço de sua extravagante administração. Resultantemente, também nesse novo período não se conhecerão verdadeiras mudanças institucionais; tal como sob Pombal, a miúda legislação administrativa, de função meramente adjetiva e objetivos bem concretos, bastará para dar vazão à iniciativa dos governantes. Ela, pois, prepondera nos dois vice-reinados que, em verdade, permaneceram, quanto a leis básicas, no mesmo velho e conhecido sistema. É verdade que, em 1778, D. Maria criou uma junta especial, sob a presidência do Visconde de Cerveira, Ministro de Estado, para rever a velha legislação e estabelecer um novo código – não apenas civil como julgou Varnhagen, pois deveria substituir, em pleno âmbito, as ordenações vigorantes, que alcançavam o direito público e privado em toda extensão. Trabalhando, e muito, a comissão de 1792, quando a rainha adoeceu, ainda não concluíra de todo a sua tarefa e desapareceu sem deixar traço efetivo na história... Assim, no que tange ao Brasil, essa rainha só assinalou seu mando, em matéria legislativa de maior importância, pelo alvará e aviso de 1785 que proibiu a atividade dos ourives e das manufaturas têxteis à só exceção dos panos grossos de algodão. E ainda nisso, malgrado o ranço de antiquado monopolismo das disposições régias, é possível perceber um eco daquelas observações que, inspiradas num mercantilismo iluminista, certa vez registrara o Marquês do Lavradio acerca do falso comércio dos comissários e da excessiva poupança dos mineiros que se faziam tecelões.

Ilustração e rebeldia   O episódio da Inconfidência, sombria nota final do vice-reinado de D. Luís de Vasconcelos, pertence a outro capítulo deste volume. A ele, portanto, aqui só nos referiremos muito brevemente com o expresso objetivo de enquadrar seus lineamentos ideológicos nos quadros de diretrizes políticas e administrativas que, pelo exame dos vice-reinados, vimos esboçando até agora. Efetivamente, devemos assinalar, na Inconfidência, a ruptura a que fatalmente se condenara o despotismo esclarecido desde que se propusera encarar aquela contradição essencial registrada na própria denominação que lhe reservou a História. Reforçar o mando todo-poderoso dos reis e, ao mesmo tempo, ilustrar os espíritos e lançar a razão em pleno exercício constituem arriscado programa que, em verdade, não poderia confiar todo o tempo na pretendida satisfação das aspirações dos súditos pelo monarca bem instruído e amigo dos filósofos. Não era possível, na prática, manter a Ilustração nos comedidos limites do enciclopedismo autorizado e, simultaneamente, impedir que a exploração dos temas políticos pela inteligência libertada levasse à revolucionária condenação do poder de origem divina e hereditário na sucessão.

No caso do Brasil colonial, inevitável se tornava ainda outra contradição, interessando esta, para além dos lineamentos ideológicos, a própria prática quotidiana do governo e administração. Efetivamente, por mais generosos que fossem os princípios inspiradores do déspota iluminado, as imposições do sistema imperial sempre haveriam de cuidar da colônia como mera fonte de alimentação da receita metropolitana. Daí, por exemplo, o contraste entre o esforço civilizador da capital do vice-reinado e o Regimento extremamente colonial imposto ao distrito dos diamantes, ou então a incoerência aparente de um governo que se interessava pela integração dos índios na comunidade dos homens livres enquanto se irritava com a tecelagem doméstica dos mineradores.

Mesmo ligeiro e reduzido à tremenda parcialidade das peças incriminadoras, um exame dos sucessos da Inconfidência logo nos revela a repercussão desses elementos contraditórios, operantes, aliás, em dois níveis conjugados, porém bem distintos. De um lado, há o grupo fortemente intelectualizado e imbuído dos ideais iluministas que colhera diretamente da cultura europeia, em que pese a sua progressiva adaptação ao meio, cuja repercussão, no plano político, pode ser encontrada exatamente na paulatina identificação das noções livrescas de "povo" e "nação" com a realidade impositiva da comunidade humana que os circundava. De outro lado, há a fatal aglutinação de simples, mas efetivos conhecimentos de fato, derivados das vicissitudes e injustiças oferecidas pela existência quotidiana, que se iria reconhecer como de possível solução nas experiências paralelas já iniciadas, como as da revolução norte-americana. Para atender ao gosto dos esquemas e das simbolizações, poderíamos aludir, caracterizando esses dois planos, aos "poetas" e a Tiradentes, porém sempre restaria acrescentar um elemento decisivo para a polarização da rebeldia, qual seja a variação de um para outro plano, da repercussão causada pelos métodos e atitudes administrativos, que por seu turno também variavam ao passarem do âmbito local para o geral. Confronte-se o epicédio que Cláudio Manuel da Costa escreveu para chorar a morte de Bobadela com a acidez altiva das *Cartas Chilenas* e ter-se-á uma medida de como, menos no princípio justificador do poder do que no estilo de seu efetivo exercício, buscavam os inconfidentes ilustrados razão de obediência ou motivo de revolta. Já o plano realista em que se plantava o inconformismo de Tiradentes – que em algo prenuncia a desacomodada posição da futura classe média brasileira, mas que em seu momento particular deveria repercutir no desassossego de todos os mineradores atormentados pelo fisco reclamando impostos atrasados – não consentia tais matizes e, quanto possamos julgar pelos poucos indícios restantes, tendia francamente para o lesa-majestade depois ansiosamente caracterizado pelos promotores da justiça reinol. Houvesse Lavradio, como Gomes Freire, conduzido diretamente os negócios das Gerais, e provavelmente os "poetas" não se arriscariam quanto se arriscaram. Esses dois planos, discerníveis, apesar de suas eventuais coligações no movimento de Minas, dão-nos a melhor medida da inter-relação existente entre os padrões culturais, os valores políticos, as práticas de governo e a realidade social.

Os três últimos vice-reis Aos três últimos vice-reis do Rio de Janeiro costuma-se fazer breve referência. Preocupados com a rapidez e complexidade dos sucessos desencadeados na metrópole pela loucura da rainha, pelo governo (de fato e depois regencial) do Príncipe do Brasil, pelo enredado das composições internacionais entre Portugal, Espanha, Inglaterra e França, que, por sua condição especial, esta ainda mais complicava enquanto transitava na Convenção ao bonapartismo, e isso sem referir à tentativa de subversão visando tomar a regência de D. João para entregá-la à sua mulher – tudo, enfim, é de molde a justificar o sumário em que se diz, de hábito, que o Conde de Resende – D. José Luís de Castro, segundo do título – fez-se ministro aos olhos do povo, embora prestando à capital bons serviços urbanos, pela dureza de modos e processos administrativos de seu vice-reinado (1790-1801), inclusive o que liquidou com a Inconfidência: e que seu sucessor (1801-1806), D. Fernando José de Portugal e Castro, vindo do Governo da Bahia, e aquele que o seguiu, D. Marcos de Noronha e Brito, oitavo Conde dos Arcos, por nenhuma providência memorável se fazem lembrar.

Tão rápido balanço há de ser, sem dúvida, injusto. Sobretudo se houver consideração das muitas e sérias providências exigidas, aqui, pela sucessão de situações de beligerância e tratados de aliança ou paz que Portugal tinha de enfrentar, enquanto, de outro lado, crescia e ganhava prestígio na metrópole o grupo de intelectuais brasileiros que, rodeando D. Rodrigo de Sousa Coutinho, mantinham o ministro informado sobre as coisas da colônia, inspirando-lhe ordens e sugestões ao representante do Rei no Rio. Mais do que isso, porém, interessa sublinhar que não há maiores alterações das diretrizes de governo e administração com os últimos três vice-reis, pois mesmo o Conde de Resende – se isolarmos o contingente pessoal de seu temperamento, que não é fator político ponderável, e considerarmos que o rigor com rebeldes contra o trono não conheceu exceção sob o despotismo esclarecido – era dos que tentavam, embora administrando uma colônia, impedi-la ao progresso e civilizá-la ao toque das luzes do espírito. São, aliás, criaturas desse momento, formadas em Portugal e lá ou aqui continuando a desenvolver-se, aqueles homens que integrariam o grupo que, junto a D. João VI reinando no Rio e a D. Pedro I feito imperador do Brasil independente, assumiria a liderança dos movimentos políticos e da gestão da causa pública.

Mas, ainda que sacrificássemos D. José Luís de Castro à má fama de sua impopularidade, não poderíamos ignorar quem foram D. Fernando José de Portugal e o Conde dos Arcos, como homens de visão e experiência muito largas. Daquele, em particular, resta uma peça muito significativa e que, por feliz coincidência, pode servir para concluir estas considerações. Já dissemos, mais de uma vez, que, conhecendo a administração notáveis progressos durante o período do vice-reinado, nenhuma alteração institucional substancial se praticara, tanto ao nível administrativo propriamente dito, quanto no plano da organização governamental.

Revisão do Regimento de 1667 Melhor do que nós, porém, já o dizia D. Fernando José de Portugal no estudo que, por provisão do Conselho Ultramarino baixada na época em que governava a Bahia e renovada por outra que já o alcançou como vice-rei, deveu desenvolver sobre o assunto, ou, mais precisamente, sobre o regimento dado a Roque da Costa Barreto, Governador-Geral em 1667. Porque esse ainda era o estatuto básico da administração colonial ao iniciar-se o século XIX.

Por aí já se pode ajuizar do imobilismo institucional português em face de uma situação real que, como a do Brasil, conhecia constantes e profundas modificações. Afora o grande planejamento latente na instituição das capitanias hereditárias e, depois, dos governos-gerais, sempre se preferiu prover, por decisões particulares de alçada limitada, aos casos concretos na medida em que fossem surgindo. Assim, encerrado o capítulo da guerra holandesa, Roque da Costa Barreto recebe, se bem que ampliado, o mesmo quadro de diretrizes fornecido na redação que lhe dera o Conde de Castanheira em 1548, ao primeiro governador-geral do Brasil. E o estudo de D. Fernando José de Portugal propende a simplesmente pô-lo em dia, acusando o que já se derrogara pelos fatos e o que os novos sucessos estavam a exigir. Assim, é o mesmo aparelhamento legal-administrativo, descrito noutros capítulos deste volume, que, de maneira geral, ainda funciona ao findar-se o regime colonial. Não é de estranhar, pois, que, por exemplo, o Regimento em vigor ainda ordenasse a residência do governador na Bahia, ou que, no outro extremo, entrasse em franca contradição com toda a legislação pombalina sobre os índios. Porque mesmo a ampla planificação de Pombal não se exprimira em estatutos legais básicos e gerais, tanto que devemos pesquisá-la preferentemente em cartas de instruções e relatórios. Mas, para além dessas aberrações e anacronismos, logo se patenteiam os embaraços trazidos pelas contradições legais, como continuar o Conselho Ultramarino com a competência teórica de arrematar contratos, quando já operavam nesse campo o erário real ou as juntas de fazenda brasileiras. Ou, então, a evidente lacuna criada, em matéria de arrecadação, pela extinção do cargo de provedor-mor em 1770. Assim, passando pelos vários capítulos da vida administrativa — composição e manutenção das forças militares; pagamento da soldadesca, clero e funcionalismo civil; relações entre autoridades eclesiásticas e seculares; providências para estimular a coleta de produtos naturais ou a cultura agrária, engenhos e fábricas; as relações, nada fáceis, entre os representantes do mundo real e os dignitários da justiça; o estatuto dos estrangeiros residentes etc. — realiza o penúltimo vice-rei um estudo comparativo, de utilidade para uma consolidação de leis administrativas que jamais se chegou a fazer, mas que, de qualquer forma, vale-nos hoje como um verdadeiro balanço da experiência colonial, do primeiro governo-geral ao fim do vice-reinado.

Imobilismo institucional e dinâmica administrativa   Não se creia, contudo, que tal sedimentação legislativa, casuística e fortuita, salvo algumas muito raras exceções, retrate a inteira fisionomia da administração e governo da colônia. Ainda se admitiria o paralelo, com algum esquematismo, para o período que da expulsão dos holandeses vai ao reinado de D. João VI; mesmo assim impõe-se anotar as modificações que a espontaneidade e a vitalidade do desenvolvimento material e econômico do país impuseram aos órgãos e estatutos institucionalizados formalmente, e a ponto de, em casos extremos, atingir aquela completa inversão funcional conhecida pelas câmaras municipais. Mas, a partir de 1750, inicia-se um período governamental e administrativo completamente distinto das práticas do velho absolutismo paternalista lusitano. Completando-se o que poderíamos considerar sua fase inicial e preparatória em 1763, exatamente com a transferência da sede do vice-reinado para o Rio de Janeiro, começaria a operar um novo sistema, atingindo tanto os princípios inspiradores, quanto os processos executivos, a que não poderiam escapar, mesmo na falta de mais profunda formalização legal, a estrutura governativa e as usanças administrativas. Não trazendo o reinado de D. Maria, como já assinalamos, verdadeira interrupção dessa experiência de planejamento e racionalização instalada pelo pombalismo, pôde ela continuar a desenvolver-se, com o que a colônia se afastaria dos padrões de uma grande feitoria para aproximar-se, ao menos em parte, de uma estrutura quase estatal. A definição jurídica do território e a efetiva ocupação das fronteiras, a centralização do poder, sua utilização num sentido corretivo da imperfeita rotina do passado e numa função propulsora das atividades produtivas e distribuidoras, o estabelecimento ao menos experimental de mais corretos quadros burocráticos, militares e judiciários, conjugaram-se num arcabouço, provavelmente apenas esboçado, porém já oferecendo possibilidades desconhecidas no período anterior a Pombal. Sobre ele, efetivamente, viria assentar-se o poder real quando para cá se transladasse.

CAPÍTULO II

INQUIETAÇÕES NO NORTE

O PERÍODO colonial não fora, no norte, um período que justificasse a afirmativa de que a dominação portuguesa impôs a modorra, a rotina, a quietude. Toda uma vasta série de pronunciamentos, ora através da ação violenta das ruas, ora do encaminhamento de protestos, de pleitos impetrando o reconhecimento de direitos, pode ser indicada para significar que a sociedade ou as sociedades que elaboravam no norte e no extremo norte se iam, dia a dia, investindo de um estado de consciência que importava demonstrar a existência de amplo processo de politização das respectivas populações.

A luta entre holandeses e o nativismo   Nos episódios da luta contra os holandeses podemos, facilmente, encontrar as raízes desse estado de espírito. Os nordestinos, seja na fase em que defenderam o solo em face da investida do batavo agressor, seja quando se levantaram em armas para expulsá-lo e reintegrar aqueles distritos do ultramar português, sob a soberania peninsular, davam demonstração positiva de que já possuíam sentimentos cívicos ponderáveis que se exteriorizavam com uma eloquência impressionante.

O despertar da consciência cívica   No particular do extremo norte, essa consciência cívica, que não significava, aqui como lá, é certo, nessa fase, um propósito autonomista, mas a exacerbação ideal visando a um melhor estado de vida, um estado de direito mais de acordo com as necessidades e realidades regionais, e os interesses que se estavam criando e exigiam as soluções que nem sempre eram perfeitamente compreendidas ou atendidas pelos estadistas do reino ou pelos que eles mandavam a gerir a coisa pública na colônia, despertou ainda mais cedo. Assim, logo depois da fundação do Presépio e começos de Belém, registrou-se uma explosão popular, de que resultou a prisão do Capitão-

Fundador Francisco Caldeira de Castelo Branco e sua substituição no Governo por uma junta provisória. Às arbitrariedades do administrador, respondiam com o ímpeto do levante. Nos anos seguintes, a inquietação prosseguiria, significando que a sociedade local não era apenas turbulenta, mas profundamente dominada pelo espírito de liberdade. Não admitia a interferência do poder público limitando seus interesses ou dificultando o exercício de suas atividades materiais naquilo em que elas significavam criação de riqueza e portanto de bem-estar material.

A sucessão de incidentes foi registrada por João Lúcio de Azevedo. Escreveu o historiador português:

"Até 1628 sucedem-se as contendas pela posse do governo. Em 1625, tumultos, a propósito da lei sobre as administrações de índios, que os moradores não cumpriram. Novos motins em 1628, por serem abolidos os resgates. Em 1634, sedição contra o Capitão-mor Luís do Rêgo Barros que, apeado do cargo, vai procurar a S. Luís refúgio e socorro para restabelecer o princípio da autoridade. Em 1677 conjuração dos habitantes contra o governador Pedro César de Meneses; nela tomaram parte, com os seculares, alguns clérigos; malogrou-se por denúncia dos religiosos da Companhia de Jesus."

Para ele, toda essa movimentação, refletindo insubordinação e desrespeito às leis, não passava de uma decorrência do mau proceder dos governantes. O comportamento das autoridades autorizava os gestos nervosos dos moradores. A irreflexão de uns justificava a atitude de outros. De qualquer modo, o que se pode inferir do quadro é que a colônia, aos poucos, despertava para a sustentação de suas aspirações e daquilo que entendia que era dever do poder público conceder-lhe ou reconhecer-lhe, assegurando-lhe como direito líquido e certo.

Problemas relativos à mão de obra indígena — O problema da utilização do braço do gentio americano constituía o fundamento maior para todas aquelas inquietações que quebravam a paz local. Os colonos justificavam sua cobiça sobre os indígenas como a resultante das necessidades coletivas – sem eles, nada seria possível construir de definitivo ou mesmo de passageiro. Eles eram multidão, sabiam os segredos da floresta, conheciam todos os meios de viver no meio agreste do extremo norte, impondo-se, portanto, não apenas numericamente, mas qualitativamente, isto é, pelas condições culturais de sua identificação admirável com o meio. Os colonos, sem eles, não podiam desenvolver as suas atividades. Os colonos chegavam para ganhar, para amealhar, para dirigir. Não tinham vindo para subordinar-se, para trabalhar com as próprias mãos. O índio era, assim, essencial à vida regional. Obstar a que fosse utilizado, portanto, parecia-lhes uma prática contrária aos próprios interesses do reino.

Ora, não era essa a ideia que os religiosos, em particular os jesuítas, defendiam com ardor. Segundo eles, os índios deviam contribuir de outra maneira para a criação da sociedade e da economia regionais. Dignificados na sua condição de primitivos, trazidos à mudança de cultura pela sua integração nos padrões que os missionários entendiam representar como expressões de Europa, não podiam nem deviam sujeitar-se à colaboração violenta que os colonos impunham, mas, sob orientação deles, adquirir uma nova condição. O conflito seria fatal. E, em 1624, estourava a reação da colônia. Frei Cristóvão de Lisboa, franciscano, logrou um acordo com os colonos. Em 1642 os moradores do Pará haviam agido contra os jesuítas a fim de evitar que se opusessem à utilização do braço indígena na condição de escravo. Em 1652, a comoção popular estivera a pique de revestir-se da maior gravidade. O Capitão-Mor Baltasar de Sousa Pereira fora forçado a parlamentar com a população amotinada. Em 1655, os moradores de Gurupá aprisionaram os dois inacianos que missionavam ali, expulsando-os. Em 1681, o protesto em Belém, cuja Câmara conseguira o apoio da Câmara de S. Luís, foi mais sério, pois dele resultou a expulsão de todos os membros da Companhia de Jesus que operavam no Pará.

O Pe. Antônio Vieira

Um perdão geral, expedido a 12 de setembro de 1663, pôs em ordem a região, momentaneamente. Antônio Vieira, contra o qual se alegavam as razões dos colonos, através de uma vasta exposição, elaborada por Jorge de Sampaio e Carvalho, conseguiu a providência tentando o equilíbrio da situação. Legislação posterior, decretada a 30 de março e 1º. de abril de 1680, procurando disciplinar as relações entre os colonos e o gentio, como mão de obra para os quefazeres econômicos, assegurara a atuação dos religiosos, em particular os jesuítas, que eram encarregados, praticamente, de uma parte considerável na execução das medidas legais. O mal-estar, em consequência, voltou a registrar-se. O Bispo, D. Gregório dos Anjos, que inaugurava a nova diocese, pôs-se ao lado dos colonos. As Câmaras de Belém e de S. Luís possuíam quase permanentemente em Lisboa procuradores que lidavam ali na defesa dos interesses. Agravando a situação, decreta-se, a 19 de setembro de 1676, um estanco.

A mão de obra africana

As condições do extremo norte estavam visivelmente a exigir uma política mais de acordo com a realidade vigente. Era preciso enfrentar o problema da mão de obra. A solução seria, de acordo com a visão imediatista da época, a introdução do braço africano. Até então a mercadoria negra chegara em porção pequena. Quase nada. A 12 de fevereiro de 1682 foi celebrado contrato com a companhia que se organizou para a realização do novo plano. O alvará expedido nessa data atribuía à companhia: o monopólio, por vinte anos, do comércio do Estado, sob a obrigação de

> "meter 10.000 negros na colônia, no espaço de vinte anos. Cabia-lhe, por outro lado, fornecer todos os gêneros de consumo, aos preços marcados: 14$000 pelo quintal de ferro, 100$000 por cada negro, um côvado de gorgorão 1$600; e assim por diante, especificados todos os artigos desordenadamente na tabela; a mercadoria humana, que eram os filhos de África, de envolta com os gêneros secos e molhados. Proibia-se, pelos mesmos vinte anos, todo comércio direto dos habitantes com os outros vassalos do Reino e conquistas; todas transações seriam por intermédio da Companhia. Taxava-se preço aos produtos do Estado. Impunha-se pena de confisco a qualquer embarcação que violasse o bloqueio."

O contrato com a companhia do Maranhão foi celebrado com aprovação emitida pelo alvará de 12 de fevereiro de 1682. Os assentistas eram Manuel Prêto Valdez, Pedro Álvares, Antônio da Gama de Pádua, Pascoal Pereira Jansen, Antônio Rodrigues Marques e Luís Correia da Paz. O contrato que firmaram impunha-lhes e assegurava-lhes, além daquelas obrigações e direitos, mais: isenção de impostos para as baunilhas, cacau e qualquer outro gênero nativo que fosse descoberto pelo espaço de dez anos; autorização para realizar entradas ao sertão, nele montando as feitorias necessárias ao bom andamento dos negócios; melhoria da produção das baunilhas e do cacau por meio de especialistas que ensinassem técnica mais útil aos proprietários rurais; posse de cem casais de índios no Pará e outros cem no Maranhão para fabricação de farinhas com que sustentar os negros que chegassem da África. Os governadores ficavam obrigados a facilitar-lhes toda a ação. Criava-se-lhes verdadeiro foro especial para os feitos comerciais e criminais. O Estado conceder-lhes-ia o uso de edifícios e armazéns para moradia dos assentistas e seus criados, funcionários da companhia e depósito das mercadorias. O cacau valeria, para efeito de negócio com os assentistas, 4$000 a arroba; o cravo, 6$000; o tabaco, 1$600.

O início do tráfico   Iniciando os seus trabalhos, a companhia montou armazéns em S. Luís, iniciou a compra da produção local e a introdução dos negros. Era representante da organização na capital do Estado Pascoal Jansen, contra o qual começaram logo as murmurações. Falava-se que as operações da companhia eram realizadas em meio a procedimentos pouco limpos. Acusavam-se pessoas de prol da sociedade local de andarem envolvidas nos negócios. Estava governando o Estado, desde maio de 1692, Francisco de Sá de Meneses, que tentara consertar a situação, a princípio por meios drásticos, depois maneirosamente, mas por fim viajando para Belém, que disputava a São Luís as preferências dos governantes.

O suprimento de negros e a aquisição da produção local não se efetuaram, porém, conforme as obrigações da concessão monopolística. E o resultado foi que, sem a possibilidade do braço indígena, sem o braço africano e sem condições financeiras para progredir nos seus trabalhos de lavoura, os maranhenses começaram a dar demonstrações de insatisfação. O processo de formação desse estado de espírito não foi tão vagaroso como pode parecer. Ao contrário, decorridos menos de dois anos do início dos trabalhos da companhia, a insatisfação era imensa, sem que se sentisse de parte do poder público qualquer propósito de assegurar melhoria ou de impor aos concessionários o cumprimento das cláusulas do assento. O quadro da conjuntura foi assim indicado em cores bem vivas por João Francisco Lisboa:

"Os administradores não só faltaram às diversas obrigações a que se haviam sujeitado, como se demasiaram em toda a casta de roubos e vexações. Os pesos e medidas de que usavam eram falsificados; as fazendas e comestíveis expostos à venda, da pior qualidade, e até corruptos; e tudo aquilo em quantidade insuficiente para o abastecimento do mercado, e por preços superiores aos taxados. Assim aconteceu logo com uma pequena carregação de escravos, que se vendera a cento e dez e a cento e vinte mil-réis, à vista, quando o máximo preço baixado era de cem mil-réis, e a prazo, sob pretexto de que pertenciam não ao estanco, mas a um negócio particular de Pascoal Jansen. Contra o ajustado impedia-se ou dificultava-se aos moradores a remessa das suas drogas para o Reino, ou retorno do que elas lá produziam, se alcançavam mandar algumas. O estanco só recebia em pagamento cravo e pano, recusando o açúcar, cacau, tabaco e couros; e daí resulta que, não podendo os moradores dar outras saídas a estes produtos, viam-se obrigados, para os não perder de todo, a sacrificá-los por baixos preços a mal disfarçados agentes do mesmo estanco, dos seus administradores, ou de outros potentados, que os compravam a poder de barato. Os navios não vinham ao Estado com a regularidade afiançada; e para que nenhum gênero de vexação faltasse naquela geral opressão, tinham os administradores uma grande aldeia de índios, ocupados em lavrar farinhas e outros gêneros, que, postos à venda em grande escala no estanco, faziam uma concorrência ruinosa, nos demais lavradores já extenuados."

Conflitos em torno do tráfico   O estado de ânimo agravou-se. O Bispo Gregório dos Anjos solidarizou-se com os seus paroquianos. Os franciscanos, os carmelitas e os sacerdotes seculares acompanharam a manifestação do prelado. As Câmaras de S. Luís e de Belém dirigiram petição de protesto ao Capitão-General de S. Majestade. Começaram a circular pasquins contra os assentistas. O ouvidor de S. Luís, furtando-se a uma demonstração contra o povo, fez corpo mole na devassa que o mandaram organizar. O carmelita Elias de Santa Teresa, o franciscano Inácio de Assunção e o vigário Inácio da Fonseca pregaram sermões de franco incitamento à agitação. O carmelita foi o mais ardoroso nas suas pregações. Contra ele os acusados pediram a providência governamental, pois que sua palavra era de verdadeiro comando à rebelião.

Expulsão dos jesuítas   Com a ida do capitão-general para Belém, sucedera-o no governo local, na qualidade de Capitão-Mor, o Sargento-Mor Baltasar Fernandes, que não se mostrava o homem com as condições para enfrentar o momento. Era um fraco, que não se impusera. E tanto assim, que na madrugada de 25 de fevereiro de 1684, partindo do hospício dos franciscanos, um grupo de colonos, tendo à frente Manuel Beckman e Manuel Serrão de Castro, aprisionou Baltasar, ocupou os armazéns da companhia e, marchando sobre o Colégio dos Jesuítas, apontados como solidários com os monopolistas, mas na realidade procurados porque combatiam a escravização do gentio, prendeu-os também. Uma grande assembleia, realizada na Câmara Municipal, declarou abolido o estanco, encerradas as atividades da companhia, deposto o capitão-mor e decidiu a expulsão dos inacianos. A multidão que esteve presente aplaudiu a deliberação. Foi constituído governo, composto de uma junta, que seria integrada pela própria edilidade, mais três membros estranhos ao corpo de vereadores, João de Sousa Castro, Manuel Coutinho de Freitas e Tomás Beckman, tudo sob a supervisão de dois procuradores do povo, que foram Manuel Beckman e Eugênio Ribeiro Maranhão, proprietários rurais, portanto representantes diretos da nobreza local.

Os jesuítas foram embarcados para Lisboa. Para lá seguiu também um representante dos rebeldes, Tomás Beckman, irmão de Manuel Beckman, em cujas propriedades no Mearim fora urdido o plano revolucionário. Ao Governador e à Câmara de Belém fez-se comunicação dos sucessos. Àquele pedia-se compreensão para o fato; a esta, solidariedade ao movimento, solidariedade que não ocorreu, seguramente em face da presença do capitão-general que teria agido no sentido de evitar um gesto nervoso da Câmara, enquanto ele, de si, nenhum ato tivesse praticado para impor a ordem em S. Luís, restaurando a legalidade.[1]

Em Lisboa, os sucessos causaram estupefação. Os jesuítas representaram ao rei. Houve os exames de rotina para o caso, com advertências acerca dos reflexos futuros de pronunciamentos daquele tipo. Seria perigoso contemporizar. Decidiu-se então enviar novo capitão-general, agora um homem enérgico que ia revelar-se com as grandes qualidades dos homens de Estado – Gomes Freire de Andrade.

O Governo de Gomes Freire

Não houve reação. Gomes Freire, depois de uma sondagem no espírito da guarnição de S. Luís, a 16 de março de 1685 desembarcou facilmente, ocupando a cidade com as forças que o acompanhavam de Portugal. Os que haviam dirigido a rebelião já não guardavam o mesmo espírito de luta ou de solidariedade. As dissidências entre eles tinham vindo a furo, prejudicando a unidade de vistas para medir forças com as autoridades régias. Ademais, o principal estava alcançado – a extinção do estanco. Foram iniciadas as devassas normais para apurar as responsabilidades de todos quantos tinham participado dos acontecimentos. Gomes Freire, todavia, ouvindo diretamente os moradores e as autoridades menores do Estado, inclusive as Câmaras, verificou o fundamento da comoção coletiva. Dirigindo-se ao Rei, deu-lhe conta do que apurara – os maranhenses tinham razão nas queixas contra a companhia. O estanco foi abolido, agora definitiva e legalmente. Manuel Beckman e Jorge Sampaio, apontados como os mais comprometidos ou almas da violência, foram condenados à morte e enforcados. Outros sofreram a pena de prisão e degredo. Aos menos atuantes, Gomes Freire concedeu, em nome do Monarca, um perdão. Os jesuítas, restituídos ao Estado, regressaram sem demonstrações de queixas e sem propósi-

---

[1] O capitão-general tentou uma aproximação com Beckman, mandando-lhe representantes que foram Antônio de Albuquerque Coelho de Carvalho e Hilário de Sousa Azevedo. Este teria proposto a Manuel um perdão e "vantagens monetárias", recusadas prontamente.

tos de ajuste de contas com seus adversários, mas sem abdicar dos princípios pelos quais se batiam e que se tornaram um elemento de conflito permanente com os moradores. A revolução, evidentemente, vencera nos seus objetivos maiores. Não significara uma surtida contra a integridade da colônia, nem importara na quebra de obediência a D. Pedro II como representante da soberania de Portugal.[2] O movimento maranhense servia para evidenciar a existência de consciência coletiva, perfeitamente identificada com os interesses locais, e filiava-se à série de pronunciamentos do mesmo tipo que ocorreram por todo o mundo americano nos séculos XVII e XVIII.[3]

---

[2] A grande dúvida entre os historiadores que estudaram o pronunciamento maranhense está no fato de, para alguns, fiados em Francisco Teixeira de Morais, que escreveu uma *Relação histórica e política dos tumultos que sucederam na cidade de S. Luís do Maranhão*, divulgada na *Revista do Instituto Histórico e Geográfico Brasileiro*, tomo XL, Rio, 1877, Manuel Beckman, que já escrevera nos seus serviços à causa pública no Maranhão uma atuação anterior contra atos de força governamentais, o que lhe valera deportação para Gurupá, no rio Amazonas, estar no propósito de desligar a região da obediência a Portugal. O pronunciamento seria, assim, o primeiro movimento tendente a levar pelo menos a uma secessão da colônia no seu setor extremo norte. A documentação que se guarda em Portugal, em particular no Arquivo da Ajuda, não foi ainda examinada de maneira a permitir uma conclusão definitiva. A bibliografia conhecida sobre o assunto não é suficiente. Não se conhece a devassa pertinente. O fato de Manuel ter sido condenado à morte e enforcado seria bastante para demonstrar o crime de inconfidência?

[3] Esses pronunciamentos coletivos que estouraram na América espanhola e na própria América portuguesa têm sido objeto de investigações e do que já se apurou vai ficando evidenciado que em nenhum deles havia uma vontade secessionista perfeitamente clara. Em todos, apura-se a existência daquele estado de consciência contra o poder público violento e de defesa dos direitos coletivos. Têm raízes espirituais, mas, também, materiais, econômicas. Será conveniente, todavia, registrar que, no particular do Brasil, houve dois episódios que merecem uma referência especial, conquanto também não signifiquem propriamente um anseio dos brasileiros que se elaboravam como povo. O primeiro deles ocorreu quando a Amazônia era parte integrante do império espanhol e se ia procedendo ao seu reconhecimento inicial. A expedição que partira do Peru sob o comando de Pedro de Ursua foi sacudida por uma série de violências orientadas por Lopo de Aguirre, que a conduziu, em dado momento, a declarar a região desligada de qualquer obediência à Espanha, proclamando-se mesmo a independência e aclamando-se rei do novo Estado, que se constituiria, um membro da "jornada sangrenta", Fernão de Gusmão. Ano de 1561, dia 23 de março. Sobre o assunto há copiosa bibliografia. Cf. EMILIANO JÓS, *La expedición de Ursua al Dorado y la Rebelión de Lopo de Aguirre*, Huesta, 1927; E. JÓS, *Ciencia y Osadia sobre Lopo de Aguirre*, Sevilha, 1950; JOSÉ DE ARTECHE, *Lopo de Aguirre, traidor*, San Sebastian, 1951; JUAN B. LASTRESS e G. ALBERTO SEGUIN, *Lopo de Aguirre, el Rebelde*, B. Aires, 1942.

**Decorrência
da dominação holandesa** Decorridas menos de três décadas, em 1710, registrava-se em Pernambuco acontecimento de maior gravidade, que sobressaltaria o poder público em Portugal e era indício certo de que as sociedades nortistas estavam assumindo uma consciência cada dia mais firme de como resolver os seus problemas pelas próprias mãos.[4]

Recife e Olinda A cidade de Olinda entrara em decadência com a dominação holandesa. Recife, preferido pelos governantes batavos, assumira porte político que após a expulsão dos invasores não se dispusera a perder. André Vidal de Negreiros, um dos heróis da façanha militar, restaurara a dignidade do burgo que Duarte Coelho iniciara na Nova Lusitânia. A velha nobreza pernambucana sustentava-lhe a importância, enquanto a burguesia endinheirada reinol, que aumentava expressivamente, manifestava seu interesse em que a sede da administração permanecesse no Recife, onde tinham os seus grandes haveres e de onde começava a dirigir os negócios da produção regional pelo investimento de seus capitais no vaivém mercantil. Os governadores sentiam certas inclinações pelo núcleo-porto, de onde sua presença constante ali em decréscimo de Olinda, que estiolava desamparada do carinho oficial. Crescia Recife, enquanto Olinda perdia o fausto do passado.

O Governador Sebastião de Castro e Caldas, que viera dirigir a capitania em 1707, empossado a 9 de junho, fortificando as pretensões dos moradores do Recife, praticamente desconheceu a existência de Olinda como sede do poder público local. E em atos descorteses para com a

---

O segundo episódio também ocorreu na Amazônia. O chefe Manao, de nome Ajuricaba, num esforço que lhe assegurou a condição de símbolo regional, promoveu a confederação do gentio do vale do Rio Negro, opondo-se à penetração dos portugueses e colonos paraenses e maranhenses. Criou-se um estado de guerra que sobressaltou as autoridades reinóis, provocou o pronunciamento do Conselho Ultramarino e do próprio Monarca, exigindo a movimentação de grandes recursos militares, inclusive artilharia e operações de certa envergadura.

[4] A 31 de agosto de 1666, o Capitão-General Jerônimo de Mendonça Furtado foi deposto. Entrara em conflito com a Câmara de Olinda e outras autoridades locais. O motivo alegado para o pronunciamento foi a suspeita de que estaria em entendimento perigoso com franceses de uma esquadra fundeada no porto do Recife. Assumiu a direção da Capitania a Câmara de Olinda, que a transferiu ao Mestre de Campo André Vidal de Negreiros, que pacificou os espíritos. A ordem foi restabelecida, nenhuma providência tomara Lisboa contra os que se haviam levantado contra a autoridade constituída, remetida presa para a metrópole peninsular.

Câmara de Olinda, entrou em atritos com ela, provocando representação ao Rei e advertência deste para que se compusesse com os vereadores, tratando-os com as devidas deferências.⁵

Os moradores do Recife desejavam vê-lo graduado na condição de vila. Não toleravam facilmente que, pela importância mercantil e demográfica de que se revestia, permanecesse sujeito a Olinda, como um simples bairro, sem a maioridade política que se reconhecia pela posse de uma Câmara de Vereadores. O Governador apoiava a pretensão. Pela carta régia de 28 de janeiro de 1700, D. Pedro II vetara a pretensão. Mas a 19 de novembro de 1709, deferira, com o ato que concedia a medida de há muito pleiteada. Determinava S. Majestade que o Governador e o Ouvidor fixassem os limites do novo município. Este último era o Dr. José Inácio de Arouche, ligado à nobreza pernambucana, portanto sem simpatias pelos planos dos mercadores do Recife. Foi substituído pelo Dr. Luís de Valenzuela Ortiz. Castro e Caldas, apressando-se em executar a ordem do Monarca, na noite de 14 para 15 de novembro de 1710, fez erigir o pelourinho, desse modo investindo Recife na categoria de vila com o governo municipal logo também instalado.⁶ Venciam os mercadores reinóis.

Em Olinda, a novidade provocou irritação. Tratava-se, porém, de providência régia. Devia ser acatada? O incidente agravou-se em virtude da discordância que surgiu a propósito da jurisdição a ser exercida. O ouvidor, com os vereadores de Olinda, entendia que essa jurisdição reduzia-se ao porto de Santo Antônio, Boa Vista e Afogados, onde vivia o contingente do comércio. O Governador, com este, pretendia que Recife devia compreender as freguesias de Cabo, Ipojuca e Moribeca. Como decidir?

Em Olinda resolveu-se agir violentamente. Urdiu-se um atentado contra o Governador, que foi avisado. Planejou-se, inclusive, a sua substituição por Filipe de Moura Acioli, Alcaide-Mor.⁷ A 10 de outubro, quando passava pela Rua das Águas Verdes, Castro e Caldas foi alvejado a tiros. Saiu ferido. Sem perder tempo entrou a agir tentando o uso da força militar. Ordenou prisões, inclusive do ouvidor que, em companhia do Bispo, se dirigia à Paraíba e conseguiu escapar à perseguição dos soldados expedidos para capturá-lo. A reação veio pronta. Em Olinda armaram-se os

---

⁵ Sobre os atritos de Castro e Caldas com a Câmara, cf. FERNANDES GAMA, *Memórias Históricas da Província de Pernambuco*, IV, pp. 58/9, Recife, 1844.

⁶ A Câmara escolhida para o funcionamento inicial estava integrada pelos seguintes vereadores: Joaquim de Almeida e Simão Ribeiro Ribas, reinóis, e Manuel de Araújo Bezerra e Luís de Sousa Valadares, pernambucanos.

⁷ Filipe de Moura não foi levado ao governo, tendo falecido quando se dirigia para Olinda.

que estavam decididos a jogar a partida com a mesma decisão com que a haviam iniciado através do atentado. O Governador, sabedor de que teria de enfrentar uma situação das mais difíceis, fugiu para a Bahia numa sumaca, pondo-se sob a proteção do Governador-Geral e de lá dirigiu copiosa informação para Lisboa, narrando os fatos a seu modo.

Quanto aos de Olinda, marcharam sobre Recife, de que se apoderaram facilmente, destruindo o pelourinho.[8] O grupo que levou a termo o ato usara plumas para dar a impressão de que eram índios; portanto, o procedimento era praticado pelos seculares donos da terra. O espírito nativista era visível.

Criava-se agora o problema do governo – quem substituiria Castro e Caldas? A fiarmo-nos nos documentos oficiais, os rebeldes de Olinda, a 10 de novembro, examinando a conjuntura, estiveram indecisos entre as duas fórmulas agitadas – entrega do poder ao bispo ou constituição de administração independente, sob forma de república; portanto, desligando Pernambuco da sujeição ao reino peninsular. Por fim, prevaleceu a corrente que sustentava a conveniência da chamada do bispo. Bernardo Vieira de Melo, proprietário rural, Fidalgo Cavaleiro da Casa Real, Sargento-Mor, Hábito de Cristo, ex-governador do Rio Grande do Norte, figura da maior projeção na sociedade local, soldado distinto nas campanhas contra os Palmares, teria sustentado a ideia da independência, modelando-se o novo Estado pela Holanda, ou Veneza, ou buscando a proteção do rei de França. Os pernambucanos já tinham dado muitas demonstrações de que sabiam agir e dirigir-se sem necessidade de interferência dos poderosos peninsulares.[9] Ao lado da proposta de Vieira de

---

[8] Os chefes do movimento nas várias freguesias do interior foram: Capitão-Mor Pedro Ribeiro da Silva, Capitão-Mor Matias Coelho, Miguel Ferreira de Melo, Francisco Cavalcanti, Francisco Fernandes Anjo, Antônio Fernandes Bitancourt, Cristóvão de Holanda. Entrando no Recife, além da destruição do pelourinho, rasgaram o foral régio criando a vila, queimaram as listas dos eleitos para a Câmara, apoderaram-se dos livros abertos para os registros das sessões da edilidade, destituíram dos cargos os reinóis, obrigando-os a ir a Olinda fazer a entrega das insígnias dos postos de que estavam investidos por decisão régia.

[9] A monografia de Mário Melo, pela documentação que divulga, parece deixar perfeitamente claro o pensamento de certo grupo de nobres de Olinda quanto à secessão. O assunto, que está merecendo uma análise serena, já fora agitado pelo Major JOSÉ DOMINGUES CODECEIRA na monografia *A Ideia Republicana no Brazil. Prioridade de Pernambuco*, Recife, 1894. A respeito, a bibliografia é a seguinte: Padre JOAQUIM DIAS MARTINS, *Os Mártires pernambucanos vítimas da liberdade nas duas revoluções em 1710 e 1817*, Recife; MANUEL DOS SANTOS, *Narração Histórica das calamidades de Pernambuco succedidas, desde o ano de 1707 até o de 1715*, in *Revista do Instituto Histórico Brasileiro*, 53, parte II;

Melo declararam-se figuras de importância do grupo rural.[10] O Bispo, D. Manuel Álvares da Costa, foi chamado a assumir o governo. Exigiu-se-lhe, porém, o compromisso de atuar de acordo com Olinda. Apresentou-se-lhe requerimento:

"Que se devassasse do governo o procedimento de Sebastião de Castro e Caldas. Que se destrua a criação da vila do Recife para nunca mais haver. Que sejam desterrados, e tidos e havidos por traidores à pátria Cristóvão de Barros e outros. Que todos os contratos serão arrematados na cidade de Olinda, como cabeça que é de Pernambuco. Que não se consentirá haver mais tributos, nem contratos dos que há. Que se conservará sempre um juiz do povo, feita cada ano a sua eleição por vinte e quatro misteres. Que haja acrescentamento na moeda que tem um P. (cunhada em Pernambuco) e que esta não corra em outras cidades, e o que se dever, se pagará por letras, como em Angola. Que todos os governadores, ouvidores e juízes com seus oficiais de justiça morarão na cidade, e só dois ou três meses no Recife, em tempo de frota, para a expedição dela. Que cada freguesia haverá um capitão-mor nela morador, que a governe, e não outro, nem morador em outra. Que a nenhum senhor de engenho, lavrador seu, ou de roças, se fará execução em coisa nenhuma mais do que no rendimento das lavouras, por avaliação e não arrematação, ficando a terça parte para seus donos. Que nenhum mercador nem filho de Portugal votará em pelouros, servirá posto de milícia nem de república. Que se não aceitarão sindicantes, nem se perguntará nunca pelas sublevações passadas, nem haverá alcadas. Que o sal não valerá mais de 320 réis. Que por demora, que possa haver em quaisquer pagamentos, se não levarão juros, nem lucros alguns. Que se ponham os preços nas fazendas com muita moderação até a chegada da frota, e que daí em diante o ponha o mercador à fazenda e o lavrador ao açúcar. Que S. Majestade mande andar as frotas anuais como de antes. Que todos os governadores serão fidalgos, e se não

---

ANTÔNIO GONÇALVES LEITÃO, *Guerra Civil, ou Sedições de Pernambuco, in Revista do Instituto Histórico Brasileiro*, 16; Dr. VICENTE FERRER, *Guerra dos Mascates*, 2ª. edição, Lisboa, 1915. O historiador português MANUEL LOPES DE ALMEIDA divulgou em *Brasília*, vol. IV, Coimbra, 1951, o manuscrito *Relação do levante de Pernambuco em 1710*. O exame da devassa, que não foi feito até o presente, será esclarecedor.
[10] Ter-se-iam pronunciado pela sugestão de Bernardo V. de Melo, segundo se depreende dos cronistas e da documentação pertinente, Antônio de Lima Barbosa, Manuel de Melo Bezerra, Antônio Bezerra Cavalcanti, André Dias de Figueiredo, José Tavares de Holanda, João de Barros Rêgo, Leonardo Bezerra Cavalcanti e Pedro Ribeiro da Silva.

meterão com os contratos, nem outros negócios, pelo grande prejuízo que recebe o povo. Que sejam desterrados os que acompanham a Sebastião de Castro, e a outros cúmplices, e seus bens confiscados, e tidos e havidos por traidores ao povo. Que cada mulher viúva, cujo marido morreu na defesa da pátria, se lhe dêem 100$000 dos bens dos cabos dos presídios. Que o reverendo bispo governador não entregará o governo ao novo sucessor sem que lhe prometa em nome de el-rei fazer cumprir e guardar os capítulos acima."

Outras imposições foram feitas. Visavam a assegurar melhor a situação impedindo a possibilidade de uma ação dos homens do Recife, contra a nova situação que se elaborava com tanta firmeza e a obtenção de providências que consultavam os interesses coletivos ao mesmo tempo em que reafirmavam a disposição de manter a região num novo sistema: concessão de porto franco a duas naus estrangeiras para carregar açúcar; ida de dois barcos a Tamandaré para trazer o açúcar local e das redondezas, dada a distância em que ficavam no reino como porto de embarque; introdução de moeda de cobre de vintém e dez-réis; autorização para a instalação de um convento de freiras destinado ao recolhimento das "filhas da terra"; reconhecimento da tapagem levantada pelos moradores de Olinda na ponte do Viradouro.[11] Era evidente que os sentimentos coletivos tomavam uma orientação realisticamente nacionalista.

O bispo, a 15, assumiu. Lançou o perdão desejado, confirmado, posteriormente, pela carta régia de 8 de junho de 1711. O Governador da Bahia, D. Lourenço de Almeida, comunicou-lhe apoio à investidura e à política que realizasse visando à pacificação geral. E numa demonstração ainda mais positiva, que valia pela aprovação ao gesto nervoso dos olindenses, prendia Sebastião de Castro e Caldas, recusando dar-lhe qualquer ajuda para a recuperação do posto de que fora corrido pela vontade popular.

Os mascates   Os mercadores do Recife vinham sendo alcunhados de *mascates*. Inconformados com a vitória de Olinda, planejavam um ajuste de contas. O Capitão-Mor da Paraíba, João da Maia da Gama, que mais tarde seria Capitão-General do Estado do Maranhão e Grão-Pará, cooperou com eles. Conseguiram mais a ajuda de elementos do Cabo, Goiana e do "terço" de Camarão. E certos do sucesso, anunciando

---

[11] VIRGÍNIA RAU e MARIA FERNANDA GOMES DA SILVA, historiadoras portuguesas, divulgaram em *Os Manuscritos do Arquivo da Casa de Cadaval respeitantes ao Brasil*, vol. II, págs. 352/4, a "Capitulação que fizerão os levantados", além de um resumo dos sucessos e um pronunciamento acerca de penalidades a aplicar ao bispo, págs. 349/51.

que Castro e Caldas voltaria, depois de um choque entre soldados do "terço" dos Palmares e reinóis, levantaram-se. Correra dinheiro para a compra dos fáceis, dos hesitantes, dos que não tinham opinião formada ou aguardavam o pronunciamento dos mais fortes. Correndo ao Convento do Carmo, onde se haviam refugiado os reinóis que o bispo mandara expulsar da capitania por suas atitudes contrárias à nova ordem de coisas, libertaram-nos atirando-se aos gritos de "viva el-rei" e "morte aos traidores", contra os adversários. O bispo foi aprisionado, bem como Bernardo Vieira de Melo. Sob coação, o bispo-governador escreveu circular às autoridades do interior para que aceitassem os novos sucessos que visavam à restauração do governo legítimo. O Capitão João da Mota estava à frente dos insurretos. D. Manuel Álvares, conseguindo fugir, alcançou Olinda, onde organizou a resistência. Preparou-se a defesa da vila por uma rede de trincheiras artilhadas. Foi constituída uma junta governativa, integrada pelo Ouvidor Valenzuela Ortiz, Mestre-de-Campo Cristóvão de Mendonça Arrais, vereadores Domingos Bezerra Monteiro, Antônio Bezerra Cavalcanti e Estêvão Soares de Aragão. Criaram-se, em direção ao Recife, posições fortificadas, sob o comando de oficiais fiéis à causa de Olinda, desse modo iniciando-se o assédio do burgo reinol. Do sertão começaram a chegar destacamentos que vinham participar da luta.

Registraram-se vários encontros: em Santo Amaro das Salinas, Boa Vista, Afogados, Barreta, atacados pelos sitiados, que foram repelidos. Em Guararapes e Sebiró, perto de Serinhaém, venceram os que lutavam pelo Recife, mas, em Garapu, o Sargento-Mor Cristóvão de Holanda Cavalcanti vingou aquelas derrotas sofridas pelos de Olinda.

Félix José Machado de Mendonça Eça Castro e Vasconcelos, mandado de Lisboa para administrar a capitania, exigiu que o bispo reassumisse para transmitir-lhe o governo. Assim foi feito. Em Olinda, perante a Câmara, recebido por entre as melhores demonstrações de respeito da nobreza local, Félix Machado empossou-se a 10 de outubro de 1711. Foram-lhe tributadas homenagens especiais. Os do Recife, para conquistá-lo, procuraram repetir as homenagens. Tanto em Olinda como no Recife houve representações teatrais e banquetes a que o governador compareceu, parecendo equidistante dos dois grupos. Em breve, contudo, revelava-se partidário, pendendo para os mascates.[12] Alegando que descobrira uma conspiração contra sua vida, ativou a perseguição aos que estariam envolvidos na conjura. Foram presas mais de cento e cinquenta pessoas.

---

[12] Sobre o governo de Félix Machado, cf. a documentação divulgada por VICENTE FERRER *in Revista do Instituto Arqueológico e Geográfico Pernambucano*, vol. XVI.

Cerca de quatrocentas refugiaram-se no sertão. As devassas sucediam-se, promovidas pelo Ouvidor João Marques Bacalhao, Juiz de Fora Paulo Carvalho e sindicante José Romão Cotia. Bernardo Vieira de Melo entregou-se preso.[13] Sequestraram-se os bens dos indiciados, cujas figuras principais foram mandadas para Lisboa, depois de denunciadas no Recife como réus de lesa-majestade e de inconfidência.[14] O perdão concedido pelo bispo e reafirmado pelo rei era letra morta. A Câmara de Olinda, sem se arrecear da prepotência de Félix Machado, que não poupara o próprio bispo, deportado para o S. Francisco, dirigiu-se a Sua Majestade, reclamando uma providência enérgica, para pôr fim aos horrores de que padecia. A 7 de abril de 1714, foram mandadas suspender as violências. Devia restaurar-se a paz. A capitania não prosperaria sem quietude.[15] O pronunciamento que separava reinóis e naturais da colônia resultara na vitória do Recife, mantido na condição de vila e na de capital da capitania. Os sentimentos nativistas, no entanto, não perdiam vigor. As diferenças entre uns e outros continuariam em atos da mais variada espécie nesse mesmo século XVIII em outros trechos do próprio norte do Brasil.

---

[13] Vieira de Melo, tendo sido condenado, apresentou-se ao Capitão-Mor da vila de Porto Calvo, que o transferiu para o Recife, de onde foi enviado para Lisboa. Ali faleceu, encerrado que fora na prisão do Limoeiro.

[14] Foram em número de cinquenta os presos enviados a cumprir pena em Lisboa, em cuja prisão do Limoeiro faleceram André Vieira, filho de Bernardo, Manuel Cavalcanti Bezerra, Cosme Bezerra Cavalcanti, João Luís Corrêa, Marias Coelho Barbosa e André Dias de Figueiredo, cf. MÁRIO MELO, *ob. cit.* O Conselho Ultramarino tomou conhecimento dos acontecimentos através de ampla documentação. Os pronunciamentos dos ministros integrantes daquela Corte foram no sentido de que devia haver punição exemplar. Em todos eles sente-se que arraigava a ideia de que os olindenses não reduziam os seus sentimentos a uma ação contra o Recife, mas a uma desobediência ao Rei, o que importava separação sob forma republicana. O parecer final do Conselho está divulgado na *Revista do Instituto Arqueológico e Geográfico Pernambucano*, nº 41, Recife, 1891.

[15] O Vice-Rei Angeja mostrou-se profundamente compreensivo. Sobre essa sua atitude, cf. documentação em *Documentos Históricos,* vol. cit. Entre outras providências, pedia a atenção de governantes e governados de Pernambuco para as distâncias que criavam com as denominações de "naturais e mascateiros". Todos eram portugueses, "porque o nascimento não dá à terra senão a origem".

CAPÍTULO III

INQUIETAÇÃO REVOLUCIONÁRIA NO SUL: CONJURAÇÃO MINEIRA[1]

MINAS GERAIS, com sua população adventícia, constituída de aventureiros "má qualidade de gente e toda solteira, sem ter que perder", segundo D. Pedro de Almeida, foi, em seus primórdios, o teatro de freqüentes turbulências. Depois das Guerras dos Emboabas e nas primeiras décadas do século XVIII, o espírito de ganância não deixou de provocar conflitos entre governantes e governados. Entre as revoltas desencadeadas por medidas de ordem fiscal, tem merecido destaque, por parte dos historiadores, a de 28 de junho de 1720, que agitou o distrito de Vila Rica e só foi debelada graças à contrarrevolução desencadeada pelo Conde de Assumar. Encerrou-se o episódio com a morte de Filipe dos Santos, que foi condenado à forca e esquartejado, castigo comum na época. Impunha-se, assim, a autoridade do Governo Real e salvava-se a vida dos principais cabeças da rebelião.

Tem-se atribuído um sentido nativista a esta revolta de 1720 e considerado Filipe dos Santos um precursor de Tiradentes. Os estudos de Feu de Carvalho não deixam, entretanto, mais nenhuma dúvida a propósito do caráter reinol do incidente. Todos os implicados eram portugueses, inclusive Filipe dos Santos, que, além do mais, era procurado pela justiça portuguesa por abandono de lar, em Portugal. Nada mais errôneo, pois, do que dar idêntico sentido ao episódio em que foi protagonista Filipe dos Santos e ao da Conjuração Mineira. Se ambos tiveram por pretexto imediato medidas de ordem fiscal, seu significado histórico e social é inteiramente diverso. O primeiro surgiu numa sociedade em formação e consis-

---

[1] Caberia também neste lugar, entre as manifestações de cunho nativista, o capítulo sobre a chamada Guerra dos Emboabas, já incluído, entretanto, na parte dedicada à "expansão territorial", de que é inseparável. V. vol. I, p. 326. (Nota de S. B. H.)

tiu num conflito primário de interesses contrariados. Enquanto o segundo apareceu numa sociedade estabilizada, altamente organizada e denunciava já as fissuras da estrutura colonial.

Antecedentes da Inconfidência Mineira   A Inconfidência Mineira, ao contrário das rebeliões anteriores, prendia-se à conjuntura histórica ocidental e revelava a corrosão, pelas novas ideias e pelas transformações econômicas e sociais, das instituições vigentes na época. Desmoronavam-se, com efeito, em fins do século XVIII, o Antigo Regime e o Sistema Colonial por ele engendrado. Este já recebera um forte abalo com a Independência dos Estados Unidos da América do Norte, enquanto aquele vivia, na França, os seus últimos momentos.

As ideias e acontecimentos que abalavam assim a ordem política e social do Ocidente não podiam deixar de repercutir nas colônias portuguesas da América. Os motivos de descontentamento aqui não faltavam e eram cada vez mais numerosos os brasileiros que frequentavam as universidades europeias onde se expunham, naturalmente, à influência das tendências renovadoras. Um desses estudantes, José Joaquim da Maia, natural do Rio de Janeiro e que cursava a Universidade de Montpellier, ousara mesmo dirigir-se a Thomas Jefferson, então ministro dos Estados Unidos junto ao governo francês, e obteve dele uma entrevista que se realizou em Nimes. Nesses contatos com o ministro americano, Maia tentou conseguir, sem êxito porém, o apoio dos Estados Unidos para a independência do Brasil.[2]

Enquanto os estudantes alimentavam esperanças de independência, sentia-se cada vez mais, na colônia, a opressão do regime. O descontentamento lavrava notadamente na até então opulenta Capitania de Minas Gerais. Suas riquezas em ouro aluvional haviam-se esgotado rapidamente. Uma exploração mais produtiva exigia um capital que os mineiros não possuíam e essa falta de cabedais os reduzia a simples faiscadores, com prejuízo da produção e dos rendimentos. Aos espíritos mais judiciosos não escapava essa decadência da produção aurífera, e administradores de visão como o Governador D. Rodrigo de Meneses propunham à Coroa portuguesa uma série de reformas com a criação de um fundo de crédito

---

[2] Durante o processo dos Inconfidentes de 1789, fez-se referência à tentativa de José Joaquim da Maia. Não se pode, porém, inferir dos documentos conhecidos nenhum entrosamento entre a Inconfidência Mineira e a iniciativa de Maia que, aliás, já havia morrido quando se verificou o movimento mineiro. O fato não exclui, entretanto, possíveis ligações ideológicas entre as duas tentativas.

aos mineiros e o estabelecimento de uma fábrica de ferro, a fim de baratear um artigo indispensável à mineração. D. Rodrigo animava-se a apresentar tal recomendação mesmo sabendo que ela contrariava frontalmente o sistema colonial vigente. Defendia, porém, os interesses da Régia Fazenda.

A Coroa, entretanto, não se convencia do esgotamento das aluviões auríferas e, sem dar atenção aos planos de reforma sugeridos por D. Rodrigo, persistia em atribuir a diminuição do rendimento do quinto à fraude e ao extravio. Calculando-se uma produção média de 500 arrobas por ano, estabelecera-se, em 1750, que o rendimento anual do quinto deveria ser de 100 arrobas. Para completá-la imaginou-se o injusto meio da *derrama*, isto é, exigia-se da população a diferença. Todos os habitantes, mineradores ou não, eram obrigados a contribuir, calculando-se as contribuições ao acaso, segundo as estimativas sobre as posses de cada um. Dessas circunstâncias decorriam abusos de toda sorte que implantavam o terror na região toda vez que se lançava a derrama.

Administração de D. Luís da Cunha Meneses O ambiente na Capitania de Minas Gerais tornou-se particularmente desanimador durante a longa administração (1783-1788) do sucessor de D. Rodrigo, o Governador D. Luís da Cunha Meneses, tristemente célebre pelos seus desmandos. Havia entre os naturais do país um sentimento generalizado de hostilidade para com o elemento reinol, particularmente para com o séquito dos governadores, e uma atitude de perplexidade ante o fato de permanecerem eles pobres numa terra célebre pela sua riqueza. Bastaria um motivo concreto, imediato e um líder para se armar um levante.

A ocasião não tardou a apresentar-se. Em julho de 1788 chegava a Vila Rica o novo Governador, Luís Antônio Furtado de Mendonça, Visconde de Barbacena, com ordens expressas de lançar a derrama. De 1774 a 1785 o rendimento médio do quinto havia sido de 68 arrobas por ano. Para completar o imposto destes doze anos era necessário que a população contribuísse com o equivalente de 384 arrobas de ouro. Não é de admirar que ficasse alarmadíssima.

Joaquim José da Silva Xavier No momento do desembarque do Visconde de Barbacena, andava pelo Rio de Janeiro um alferes do Regimento de Dragões, ou cavalaria paga, de Vila Rica, Joaquim José da Silva Xavier, conhecido por Tiradentes. O alferes, entre outras aptidões, tinha conhecimentos práticos de medicina e possuía "inteligência mineralógica", isto é, tinha noções empíricas sobre a natureza dos solos, o que era aproveitado pelos governadores que o enviavam em expedições de reconhecimento e levantamento do sertão. Mesmo os domínios da hidráulica não lhe eram estranhos, pois estava no Rio tentando obter licença para canalizar uns córregos.[3]

Espírito vivo e empreendedor, não se conformava com sua situação modesta e procurava fortuna e projeção social. Havia sido mascate e, em 1781, alistou-se na tropa da Capitania de Minas Gerais. Apesar dos serviços prestados e das comissões de responsabilidade que lhe foram confiadas, Tiradentes, na sua carreira militar, só atingiu o posto de alferes, sendo sempre preterido nas promoções. Feio, de olhos esbugalhados, desprezado pelos poderosos, objeto muitas vezes de riso de seus conterrâneos, não tendo mesmo "compadres" que lhe dispensassem proteção, via desvanecerem-se os seus sonhos de glória. Tentou a fortuna na mineração, chegando a adquirir uma pequena propriedade e quatro escravos. A empresa só lhe trouxera dívidas. Não lhe faltavam, pois, motivos de insatisfação e já sob o Governo de Cunha Meneses manifestava publicamente o seu descontentamento em relação à administração portuguesa.

Não desanima, porém, e parte para o Rio, em licença, a tentar novamente a fortuna. Por essa ocasião, em agosto de 1788, soube da chegada, vindo da Europa, de José Álvares Maciel, filho do Capitão-Mor de Vila Rica. Maciel formara-se em Filosofia e História Natural em Coimbra e passara mais de um ano na Inglaterra estudando química e observando as manufaturas do país. Tiradentes vai procurá-lo a pretexto das obras hidráulicas e provavelmente visando a obter capital necessário para o empreendimento. A conversação versou naturalmente sobre as notícias da Europa, e a imaginação já fértil do alferes inflamou-se ao saber da opinião das nações europeias a respeito do Brasil que, apesar de suas riquezas, não se animara a seguir o exemplo da América inglesa. Em encontros posteriores continuaram a conversa e trataram da possibilidade de levante.

Não temos elementos para afirmar a quem cabe a primazia da ideia. Tiradentes confessou em seu depoimento a própria responsabilidade, afirmando que no encontro com Maciel "entrou [...] a lembrar-se da independência". É possível, porém, que a ideia lhe tenha sido sutilmente sugerida por Maciel. Não há dúvida, entretanto, que Tiradentes foi o espírito propulsor da conjuração. De volta às Minas não perde tempo e já em cami-

---

[3] Um requerimento, registrado na Câmara do Rio de Janeiro, em 19 de junho de 1788, refere-se a tirar água do córrego Catete ou Laranjeiras e do rio Andaraí ou Maracanã para edificar moinhos. Cf. "Um requerimento de Joaquim José da Silva Xavier", *Revista do Arquivo Público Mineiro*, vol. II (1897), p. 365.

nho inicia a sua propaganda a favor da independência, propaganda que continuou a desenvolver em Vila Rica e arredores. O argumento essencial de Tiradentes consistiu em apresentar a essa gente, já descontente e oprimida, o confronto entre sua pobreza, suas dificuldades e a terra rica e fértil, contendo ouro, diamantes e todos os demais produtos capazes de torná-la um florescente império. Chegou mesmo a afirmar que Portugal deliberadamente impedia a prosperidade dos naturais do país e que Barbacena trouxera instruções para que as fortunas particulares, em Minas, não ultrapassassem 10.000 cruzados. Não hesitava em fantasiar os fatos para atingir os seus intentos. Fazia parte de sua técnica revolucionária. Assim, para incutir em seus ouvintes as possibilidades de êxito da empresa, garantia o apoio dos países estrangeiros, particularmente dos franceses, cuja invasão, no início do século, permanecia ainda viva na lembrança dos brasileiros. Convém notar também que Tiradentes não se considerava um insurreto. Aos que lhe objetavam o seu intento, respondia que não se tratava de "levantar", mas sim de "restaurar", isto é, devolver a terra aos seus próprios donos.

O alferes não se limitou, porém, a aglutinar em torno de sua ideia o descontentamento popular. Hábil organizador, tentou constituir um núcleo composto de elementos de projeção na capitania, núcleo que seria o grupo dirigente do levante, os conjurados propriamente ditos. Esta tarefa não seria fácil numa sociedade em que prevaleciam ainda os preconceitos de casta. Ora, Tiradentes não era rico, nem possuía categoria social. Tinha, aliás, consciência do fato e, no seu primeiro interrogatório, defendendo-se, alegou não ter "valimento, nem riqueza, para poder persuadir um povo tão grande a semelhante asneira". Foi-lhe necessário pôr à prova grande capacidade de persuasão em que se revelou um aliciador de primeira ordem.

Preparação do levante — Concentrou seus esforços iniciais na conquista da personagem capital para o êxito do levante: o Tenente-Coronel Francisco de Paula Freire de Andrada. De origem ilustre, pois descendia, pelo lado paterno, do segundo Conde de Bobadela, José Antônio Freire de Andrada, e, pelo lado materno, da família Sá e Benevides. Rico e influente, controlava além de tudo a tropa paga da capitania, pois era tenente-coronel do Regimento de Dragões, o regimento a que pertencia Tiradentes. Benquisto de seus soldados, Francisco de Paula, hierarquicamente logo abaixo do governador em comando, era por assim dizer o chefe efetivo da milícia. A adesão de Francisco de Paula foi conseguida através da lisonja, afirmando-lhe Tiradentes que o Rio de Janeiro estava disposto à revolta, esperando porém que ele, Tenente-Coronel Francisco de Paula Freire de Andrada, tomasse a iniciativa para depois segui-lo. O trabalho foi em parte facilitado pelas ligações de família entre Francisco de Paula e Maciel, pois eram cunhados.

Obtida a aquiescência do tenente-coronel, por seu intermédio e graças ao seu prestígio, conseguiu-se a participação mais ou menos efetiva de outros elementos categorizados da capitania. Em fins de dezembro de 1788, reuniram-se em casa de Francisco de Paula, este, seu cunhado Maciel, Tiradentes e o Padre Carlos Correia de Toledo e Melo, vigário de São José del-Rei, sacerdote rico e influente. Discutiram-se as possibilidades do levante por ocasião do lançamento da derrama e suas probabilidades de sucesso, tendo-se em vista a autossuficiência da Capitania de Minas Gerais. A conversa versou apenas sobre generalidades, nada se decidindo.

Não é certa a presença de Inácio José de Alvarenga Peixoto nesta primeira reunião. De qualquer forma foi logo informado do assunto por Francisco de Paula e por Maciel, e discutiram mesmo a questão. Informa em seu depoimento que o tenente-coronel acreditava no êxito da sublevação no caso de também se revoltarem as Capitanias do Rio de Janeiro e São Paulo, e que Maciel lhe garantiu o apoio das nações estrangeiras, visto o grande interesse dos negociantes, particularmente ingleses, na abertura dos portos da América. Francisco de Paula lembrou também os nomes de Tomás Antônio Gonzaga, Cláudio Manuel da Costa, o Padre Correia e o cônego de Mariana, Luís Vieira da Silva, que tinham "ascendência sobre os espíritos dos Povos".

Dias depois, há uma segunda reunião, ainda em casa de Francisco de Paula, estando presentes os mesmos da reunião anterior, mais o Padre José da Silva e Oliveira Rollim, do Serro Frio, distrito de Diamantina, filho do primeiro Caixa dos Diamantes. Homem abastado, o Padre Rollim era acusado de extravio e outros crimes aos quais parecia não se dar muita importância, pois conservava o seu prestígio na comunidade. Alvarenga a princípio não se encontrava presente à reunião, comparecendo mais tarde a chamado do Padre Correia.

Nessa segunda reunião os conjurados passaram das considerações gerais às deliberações concretas. Acreditavam a tal ponto na capacidade de resistência de Minas Gerais, que resolveram não esperar pela ação conjunta do Rio de Janeiro e São Paulo, mas sim tomar a iniciativa do levante. Essa certeza do êxito da operação era reforçada pelo fato de os Estados Unidos que, na opinião dos conjurados, possuíam muito menos recursos do que Minas Gerais, terem sustentado, no entanto, uma longa guerra, "em umas Praias Lavadas, não tendo outras minas mais que um pouco de peixe secco, algum trigo e poucas fabricas". A ideia de iniciar a revolta em Minas fora de Tiradentes, apoiado por Alvarenga. O alferes, conhecedor da situação do Rio de Janeiro, não estava disposto a perder tempo esperando por um auxílio problemático.

O levante dar-se-ia por ocasião da derrama. Tiradentes, que exigia para si a parte mais arriscada, despertaria a população aos gritos de "Viva a Liberdade!" Nisso acudiria o Tenente-Coronel Francisco de Paula com o seu regimento e tomaria conta da situação sob o pretexto de restabelecer a ordem. Tiradentes partiria então para Cachoeira, residência do governador, e prenderia o Visconde de Barbacena, que seria despachado para Portugal. Aventou-se a ideia de decapitá-lo, mas os conjurados se decidiram por uma conduta mais humanitária. O Padre Correia, o Padre Rollim e Alvarenga contribuiriam com alguns homens e reduziriam, respectivamente, as regiões da Vila de São José, do Serro Frio e da Campanha. O Padre Rollim daria também alguma pólvora, assim como o contratador dos dízimos, Domingos de Abreu Vieira, natural de Portugal, velho pacato e probo que Francisco de Paula e o Padre Rollim arrastaram à aventura, amedrontando-o com a grande quantia que deveria pagar em caso de derrama. O jovem Maciel foi encarregado de estabelecer uma fábrica de pólvora e, no futuro, outras manufaturas. Com o quinto fariam face às despesas, principalmente o pagamento da tropa.

O problema da escravidão

Surgiu a questão da escravidão, mas não como instituição incompatível com a nova República que pretendiam fundar. Estavam tão pouco imbuídos do humanitarismo do século XVIII que a ideia não lhes ocorreu. Os escravos apresentavam-se como um possível obstáculo aos seus intentos. Sendo muito maior o número de pretos, poderiam aproveitar-se da situação e matar os brancos. Alvarenga sugeriu então que se lhes concedesse a liberdade, objetando Maciel que seria desorganizar o trabalho das minas e da lavoura. Com a sua habitual inconsequência, Alvarenga respondeu que se libertassem apenas os mulatos. Os inconfidentes não se detiveram no exame de tão importante questão que ficou em suspenso. O que eles queriam com Tiradentes à frente era ação. Não se esqueceram, porém, de escolher a bandeira e suas armas que, por sugestão de Alvarenga, seriam um índio ou um gênio rompendo seus grilhões, com a legenda – *Libertas quae sera tamem* – tomada de Virgílio.

Trabalho de aliciamento

Depois dessa reunião, os conjurados se dispersaram, à espera da ocasião propícia, isto é, a derrama.

Ficou, entretanto, combinado que trabalhariam pela causa, aliciando novos adeptos. Tiradentes continuou sua propaganda, dirigindo-se às pessoas "usando da arte, que lhe parecia necessaria conforme os caracteres dellas". O seu entusiasmo revolucionário era compartilhado pelos Padres Correia e Rollim que, com o alferes, se mostravam os conjurados mais ativos.

A denúncia   A sua atenção nesse trabalho de aliciamento dirigiu-se principalmente àqueles que tinham motivos específicos de queixa contra a administração portuguesa, destacando-se, entre eles, os devedores do Erário Régio. Foi assim que a notícia do levante, por intermédio do Sargento-Mor Luís Vaz de Toledo Piza, irmão do Padre Correia, chegou ao conhecimento do Coronel Silvério dos Reis, contratador que devia grossas somas à Régia Fazenda. Decidiu Silvério dos Reis denunciar os inconfidentes ao Visconde de Barbacena, na esperança de que sua dívida fosse perdoada, o que realmente se deu. À denúncia de Silvério, no dia 15 de março de 1789, seguiu-se a do Tenente-Coronel Basílio de Brito Malheiros do Lago e a do Mestre de Campo Inácio Correia Pamplona. Tomando suas precauções, o Visconde de Barbacena suspendeu a derrama que se pretendia lançar e enviou Silvério dos Reis ao Rio de Janeiro a relatar os acontecimentos ao Vice-Rei, D. Luís de Vasconcelos e Sousa, e seguir os passos de Tiradentes. Este, no início do mês de março, antes da denúncia, sentindo os ânimos um tanto frios em Vila Rica, havia partido para o Rio, a fim de verificar a resposta aos seus requerimentos sobre as pretendidas obras hidráulicas, sem renunciar, porém, aos seus intentos subversivos. Sentindo-se vigiado, tenta escapar, mas é preso no dia 10 de maio de 1789.

Prisão dos conjurados   À prisão do alferes, seguiu-se, em Minas Gerais, a dos demais implicados. As denúncias envolviam não só os conjurados propriamente ditos, mas todos aqueles que tinham maior ou menor ligação com o projetado levante, ou que, tendo dele conhecimento apenas, não o denunciaram. Entre os presos contavam-se pessoas de grande preeminência social na capitania, como o Desembargador Tomás Antônio Gonzaga, o Dr. Cláudio Manuel da Costa, o Cônego Luís Vieira da Silva, o Dr. Domingos Vidal de Barbosa, além de Alvarenga Peixoto, Francisco de Paula e os padres Correia e Rollim. Cláudio Manuel da Costa, segundo logo se divulga, enforcou-se na prisão de Vila Rica. Os demais foram remetidos para o Rio de Janeiro.

A devassa   Iniciou-se a devassa, em Minas e em seguida no Rio de Janeiro, processo que durou quase três anos. Só em abril de 1792 levantou-se a sentença. Vários foram condenados à morte, pena depois comutada para o degredo perpétuo. Os considerados menos implicados, como Gonzaga a Vidal de Barbosa, foram sentenciados ao degredo temporário. O único a sofrer a pena de morte foi o alferes Joaquim José da Silva Xavier, que havia assumido toda a responsabilidade do movimento e soube suportar sua sorte com a maior dignidade. Foi enforcado no dia 21 de abril de 1792, no Rio de Janeiro, sendo seu corpo esquartejado, seus membros espalhados pelo caminho que assistira a suas pregações e sua cabeça exposta em Vila Rica. A sentença dos sacerdotes permaneceu secreta. Foram enviados para Lisboa, onde permaneceram encerrados, por quatro anos, na Fortaleza de São Luís da Barra e depois internados em conventos.

A composição da conjura

Da análise desse movimento subversivo conhecido em nossa História sob a denominação de Inconfidência ou Conjuração Mineira, verifica-se que, se o projetado levante não teve um chefe no sentido exato da palavra, é, entretanto, incontestável que Tiradentes foi o seu agente propulsor, não só no sentido de incitar os ânimos à revolta, mas também de delinear os contornos e estabelecer as diretrizes básicas da ação, selecionando os cabeças e circunscrevendo o movimento à Capitania de Minas Gerais, pelo menos em sua fase inicial. Tiradentes, apesar de sua inferior condição social, era, entre os conjurados, o que possuía maior aptidão à liderança, pela sua perspicácia e habilidade no trato e no manejo dos homens, aliadas à sua grande generosidade. É possível mesmo que o reconhecimento, ou melhor, a intuição desse fato tenha contribuído, em parte, para que Gonzaga e Cláudio não aderissem formalmente ao movimento. Cheios de preconceitos, esses letrados não poderiam aceitar sem relutância o papel preeminente desse pobre *tapado*, segundo expressão de Cláudio. A explicação é particularmente válida em relação a Cláudio. A atitude de Gonzaga é mais complexa. Um estudo mais aprofundado a seu respeito ultrapassa, porém, os limites deste capítulo.

A participação de Gonzaga

Essas considerações nos levam a ponderar a participação de Gonzaga, de Cláudio e do Cônego Vieira, as três inteligências mais eruditas de Minas Gerais, na época. Não há dúvida de que os três se interessaram com maior ou menor cautela pelo movimento. Desejavam, senão uma revolução e uma república, pelo menos reformas que aliviassem os rigores do sistema colonial e colocassem talvez mesmo o Brasil num pé de igualdade com Portugal, solução que mais tarde será adotada. Ainda muito ligados à cultura portuguesa, hesitariam em quebrar os laços que os uniam à pátria lusitana.

Em casa de Gonzaga, onde estavam hospedados dois dos conjurados, o Padre Correia e Alvarenga, e na de Cláudio discutiam livremente o assunto. Na residência do influente contratador João Rodrigues de Macedo, seu hóspede, o Cônego Vieira discorria abertamente sobre a História de Portugal e das Américas e especulava sobre os resultados de uma eventual independência da América espanhola e sobre o formidável Império que já se poderia ter estabelecido no Brasil por ocasião da Restauração Portuguesa, se os Braganças se transferissem para os domínios americanos. Aliás, grande parte da população conhecia, em suas linhas gerais, o movimento, podendo-se, provavelmente, explicar tal liberdade de discussão pelo fato de o Governador, Visconde de Barbacena, viver retirado, em seu palácio de Cachoeira, a alguma distância de Vila Rica, ocupando-se de suas criações e seus estudos de História Natural.

Participação de outros conjurados

Dos três, Gonzaga era o que menos se empenhara. Propalou-se que fora encarregado de redigir as leis da nova República. É possível que os conjurados tivessem essa intenção e chegassem mesmo a fazer-lhe a proposta. Nada, porém, nos autoriza a afirmá-lo e os próprios inconfidentes confessaram ter envolvido o ouvidor para se utilizarem de sua influência e angariarem adeptos. Era consultado, pois sua opinião era considerada valiosa, mas não teve Gonzaga a imprudência de dar a sua adesão e, quando se convenceu da impraticabilidade do levante ou de seu radicalismo, procurou o Visconde de Barbacena, tentando convencê-lo de fazer suspender a esperada derrama. Retirava assim ao movimento o seu motivo, impedindo que se consumasse a loucura. Os outros dois, Cláudio M. da Costa e o Cônego Vieira, comprometeram-se mais nas discussões, mas não podem ser considerados propriamente conjurados.

Estes foram apenas os que participaram das duas reuniões em casa de Francisco de Paula, isto é, o dono da casa, Tiradentes, os padres Correia e Rollim, Maciel e Alvarenga. Se excetuarmos os dois últimos, verificamos que se tratava de homens rudes, afeitos às asperezas da vida sertaneja. Mesmo os dois sacerdotes ocupavam-se mais de seus negócios do que das almas de seus paroquianos. Inclinavam-se mais à ação do que a discussões acadêmicas ou especulações abstratas. A literatura estava representada apenas por Alvarenga, que não perdia a oportunidade de mostrar-se espirituoso, envolvendo-se assim levianamente num movimento que seus amigos Cláudio e Gonzaga encaravam com cautela. O poeta estava, porém, cheio de dívidas, insolvíveis, apesar de todos os seus bens. A revolta seria, provavelmente, um meio de recuperar a fortuna.

A participação de José Álvares Maciel na Inconfidência, embora discreta, não foi menos efetiva. Foi ao contato de sua pessoa e suas ideias que Tiradentes inflamou-se e ideou o plano de insurreição. Sua influência junto a Francisco de Paula não pode deixar de ter sido considerável. O tenente-coronel soube proteger e ressalvar a responsabilidade de seu jovem cunhado. Mas suas citações do Abade Raynal denunciavam conversas e pregações de Maciel. Este agira também junto a Alvarenga tentando convencê-lo da possibilidade de um apoio por parte das nações estrangeiras, particularmente da Inglaterra. Além do mais, seu papel na futura nação era importantíssimo, pois estava encarregado da industrialização do país. A figura de Maciel está a reclamar investigações mais minuciosas. Ela nos interessa não só pela sua participação e seu desempenho na Inconfidência Mineira, mas também como representante dessa nova geração que na Europa recebia uma educação menos clássica, mais voltada para as ciências experimentais e que no Velho Mundo presenciara o impacto político produzido pela independência dos Estados Unidos. Pragmático por formação e tendências, como bem revela na discussão a propósito da libertação dos escravos, Maciel certamente se inclinava mais para as ideias inglesas ou as instituições americanas do que para o racionalismo francês. Passara um ano e meio na Inglaterra, trouxera na sua bagagem um exemplar de uma *História da América Inglesa* arrematado num leilão em Birmingham e a estudava minuciosamente. Filiara-se, na Europa, à maçonaria e é possível que sua ação tivesse maior amplitude do que a que os documentos da devassa deixam entrever.

Ideologia da Inconfidência   O problema da filiação ideológica da Inconfidência Mineira não é de fácil abordagem, tão escassas e vagas são as ideias que transparecem nos documentos. Mesmo enfrentando-o pela análise do pensamento de seus participantes os resultados não são muito satisfatórios. Os conjurados propriamente ditos não se preocupavam em formular princípios orientadores, nem estabelecer bases ideológicas da sua ação. Os únicos que pela sua maior instrução poderiam ter tentado uma teorização do movimento, Alvarenga e Maciel, não o fizeram. Em Maciel, nada indica a menor inclinação ao Filosofismo francês. Suas tendências, já o vimos, o aproximam mais dos anglo-saxões. Quanto a Alvarenga, superficial e imbuído de antiguidade clássica, sua República, provavelmente, lembraria mais as de Roma e Grécia do que a estabelecida pelos patriarcas americanos ou a futura República Francesa.

É bem possível, entretanto, que os conjurados propositadamente tivessem deixado esta tarefa às mentalidades consagradas da capitania, isto é, Gonzaga, Cláudio e o Cônego Vieira. Ora, dos três, só Gonzaga nos legou, através de seus escritos, um conjunto de ideias que nos permite conhecer o seu pensamento. Este, porém, nada tem de revolucionário. Homem do século XVIII, aristocrata por temperamento e educação, Gonzaga, como Voltaire, favorecia, politicamente, um Estado regido por um príncipe justo e progressista, o déspota esclarecido. Voltaire, aliás, estava bem representado nas bibliotecas da Capitania de Minas Gerais e o Cônego Vieira possuía também *L'Esprit des Lois*, de Montesquieu, e trabalhos sobre os Enciclopedistas. A posse de certos livros, entretanto, nem sempre é critério suficiente para identificar com as do autor as ideias do possuidor.

Bem mais subversiva era a literatura que se passava de mão em mão entre os conjurados e seus simpatizantes, obras que se recitavam mesmo de cor. Eram as Leis (*sic*) e a História dos Estados Unidos e era este *best-seller* do século XVIII, *Histoire Philosophique et Politique des Établissements e du Commerce des Européens dans les deux Indes*, do Abade Raynal. Obra superficial e confusa, era porém eminentemente destrutiva, solapando as bases do Antigo Regime. Na biblioteca do Cônego Vieira havia também um exemplar do Abade Mably, *Observation sur le Gouvernement des Etats Unis de l'Amérique*, além de outras histórias da América. Estavam, pois, representados nas Minas os dois maiores propagandistas do espírito revolucionário da época: Raynal e Mably.

O exemplo da América Inglesa

Em face da destruição trazida por esses escritores, o que se apresentava aos conjurados de construtivo? Apenas a Constituição Americana. Sabe-se que alguns a estudavam e o próprio Tiradentes interessara-se em conhecê-la e pedira a um amigo que traduzisse alguns trechos. Ignora-se porém até que ponto seria utilizada. Numa reunião em casa de Cláudio, discutiu-se a forma do novo Governo e falou-se em parlamentos. Um principal, na capital que seria transferida para São João del-Rei, e vários, subalternos, em outras localidades. Cogitar-se-ia de um regime parlamentarista, federalista ou simplesmente de uma fórmula que se aproximasse do sistema de *self-government* das colônias da América inglesa? A evidência conhecida não nos permite tirar nenhuma conclusão. Não se sabe mesmo se essa república limitar-se-ia a Minas Gerais ou estender-se-ia por todo o território brasileiro. Provavelmente esperavam a adesão futura das outras capitanias, particularmente do Sul. No momento contavam apenas com Minas, considerando-a capaz de subsistir como país independente ou pelo menos resistir por longo tempo, dada a sua suposta autossuficiência em recursos naturais.

As futuras leis que os rumores divulgavam correspondiam a queixas precisas contra o sistema colonial que pretendiam abolir. O comércio de diamantes seria livre, uma Universidade seria fundada em Vila Rica, os dízimos pertenceriam aos vigários, medidas seriam tomadas para remediar a escassez monetária, fábricas seriam estabelecidas com técnicos vindos do estrangeiro, e as classes inferiores poderiam vestir o que quisessem, enquanto os de categoria social mais alta, dando o exemplo, só vestiriam fazendas da terra. Já despontava o nacionalismo econômico e já se anunciavam as tendências a favor da industrialização do país, política em que, futuramente, Minas Gerais desempenhará um papel proeminente. Justamente por se dirigir fundamentalmente contra o regime colonial e suas peias econômicas, o movimento revela-se, sob esse ponto, mais rico em ideias.

Não foi uma insurreição de letrados, mas de homens descontentes visando a sacudir o jugo português. Embora não se tenham elementos suficientes para indicar com precisão suas filiações políticas, sofreu, inegavelmente, o impacto do Iluminismo francês, não sob a forma de sua filosofia, mas de seus ataques ao Antigo Regime, e o da independência dos Estados Unidos da América do Norte pela força do exemplo.

A falta de consistência ideológica não invalida o significado histórico da Inconfidência Mineira. Era um sintoma da desagregação do Império Português na América. A Coroa portuguesa bem o sentiu e tentou, por um castigo exemplar, deter a marcha do processamento histórico e impedir, pelo terror, que seus domínios seguissem o exemplo da América inglesa. Refletia, por outro lado, os impulsos de um povo que tomava consciência de sua realidade, suas particularidades e suas possibilidades. Nesse sentido foi nacionalista, mesmo que pretendesse circunscrever-se a Minas Gerais. Pode-se, portanto, considerá-la, sem hesitação, um movimento precursor da Independência do Brasil.

CAPÍTULO IV

A CONJURAÇÃO DO RIO DE JANEIRO

A CONJURAÇÃO do Rio de Janeiro, de todos os movimentos conspiratórios precursores da Independência, foi o mais inofensivo do ponto de vista da ameaça à ordem estabelecida. Não se conseguiu apurar nenhuma medida de ordem prática, sequer esboçada. Tudo ficou numa série de conversas entre intelectuais que purgaram na longa prisão os possíveis desabafos contra as autoridades.

A Academia Científica   O grupo inicial de escritores formou-se na *Academia Científica do Rio de Janeiro,* organizada sob os auspícios do Marquês do Lavradio, e cujos estatutos foram aprovados em 1771, realizando-se a primeira sessão pública a 18 de fevereiro de 1772.

Tinha por fim especialmente tratar de assuntos científicos, como o nome indicava, e compreendia três classes: a de cirurgia, a de história natural e a de física-química, farmácia e agricultura. Chegou a ter um horto botânico. A essa instituição atribui o Visconde de S. Leopoldo a glória de ter promovido a elaboração da *Flora fluminensis* de Frei José Mariano da Conceição Veloso, aliás primo irmão de Tiradentes.

A sociedade durou poucos anos. Deve-se-lhe somente a criação do primeiro núcleo de intelectuais fluminenses, como então se diziam todos os moradores do Rio de Janeiro.

A Sociedade Literária   Em 1786, sob o Governo de Luís de Vasconcelos, novamente agremiaram-se os intelectuais sob o título de *Sociedade Literária,* cujos estatutos foram aprovados pelo vice-rei. Do discurso proferido pelo seu Presidente Joaquim José de Ataíde no primeiro aniversário da fundação, deduz-se que a sociedade estava realmente voltada para os temas científicos: observação do eclipse total da Lua, em 1787, determinação da longitude da cidade, estudo sobre o calor da Terra considerado, fisicamente, análise da água, método de extrair a tinta do urucu, danos causados pelo alcoolismo etc.

Até meados de 1790, quando voltou a Portugal o simpático vice-rei, funcionou regularmente a Sociedade. Com a chegada do Conde de Resende cessaram as reuniões, mas em 1794 reiniciaram-se, passando a funcionar em prédio da Rua do Cano (Sete de Setembro). No andar superior residia Manuel Inácio da Silva Alvarenga, professor régio de retórica, diplomado em Coimbra, e que era a alma da Sociedade. Os temas das conversações entre os sócios, porém, foram-se tornando pouco a pouco filosóficos e políticos e realizando-se, na linguagem oficial, em "horas noturnas e ilimitadas". Foi isso mesmo o que chegou aos ouvidos do vice-rei, que em ofício dirigido ao Ministro Martinho de Melo e Castro, em 1794, informa que entrou em contato com um militar, o ajudante Diogo Francisco Delgado, "homem fiel, inteligente, de grande segredo e zelosíssimo pelo serviço de S. M. e pelo sossego deste Estado", que o pôs a par de perigosas conversações ali realizadas. Conferenciou com o Chanceler da Relação, Antônio Dinis da Cruz e Silva, mas este entendeu que faltavam elementos formais para a instauração de um processo, até que apareceu o denunciante ostensivo, José Bernardo da Silva Frade, que se dizia amigo dos sócios e lhes frequentava a casa. Prestou-se a assinar as suas acusações que serviram de base à devassa.

Os denunciantes   O denunciante José Bernardo da Silva Frade era rábula e, no juízo de todos os sócios, indivíduo de mau conceito, de vida irregular, impostor e intrigante. Outro denunciante aparece referido na devassa, mas em virtude de sua condição sacerdotal não foi chamado a depor: é o custódio da província franciscana, Frei Raimundo Penaforte da Anunciação. Silva Alvarenga atribuiu-lhe a denúncia à inimizade pessoal em virtude de umas sátiras contra os frades, cuja autoria ele rejeitava. Maricá, porém, colocava a inimizade do franciscano em base mais elevada. Frei Raimundo Penaforte, além de uma antipatia genérica em relação aos brasileiros, seria o tradutor de uma obra italiana de Marchetti contra o Padre Antônio Pereira de Figueiredo. Era este um dos sustentáculos do regalismo português. Frei Raimundo acrescentara à tradução algumas notas agudas contra o mesmo Padre Pereira e ainda contra seu patrono, o Marquês de Pombal. Despertou isso por parte do poeta Silva Alvarenga, amigo íntimo do fervoroso pombalista Basílio da Gama, e também do Dr. Mariano José Pereira da Fonseca, futuro Marquês de Maricá (igualmente admirador do déspota esclarecido português), profunda reação.

Eram assim princípios filosóficos que separavam os intelectuais e não somente intrigas pessoais, o que dá, sem dúvida, ao conflito, maior elevação. Infelizmente não nos chegou ao conhecimento o teor das denúncias de Frei Raimundo, se é que algum dia foram lançadas por escrito, de modo que não podemos saber em que termos foram elas colocadas. É interessante notar, contudo, que o principal escrito doutrinário do Padre Pereira, a *Análise da profissão de fé do Santo Padre Pio IV* (Lisboa, 1794), foi incluída no *Index librorum prohibitorum* em 26 de janeiro de 1795, exatamente durante a prisão do Dr. Mariano Pereira da Fonseca, seu admirador e possuidor de um exemplar.

Recebendo tais denúncias, suspendeu o vice-rei o funcionamento da Sociedade. Em seguida, sob o pretexto de que continuavam seus membros a reunir-se clandestinamente, foram presos, carregados de ferros e recolhidos às masmorras da fortaleza da Conceição, o poeta e professor de retórica Silva Alvarenga, o Dr. Mariano José Pereira da Fonseca, bacharel em Coimbra e proprietário no Rio, o professor de grego João Marques Pinto, o entalhador Francisco Antônio, o marceneiro João da Silva Antunes, Francisco Coelho Solano e Antônio Gonçalves dos Santos.

A devassa A devassa se realizou de dezembro de 1794 a fevereiro de 1795, ouvidas sessenta e uma testemunhas. Em junho foram juntados os autos de inventário e sequestro dos bens e papéis de Silva Alvarenga e Pereira da Fonseca. A relação dos livros pertencentes a Maricá é um interessante índice de sua orientação cultural: além de Rousseau e Raynal e do citado Pereira de Figueiredo, estava o futuro marquês nutrido de Voltaire (de quem possuía as obras completas) e do Marquês d'Argens, então popular divulgador do espírito da enciclopédia.

A série de inquisições e acareações estendeu-se até 5 de maio de 1796. Por elas se pode acompanhar a habilidade com que agia o desembargador que as presidiu, que não era outro senão o poeta Antônio Dinis da Cruz e Silva, que tomara parte na Alçada julgadora dos Inconfidentes de Minas, e agora presidia a Relação do Rio, tendo como escrivão o Desembargador João Manuel Guerreiro de Amorim Pereira. Mas não foi possível apurar grande coisa. As acusações não passavam de críticas e censuras feitas a religiosos (especialmente aos franciscanos), conceitos sobre inferioridade das monarquias e apreciações pouco otimistas acerca da força portuguesa que se empenhava na campanha contra a França revolucionária.

Curiosa a acusação a Pereira da Fonseca: a de possuir uma obra de Rousseau. Defendeu-se ele alegando não se tratar de obra completa, mas de simples coletânea expurgada. Que se trata de uma Antologia é o que dá a entender o título em português que figura no sequestro: *O pensamento de Rousseau*. Quanto ao expurgo, nada é possível concluir.

Os acusados   Além do poeta Silva Alvarenga e do futuro marquês, os acusados não passaram de 10: Jacinto José da Silva, carioca, médico formado em Montpellier; José Antônio de Almeida, catarinense, estudante de retórica; Gervásio Ferreira, carioca, cirurgião; Francisco Coelho Solano da Silva, proprietário; João de Sá da Conceição, sapateiro; João da Silva Antunes, marceneiro; Francisco Antônio, entalhador; e Antônio Gonçalves dos Santos, ourives.

Dificuldades de julgamento   Um ano após a inquirição dos acusados, nada se decidira acerca do destino dos presos. O ofício de 4 de novembro de 1795, do vice-rei Conde de Resende ao ministro Luís Pinto de Sousa, dá as razões deste atraso. Determinara o Rei que a causa fosse julgada pela Relação do Rio, pois nada parecia justificar o estardalhaço feito por ocasião da Conjuração Mineira, qualificada como *Inconfidência* e julgada em alçada especial. O próprio vice-rei não ousara qualificá-la de conspiração. Os termos em que a ela se refere são cautelosos: "devassa contra algumas pessoas mal-intencionadas que sustentavam em vários lugares públicos e particulares proposições opostas aos governos monárquicos e que se encaminhavam ou *ao menos pareciam encaminhar-se* a semear e propagar entre estes povos os mesmos princípios que transformavam a monarquia francesa."

Acontece, porém, que o dito tribunal estava em crise, pois que o Desembargador José Martins da Costa, atacado de morfeia, achava-se impossibilitado de exercer suas funções. Como estavam destacados para a devassa dois desembargadores, restavam somente seis magistrados. Qualquer discordância poderia levar a um impasse pela falta de *quorum* necessário para condenação ou absolvição.

Além disso, lembra Rodolfo Garcia que ao Conde de Resende terá ocorrido o que sucedeu ao Visconde de Barbacena, no caso da conjuração mineira, que se viu severamente censurado pelo ministro Martinho de Melo e Castro, que increpou ao governador de Minas grande parte da responsabilidade do que acontecera, levando-lhe a mal ter prendido tanta gente para um tão pequeno número de culpados.

Aproveitando o retardamento, não cessou o acusado Pereira da Fonseca de fazer chegar à rainha suas queixas a respeito da morosidade na apuração das faltas. Foram estas queixas transmitidas ao vice-rei pelo Ministro Dom Rodrigo de Sousa Coutinho, que só teria motivos para simpatizar com os devotos de seu padrinho, o Marquês de Pombal. Assim é que em aviso de 1º de fevereiro de 1797 comunicava o futuro Conde de Linhares ao vice-rei que fora a rainha servida determinar que, no caso de entender a autoridade do Rio de Janeiro que os réus se não deviam soltar, os remetesse para a Corte com os autos. Achando, porém, que estavam suficientemente castigados com a prisão, os mandasse pôr em liberdade.

Ouvido o Desembargador Antônio Dinis da Cruz e Silva, opinou este pela soltura dos réus, visto que

> "contra nenhum dos presos se diz ou prova que eles entrassem no projeto de conspiração, sendo toda a culpa que se lhes imputa e contra alguns se prova, a de sustentarem em conversações, ou particulares ou públicas, que o governo das repúblicas deve ser preferido aos das monarquias, que os reis são uns tiranos opressores dos vassalos, e outras sempre detestáveis e perigosas, principalmente na conjuntura presente".

Dos presos, detidos e processados e então soltos sem culpa, vimos a saber especialmente de dois. Silva Alvarenga voltou a advogar e a ensinar retórica. Mas o desgosto da prisão tornou-o recolhido e esquivo, diz Afonso Arinos prefaciando a reedição de uma obra poética. Pereira da Fonseca retomou a direção de seus negócios, que lhe deixara o pai, entre os quais uma padaria (donde o apelido de Dr. Biscoito ou Biscoutinho), e continuou a colecionar bons livros. Ao menos há no Arquivo Nacional alguns pedidos de importação de obras inglesas devidamente autorizados pelo censor José da Silva Lisboa. Mais tarde, o Dr. Pereira da Fonseca aderiu ao movimento da Independência, foi senador, ministro e terminou Marquês de Maricá. Intelectualmente tornou-se um expoente dos bem-pensantes no Brasil com suas populares *Máximas*, no gênero de La Rochefoucauld, cujo livro ele já possuía em sua biblioteca em 1794. Filosoficamente ficou fiel, em grande parte, à sua formação esclarecida, conservando-se sempre num vago e sincero deísmo.

Não houve martírios, nem grandes heroísmos na conjuração fluminense. Foi um mero sintoma da generalização do pensamento liberal que vai explodir na geração seguinte.

CAPÍTULO V

A INCONFIDÊNCIA BAIANA

A sedução da França   A FRANÇA, no século XVIII, começou a surgir aos olhos dos que nasciam no Brasil como um ponto de interesse para a solução de muitos dos problemas que afligiam a colônia. No extremo norte, pela vizinhança de Caiena, que punha em perigo a dominação portuguesa sobre a vasta área de fronteira, esse interesse crescia através de um relacionamento comercial que, apesar de todas as proibições, processava-se com certa intensidade e um ar de clandestinidade toda aparente. E, por fins de 1728 e princípios de 1729, ocorria um possível caso de inconfidência, que resultaria desses contatos. O Tenente de guarda-costa Francisco de Melo Palheta, a quem erroneamente se atribui a introdução do café no Brasil, foi acusado de conspirar contra os interesses da soberania portuguesa em favor da França.[1] Mais tarde, em 1755, descobriu-se uma conspiração em que estavam envolvidas algumas pessoas de projeção na sociedade paraense, conspiração visando à entrega da Amazônia à França. Teria sido escrita uma carta ao Rei Luís XV propondo a operação.[2] Já no episódio de 1710 em Pernambuco, pensara-se na

---

[1] O episódio da inconfidência, a que estaria ligado Francisco de Melo Palheta, jamais foi referido. Na Biblioteca e Arquivo do Pará, seção de manuscritos, códice intitulado "Registro Geral – 1727-1736", encontramos vários documentos a ele referentes, como sejam cópias da: carta para o capitão-mor do Pará, de 5 de janeiro de 1729, portaria ao juiz José Borges Valério para a apuração do fato, de 6 de janeiro, e terceira, de 3 de abril ao mesmo capitão-mor em que se diz, a propósito de Palheta: "se acha já livre das ridículas imposturas de traydor como lhe arguião". A acusação foi feita pelo Capitão Diogo Pinto da Gaia, um dos grandes sertanistas da região.

[2] Sobre essa conspiração, o que há conhecido é um ofício do Bispo do Pará, Frei Miguel de Bulhões, então no exercício de Capitão-Geral e Governador do Estado do Grão-Pará e Maranhão, a Diogo de Mendonça Corte Real, Ministro, datado de 18 de agosto de 1755, juntamente com a cópia da ata da Junta Extraordinária que fez celebrar no palácio governa-

proteção da França para a separação da capitania. A velha nação gaulesa, evidentemente, constituía um ponto de interesse constante para os brasileiros toda vez que eles imaginavam chegada a oportunidade para separar-se de Portugal. Daí por que eram constantes as ordens emanadas de Lisboa para que se cercasse da maior vigilância os franceses que aqui e ali aportavam à colônia, vigilância que tomaria aspecto de verdadeira ação policial depois do pronunciamento revolucionário que iniciou a destruição do absolutismo.

O acontecimento de maior expressão, dentro desse quadro, pelo que significou realmente e pelo remate trágico, foi, porém, a inconfidência baiana de 1798.

D. Fernando José de Portugal governava a Bahia desde 1788. A velha capitania perdera, com o deslocamento da sede do Governo-Geral para o Rio de Janeiro, a importância política que desfrutara desde Tomé de Sousa. No particular de seu desenvolvimento urbano, demográfico e econômico, não se registrara, no entanto, uma perda sensível. Ao contrário, a cidade crescia sob qualquer daqueles ângulos num desenvolvimento ponderável. As relações mercantis com o reino processavam-se incessante e vigorosamente. Com a África e com a Índia também. Sua população somava 50.000 pessoas, segundo o inventário de Santos Vilhena. Bondoso, mas displicente, no tocante à administração, o capitão-general não atuava, contudo, para ativar esse processo de crescimento, que era, em consequência, uma decorrência de condições gerais e não de uma política de estado.

Motins de origem social No particular das condições sociais, a Bahia experimentava a essa altura um começo de transformação. Os trabalhadores negros agitavam-se tentando a liberdade. Os inci-

---

mental em Belém, para tomar conhecimento das denúncias recebidas e exposição do Dr. João da Cruz Dinis Pinheiro, Ouvidor-Geral do Pará, datada de 7 de setembro de 1755, e resposta do referido ministro, de 26 de maio de 1756, tudo constante da chamada Coleção Pombalina da Biblioteca Nacional de Lisboa, de que há cópia no Arquivo Histórico do Itamarati, documentação Rio Branco, série portuguesa, doc. 15, ref. 340/1/4. Estariam envolvidos na conjura o proprietário rural Pinheiro Dinis, Padre Roque Huntertdfundt, da Companhia de Jesus, João Furtado de Vasconcelos, Sargento-Mor das ordenações de Belém, e Padre Miguel Ângelo de Morais, clérigo do Hábito de São Pedro. A conjura ocorrera no engenho Itapicuru, na boca do rio Acará. A petição endereçada ao rei da França, por intermédio das autoridades de Caiena, oferecia "esta conquista e pedindo-lhe com a mayor insistencia que viesse logo tomar posse della, pois ainda que naquella carta se não assinavão todos os moradores como a mayor e melhor parte delles hião assignados, todos os mais na occazião da entrega, havião de seguir o seu partido".

dentes eram constantes. A população pobre, branca e mestiça, de seu lado, revelava mal-estar. Em 1711, dois pronunciamentos de rua serviram para demonstrar até onde se poderia chegar no desassossego e em face de desgostos – os chamados "motins do Maneta" registrados a 19 de outubro e a 2 de dezembro.³ "No sábado de aleluia de 1797, arrancou o povo, das mãos dos escravos do general-comandante, a carne que lhe era destinada." Em princípios de 1798, a forca onde se aplicavam as penas de morte amanhecera destruída pelo fogo, sem que fosse possível descobrir quem fora o autor da façanha. Nos quartéis, os incidentes entre oficiais e a própria soldadesca não constituíam um fato isolado. Por fim, a magistratura fora acusada perante o Príncipe Regente de venal e inoperante. A acusação exigira uma pronta defesa, escrita pelo capitão-general, que procurara inocentar os homens da lei. Havia, na Bahia, portanto, ambiente apropriado à circulação de ideias como aquelas que vinham da França como novidades revolucionárias, e apareciam como lição exemplar para a solução dos problemas regionais.

A 21 de fevereiro de 1792, de Lisboa, Martinho de Melo e Castro advertia D. Fernando acerca dos perigos da "introdução dos princípios revolucionários que se tinhão desenvolvido na França".

Os "abomináveis princípios franceses" No ano seguinte, informava-se que estava de partida da França o navio *Le Deligent*, que, a pretexto de procurar M. de La Perouse, tinha na realidade a missão, delegada pela Cercle Social, de Paris, de "introduzir nestas colônias estrangeiras o mesmo espírito de liberdade que reina neste país, e dividir as forças dos soberanos do Novo Mundo". Em 1796, três barcos de guerra franceses haviam tentado um desembarque em Santa Cruz. Ao longo da costa, corsários franceses não cessavam o ataque às embarcações que realizavam o intercâmbio. Dois anos antes, D. Fernando se vira compelido a uma ação enérgica – expulsar do Salvador Frei de Bolonha, que, segundo a palavra

---

³ Os chamados "motins do Maneta", de que resultaram saques no comércio de Salvador, foram precedidos, como episódio de significação política, ao passo que estes tinham antes um caráter de reivindicação popular ante o agravamento do custo de vida e a omissão do poder público na luta para a expulsão dos franceses do Rio de Janeiro, da conspiração que visava a depor o Vice-Rei Conde de Óbidos, D. Vasco Mascarenhas. A conspiração teria ocorrido em 1666, nela sendo envolvidos, e presos em consequência, o chanceler da Relação da Bahia, Dr. Jorge Seco de Macedo, Coronel Lourenço de Brito Correia e seu filho Lourenço de Queirós Brito Figueiredo, capitães Paulo Azevedo Coutinho, Francisco Teles de Meneses e Antônio de Cerqueira, mais Bernardo Vieira Ravasco, irmão do Padre Antônio Vieira. O assunto não foi ainda devidamente examinado, pelo que não se tem uma ideia perfeita do que realmente pretendiam os conspiradores.

dos governantes, era um elemento perigoso, cujo pensamento, "se se propagasse e abraçasse, inquietaria a consciência dos habitantes desta cidade".[4] Denúncias partidas da própria Bahia indicavam ao governo de Lisboa que a capitania estava sendo envolvida por uma inquietante ação visando à destruição dos laços de solidariedade com o reino e adoção dos "abomináveis princípios franceses". Fazia-se necessário, lembrava-se de Lisboa, que o governante tivesse sob fiscalização certas pessoas que podiam ser fonte de agitação ideológica. A julgar por aquelas versões, a situação era de tal ordem que, se chegasse ao Salvador uma tropa francesa, não encontraria resistência na guarnição e aos conquistadores se uniriam as pessoas de posição social...

D. Fernando era apontado nessas denúncias como um administrador que contemporizava, revelando-se, desse modo, incapaz para o momento, que exigia pulso firme, decisões enérgicas.[5] Na verdade, defendendo-se, confessava certa compreensão sobre as chamadas "luzes do século". Não se revelava o absolutista intransigente como desejavam que fosse.

Os Cavalleiros da Luz

A 14 de julho de 1797 fora fundada na povoação da Barra, sob a denominação de *Cavalleiros da Luz*, uma loja maçônica, a que se haviam filiado figuras de maior expressão na sociedade baiana. A fundação resultara do trabalho de catequese realizado por M. Larcher, comandante da fragata francesa *La Preneuse*, o qual aportara ao Salvador com a família e tivera a cidade por menagem, conquanto sob a fiscalização de oficiais da tropa acantonada na capital. Comerciantes franceses que haviam sido aprisionados na ilha de São

---

[4] Esse frade, no confessionário, recusava dar absolvição a quem, possuindo escravos, se opusesse a dar-lhes liberdade. Sustentava que a escravidão, quando não resultante da guerra justa, era injusta e criminosa.

[5] Sua defesa consta do ofício de 13 de fevereiro de 1799, dirigido a D. Rodrigo de Sousa Coutinho, e foi divulgado nas anotações Acioli, *Memórias Históricas*, por Brás do Amaral, vol. III, pp. 132-4, Bahia, 1931. Anteriormente, a 17 de junho de 1798, já escrevera ao mesmo ministro que "com as circunstâncias do século e lição dos papéis públicos, como, por exemplo, correios da Europa, gazetas inglesas que não são proibidas e outros que excitem a curiosidade, em que se descrevem os sucessos do mundo como reflexão bastante livre haja como acontece em toda parte uma ou outra pessoa especialmente entre a mocidade menos cordata e leve de entendimento que discorra com mais alguma liberdade ou leveza sobre os mesmos acontecimentos da Europa, mas nem por isso se têm aqui introduzido princípios jacobinos, nem espécie de ajuntamentos perniciosos, podendo assegurar a V. Exª que por cautela tenho chamado algumas vezes à minha presença um ou outro mancebo, só por me dizerem que pensa com mais liberdade, ou com menos instrução nos verdadeiros princípios da religião, prevenindo-os e repreendendo-os asperamente, contentando-me com semelhante providência, enquanto o caso não pede outra maior".

Tomé e mandados para a Bahia, além de um oficial inglês, vindo do Rio de Janeiro, eram seguramente outros elementos ativistas na difusão dos ideais políticos que vinham da França. Na residência do farmacêutico João Ladislau de Figueiredo Melo reuniam-se elementos de prol no meio social baiano: Padre Francisco Agostinho Gomes, José da Silva Lisboa, Inácio Siqueira Bulcão, Cipriano de Almeida Barata, Professor Francisco Muniz Barreto, Tenente Hermógenes de Aguilar Pantoja. O padre possuía biblioteca, em que figurava a filosofia revolucionária. Era homem lido, sabendo o francês e o inglês. Dois frades carmelitas traduziram livros franceses, entre eles *Júlia ou A Nova Heloísa*, de Rousseau. Outras peças literárias circulavam preparando os espíritos, educando-os para a prática da revolução. Na casa do Tenente Hermógenes, por exemplo, seria encontrado o *Dictionnaire Philosophique*, de Voltaire.

D. Fernando estava ciente das reuniões e das dúvidas que começavam a circular na cidade. Não dera atenção às denúncias que lhe fizeram. Mais tarde dir-se-ia que estava a par do que corria e de acordo com a atuação revolucionária, donde a displicência por que atuava no particular de nenhuma providência acauteladora.[6]

O apelo à revolução

A 12 de agosto, pela manhã, foram encontrados, afixados em paredes de casas, papéis que exortavam o povo à revolução. Falava-se neles em República, em liberdade, em igualdade entre todos os homens, soldos elevados para a soldadesca, promoção para os oficiais, comércio livre com todos os povos, condições novas para a produção e pena de morte para os sacerdotes que, do púlpito e nos confessionários, pregassem ou atuassem contra a revolução. A França era apontada como o modelo a seguir. Indicava-se, ainda, que estavam comprometidos no pronunciamento 34 oficiais de linha, 54 da milícia, 11 funcionários de altos postos, 46 inferiores de linha, 34 de milícias, 107 soldados de linha, 233 de milícias, 13 bacharéis, 8 comerciantes, 8 beneditinos, 14 franciscanos, 3 barbadinhos, 48 terésios, 48 clérigos, 8 familiares do Santo Ofício. Urdia-se, assim, a ser certa a informação, um movimento de suma gravidade que envolvia elementos de todas as graduações sociais. Na mesma ocasião descobriram-se, nos conventos da Palma, dos frades agostinianos, dos frades capuchinhos e no da Lapa, outros manifestos,

---

[6] Segundo depoimento de José de Freitas Socato, o Coronel Francisco José de Matos Ferreira e Lucena declarou que avisou ao governador das reuniões e da inquietação que observava, tendo este lhe declarado que "considerava taes reuniões como bebedeira e rapaziada".

como os anteriores, manuscritos. O capitão-general alarmou-se. Iniciou-se a apuração do caso. Tomou rápidas medidas para evitar a deflagração do movimento, reforçando guardas e alertando as autoridades da capital e do interior.

A repressão   Foi preso o escrevente Domingos da Silva Lisboa, cuja letra era semelhante à de quem redigira os documentos revolucionários. Dias depois, porém, novos manifestos surgiam, ainda manuscritos, desse modo isentando dessa culpa o primeiro suspeito. O soldado Luís Gonzaga das Virgens pareceu ser o homem procurado. Em sua casa encontraram-se peças francamente revolucionárias. Ademais, em uma sua petição anteriormente endereçada ao governador, havia expressões semelhantes às que eram usadas nos manifestos.

A 25 de agosto, o Coronel Carlos Baltasar da Silveira, do Regimento de Artilharia, comunicou a D. Fernando que um ferrador, de nome José da Veiga, lhe dissera que fora convidado pelo alfaiate pardo João de Deus para ir ao campo do Dique, a fim de participar de um pronunciamento revolucionário. Outra denúncia no mesmo dia, falando no mesmo João de Deus e no mesmo campo do Dique, deu a certeza de que a ação revolucionária estava a vir a furo.

Encarregado de prender os conspiradores, o Coronel Alexandre Teotônio de Sousa, do 2º Regimento, procurou cumprir a missão, mas o sucesso não foi total, de vez que, pressentindo-lhe a aproximação, muitos dos que estavam reunidos no Dique fugiram. As diligências que se sucederam resultaram no encarceramento de 49 pessoas, das quais 3 mulheres. Nove dos prisioneiros eram escravos. Nenhum exercia função pública de destaque. Na generalidade, recrutavam-se nas camadas mais humildes da população – alfaiates, sapateiros, pedreiros, cravadores, cabeleireiros, soldados, carpinas, bordadores. Havia um comerciante ambulante, outro de joias, um sargento, um tenente, um cirurgião e um professor de gramática. Todos homens novos – a começar dos 18 anos. Os elementos de prol da sociedade, aqueles que frequentavam a casa do Padre Agostinho ou estavam filiados à loja *Cavalleiros da Luz*, não apareceram.

A devassa foi entregue ao Desembargador Francisco Sabino Álvares da Costa Pinto, pouco antes admoestado por ordem de D. Maria I por desobediência e pouco zelo do Real Serviço. Em longo informe dirigido a D. Rodrigo de Sousa Coutinho, D. Fernando comunicou-lhe o que estava ocorrendo e lhe causava o maior desgosto, pois não podia compreender como aqueles povos que vinha governando há dez anos, tranquilamente, se atirassem à inconfidência.⁷ Vieram ordens para que procedesse com severidade, presteza e objetividade. Impunha-se uma lição exemplar.

Julgamento e condenações Ficou apurado que os conspiradores tramavam realmente uma revolução, tendo por fundamento ideológico os princípios franceses visando ao estabelecimento de uma república, que não seria limitada à Bahia, mas "ao continente do Brasil". Parece que o movimento vinha de há muito. Os conspiradores tinham pensado em manter, no governo, D. Fernando, idéia que haviam abandonado. Os mais comprometidos eram em número de seis – João de Deus, Lucas Dantas Manuel Faustino, Luís Gonzaga, Romão Pinheiro e Luís Pires. Defendeu a todos o advogado José Barbosa de Oliveira, que seria tio-avô de Rui Barbosa. Foram condenados à morte por enforcamento. O último não pudera ser aprisionado. O penúltimo teve a pena comutada para degredo na África, mas longe das possessões portuguesas. A 8 de novembro de 1799 foram justiçados.[8]

A conspiração baiana, na humildade dos que a procuraram executar, constituiu realmente um capítulo daquelas inquietações que se observavam no Brasil do século XVIII.[9] Ligava-se a todo um processo que unificava, de certo modo, as Américas espanhola e portuguesa nos mesmos anseios de liberdade. A Revolução Francesa, ou os princípios que ela tornaria realidade material, exercia fascínio sobre os povos do Novo Mundo. Os inconfidentes baianos, como os fluminenses e os mineiros, eram um fruto da ideologia liberal. Condições políticas, sociais e econômicas explicavam a aceitação da ideologia e os esforços por executá-la.

---

[7] O processo está em parte publicado pela Biblioteca Nacional nos *Anais* 43/4 e em separata sob o título *A Inconfidência Baiana*, 2 vols., Rio, 1931. No Arquivo da Bahia guarda-se igualmente documentação pertinente que começa agora a ser impressa.
[8] Sofreram a pena de degredo Inácio da Silva Pimentel, Romão Pinheiro, José Félix, Luís de França Pires, Manuel José, Inácio Pires, todos pardos. Os três personagens de maior projeção que eram Cipriano José Barata de Almeida, Tenente Hermógenes Francisco de Aguilar e o Professor Francisco Muniz Barreto de Aragão, acabaram absolvidos.
[9] A infiltração das ideias francesas está constituindo objeto de investigações acuradas dos historiadores hispano-americanos. A respeito, cf. RICARDO CAILLET-BOIS, *La América Española y la Revolución Francesa*, Buenos Aires, 1940; mesmo autor, *Ensayo sobre el Rio de la Plata y la revolución francesa*, Buenos Aires, 1929; RICARDO LEVENE, *El Mundo de las Ideas en la Revolución Hispano-Americana de 1810*, Santiago, 1958.

ADENDO AO CAPÍTULO VI DO LIVRO QUARTO:

METAIS E PEDRAS PRECIOSAS

Página 337
Não está excluída, entretanto, a possibilidade de serem naturais de Minas, então e mais tarde, alguns dos estudantes que aparecem, no rol de Coimbra, como de procedência fluminense. A confusão apresenta-se, certamente, no rol de outro instituto de ensino, a Faculdade de Medicina de Montpellier, onde figuram, como do Rio de Janeiro, Joaquim Inácio de Seixas Brandão e Domingos Vidal Barbosa Laje, sendo natural, o primeiro, de Vila Rica, e, o outro, da Conceição do Caminho do Mato, que se achava em território mineiro.

Página 339
No mesmo decênio e começo do seguinte encontram-se também naturais de Minas no rol de brasileiros que se bacharelaram em Montpellier, isto é, 3 ao todo, além de 5 do Rio de Janeiro, 2 de Pernambuco ou Paraíba (os irmãos Arruda da Câmara) e 1 da Bahia. No rol de matrículas de Montpellier aparece, em 1785, ainda um estudante de naturalidade mineira, isto é, Domingos Vidal Barbosa Laje, que, todavia, irá doutorar-se em Bordéus. Anteriormente a esse período, a saber de 1767, formara-se, na mesma Escola Médica de Montpellier, Joaquim Inácio de Seixas Brandão, nascido em Vila Rica. Pouco se conhece sobre estudantes brasileiros que, ainda no período colonial, frequentaram outras universidades europeias. O caso, por exemplo, de José Alves Maciel, que fez estudos na Inglaterra, depois de formar-se, em 1785, em Coimbra. Ou ainda o de Joaquim Batista Pereira, amigo íntimo e tradutor de Shelley, segundo se pode ler nas reminiscências de Thomas Love Peacock, quando estudante de medicina em Edimburgo, onde morreu cedo de uma enfermidade dos pulmões. O primeiro, Alves Maciel, nascera, como é bem notório, em Vila Rica.

ORIENTAÇÃO BIBLIOGRÁFICA

ABBEVILLE, Claude d'. *L'arrivée des pères capucins et la conversion des sauvages à nostre saincte foy* déclarée par le R. P... Paris, Jean Nigaut, 1623. Ed. fac-símile publicada em Lyon, Impr. Louis Perrin, 1876.
 Histoire de la mission des pères capucins en l'isle de Maragnan et terres circonvoisines. Paris, Impr. de François Huby, 1614. Reprodução fac-símile da História da missão dos padres capuchinhos na ilha de Maranhão... Pref. por Capistrano de Abreu. Paris, Libr. Ancienne Édouard Champion, 1922.
 História da missão dos padres capuchinhos na ilha do Maranhão e terras circunvizinhas. Trad. de Sérgio Milliet. São Paulo, Martins [1945]. (Bibl. Histórica Brasileira, 15.)
ABREU, J. Capistrano de. *Caminhos antigos e povoamento do Brasil*. Rio de Janeiro, Briguiet, 1930.
 Capítulos de história colonial, 1500-1800. Rio de Janeiro Briguiet. 1934.
 O descobrimento do Brasil. Rio de Janeiro, Soc. Capistrano de Abreu, 1929.
 Ensaios e estudos. 1.ª série. Rio de Janeiro, Briguiet, 1931.
AB'SABER, Aziz Nacib. A terra paulista. *B. Paulista Geogr.*, n.º 23, 1956.
AFONSO, A. Martins. *História da civilização portuguesa*. Porto, s. d.
ALBUQUERQUE, Maria Izabel de. Documentos de interesse biográfico para a Bahia. In: *An. 1.º Congr. Hist. Bahia*, vol. 2. Salvador, Tip. Beneditina, 1950.
ALMEIDA, Cândido Mendes de. *Direito civil eclesiástico brasileiro*... Rio de Janeiro 1860-1873, 2 tomos em 4 vols.
 Memórias para a história do extinto Estado do Maranhão, cujo território compreende hoje as províncias do Maranhão, Piauí, Grão-Pará e Amazonas, coligidas e anotadas por... Rio de Janeiro, Tip. de J. Paulo Hildebrandt, 1874, 2 vols.
ALMEIDA, Eduardo de Castro e. Inventário dos documentos relativos ao Brasil existentes no Arquivo da Marinha e Ultramar de Lisboa... Bahia, 1763-1786. *An. Bibl. Nac.*, Rio de Janeiro, vol. 32, 1914.
ALMEIDA, Fortunato de. *História da igreja em Portugal*. Coimbra, 1917-1924, 4 tomos em 8 vols.

ALMEIDA, Lacerda de. *A igreja e o Estado*. Rio de Janeiro, 1924.

ALMEIDA, Luis Ferrand de. *A diplomacia portuguesa e os limites meridionais do Brasil*. Coimbra, Atlântica, 1957.

Informação de Francisco Ribeiro sobre a colônia do Sacramento. Coimbra, Coimbra Ed., 1955.

A propósito do "Testamento político" de D. Luís da Cunha. *R. Port. de Hist.*, Coimbra, 1948.

ALMEIDA, Manuel Lopes de. Relação do levante de Pernambuco. *Brasília*, Coimbra, vol. 6, 1951.

ALVARENGA, Manuel de. *O episcopado brasileiro*. São Paulo [1915].

AMARAL, Braz. *A conspiração republicana da Bahia de 1798*. Rio de Janeiro, Impr. Nac., 1926.

Resenha histórica da Bahia. Governadores e bispos do Brasil. Bahia, Impr. Of., 1953.

ANCHIETA, José de. *Cartas, informações, fragmentos históricos e sermões*. Rio de Janeiro, Civ. Bras., 1933. (Publ. Academia Brasileira.)

De Getis Mendi de Saa. Original acompanhado da tradução vernácula pelo Pe. Armando Cardoso, S. J., Rio de Janeiro, Arquivo Nacional, 1958.

ANDREWS, Charles M. *The Colonial Period of American History*. New Haven, Yale Univ. Press, 1948, vols. 1/4.

ANTONIL, André João, pseud. de Andreoni, J. Antonio. *Cultura e opulência do Brasil por suas drogas e minas*. São Paulo, Melhoramentos, 1928.

ANUÁRIO católico do Brasil – 1957. 1ª ed. Rio de Janeiro, publ. pela Conferência Nacional dos Bispos do Brasil, 1957.

ANUÁRIO dos religiosos do Brasil – 1958. Rio de Janeiro, publ. pela Conferência dos Religiosos do Brasil, 1958, 2 vols. [1ª publ. 1955].

ARAÚJO, José de Sousa Azevedo Pizarro e. *Memórias históricas do Rio de Janeiro e das províncias anexas à jurisdição do vice-rei do Estado do Brasil, dedicadas a el-rei nosso senhor D. João VI*. Rio de Janeiro, Impr. Régia, 1820-1822, 10 vols. em 9 tomos.

ARTES plásticas no Brasil. Rio de Janeiro, s. ed., 1952.

ATAS da Câmara de Vila Rica, 1711-1715. *An. Bibl. Nac.*, Rio de Janeiro, vol. 49, pp. 199-291, 1936.

ATAS do Colégio Internacional de Estudos Luso-Brasileiros. Nashville, Vanderbilt Univ., 1953.

AUTOS de devassa da inconfidência mineira. Rio de Janeiro, Biblioteca Nacional, 1936-1938.

AUTOS da devassa do levantamento e sedição intentada na Bahia em 1798. *An. Arq. Públ. da Bahia*, vol. 35, 1959.

AZEVEDO, Aroldo de. Vilas e cidades do Brasil colonial. *B. Fac. Fil. Ciênc. e Letras Univ. São Paulo*, nº 208, 1956.

AZEVEDO, Fernando de. *A cultura brasileira*. 3ª ed. São Paulo, Melhoramentos [1958], 3 vols.

AZEVEDO, João Lúcio d'. *Épocas de Portugal econômico*. 2ª ed. Lisboa, Clássica Ed., 1947.

Estudos de história paraense. Belém, Tavares Cardoso, 1893.

Os Jesuítas no Grão-Pará. 2ª ed. Coimbra, Impr. Universidade, 1930.

Novas epanáforas. Lisboa, Clássica Ed., 1932.

AZEVEDO, Tales de. *O catolicismo no Brasil*. Rio de Janeiro, MEC, 1955.

AZURARA, Gomes Eannes de. *Crônica do descobrimento e conquista de Guiné*. Ed. Visconde de Santarém. Paris, Aillaud, 1841.

Crônica da tomada de Ceuta por el rei D. João I. Publ. por Francisco Estêves Pereira. Lisboa, Acad. de Ciências, 1915.

BAENA, Antônio L. M. *Compêndio das eras da província do Pará*. Belém, Tip. Santos, 1838.

BALDUS, Herbert. *Bibliografia crítica da etnologia brasileira*. São Paulo, Com. IV Centenário, 1954.

Ensaios de etnologia brasileira. São Paulo, Ed. Nac., 1937.

Os Tapirapé. *R. Arq. Mun.*, São Paulo, vol. 110, 1946.

BANDEIRA, Manuel. *Guia de Ouro Preto*. 3ª ed. Rio de Janeiro, Casa do Estudante do Brasil, 1957.

BANDEIRANTES no Paraguai. Século XVI (Documentos inéditos). São Paulo, Divisão do Arquivo Histórico, 1949. (Col. Departamento de Cultura da Prefeitura do Município de São Paulo.)

BARATA, Manuel. *A antiga produção e exportação do Pará*. Belém, Liv. Gillet, 1915. Apontamentos para as efemérides paraenses. *R. Inst. Hist. Geog. Bras.*, Rio de Janeiro, tomo 90, 1924.

A jornada de Francisco Caldeira de Castelo Branco e a fundação da cidade de Belém. Belém, Liv. Gillet, 1916.

BARBOSA, Manuel. *A Igreja no Brasil*. Rio de Janeiro, 1945.

BARBOSA, Rui. *Emancipação dos escravos; parecer sobre a reforma do elemento servil*. Rio de Janeiro, Impr. Nac., 1884.

BARLEUS, Gaspar. *História dos feitos recentemente praticados durante oito anos no Brasil sob o governo de João Maurício Conde de Nassau*. Rio de Janeiro, Min. da Educação, 1940. [1ª ed. latina: Amsterdã, 1647.]

BARROS, F. Borges de. *Os confederados do partido da liberdade*. Salvador, Impr. Of., 1922.

A maçonaria na Bahia. Salvador, Impr. Of., 1932.

Novos documentos para a história colonial. Bahia, Impr. Of., 1931.

BARROS, Henrique da Gama. *História da administração pública em Portugal*. 2ª ed., Lisboa, Sá da Costa, 1945/54. 11 vols.

BARROS, João de. *Décadas*. Ed. Antônio Baião. Lisboa, Sá da Costa, 1945/1946. 4 vols.

BAYLE, Constantino. *Las misiones, defensa de las fronteras. Mainas*. Madri, Cons. Sup. Invest. Cient., 1952. (Missionalia hispánica, n.º 24.)

BAZIN, Germain. *L'architecture religieuse baroque au Brésil.* Paris, Plon, 1956/1958, 2 vols.

BENSAÚDE, Joaquim. *A cruzada do Infante Dom Henrique.* Lisboa, 1943.

BERMEJO DE LA RICA, Antônio. *La colonia del Sacramento; su origen, desenvolvimiento y vicisitudes de su historia.* Toledo, Ed. Cat. Toledone, 1920.

BERREDO, Bernardo Pereira de. *Anais históricos do Estado do Maranhão,* em que se dá notícia do seu descobrimento, e tudo o qual que nele tem sucedido desde o ano em que foi descoberto até o de 1718, oferecidos ao augustíssimo monarca D. João V, nosso senhor. 2ª ed. Maranhão, Tip. Maranhense, 1840. [1ª ed. 1749.]

BERT, J. Chaillet. *Les compagnies de colonisation sous l'ancien régime.* Paris, Colin, 1898.

BETENDORF, Felipe de. Crônica da Missão dos Padres da Companhia de Jesus no Estado do Maranhão. *R. Inst. Hist. Geogr. Bras.,* Rio de Janeiro, tomo 72, 1909.

BLOOM, Herbert L. *The Economic Activities of the Jews of Amsterdam in the XVII and XVIII Centuries.* Williamsport, Bayard, 1937.

BOOK of the knowledge of all kingdoms... written by a Spanish Franciscan in the middel of the XIV century. Trans. and ed. by Clement Markham. Londres Hakluyt Soc., 1912.

BONNASSIEUX, Pierre. *Les grandes compagnies de commerce.* Paris, Plon, 1892.

BOOKER, Charles R. *The Dutch in Brazil, 1624-54.* Oxford, Clarendon Press, 1957.

Salvador de Sá and the struggle for Brazil and Angola, 1602-1686. Londres, Athlone, 1952.

BRAGA, Teodoro. *Apostilas de história do Pará.* Belém, Impr. Of., 1915.

BRAUDEL, Fernand. *La Méditerranée et le monde méditerranéen à l'époque de Philippe II.* Paris, Colin, 1949.

BRANDERBURGER, Clemente. *A nova gazeta da terra do Brasil* (Neue Zeitung aus Presillandt), 1915. São Paulo, Edanee, 1922.

BRASÃO, Eduardo. *História diplomática de Portugal.* Lisboa, Liv. Rod., 1932/1933.

Os jesuítas e a delimitação do Brasil de 1750. Braga, Liv. Cruz Ed., 1939.

Relações externas de Portugal. Lisboa, Impr. Nac., 1938.

BRASILIANO, Rubio. *O Rio Grande do Sul e a Cisplatina.* Porto Alegre, Globo, 1935.

BRETAS, Rodrigo José Ferreira. *Traços biográficos relativos ao finado Antônio Francisco Lisboa.* Rio de Janeiro, Sphan, 1951.

BRITO, João Rodrigues de. *Cartas econômico-políticas sobre a agricultura e comércio da Bahia...* Lisboa, Impr. Nac., 1821.

BRITO, Lemos. *Pontos de partida para a história econômica do Brasil*. São Paulo, Ed. Nac., 1939 (Brasiliana).

BROWN, Ralph H. *Historical Geography of the United States*. Nova Iorque, Harcourt, 1948.

BURLAMAQUE F. C. L. *Monografia da cana d'açúcar*. Rio de Janeiro, Viana, 1862.

CÁ DA MOSTO, Alvise. *Le navigazioni atlantiche*. Milão, Alpes, 1928.

CAETANO Marcelo. As reformas pombalinas respeitantes ao Ultramar. O novo espírito em que são concebidas. In *História da expansão portuguesa no mundo*. Lisboa, Ática, 1940, vol. 3.

CALADO, Manuel. *O valeroso lucideno*. São Paulo, Ed. Cultura, 1945, 2 vols.

CALI, François, *et alii*. *L'art des conquistadors*. Paris, Arthaud, 1960.

CALÓGERAS, João Pandiá. *As minas do Brasil e sua legislação*. Rio de Janeiro, Impr. Nac., 1904/1905, 3 vols.

A política exterior do Império. Rio de Janeiro, Impr. Nac., 1937, 3 vols.

CALMON, Francisco Marques de Góis. *Vida econômica e financeira da Bahia*. Salvador, Impr. Of., 1923.

CALMON, Pedro. *História do Brasil*, vol. 3. São Paulo, Ed. Nac., 1943 (Brasiliana). *História da Casa da Tôrre*. Rio de Janeiro, J. Olympio, s. d.

CAMARGO, Paulo Florêncio da Silveira. *História eclesiástica do Brasil*. Petrópolis, 1955. *A Igreja na história de S. Paulo*. São Paulo, 1952/1953, 7 vols.

CAMBRIDGE University. *History of the British Empire*. Cambridge, Univ. Press. 1929.

CAMPIGLIA, G. Oscar. *Igrejas no Brasil*. São Paulo, Melhoramentos, 1958.

CANABRAVA, Alice. O comércio português no Prata. *B. Fac. Ciênc. e Letras Univ. São Paulo*, n.º 2, 1942.

CANDIDO, Antonio. *Formação da literatura brasileira*. Momentos decisivos. São Paulo, Martins, 1959, 2 vols.

CARDIM, Fernão. *Tratado da terra e gente do Brasil*. Notas de Batista Caetano, Capistrano de Abreu e R. Garcia. São Paulo, Ed. Nac., 1939.

CARDOSO, Manuel da Silveira. *The Lay Brotherhoods of Colonial Bahia*. Washington, 1947.

CARNEIRO, Júlio César de Morais (Padre Júlio Maria). A religião. In *Livro do centenário do descobrimento do Brasil*. Rio de Janeiro, 1900, 4 vols.

CARTA do governador D. Rodrigo da Costa. *An. Bibl. Nac.* Rio de Janeiro, v. 39, 1921.

CARVALHO, M. E. Gomes de. *D. João III e os franceses*. Lisboa, Teixeira, 1909.

CARVALHO, Teófilo Feu de. *Felipe dos Santos Freire na sedição de Vila Rica; ementário da história de Minas*. Belo Horizonte, Ed. Hist., 1933.

CARVALHO, Tito Augusto de. *As companhias portuguesas de colonização*. Lisboa, Impr. Nac., 1902.

CASTANHEDA, Fernão Lopes de. *História do descobrimento e conquista da Índia pelos portugueses*. Nova ed. Lisboa, Rolandiana, 1833, 8 vols.

CESPEDES del Castillo. Lima & Buenos Aires. *An. Estud. amer.*, Sevilla, t. 3, 1947.

CHUMOVSKY. *Três roteiros desconhecidos de Ahmad ibn Mādjid, o piloto árabe de Vasco da Gama*. Moscou-Leningrado, Acad. das Ciências da URSS, 1957.

CODECEIRA, José Domingos. Documentos inéditos. Consultas do Conselho Ultramarino relativas à guerra denominada dos Mascates. *R. Inst. Hist. e Arqueol. de Pernambuco*, Recife, 1891.

A ideia republicana no Brasil. Prioridade de Pernambuco. Recife, Faria, 1894.

COELHO, Duarte de Albuquerque. *Memorias diarias de la guerra del Brasil*. Recife, Impr. Of., 1944. [1ª ed. Madri, 1654.]

COELHO, José João Teixeira. Instrução para o governo da Capitania das Minas Gerais, 1780. *R. Arq. Púb. Mineiro*, vol. 8, 1903.

COLASAM das notícias dos descobrimentos das minas na América. In *Códice Costa Matoso*, mss. da Bibl. Municipal de São Paulo.

COLEÇÃO de livros inéditos de história portuguesa dos reinados de D. João I, D. Duarte, D. Afonso V e D. João II. Ed. José Correia da Serra. 2ª ed. Lisboa, Impr. Nac., 1925/1926. t. 4 e 5.

COMISSÃO confiada ao alferes Joaquim José da Silva Xavier, pelo Governador Luís da Cunha Meneses. *R. Arq. Público Mineiro*, vol. 2, 1897.

COMPANHIA Geral do Comércio de Pernambuco e Paraíba. *R. Inst. Hist. Geogr. Bras.*, Rio de Janeiro, vol. 87, parte I, 1906.

CONSIDERAÇÕES sobre as duas classes mais importantes de povoadores da Capitania de Minas Gerais. *R. Inst. Hist. Geogr. Bras.*, Rio de Janeiro, vol. 25, 1862.

CONSTITUIÇÕES primeiras do arcebispado da Bahia feitas e ordenadas pelo Il.mo e Rev.mo Sr. D. Sebastião Monteiro da Vide. 2ª ed, São Paulo, 1853.

CORDIER, cap. *Les compagnies à charte et la politique coloniale sous le ministère de Colbert*. Paris, Rousseau, 1906.

CORREIA, Francisco Antônio. *História econômica de Portugal*. Lisboa, Impr. Nac. de Publ., 1931.

CORREIA FILHO, Virgílio. *As raias de Mato Grosso*. São Paulo, *O Estado de S. Paulo*, 1925/1926, 4 vols.

CORTESÃO, Jaime. *Alexandre de Gusmão e o Tratado de Madri*. Rio de Janeiro, Impr. Nac., 1950/1960, 8 vols.

América portuguesa e América espanhola. *O Est. S. Paulo*, 14 out. 1956.

Antecedentes do Tratado de Madri. Jesuítas e bandeirantes no Paraguai, 1703-1751. Rio de Janeiro, Imp. Nac., 1955.

A carta de Pero Vaz de Caminha. Rio de Janeiro, Livros de Portugal, 1943.

A fundação de São Paulo, capital geográfica do Brasil. Rio de Janeiro, Livros de Portugal, 1955.

História da Cartografia do Brasil. Rio de Janeiro, MRE, Instituto Rio Branco, 1955. Mimeografado.

A política de sigilo nos descobrimentos. Lisboa, Com. Comemorações do Quinto Centenário da morte do Infante D. Henrique, 1960.

O significado da expedição de Pedro Teixeira à luz de novos documentos. In *Anais do IV Congresso Brasileiro de História*, t. 3, Rio de Janeiro, 1950.

O território da colônia do Sacramento e a formação dos estados platinos. *R. de História*. São Paulo, n? 17, 1954.

Tratado de Madri; antecedentes. Colônia do Sacramento, 1669-1749. Rio de Janeiro, Impr. Nac., 1954.

COSTA, Cláudio Manuel da (Glauceste Satúrnio). *Obras poéticas de...* Nova ed. contendo a reimpressão do que deixou inédito ou anda esparso, e um estudo sobre a sua vida e obra por João Ribeiro. Rio de Janeiro, Garnier, 1903, 2 vols.

COUTINHO, Afrânio, ed. *A literatura no Brasil*. Rio de Janeiro, Ed. Sulamericana, 1955/59, 4 vols.

COUTINHO, José Joaquim da Cunha de Azeredo. *Ensaio econômico sobre o comércio de Portugal e suas colônias*. 2ª ed. corrigida e acrescentada. Lisboa Tip. da Academia Real das Ciências, 1816.

Memória sobre o preço do açúcar. Publicada em 1791 e novamente corrigida e acrescentada pelo mesmo autor. In *Ensaio econômico sobre o comércio de Portugal e suas colônias*. 2ª ed. Lisboa, Acad. das Ciências, 1816.

CRÔNICA do condestabre de Portugal. Códice 886 da Bibl. Municipal do Porto. Ed. por A. de Magalhães Basto. vol. I. Liv. Civilização, 1945.

CRÔNICA do condestabre de Portugal Dom Nuno Alvarez Pereira. Ed. por Mendes dos Remédios. Coimbra, França Amado, 1911.

CRÔNICA do Infante Santo D. Fernando. Códice do séc. XV de João Álvares. Ed. por Mendes dos Remédios. Coimbra, França Amado, 1911.

CRÔNICAS dos sete primeiros reis de Portugal. Ed. por Carlos da Silva Tarouca, S. J. Lisboa, Acad. Portuguesa de História, 1952/1953, 3 vols.

CRUZ, Ernesto. *Belém: aspectos geossociais do município*. Rio de Janeiro, José Olympio, 1945.

CUERVO, Antonio B. *Coleción de documentos inéditos sobre la geografia e historia de Colombia*. Bogotá, Zalamea, 1893.

CULTURA americana, que contém uma relação do terreno, clima, produção e agricultura das colônias britânicas no norte da América e nas Índias Ocidentais. Lisboa, Galhardo, 1799.

DEFINIÇÕES e estatutos dos cavaleiros e freires da Ordem de N. S. Jesus Cristo, com a história da origem e princípio dela. Lisboa, Craesbeck, 1628.

DEFFONTAINES, Pierre. As feiras de burros de Sorocaba. *Geografia*, São Paulo, n? 3, 1935.

DENIS, Pedro Afonso. *Breve notícia sobre a cirurgia no Rio de Janeiro*. Tese. Rio de Janeiro, Arq. Med. Bras., 1849.

DENIS, Pierre. Amérique du Sud. In La Blanche, Vidal de. *Géographie universellie*, t. 15, Paris, Colin, 1927.

DERBY, Orville A. Os primeiros descobrimentos de ouro em Minas Gerais. *R. Inst. Hist. Geogr. S. Paulo*, vol. 5.

Os primeiros descobrimentos de ouro nos distritos de Sabará e Caeté. *R. Inst. Hist. Geogr. S. Paulo*, vol. 5.

DIÁLOGOS das grandezas do Brasil. Ed. Acad. Bras. Notas de R. Garcia, introd. de Jaime Cortesão. Rio de Janeiro, Dois Mundos, 1943.

DIEGUES JÚNIOR, Manuel. As companhias privilegiadas no comércio colonial. *R. de Hist.*, São Paulo, n? 3, 1950.

O engenho de açúcar no Nordeste. Rio de Janeiro, Min. da Agricultura, Serv. de Inform. Agrícola, 1952.

População e açúcar no Nordeste do Brasil. São Paulo, Graf. Carioca, 1954 (Ed. da Com. Nac. de Alimentação).

DISCURSO preliminar histórico, introdutivo, com natureza de descrição econômica da comarca e cidade da Bahia. *An. Bibl. Nac.*, Rio de Janeiro, vol. 27, pp. 281-348, 1906.

DOCUMENTAÇÃO brasileira seiscentista. Livro segundo do Governo do Brasil. Governo da Índia e Ultramar. *An. Mus. Paulista*, São Paulo, vol. 3, 1927.

DOCUMENTOS (Alguns) do Arquivo Nacional da Torre do Tombo acerca das navegações e conquistas portuguesas. Lisboa, Impr. Nac., 1892.

DOCUMENTOS históricos. Vols. XXXV a XXXVII. Rio de Janeiro, Biblioteca Nacional, 1937.

DOCUMENTOS para a história do açúcar. Vol. I: Legislação (1534-1596). Vol. 2: Engenhos Sergipe do Conde, livro de contas (1622-1653). Rio de Janeiro, Olimp. Ed., 1954 (Publ. Inst. do Açúcar e do Álcool).

DOCUMENTOS para a história da conquista e colonização da costa leste-oeste do Brasil. *An. Bibl. Nac.*, Rio de Janeiro, vol. 36, 1905.

DOCUMENTOS sobre o tratado de 1750. *An. Bibl. Nac.*, Rio de Janeiro, vol. 52, pp. 16-7; vol. 53, pp. 232-33, 1938.

DREYS, Nicolau. *Notícia descritiva da província do Rio Grande de São Pedro do Sul*. Rio de Janeiro, Villeneuve, 1839.

DRUMMOND, Carlos. *Designativos de parentesco no tupi-guarani*. São Paulo, Fac. Fil. Ciênc. e Letras, 1944.

DUARTE LEVEL, Dino. *Quadros de la historia civil y militar de Venezuela*. Madri, Ed. America, 1917.

DUSSEN, Adriaen von der. *Relatório sobre as capitanias conquistadas no Brasil pelos holandeses (1639)*. Trad. de José Antônio Gonçalves de Melo Neto. Rio de Janeiro, Inst. do Açúcar e do Álcool, 1947.

DU TERTRE, Jean-Baptiste. *Histoire générale des Antilles habitées par les français*. Paris, Zolly, 1667, 2 vols.

EATON, Clement. *A History of the Old South*. 4ª ed. Nova Iorque, Macmillan, 1956.
EÇA, Vicente M. M. C. Almeida d'. *Normas econômicas de colonização portuguesa até 1808*. Coimbra, Impr. Universidade, 1921.
EDWARDS, Bryan. *History, Civil and Commercial of the British Colonies in the West Indies*. 2ª ed. Londres, Sockdale, 1794, 2 vols.
ELLIS JÚNIOR, Alfredo. *O bandeirismo paulista e o recuo do meridiano*. 3ª ed. São Paulo, Ed. Nac., 1938 (Brasiliana).
   Capítulos da história social de São Paulo. São Paulo, Ed. Nac., 1944 (Brasiliana).
   O ouro e a paulistânia. São Paulo, Fac. Fil. Ciênc. e Letras Univ. São Paulo, 1948.
   Os primeiros troncos paulistas e o cruzamento euro-americano. São Paulo, Ed. Nac., 1936 (Brasiliana).
ENNES, Ernesto. Autos crimes contra os réus eclesiásticos da conspiração de Minas Gerais. *An. Mus. da Inconf.*, Ouro Preto, 1952.
   As guerras dos Palmares. São Paulo. Ed. Nac., 1938.
O EPISCOPADO brasileiro ao clero e aos fiéis da igreja do Brasil. [Pastoral coletiva.] São Paulo 1890.
ERICEIRA, conde da. *História de Portugal restaurado*. Porto, Liv. Civilização, 1945.
ESCHWEGE, W. L. von. *Pluto brasiliensis*. Trad. de Domingos de Figueiredo Murta. São Paulo, Ed. Nac., 1944, 2 vols.
ÉVREUX, Yves d'. *Viagem ao norte do Brasil feita nos anos de 1613 e 1614*. Publ. conforme o exemplar único, conservado na Biblioteca Imperial de Paris com introdução e notas por M. Ferdinand Denis, conservador da Biblioteca Santa Genoveva. Trad. por César Augusto Marques, Maranhão, 1874.
EXPOSIÇÃO do Governador D. Rodrigo José de Meneses sobre o estado de decadência da Capitania de Minas Gerais e meios de remediá-lo. *Arq. Publ. Mineiro*, vol. 2, 1897.
EXQUEMELING, Alex. O. *Bucaneers of America...* Londres, Crooke, 1684.
FALCÃO, Edgard de Cerqueira. *Relíquias da Bahia*. São Paulo, s. ed., 1940.
FERNANDES, Florestan. A análise funcionalista da guerra: possibilidades de aplicação à sociedade Tupinambá. *R. Mus. Paulista*, São Paulo, vol. 3, 1949.
   A função social da guerra na sociedade Tupinambá. São Paulo, Museu Paulista, 1952.
   A organização social dos Tupinambás. São Paulo, Inst. Progr. Ed., 1949.
FERREIRA, Alexandre Rodrigues. Diário da viagem filosófica. *R. Inst. Hist. Geogr. Bras.*, Rio de Janeiro, t. 48-51, 1885/88.
   Propriedade e posse das terras do Cabo do Norte pela Coroa de Portugal. *R. Inst. Geogr. Bras.*, Rio de Janeiro, t. 3, 1841.
FERREIRA, Carlos Alberto. *Inventário dos manuscritos da Biblioteca da Ajuda*

referente à América do Sul. Coimbra, Inst. Estud. Bras. Univ. de Coimbra, 1946.

FERREIRA, Francisco Inácio. *Repertório jurídico do mineiro.* Rio de Janeiro. Tip. Nac., 1884.

FERRER, Vicente. *Guerra dos Mascates.* 2ª ed. Lisboa, Liv. Clássica, 1915.

FERREIRA, Waldemar Martins. H*istória do direito brasileiro.* Rio de Janeiro-São Paulo, Freitas Bastos, 1951/1956, 4 vols. Vols. 3 e 4, São Paulo, Max Limonad.

FONSECA, Manuel da. *Vida do venerável Padre Belchior de Pontes da Companhia de Jesus da província do Brasil.* Composta pelo padre... da mesma companhia e província. Lisboa, 1752. [Reeditada em São Paulo, Melhoramentos, s. d.]

FONSECA, Quirino da. *A caravela portuguesa e a prioridade técnica das navegações henriquinas.* Coimbra, Impr. Universidade, 1934.

FORTES, João Borges. O Brigadeiro José da Silva Pais e a fundação do Rio Grande. *R. Inst. Hist. do Rio Grande do Sul,* Porto Alegre, 1933.

Rio Grande de São Pedro. Rio de Janeiro, Graf. Block, 1940.

FRANÇA, Ari. *Estudos sobre o clima da bacia de São Paulo.* São Paulo, Fac. Fil. Ciênc. e Letras Univ. de São Paulo, 1946.

FRANCO, Afonso Arinos de Melo. *Terra do Brasil.* São Paulo, Ed. Nac., 1939.

FRANCO, Francisco de Assis Carvalho. *Bandeiras e bandeirantes.* São Paulo, Ed. Nac., 1940 (Brasiliana).

Os companheiros de D. Francisco de Sousa. Rio de Janeiro, Soc. Capistrano de Abreu, 1929.

Dicionário de bandeirantes e sertanistas. Sécs. XVI, XVII, XVIII. São Paulo, Com. IV Centenário, 1954.

FREITAS, Gustavo de. A companhia geral do comércio do Brasil. *R. de Hist.,* São Paulo, n.os 6, 7 e 8, 1951.

FREYRE, Gilberto. *Nordeste. Aspectos da influência da cana sobre a vida e a paisagem do Brasil.* Rio de Janeiro, José Olímpio, 1937.

FRIEDERICI, Georg. *Der Charakter der Entdeckung und Eroberung Amerikas durch die Europaer.* Stuttgart. Friedich Andreas Pertges A. G., 1925/1936, 3 vols.

FURTADO, Celso. *Formação econômica do Brasil.* Rio de Janeiro, Fundo de Cultura, 1959.

GAFFAREL, Paul. *Histoire du Brésil français ou seizième siècle.* Paris, Maisonneuve et Cie., 1878.

GALANTI, Rafael. *História do Brasil.* São Paulo, Duprat, 1911/1915, 5 vols.

GALVÃO, Duarte. *Crônica do muito alto e muito esclarecido príncipe D. Afonso Henriques.* Lisboa, Ferreyriana, 1727.

Crónica del rey Dom Afonso Henriques. Partial Critical Edition by R. Nykl. Cambridge, Mass., Harvard University, 1942.

Tratado dos descobrimentos. Porto, Liv. Civilização, 1944.

GALVÃO, Sebastião de Vasconcelos. [História eclesiástica.] In *Dicionário coro-*

gráfico, histórico e estatístico de Pernambuco. Rio de Janeiro, 1908/1927, 4 vols. Vol. 1.

GAMA, José Bernardo Fernandes. *Memórias históricas da província de Pernambuco*. Pernambuco, Faria, 1840/1848, 4 vols.

GAMA, Vasco da. *Diário da viagem*, Introd. de Damião Peres. Porto, Liv. Civilização, 1945, 2 vols.

GANDAVO, Pero de Magalhães. I – *Tratado da terra do Brasil*. II – *História da província Santa Cruz*. Rio de Janeiro, Anuário do Brasil, 1924.

GANDIA, Enrique de. *Las misiones jesuíticas y los bandeirantes paulistas*. Buenos Aires, La Facultad, 1936.

GARCIA, Rodolfo. A Capitania de Pernambuco no governo de José César de Meneses, 1774-1787. *R. Inst. Hist. Geogr. Bras.*, Rio de Janeiro, 1919, vol. 84.

A companhia geral de comércio de Pernambuco e Paraíba. *O Jornal*, Rio de Janeiro, 17 set., 1928. (Edição especial sobre Pernambuco.)

Ensaio sobre a história política e administrativa do Brasil (1500-1810). Pref. de Afonso de E. Taunay, Rio de Janeiro, José Olímpio, 1956.

GAYOSO, Raimundo José de Sousa. *Compêndio histórico-político dos princípios da lavoura do Maranhão*. Paris, Rougeron, 1818.

GIL AZAROLA, Luís B. *La epopeya de Manuel Lobo*. Madri, Comp. Ibero-Amer. de Publ., 1931.

GIL MUNILLA, Otavio. *El Rio de la Plata en la política internacional. Genesis del virreniato*. Madri, Cons. Sup. Invest. Científicas, 1949.

GIRÃO, Raimundo. *História econômica do Ceará*. Fortaleza, Inst. Ceará, 1947.

GODINHO, Vitorino Magalhães. *Documentos sobre a expansão portuguesa*. Lisboa, Gleba, 1956, 3 vols.

A expansão quatrocentista portuguesa. Problemas das origens e da linha de evolução. Lisboa, Emp. Contemporânea, 1944.

Le Portugal, les flottes du sucre et les flottes de l'or. *Annales (Écon., Soc., Civilis.)*, Paris, 1950.

Portugal, as frotas do açúcar e as frotas do ouro (1670-1770). *R. de Hist.*, São Paulo, nº 15, 1953.

GÓIS, Damião de. *Crônica do felicíssimo rei D. Manuel*. Coimbra, Impr. Universidade, 1949/1955, 4 vols.

Crônica do sereníssimo príncipe D. João Coimbra, Impr. Universidade, 1790.

Opúsculos históricos. Porto, Liv. Civilização, 1945.

GOLGHER, Isaías. *Guerra dos emboabas*. Belo Horizonte, Itatiaia, 1956.

GOMES, Ordival Cassiano. *Formação e espírito da medicina brasileira no século XVI*. In *An. do IV Congresso de História Nacional*. Rio de Janeiro, 1951 vol. 8.

GOMEZ MOLEDA, M. D. El pensamiento de Carvajal y la política internacional española del siglo XVIII. *Hispania*, Cons. Sup. Invest. Científicas, Madri, 1955.

GONNARD, René. *La conquête portugaise, Découvreurs et économistes*. Paris, Lib. Médicis, 1947.

GONZAGA, Tomás Antônio. *Poesias. Cartas chilenas*. Ed. crítica de M. Rodrigues Lapa. Rio de Janeiro, Instituto Nacional do Livro, 1957.

GOODWIN, Philip L. *Brazil Builds*. Nova Iorque, Mus. of Modern Art, 1943.

GOULART, Maurício. *Escravidão africana no Brasil, das origens à extinção do tráfico*. São Paulo, Martins, 1949.

GUAJARÁ, Barão de. História Colonial do Pará. *R. da Soc. de Estud. Paraenses*, Belém, t. I e II, 1893/4.

HAECX, Hendrik. Het Dagboek van Hendrik Haecx. *Bijdragen en Mededeelingen van het Historisch Genootschap gerestigd te*, Utrecht, n° 45, 1925.

HAKLUYT, Richard. *The Principal Navigation, Voyages, Traffiques and Discoveries of the English Nation, Made by Sea or Overland to the Remote and Farthest Distant Quarters of the Earth at any Time within the compass of these 1600 Years...* Londres & Toronto, J. M. Dent and Sons, Ltd., 1927/1928, 10 vols.

HELMER, Marie. Comércio e contrabando entre a Bahia e Potosi no séc. XVI. *R. de Hist.*, São Paulo, n° 15, 1944.

HENNING, Richard. *Terrae Incognitae. Eine Zusammenstellung und Kritische Bewertung der vorcolumbischen Entdeckungreisen...* 2ª ed., Leyde, Brill, 1944/56, 4 vols.

HERCKMAN, Elias. Descrição geral da Capitania da Paraíba. *R. Inst. Arqueol. Geogr. de Pernambuco*. Recife, n° 31, 1886.

HERCULANO, Alexandre. *História de Portugal*. 7ª ed. dirigida por David Lopes. Lisboa, Alves, 1914/16. 8 vols.

Opúsculos, 5ª ed. Lisboa, Bastos, 1908, 10 vols.

HISTÓRIA da colonização portuguesa do Brasil, sob a direção de Carlos Malheiros Dias Pôrto, 1921/1924, 3 vols.

HISTÓRIA da expansão portuguesa no mundo. Direção de Antônio Baião, Henrique Cidade e Manuel Múrias. Lisboa, Ática 1937/1940, 3 vols.

HOLANDA, Sérgio Buarque de. *Expansão paulista em fins do século XVI e princípios do XVII*. São Paulo, Inst. de Adm. da Fac. de Ciênc. Econ. e Ad., 1948.

Índios e mamelucos na expansão paulista. *Ass. Mus. Paulista*, São Paulo, vol. 13, 1949.

Monções. Rio de Janeiro, C. E. B., 1945. (Col. Estud. bras.)

HURLEY, Jorge. *Belém do Pará sob o domínio português*, 1616 a 1823. Belém, Liv. Clássica, 1940.

IDEIA da população da Capitania de Pernambuco e das suas anexas... *An. Bibl. Nac.*, Rio de Janeiro, vol. 40, pp. I-XII, 1-111, 1923.

A INCONFIDÊNCIA da Bahia em 1798. *Devassa e sequestros. An. Bibl. Nac.*, Rio de Janeiro, vols. 43-44, pp. 83-225, vol. 45, pp. 1-421, 1931.

INFORMAÇÃO sobre as minas do Brasil. *An. Bibl. Nac.*, Rio de Janeiro, vol. 57, pp. 155-186, 1939.

INSTRUÇÃO para o Visconde de Barbacena Luís Antônio Furtado de Mendonça, governador e capitão-general da Capitania de Minas Gerais. *R. Inst. Hist. Geogr. Bras.*, Rio de Janeiro, t. 6, 1844.

JABOATAM, Antônio de Santa Maria. *Novo orbe seráfico brasileiro ou crônica dos frades menores da província do Brasil.* Lisboa, 1761. Reimpressa por ordem do Instituto Histórico e Geográfico Brasileiro, Rio de Janeiro, ip. Brasiliense de Maximiano Gomes Ribeiro, 1858/1861.

JAMES, Preston. *Latin America.* Nova Iorque, Lee & Shepard, 1942.

JORNAL do Commercio. Edição comemorativa do Ano Santo de 1925. Rio de Janeiro, 1925.

JULIEN, Ch.-André. *Histoire de l'expansion et de la colonisation française. I. Les voyages de déconverte et les premiers établissements (XVe – XVIe siècles).* Paris, *Presses* Univ. de France, 1948.

KLEMEN Pal. *Baroque and Rococo in Latin America.* Nova Iorque, Macmillan, 1951.

KELLENBENZ, Hermann. *Unternehmerkräfte im Hamburger Portugal und Spanienhandel*, 1590-1625. Hamburgo Verlag der Hamburgischen Bücherei, 1954.

KIEMEN, Mathias C. *The Indian Policy of Portugal in the Amazon Region*, 1614-1693. Washington, Cathol. Univ. Press, 1954.

KIRCHOFF, Paul. Verwandtschaftsbezeichnungen und Verwandtenheirat. *Zeit. für Ethnologie*, Berlim, vol. 64, 1933.

KNIVET, Anthony. *Vária fortuna e estranhos fados de Anthony Knivet que foi com Tomás Cavendisch, em sua segunda viagem para o mar do Sul, no ano de 1591.* Trad. Guiomar Carvalho Franco. São Paulo, Brasiliense, 1947.

KOSTER, Henry. *Viagens ao Nordeste do Brasil.* Trad. de Luís da Câmara Cascudo. São Paulo, Ed. Nac., 1942.

KRATZ, Guillermo. *El tratado hispano-portugues de limites de 1750 y sus consecuencias.* Roma, Inst. Hist. S. J., 1954.

KUBLER, George & Soria, Martin. *Art and Architecture in Spain and Portugal and their American Dominions.* Londres, Penguin, 1959.

LABAT, Jean-Baptiste. *Nouveau voyage aux isles de l'Amerique...* Haia, Husson, 1724.

LACOMBE, Américo Jacobina. *O estado português e o Brasil.* São Paulo [1958].

LAET, Jean de. *História ou anais dos feitos da Companhia Privilegiada das Índias Ocidentais...* Trad. de José Higino Duarte Pereira e Pedro Souto Maior. Rio de Janeiro, Bibl. Nac., 1916/1925.

LAFONTE ZUEVEDO, Samuel. Guarani Kinship terms as Index of Social Organization. *Amer. Anthropologist*, Menasha, Wisc., vol. 21, n° 4 [1919].

LAPA, Manuel Rodrigues. *"As cartas chilenas"*: *um problema histórico e filológico*. Pref. Afonso Pena Júnior. Rio de Janeiro, Instituto Nacional do Livro, 1958.

LAYTANO, Dante de. *A estância gaúcha*. Rio de Janeiro, Serv. Inform. Agrícola, 1952.

LEÃO, Joaquim de Sousa. *Frans Post*. Rio de Janeiro, Civ. Bras., 1948.

LEHMAN, João Batista. *O Brasil católico*. Juiz de Fora, 1933...

LEITE, Duarte. *Coisas de vária história*. Lisboa, Seara Nova, 1941.
Os falsos precursores de Álvares Cabral. 2ª ed. Lisboa, Port. Ed., s. d.
História dos descobrimentos. Ed. por V. Magalhães Godinho, vol. I. Lisboa, Cosmos, 1958.

LEITE, Francisco Lôbo Pereira. Descobrimento e devassamento do território de Minas Gerais. *R. Arq. Públ. Mineiro*, vol. 7, 1902.

LEITE, Serafim. *Cartas dos primeiros jesuítas do Brasil*. Coimbra/S. Paulo. Comissão do IV Centenário da Cidade de São Paulo, 1956/1958.
História da Companhia de Jesus no Brasil. Lisboa, Livraria Portugália; Rio de Janeiro, Civ. Bras., 1938/1950. 10 vols., 3º à 10ª publ. pelo Instituto Nacional do Livro.
Luís Figueira, Lisboa, Ag. Geral das Colônias, 1940.
Mommenta Brasiliae – I a III. Roma, 1954/1956.

LELEWEL, Joachim. *Géographie du Moyen Âge*. Bruxelas, Pilliet, 1850/1857, 3 vols. e atlas.

LEME, Antônio Pires da Silva Pontes. Memória sobre a utilidade em se extrair o ouro das minas e os motivos dos poucos interesses, que fazem os particulares que mineram no Brasil. *Arq. Públ. Mineiro*, vol. 1, 1896.

LEME, Manuel José Pires da Silva Pontes. Manual do guarda-mor. *R. Arq. Públ. Mineiro*, vol. 7, 1902.

LÉRY, Jean de. *Histoire d'un voyage faict en terre du Brésil*. Nouvelle édition avec une introduction et des notes par Paul Gaffarel. Paris, Alphonse Lemerre, 1880, 2 vols.
Viagem à terra do Brasil. Trad. Sérgio Milliet. Notas de Plínio Ayrosa. São Paulo, Martins, 1941. (Bibl. Histórica Brasileira, vol. 7.)

LEVILLIER, Roberto. *Americo Vespucio – El nuevo mundo. Cartas relativas a sus viajes y descubrimientos*. Buenos Aires, Ed. Nova, 1951. Textos em italiano, espanhol e inglês.

LÉVI-STRAUSS, Claude. Guerra e comércio entre os índios da América do Sul. *R. Arq. Mun.*, São Paulo, vol. 86, 1942.
The social use of Kinship terms among Brazilian Indians. *Amer. Anthropologist*, Menasha, Wisc., vol. 45, 1943.

LIGON, Richard. *Histoire de l'Isle de Barbados*. Paris, Billaine, 1674.

LIMA, Manuel de Oliveira. *Aspectos da literatura colonial brasileira*. Leipzig Brockhaus, 1896.

LIMA, Rui Cirne. *Pequena história territorial do Brasil. Sesmarias e terras devolutas*. 2.ª ed. Porto Alegre, Liv. Sulina, 1954.

LIPPMAN, Edmund O. von. *História do açúcar*. Trad. Rodolfo Garcia. Rio de Janeiro, Inst. do Açúcar e do Álcool, 1940/1942, 2 vols.

LISBOA, João Francisco. *Obras. Vol. II: Apontamentos para a história do Maranhão*. Lisboa, Matos & Moreira, 1901.

LISBOA, José da Silva. *Princípios de direito mercantil e leis da marinha*. 6.ª ed. acrescentada com os opúsculos do mesmo autor intitulados Regras da praça, e Reflexões sobre o comércio de seguros, além da legislação portuguesa anterior à independência do Império e brasileira até a época presente, adicionada a cada um dos tratados, por Cândido Mendes de Almeida. Rio de Janeiro, Tip. Acadêmica, 1874, 2 vols.

LISTA das pessoas que capitam seus escravos em a vila do Serro do Frio. 1.ª matrícula do ano de 1738. *Arq. Público Mineiro*, códice 68.

LIVRO grosso do Maranhão. *An. Bibl. Nac.*, Rio de Janeiro, vols. 66 e 67, 1948.

LIVRO primeiro do governo do Brasil (1607-1633). Pref. de J. C. de Macedo Soares. Rio de Janeiro. Ministério das Relações Exteriores, Seção de Publ. do Serv. de Doc., 1958.

LOBO, A. de Sousa Silva Costa. *História da sociedade em Portugal no século XV*. Lisboa, Impr. Nac., 1904.

LONG, Edwards. *The History of Jamaica...* Londres, Lowndes, 1774.

LOPES, Edmundo Correia. *A escravatura: subsídios para sua história*. Lisboa, Ag. Geral. Col., 1944.

LOPES, Fernão. *Crônica de D. João I. Códice 352 da Torre do Tombo*. Porto, Liv. Civilização, 1945, 2 vols.

LOPES, Roberto. *Storia delle colonie genovesi nel Meriterraneo*. Bolonha, Zanichelli, 1938.

LUNA, Carlos Correia. *Campaña del Brasil; antecedentes coloniales*. Buenos Aires, Arq. Gen. de la Nación, 1931/41, 3 vols.

MACHADO, Jorge de. Portugal e a economia pombalina. *R. de Hist.*, São Paulo, n.º 19, 1954.

A situação econômica no tempo de Pombal. Porto, Portugália, 1951.

MACEDO, José Norberto. *Fazendas de gado no vale do São Francisco*. Rio de Janeiro, Serv. de Inform. Agrícola, 1952.

MACHADO, Alcântara. *Vida e morte do bandeirante*. 2.ª ed. São Paulo, Rev. Trib., 1930.

MACHADO, Maximiliano Lopes. *Memórias da província da Paraíba*. Paraíba, Impr. Of., 1912.

MADRE DE DEUS, Gaspar. *Memórias para a história da Capitania de São Vicente, hoje chamada de São Paulo*. 4.ª ed. São Paulo, Martins, 1953. [1.ª ed. 1797.]

MADUREIRA, J. M. de, S. J. *A liberdade dos índios. A companhia de Jesus: sua pedagogia e seus resultados*. Rio de Janeiro, 1927/1929, 2 vols.

MAGALHÃES, Basílio de. *O açúcar nos primórdios do Brasil colonial.* Rio de Janeiro, Inst. do Açúcar e do Álcool, 1953.
Expansão geográfica do Brasil colonial. 2ª ed. São Paulo, Ed. Nac., 1935 (Brasiliana).
MAGNAGHI, Alberto. *Americo Vespucci.* 2ª ed. Roma, Treves, 1926.
MANUSCRITOS da coleção de Angelis. I. Jesuítas e bandeirantes no Guairá (1594-1640). Introd., notas e glossário por Jaime Cortesão. Rio de Janeiro, Biblioteca Nacional, Divisão de Obras Raras e Publicações, 1951.
MANUSCRITOS da coleção de Angelis. II. Jesuítas e bandeiras no Itaim (1596-1760). Rio de Janeiro, Biblioteca Nacional, Divisão de Obras Raras e Publicações, 1952.
MARCGRAV, J. *História natural do Brasil.* Trad. Mons. J. Procópio de Magalhães. S. Paulo, Impr. Of., 1942 (Ed. do Museu Paulista). [1ª ed. 1658.]
MARCHANT, Alexandre. *Do escambo à escravidão.* Rio de Janeiro, Ed. Nac., 1ª (Brasiliana).
Feudal and Capitalistic Elements in the Portuguese Settlement in *Hisp. Amer. Hist. R.*, vol. 22, nº 3, 1942.
Tiradentes in the Conspiracy of Minas. *Hisp. Amer. Hist. R.*, vol. 21.
MARCONDES, Moisés. *Documentos para a história do Paraná.* 1ª série. Rio de Janeiro Tip. An. do Brasil, 1923.
MARQUES, Augusto César. *Dicionário histórico-geográfico da Província do Maranhão.* São Luís, Tip. Frias, 1870.
MARQUES, João Martins da Silva. *Descobrimentos portugueses; documentos para a sua história.* Lisboa, Inst. de Alta Cultura, 1944, 2 vols.
MARSDEN, E. G. *The Voyages of the "Barbara" of London. English Hist. R.*, vol. 24.
MARTINS, C. F. P. von. *Natureza, doenças, medicina e remédios dos índios brasileiros* (1844). Trad. e notas de Pirajá da Silva. São Paulo, Ed. Nac., 1939. (Brasiliana, vol. 154.)
MARTINS, João Dias. *Os mártires pernambucanos, vítimas da liberdade nas duas revoluções de 1710 e 1817.* Recife, Lemos, 1853.
MASCARENHAS, Francisco J. do Couto e Melo Castro. *Ensaio de bibliografia médica do Rio de Janeiro, anterior à fundação da Escola de Medicina.* (Tese.) Rio de Janeiro, Laemmert, 1852.
MATEOS, F. *Avances portugueses y misiones españolas en la America del Sur.* Madri. Cons. Sup. Invest. Cient., 1948. (Missionalia Hispanica.)
La guerra guaranitica y las misiones del Paraguay. Madri, Cons. Sup. Invest. Cient., 1951. (Missionalia Hispanica, nº 23.)
Nuevos incidentes en las misiones del Paraguay hasta el fin de la demarcación de los limites. Madri, Cons. Sup. Invest. Cient., 1954. (Missionalia Hispanica, nº 3.)
Pedro Cevallos, gobernador de Buenos Ayres y las misiones del Paraguay. Madri, Cons. Sup Invest. Cient., 1853. (Missionalia Hispanica, nº 29.)

El tratado de limites entre España y Portugal de 1750 y las misiones del Paraguay. Madri, Cons. Sup. Invest. Cient., 1952. (Miscelania Americanista, tomo 3.)

MATOS, Luís Alves de. *Primórdios da educação no Brasil. O período heróico.* Rio de Janeiro, 1958.

MELO, J. Soares de. *Emboabas. Crônica de uma revolução nativista.* São Paulo, São Paulo Ed., 1929.

MELO, Mário. A guerra dos Mascates como afirmação nacionalista. *R. Inst. Hist. Arqueol. Pernambucano.* Recife, vol. 36, 1941.

MEMÓRIA do êxito que teve a Conjuração de Minas e dos fatos relativos a ela acontecidos nesta cidade do Rio de Janeiro desde o dia 17 até 26 de abril de 1792. *R. Inst. Hist. Geogr. Bras.*, Rio de Janeiro, tomo 44, 1881.

MEMÓRIA sobre a Capitania de Minas Gerais, feita a pedido de D. Maria I (1799). *R. Arq. Públ. Mineiro*, vol. 10, 1904.

MENDONÇA, Marcos Carneiro de. *O intendente Câmara, Manuel Ferreira da Câmara Bethencourt e Sá. 1764-1835.* São Paulo, Ed. Nac., 1958.

MENDONÇA, Renato. *A influência africana no português do Brasil.* 3.ª ed. Porto, Liv. Figueirinhas, s. d.

MÉTRAUX, Alfred. Le caractère de la conquête jésuitique. *Acta Americana*, vol. 1, n.º 1, 1943.

La civilisation matérielle des tribus Tupi-Guarani. Paris, Geuthner, 1928.

The Comparative Ethnology of South American Indians. Ed. Julian H. Steward. Washington, 1949.

Migrations historiques des Tupi-Guarani. Paris, Lib. Orient. et Am., 1927.

Les Peaux-Rouges de l'Amérique du Sud. Paris, Bourrelier, 1950.

La religion des Tupinambá et ses rapports avec celle des autres tribus Tupi-Guarani. Paris, Leroux, 1928.

Le Shamanisme chez les Indiens de l'Amérique du Sud tropicale. *Acta Americana*, vol. 2, n.ºˢ 3, 4, 1944.

The Tupinambá. In *Handbook of South American Indians.* Washington, Smithsonian Inst., vol. 3, 1948.

Warfare, Cannibalism and Human Trophies. In *Handbook of South American Indians.* Washington, Smithsonian Inst., vol. 5.

MIRALES, José de. História militar do Brasil desde o ano de mil quinhentos e quarenta e nove, em que teve princípio a fundação da cidade de São Salvador da Bahia de Todos os Santos até o ano de 1762. *An. Bibl. Nac.*, Rio de Janeiro, vol. 22, pp. 1-238, 1900.

MOLLAT, Michel. *Le navire et l'économie maritime du Moyen-Âge au XVIIIᵉ siècle principalement en Méditerranée...* Paris, S. E. V. P. E. N., 1958.

Le navire et l'économie maritime du XVᵉ au XVIIIᵉ siècles. Travaux du Coloque d'histoire maritime... Paris, S. E. V. P. E. N., 1957.

MONTEIRO, F., S. J. *La anulación del tratado de limites con Portugal en 1750 y las misiones del Paraguay.* Madri, Cons. Sup. Invest. Cient., 1954. (Missionalia Hispanica, n.º 23.)

MONTEIRO, Jônatas da Costa Rêgo. *A colônia do Sacramento, 1680-1777.* Porto Alegre, Globo, 1957.
A dominação espanhola no Rio Grande do Sul, 1763-1777. Rio de Janeiro. Imp. Est.-Maior do Exército, 1936.
MONTEIRO, Mário Ipiranga. *Fundação de Manaus.* 2.ª ed. Manaus, Escola Técnica, 1952.
MORAIS, Carlos Dante de. *Figuras e ciclos da história rio-grandense.* Porto Alegre, Globo, s. d.
MORAIS, E. Vilhena de. *O patriotismo e o clero no Brasil.* Rio de Janeiro, 1928.
MORAIS, Francisco. *Catálogo dos manuscritos da Biblioteca da Universidade de Coimbra relativos ao Brasil.* Coimbra, Impr. Universidade, 1941.
MORENO, Diogo de Campos. *Livro que dá razão do Estado do Brasil (1612).* Ed. Hélio Viana, Recife, Arq. Públ. do Estado, 1955.
MOSTEIRO de São Bento do Rio de Janeiro. Sua história desde a fundação até o ano de 1927. Rio de Janeiro, 1927. [Contém a memória do Barão de Ramiz s/ a ordem e o mosteiro.]
NAVA, Pedro. Capítulos da história da medicina no Brasil. *Brasil médico-cirúrgico*, vols. 10 e 11, 1949.
THE NAVAL and Colonial Papers of D. Antonio de Ataide. *Harvard Library Bulletin*, vol. I, 1951.
NAVIOS estrangeiros nos portos do Brasil colonial: dispositivos legais a respeito. Rio de Janeiro, Impr. Nac., 1937. (Publ. do Arquivo Nacional, vol. 34.)
NEGRÃO, Francisco de Paula. *Memória histórica paranaense.* Curitiba, Impr. Paranaense, 1934.
NETSCHER, P. M. *Les hollandais au Brésil.* Haia, Belinfante, 1853.
NIEUHOF, Johan. *Memorável viagem marítima e terrestre.* Trad. de Moacir Vasconcelos, notas de J. H. Rodrigues. São Paulo, Martins, 1942. (Bibl. Histórica Brasileira, vol. 9.)
NÓBREGA, Manuel da. *Cartas do Brasil e mais escritos...*, com introdução e notas históricas e críticas de Serafim Leite, S. J., Coimbra, Universidade, 1955.
Cartas jesuíticas. I. Cartas do Brasil, 1549-1560. Rio de Janeiro, Academia Brasileira de Letras, 1931.
Cartas jesuíticas. II. Cartas avulsas, 1550-1568. Rio de Janeiro, Academia Brasileira da Letras, 1931.
Cartas jesuíticas. III. Cartas, informações, fragmentos históricos e sermões do Padre José de Anchieta, 1554-1594. Rio de Janeiro, Academia Brasileira de Letras, 1933.
NOGUEIRA, M. T. Alves. *Villegaignon.* Rio de Janeiro, Epasa, 1944.
NOVAS cartas jesuíticas, coligidas por Serafim Leite. São Paulo, Ed. Nac., 1940.
OLDMIXON. *The Britsh Empire in America...* Londres, Brotherton, 1741.
OLIVEIRA, Miguel de. *História eclesiástica de Portugal.* Lisboa, 1940.
OLIVEIRA, Oscar de. [Sac. Anschario de Oliveira.] *Os dízimos eclesiásticos do Brasil nos períodos da colônia e do Império.* Juiz de Fora, 1940.

ORDENAÇÕES e leis do reino de Portugal recopiladas por mandado del-Rei D. Filipe, o primeiro. Duodécima ed. segundo a nona. Coimbra. Impr. Universidade, 1824-1858, 3 vols.

THE ORIGINAL writings and correspondence of the two Richard Hakluys, with an introduction and notes by E. G. R. Taylor. Londres, Hakluyt Soc., 1935, 2 vols.

OSÓRIO, Jerônimo. *Da vida e feitos de el Rei D. Manuel*. Pref. de Jm. Ferreira. Porto, Liv. Civilização, 1944, 2 vols.

PASSOS, Zoroastro Viana. *Em torno da história de Sabará*. Rio de Janeiro, 1940. (Publ. do SPHAN; n? 5.)

PASTELL, Pablo & Mateos, F. *Historia de la Compañia de Jesus en la provincia del Paraguay según los documentos originales del General de Indias*. Madri, Cons. Sup. Invest. Cient., 1946/47, 4 vols.

PATTEE, Richard. *El catolicismo contemporaneo en Hispanoamerica*. Buenos Aires, Ed. Fides, 1951. [Cap.: Brasil – pp. 103-132.]

PEDROSA, Manuel Xavier de Vasconcelos. O espírito médico no Brasil colonial. In: *An. do IV Congresso de História Nacional*, vol. 8, Rio de Janeiro, 1951.

O exercício da medicina nos séculos XVI, XVII e a primeira metade do século XVIII no Brasil colonial. In *An. do IV Congresso de História Nacional*, vol. 8, Rio de Janeiro, 1951.

PEREIRA, Carlos. *História da América Espanhola*. Madri, Cailleja, 1920/1929, 8 vols.

PEREIRA, Duarte Pacheco. *Esmeraldo de Situ Orbis*. 3ª ed. por Damião Peres. Lisboa, Acad. Port. de Hist, 1954.

PEREIRA, Estêvão. Descrição da fazenda que o colégio de Santo Antão tem no Brasil e de seus rendimentos (1635). *An. Mus. Paulista*, São Paulo, vol. 4, 1931.

PEREIRA, Nuno Marques. *Compêndio narrativo do peregrino da América*. 6ª ed. completada com a 2ª parte, até agora inédita, acompanhada de notas e estudos de Varnhagen, Leite de Vasconcelos, Afrânio Peixoto, Rodolfo Garcia e Pedro Calmon. Rio de Janeiro, Academia Brasileira, 1939, 2 vols.

PERES, Damião. *Antecedentes históricos da legislação concernente ao ouro do Brasil nos séculos XVI e XVIII*. Lisboa, Acad. Port de Hist., 1956. (Estudos de história luso-brasileira.)

A diplomacia portuguesa e a sucessão de Hespanha (1700-1704.) Barcelos, Portugalense, 1931.

PHILIPSON, Jurn. *Notas sobre a interpretação sociológica de alguns designativos de parentesco no Tupi-Guarani*. São Paulo, Fac. Fil. Ciênc. e Letras, 1946. (Bol. 56.)

O parentesco Tupi-Guarani. São Paulo, Fac. Fil. Ciênc. e Letras, 1946. (Bol. 63.)

PIGAFETTA, Antonio. *Relazione del primo viaggio intorno al mondo, seguita del Rotero d'un piloto genovese*. Milão, Alpes, 1928.

PINA, Rui de. *Crônica do muito alto e muito esclarecido príncipe D. Afonso II*. Lisboa, Ferreyriana, 1727.
  Crônica do muito alto e esclarecido Príncipe D. Afonso III. Lisboa, Ferreyriana, 1728.
  Crônica do muito alto e esclarecido príncipe D. Diniz. Lisboa, Ferreyriana, 1729.
  Crônica do muito alto e esclarecido Príncipe D. Sancho I. Lisboa, Ferreyriana, 1727.
  Crônica do muito alto e esclarecido Príncipe D. Sancho II. Lisboa, Ferreyriana, 1728.
PINHO, José Wanderley de Araújo. A abertura dos portos. Cairu. *R. Inst. Hist. Geogr. Bras.*, Rio de Janeiro, vol. 243, 1959.
  História de um engenho do recôncavo. Rio de Janeiro, Valverde, 1946.
  Testamento de Mem de Sá. In *An. III Congresso de História Nacional, Rio de Janeiro*, 1941, vol. 3.
PINTO, Estêvão. *Os indígenas do Nordeste*. São Paulo, Ed. Nac., 1938.
PIRES, Heliodoro. *A paisagem espiritual do Brasil no século XVIII*. São Paulo, 1937. *Temas de história eclesiástica do Brasil*. São Paulo, 1946.
PISO, G. *História natural do Brasil*. Trad. Alexandre Correia. São Paulo, Ed. Nac. 1948. (Ed. Museu Paulista.) [1.ª ed. 1648.]
PITA, Sebastião da Rocha. *História da América portuguesa desde o ano MD até o de MDCCXXIV*. 2.ª ed., rev. e anotada por J. G. Gois. Lisboa, Ed. Francisco Arthur da Silva.
POMBO, Rocha. *História do Brasil*. Rio de Janeiro, Aguilar, s. d.
POPULAÇÕES de Minas Gerais. *R. Arq. Públ. Mineiro*, vol. 4, 1899.
PÔRTO, Aurélio. *História das Missões Orientais do Uruguai*. Rio de Janeiro, Impr. Nac., 1943.
PRADO JÚNIOR, Caio. *Evolução política do Brasil e outros estudos*. São Paulo, Ed. Brasiliense, 1953.
  Formação do Brasil contemporâneo. 2.ª ed. São Paulo, Ed. Brasiliense, 1945.
  Formação dos limites meridionais do Brasil. Lisboa, 1945. (Atlântida, n.º 6.)
  História econômica do Brasil. 2.ª ed. São Paulo, Ed. Brasiliense, 1949.
PRADO, J. F. de Almeida. *A Bahia e as capitanias do centro do Brasil*. São Paulo, Ed. Nac., 1945/1950, 3 vols. (Brasiliana.)
  Formação histórica da nacionalidade brasileira. Primeiros povoadores do Brasil, 1500-1530. São Paulo, Ed. Nac., 1935.
  Pernambuco e as capitanias do norte do Brasil. São Paulo, Ed. Nac., 1939/1942, 4 vols.
PRATT, André. *Notas históricas sobre as missões carmelitas no extremo norte do Brasil*. Recife, 1941.
PRESTAGE, Edgar. *Descobridores portugueses*. 2.ª ed. Porto, Gama, 1943.
PRIMEIRA visitação do Santo Oficio às partes do Brasil pelo licenciado Heitor

Furtado de Mendonça. Confissões da Bahia, 1591-1592, com prefácio de J. Capistrano de Abreu. Rio de Janeiro, Briguiet, 1935.

PRIMEIRA visitação do Santo Oficio às partes do Brasil pelo licenciado Heitor Furtado de Mendonça. Denunciadores da Bahia, 1591-1593. São Paulo, Ed. Paulo Prado, 1925.

PRIMEIRA visitação do Santo Ofício às partes do Brasil pelo licenciado Heitor Furtado de Mendonça. Denunciadores de Pernambuco, 1593-1595. São Paulo, Ed. Paulo Prado, 1929.

PRIMÉRIO, Fidélis M. de, O. F. M. Capuc. *Capuchinhos em terras de Santa Cruz*. São Paulo, 1942.

PURCHAS, Samuel. *Hakluyt Posthumus, or Purchas Pilgrimes*. 2ª ed. Glasgow, Hak. Soc., 1905/1907, 20 vols.

QUIJANO OTERO, José Maria. *Memoria historica sobre limites entre la republica de Colombia y el imperio del Brasil*. Bogotá, Impr. Gaitan, 1869.

RAFFARD, Henri. *The Sugar Industry in Brazil*. Translated from the Portuguese by W. H. Barber. Londres, Collimbridge, 1882.

RAMON PEREZ, Demetrio. *El tratado de limites de 1750 y la expedición de Ituriaga al Orinoco*. Madri, Cons. Sup. Invest. Cient., 1946.

RAMUSIO, Gio. Battista. *Delle navigazione e viaggi*. Veneza, 1554/65, 3 vols.

RANGEL, Maria Amélia de Sousa. Os reis de Portugal e a Igreja no Brasil. In *An. IV Congresso de História Nacional*. Rio de Janeiro, IHGB, vol. 8, p. 263, 1951.

RAU, Virgínia e Silva, Maria Fernanda Gomes da. *Os manuscritos do Arquivo da Casa Cadaval respeitantes ao Brasil*. Coimbra, Atlântida, 1956/1958, 2 vols.

RECOPILACIÓN de leyes de los reynos de las Indias. 4ª ed. Madri, Ultra, 1943.

REGIMENTO do auditório eclesiástico do arcebispado da Bahia, feitas e ordenadas pelo Il.mo e Rev.mo Sr. D. Sebastião Monteiro da Vide. São Paulo, 1853.

REIS, Arthur Cezar Ferreira. *Aspectos econômicos da dominação portuguesa na Amazônia*. Rio de Janeiro, S. P. V. S. A., 1960.

Casais, soldados e degredados na colonização da Amazônia. In *An. do III Congresso Sul-rio-grandense de História e Geografia*. Porto Alegre, Liv. Globo, 1940. t. 4.

A conquista espiritual da Amazônia. São Paulo, Escola Prof. Salesianas, s. d.

Estadistas portugueses na Amazônia. Rio de Janeiro, Ed. Dois Mundos, 1948.

O Estado do Maranhão. Catequese do gentio-Rebelião-Pacificação. In *An. do IV Congresso de História Nacional*, Rio de Janeiro, Impr. Nac., 1950, vol. 2.

História do Amazonas. Manaus, Tip. Aug. Reis, 1931.

João Pedro da Câmara: um fronteiro olvidado. *R. de Hist.*, São Paulo, nº 32, 1957.

Limites e demarcações na Amazônia brasileira. Rio de Janeiro, Impr. Nac., 1947/48, 2 vols.

Lôbo d'Almada, um estadista colonial. 2ª ed. Manaus, *Diário Oficial,* 1940.
Manaus e outras vilas. Manaus, Tip. Fênix, 1935.
Paulistas na Amazônia e outros ensaios. *R. Inst. Hist. Geogr. Bras.,* Rio de Janeiro, t. 175, 1941.
A política de Portugal no Vale Amazônico. Belém Of. Rev. Novid. 1940.
O processo histórico da economia amazonense. Rio de Janeiro, Impr. Nac. 1943.
Roteiro histórico das fortificações no Amazonas. *R. do SPHAN.* Rio de Janeiro, vol. 6, 1942.
Síntese da história do Pará. Belém, Graf. da Rev. Veter., 1942.
Uma tentativa de secessão na Amazônia. *J. do Brasil,* Rio de Janeiro, 18 de agosto de 1958.
RELTION authentique du voyage du capitaine de Gonneville ès Nouvelles Terres des Indes, publiée par M. d'Avezac. Paris, Challamel, 1869.
RELATOS sertanistas. Coletânea, introd. e notas de Afonso d'E. Taunay. São Paulo, Martins. 1954. (Bibl. Hist. Paulista.)
REVERDIN, Olivier. *Quatorze calvinistes chez les Topinamboults. Histoire d'une mission genevoise au Brésil.* 1556-1558. Genebra, Librairie E. Droz; Paris, Librairie Minard, 1957.
RIBEIRO, Francisco de Paula. Descrição do território dos Pastos Bons, nos sertões do Maranhão. *R. Inst. Hist. Geogr. Bras.,* Rio de Janeiro, t. 12, 1849.
RIBEIRO, João. *História do Brasil.* 14ª ed. Rio de Janeiro, Liv. S. José, 1953.
RICARDO, Cassiano. *Marcha para Oeste.* Rio de Janeiro, José Olímpio, 1942.
RIO BRANCO, Barão de. *Questões de limites. Guiana Francesa.* 1ª e 2ª memórias. Rio de Janeiro, Impr. Nac., 1945.
Questões de limites. República Argentina. Rio de Janeiro, Impr. Nac., 1945.
RIVARA, Cunha. *Catálogo da Biblioteca Pública Eborense.* Lisboa, Impr. Nac., 1850.
RIZZINI, Carlos. *O livro, o jornal e a tipografia no Brasil.* Rio de Janeiro, Kosmos, s. d.
ROCHEFORT, Cesar de. *Histoire naturelle et morale des isles Antilles de l'Amerique.* Roterdã, Arnout, 1665.
RODRIGUES, F. Contreiras. *Traços da economia social e política do Brasil colonial.* Rio de Janeiro, Ariel, 1935.
RODRIGUES, J. C. *Biblioteca Brasiliense. Catálogo anotado de livros sobre o Brasil.* Rio de Janeiro, "Jornal do Commercio", 1907.
RODRIGUES, José Honório. *O continente do Rio Grande.* Rio de Janeiro, Liv. S José, 1954.
Historiografia e bibliografia do Domínio Holandês no Brasil. Rio de Janeiro, Inst. Nacional do Livro, 1949.
RODRIGUES, Lopes. *Anchieta e a medicina.* Belo Horizonte, Ed. Apolo, 1934.

ROMERO, Silvio. *História da literatura brasileira*. 5ª ed. Rio de Janeiro, José Olímpio, 1953, 5 vols.

ROSÁRIO, Antônio do. *Frutas do Brasil...* Lisboa, Galram, 1702.

ROTEIRO do Maranhão e Goiás pela Capitania do Piauí. *R. do Inst. Hist. e Geogr. Bras.*, Rio de Janeiro, tomo 62, parte I, 1900.

RÖWER, Basílio, O. F. M. *Os franciscanos no sul do Brasil durante o século XVIII...* Petrópolis, 1954.

A ordem franciscana no Brasil. 2ª ed. Petrópolis, 1947.

et alii. *A pronúncia franciscana da Imaculada Conceição do Brasil*. Petrópolis, 1922.

RUBENS, Carlos. *Pequena história das artes plásticas no Brasil*. São Paulo. Ed. Nac., 1941.

RUI, Afonso. *A primeira revolução social brasileira*. São Paulo, Ed. Nac., 1942.

RUIZ, Constantino E. El espiritu militar de los Jesuitas en el antigo Paraguay español. *R. de Índias*, Madri, Cons. Sup. Invest. Cient., nº 16, 1944.

SA, Simão Pereira de. *História topográfica e bélica da nova colônia do Sacramento do Rio da Prata*. Ed. pela primeira vez pelo Liceu Literário Português do Rio de Janeiro e copiada do original de... Rio de Janeiro, Tip. Leuzinger, 1900.

SAIA, Luís. *Notas sobre a evolução da morada paulista*. São Paulo, s. ed., s. d.

Residências rurais no Brasil colonial, São Paulo, s. ed., 1958.

SAINT-HILAIRE, Auguste de. *Viagens ao Rio Grande do Sul*. São Paulo, Ed. Nac., 1939, na Costa d'África Ocidental. Paris, Aillaud, 1841.

Quadro elementar das relações políticas e diplomáticas de Portugal. Paris, 1842 – Lisboa, 1860, 18 vols.

SALVADOR, Vicente do. *História do Brasil*. 3ª ed. Rev. por Capistrano de Abreu e Rodolfo Garcia. São Paulo, Melhoramentos, s. d.

SAMPAIO, Alberto. *Estudos históricos e econômicos*. Porto, Chardron, 1923, 2 vols.

SANCHEZ, Alonso. *Fuentes de la historia española e hispanoamericana*. Madri, Ac. de la Hist., 1927.

SANTA RITA, José Gonçalo de. O regime comercial e jurídico; as frotas e as companhias coloniais, organização judicial e financeira no ultramar. In *História da Expansão Portuguesa no Mundo*. Lisboa, 1940, vol. 3.

SANTIAGO, Diogo Lopez. *História da guerra de Pernambuco...* Recife, Impr. Of., 1943.

SANTOS, Amilcar Salgado dos. A luta civil entre paulistas e emboabas. In *An. do IV Congresso de História Nacional*. Rio de Janeiro, 1950, vol. 6.

SANTOS, Antônio Vieira. *Memória histórica, cronológica, topográfica e descritiva da cidade de Paranaguá e do seu município*. Curitiba, Liv. Mundial, 1922.

SANTOS, Arcipreste Antônio Alves Pereira dos. *A arquidiocese de S. Sebastião do Rio de Janeiro*, Rio de Janeiro, 1914.

SANTOS, Joaquim Felício dos. *Memórias do distrito diamantino da comarca do Serro Frio*. Rio de Janeiro, Castilho, 1924.

SANTOS, Lúcio José dos. *A Inconfidência Mineira. Papel de Tiradentes na Inconfidência Mineira*. São Paulo, 1927.

Afirmações nacionalistas – Os emboabas. In *An. do II Congresso de História Nacional*. Rio de Janeiro, 1942, vol. 6.

SANTOS, Manuel dos. Narração histórica das calamidades de Pernambuco sucedidas desde o ano de 1707 até o de 1715. *R. Inst. Hist. Bras.*, Rio de Janeiro, vol. 16, 1853.

SANTOS, Paulo F. *A arquitetura religiosa em Ouro Preto*. Rio de Janeiro, Kosmos, 1951.

O barroco e o jesuítico na arquitetura do Brasil. Rio de Janeiro, Kosmos, 1951.

SANTOS FILHO, Licurgo. *História da medicina no Brasil*. (Do século XVI ao século XIX). São Paulo, Ed. Brasiliense, 1947, 2 vols.

Primeiros profissionais da medicina no Brasil. *R. Bras. Hist. Med.*, Rio de Janeiro, vol. 4, 1953.

Uma comunidade rural do Brasil antigo. São Paulo, Ed. Nac., 1956.

SÃO José, Nicolau de. *Vida da serva de Deus, Madre Jacinta de São José*. Rio de Janeiro, 1935.

SARAIVA, J. Mendes da Cunha. Companhia Geral de Pernambuco e Paraíba. In *Congresso do Mundo português. Memórias e comunicações apresentadas ao Congresso Luso-Brasileiro de História*. Lisboa, Bertrand, 1940, t. 2.

Companhias gerais de comércio e navegação para o Brasil. In *Congresso de História da Expansão Portuguesa no Mundo*, 1º., Lisboa, Soc. Nac. de Tip., 1938.

SCELLE, Georges. *La traite négrière aux Indes de Castille*. Paris, Sirey, 1906, 2 vols.

SEPP, Antônio S. J. *Viagem às missões jesuíticas e trabalhos apostólicos*. São Paulo, Martins [1943]. (Bibl. Histórica Brasileira, vol. II.)

SÉRGIO, Antônio. *Ensaios*. Rio de Janeiro e Lisboa [diversos ed.], 1920/1954, 7 vols. *História de Portugal*. Lisboa, Portugália, 1941, t. 1.

SERRANO, Jônatas. *Brésil*. In *Dictionnaire d'histoire et de géographie ecclésiastiques*. Paris, Letouzey et Ané, 1937. Notas.

SILBERNER, Edmond. *La guerre dans la pensée économique du XVIe au XVIIIe siècle*. Paris, 1839.

SILVA, Alfredo Nascimento. A medicina nos tempos coloniais. *R. de Siniátrica*, Rio de Janeiro, vol. 8, 1915.

Quatro séculos de medicina no Brasil. *R. Siniátrica*, Rio de Janeiro, vol. 21, 1928.

SILVA, Antônio Salgado da. *Coleção de legislação portuguesa*, Lisboa, Tip. Maigrense, 1830.

SILVA, Duarte Leopoldo e. *O clero e a independência*. Ed. Centro Dom Vital, Rio, 1923. (Cap. XXXII – "Hist. religiosa" – do Dicion. histór., geogr. e etnogr. brasileiro do IHGB, Rio, 1922.)

SILVA, Inácio Acioli de Cerqueira e. História religiosa da Bahia. In *Memórias históricas e políticas da província da Bahia*. (1835-1852). Ed. de Brás do Amaral. Bahia, 1919/1940. 6 vols. Vol. 5.

SILVA, Joaquim Caetano da. *L'Oyapoc et l'Amazone: question brésilienne et française...* Rio de Janeiro, 1893/1895. 2 vols.

SILVA, Joaquim Norberto de Sousa e. *História da conjuração mineira*. Rio de Janeiro, Impr. Nac., 1948, 2 vols.

SILVA, Moacir Paixão. *Formação econômica do Amazonas*. [Separata dos *Anais do III Congresso Sul-rio-grandense de História e Geografia*. Porto Alegre, Liv. Globo, 1940.]

SILVA, Raul de Andrada e. São Paulo nos tempos coloniais. *R. de Hist.*, São Paulo, nºs 21 e 22, 1955.

SÍMONSEN, Roberto. *História econômica do Brasil*. São Paulo, Ed. Nac., 1947 (Brasiliana).

SLOANE, Hans. *Voyage to the Islands...* Londres, 1707.

SMITH, Robert C. *Arquitetura colonial baiana*. Salvador, Prefeitura, 1951.

Requena and the Jaguera. Some 18th century watercolors of the Amazon and other rivers. *The Americas*. Washington, vol. 3, 1946.

SOARES, José Carlos de Macedo. *Fronteiras do Brasil no regime colonial*. Rio de Janeiro, José Olímpio, 1939.

SODRÉ, Nelson Werneck. *Formação da sociedade brasileira*. Rio de Janeiro, José Olímpio, 1944.

SOUSA, Gabriel Soares de. *Tratado descritivo do Brasil em 1587*. 3.ª ed. São Paulo, Ed. Nac., 1938.

SOUSA, José Eduardo Teixeira de. *A medicina antes da organização do ensino médico*. Rio de Janeiro, Acad. Nac. de Medicina, 1908.

SOUSA, Luís de. *Anais de D. João III*. Lisboa, Sá da Costa, 1951/54, 2 vols.

SOUSA, Pero Lopes de. *Diário de navegação*. E. Eugênio de Castro. 2.ª ed. Rio de Janeiro, Com. Bras. Cent. Port., 1940.

SOUSA, T. O. Marcondes de. *O descobrimento do Brasil de acordo com a documentação histórico-cartográfica e náutica...* 2.ª ed. São Paulo, Michalamy. 1956.

SOUTHEY, Robert. *História do Brasil*. Trad. de Oliveira Castro. Rio de Janeiro, Garnier, 1862.

SOUTO, M. J. Vieira. Memória sobre a Capitania de Minas Gerais. *R. Arq. Públ. Mineiro*, vol. 2, 1907.

SPALDING Walter. *Gênesis do Brasil-Sul*. Porto Alegre, Liv. Sulina, 1953.

STADEN, Hans. *Duas viagens ao Brasil*. Trad. Guiomar Carvalho Franco. São Paulo, Soc. Hans Staden, 1942.

STUDART, Barão de. *Documentos para a história do Brasil, especialmente do Ceará*. Fortaleza, Tip. Minerva, 1904, 1909, 1910 e 1921, 4 vols.

TABELA de todas as lavras de ouro de cada distrito da província de Minas Gerais. *R. Arq. Públ. Mineiro*. Ouro Preto, vol. 2, 1897.

TAUBATÉ, Modesto Rezende de, O. C. M. & Primério, Fidelis Mota de, P. Fr. *Os missionários capuchinhos no Brasil*. São Paulo, 1929.

TAUNAY, Afonso d'E. *História da cidade de São Paulo*. São Paulo, Melhoramentos, s. d. *História geral das bandeiras paulistas*. São Paulo, Impr. Of., 1924/1950, 11 vols.

História da vila de São Paulo no séc. XVIII. São Paulo, Museu Paulista, 1931.

Na Bahia colonial. 1610-1774. Impressões de viajantes estrangeiros. São Paulo, Ed. Nac., 1942.

Subsídios para a história do tráfico africano no Brasil. *R. Inst. Hist. Geogr. Bras*. Rio de Janeiro, *An*. do III Congresso de História Nacional, vol. 3, 1941.

TAVARES, Jerônimo Vilela de Castro. *Compêndio de direito público eclesiástico*. 3.ª ed. Rio de Janeiro, 1882.

TAVARES, Luís Henrique Dias. *Introdução ao estudo das ideias do movimento de 1798*. Salvador, Progresso Ed., 1959.

TERMO da repartição dos quintos por cada um escravo. *Arq. Públ. Mineiro*, mss., códice 6.

THEVET, André. Le Brésil et les Brésiliens. In *Les Français en Amérique pendant la deuxième moitié du XVIe siècle*. Choix de textes et notes par Suzanne Lussagnet. Paris, Presses Univ. de France, 1953.

La cosmographie universelle. Paris, L'Huillier, 1575, 2 vols.

Les singularitez de la France antarctique. Nouvelle édition, avec notes et commentaires par Paul Gaffarel. Paris, Maisonneuve & Cie., 1878.

Singularidades da França antártica, a que outros chamam América. Trad. Estêvão Pinto. São Paulo, Ed. Nac., 1944.

Les vrais pourtrais et vies des hommes illustres... Paris, Kervert, 1584.

THOMSEN, Thomas. *Albert Eckhout (1637-1664) ein niederländischer Maler...* Copenhague, Levin og Munksgaard, 1938.

TOLLENARE, L. F. de. *Notas dominicais*. Trad. de M. de Oliveira Lima. Recife, Impr. J. do Recife, 1905.

TRINDADE, Raimundo. *A arquidiocese de Mariana*. São Paulo, 1928-1929, 3 vols.

Instituições de igrejas no bispado de Mariana. Rio de Janeiro SPHAN, 1945.

ÚLTIMOS momentos dos inconfidentes de 1789 pelo frade que os assistia de confissão. *R. Inst. Hist. Geogr. Bras.*, t. 44, 1881.

VARNHAGEN, F. A. de. *História Geral do Brasil*. 4.ª ed. São Paulo, Melhoramentos, s. d.

VASCONCELOS, Diogo de. *História antiga das Minas Gerais*. Belo Horizonte, Impr. Of., 1904.

Memória sobre a Capitania de Minas Gerais. *R. Arq. Públ. Mineiro*, vol 6.

VASCONCELOS, Frazão. *Contribuição dos portugueses para o conhecimento do Amazonas no século XVIII*. Lisboa, 1941. (Bol. Geral das Colônias n° 308.)

VASCONCELOS, Salomão de. *Ofícios mecânicos em Vila Rica durante o século XVIII*. R. SPHAN, Rio de Janeiro, vol. 4, 1940.

VASCONCELOS, Silvio de. *Arquitetura, dois estudos*. Porto Alegre, Inst. Estad. do Livro, 1960.

Vila Rica. *Formação – Desenvolvimento – Residências*. Rio de Janeiro, Inst. Nac. do Livro, 1956.

VASQUES, Fernando. *Conquista e colonização do Pará*. Lisboa, Ag. Geral das Colônias, 1941.

VAT, Odulfo van der, OFM. *Princípios da igreja no Brasil*. Petrópolis, 1952.

VEIGA, José Pedro Xavier da. *Efemérides mineiras, 1664-1897*. [Belo Horizonte.] 1926.

VERLINDEN, Charles. *L'esclavage dans l'Europe médiévale*. Vol. 1: Péninsule Ibérique Bruges, de Tempel, s. d.

VIANA, Artur. As fortificações na Amazônia. *An. Bibl. e Arq. do Pará*, Belém, t. 4, 1905.

Monografias paraenses. Os exploradores da Amazônia. *R. Inst. Hist. do Pará*, Belém, t. 1, 1900.

VIANA, Hélio. *História das fronteiras do Brasil*. Rio de Janeiro, Bibl. Militar, 1948.

VIANA, Oliveira. *Populações meridionais do Brasil*. Rio de Janeiro, José Olímpio, 1952.

VIANA FILHO, Luís. *O negro da Bahia*. Rio de Janeiro, José Olímpio, 1946.

A Sabinada. Rio de Janeiro. José Olímpio, 1938.

VIDE, Sebastião Monteiro da. *Constituições primeiras do arcebispo da Bahia*; feitas e ordenadas pelo ilustríssimo e reverendíssimo senhor..., 5° Arcebispo do dito arcebispado e do conselho de sua majestade. Propostas e aceitas em o sínodo diocesano, que o dito senhor celebrou em 12 de junho do ano 1707. Impressas em Lisboa no ano de 1719, e em Coimbra em 1720 com todas as licenças necessárias, e ora reimpressas nesta capital. São Paulo, Tip. 2 de Dezembro de Antônio Louzada Antunes, 1853.

VIEIRA, Antônio. *Cartas...* Coordenadas e anotadas por J. Lúcio de Azevedo. Coimbra, Imp. Universidade, 1925/1928, 3 vols.

Obras escolhidas. Pref. e notas de Antônio Sérgio e Hernani Cidade. In *Obras várias*. Lisboa, Sá da Costa, 1951/1953, 5 vols. Vol. 3.

VIEIRA Dorival Teixeira. Evolução do sistema monetário brasileiro. *R. Administração*, São Paulo, Fac. Ciênc. Econ., 1947.

VILHENA, Luís dos Santos. *Recopilação de notícias da Capitania de São Paulo. 1802*. Bahia, Imp. Of. do Estado, 1935.
Recopilação de notícias soteropolitanas e brasílicas contidas em XX cartas. Ano de 1802. Bahia, Impr. Of. do Estado, 1921, 4 vols.

THE VOYAGES of Sir James Lancaster to Brazil and the East Indies, 1591-1603. New ed. with introduction and notes by Sir William Foster. Londres, Hack. Soc., 1940.

WALDHEIM, Gottfried von. *Participación alemana en el cultivo y comercio del azucar de caña especialmente en Brasil, España y Portugal; una contribución a la historia de la economia*. Recife, Publ. Inst. Joaquim Nabuco, 1957.

WANDERLEY, Vicente Ferrer de Barros. Documentos para a história. Governo de Félix José Machado na Capitania de Pernambuco. *R. Inst. Arqueol. de Pernambuco*. Recife, vol. 16, 1914.

WATJEN, Herman. *O domínio holandês no Brasil*. Trad. P. C. Uchoa Cavalcanti. São Paulo, Ed. Nac., 1938 (Brasiliana, vol. 123).

WIEDERSPAHU, Henrique Oscar. A guerra das reduções. *R. Inst. Hist. Rio Grande do Sul*. Porto Alegre, 3º trim., 1936.

WILLIAMS, Eric. *Capitalism and Slavery*. Chapel Hill, North Carol. Univ. Press, 1944.

WILLIAMSON, J. A. *Hawkins of Phymouth. A New History of Sir John Hawkins and of the Other Members of his Family Prominent in Tudor England*. Londres Adam & Black, 1949.
Maritime Enterprise, 1485-1558. Oxford, Clarendon, 1913.
A Short History of British Expansion. Londres, Macmillan, 1955, 2 vols.
Sir John Hawkins. The Time and the Man. Oxford, Clarendon, 1927.

ZAMELLA, Mafalda P. *O abastecimento da Capitania das Minas Gerais no séc. XVIII*. São Paulo, Fac. Fil. Ciênc. e Letras Univ. de São Paulo, 1951.

CRONOLOGIA SUMÁRIA

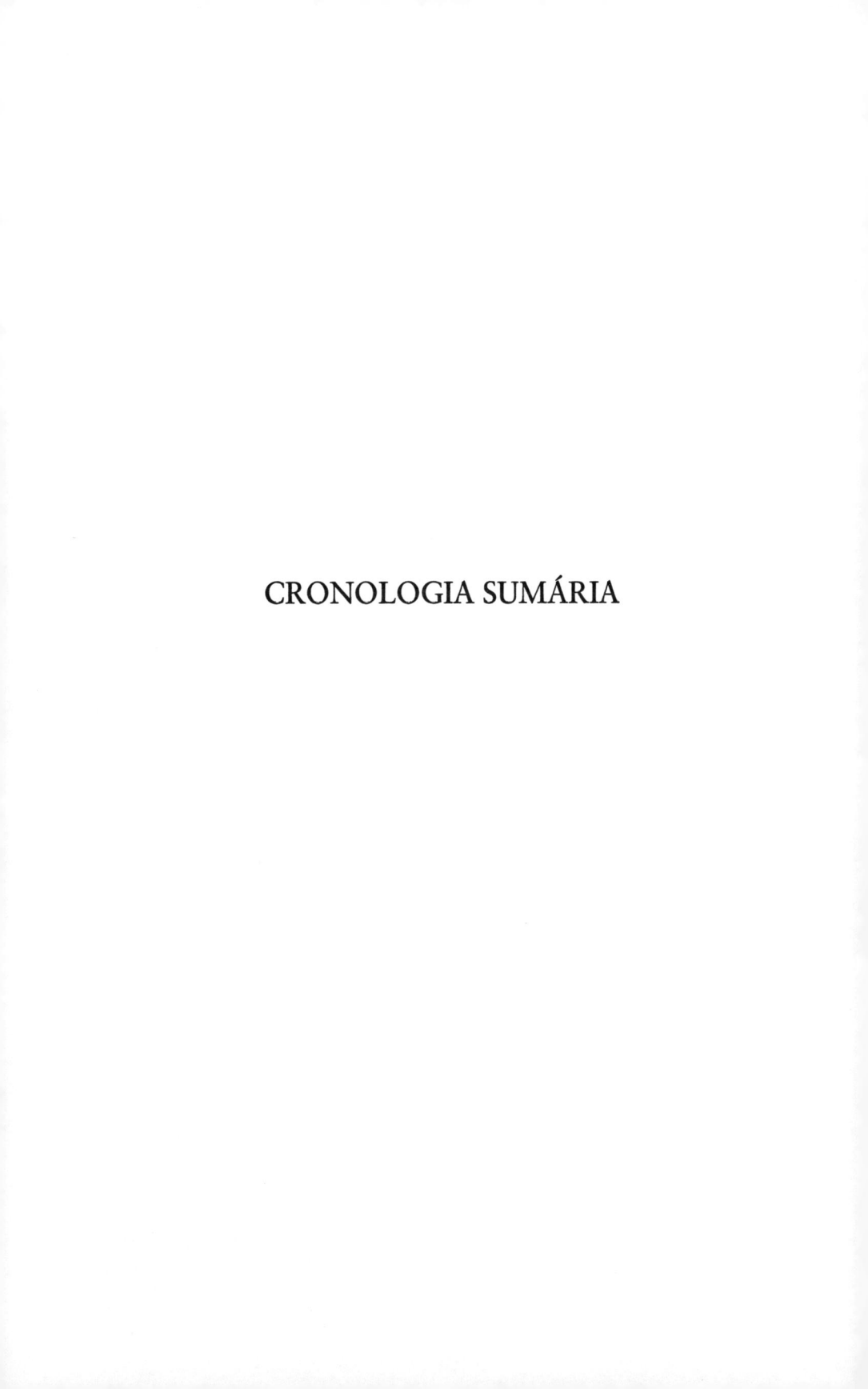

ACONTECIMENTOS POLÍTICO-SOCIAIS NO BRASIL	CIÊNCIAS, ARTES E LETRAS NO BRASIL	ACONTECIMENTOS INTERNACIONAIS
1500		
1500. Cabral descobre o Brasil. 1501. Primeiras expedições de reconhecimento da costa do Brasil. 1504. Navegantes franceses na costa do Brasil.	1500. Carta de Pero Vaz de Caminha noticiando a descoberta do Brasil.	1500. Regresso de Vasco da Gama a Portugal. 1503. Albuquerque nas Índias: início da formação do império português. 1505-07. Expedição de D. Francisco de Almeida às Índias; instalação definitiva do monopólio português do comércio do Oriente. 1509. Os portugueses atingem Malaca. – Criação do Conselho das Índias, na Espanha.
1510		1512. Criação do bispado de São Domingos. – Balboe descobre o Pacífico. 1513. Francisco I vence os suíços em Marignan. 1514. Os portugueses na China.
1515. João Dias Solis, a serviço de Castela, inicia o reconhecimento da costa brasileira, desde o cabo de Sto. Agostinho até o Prata. 1516. Cristóvão Jaques funda uma feitoria em Pernambuco e inicia o reconhecimento da costa brasileira até o Prata.		1516. Carlos V sobe ao trono. – Concordata de Bolonha. 1517. Os espanhóis no Iucatã. – Os portugueses em Cantão. – Lutero publica suas 95 teses sobre as Indulgências.
1519. Fernão de Magalhães fundeia na baía da Guanabara. **1520**		1519. Cortez chega ao México. 1520. Revolta dos mexicanos contra Cortez. 1521. Cortez reconquista o México. – Excomunhão de Lutero. 1522. Sebastião d'Elcano completa a viagem de circunavegação iniciada por Fernão de Magalhães. 1523. Corsários franceses atacam a frota espanhola da América.
1524. Entrada de Aleixo Garcia, que teria alcançado o Peru.		1524. 1ª expedição de Pizarro ao Peru. – Verazzano descobre a embocadura do Hudson. – Gustavo Vasa, rei da Suécia.

CRONOLOGIA SUMÁRIA

ACONTECIMENTOS POLÍTICO-SOCIAIS NO BRASIL	CIÊNCIAS, ARTES E LETRAS NO BRASIL	ACONTECIMENTOS INTERNACIONAIS
1525. Sebastião Caboto desembarca no Brasil.		1526. Segunda expedição de Pizarro ao Peru. – Baber invade as Índias. 1527. Corsários franceses no México. 1528. Os portugueses atacam os espanhóis nas Molucas. 1529. Pizarro obtém o direito de conquista do império inca.
1530 1530. William Hawkins chefia a primeira expedição de ingleses ao Brasil. 1532. Martim Afonso de Sousa funda a vila de São Vicente. 1533. O Brasil sujeito ao arcebispado de Funchal (Madeira). 1534. O Brasil dividido em donatarias.	1533-95. Vida do Pe. José de Anchieta.	1530. Início das guerras de religião na Alemanha. 1531. Derrota dos portugueses em Diu. – Henrique VIII rompe com Roma e funda a Igreja Anglicana. 1532. Pizarro atravessa os Andes. 1533. Pizarro apodera-se de Cusco: conquista do Peru. – Calvino adere à Reforma. 1534. Jacques Cartier no Canadá. 1535. Criação do vice-reinado do México. 1538. Os espanhóis em Buenos Aires. 1538-41. Hernando de Soto explora as regiões a oeste do Mississípi. 1539. Os turcos atacam Diu. – Organização da Companhia de Jesus.
1540 1543. Brás Cubas funda em Santos a primeira Santa Casa do Brasil.		1540-42. Coronado na Califórnia. 1542. Orellana conclui a travessia da Amazônia. – *Nuevas Leys* em favor dos índios. – Os portugueses perdem as praças africanas de Safim e Azamor. – Os espanhóis nas Filipinas. – Os portugueses no Japão

ACONTECIMENTOS POLÍTICO-SOCIAIS NO BRASIL	CIÊNCIAS, ARTES E LETRAS NO BRASIL	ACONTECIMENTOS INTERNACIONAIS
		1545. Abertura das minas do Potosi. 1545-63. Concílio de Trento.
1549. Instituição do Governo-Geral do Brasil: Tomé de Sousa, primeiro governador. – Chega à Bahia o Pe. Manuel da Nóbrega: fundada a cidade de Salvador.		1549. Os portugueses perdem as praças africanas de Alcácer-Ceguer e Arzila. – S. Francisco Xavier chega ao Japão.
1550		
1550. Chega a Salvador a primeira partida de escravos africanos.		
1551. Chegam ao Brasil as primeiras mulheres brancas.		1551. Criação da Universidade de Lima.
1552. Tomé de Sousa inicia a visita de inspeção às capitanias ao sul da Bahia.		
1553. Duarte da Costa, segundo governador-geral do Brasil.		1553. Criação da Universidade do México.
1554. O Pe. Manuel da Nóbrega funda o Colégio de São Paulo. – Início da entrada pesquisadora baiana de Francisco Bruza de Espinoza.		1554. Invenção da amálgama para extrair a prata.
1555. Villegaignon funda na Guanabara a colônia "França Antártica".		1555. É concluída a paz de Augsburgo entre católicos e protestantes, na Alemanha. – Os franceses pilham Havana. 1556. Abdicação de Carlos V.
1557. Mem de Sá, terceiro governador-geral do Brasil.	1557. Publicado, na Europa, o livro de Hans Staden. – Publicadas, em Paris, as *Singularitez de la France Antarctique* de André Thevet.	1557. Bancarrota em França e Espanha.
1559. Alvará facilitando a importação de escravos africanos para os senhores de engenho.		1559. O tratado de Cateau-Cambrésis põe fim à luta que havia sido iniciada por Francisco I e Carlos V.
1560		
1560. Os portugueses destroem e ocupam a colônia "França	1560. Anchieta: *Epístola quamplurimarum rerum naturalium quae S.*	

CRONOLOGIA SUMÁRIA

ACONTECIMENTOS POLÍTICO-SOCIAIS NO BRASIL	CIÊNCIAS, ARTES E LETRAS NO BRASIL	ACONTECIMENTOS INTERNACIONAIS
Antártica". – Os moradores de Sto. André mudam-se para S. Paulo por intervenção de Mem de Sá. – Entrada de Luís Martins. 1561. Início da entrada pesquisadora baiana Vasco Rodrigues Caldas.	*Vincentii (nunc S. Pauli) provinciam incolunt.*	1561. Lopo de Aguirre termina nova expedição de travessia da Amazônia, iniciada por Pedro de Ursua. – Documento organizando o sistema de frotas do Novo Mundo. 1562. Início das guerras de religião, na França. – Tentativa de colonização francesa na Flórida.
1564. Alvará de D. Sebastião fixando o padrão de redízima em favor da Companhia de Jesus. 1565. Estácio de Sá funda a cidade de São Sebastião (do Rio de Janeiro). 1567. Início da entrada pesquisadora baiana de Martim de Carvalho. – Os franceses são definitivamente derrotados no Rio de Janeiro.		1563. Isabel, a Grande, regulamenta definitivamente a religião anglicana. 1565. Na Flórida, os colonos franceses são chacinados pelos espanhóis.
1570 1570. Carta régia de D. Sebastião garantindo a liberdade dos índios. 1571. D. Sebastião decreta que somente navios portugueses transportem mercadorias para o Brasil e demais partes do Ultramar. 1572. O Brasil é dividido em dois governos: Bahia (governador Luís de Brito e Almeida) e Rio de Janeiro (governador Antônio Salema). – Início da entrada pesquisadora baiana de Sebastião Fernandes Tourinho.		1569. Proibida a indústria têxtil nas colônias espanholas. 1571. Batalha de Lepanto. 1572. Revolta dos "Gueux" nos Países Baixos. – Catarina de Médicis promove, em Paris, o morticínio de São Bartolomeu. – Drake no Panamá.

ACONTECIMENTOS POLÍTICO-SOCIAIS NO BRASIL	CIÊNCIAS, ARTES E LETRAS NO BRASIL	ACONTECIMENTOS INTERNACIONAIS
1573. Inaugurado no Rio de Janeiro, por iniciativa do Pe. Manuel da Nóbrega, o colégio de São Sebastião.		
1574. Início da entrada pesquisadora baiana de João Coelho de Sousa.		1574. Bancarrota sob Filipe II.
1575. Antônio Salema, comandando tropa de portugueses e de índios amigos, liquida os remanescentes franceses alojados em Cabo Frio.		
	1576. Vem a lume a *História da Província de Santa Cruz* de Pero Magalhães Gandavo.	1576-78. Hostilidade entre os "Merchant Adventures" e a "Hansa".
1577. Abolida a dualidade de governos do Brasil. – Lourenço da Veiga nomeado Governador-Geral.		
	1578. Publicada na Europa a *Histoire d'un voyage fait en la terre du Brésil* de Jean de Léry.	1578. Morre D. Sebastião na batalha de Alcácer-Quebir. – Os holandeses proclamam sua independência.
		1579. União de Utrecht.
1580		1580. Filipe II de Espanha apodera-se do trono português.
1581. O navio *Minion de Londres* no Brasil. – Jerônimo Leitão regressa de Guairá com os primeiros contingentes de índios escravizados.		1581. Permitidos nos Países Baixos o livre trânsito e o comércio de todo e qualquer português.
		1582. Entra em vigor o calendário gregoriano. – Os luso-espanhóis derrotam os franceses que tentavam apoderar-se dos Açores.
1583. O navio inglês *Royal Merchant* no Brasil.		1583. Concílio de Lima. – Morre Humphrey Gilbert ao tentar colonizar a Terra Nova.
1584. Conquista da Paraíba.		
		1585. A Holanda e a Zelândia tornam-se

CRONOLOGIA SUMÁRIA

499

ACONTECIMENTOS POLÍTICO-SOCIAIS NO BRASIL	CIÊNCIAS, ARTES E LETRAS NO BRASIL	ACONTECIMENTOS INTERNACIONAIS
1586. Expedição de Thomaz Cavendish ao Brasil. – Começa a desenvolver-se o intercâmbio comercial entre o sul do Brasil e o Prata. – Portugueses e espanhóis são mal-sucedidos na tentativa de expulsar os franceses da Paraíba.		independentes da Espanha.
	1587. *Tratado Descritivo do Brasil* de Gabriel Soares de Sousa.	1587. Walter Raleigh instala uma colônia na Virgínia. 1588. Desastre da Invencível Armada. 1589. Fundação do Patriarcado de Moscou.
1590		
1591. Proibição de barcos estrangeiros, sem licença especial, de aportarem a terras do Brasil. O Capitão Thomas Cavendish pratica atos de pirataria em São Vicente. – Instala-se na Bahia, e aí permanecerá até 1593, o Tribunal do Santo Ofício. 1592. Início da entrada pesquisadora baiana de Gabriel Soares de Sousa. 1595. Ataque do corsário inglês James Lancaster a Recife. – Lei de Filipe II proibindo a escravização dos índios. – Entrada pesquisadora baiana de Belchior Dias Moréia, que penetrou pelo Itapicuru. 1596. Ingleses estabelecem feitorias no delta amazônico. – Entrada pesquisadora capixaba de Diogo Martins Cão.		1595. Expedição de Walter Raleigh à Venezuela.
		1597. O holandês Cornélio Houtmann regressa de sua viagem ao Oriente, via cabo da Boa Esperança.
1598. Manuel Mascarenhas Homem e Feliciano		1598. Confiscados, em Lisboa, mercadorias e

ACONTECIMENTOS POLÍTICO-SOCIAIS NO BRASIL	CIÊNCIAS, ARTES E LETRAS NO BRASIL	ACONTECIMENTOS INTERNACIONAIS
Coelho firmam-se no forte dos Reis, na Paraíba. 1599. Jerônimo de Albuquerque pacifica os Petiguara, na Paraíba, e funda a povoação de Natal.		navios holandeses, e presos os tripulantes. – Edito de Nantes: fim das guerras de religião na França.
1600		1600. Criação da Companhia Inglesa das Índias Orientais.
1601. Início da bandeira de André Leão em busca de minas de prata.		1601. Adoção da primeira *Poor Law* na Inglaterra.
1602. Início da ação de contrabandistas holandeses na região do estuário amazônico. – Início da bandeira apresadora de índios, de Nicolau Barreto.		
1603. Início da malograda expedição de Pero Coelho de Sousa ao Maranhão. – A Coroa decreta em seu favor o monopólio da pesca da baleia.		1603. Primeira viagem de Champlain ao Canadá.
1605. Interditada a permanência de estrangeiros, ou escala de navios estrangeiros, no Brasil e demais partes do Ultramar português.		
1606. Início da bandeira apresadora de índios, de Diogo Quadros e de Manuel Preto.		1606. Jaime I funda a Companhia da Virgínia.
1607. Início da bandeira apresadora de índios, de Belchior Dias Carneiro.	1608-97. Vida do Pe. Antônio Vieira.	1607. Criação da província castelhana do Paraguai, sob governo dos jesuítas. 1608. Viagem de Champlain ao Canadá; início da construção de Quebec. 1609. Assinatura da Trégua dos Doze Anos (1609-21) entre a Espanha e os Países Baixos.– Fundação do Banco de Amsterdã.

CRONOLOGIA SUMÁRIA

ACONTECIMENTOS POLÍTICO-SOCIAIS NO BRASIL	CIÊNCIAS, ARTES E LETRAS NO BRASIL	ACONTECIMENTOS INTERNACIONAIS
1610		
1610. Jesuítas castelhanos estabelecem-se na margem esquerda do Paranapanema. – Início das bandeiras apresadoras de índios, de Clemente Alvares, Cristóvão de Aguiar e Brás Gonçalves. – Expedição de Simão Álvares, "o velho", em direção ao sertão do rio Casca (Minas Gerais).		
1611. Início da bandeira apresadora de índios, de Pedro Vaz de Barros.		1611-32. Reinado de Gustavo Adolfo da Suécia.
1612. Martim Soares Moreno penetra e estabelece-se no Ceará; constrói reduto, origem da cidade de Fortaleza. – Os franceses fundam São Luís do Maranhão. – Início da bandeira apresadora de índios, de Sebastião Preto.		
1613. Primeira jornada frustrada da conquista do Maranhão aos franceses.		1613. Início da dinastia dos Romanov, na Rússia.
1614. Os franceses são derrotados pelas tropas luso-brasileiras na batalha de Guaxenduba.	1614. Publicada em Paris a *Histoire des Pères Capucins en l'Isle de Maragnon et terres circonvoisines* de Claude d'Abbeville.	
1615. Jerônimo de Albuquerque, Alexandre Moura e Francisco Caldeira apoderam-se do forte de São Luís do Maranhão; derrocada da "França Equinocial". – Início da bandeira apresadora de índios, de Lázaro da Costa.	1615. Publicada em Paris a *Suite de l'Histoire des choses memorables advenues en Maragnon ès anés 1613 et 1614* de Yves d'Euvreux.	1615. Núpcias de Luís XIII com Ana da Áustria, filha de Filipe III; aliança da Espanha com a França.
1616. Francisco Caldeira funda no Pará a cidade de Santa Maria de Belém.		
		1618. A "defenestração" de Praga dá início à Guerra dos Trinta Anos.

ACONTECIMENTOS POLÍTICO-SOCIAIS NO BRASIL	CIÊNCIAS, ARTES E LETRAS NO BRASIL	ACONTECIMENTOS INTERNACIONAIS
1619. Jerônimo Fragoso de Albuquerque, Pedro Teixeira e Bento Maciel Parente derrotam e castigam os Tupinambás de Iguape e Guamá (Pará). – Assalto de bandeira chefiada por Manuel Preto às Reduções jesuíticas.		
1620		1620. Os tchecos, auxiliados por protestantes alemães, são vencidos na Montanha Branca. – Os peregrinos do *May Flower* chegam à América.
1621. Por determinação régia, criado o Estado do Maranhão (Maranhão, Ceará, Pará) desligado de qualquer subordinação ao Brasil.		1621. Fundação da Companhia Holandesa das Índias Ocidentais.
1622. Falece no Peru, durante expedição, o bandeirante Antônio Castanho da Silva.		1622. Os índios massacram os colonos da Virgínia.
1623. Bandeira de Manuel Preto assalta as Reduções jesuíticas.		
1624. Os holandeses apoderam-se da Bahia. – Autorizado o governo do Estado do Maranhão a dividir o território em capitanias.	1624. Chega ao Brasil Frei Cristóvão de Lisboa; ainda Inéditos os manuscritos de sua *História dos Animais e Árvores do Maranhão*.	1624. Início do ministério de Richelieu. – Fundação da Universidade de La Paz.
1625. Esquadra ibérica liberta a Bahia da ocupação holandesa. Pedro Teixeira, Pedro da Costa Favela e Jerônimo de Albuquerque destroem posições holandesas e inglesas no Xingu.		
1627. Incursão à Bahia de esquadra holandesa comandada por Piet Heyn.		
		1628. O corsário holandês Piet Heyn captura a "frota da prata" espanhola.

CRONOLOGIA SUMÁRIA

ACONTECIMENTOS POLÍTICO-SOCIAIS NO BRASIL	CIÊNCIAS, ARTES E LETRAS NO BRASIL	ACONTECIMENTOS INTERNACIONAIS
1629. Pedro Teixeira e Pedro da Costa Favela ocupam o forte do Torrego, comandado por J. Purcell. – Bandeira de Manuel Preto, Antônio Raposo Tavares, Pedro Vaz de Barros, Salvador Pires de Medeiros, que destruiria inúmeras Reduções e expulsaria os jesuítas do Paraná.		1629. "Edito de Graça", d'Alais. 1629-32. Os ingleses conquistam Quebec.
1630 1630. Os holandeses atacam e estabelecem-se em Pernambuco. 1631. Jácomo Raimundo de Noronha e Pedro da Costa Favela tomam o forte North, inglês, no litoral do Macapá. 1632. Início da bandeira chefiada por Ascenso Ribeiro e André Fernandes que conquistaria a região de Itati (sudoeste do atual Est. de Mato Grosso). 1635. Bandeira de Aracambi que atingiria o Rio Grande do Sul.	1633-96. Vida de Gregório de Matos.	1630. Criação da colônia do Maine. 1632. Gustavo Adolfo derrota Wallenstein em Lutzen. – Os holandeses em Curaçau. 1635. Criação da Companhia francesa das ilhas da América; os franceses ocupam Guadelupe.
1637. Nassau expulsa as tropas luso-brasileiras em direção à Bahia. 1638. Pedro Teixeira chega a Quito por via fluvial. – Início da bandeira de Fernão Dias Pais em direção ao sul.	1636-1711. Vida do homem de Letras Manuel Botelho de Oliveira. 1637-44. Estada de Willem Piso no Brasil. 1638-43. George Marcgrav faz observações astronômicas no Brasil. 1639-1712. Vida do médico Jacó de Andrade Veloso.	1636. Fundação da Universidade de Harvard.

ACONTECIMENTOS POLÍTICO-SOCIAIS NO BRASIL	CIÊNCIAS, ARTES E LETRAS NO BRASIL	ACONTECIMENTOS INTERNACIONAIS
1640 1640. Nassau convoca no Recife uma assembleia de deputados luso-brasileiros; lança edital combatendo a monocultura. – Os procuradores da Capitania de São Vicente expulsam os jesuítas. 1641. Nassau conquista Sergipe e Maranhão. – Entrada de Elias Herckmans, ordenada por Nassau. – Os índios armados pelos jesuítas das Reduções derrotam os bandeirantes em Mbororé. – Amador Bueno recusa o título de "rei de São Paulo" e faz aclamar D. João IV de Portugal; aclamam também D. João IV o vice-rei da Bahia, Marquês de Montalvão, e o Governador do Rio, Salvador Correia de Sá e Benevides. 1642. Outorgados aos moradores do Rio os privilégios dos cidadãos do Porto. – A Coroa decreta em seu favor o monopólio do tabaco. 1643. Obras finais da Cidade Maurícia. 1644. Nassau regressa à Holanda. 1645. Insurreição dos luso-brasileiros de Pernambuco contra os holandeses. – Outorgados aos moradores de São Luís os privilégios dos cidadãos do Porto.		1640. Restauração portuguesa, o Duque de Bragança sobe ao trono sob o nome de D. João IV – Inicia-se o período francês da Guerra dos Trinta Anos. – Revolta contra Carlos I (Stuart) na Inglaterra e Escócia. – Fundação de Montreal. 1642. Início da guerra civil na Inglaterra. 1643. Instalação do Conselho Ultramarino, órgão centralizador das relações entre Portugal e as colônias. – Os holandeses apoderam-se de Valdívia. 1644. Os holandeses são expulsos de Valdívia. 1645. Cromwell vence as tropas de Carlos I em Naseby.

ACONTECIMENTOS POLÍTICO-SOCIAIS NO BRASIL	CIÊNCIAS, ARTES E LETRAS NO BRASIL	ACONTECIMENTOS INTERNACIONAIS
1648. Francisco Barreto derrota os holandeses na primeira batalha dos Guararapes. – Sebastião Lucena de Azevedo destrói a última posição holandesa na Amazônia (Lagos do Maricay, Macapá). – Entrada pesquisadora paulista de Antônio Raposo Tavares que, internando-se pelo Paraguai, atingiria os contrafortes dos Andes, para depois sair na bacia amazônica. – Fundada a vila de Paranaguá. 1649. Derrota dos holandeses na segunda batalha dos Guararapes. – Fundada a "Companhia Geral do Comércio do Brasil"; larga de Lisboa a primeira frota. 1650	1648. Publicada em Amsterdã a *Historia Naturalis Brasiliae* de George Marcgrav.	1648. Salvador Correia de Sá e Benevides reconquista Angola aos holandeses. – Assinado o Tratado de Vestfália. – Bancarrota da Companhia francesa das ilhas da América. 1648-53. Rebelião da Fronda, em França. 1648-58. Ditadura de Cromwell na Inglaterra. 1651. Fim da dominação portuguesa do golfo Pérsico. – Cromwell assina o Ato de Navegação. 1652. Adoção do *Liberum Veto* na Dieta da Polônia. – Os holandeses conquistam aos portugueses o cabo da Boa Esperança.
1652. Reinstalado na Bahia o Tribunal da Relação suprimido pelos Filipes. 1653. Regressam os jesuítas à vila de São Paulo. 1654. Cercados, os holandeses entregam Recife às tropas portuguesas; o Nordeste volta à Coroa portuguesa. 1655. Outorgados aos moradores de Belém os privilégios dos cidadãos do Porto. – Lei dando aos jesuítas todo o poder sobre os índios. 1656. Morre no Peru, vítima de índios serranos, o bandeirante Luís Pedroso de Barros.	1654 (?). Foge do Recife para a Holanda o judeu e notável físico e cirurgião Abraão Mercado.	1655. Os ingleses na Jamaica.

ACONTECIMENTOS POLÍTICO-SOCIAIS NO BRASIL	CIÊNCIAS, ARTES E LETRAS NO BRASIL	ACONTECIMENTOS INTERNACIONAIS
	1657-72. Construção da igreja do Colégio (hoje Catedral) da Bahia.	
1658. Fundada a vila de São Francisco do Sul. – A Coroa decreta em seu favor o monopólio do sal.	1658. Editado, em Amsterdã, *De Indiae utriusque re naturali et medica* de Willem Piso e George Marcgrav.	
1660	1660-1738. Vida de Sebastião da Rocha Pita.	1660. Carlos II (Stuart) sobe ao trono da Inglaterra.
1661. Os holandeses reconhecem em tratado de paz a perda da sua colônia do Brasil. – Salvador Correia de Sá e Benevides, governador do Rio, manda executar Jerônimo Barbalho, que promovera revolta contra a imposição de tributos.		1661-1715. Reinado de Luís XIV.
1662. Salvador Correia de Sá e Benevides, malvisto pela Coroa, é forçado a deixar o cargo de governador do Rio.		1662. Os ingleses destroem Santiago de Cuba.
1663. Incorporada à Fazenda Nacional a "Companhia Geral de Comércio do Brasil".		1663. O Canadá torna-se uma possessão direta da Coroa inglesa.
1664. Entrada pesquisadora capixaba de Agostinho Barbalho Bezerra. – Parte de Lisboa a 9ª e última frota da Companhia Geral do Comércio do Brasil.		1664. Os ingleses conquistam Nova Amsterdã, que passa a chamar-se Nova Iorque.
1664-65. Deposto pela Câmara e pessoas principais de Olinda o Governador Jerônimo de Mendonça Furtado.		
1665. Criada a Capitania da Ilha de Joanes (Marajó), cujos índios tinham sido pacificados pelos jesuítas.		1665. Os franceses em São Domingos.
1667. Primeiras ordens régias dificultando a emigração para o Brasil		
1668. Entrada pesquisadora paulista de Lourenço Castanho Taques, "o	1668. Publicação das *Notícias Curiosas* e *Necessárias das Cousas*	1668. Tratado selando o fim das guerras da Restauração.

CRONOLOGIA SUMÁRIA 507

ACONTECIMENTOS POLÍTICO-SOCIAIS NO BRASIL	CIÊNCIAS, ARTES E LETRAS NO BRASIL	ACONTECIMENTOS INTERNACIONAIS
velho", que atingiria a região de Cataguases. – Fundada a vila de Curitiba.	*do Brasil*, de Simão de Vasconcelos.	
1669 (?). Francisco da Mota Falcão ergue a casa-forte de São José do Rio Negro (atual Manaus).		1669. Dissolução da Companhia Holandesa das Índias Ocidentais.
1670		
1671. Decreto liberando a entrada de navios estrangeiros em portos brasileiros.		1672-78. Guerra da Holanda.
		1673. Votado o *Bill do Test* na Inglaterra. – Expedição de Jolliet e Marquette ao Vale do Mississípi.
1674. Parte de São Paulo a "expedição das esmeraldas" de Fernão Dias Pais.		1674. Os holandeses tomam a Martinica.
1675. Entrada pesquisadora paulista de Manuel de Campos Bicudo, que atingiria a região ao norte de Mato Grosso.		1675. Cavelier de la Salle desce o Mississípi.
1676. Entrada pesquisadora paulista de Bartolomeu Bueno da Silva, que atingiria a região goiana. – Bula papal criando o bispado do Rio de Janeiro, cujo território diocesano tem por limites a Capitania de Espírito Santo e a embocadura do Prata. – Salvador Correia de Sá e Benevides obtém doação de 30 léguas nas terras sem donatário até à embocadura do Prata.		
1677. Por declaração da Corte, as Câmaras e os governadores de Olinda passam a "representar a pessoa do rei". – Criado o Bispado do Maranhão.		

ACONTECIMENTOS POLÍTICO-SOCIAIS NO BRASIL	CIÊNCIAS, ARTES E LETRAS NO BRASIL	ACONTECIMENTOS INTERNACIONAIS
1680		
1680. D. Manuel Lobo funda a colônia de Sacramento, na Prata, arrasada e capturada no mesmo ano pelos espanhóis. – Lei proibindo radicalmente a escravização dos índios.		
1681. Assinatura do tratado provisional sobre a posse lusitana da margem norte do Prata; devolução aos portugueses do forte de São Gabriel. – São Paulo declarada cabeça de capitania.		
1682. Criada a Companhia do Comércio do Maranhão.		1682-1725. Reinado de Pedro, o Grande.
	1683. Publica-se, em Lisboa, o *Tratado único das bexigas, e Sarampo*, do médico Simão Pinheiro Morão.	1683. Cerco de Viena pelos turcos.
1684. Domingos de Brito Peixoto funda a povoação de Laguna. – Os franceses, descidos de Caiena, fazem incursão de apresamento de índios até as imediações do forte Gurupá. – Revolta de Beckman, no Maranhão.		
1685. Constituídos quatro fortes na região amazônica ameaçada pelos franceses de Caiena. – Gomes Freire desembarca em São Luís e faz castigar os responsáveis pela "revolta de Beckman".	1685. Morre no Recife o médico Simão Pinheiro Morão: deixa em manuscrito uma *Queixa contra os abusos médicos que nas partes do Brasil se observam*.	1685. Luís XIV revoga o Edito de Nantes.
1686. Decretado o "Regimento das Missões".		
1687. Carta régia fixando para a ordem dos franciscanos de Santo Antônio as missões do Cabo Norte, Marajó e norte do Rio do Norte. – Insurreição generalizada		

ACONTECIMENTOS POLÍTICO-SOCIAIS NO BRASIL	CIÊNCIAS, ARTES E LETRAS NO BRASIL	ACONTECIMENTOS INTERNACIONAIS
dos índios Janduim, no Rio Grande do Norte. 1688. Alvará coagindo os navios mercantes a viajarem apenas em frotas, como medida de defesa contra corsários.		1688-89. A Revolução Gloriosa assegura o domínio do Parlamento na Inglaterra. 1688-98. A Inglaterra une-se a quase todos os países europeus contra Luís XIV, na Liga de Augsburgo; inicia-se nova guerra. 1689. Revolta de Massachusetts.
1690		
1691. Ferrolles, Governador de Guiana Francesa, exige de Antônio de Albuquerque, Governador do Maranhão, a marcação de fronteiras no Amazonas. 1692. Firmada aliança entre o rei Canindé dos índios Janduim e Câmara Coutinho, Governador da Bahia. 1693. Carta régia fixando para a Companhia de Jesus as missões dos rios Tocantins, Xingu, Tapajós e Madeira. 1694. Carta régia fixando para a Ordem do Carmo as missões dos rios Negro, Branco e Solimões. – Ato real garantindo a posse das minas aos sertanejos paulistas, seus descobridores. – Montada na Bahia a primeira Casa da Moeda. – A Companhia Geral do Comércio do Brasil é transformada em Junta Régia. 1695. Derrotado e morto Zumbi dos Palmares pelas tropas de Domingos Jorge Velho e Bernardo Vieira de Melo.	1694. Publicado em Lisboa o *Tratado de constituição pestilencial de Pernambuco*, do médico assistente no Recife, João Ferreira Rosa.	1694. D'Iberville conquista a Terra Nova.

ACONTECIMENTOS POLÍTICO-SOCIAIS NO BRASIL	CIÊNCIAS, ARTES E LETRAS NO BRASIL	ACONTECIMENTOS INTERNACIONAIS
1697. Os franceses, comandados por Ferrolles, tomam o forte de Macapá; no mesmo ano as tropas luso-brasileiras, comandadas por Antônio de Albuquerque, retomam o forte.		
1698. Transferida da Bahia para o Rio de Janeiro a Casa da Moeda.		
1699. Domingos Jorge Velho comanda expedição contra os últimos índios insurretos do Maranhão.		
1700		
1700. Transferida do Rio para Pernambuco a Casa da Moeda.		
1701. Carta régia proibindo criação de gado numa faixa de dez léguas da costa.		1701. Na Prússia, o filho do Grande Eleitor sobe ao trono sob o nome de Frederico II. – Fundação da Universidade de Yale.
1702. Transferida de Pernambuco para o Rio a Casa da Moeda.	1702. Publicação das *Frutas do Brasil* de Frei Antônio do Rosário.	1702. Guerra da Sucessão, na Espanha.
		1703. Tratado de Methuen entre Portugal e a Inglaterra.
		1704. Os ingleses tomam Gibraltar.
1705. Início do *rush* de reinóis para Minas Gerais.	1705-14. Estada do médico José Rodrigues de Abreu, no Brasil.	
1706. Os espanhóis capturam a praça de Sacramento.		
1707. Carta régia fixando, para a ordem dos franciscanos da Piedade, as missões do Baixo Amazonas, tendo por centro Gurupá.	1707. Publicada em Lisboa a *Notícia do que é o Achaque do Bicho* (maculo) do médico Miguel Dias Pimenta.	1707. Votado o Ato de União, na Inglaterra.
1708. Os Emboabas sagram Manuel Nunes Viana Governador de todas as Minas.		
1709. Os Emboabas chacinam os paulistas no		1709. Os franceses destroem S. João da Terra Nova. –

ACONTECIMENTOS POLÍTICO-SOCIAIS NO BRASIL	CIÊNCIAS, ARTES E LETRAS NO BRASIL	ACONTECIMENTOS INTERNACIONAIS
rio das Mortes ("Capão da Traição"). – Carta régia criando a capitania de São Paulo e Minas. 1709-10. Os luso-brasileiros tomam posse do Solimões, Rio Negro, Rio Branco e da costa do Amapá.		Pedro, o Grande, derrota os suecos na batalha de Poltova.
1710		
1710. Antônio de Albuquerque, Governador da capitania de São Paulo e Minas. – Durante seu ataque ao Rio, Duclerc é derrotado e preso. 1710-11. Recife é proclamada vila; guerra dos Mascates. 1711. Carta régia elevando São Paulo à categoria de cidade. – Duguay-Trouin saqueia o Rio de Janeiro. – Proibição de exportação do ouro sem prova de pagamento do quinto. – Proibição de navios estrangeiros aportarem ao Brasil, a não ser que participantes das frotas portuguesas ou em caso de tempestade ou falta de mantimentos.	1711. Fundada no Rio a Academia Científica.	
		1713. Tratado de Paz de Utrecht.
1714. Carta régia fixando para a ordem dos mercenários as missões do Urubu, Anibá, Uatumá e trechos do baixo Amazonas. – Mantida no Rio de Janeiro a Casa da Moeda, outra é montada na Bahia. 1716. Expedição de Antônio Pires de Campos que marcará rumo até Cuiabá. – A donataria de Pernambuco passa à capitania do Rei.		

ACONTECIMENTOS POLÍTICO-SOCIAIS NO BRASIL	CIÊNCIAS, ARTES E LETRAS NO BRASIL	ACONTECIMENTOS INTERNACIONAIS
		1717. Fundação da Companhia Francesa do Ocidente.
1718. A expedição de Pascoal Moreira Cabral Leme descobre ouro em Coxipó-Mirim (Mato Grosso).		1718. Fundação de Nova Orléans.
1719. Criação do Bispado de Belém. – Começam a estabelecer-se os primeiros lagunistas em Viamão.		
1720		1720. Fundação da colônia inglesa de Honduras. – Os espanhóis instalam-se no Texas.
1720. Carta régia criando a capitania de Minas Gerais independente de São Paulo. – Conspiração de negros em Minas Gerais, debelada pelos "capitães do mato". – Extinção da Companhia do Comércio do Brasil. – Filipe dos Santos é condenado à morte.		1720-22. Expedição de F. Charlevoix ao *Far West* americano.
	1721. Fundação da Irmandade (musical) da Boa Morte, em Minas.	1721. Introdução da Maçonaria em França.
	1722-84. Vida de Frei José de Santa Rita Durão.	
1722. Expedição de Bartolomeu Bueno da Silva, o Anhanguera, que descobriria ouro no sertão goiano. – Miguel Sutil descobre a rica aluvião de Cuiabá.		
1724. Depois de expulsarem os portugueses da região, os castelhanos fundam a cidade de Montevidéu.	1724. Fundada a Academia Brasílica dos Esquecidos.	
		1725. Descoberta do estreito de Behring.
1727. O Governador Rodrigo César (monção de 1726) funda a vila de Cuiabá.		
1729. Descobertas as primeiras jazidas de diamantes em Serro Frio.	1729-89. Vida de Cláudio Manuel da Costa.	

CRONOLOGIA SUMÁRIA

ACONTECIMENTOS POLÍTICO-SOCIAIS NO BRASIL	CIÊNCIAS, ARTES E LETRAS NO BRASIL	ACONTECIMENTOS INTERNACIONAIS
1730 1730. Francisco de Sousa e Faria descobre caminho ligando o sul a São Paulo. 1731. Carta régia determinando monopólio estatal da extração de diamantes. 1733. Cristóvão Pereira de Abreu, conduzindo cavalhada do Rio Grande, abre caminho para São Paulo. – Gomes Freire de Andrade, Governador e Capitão-Geral do Rio de Janeiro. 1734. Os irmãos Pais de Barros descobrem nas margens do Guaporé as minas chamadas de Mato Grosso. 1735. Os espanhóis atacam novamente a praça de Sacramento. – Inicia-se a ocupação dos campos de Vacaria. – Criada capitação especial sobre a produção do ouro. – Gomes Freire de Andrade administrador de Minas Gerais. 1737. Inicia-se a colonização do Rio Grande do Sul com a fundação do presídio Jesus Maria José. **1740** 1742. Martim Félix de Lima desce o Guaporé, seguindo pelo Madeira e	1730-1814. Vida de Antônio Francisco Lisboa, o Aleijadinho. 1732. Publicado, em Lisboa, o I tomo da *Historiologia Médica* de José Rodrigues de Abreu. 1735. Publicado, em Lisboa, o *Erário Mineral* de Luís Gomes Ferreira. 1736. O Cirurgião-Mor Mateus Saraiva preside a Academia dos Felizes, no Rio. 1740 (?)-1800. Vida de Domingos Caldas Barbosa. 1741-95. Vida de José Basílio da Gama. 1742-43. Viagem de La Condamine ao longo do rio Amazonas.	 1732. Fundação da colônia inglesa de Geórgia. 1740-48. Guerra de Sucessão na Áustria. 1740-86. Reinado de Frederico II da Prússia.

ACONTECIMENTOS POLÍTICO-SOCIAIS NO BRASIL	CIÊNCIAS, ARTES E LETRAS NO BRASIL	ACONTECIMENTOS INTERNACIONAIS
Amazonas até Belém do Pará.	1742-1811. Vida do botânico Frei José da Conceição Veloso. 1742-1822. Vida de D. José da Cunha de Azeredo Coutinho, educador e filósofo. 1744-93. Vida de Inácio José de Alvarenga Peixoto. 1744-1810. Vida de Tomás Antônio Gonzaga. 1747. Publicada em Lisboa a *Relação Cirúrgica e Médica* de João Cardoso de Miranda. – Provável publicação, em Lisboa, de uma *Narração histórica sobre as calamidades de Pernambuco desde o ano de 1707 a 1715*, de Manuel dos Santos.	
1748. Gomes Freire de Andrade, administrador das capitanias de Goiás, Cuiabá e Mato Grosso.		
	1749-1814. Vida de Manuel Inácio da Silva Alvarenga.	1749-51. Guerra do imposto, na França.
1750 1750. Firmado o tratado de Madri que reconhece aos portugueses a posse de territórios a oeste do meridiano de Tordesilhas. – Abolida a capitação especial sobre o ouro, em favor da finta anual de 100 arrobas.		1750. O Parlamento inglês proíbe aos colonos americanos a indústria do ferro.
1751. Extinção do Estado do Maranhão e Grão-Pará; criação do Estado do Grão-Pará e Maranhão, com sede em Belém. – Instala-se no Rio o novo Tribunal da Relação. – Fundação da cidade de Rio Pardo, no Rio Grande do Sul.		1751. Publicação da *Enciclopédia*.
1752. Afluem ao Rio Grande do Sul 181 famílias de colonos açorianos;	1752-1810. Vida do Pe. Manuel de Arruda Câmara, naturalista.	

CRONOLOGIA SUMÁRIA 515

ACONTECIMENTOS POLÍTICO-SOCIAIS NO BRASIL	CIÊNCIAS, ARTES E LETRAS NO BRASIL	ACONTECIMENTOS INTERNACIONAIS
algumas delas estabelecem-se em Porto dos Casais (futuro Porto Alegre). – Fundada Vila Bela na margem do Guaporé. 1752-54. Pombal extingue as donatarias de Cametá, ilha de Joanes, Caeté, Cumá, Itamaracá, Itaparica, Ilhéus, Paraíba do Sul e São Vicente.		
1755. Criada a Capitania de São José do Rio Negro, origem do Estado de Amazonas. – Criada a Companhia Geral do Comércio do Grão-Pará e Maranhão.	1754. Fundada na Bahia a Academia dos Renascidos.	1753. Hostilidades entre americanos e canadenses. 1754. Congresso de Albany. 1755. Expulsão dos jesuítas do Paraguai.
1756. Parte de Lisboa a 1ª frota da Companhia de Comércio do Grão-Pará e Maranhão.	1756-1815. Vida de Alexandre Rodrigues Ferreira, naturalista. 1756-1835. Vida de José da Silva Lisboa, economista. 1758. Publicação dos *Diálogos Políticos-Morais* de Feliciano Joaquim de Sousa Nunes.	1756-61. Ministério do primeiro-ministro Pitt, na Inglaterra. 1756-63. Guerra dos Sete Anos.
1759. Os jesuítas são expulsos do Brasil. – Pombal sequestra para a Coroa a donataria de Porto Seguro. – Criada a Companhia Geral do Comércio de Pernambuco e Paraíba.		
1760		
1760. Intensifica-se a cultura de algodão no Maranhão. 1761. Vila Bela é elevada à categoria de sede do governo de Mato Grosso. 1762. Capitulação da praça de Sacramento ante o ataque espanhol dirigido por Cevallos.	1762-1814. Vida do Pe. Antônio Sousa Caldas.	1760. Capitulação de Montreal. 1762. Capitulação da Martinica; os ingleses tomam Havana.

ACONTECIMENTOS POLÍTICO-SOCIAIS NO BRASIL	CIÊNCIAS, ARTES E LETRAS NO BRASIL	ACONTECIMENTOS INTERNACIONAIS
1763. Cevallos toma a vila de Rio Grande. – Rio de Janeiro, sede do vice-reinado. – Morre no Rio de Janeiro Gomes Freire de Andrade.	1763-1829. Vida de Frei Francisco de São Carlos.	1762-96. Reinado de Catarina II da Rússia.
	1764-1851. Vida de José Elói Ottoni. 1765-1837. Vida de José Bonifácio de Andrada e Silva.	1765. Ato do Selo: início do conflito entre a Inglaterra e suas colônias americanas.
1766. Introduzido o plantio de arroz no Maranhão.	1767-1831. Vida do compositor Pe. José Maurício Nunes Garcia.	
	1769. Publicação de *O Uraguai* de José Basílio da Gama. 1769-1811. Vida de Bento Figueiredo Tenreiro Aranha. 1769-1846. Vida de Francisco Vilela Barbosa.	1768. Primeira viagem de Cook aos Mares do Sul.
1770	1770. Publicado em Lisboa um manual para leigos da arte e prática de medicina, de autoria de José Antônio Mendes.	1770-71. Conflito anglo-espanhol pela posse das ilhas Falkland.
1772. Ato régio criando o Estado do Maranhão e Piauí, desligado do Pará; a este fica administrativamente ligado o Rio Negro.		1771-74. Governo do Triunvirato na França. 1772. Catarina II, da Rússia, dá início à partilha da Polônia. – Reforma da Universidade de Coimbra.
	1774. Publicação de *O Desertor* de Silva Alvarenga. 1774-1823. Vida de Hipólito José da Costa Pereira, o primeiro jornalista brasileiro.	1773-74. Revolta de Pugatchev, na Rússia. 1774. Reunião do I Congresso Continental na América.

CRONOLOGIA SUMÁRIA 517

ACONTECIMENTOS POLÍTICO-SOCIAIS NO BRASIL	CIÊNCIAS, ARTES E LETRAS NO BRASIL	ACONTECIMENTOS INTERNACIONAIS
	1775-1844. Vida do político e naturalista Martim Francisco Ribeiro de Andrada.	1775. Os americanos iniciam a luta armada em Lexington.
1776. Retomada pelos portugueses a vila do Rio Grande.		1776. Proclamada a independência dos Estados Unidos. – Fundação do primeiro sindicato operário na Inglaterra.
1777. Assinado o Tratado de Santo Ildefonso, que vem confirmar, com alterações, o de Madri (1750) – Extinção da Companhia de Comércio do Grão-Pará e Maranhão.	1777-1838. Vida do matemático Araújo Guimarães.	
		1778. Abertura do Império espanhol, com exceção do México, ao comércio internacional.
		1778-83. Guerra da Independência americana.
	1779-1825. Vida de Frei Caneca, panfletário e jornalista.	
	1779-1855. Vida do poeta Domingos Borges de Barros.	
1780		
1780. Erigida a primeira charqueada no Rio Grande do Sul. – Extinção da Companhia do Comércio de Pernambuco e Paraíba.	1780-1846. Vida do Pe. Januário da Cunha Barbosa, jornalista.	
	1781. Publicação do *Caramuru* de Santa Rita Durão.	1781. Os americanos, com o auxílio dos franceses, vencem a batalha decisiva de Yorktown. – Revolta de Tupac-Amaru, no Peru.
	1782. Criada a Junta do Protomedicado, com sede em Lisboa e delegados no Brasil.	
	1783. Chega a Belém Alexandre Rodrigues Ferreira com a missão de	1783. A Inglaterra reconhece a independência dos Estados Unidos.

ACONTECIMENTOS POLÍTICO-SOCIAIS NO BRASIL	CIÊNCIAS, ARTES E LETRAS NO BRASIL	ACONTECIMENTOS INTERNACIONAIS
	fazer o levantamento das riquezas naturais do Brasil.	
	1784-1857. Vida de Frei Francisco de Monte Alverne, pregador.	1784. Fundação do Banco de Nova Iorque.
	1786-95. Existência da Sociedade Literária do Rio de Janeiro.	1786. Abertura do México ao comércio internacional.
	1787. O compositor José Joaquim Emérico Lôbo de Mesquita escreve a *Antífona de Nossa Senhora*.	1787. Votada a Constituição americana.
		1788. Luís XVI convoca os Estados Gerais.
1789. Denunciada a Inconfidência Mineira.		1789. Reunião dos Estados Gerais; tomada da Bastilha; Declaração dos Direitos do Homem. – Washington, presidente dos Estados Unidos.
1790	1790. José Bonifácio de Andrada e Silva: *Memórias sobre os Diamantes do Brasil*.	1790-95. Vancouver explora as costas americanas do Pacífico.
		1791. É concluída a Constituição, na França.
1792. Tiradentes condenado à morte; outros inconfidentes, a degredo.		1792. Inicia-se a guerra da França contra a Áustria e a Prússia; instala-se a convenção.
		1793. Luís XVI guilhotinado; regime do Terror.
	1794. Publicação do *Ensaio Econômico* de D. José Joaquim da Cunha de Azeredo Coutinho. – Morte do músico Inácio Parreira Neves.	1794. Robespierre guilhotinado; cessa o regime do Terror.
	1795-1832. Vida do poeta José da Natividade Saldanha.	1795. Instala-se o Governo do Diretório.
		1796. Bonaparte comandante-chefe dos exércitos na Itália.
1797. Fundada na Povoação de Barra (Bahia) a loja maçônica *Cavalleiros da Luz*.		

ACONTECIMENTOS POLÍTICO-SOCIAIS NO BRASIL	CIÊNCIAS, ARTES E LETRAS NO BRASIL	ACONTECIMENTOS INTERNACIONAIS
1798. Descoberta a Inconfidência Baiana; enforcamento de quatro dos conjurados. – Abolido o monopólio real da pesca da baleia.		1798. Bonaparte conquista o Egito.
	1799. Publicação de *Glaura* de Silva Alvarenga.	1799. Bonaparte liquida com o Governo do Diretório; inicia-se o do Consulado.
1800	1800. Chega ao Brasil o naturalista alemão Friedr. Sieber, que durante 12 anos exploraria a região entre Belém e o baixo Tapajós.	1800. Bonaparte vence os austríacos em Marengo.
1801. Abolido o monopólio real do sal.		1802. A Inglaterra reconhece Bonaparte pela paz de Amiens. – Leclerc em S. Domingos; revolta geral; sua morte.
	1803. Morre o violinista, organista e compositor Jerônimo de Sousa Lobo.	1803. Reiniciada a guerra entre a França e a Inglaterra. – Os Estados Unidos compram a Luisiana à França. – Os ingleses ocupam a Guiana holandesa. – Os russos ocupam o Alasca. – Capitulação dos franceses em S. Domingos.
		1804. Bonaparte é sagrado imperador. – O Haiti conquista a independência.
		1805. Nelson vence a esquadra francesa na batalha de Trafalgar. – Napoleão derrota os austríacos e russos em Austerlitz.
	1806. Morte do músico Marcos Coelho Neto, pai.	1806. Napoleão esmaga os prussianos em Iena. – Miranda tenta a libertação da Venezuela. – Os ingleses tomam e logo perdem Buenos Aires.
		1807. Napoleão derrota os russos em Friedland. – Decretado, em Berlim, o Bloqueio Continental. – Junot invade Portugal e

ACONTECIMENTOS POLÍTICO-SOCIAIS NO BRASIL	CIÊNCIAS, ARTES E LETRAS NO BRASIL	ACONTECIMENTOS INTERNACIONAIS
		foge para o Brasil a família real portuguesa. – Os ingleses ocupam Montevidéu e ainda Curaçau e as Antilhas dinamarquesas.
1808. A Corte instala-se no Rio de Janeiro. – Os portos do Brasil são abertos ao comércio do mundo inteiro.	1808. Instalação do ensino médico na Bahia e Rio de Janeiro. – Morre em Ouro Preto o compositor Francisco Gomes da Rocha.	1808. Iniciam-se as guerrilhas em Espanha e Portugal. – Bolívar toma o poder, em Caracas.

ÍNDICE REMISSIVO

ABADE MABLY: II, 111, 449
ABADE RAYAL: II, 111, 447, 449
Abastecimento da Capitania de Minas Gerais (O): I, 326
d'ABBEVILLE Frei Claude: I, 88, 224, 226, 229, 238, 243, 247, 252; II, 186,
Abhandlungen: II, 189
ABORIM, Padre Mateus da Costa: II, 74
ABREU, Aleixo de: II, 175
ABREU, Bartolomeu Pais de: II, 47
ABREU, Capistrano de: I, 45, 51, 115, 167, 202, 218, 409; II, 31, 37, 83, 186, 247, 251, 290
ABREU, Capitão Cristóvão Pereira de: I, 391, 392– II, 47
ABREU, E BRITO, Domingos de: II, 210
ABREU, Ildefonso, José da Costa: II, 169
ABREU, José Rodrigues de: II, 173, 175
ABREU, Manuel Caetano de: II, 191
Academia Brasílica dos Esquecidos: II, 109, 190
Academia Brasílica dos Renascidos: II, 109, 111, 169
Academia Científica do Rio de Janeiro: II, 169, 190, 451
Academia de Marinha: I, 35
Academia dos Felizes: II, 169, 406
Acádia: II, 357
ACIOLI, II, 459
ACIOLI, Filipe de Moura:II, 432
Açores: I, 32, 34, 41, 54, 390; II, 66, 229, 347
Acre: I, 75
Açungui: I, 316
Adiça: II, 240
ADORNO, Antônio Dias: I, 319 ; II, 271, 276
ADORNO, Filipe de: II, 273
ADORNO, José: II, 276
Ad sacram beati Petri (bula): II, 71, 78

Afogados: II, 371, 432
AFONSO, João de Siqueira: II, 297
África: I, 27, 35, 39, 48-49, 75, 115-116, 132, 166-190, 194, 197, 260-262, 264-265, 271, 274, 338, 375; II, 22, 42, 63, 99, 211, 214, 219, 224, 237, 261-264, 267, 346, 425
AGRÍCOLA, Georgius (Georg Bauer): II, 277, 278
AGUIAR, Cristóvão de: I, 312
AGUILAR, Sebastião Pereira de: I, 328, 332
AGUILAR Y JURADO, D. Vicente: I, 411
AGUIRRE, Juan Francisco de: II, 124
AGUIRRE, Lopo de: I, 283; II, 430
AGUYLAR, Mosseh Raphael de: I, 275
Aiuruoca: II, 430
Aix-la-Chapelle: I, 384
Ajudá: II, 214
AJURICABA: I, 291; II, 430
Alagoas: I, 265; II, 34, 35, 124, 215, 236, 239
Alamenda de Aranjués: I, 271
ALARCÃO, D. José de Barros: II, 75
d'ALBERT, Jeanne: I, 247
ALBUQUERQUE, Afonso de: I, 105
ALBUQUERQUE, Capitão Jerônimo Fragoso de: I, 171, 205, 219, 220, 224, 230, 234, 250-259, 287, 387
ALBUQUERQUE, Jorge de: I, 219
ALBUQUERQUE, Martinho de Sousa: I, 295
ALBUQUERQUE, Matias de: I, 263; II, 20
Alcácer-Ceguer: I, 123; II, 262
Alcácer-Quebir: I, 123
Alcaçovas: II, 175
Alcântara: I, 161
ALEGRE, Tomás: I, 118
ALEIJADINHO. V. LISBOA, Antônio Francisco
Alemanha: I, 274, 404 ; II, 158, 194, 279

Alentejo: I, 137, 360
Algarve (Algarves): I, 30, 33, 35; II, 262
d'ALMADA Manuel da Gama Lobo: I, 410
Almada (O): II, 75
Almadén: II, 256
ALMAGRO: I, 317
ALMEIDA (ALMEYDA), D. Pedro de: II, 308, 436
ALMEIDA, Bernardo Pimentel de: I, 213, 214
ALMEIDA, Brás de: I, 184
ALMEIDA, Capitão José Pires de: I, 343
ALMEIDA, Cipriano José Barata de: II, 459, 462
ALMEIDA, D. Francisco de: I, 131
ALMEIDA, D. Lourenço de: II, 271, 273, 306
ALMEIDA, D. Luís de Brito de: I, 181, 213
ALMEIDA, D. Tomás de: II, 98
ALMEIDA E PORTUGAL, D. Pedro de: II, 144
ALMEIDA, Estêvão José de: II, 367
ALMEIDA, F. de: I, 26, 31
ALMEIDA, Joaquim de: II, 432
ALMEIDA, José Antônio de: II, 454
ALMEIDA, Luís Castanho de: I, 320
ALMEIDA, Luís Ferrand de: I, 362, 367
d'ALMEIDA, Manuel da Gama Lobo: I, 297
ALMEIDA, Manuel Lopes de: II, 433
ALMEIDA, Matias Cardoso de: I, 321; II, 33, 34
d'ALMEIDA, Miguel: II, 290
Almeirim: I, 125, 130
ALMÓADAS (Os): II, 259
Alpes: II, 217
ALTAMIRANO, Padre Diego: I, 373, 377, 380, 381, 385
ALTAMIRANO, Padre Lopes Luís: I, 45, 406; II, 93
ALVARENGA PEIXOTO, Inácio José de: II, 110, 112, 443-448
ALVARENGA, Tomé Correia de: II, 286
ÁLVARES, Afonso: II, 127
ÁLVARES, Bento José: II, 367
ÁLVARES, Clemente: I, 312; ; II, 277
ÁLVARES DE OLIVEIRA: I, 332
ÁLVARES, Diogo (Caramuru): I, 116-117, 132, 144, 171, 319
ÁLVARES, Pedro: II, 426
ÁLVARES, Sebastião: I, 319
ÁLVARES, Simão: I, 318
ÁLVARES, Padre Manuel: I, 161; II, 96-98
ALVEAR, D. Diogo de: I, 409
Alverca: II, 385
ALVES, Manuel: II, 45

ALVIANO: I, 151
Amapá: I, 71, 72, 75, 291
AMARAL, Brás do: II, 460
AMARAL, Francisco do: I, 328
AMARAL GURGEL, Francisco do: I, 330
AMARAL, João Pais do: I, 290
Amazonas (São José do Javari, São José do Rio Negro): I, 205, 206, 234, 295, 297, 298, 372,405 ; II, 52, 375, 403
V. também rio Amazonas
Amazônia: I, 66, 70, 72, 75, 114, 121, 147, 227, 259, 283, 284, 287-289, 290-297, 299, 339, 388, 400, 402, 410, 411 ; II, 16, 35, 84, 192, 244, 376, 456
Ameixal: I, 363
América: I, 32, 41, 42, 46, 47, 52, 54, 55, 83, 106, 116, 122, 123, 128-129, 149, 151, 153, 160-161, 174, 176, 188, 193, 199-201, 107, 208, 211, 214, 216, 217, 228, 235, 242-243, 245, 269, 270, 275, 283, 310, 315, 321, 334, 340, 348, 370, 373-376, 378, 389, 393, 396, 397; II, 47, 72, 93, 94, 99-10, 158, 161, 176, 178, 192, 206, 210, 219-222, 226, 241, 266, 3342, 344, 363, 396, 402, 401
Central: I, 48, 147
– do Norte: I, 48
– do Sul: I, 65, 71, 75, 103, 112, 193, 268, 269, 299, 323, 396, 398, 403, 406-407, 411
Américas: I, 116, 261, 273; II, 216, 446
AMORIM, Manuel Dantes de: II, 367
Amsterdã: I, 185, 261, 262, 273; II, 173, 179, 188-189, 340
ANA DE ÁUSTRIA: I, 247, 249, 258-259
ANA DE MONTAFIER (Condessa de Soissons): I, 231
Anais da Biblioteca Nacional do Rio de Janeiro: I, 146; II, 284, 308, 336
Anais do Museu Paulista: II, 285
Análise da profissão de fé do Santo Padre Pio IV: II, 453
ANCHIETA, Padre José de: I, 89, 97, 157, 226, 346; II, 83, 107, 165, 183, 187, 273
Andes: I, 283, 321;– II, 26, 266
ANDONAÉGUEI, D. José de: I, 406
ANDRADA E SILVA, José Bonifácio de: II, 116, 118, 194
ANDRADA, Francisco Berenguer de: I, 267, 278
ANDRADA, Martim Francisco Ribeiro de: II, 195
ANDRADA, Tenente-Coronel Francisco de Paula Freire de: II, 444-445

ÍNDICE REMISSIVO

ANDRADE, Fernão Álvares de: I, 113, 120
ANDRADE, Fernão Bicudo de: II, 306, 322
ANDRADE, Francisco Xavier de: I, 290
ANDRADE, Gilberto Osório de: II, 176
ANDRADE, José Antônio Freire de (2°. Conde de Bobadela): II, 443
ANDRADE, Mário de: II, 124
ANDREWS, Major Philip: I, 274
Angeles (redução): I, 314, 339
Angola: I, 40, 207, 264-265, 21, 279, 280, 315, 352-354, 375, 382; II, 15, 19, 21, 22, 66, 71-74, 175, 198, 206, 210, 211, 214
ANGOS (os): I, 106
Angra: II, 78
Angra de São Roque: I, 48
Anibá: I, 292
Anil: II, 274
ANJO, Francisco Fernandes: II, 433
ANJOS, Bispo Dom Gregório dos: II, 425, 428
Annales d'Histoire Sociale: II, 260
Antilhas: I, 53, 56, 181, 193, 262, 298, 375; II, 208, 219, 224, 234, 242, 343, 357
Antirapucá: I, 339
ANTONIL, André João: I, 325; II, 41, 108, 207, 225, 226, 233, 239, 249, 251, 291, 293, 297, 312, 323, 330
Antônio Dias: II, 146, 155
ANTÔNIO JOSÉ, o Judeu: II, 42
Antuérpia: I, 186, 261; II, 219, 229, 273
ANTUNES, Gabriel: I, 341
ANTUNES (irmãos): I, 341
ANTUNES, João da Silva: II, 453
ANTUNES, José Pompeu: I, 341
ANUNCIAÇÃO, Frei Raimundo Penna-forte da: II, 452
Arábia: I, 40, 337; II, 216
Araçoiaba: I, 318; II, 277
ARAGÃO, Professor Francisco Muniz Barreto de: II, 459, 462
ARANHA, Bento de Figueiredo Tenreiro: II, 118
ARANHA, Manuel Guedes: II, 31
Araritaguaba: II, 191
ARAÚJO, Antônio Ferraz de: I, 340
ARAÚJO, Pascoal Paris de: I, 291
Arcádia Lusitana: II, 111
Arcádia Ultramarina: II, 142
Archivo General de Indias: II, 273, 285
ARCISZEWSKY, Coronel Crestofle: I, 263, 274
Arco Verde: I, 234
Areópago de Itambé: II, 117
Argel: I, 166; II, 353
Argentina: I, 312

Arguim: I, 32, 39;– II, 263
ARINOS, Afonso: II, 455
ARISTÓTELES II, 101, 102, 184
Armazém da Guiné: I, 30
ARMITAGE: II, 16
ARNAUD, Antoine: I, 236-238
AROUCA, Antônio Mendes: II, 55
AROUCHE, Dr. José Inácio de: II, 432
ARQUIDUQUE ALBERTO: I, 187
Arquivo do Estado de Turim: I, 232
Arraial da Contagem: I, 328
Arraial da Passagem: II, 306
Arraial do Gango: I, 279
Arraial do Tijuco: II, 145, 148, 153, 157, 320
Arraial Velho do Bom Jesus: I, 264
ARRAIS, Mestre de Campo Cristóvão de Mendonça: II, 436
Arrecife: II, 176
Arroio Pelotas: II, 253
ARTECHE, José de: II, 430
ARZÃO, Antônio Rodrigues de: I, 321; II, 289-291
Arzila: I, 123; II, 262
ASA, Isabel de: I, 277
ÁSIA: I, 49, 112, 160, 375;– II, 99, 221, 262
Assunção (Assunción): I, 119, 143, 144, 147, 313; II, 45, 273, 274, 285
ASSUNÇÃO, Inácio de: II, 428
Assunção (poema): II, 118
Astreia: I, 233
ATAÍDE, Joaquim José de: II, 451
ATAÍDE, Manuel da Costa: II, 136
ATAÍDE, Vasco de: I, 43, 51
Atibaia: I, 303, 321
Atuba: II, 285
Auati-paraná: I, 410
Áureo Trono Episcopal: II, 77, 151
Austrália: I, 338
Áustria: I, 197, 247, 320, 363; II, 158, 296; casa da – I, 247
ÁUSTRIA (os): I, 198, 201 – casa dos – I, 283
Autazes: I, 291
AUZUENDI D. Francisco: I, 402
Aviário brasileiro: II, 402
d'ÁVILA (família): II, 192
AZARA D., Félix de: I, 409;– II, 185
AZEREDO, Antônio de: II, 272
AZEREDO, José Pinto de: II, 178
AZEREDO, Marcos de: I, 319;– II, 271
AZEVEDO, Desembargador Cristóvão Gomes de: II, 350
AZEVEDO, Fernão Lopes de: I, 27

AZEVEDO, Hilário de Sousa: I, 290; II, 429
AZEVEDO, João de Sousa de: I, 404
AZEVEDO, João Lúcio de: I, 231, 292; II, 256, 424
AZEVEDO, Padre Inácio de: I, 157, 181
AZEVEDO, Sebastião Lucena de: I, 287

Bacaetava: I, 318
BACALHAO, João Marques: II, 437
BACHILER, Samuel: I, 274
BACON: II, 102
Badajós: I, 365-368, 371, 389, 397
BAERLE, Casper: I, 271, 377
Bajé: I, 78
Bahia (Baía de Todos os Santos): I, 66, 73-75, 83, 98, 108, 109, 113, 117, 119, 120, 124-126, 131, 132, 134, 139, 141, 142, 144, 145, 150, 153, 156-161, 65, 177, 178, 189-191, 194, 202, 203, 208, 209, 210, 213, 214, 217, 218, 221, 223-225, 245, 256, 260-264, 271, 279, 305, 318, 319, 325-329, 352, 356, 361; II, 16, 17, 21-25, 31-33, 35, 36, 41, 42, 44, 47, 50-54, 70-75, 78, 79, 85-87, 98-101, 106-109, 127-132, 138, 141, 147, 163, 169, 177, 178, 184-187, 208-211, 225, 226, 236, 237, 247-251, 253, 268, 272, 273, 291, 307, 309-311
Baía de Chesapeake: II, 238
Baía de Guajará: I, 285
Baía de Todos os Santos: II, 199, 227
Baiona: I, 53
Balança Intelectual em que se pesava o merecimento do "Verdadeiro Método de Estudar": II, 95
BALBOA: I, 46
BALDUÍNO I: II, 259
BALTASAR JOÃO: I, 237
Banda Oriental: I, 370
Bandeira de Aracambi:, I, 314
BANDEIRA, José Rodrigues: II, 367
BARÃO DE SANCY: I, 231
BARÃO DO RIO BRANCO: II, 290
Barbacena: II, 145
BARBADINHO: II, 95
Barbados: I, 374
Barbara (navio): I, 189
BARBIER, Geraldo: I, 277
BARBOSA, Antônio de Lima: II, 433
BARBOSA, Capitão João: I, 221
BARBOSA, Capitão-Mor Matias Coelho: II, 433, 437
BARBOSA DE SÁ: I, 339

BARBOSA, Domingos Caldas: II, 114
BARBOSA, Dr. Domingos Vidal de: II, 445, 446
BARBOSA, Francisco Vilela: II, 116, 118
BARBOSA, Frutuoso: I, 182, 204, 214, 215
BARBOSA, Januário da Cunha: II, 117
BARBOSA, Matias: II, 344
BARBOSA, Padre Manuel: II, 73
BARBOSA, Rui: II, 213
Barcelos: I, 297, 298; II, 51
BARGALHO, Modesto: II, 278
Barigui: II, 285
BARLEUS: II, 179
Barra: II, 459
BARRADAS, D. Constantino: II, 72
BARRAGÃO, Belchior: II, 297
BARREIROS, D. Antônio: II, 72
BARRÉ, Nicolas: I, 169, 171, 172
Barreta: II, 437
BARRETO, Francisco: I, 280;– II, 23
BARRETO, Manuel Teles: I, 118, 209, 214; II, 72
BARRETO, Nicolau: I, 311, 318
BARRETO, Roque da Costa: I, 360; II, 421
BARRIGA, Luís Álvares: II, 284
BARROS, Antônio Cardoso de: I, 113, 125, 126, 128
BARROS, Capitão-Mor Luís do Rêgo: II, 424
BARROS, Cristóvão de: I, 165; II, 434
BARROS, Domingos Borges de: II, 119
BARROS, Fernão Pais de: I, 359
BARROS, Jerônimo Pedroso de: I, 314, 330
BARROS, João de (donatário): I, 120
BARROS, João de (historiador): I, 47, 50, 51, 104, 113, 131
BARROS, Luís Pedroso de: I, 321
BARROS, Pedro Pais de: I, 331
BARROS, Pedro Vaz de: I, 313
BARROS, Sebastião Pais de: I, 290
BARROS, Valentim Pedroso de: I, 331
BARTOLO: I, 21
Barueri: I, 390
BASILE: I, 236
Basileia: I, 55
BASTOS, Frei Antônio de São José: II, 79
Batalha dos Guararapes: I, 264
Batávia: I, 284
BATISTA, João Gomes: II, 136
BAZIN, Germain: II, 129
BEAUJOUAN, Guy: I, 37
BECKER, Laurent: I, 188
BECKMAN, Manuel: II, 31, 428-430
BECKMAN, Tomás: II, 429

ÍNDICE REMISSIVO

BECK, Mathias: I, 319
BEEM, Casper: I, 277
Behaim: I, 55
BEHAIM, Martim (Martinho de Boêmia): I, 37, 46, 55, 56
Beira: I, 30, 137, 292
Belém (Santa Maria de Belém): I, 5, 259, 286, 287, 289, 292-294, 296-299; II, 29, 30, 45, 52, 71, 80-82, 90, 128, 193, 195, 365, 368, 375, 376, 398, 420
BELFORT, Lourenço: I, 290; II, 374, 375
Belgrado: II, 64
Belmonte: I, 43
Belo Horizonte: II, 36, 139
BELTRÃO: II, 195
Benguela: II, 214
BENJAMIM, Frei Francisco Solano: II, 132, 192
BENNING, Johan Bodecher: I, 272
BENSAÚDE: II, 64
Berberia: II, 258, 263
Berkeley: II, 278
Berlim: II, 173, 189, 195
BERNARD: I, 236
BERNARDES, Diogo: II, 112
BERNARDES, Lysia Cavalcanti: I, 74, 75
BERREDO, Bernardo Pereira de: I, 229, 234, 237
Bertioga: I, 143, 178; II, 44
BETING, Geraldo: I, 318; II, 280
BEZERRA, Agostinho Barbalho: I, 319, 353– II, 24
BEZERRA, Jerônimo Barbalho: I, 352; II, 24
BEZERRA, João de: I, 125
BEZERRA, Manuel Cavalcanti: II, 437
BEZERRA, Manuel de Araújo: II, 432
BEZERRA, Manuel de Melo: II, 433
Biblioteca da Ajuda: I, 223; II, 177, 279, 308, 430
Biblioteca do Congresso: I, 411
Biblioteca Nacional do Rio de Janeiro: I, 339
BICUDO, Manuel de Campos: I, 320-321, 322, 340
Biraçoiaba: II, 283
BIRINGUCCIO: II, 278
Birmingham: II, 448
BISAGUDO, Pero Vaz: I, 45
Biscaia: II, 256, 276, 284
Bissau: II, 373
BITANCOURT, Antônio Fernandes: II, 433
BITTENCOURT E SÁ, Manuel Ferreira da Câmara de: II, 116, 235
Black Pinnace (navio): I, 194

BLAEU, Johannes: I, 273
BLOCH, E. II, 188
BOA VISTA: II, 371, 432, 436
BOA VISTA (edifício): I, 270
BOCCHERINI: II, 152
Boêmia: I, 56; II, 278
BOERS: I, 188
BOIS-LE-COMTE: I, 172, 178
Bolívia: I, 312
Bolonha: I, 21; II, 309
BOLONHA, Frei José de: II, 458
BONINA SUAVE: II, 305
Boqueirão: I, 237
BORBA Frei Diogo de: II, 85
BORBA GATO, Manuel de: I, 321, 327, 328, 332; II, 292, 293, 312
BOREY, Thomas: I, 189
BORGES CARNEIRO: II, 56
BORGES, Dr. Pedro: I, 125, 135, 138
BORRÍQUIO: II, 96
BOTELHO, Cristóvão Aires: I, 290
BOTELHO (os): II, 359
BOTELHO, Sargento-Mor Diogo: I, 221-225, 286, 319; II, 279
BOTELHO, Francisco Xavier: I, 290
BOULES: I, 178
BOURBON, Charles de (Conde de Soissons): I, 231, 246
BOURBON (família): I, 363; II, 49, 398
BOXER, Prof. C. R.: I, 136, 208, 356; II, 23, 284
BRAE, Francisco de: I, 277
Braga: II, 82
BRAGA, Antônio José de Araújo: II, 178
BRAGA, Manuel: I, 290
Bragança: – (Amazonas): I, 297, 299
– (São Paulo): I, 303, 309, 321
BRAGANÇA, Dona Catarina de: II, 25
BRAGANÇA, José de: I, 36
BRAGANÇA (os): I, 122; II, 447
BRAGANÇA, Rainha D. Maria Bárbara de: I, 400, 402, 407
BRAGA, Teófilo: II, 101
BRANCO, Manuel João: II, 284
BRANDÃO, Ambrósio Fernandes: I, 151; II, 178
BRANDÃO, Coronel Antônio Soares: II, 82, 403
BRANDÃO, Dom Frei Caetano: II, 82, 403
BRANDÃO, Luciano: I, 277
BRANDÔNIO: I, 151, 218, 375; II, 187
BRASIL: I, 22, 32, 38, 43, 46-51, 52-60, 65-69, 71-74, 76-81, 82, 83, 104-115, 117, 118, 120-132, 134-138, 145-162, 165-167, 172-

174, 177, 179, 181-186, 188-196, 201-212, 216-219, 220, 221, 223, 224, 226, 227-228, 231, 235, 238, 245, 248, 249, 251, 254, 260-265, 267, 268, 270-275, 277-280, 285, 291, 293, 294, 299, 302-306, 309, 311, 314-315, 316-318 321-327, 337, 339, 341, 345, 349-350, 351, 353-358, 360, 361, 369, 373-378, 380, 382, 385-386, 389-391, 393, 394, 399, 401, 403, 408, 410, 412; II, 15-27, 29, 32, 34-36, 47, 50-53, 55-57, 61, 67-69, 71, 73, 76, 77, 81-87, 90, 91, 98, 102, 106-111, 113, 116, 121-127, 129, 132, 138, 139, 143, 155, 161, 164, 166-180, 183-185, 188-195, 199-212, 215, 223-225, 230, 235-241, 265-273, 271-280 282-284, 287, 296, 297, 301, 311, 322-327, 329, 330, 332, 333, 342-365, 378-381, 384, 385, 387-391, 395-400, 402, 404, 413, 417-419
Brasília: II, 336, 433
Brasilia qua parte paret Belgis: I, 272
BRAUDEL: I, 199
Brejo do Salgado: II, 153
Brest: I, 166; II, 38
Bretanha: I, 165, 166, 175, 214, 216, 230, 238, 246; II, 38, 218
BREUNING, Adão Leopoldo: I, 297
Breve Descrição Geográfica, Física e Política da Capitania de Minas Gerais: II, 290
BRIEBA, Frei Domingos de: I, 289
Brieve Relation de l'Etat de Phernambuq: I, 273
Britânia: I, 284
BRITO, Francisco Xavier de: II, 136
Brumado: II, 297
BRUNELLI, João Ângelo: I, 297
BUENO, Antônio da Silva: II, 297
BUENO, (família): I, 314
BUENO, Francisco da Silva: I, 314; II, 297
Buenos Aires: I, 147, 202, 353-355, 358-364, 367, 370-373, 376-384, 390, 396, 398, 400, 406,-408; II, 16, 26, 33, 36, 46, 47, 221, 274, 278, 311, 325
Bugia: II, 258-261
BULCÃO, Inácio Siqueira: II, 459
BULHÕES, Antônio de: I, 267
BULHÕES, Dom Frei Miguel de: I, 294; II, 80-81
Buraco das Tartarugas: I, 240, 250, 252
BYRON: II, 118

Caasapaguaçu (Caaçapaguaçu): I, 314, 351
Caatiba: I, 318
Cabaceiras: I, 66

Cabedelo V. também Forte de Santa Catarina do Cabedelo.
CABEDO, Jorge de: II, 55
CASO, Agostinho Joaquim do: II, 192
Cabo Bojador: I, 35-37; II, 64-65
Cabo Camorim: II, 363
Cabo da Boa Esperança (Cabo das Tormentas): I, 40, 42, 45, 54, 183, 187; II, 219, 347
Cabo das Palmas: I, 35, 39
Cabo das Tormentas. V. Cabo da Boa Esperança
Cabo de Santa Maria (Cabo do Lobo): I, 39, 356, 359, 371
Cabo de Santo Agostinho (Santa Maria de la Consolación): I, 56, 104, 105-107; II, 32
Cabo de São Roque: I, 57, 104, 165
Cabo de São Tomé: I, 106
Cabo do Lobo. V. Cabo de Santa Maria
Cabo do Monte: II, 214
Cabo do Norte: I, 292, 294, 397, 411
Cabo (freguesia): II, 432, 435
Cabo Frio: I, 166, 180, 194, 205, 317
Cabo Ledo (Angola): I, 36
Cabo Mesurado: I, 39
Cabo Não: II, 63, 64
Cabo Negro: II, 214
Cabo Orange: II, 28
Cabo Roxo: I, 36
CABOTO, João: I, 188
CABOTO, Sebastião: I, 105; II, 272
Cabo Verde: I, 32, 39, 41, 43, 56, 133, 134, 153, 184, 195, 260, 271; II, 67, 210, 214, 229, 262, 269
CABRAL, Antônio: I, 286
CABRAL, Brigadeiro Sebastião Xavier da Veiga: I, 409; II, 46
CABRAL DE MONCADA (prof): II, **95**
CABRAL, Leonor: I, 277
CABRAL, Padre Antônio Teixeira: II, 78
CABRAL, Pedro Álvares: I, **26, 41,** 43-45, 48-51, 55-61, 399; II, 220
Cabrobó (pouso): II, 249, 250
CÁCERES, João Pereira de: I, 288
Cacheu: II, 214, 373
Cachoeira (Bahia): II, 237
Cachoeira do Campo: I, 331; II, 139, **146,161**
CADAMOSTO: I, 39
Cadiz: I, 57
Caen: II, 173
Caeté: I, 294, 322, 324, 327, 330, 333; II, 53, 39, 157, 159, 315
Caiacanga: I, 351
Caiboaté: I, 406

ÍNDICE REMISSIVO

Caiena: I, 291, 298, 397, 411; II, 28, 456, 457
CAIM: I, 174
Cairo: I, 70
Cairu: II, 90
CAIS MARTINS DE BARROS: I,269
Caju (aldeia): I, 286
CALADO, Frei Manuel: II, 107
CALDAS, João Pereira: I, 295, 297, 409
CALDAS, Padre Antônio Pereira de Sousa: II, 118, 119
CALDAS, Vasco Rodrigues: I, 319; II; 276
CALDEIRA BRANT, Ambrósio: I, 333, 334
Calecute: I, 40, 41, 44, 58, 61, 120; II, 219
Califórnia: I, 339
CALÓGERAS: I, 350
CALVINO, João: I, 170-177; II, 69
Camapoã (fazenda): I, 336, 343, 346, 348
CÂMARA, João de Melo da: I, 107
CÂMARA, José de Sá Bittencourt: II, 116
CÂMARA, Padre Luís Gonçalves da: I, 139
CÂMARA, Padre Manuel de Arruda: II, 115, 117
Camarão: II, 435
CAMARÃO: I, 220, 225
CAMARGO, Fernão de (o Tigre): II, 17, 19
CAMARGO, João Lopes de: II, 290, 297
CAMARGO, Manuel Ortiz de: II, 290, 292, 294, 296
CAMARGO, Sebastião de: II, 290
CAMARGOS (os): II, 16-20
CAMARGO, Tomás Lopes de: II, 297
Cambridge: II, 260, 325
Cambridge Economic History of Europe (The): II, 260
Cametá: I, 299; II, 53
CAMINHA, Gregório Martins: II, 55
CAMINHA, Pero Vaz de: I, 50, 51, 58-61, 105; II, 181
Camocim (capitania): I, 225
CAMÕES, Luís Vaz de: I, 338
Campaña del Brasil: I, 377, 382
Campanha: II, 444
Campinas: I, 302, 310
Campo do Dique: II, 461
Campo Grande: II, 297
Campos: II, 53, 79
CAMPOS, Antônio Pires de: I, 322, 340
Campos de Goitacases: II, 53, 246
Camutá: I, 294
Canadá: I, 116, 171, 217; II, 357
Cananeia: I, 76, 108, 109, 206, 305, 309, 310, 316, 351, 356

Cananor: I, 40
Canárias: I, 34, 41, 43, 56, 146; II, 218
Cancale: I, 233, 234, 238, 239
CÂNDIDO, Domingos Gonçalves: I, 333, 334
Candor Lucis eternae (bula) II, 71, 77
CANECA, Frade Joaquim do Amor Divino: II, 117
CÃO, Diogo Martins: I, 40, 319
Capaoba: I, 216
CAPDEVILLE, Jean: I, 181
Capela de São Gonçalo: I, 340
Capela de São José: II, 160
Capela Dourada: II, 129
CAPTEGUI, J. M. de Ots: I, 149
Caramuru: II, 114
CARAMURU. V. também ÁLVARES, Diogo
Carandins (região): I, 109
CARDEAL DE JOYOSA: I, 256
CARDEAL DE LORENA: I, 167
CARDEAL D. HENRIQUE (rei): I, 197, 199
CARDEAL MAZARINO: II, 15
CARDEAL RICHELIEU: I, 231
CARDEAL SALDANHA: II, 73
CARDENAS, D. Bernardino de: I, 314
CARDIM, Padre Fernão: I, 87, 263; II, 186
CARDOSO, Antônio Dias: I, 279
CARDOSO, Joaquim: II, 131
CARDOSO, Simão Rodrigues: I, 214
CARIGNANO: II, 258
Carioca (aqueduto): II, 406, 414
CARLOS II: I, 368, 380; II, 26
CARLOS III: I, 397, 408, 411; II, 49
CARLOS V: I, 112, 198, 199; II, 207
CARLOS VIII: I, 54
Carmelitas Descalços: II, 291
CARMO, Antônio do: II, 144
CARNEIRO, Belchior Dias: I, 311
CARNEIRO LEÃO PEDRA (família): I, 114
Carolina do Norte: II, 238
Carolinas: II, 373
CARREIRO, Francisco de Pôrto: I, 166
Cartas: I, 162
Cartas chilenas: II, 113, 151, 154, 314, 331
Cartas Familiares: I, 162
Cartas sobre a Educação da Mocidade: II, 91
CARVAJAL V. LANCASTER, D. José: I, 384, 385, 401-403, 405, 406
CARVALHO, Antônio de Albuquerque Coelho de: I, 295, 333, 334; II, 28-32, 37, 298, 315-317
CARVALHO, Augusto da Silva: II, 177
CARVALHO, Ayrton do: II, 131

CARVALHO, Bernardim de: I, 278
CARVALHO, Capitão Feliciano Coelho de: I, 205, 217-219, 221, 287
CARVALHO E MELO, Sebastião José de (Marquês de Pombal): I, 293, 294, 404-409; II, 48, 50-54, 61-84, 87, 89, 91-95, 97, 110, 191, 364, 365, 372, 376, 396, 402, 403, 405, 406, 409, 410
CARVALHO, Feu de: II, 438
CARVALHO, José de: II, 273
CARVALHO, José Leandro de: II, 132
CARVALHO, José Simões de: I, 297, 410
CARVALHO, Martim de: I, 319
CARVALHO, Paulo: II, 437
Casa Branca: I, 302
Casa da Casca: II, 289-294
Casa da Mina: I, 30
Casa da Ópera: II, 153, 154
Casa da Torre: II, 32
Casa de Cadaval: I, 185, 357
Casa de Guiné: I, 238; II, 269
Casa de Guise: I, 30
Casa de Justiça: I, 31
Casa de Suplicação: I, 31
Casa do Cível: I, 31
Casa dos Contos: II, 397
Casa dos Contos (A): I, 126
Casa dos Pássaros: II, 191, 414
CASAS, Bartolomeu de las: II, 70
Cassiquiare: I, 290, 297
CASTANHEDA: I, 41, 48
CASTEJÓN, Francisco: I, 204, 205, 214, 215
Castela: I, 25, 40 48, 57, 105, 119, 123, 125, 143, 154, 182-186, 215, 313, 353, 371, 380-381; II, 18, 209, 264, 266, 279, 280, 324
CASTELO BRANCO, Camilo de: II, 91
CASTELO BRANCO, Capitão Francisco Caldeira de: I, 256-259, 284-287, 293; II, 45, 423
CASTELO BRANCO, Dom José Joaquim Justiniano Mascarenhas: II, 77
CASTELO BRANCO, D. Rodrigo de: I, 360, 378; II, 287, 288
Castelo Rodrigo: I, 363
Castilhos Grande: I, 403, 405, 409
CASTRO, Caetano de Melo de: II, 34
CASTRO, D. João de: II, 68
CASTRO, D. José Luís (Conde de Resende): II, 419-421, 451, 454
CASTRO E CALDAS, Sebastião de: II, 36, 295
CASTRO E MENDONÇA, Antônio Manuel de Melo: II, 100

CASTRO E VASCONCELOS, Feliz José Machado de Mendonça Eça: II, 436
CASTRO, Francisco Caldas Ferreira de: II, 55
CASTRO, Gabriel Pereira de: II, 55
CASTRO, Isaac de: I, 275
CASTRO, João de Sousa: II, 428
CASTRO, Manuel Mendes de: II, 55
CASTRO, Manuel Serrão de: II, 428
Cataguases (região): I, 320, 322; II, 36, 295
CATARINA NEGRA: I, 277
CAVALCANTE, Antônio: I, 267, 278
CAVALCANTI, Antônio Bezerra: II, 433, 436
CAVALCANTI, Cosme Bezerra: II, 437
CAVALCANTI, Francisco: II, 433
CAVALCANTI, Leonardo Bezerra: II, 434
CAVALCANTE, Sargento-Mor Cristóvão de Holanda: II, 433, 436
Cavalleiros da Luz (loja maçônica): II, 459, 462
CAVENDISH, Thomas: I, 193, 194; II, 277
Ceará: I, 113, 218,221-226, 237, 246, 251, 279,293, 319, 386
CELSOS II, 97
CERQUEIRA, Capitão Antônio de: II, 458
CÉSAR DE MENESES, Capitão-General José: II, 376
CÉSAR DE MENEZES, Dom Luís: II, 211
CÉSAR DE MENEZES, Governador Brigadeiro Rodrigo: I, 342, 344; II, 44, 45
CÉSAR DE MENESE, Pedro: II, 36, 424
CÉSAR DE MENEZES, Vasco Fernandes: II, 44
CÉSPEDES E XERIA, D. Luís de: I, 208, 313, 345
Ceuta: I, 33, 35– II, 85, 217, 257-262
CEVALLOS, D. Pedro: II, 49, 399, 401
CHAGAS, Agostinho das: I, 290
CHAGAS, Francisco (o Cabra): II, 131
CHAMPIGNY, Charles Bochart de (Père Honoré): I, 236, 248
Chapada Diamantina: I, 73, 319
Chapada do Araripe: I, 71, 73
Chapadões do Urucuia: I, 73
CHARCA: I, 316
Charcas: I, 380
Charolais: I, 273
CHARRON: I, 171
CHARTIER, Guillaume: I, 173-175, 177
CHATEAUBRIAND: II, 119
Chatillon: I, 173
CHAUNDLER J.: I, 189
Chaves: II, 30
CHAVES, Francisco de: I, 108
CHAVES, Júlio César: II, 324

CHAVES, Miguel de Siqueira: I, 290
Chemnitz: II, 278
CHERMONT, Tenente-Coronel Teodósio Constantino de: I, 297, 410; II, 178
CHICHORRO, Aires: I, 287
CHICÓ, Mário: II, 127
CHILD, Josiah: I, 374
Chile: I, 362, 380; II, 279
China: II, 357
Chiquitos: I, 339, 396, 399
CHUMOVSKY, T. A.: II, 269
CÍCERO: I, 162; II, 97
Cidade Filipéia: I, 215, 219
Cidade Maurícia: I, 267, 270, 273
Ciencia y Osadia sobre Lopo de Aguirre: II, 430
Ciudad Real: I, 313
Claustro Franciscano: II, 90
CLETO, Marcelino Pereira: I, 46
COCHADO, Antônio Vicente: I, 285, 288
CODECEIRA, Major José Domingues: II, 433
Códice Costa Matoso: II, 322
Código: II, 56
Código Brasiliense: II, 56
Código Civil Brasileiro: II, 57
COELHO DA ROCHA: I, 56
COELHO, Desembargador José João Teixeira: II, 149, 317, 322
COELHO, Dom Romualdo de Sousa: II, 82
COELHO, Francisco: I, 294
COELHO, Gonçalo: I, 104
COELHO, Manuel: I, 290
COELHO, Manuel da Silva: II, 98
Coelho Neto, Marcos (pai): II, 154, 160
(filho): II, 160
COELHO, Nicolau: I, 143
Coimbra: I, 22, 113, 126, 138, 161, 362; II, 72, 73, 76, 77, 79, 81, 85, 98-101, 115, 143, 163, 175-177, 191, 336-340, 380, 433, 441
COIMBRA, Frei Henrique de: I, 45, 51; II, 84
COINTA, Jean: I, 172, 174, 178
Coleção de Receitas: II, 166
Coleção dos Crimes e Decretos: II, 193
Coleção Lamego: I, 291
Coleção Pombalina: II, 456
Colégio de Santa Bárbara: II, 68
Colégio de São Francisco Xavier: I, 161
Colégio de São Pedro (mais tarde de São Joaquim): II, 76
Colégio de São Vicente: I, 145
COLIGNY: I, 167, 168, 173, 175, 177, 178
COLINA, D. Juan Antônio de: I, 383
Collegio de Baya: I, 160

Colônia do Sacramento (Colônia): I, 161, 351, 355, 356, 357, 359, 361-364, 366, 369, 371, 372, 377, 381-392, 401, 407, 412; II, 28, 36, 37, 46-50, 93, 94, 246, 288
COLUMELA: II, 97
COMAS, Jaime: II, 286
Companhia das Índias Orientais: II, 357
Companhia de Comércio do Maranhão: I, 295, 296; II, 31, 52, 54, 357, 363
Companhia de Jesus: I, 134, 144, 157-161, 182, 198, 236, 292, 302, 312, 373, 380, 402, 406; II, 40, 71, 77, 83,89, 93-95, 97, 126, 165-166, 206, 275, 369, 370, 424, 425
Companhia do *Asiento*: II, 311
Companhia do Cabo Norte: II, 357
Companhia dos Lagos: II, 356
Companhia Geral do Comércio do Brasil: II, 21, 358, 387-388
Companhia Geral do Comércio do Grão-Pará e Maranhão: II, 52, 365, 367, 403
Companhia Holandesa das Índias Ocidentais: I, 206, 207, 260-263, 264, 266, 272, 274, 277, 279; II, 179, 167, 211, 213
Compêndio Histórico do Estado da Universidade de Coimbra: II, 101
Conceição (nau): I, 131
Conceição do Mato Dentro: II, 157
CONCEIÇÃO João de Sá da: II, 453
Concepción de los Gualachos (redução): I, 314
Concert Spirituel: II, 153
Conchinchina: I, 119
Concílio de Trento: II, 61
CONDE DE CASTANHERA: I, 119; II, 275, 421
CONDE DA CUNHA: II, 400, 407, 409
CONDE DA PONTE: II, 74
CONDE DA TORRE. V. MASCARENHAS, Dom Fernando de
CONDE DE ASSUMAR: II, 303, 304, 308, 315
CONDE DE ATOUGUIA: II, 22, 73, 361
CONDE DE BAGNUOLO: I, 264
CONDE DE BOBADELA: II, 49, 77, 406, 409, 419
V. também FREIRE DE ANDRADE, Gomes
CONDE DE CASTELO-MELHOR: II, 22, 24
CONDE DE CUMBERLAND: I, 194
CONDE DE ERICEIRA. V. MENESES, D. Luís de
CONDE DE GOBINEAU: II, 143
CONDE DE LINHARES: II, 210
CONDE DE LIPE: II, 50
CONDE DE MONTGOMERY: I, 255-256

CONDE DE ODEMIRA: II, 355
CONDE DE SABUGOSA: II, 44
CONDE DE SARZEDAS: I, 392; II, 45
CONDE DE TOULOUSE: II, 38
CONDE DE VILA-POUCA DE AGUIAR: II, 22
CONDE DE VIMIEIRO: II, 36
CONDE DUQUE DE OLIVARES: I, 207, 211
CONDE, Manuel de Lemos: II, 287
Confraria da Boa Morte: II, 146
Confraria das Mercês de Cima: II, 146
Confraria das Mercês dos Perdões: II, 146
Confraria de São Francisco de Paula: II, 146
Confraria de São José: II, 146
Confraria dos Meninos de Jesus de São Vicente: I, 157, 158
Congo: II, 209, 214
Congonhas: I, 332; II, 135-136, 177
Congregação do Oratório de São Filipe Néri: II, 86, 95
Conselho Ultramarino: II, 17, 21, 36, 41-43, 47, 84, 149, 207, 210, 350, 363, 408, 420
Consent (navio): I, 195
Considerações sobre as duas classes mais importantes de povoadores da Capitania de Minas Gerais: II, 213
Constantinopla: II, 218
Constituições: I, 162
Constituições Primeiras do Arcebispado da Bahia: II, 332
Consulta sobre o estabelecimento dos estudos menores: II, 99
Convento da Lapa: II, 460
Convento de Santa Clara: II, 90
Convento de Santa Clara do Desterro: II, 87
Convento de Santa Teresa: II, 87
Convento de Santo Antônio: II, 40, 76, 85, 89
Convento de São Boaventura de Macacu: II, 90
Convento de São Domingos: II, 90
Convento de São Francisco de Vitória: II, 90
Convento de São Francisco (Maranhão): I, 241
(São Paulo): II, 90
Convento de São Luís: II, 90
Convento do Carmo: II, 436
Convento dos Carmelitas: II, 126
Convento da Palma: II, 462
Conventos (sítio): I, 391
Copiosus in misericordia (bula): II, 71, 82
CORBANZI, Ângelo de Teggio: I, 33, 34
Córdoba: I, 362
CORQUILLERAY (CORQUILHEL) Philippe de: I, 173, 175-177
CORRÊA, João Luís: II, 437

CORREIA, Jorge de Figueiredo: I, 113, 118
Córrego Catete ou Laranjeiras: II, 440
CORREIA, Coronel Lourenço de Brito: II, 458
CORREIA, Gaspar: I, 58
CORREIA, Genebra: I, 277
CORREIA, João: II, 280
CORREIA, Pero: I, 157, 158
CORREIAS DE SÁ (os): I, 352
CORREIA, Simão Nunes: I, 222, 223
CORREIA TELES: II, 56, 57
Correio Braziliense: II, 116
Corrientes: I, 371, 386
CORTE REAL, Diogo de Mendonça: II, 91
CORTESÃO, Jaime: I, 28, 37, 384; II, 15
CORTEZ, Fernando: II, 226
COSA, Juan de la: I, 58
Cosmografia: I, 55
COSTA, Bento da: I, 290
COSTA, Bispo Dom Manu Álvares da: II, 78, 433, 435
COSTA, Capitão-General D. Rodrigo da: II, 46, 211, 212, 312
COSTA, Conselheiro Antônio Rodrigues da: II, 351
Costa da Mina: II, 211, 214
COSTA, D. Duarte da: I, 125, 143, 145, 155, 177; II, 69, 71
COSTA, Cláudio Manuel da: I, 330; II, 110, 119, 290, 306, 332, 335, 443
COSTA E LIMA, D. Tomás da Encarnação: II, 79
COSTA, Gaspar da (o Maquinez): II, 39
COSTA, João de Figueiredo da (Maneta): II, 41
COSTA, José Joaquim Vitório da: I, 297, 410
COSTA, José Martins da: II, 454
COSTA, Lázaro da: I, 312
COSTA, Lúcio: II, 126
COSTA, Manuel da: II, 57
COSTA, Manuel Ferreira da: II, 367
COSTA, Manuel Inácio da: II, 131
COSTA, Maurício da: II, 169
COSTA, Miguel Menescal da: II, 176
COSTA, Pe. João da: II, 75
COTIA, José Romão: II, 437
Coturuna: II, 277
COUSIN, Jean: I, 55
COUTINHO, Antônio Luís Gonçalves da Câmara: II, 33, 291-293
COUTINHO, Bispo D. José Joaquim da Cunha de Azeredo: I, 338, 339; II, 79, 99, 117, 342-344, 413
COUTINHO, Capitão Bento do Amaral: I, 331, 332; II, 37

COUTINHO, Capitão Paulo Azevedo: II, 458
COUTINHO, D. Francisco Inocêncio de Sousa: I, 295, 408, 409; II, 355
COUTINHO, Domingos de Azeredo: II, 272
COUTINHO, D. Rodrigo de Sousa: II, 325, 347, 419
COUTINHO, Florêncio José Ferreira: II, 154
COUTINHO, Francisco Pereira: I, 113, 118, 119, 142
COUTINHO, Marco Antônio de Azevedo: I, 384, 385, 400
COUTO, Diogo do: II, 265
COUTO, João Pacheco do: I, 291
COUTO, José Vieira: II, 116
COUTO, Loreto: II, 111
Covilhã: II, 175, 417
COVILHÃ, Pedro de: I, 40
Coxipó Mirim: I, 322
Coxiponó: I, 340
CRAESBEECH, Pedro: II, 175
Credo: II, 160
CRESPIN, Jean: I, 167, 168, 176
Cristo na Coluna: II, 131
CRISTÓVÃO COLOMBO: I, 41, 42, 46, 47, 52, 54, 55; II, 219
CRUZ, Anselmo José da: II, 367
CRUZ, Dom Frei João da: II, 76, 79
CRUZ E SILVA, Antônio Dinis da: II, 452-454
CRUZ, Frei Manuel da: II, 77-81, 144
CRUZ, João Francisco da: II, 367
CRUZ, José Feliciano da: II, 367
CRUZ, Maciel da: II, 152
CRUZ, Padre Frei Pedro da: II, 308
Cuba: II, 208, 213
CUBAS, Brás: I, 134, 157, 158, 317, 218; II, 172, 275, 276
Cuiabá (Senhor Bom Jesus do Cuiabá): I, 303, 322, 334, 347-349, 377, 395; II, 35, 44, 45, 77, 78, 294, 318, 319
CUJAS (Cujatius ou Cujaux): II, 55
Cultura e Opulência do Brasil: I, 325
Cumá: II, 53
CUNHA, Aires da: I, 113, 120
CUNHA, Capitão-Mor Bartolomeu de Vasconcelos: I, 177
CUNHA, D. Luís da: I, 334; II, 364-365
CUNHA, Euclides da: II, 113
CUNHA (família): I, 314
CUNHA, Matias da: II, 33, 170
CUNHAMBEBE: I, 90
CUNHA, Simão da: II, 129
Cunhaú: I, 218

Curitiba (Campos Gerais de Curitiba): I, 316, 351, 388, 391; II, 47, 101, 245, 251, 285, 287, 289, 291
Curral Alto: I, 390
Curralinho: II, 322
Curvelo: II, 310
Cuyo: I, 380

D. AFONSO V: I, 22, 23, 25, 28, 29, 38; II, 61, 64, 264
D. AFONSO VI: II, 24, 87, 389
Dugelikse Notulen: I, 368
D'ALINCOURT, Luís: I, 346
DANTAS, Cristóvão: I, 67
DANTAS, Lucas: II, 462
D. ANTÔNIO, prior do Crato: I, 199
Dantzig: I, 183; II, 264
Dartmouth: I, 239
D'AVEZAC: I, 106
DAVI: II, 118
DAVIS, Ralph: I, 375
D. DINIS: I, 28, 34
D. DUARTE: I, 21-23, 25, 35; II, 62
De Bello Gallico: I, 162
DE BOISSI: I, 172
Décadas: I 50
Decens esse (bula): II, 62
Decisiones Supremi Senatus Regni Lusitaniae: II, 55
Declaração Cronológica e Analítica: II, 93
DEI, Benvenuto: II, 258
De Indiae utriusque re naturali et medica: II, 173, 190
DE LAET: II, 213
De Lege Agraria: I, 162
DELGADO, Diogo Francisco: II, 452
DELGARTE, Dom Frei José: II, 80
DELILLE: II, 118, 119
DEL NEGRO, Carlos: II, 137
DE MARTONNE, Emanuel: I, 74
De Medica Brasiliensi: II, 173
De Officiis: I, 162
De Oratore: I, 162
De Ponto: I, 162
De prima inventione Guineae: I, 37
DERBY, Orville: II, 272
De re logica: II, 95
De re metallica: II, 278
Der Hof Sein Excellenz: I, 272
Desagravos do Brasil: II, 111
DESCARTES, Renato: II, 101-102
Descobrimentos Portugueses: I, 128
Descrição Geral da Capitania da Paraíba: I, 272

Desertor (O): II, 110, 113
Desire (navio): I, 194
DESMARQUETS: I, 54, 55
Desterro: I, 160, 389
De Tristibus: I, 162
DEUS, João de: II, 461
D. FERNANDO, Duque de Bragança: I, 26
D. FERNANDO I, o Formoso: I, 29
D. HENRIQUE, o Navegador (1º. Duque de Viseu): I, 25, 27, 32, 34, 35, 38, 40, 47; II, 62, 63, 355
Diálogo Crítico: II, 177
Diálogos: I, 162
Diálogos das Grandezas do Brasil: I, 150, 151, 206, 218, 375; II, 185, 265
Diálogos Político-Morais: II, 112
Diamantina: II, 145, 153, 159
Diário de Navegação: I, 109
Diário de Navegação dos rios Tietê Grande, Paraná e Guatemi: II, 191
Diário de uma viagem mineralógica pela Província de São Paulo: II, 195
Diários: II, 193
DIAS, Bartolomeu: I, 40, 41, 43, 46, 54, 58
DIAS, Dinis: II, 262
DIAS, Diogo: I, 58
DIAS, Francisco: II, 127
DIAS, Luís: I, 130, 131
DIAS, Malheiro: I, 114
DIAS, Pe. Francisco da Silveira: II, 76
Dictionnaire Philosophique: II, 460
Dieppe: I, 53, 55, 106, 182, 189, 195, 227, 232
Dr. FILICAIA, Bacio: I, 318; II; 281
Digesto: I, 21
Direito Administrativo Brasileiro: II, 56
Discours contre la Fortune: I, 170
Discurso Post Reditum: I, 162
Discurso Preliminar: II, 213
Discurso sobre o Estado Atual das Minas do Brasil: I, 339
Dissertação a respeito da Capitania de São Paulo, sua decadência e modo de restabelecê-la: I, 146
Divertimento Admirável: II, 191
D. João IV, Duque de Bragança. V. D. João IV
D. João I: I, 21-24, 27, 28, 30, 33, 35, 41; II, 62, 257
D. João II: I, 23, 25, 27, 31, 39, 41, 130; II, 263
D. João III: I, 26, 27, 108-110, 111-113, 117, 118, 120, 126, 127, 132, 135, 140, 143, 146, 156, 158, 161, 182, 224
D. João IV (Duque de Bragança): I, 150, 197, 211, 278, 280, 352, 374, 376; II, 15, 17, 23, 25, 26, 74, 90, 209, 247, 348
D. João V: I, 26, 333, 400, 404; II, 43, 44, 48, 53, 303, 363, 389
D. JOÃO VI: I, 82; II, 117, 118, 132, 138, 352, 419, 420
D. José I: I, 393, 404
D. MANUEL I: I, 28, 29, 41, 45, 48, 51; II, 62, 65, 85, 220, 265, 389
D. MARIA I:II, 88, 110 ,171, 377, 403, 413, 416, 417
D. NUNO MANUEL: I, 103, 105
Do Clima e Terra do Brasil: II, 186
Documentos Históricos: II, 67, 68
DOMAT: II, 57
DOMBEY, Joseph: II, 91
Domenica palmarum: II, 160
DONA LUÍSA: II, 23, 24
DONCKER, Wilhelm: I, 277
D'ORIA, Filipo: II, 259
DORMUNDO, Jorge Gonçalves: I, 142
Dourado: I, 283
Dourados: I, 78
Douro: I, 137
D. PEDRO I: I, 22, 28, 35, 36, 45, 355, 362, 364, 369, 374, 375, 378; II, 24, 72, 287, 420
D. PEDRO II: I, 397; II, 27, 296, 324, 389, 732
DRAKE, Francis: I, 93
Dresden: I, 271
DREYS: II, 253
D. SEBASTIÃO (o Encoberto): I, 126, 160, 161, 197, 310; II, 16, 265, 346, 347
DUARTE COELHO: I, 113, 116, 119, 134, 139-142, 154; II, 66, 208, 431
DUARTE CORREIA VASQUEANES: I, 374
DUARTE DE LEMOS: I, 118, 151; II, 266
DUARTE, Eustáquio: II, 176
DUARTE GOMES DE SOLIS: II, 356
DUARTE, José Teodoro de Lemos: II, 99
DUARTE LEITE: I, 33-35, 37, 48, 53, 56
DUARTE LOPES: II, 290
DUARTE NUNES DE LEÃO: II, 55
DUARTE PACHECO PEREIRA: I, 47-50
DUARTE RIBEIRO DE MACEDO: I, 376
DUARTE TEIXEIRA CHAVES: I, 367-369, 378, 381; II, 27
Ducado de Urzel: I, 119
DUCLERC, João Francisco: I, 154; II, 37, 38, 41
DUGUAY-TROUIN, René: I, 154; II, 36, 38-42
Dum diversas (bula): II, 63
Dum fidei constantium (bula): II, 66
DUMONT, Francisco: I, 274

Dum tuam (bula): II, 61
DUQUE DE ALBA: I, 198, 362
DUQUE DE AVEIRO: I, 117
DUQUE DE BORGONHA: I, 55
DUQUE DE CADAVAL: I, 355, 367; II, 350, 351
DUQUE DE LAFÕES: II, 414
DUQUE DE VISEU. V. D. HENRIQUE, o Navegador
DUQUE DE GUIZA: I, 238
DURANTON: II, 57
D'URFÉ, Marquês Honoré: I, 233

EANES, Gil: I, 35
ÉBANO, Heliodoro: II, 285
d'EÇA Capitão Manuel de Sousa: I, 251, 252, 284
ECKHOUT, Albert: I, 265, 271
Economic History Review (The): I, 375
Economics, Sociology and the Modern Word: II, 325
Edimburgo: II, 115
Edito de Nantes: I, 235
EDWARDS: II, 236
Egito: I, 39, 40; II, 217, 218, 262
EINÉCIO: II, 96
Eldorado: II, 36, 258, 265
El Pardo: I, 407
ELVAS: I, 365-367, 371, 389, 397; II, 79
ELVAS, Padre Álvaro Mendes de: I, 265
Embaú: I, 321
Emboabas: I, 326
Embu: II, 127
Emmanvelis Alvari e Societate Iesu de Institutione Grammatica Libri tres: II, 95
l'EMPEREUR, Constantin: I, 272
EMPOLI, Giovanni: I, 105
Em torno da designação de Monarquia Agrária dada à primeira época de nossa História: II, 256
Encabelados: I, 182
ENCERRADORES, Antônio Freire de Andrade: II, 91
Eneida: I, 162
Engenho da Casa Forte: I, 279
Engenho de Ceregipe: II, 213
Engenho de São Jorge dos Erasmos: I, 261; II, 230
Engenho de Sergipe do Conde: II, 225, 232, 235
Engenho Itapicuru: II, 457
Engenho Maciape: I, 272
Engenho Nossa Senhora do Rosário de Goiana: I, 277

Engenho Soledade: II, 153
Engenho Ubu: I, 265
Engenho Velho (Engenho dos Padres): II, 37, 40
ENNES, Ernesto: II, 33
Ensaio Econômico: II, 116
Entre-Douro-e-Minho: I, 30, 61, 360
Entre-Rios: I, 371
Entre-Tejo-e-Guadiana: I, 30
d'ÉPERSSION: I, 231
EPICURO: II, 101
Epigrammata Americana ad Comitem I, Mauricium: I, 272
Epistola quamplurimarum rerum naturalium quae a S Vicentii (nunc S. Pauli) provinciam incolunt, sistens descriptionem: II, 183
Epitome do que em suma se contém... II, 90
Equador: II, 117
Erário Mineral dividido em doze Tratados: II, 176, 321
Ermida da Penha: II, 73
Ermida de Nossa Senhora do Ó: II, 86
ESCHWEGE: II, 212, 300
ESCÓCIA: I, 166
Escola de Compositores da Capitania Geral das Minas Gerais: II, 139, 162
Esmeraldo de situ orbis: I, 47, 48
Espanha: I, 41, 57, 117, 148, 184-187, 189, 192, 198-203, 205-211, 238, 247, 249, 250, 256, 260-262, 286, 290, 298, 323, 356, 363, 365, 368, 371, 379, 382-383, 386, 396-401, 403, 404, 408, 409, 411; II, 15, 20, 25, 27, 36, 49, 53, 79, 53, 79, 91, 92, 210, 217, 221-223, 258, 278, 324, 354, 399, 419
ESPANHA, José Aragão: II, 177
Espanhas: I, 111
ESPINOZA Y MEGERO, Francisco Bruza de: I, 152, 225
Espírito Santo: I, 113, 118, 119, 138, 142, 159, 180, 195, 302, 318, 319; II, 23, 53, 75, 85, 98, 125, 199, 266, 272, 275, 279, 289, 307, 351, 361
Espoir (navio): I, 106
Esprit des Lois (L'): II, 449
Essai sur les Moeurs: I, 56
Estado Español en las Indias (El): I, 149
Estados Unidos da América do Norte: I, 55, 198; II, 238, 242, 438, 439, 448, 450
ESTÊVES, José Rodrigues: II, 367
Estrasburgo: I, 363
Estreito de Magalhães: I, 46, 55, 106, 191, 194, 195, 354
Estrela do Norte: II, 368

Estremadura: I, 30, 138
Etiópia: II, 208, 271
Etrúria: II, 64
Etsi suscepti (bula): II, 63
Europa: I, 24, 27, 32, 35, 42, 49, 106, 132, 134, 146, 161, 171, 173, 176, 177, 195, 207, 214, 228, 230, 244, 245, 249, 250, 253, 260, 261, 273, 277, 287, 296, 304, 307, 309, 359, 360, 362, 363; II, , 21, 36, 41, 43, 47, 49, 57, 62, 66, 69, 95, 97, 111, 123, 131, 138, 143, 162, 163, 166, 182, 186, 188, 217, 220-223, 240, 257, 258, 264, 278, 326, 342, 357, 371, 378, 379, 386, 390, 424, 448
EVELYN, John: II, 296
Évora: I, 22, 23, 25, 28 113, 127, 162, 310
d'EVREUX, Padre Yves: I, 238, 244
Expansão Geográfica do Brasil Colonial: II, 247
Expedición de Ursua al Dorado y la Rebelión de Lopo de Aguirre (La): II, 430
ÉZIO em Roma: II, 153

FALCÃO, Capitão-Mor Fernando Dias: I, 335, 341, 343
FALCÃO, Francisco da Mota: I, 290, 291; II, 28, 31
Falmouth: I, 239
FARIA, Manuel Pereira de: II, 367
FARIA, Manuel Severim de: I, 375
FARTO, Domingos: II, 33
FAUSTINO, Manuel: II, 462
FAVELA, Capitão Pedro da Costa: I, 285, 287, 289
FAXINA: I, 302
FEBOS, Belchior: II, 55
FEVRE, Lucien: I, 52
Feira de Sant'Ana: II, 249
FÉLIX, Jacques: I, 326
FÉLIX, José: II, 462
FELNER: II, 210
FENTON, Eduardo: I, 192-195
FERNANDES, Álvaro: II, 262
FERNANDES, André: I, 313
FERNANDES, Antônio (o Catucadas): I, 182
FERNANDES, Bento: II, 306
FERNANDES, Gama: II, 431
FERNANDES, João Gonçalo: II, 126
FERNANDES, Manuel: II, 18
FERNANDES, Rui: I, 22
FERNANDES, Sargento-Mor Baltasar: II, 428
FERNANDES, Valentim: I, 37, 51, 103
FERNANDO VI: I, 400; II, 48, 49, 399

FERNANDO E ISABEL, Reis Católicos: I, 44, 51
FERRARIS: II, 57
FERRAZ, Padre Pedro: II, 86
FERREIRA, Alexandre Rodrigues: I, 297; II, 115, 178, 80, 192-194
FERREIRA E LUCENA, Coronel Francisco José de Matos: II, 460
FERREIRA, Gervásio: II, 454
FERREIRA, José Henriques: II, 169, 178
FERREIRA, Luís Gomes: II, 177, 178
FERREIRA, Waldemar: I, 177, 321
FERRER, Dr. Vicente: II, 127
FESTA da Padroeira da Vila: II, 433, 437
FESTA das Ladainhas: II, 150
FESTA de Santo Antônio: II, 150
FESTA de São Francisco de Borja: II, 153
FESTA de São Sebastião: II, 150
FESTA do Anjo Custódio do Reino: II, 150
FESTA do Corpus Christi (Corpo de Deus): II, 150
FIALHO, D. José: II, 78
FIALHO, Padre João de Faria: II, 297
FIGUEIRA: II, 385
FIGUEIRA, Padre Luís: I, 161, 224, 292
FIGUEIREDO, André Dias de: II, 433, 437
FIGUEIREDO, Antônio Rodrigues de: I, 354
FIGUEIREDO, Dom Estêvão Brioso de: II, 78
FIGUEIREDO E MELO, D. Matias de: II, 80
FIGUEIREDO, Gaspar de: I, 221
FIGUEIREDO, Lourenço de Queirós Brito: II, 458
FIGUEIREDO, Padre Antônio Pereira de: II, 98, 453
FIGUEIROA, D. Joaquim Borges de: II, 331
FILGUEIRAS, Domingos de: I, 391
FILIPE: II: I, 122, 185, 186, 197-201, 208, 216, 310; II, 55, 179, 180, 210, 276, 278, 347
FILIPE III: I, 126, 187, 197, 202, 205, 238, 258, 286, 310; II, 55, 79, 356
FILIPE IV: I, 21, 126, 154, 197, 207, 211, 247; II, 17, 22
FILIPE V: I, 378, 397, 398; II, 296
FILIPES: I, 122, 138, 182, 197, 203-205, 207-210, 211, 260, 261, 373; II, 15, 22, 279, 346
FILIPE, Tércio: II, 126
Finisterra: I, 49
FLAMESTED: II, 189
Flandres: I, 119, 123, 221; II, 218, 229, 264, 280
Flessingen: I, 284
FLETCHER: II, 153

ÍNDICE REMISSIVO

Florae fluminensis icones: II, 192
Flora fluminensis: II, 192
Florença: I, 57, 184
Florianópolis: I, 161
Flórida: I, 48
FLÓRIDA BLANCA: II, 410
FONSECA, Antônio Isidoro da: II, 406
FONSECA, Capitão Antônio da: I, 285
FONSECA, Dr. Mariano José Pereira da (Marquês de Maricá, Dr. Biscoito ou Dr. Biscoutinho): II, 452-455
FONSECA, Inácio da: II, 426
FONSECA, Isaac Aboab da: I, 275
FONSECA, José Antunes da: I, 290
FONSECA, Manuel Temudo da: II, 55
FONSECA, Pe. Manuel da: I, 326, 331, 332
FONSECA, Vicente da Silva da: II, 49
Forma de Libelos e Alegações: II, 55
Forquilha: I, 340
Fortaleza: I, 161, 225
Fortaleza da Barra de Santos: II, 386
Fortaleza da Conceição: II, 454
Fortaleza das Cinco Pontas: I, 270
Fortaleza de Anchediva: I, 131
Fortaleza de Nazaré: I, 265
Fortaleza de Santa Cruz: II, 37
Fortaleza de São Julião da Barra: II, 446
Forte da Praia Vermelha: II, 409
Forte de Araguari: I, 397
Forte de Cumaú: I, 288, 291
Forte de Fora: II, 409
Forte de Santa Catarina do Cabedelo: I, 182, 215, 219
Forte de Santa Maria: I, 234, 253, 256
Forte de São Gabriel: I, 298
Forte de São Francisco Xavier de Tabatinga: I, 298, 409
Forte de São João: II, 40
Forte de São José: I, 256
Forte de São José do Macapá: I, 297, 397, 412; II, 29
Forte de São Luís: I, 241, 249, 258
Forte do Arsenal da Marinha: II, 409
Forte do Monte Frio: II, 409
Forte do Presépio: I, 259
Forte dos Reis Magos: I, 205, 219
Forte do Tárrego: I, 287
Forte North: I, 288
Fortim de Nossa Senhora do Rosário: I, 249
Fortim Santiago: I, 222
FOURNIER, George: I, 53
FOYOS, Pe. Joaquim de: II, 95

FRADE José Bernardo da Silva: II, 452
FRADE MIGUELINHO: II, 117
FRADE SAMPAIO: II, 102, 117
FRAGOSO, Brás: I, 125
FRANÇA: I, 21, 37, 54, 106, 166, 171, 176, 178, 188-190, 195, 205, 218, 227, 228, 230, 235, 236, 238-240, 243-247, 249, 250, 256, 273, 363, 365, 366, 370, 397-399, 403, 407; II, 17, 25, 29, 38, 40, 53, 95, 154, 158, 191, 193, 221, 222, 296, 300, 391, 399, 419, 433, 438, 439, 453
– Antártica: I, 143, 166, 167, 170-173, 177, 179, 245, 246, 250
– Equinocial: I, 226, 228-230, 235, 236, 239, 245, 247, 248, 250
FRANÇA (da França) José Engrácia Garcia Rodrigues: II, 324
Francforte sobre o Meno: I, 55
FRANCIA, Doutor José Gaspar de: II, 324
FRANCISCANA (povoado): I, 290
FRANCISCO ANTÔNIO (entalhador): II, 453
FRANCO, Antônio: II, 98
FRANCO, Francisco de Melo: II, 110, 115, 178
FRANCO, Guiomar de Carvalho: II, 277
FRANCO, Ministro Afrânio de Melo: II, 290
FRANCO, Ricardo: I, 410
FRANKLIN, Benjamin: I, 56
FRAZÃO, Professor Samuel: I, 275
FREDERICO II (imperador): I, 38
FREI APOLINÁRIO: II, 89, 90
Freiberg: II, 194
FREI CONRADO: I, 328
FREI FIRMO: I, 328
FREIRE DE ANDRADE, Gomes (Capitão-General): I, 383, 390, 399, 404-406; II, 29-32, 36-50, 54, 93, 110, 141
FREIRE, Cristóvão da Costa: II, 51
FREIRE, Francisco de Brito: II, 107, 360
FREIRE, Manuel de Brito: I, 251
FREITAS, Gaspar de Sousa: I, 294
FREITAS, Manuel Coutinho de: II, 428, 429
FREITAS, Pedro: I, 285
FREYRE, Gilberto: I, 81, 263; II, 205
FRIAS, Manuel de: I, 340
FRITZ, Samuel: I, 291
FRÓIS, Estêvão: I, 53
FROMENTIÈRE, Bento: II, 321
Frutas do Brasil: II, 108
FRY, Capitão Roger: I, 288
FUNCHAL: I, 129; II, 66, 78

GAFFAREL: I, 217

GAIA (Gaya) Capitão Diogo Pinto da: I, 290; II, 456
GAIOSO: II, 228, 240, 241
Galga (caravela): I, 133
GALHARDO, Antônio Rodrigues: II, 178
Galiza: II, 140
GALLUZZI, Henrique Antônio: I, 297
GALRÃO, Antônio Pedroso: II, 175
GALRÃO, João: II, 175
GALVÃO, Antônio: I, 46
GALVÃO, Capitão Manuel: I, 361
GALVÃO, Dom Frei Antônio da Madre de Deus: II, 78
GAMA, Antônio da: II, 55
GAMA, Barros: I, 24
GAMA, Domingos Pereira da: II, 176
GAMA, João da Maia da: II, 51, 435
GAMA, José Basílio da (Termindo Sipílio): II, 84, 110, 113, 452
GAMA, Vasco da: I, 39, 42, 43, 112; II, 219, 264, 269
Gambia: II, 258
Gand: II, 184
GANDAVO, Pero Magalhães: I, 85, 304; II, 184, 206, 210
GARCIA, Aleixo: I, 316
GARCIA D'AVILA: I, 133, 134, 153, 212
GARCIA DE ORTA: II, 265
GARCIA DE RESENDE: I, 130; II, 264
GARCIA, Diogo: I, 105
GARCIA JOFRE DE LOAYSA: I, 105, 112
GARCIA, Miguel: II, 296
GARCIA (Os): II, 16
GARCIA, Padre José Maurício Nunes: II, 161
GARCIA, Rodolfo: I, 237; II, 454-455
GARCIA RODRIGUES PAIS: I, 322, 325; II, 36, 271, 311
GARCIA VELHO (Os) II, 325
GARDTSMAN, George: I, 277
GARRO, D. José de: I, 359-362, 368, 369, 379-381
GARSIN, Pedro: I, 274
GASSENDI (Gassendo): II, 101
Gazeta Médica: II, 175
GENEBRA: I, 172-175, 177
GENERAL JUNOT: II, 193
GÊNOVA: II, 257, 260
Geografia Histórica da Capitania de Minas Gerais: I, 329; II, 290, 308
Geórgia Austral: I, 104
GÉRARD, Capitão Jean: I, 54, 227, 240
GHILLANY: I, 16

GIBRALTAR: I, 298; estreito de: – II, 217, 258
GIL VICENTE: I, 151-152
GIRALDES, Lucas: I, 118
GIRALDES (Os): I, 118
GIRARD, Albert: II, 257, 260
Glasgow: II, 277
Glaura: II, 114
Glória: II, 410, 412
GLUCK, Christoph Willibald: II, 158
GOA: I, 40, 136; II, 66, 69
Gobernador Domingo Martínez de Irala (El): II, 274
GODIN: II, 189
GODINHO MANSO: II, 44
GODINHO, Vitorino Magalhães: I, 36; II, 296, 317, 319
Goiana: II, 435
Goiás: I, 69, 73, 75, 78, 302-303, 321, 323, 334, 393, 394; II, 35, 44, 45, 71, 77, 78, 200, 246, 318, 319
Goiases (região): II, 306
GÓIS, Cipriano de: I, 119
GÓIS, Damião de: I, 104
GÓIS, Pero de: I, 19, 128, 141, 142; II, 208
GÓIS, Vicente de: I, 119
GOLIJATH, Cornelis Sebastiaansz: I, 271
GOMES, Antônio Agostinho: II, 195
GOMES, Bernardino Antônio: II, 198
GOMES, Carlos: II, 160, 161
GOMES, Diogo: I, 37, 39
GOMES, Gaspar: I, 165
GOMES, José Maurício: II, 374
GOMES Neto, Padre Manuel: II, 306
GOMES, Silvestre: II, 55
GONÇALVES, Adão: II, 273-275
GONÇALVES, André: I, 103
GONÇALVES, Antão: I, 39; II, 263
GONÇALVES, Brás: I, 313
GONÇALVES Dias: I, 45
GONÇALVES Ledo: II, 117
GONÇALVES Lopo: II, 214
GONÇALVES, Manuel: II, 98
GONDREVILLE, Pierre: I, 271
GONNEVILLE, Capitão Paulmier de: I, 106, 227
GONZAGA, Desembargador Tomás Antônio: II, 112, 119, 151, 154, 443
GOODLAD, Capitão John: I, 274
GOUROU, Pierre: I, 67
GOUVEIA, Diogo de: II, 68
Governo de Mineiros mui necessário para os que vivem distantes de professores...: II, 178

Grã-Bretanha: I, 375; II, 25, 264
Graciosa: I, 30
GRÃ, Luís da: I, 159
Gramática Filosófica: II, 96
Grão-Pará: I, 259, 294, 299, 404; II, 51, 94, 98, 125, 240, 365, 368, 369, 376, 377
GRÃO-SENHOR DE BERINGEL: I, 318
Grécia: II, 448
GRONSFIELD, Gaspar João Geraldo de: I, 297
GROTIUS: I, 186
Guadalcanal: II, 256
GUADELUPE, D. Frei Antônio de: II, 76, 145
GUAIMIABA (Cabelo de Velha): I, 286
Guairá: I, 309, 313
Gualacho do Norte: II, 297
Gualacho do Sul: II, 297
Guamá (aldeamento): I, 287, 295
Guanabara: I, 143, 166, 170-183, 226, 244, 245, 317; II, 36-38, 182, 311, 410
Guararapes: II, 436
Guarapu: II, 436
Guaratiba: II, 37
Guaratinguetá: I, 333, 334; II, 316
Guardia de San Juan: I, 381
GUARUJÓ (Luís Henrique): I, 248
Guarulhos: I, 318
Guaxenduba: I, 228, 229, 234, 235, 238, 245, 252-257, 259
Gueldria: II, 280
Guerra Civil ou Sedição de Pernambuco: II, 433
Guerra das Duas Rosas: I, 54
Guerra de Secessão: II, 241
Guerra dos Cem Anos: II, 257
Guerra dos Emboabas: II, 41, 437
Guerra dos Mascates: II, 41, 78
Guerra dos Mascates: II, 433
Guerra dos Sete Anos: II, 399
Guerra dos Trinta Anos: I, 207
GUERRA, João de Barros: I, 290
GUERREIRO, Diogo Camacho de Aboim: II, 55
Guerre monétaire (XIV-XV siècles) (La): II, 260
Guiana: I, 232, 233, 284, 397; II, 28 – Francesa: I, 296, 411; II, 352
Guianas: I, 72; II, 357
GUILLÉM (Guillen ou Guillén) Filipe: I, 118, 152; II, 266
GUIMARÃES, Fábio Macedo Soares: I, 71, 74
GUIMARÃES, João: II, 280
GUIMARÃES, Manuel Ferreira de Araújo: II, 63, 209, 256, 262, 265, 269
GUIMARÃES, Pascoal Moreira: I, 328
Guiné: I, 32, 37, 41, 74, 189, 191, 218

GÜNTHER, Sigmund: I, 56
Gurupá: I, 287, 292, 294, 299; II, 28, 29, 425, 430
GUSMÃO, Alexandre de: I, 26, 384-386, 393, 401
GUSMÃO, Fernão de: II, 430
GUYON, Cláudio: II, 321
GUZMÁN, D. Luísa de: I, 352

Haarlem: I, 277
HABSBURGO (família): I, 198
Haia: I, 264
Haiti: II, 207
HARLUYT, Richard: I, 189, 218; II, 276
Hakluytus, Posthumus or Purchas His Pilgrimes: II, 277
Halle: II, 173
Hamburgo: I, 184; II, 264
HAMILTON, Earl J: II, 324
HAENDEL: II, 158, 160
Handelsgeschichte der Romanischen Völker des Mittelmeergebiets bis zum Ende der Kreüzzugen: II, 260
HARDY, George: I, 81
HARLEY, Nicolas de (Senhor de Sancy, Barão de Bolle e de Gros-Bois): I, 234, 239
HARO, Cristóvão de: I, 105, 111
HARTMAN: I, 188
Havana: II, 253
Havre: I, 168, 189, 238, 249
HAWKINS, William: I, 188, 189
HAYDN: II, 152
HECKSCHER: II 378
HEINS, Louis: I, 273
HENDERSON, Coronel James: I, 274
HENNIG, Richard: I, 55
HENRIQUE II: – I, 166, 167
HENRIQUE IV: I, 226, 227-228, 231, 233, 236, 247
HENRIQUE VII: I, 188
HENRIQUES, Miguel: I, 152
Henriville: I, 168
HERCKMANS, Elias: I, 272, 319
HERCULANO, Alexandre: I, 24
HERIARTE, Maurício de: I, 289
HERNÁNDEZ, Francisco: II, 179
HERRERA: II, 209
HERRERA, D. José de: I, 381, 382
HEYN, Piet: I, 262
Hidrografia: I, 53
HIPÓCRATES: II, 90
Histoire des Pères Capucins en l'Isle de Maragnon et terres circonvoisines: II, 186

Histoire d'un vogage fait en la terre du Brésil: II, 183
Histoire Philosophique et Politique des Établissements e du Commerce des Européens dans les deux Indes (L'): II, 449
História: II, 107
História Antiga das Minas Gerais: I, 326, 331, 332
História Corográfica da Capitania de Minas Gerais: II, 290
História da América Inglesa: II, 448
História da América Portuguesa: I, 326; II, 108
História da Colonização Portuguesa: I, 144
História da Missão: I, 243
História da Música em Vila Rica: II, 155
História da Província da Paraíba: II, 371
História da Província de Santa Cruz: II, 184
História da Sociedade em Portugal no Século XV: I, 133
Historia de las demarcaciones de limites en la América entre dos domínios de España y Portugal: I, 411
História de Portugal: II, 256
História do Açúcar: I, 375
História do Brasil: II, 244
História do Direito Brasileiro: I, 127
História dos Animais e Árvores do Maranhão: II, 186-187
História dos Mártires perseguidos e mortos pela Verdade do Evangelho: I, 167
História Econômica do Brasil: II, 213
História Geral das Bandeiras Paulistas: I, 310, 326
História Militar: II, 111
Historia Naturalis Brasiliae: II, 172, 173, 179, 187, 189
História Trágico-Marítima: I, 136
Historiologia Médica: II, 173
Hist. Vila de São Paulo no séc. XVIII: I, 334
HOFFMANNSEGG, Conde J. C.: II, 195
HOJEDA, Alonso de: I, 57
Holanda: I, 154, 186, 187, 206, 207, 261, 265-267, 269-271, 275-280; II, 21, 25, 173, 179, 187, 217, 221, 222, 296, 347, 355, 356, 433
HOLANDA, José Tavares de: II, 433-434
HOMEM, Dom Luís de Brito: II, 81
HOMEM, Manuel de Mascarenhas: I, 205, 216, 219-221
Honfleur: I, 106, 173, 189
Hospital Real de Todos os Santos: II, 177
HOUTMAN, Cornélio: I, 187
Huesta: II, 430

HULSCHER, Johann: I, 184
Hungria: I, 166
HUNTERTDFUNDT, Padre Roque: II, 456

Ibituruna: II, 285, 318
Ideia Republicana no Brazil. Prioridade de Pernambuco (A): II, 433
Ifriquya: II, 259
Igaraçu (Vila de Santa Cruz de Igaraçu): I, 34, 90, 99
Igreja da Conceição da Praia: II, 130, 131
Igreja da Luz: II, 80
Igreja da Madre de Deus: II, 131
Igreja de Gesù: II, 128
Igreja de Nossa Senhora da Conceição: II, 146
Igreja de Nossa Senhora da Guia: II, 131
Igreja de Nossa Senhora das Neves de Olinda: II, 128
Igreja de Nossa Senhora do Pilar: II, 146, 159
Igreja de Nossa Senhora do Rosário: II, 134, 144
Igreja de Santo Antão: II, 127
Igreja de São Bento: II, 128
Igreja de São Francisco (Bahia): II, 124, 128, 130– (Évora): II, 127
Igreja de São Francisco de Assis (Ouro Preto): II, 135
Igreja de São Francisco de Paula (Ouro Preto) II, 137 – (Rio de Janeiro): II, 132
Igreja de São José: II, 137
Igreja de São Miguel: II, 126, 127
Igreja de São Pedro: II, 135
Igreja de São Pedro dos Clérigos: II, 131, 132
Igreja de São Roque: II, 127, 354
Igreja de São Vicente: II, 127
Igreja do Carmo (Ouro Preto): II, 134 – (Rio de Janeiro): II, 132 – (Sabará): II, 135, 148
Iguape: I, 287 – II, 285
Ilha da Boa Viagem: II, 39
Ilha da Madeira: I, 32-35; II, 62, 66, 229, 269, 347
Ilha das Cobras: II, 39
Ilha de Antônio Vaz: I, 273
Ilha da Ascensão: II, 21
Ilha de Cipango: I, 41
Ilha de Guadelupe: II, 225
Ilha de Itaparica: I, 132, 263; II, 22, 53
Ilha de Joanes: II, 30, 42, 398
Ilha de Laje: II, 39
Ilha de Legname (Lecname): I, 34
Ilha de Maio: I, 195
Ilha de Maldonado: I, 355, 372, 379, 389, 399
Ilha de Marajó: I, 292, 294-296, 299; II, 31-33, 121, 246

ÍNDICE REMISSIVO

Ilha de Porto Santo (Porto Santo ou Puerto Santo): I, 34; II, 63
Ilha de Santa Catarina: I, 351, 352, 359, 388, 390, 391; II, 46, 47, 410, 412
Ilha de Santa Cruz: II, 168
Ilha de Sant'Ana: I, 227, 240, 250
Ilha de Santo Antônio: I, 142
Ilha de São Domingos: I, 250
Ilha de São Gabriel: I, 355, 357, 359-362, 365, 368, 372, 373, 377-381; II, 20
Ilha de São Miguel: I, 108
Ilha de São Nicolau: I, 43
Ilha de São Tomé: I, 32, 265; II, 66, 71, 72, 209
Ilha de Deserta (Deserte ou Disierta): I, 34; II, 63
Ilha do Bom Jesus: II, 90
Ilha do Governador: II, 24
Ilha do Maranhão: I, 227, 240, 245
Ilha do Pina: II, 40
Ilha dos Lobos: I, 359,371
Ilha do Tocuju: I, 287
Ilha de Fernando de Noronha: I, 240
ILHA GRANDE: I, 220
Ilha Grande: II, 37
Ilha Palola (Pagliola): II, 258
Ilhas Malvinas: I, 103
Ilhas Molucas: I, 401; II, 363
Ilha Terceira: I, 43, 150
Ilhéu da Coroa Vermelha: I, 44
Ilhéus: I, 113, 117-118, 120, 141, 157, 161, 165, 182, 219, 319; II, 53, 100, 209, 236
IMPERADOR MAXIMILIANO: I, 55
Imperial Colégio de D. Pedro II: II, 76
Inconfidência Baiana (A): II, 462
Inconfidência Mineira: II, 113, 115, 137, 141, 384, 418, 419, 438, 439
Index librorum prohibitorum: II, 453
Índia: I, 32, 35, 39-41, 43-46, 58, 61, 103, 105, 117-124, 130, 136, 149, 154, 194,195, 223, 337, 338, 375, 378, 380, 384; II, 30, 35, 217, 219, 264, 265, 271, 347, 356, 363
Índias: I, 32, 40-42, 112, 124, 147, 154, 186, 187; II, 267, 278, 287, 323, 377
Índias de Castelas: I, 129, 151, 354; II, 207-210-214, 265, 282, 313
Índios Aimorés: II, 266
Índios Cararijus: I, 223
Índios Carijós: I, 309, 310, 330; II, 151
Índios Charruas: I, 105
Índios Goitacás: I, 170
Índios Guaicurus: II, 45
Índios Janduins: II, 32, 33
Índios Manaos: I, 291; II, 430

Índios Maracajás: I, 170, 177
Índios Minuanos: I, 390; II, 46
Índios Mundurucus: I, 297
Índios Muras: I, 291
Índios Nheengaíbas: I, 288
Índios Paiaguás: I, 349; II, 45
Índios Patos: I, 314
Índios Petiguaras (Pitiguara ou Potiguares): I, 165, 204, 205, 213, 215, 216, 219, 220 224
Índios Tamoios: I, 179, 181, 310, 346
Índios Tapes: II, 46, 48, 51
Índios Tobajaras: I, 215, 220, 223
Índios Tupis: I, 82, 88, 89, 92, 97, 99; II, 185
Índios Tupinambás: I, 99, 132, 170, 248, 249, 285, 286, 288, 309; II, 182
Índios Tupiniquins: I, 59, 117, 170, 179, 309, 310, 317, 319
Informação do Brasil e suas Capitanias: I, 226
Informação sobre as Minas de São Paulo: II, 305
Informação Sobre as Minas do Brasil: II, 308
Inglaterra: I, 54, 188-196, 239, 247, 255, 261, 280, 298, 363, 374, 375, 397, 403, 407; II, 25, 36, 38, 81, 95, 115, 158, 217, 218, 221, 222, 239, 240, 264, 296, 326, 343, 351, 353, 390
Instituição da Companhia Geral do Grão-Pará e Maranhão: II, 366
Instrução para o Governo da Capitania de Minas Gerais: II, 413
Inter coetara (bula): II, 65
Inter pastoralis officii (bula): II, 71
Ipojuca (freguesia): II, 432
IRALA, Domingo Martínez de: I, 309; II, 274
Irlanda: II, 264
Irmandade da Boa Morte: II, 155
Irmandade das Mercês dos Crioulos: II, 159
Irmandade de Nossa Senhora do Rosário dos Pretos do Alto da Cruz do Padre Faria: II, 147
Irmandade de Santa Cecília: II, 155
Irmandade do Santíssimo Sacramento da Matriz de Santo Antônio: II, 159
Irmandade do Senhor Patriarca São José: II, 155, 160, 161
ISAAC, Cavaleiro de Rasily: I, 231, 253
ISABEL, de França; I, 247; de Inglaterra: I, 118, 190
Israel: I, 172
Itabaiana: I, 319, 378; II, 282, 287, 293
Itacambiruçu: II, 295
ITAGIBA, V. Vaux, Charles des.
Itaim: I, 339

Itália: I, 101, 404; II, 95, 158, 94, 258
Itamaracá: I, 113, 165, 213-215, 226, 246, 259; II, 53
Itamarati (Ministério das Relações Exteriores): II, 308, 456
Itanhaém: I, 300; II, 126
Itapari (aldeia): I, 252, 256
ITAPARICA: II, 109, 114
Itapetininga: I, 303
Itapoã: I, 133
ITAPUCU (Luís Maria): I, 248
ITARARÉ: I, 302, 310
Itati: I, 312, 313
Itaverava: I, 322; II, 289-294, 296
Itu:,I 302 , 322 ; II, 43, 44, 90
ITURRIAGA, D. José de: I, 404
JABOATÃO: I, 237, ; II, 90, 114
Jacarepaguá: II, 37
JACAÚNA: I, 225
Jacobina: II, 81, 307, 310, 319
Jacob Salomon Ben: I, 275
Jafa: II, 259
Jaguamimbaba: II, 227
Jaguaribe: I, 224, 225
Jamaica: I, 367
Jamestown: II, 284
JANSE, Lysbeth: I, 277
JANSEN, Pascoal Pereira: II, 427, 428
Japão: II, 363
JAPUGUAI (Luís de São João): I, 248
Japy-açu: I, 91
JACQUES, Cristóvão: I, 105, 107, 112
Jaraguá: I, 302, 316: II, 277, 306, 318, 322
JARDIM, Dom Frei Diogo de Jesus: II, 79
JEFFERSON, Thomas: II, 268, 439
Jericoaquara: I, 250
JESUS, Frei Agostinho de: II, 129
JESUS, Frei Estévão de (O.S.B): I, 279
JESUS, José Teófilo de: II, 131
Joachimsthal: II, 278
JOÃO AFONSO: I, 33
JOÃO ANTÔNIO: I, 334
JOÃO (escravo de Manuel José da Rosa): II, 294
JOÃO FRANCISCO, o Barbado: I, 341
JOÃO Pessoa: II, 129
JOAQUIM NORBERTO: II, 105
Jodenstraat (Rua dos Judeus): I, 275
Joinville: I, 234
Jornais das viagens de 1803 a 1804: II, 195
JOSÉ FILIPE: II, 174
JÓS, EMILIANO: II, 430
JOST TEN GLIMMER, Willem: II, 281

JOYEUSE, Père Ange de (Duque de Joyeuse): I, 236
Júlia ou A Nova Heloisa: II, 460

KALM, Peter: I, 217
KINT, Jacob: I, 277
KNIVET, Anthony: I, 98, 219 ; II, 277
KOEPPEN, Willelm: I, 74-76
KOSTERS: II, 235

LABAT: II, 236
La Briqueterie: I, 176
LACERDA E ALMEIDA, Francisco José de: I, 350, 410
LACERDA E ALMEIDA, Francisco Luís de: II, 115
LACERDA, Padre João Luiz de: II, 96
LA CHAPELLE: I, 172
La Charlotte (nau): I, 231, 234, 239
LACONDAMINE: Charles-Marie de: II, 181
LA FALTADA, Cosme de: I, 112
LAFUENTE, R. de: I, 382
Lagoa dos Patos: I, 312, 371, 372; II, 46
Lagoa Mirim: I, 390, 392, 403
Lago Lemano: I, 174
Lagos: I, 39 ; II, 262
Lagos do Mariocay: I, 287
Lago, Tenente-Coronel Basílio de Brito Malheiros do: II, 445
Laguna: I, 309, 351, 388-392 ; II, 28, 43, 46, 252
LALANDE: II, 189
LAMEO, Alberto: II, 75
LANÇAROTE: II, 355
LANCASTER, James: I, 195, 196
LANCELLOTE, Cláudio: II, 96
LANDI, Antônio José: I, 297
Landim: II, 176
Laodicéia: II, 259
La Pèlerine (nau): I, 53, 109
LA PEROUSE, M. de: II, 458
La Preneuse (fragata): II, 459
LARA, Capitão Gabriel de: II, 285, 287
LA RAVARDIÈRE V. LA TOUCHE, Daniel de
LARCHER, M: II, 459
La Régente (nau): I, 229-232, 239, 245, 249, 250, 254
LA ROCHEFOUCAULD: II, 455
La Rochelle: II, 182
Le RONCIÈRE, Charles de: II, 257
LARROMBIÈRE: II, 57
Las Palmas: I, 181

LASTARRIA: I, 148
LASTRES, Juan B: II, 430
LA TOUCHE, Daniel de (Senhor de la Ravardière): I, 205, 227-235, 235, 239, 240, 244, 245, 247, 249, 253-259 ; II, 86
LAUNAY: I, 172
Leão: I, 25
LEÃO, André de: I, 311, 318
LEÃO, Mateus de: II, 205
LE CLERC: II, 102
LE CORVEILLER, Edouard: I, 55
Le Deligent (navio): II, 458
Leipzig: I, 55
Leis Extravagantes: II, 55
LEITÃO, Antônio Gonçalves: II, 433
LEITÃO, D. Pedro: I, 125, 174 ; II, 71
LEITÃO, Jerônimo: II, 276
LEITÃO, Manuel: I, 219
LEITÃO, Martim: I, 204, 215
LEITÃO, Mateus Homem: II, 55
LEITE, Bento: II, 297
LEITE, Padre Serafim: I, 124, 157, 161, 162, 212; II, 71, 79, 93, 94, 138, 166
LE LANNOUL Maurice: I, 74
LELEWEL, Joachim: I, 47
Lembranças: I, 293
LEME (irmãos): I, 342; II, 44
LEME, João: II, 44
LEME, Lourenço: II, 44
LEME, Luís Dias: I, 314
LEME, Pascoal Moreira Cabral: I,322, 355, 339-341; II, 44
LEMOS, Francisco de: I, 219 ; II, 110
LEMOS, Gaspar de: I, 44, 103
LENCASTRE, D. Fernando de: I, 238
LENCASTRE, D. João de: II, 32, 34
Leningrado: II, 269
LENOIR, Jean: I, 195
LEPE, Diogo de: I, 57
LEQUE, José de Alva: II, 367
LÉRY, Jean de (João d'Oliveira): I, 86, 168, 173-176 ; II, 183
Lettera al Soderini: I, 57, 104
Lettere: I, 149
LEVENE, Ricardo: II, 462
Levítico: I, 172
Léxico de Jocher: I, 56
Léxico Universal: I, 55
Leyde: I, 272; II, 173, 188, 189
LEYSSEN: I, 187
Líbia: I, 34
Libro del Conoscimento: II, 258

LICHTENSTEIN, H: II, 189
Ligúria: II, 259
Lima: I, 262, 379, 381; II, 26
LIMA, D. Francisco de: II, 78
LIMA, João Lopes de: II, 297
LIMA, José de Araújo: II, 367
LINEU: II, 181, 188
LIPPMAN: II, 213
Lisboa: I, 22, 23, 28, 31, 40, 43, 44, 52, 103, 104, 108, 109, 113, 117, 118, 120, 124, 127, 128, 129, 131, 139, 142, 146, 154-155, 156, 183-187, 223, 245, 255, 263, 275, 279, 287, 289, 292, 295, 299, 328, 337, 352, 357, 362, 367-369, 376, 377, 389, 399, 402, 403, 404, 405; II, 15, 20, 24, 25, 27-31, 35, 36, 38, 41, 53, 66, 71, 72, 77-82, 86, 91, 112, 123, 217, 132, 147, 150, 152, 159, 171-178, 183, 191-194, 217, 218, 236, 241, 256, 261, 269-274, 295, 318, 327, 351, 352, 359, 363, 366-369, 373-375, 405, 413, 417, 425-426
LISBOA, Antônio Francisco (Aleijadinho): II, 135-137
LISBOA, Domingos da Silva: II, 461
LISBOA, Frei Cristóvão de: I, 292; II, 186, 425
LISBOA, João Francisco: II, 427
LISBOA, José da Silva (Visconde de Cairu): II, 57, 116, 227, 234, 455, 460
LISBOA, Manuel Francisco: II, 137
LISTER, Christopher: I, 194, 195
LIVERMORE, Harold: I, 186
Livorno: I, 184
Livro da Capa Verde: II, 406
Livro de Jó: II, 119
Livro primeiro das provisões: II, 45
Livro que Dá Razão ao Estado do Brasil: I, 218, 225
LÔBO, A. de Sousa Silva Costa: I, 133
LÔBO, A. Antônio de Sousa: II, 145, 161
LÔBO, A. D. Manuel: I, 357-362, 373, 391; II, 27, 399
LÔBO, Jerônimo de Sousa: II, 160
LÔBO, João de Deus Castro: II, 161
LÔBO, José de Morais: I, 290
LÔBO, Miguel Álvares: I, 219
LÔBO, Pero: I, 108, 317; II, 275
LOBOS (os): I, 146
LOIOLA, Santo Inácio de: I, 145, 158, 159, 236 ; II, 69, 91, 166
LONCK: I, 219
LONDRES: I, 189, 191, 277, 284, 375, 404; II, 28, 116, 296, 340

LÖNING: II, 57
LOPES, Capitão-Mor Henrique: II, 144
LOPES, Capitão Pedro: I, 204
LOPES DE LAMEIDA (prof): II, 92
LOPES, Edmundo Correia: II, 144
LOPES, Frutuoso: I, 285
LOPEZ, Roberto S: II, 258, 260
Lopo de Aguirre, el Rebelde: II, 430
Lopo de Aguirre, traidor: II, 430
Lorena: I, 310
LORETO (redução): I, 310
LORONHA, Fernão de: I, 103, 104, 111
Los Angeles: II, 278
LOUREIRO, Pe. Antônio de Mariz: II , 75
LOURENÇO (irmãos): I, 342
LOURENÇO, Padre Gaspar: I, 213
LOURENÇO, Padre Manuel: I, 129
LOZANO, Padre Pedro: I, 364
Luanda: I 274 ; II, 77, 177, 214
Lübeck: II, 264
LUCCOCK: II, 167
LUCIANO: I, 162
LUCRÉCIO: II, 96
LUDON, Professor Eusébio Luís Pereira: II, 98
Lugar da Barra: I– V. também Manaus, 297
LUGO Y NAVARRA, D. Pedro de: I, 314
LUÍS XI: I, 54
LUÍS XIII: I, 247-249, 258
LUÍS XIV: I, 111, 363, 365, 366; II, 28, 36, 296
LUÍS XV: II, 456
LUNA, D. Joaquim G. de: II, 90
LUNA, Carlos Corrêa: I, 377
Lusíadas (Os): I, 41
LUTERO, Martinho: I, 52, 177
Luz de cirurgiões embarcadiços...: II, 174
Luz de cirurgiões embarcadiços...: II, *toda a Cirurgia*: II, 174

Macacu: II, 89
Macapá: I, 287, 291, 295, 298; II, 28, 29, 397
MACEDO, Antônio de Sousa: I, 294
MACEDO, Capitão Gaspar de Freitas de: I, 285-287
MACEDO, Dr. Jorge Sêco de: II, 458
MACEDO, João Lôbo de: II, 304
MACEDO, João Rodrigues de: II, 446
MACEDO, Tenente-General Jorge Soares de: I, 357-360, 362, 378
MACHADO DE ASSIS: II, 75
MACHADO, Maximiliano Lopes: II, 371
MACHADO, Policarpo José: II, 367
MACHADO, Simão Ferreira: II, 144

MACHAIN, R. de Lafuente: I, 382; II, 274
MACIEL, Antônio Antunes: I, 340
MACIEL, José Álvares: II, 115, 442-444, 447
MACIEL, Tenente-Coronel João Antunes: I, 343
Madagascar: II, 214
MADRE DE DEUS, Arcebispo D. Frei João da: II, 170
MADRE DE DEUS, Frei Gaspar da: I, 53, 146, 323; II, 108
MADRE FRANCISCA: II, 87
Madri: I, 120, 223, 245, 285, 297, 362, 363, 365-367, 371, 384, 389, 405, 406; II, 15, 27, 36, 46-48, 324, 399
MADUREIRA, João de Morais: II, 98
MAGALHÃES, Basílio de: I, 331 ; II, 247
MAGALHÃES E FARIA, José Félix; II, 161
MAGALHÃES, Fernão de: I, 46, 55, 105
MAGALHÃES, General Pedro Jaques de: I, 280 ; II, 360
MAGALHÃES, João de: II, 46
MAGNAGHI, Alberto: I, 57
Magreb: II, 260, 262
MAIA, José Joaquim da: II, 439
MAILLARD, Mathieu: I, 255
Malaca: I, 105, 118, 120; II, 74, 79
Málaga: I, 109
MALEBRANCHE: II, 102
MALFANTE, Antônio: II, 257, 258
MALHEIROS, Dom Antônio do Desterro: II, 76
MALHERBE: I, 249
Malta: I, 249
Manaus (Lugar da Barra): I, 291, 297; II, 404
Mandinga (nação): II, 180
MANEN (Penema?): I, 234
Mangue (bairro do Rio): II, 40
MANOIR: I, 240
MANUEL JOSÉ: II, 462
Manuscritos do Arquivo da Casa de Cadaval respeitantes ao Brasil (Os): II, 435
MAOMÉ: II, 64
MAQUIAVEL: I, 25
Marabitanas: I, 297
Maracaju: I, 313
Maranhão: I, 80, 83, 120, 121, 160, 183, 203, 205-207, 217, 220-207, 217, 220-239, 249-251, 255, 265, 267, 279, 285, 287, 294, 299, 352, 387, 388; II, 22, 23, 27, 29-32, 34, 35, 37, 42, 45. 50-53, 71, 77, 79-84, 86, 90, 98, 125, 138, 186, 227, 228, 240, 241, 250, 309, 346, 353, 365-368, 372-376, 396-399, 401, 403, 426, 435, 456

MARANHÃO, Eugênio Ribeiro: II, 429
MARCGRAV, George: I, 265, 272, 274; II, 172, 173, 179, 181, 186, 189, 233
MARCHETTI: II, 452
MARCHIONE, Bartolomeu: I, 105, 111
MARCO PÓLO: I, 41
Mar do Norte: II, 217
Mar das Caraíbas: II, 225, 238, 240
Mar do Sul: I, 194, 195; II, 363
Mar Dulce: I,49 V. também rio Amazonas,
Mare Liberum: I, 167
Margarita: II, 279
MARIA DE MÉDICIS: I, 228, 231, 233, 238, 247, 248
Mariana: I,234, 332-334 ; II, 71, 80, 99, 132, 134, 144, 145, 148, 157, 315, 321, 331, 332, 443
MARIOTTE: II, 102
Mariuá (aldeia): II, 51,
Mar Mediterrâneo: I, 33, 36, 41, 198, 199 ; II, 216, 260, 263, 357
MARQUES, Antônio Rodrigues: II, 426
MARQUÊS, D'ARGENS: II, 453
MARQUÊS DE ABRANTES: II, 95
MARQUÊS DE ANGEJA: II, 41
MARQUÊS DE CASCAIS: II, 43
MARQUÊS DE ENSENADA: I, 402
MARQUÊS DE GOUVEIA: I, 408, 409
MARQUÊS DE GRIMALDI: I, 408, 409 ; II, 410
MARQUÊS DE MONTALVÃO: I, 211; II, 17, 20-21
MARQUÊS DE NIZA: I, 354
MARQUÊS DE VAL DE LIRIOS: I, 404, 405; II, 48, 49
MARQUES, J. M. da Silva: I, 128
MARREIROS, Manuel Joaquim: II, 178
Marrocos: I,123, 130; II, 260
Marselha: I, 298
Martini Bohemi fretum: I, 55
Martinica: II, 225
MARTINS, João: II, 363
MARTINS, João Henrique: II, 367
MARTINS, José Pinto: II, 253
MARTINS, Luís: I, 317, 318; II, 275, 276
MARTINS, Padre Joaquim Dias: II, 433
MARTINS, Paulo: II, 363
MARTINS, Sebastião: I, 251, 252
Mártires pernambucanos vítimas da liberdade nas duas revoluções em 1710 e 1817(Os): II, 433
Maryland: II, 228, 248
MASCARENHAS, Dom Fernando de (Conde da Torre): I, 154, 356 ; II, 15
MASCARENHAS, D. Fernando Martins: II, 37
MASCARENHAS, Dom Jorge de: II, 356
MASCARENHAS, Dom Luís de: II, 45
MASCARENHAS, D. Vasco (Conde de Óbidos) II, 457
Massachusetts: II, 325
Mato Grosso: I, 70-72, 75, 78, 291, 298, 303, 312, 313, 321-323, 336, 348-350, 377, 400, 402 ; II, 35, 44, 45, 52, 71, 78, 201, 212, 246, 319, 341, 345, 397, 402
MATOS, Dom José Botelho de: II, 73
MATOS, Gregório de: II, 107, 109
MATOSO, Caetano da Costa: I, 326, 332 ; II, 212, 290
Matriz de Nossa Senhora do Pilar: II, 133, 141
MATTOS, Prof. Luís Alves de: I, 158, 160
Máximas: II, 455
Maynas (aldeamento): I, 290, 396 ; II, 352, 376
Mbororé: I, 314, 351, 354
Mearim: II, 429
MEDEIROS, Antônio Joaquim de: II, 178
MEDEIROS, Salvador Lires de: I, 313
MEDICI, Pierre Francesco de: I, 57, 98
MEDINA, Francisco de: I, 287
MEIRELLES, José Rodrigues Dominguez de: II, 161
Melgaço: I, 299
Melinde: I, 41
MELO, Capitão Baltasar Rodrigues de: I, 286
MELO, Bernardo Vieira de: II, 34, 433-437
MELO, Diogo Coutinho de: I, 314
MELO, D. Tomás José de: II, 414
MELO E CASTRO, Capitão-General Manuel Bernardo de: I, 295 ; II, 376
MELO E CASTRO, Manuel: II, 98
MELO E CASTRO, Ministro Martinho de: II, 376, 377, 415, 417, 452, 458
MELO E PÓVOAS, Francisco de: I, 297 ; II, 372
MELO, João Ladislau de Figueiredo: II, 460
MELO, Luís de: II, 273
MELO, Maestro José Teodoro Gonçalves de: II, 153, 155
MELO, Maria de: I, 277
MELO, Mário: II, 433, 437
MELO, Miguel Ferreira de: II, 432
Mémoires chronologiques pour servir à l'histoire de Dieppe et de la navigation française: I, 54
Memória Histórica da Capitania de Minas Gerais: II, 290
Memórias Históricas da Província de Pernambuco: II, 432

Memórias Históricas de Brás do Amaral: II, 459
Memórias Históricas de Pizarro: II, 90
Memórias Históricas do Rio de Janeiro: II, 290
Memórias sobre as Minas de Ouro: II, 194
Memórias sobre os diamantes do Brasil: II, 194
Memórias para a História da Capitania de São Vicente, hoje chamada de São Paulo: I, 146, 323 ; II, 111
Memórias sobre a Capitania de Minas Gerais: II, 290
MENDES, Antônio Félix: II, 97
MENDES, Faustino: I, 290
MENDES, João: I, 22
MENDES, José Antônio: II, 177
MENDONÇA, Bento Fernandes Furtado de: I, 329
MENDONÇA, Dom Gaspar Barata de: II, 72
MENDONÇA E BUENO, Félix de Gusmão: II, 297,
MENDONÇA FURTADO, Capitão-General Francisco Xavier de: I, 294, 297, 404-406, 410; II51, 52, 91, 93, 365, 366, 372, 376, 397, 403, 404
MENDONÇA FURTADO, Diogo de: II, 72, 394
MENDONÇA FURTADO, Jerônimo de (Xumbergas): II, 25, 431
MENDONÇA FURTADO, Salvador de: II, 297
MENDONÇA, José Muniz de: I, 290
MENDONÇA, Luís Antônio Furtado de (Visconde de Barbacena): II, 339, 440, 441, 444, 445, 447, 454
MENDONÇA, Matias de: I, 354
MENDONÇA, Padre Lourenço de: II, 74, 290
MENDONÇA, Padre Manuel de Figueira de: I, 286
MENDONZA, Alonso Vellez de: I, 56
MENELAU, Constantino de: I, 205
MENESES, Antônio Teles de: II, 22
MENESES, Capitão Francisco Teles de: II, 456
MENESES, Dom Diogo de: I, 122, 221, 225; II, 268
MENESES, Dom Jorge de: I, 118
MENESES, Dom Luís da Cunha: II, 154, 322, 364, 440
MENESES, Dom Luís (Conde de Ericeira) II, 364
MENESES, Dom Rodrigo José de: II, 212, 290, 415, 439, 440
MENESES, Dom Vasco da Cunha: II, 211
MENESES, Francisco de Sá de: II, 28, 427
MENESES, Frei Francisco de: I, 328, 331-333

MENESES, José de Magalhães de (Conde de Vila Flor): I, 295
MENESES, José de Nápoles Telo de: I, 295
MENINO JESUS, Dom Frei José do: II, 81
MENINO Y REDONDO, D. José (Conde de Floridablanca): I, 409
MERCADO, Abraão: I, 275; II, 179
Mercantilism of Geronimo de Uztariz: a Reexamination (1670-1732) (The): II, 325
Mercês: II, 87
MERCINA, Frei Antônio de: I, 286-287
Mesopotâmia: II, 216
MESA, Aires da: II, 57
MESQUITA (família): II, 159
MESQUITA, Francisco Frias: I, 285
MESQUITA, José Joaquim Emérico Lôbo de: II, 137, 138, 157-159, 161
MESTRE CRISTÓVÃO: II, 280
MESTRE DE CAMPO REBELINHO: I, 264
MESTRE JOÃO MENELAUS: I, 45; II, 168
MESTRE VALENTIM, II, 132
METARAPUÃ (Índio Gregório): I, 252, 257
México: I, 149;193 ; II, 179, 226, 278
MICHELET: I, 217
MIGAN, David: I, 254
Milão: I, 149
Mina: I, 130, 184, 218; II, 262, 263
Minas e Quintos do Ouro: II, 290
Minas Gerais: I, 71, 82, 153, 302-304, 318, 321-323, 324, 326, 327, 330, 331, 333, 334, 342, 392-394; II, 35, 41-45, 47, 46-78, 112, 113, 114, 125, 130, 132, 136-137, 138-148, 151, 153, 155-158, 162, 174, 177, 178, 200, 211, 245, 246, 252, 254, 272, 279, 289-291, 300, 305, 306-309, 311-315, 319-331, 336-341, 344, 345, 390, 399, 402, 405, 409, 412-414, 438-446, 446-450
Minas Novas: I, 319
Minerva seu de Causis linguae latinae: II, 96, 98
Minho: I, 117, 137, 292; II, 411
Mining Community in Northern New Spain (The): II, 276
Minion de Londres (navio): I, 191
MIRALES, José: II, 111
Miranda: II, 72
MIRANDA E NORONHA, Antônio de: I, 290
MIRANDA, João Cardoso de: II, 177
MIRÃO, Diogo: I, 159
MIRIM, Antônio leitão: I, 219
Misericórdia: I, 293
Mississípi: II, 363
Missões: I, 390

ÍNDICE REMISSIVO

MITRIDATES: I, 187
Moçambique: II, 82, 214
Mococa: I, 302
Moji das Cruzes: II, 100
Moji Mirim: I, 302, 303, 321
MOLLAT, Michel: I, 106
Mombaça: I, 41
Momboré-uaçu: I, 98
Monges Beneditinos no Brasil (Os): II90
Monomotapa: I, 319; II, 265, 269, 280
Monsarás: I, 299
MONSENHOR PIZARRO E ARAÚJO: II, 290
MONSERRATE, D. Úrsula de: II, 87
MONSIEUR DE MOMBILLE: I, 222
Monsus (Monsieur): II, 321
MONTAIGNE: I, 171
Monte Alegre: I, 299
MONTE ALVERNE, Frei Francisco de: II, 102, 117, 119
MONTEIRO, Domingos Bezerra: II, 435
MONTEIRO, Luís da Costa: II, 370
Montélimar: I, 172
Montemor-o-Novo: I, 28
Monte Pascoal: I, 44
Montes Claros: I, 363
MONTESQUIEU: II, 342, 449
Montevidéu: I, 372, 282, 389, 399; II, 46, 47
MONTMORENCY, Carlota Margarida (Princesa de Condé): I, 234
MONTOYA, Padre Antônio Ruiz de: I, 354
Montpellier: II, 115, 439, 454
Monumenta Musicae Brasiliae: II, 156
MOQUET, Jean: I, 232
MORAIS, Belchior Mendes de: I, 290
MORAIS, Francisco de Castro: II, 37, 40
MORAIS, Francisco Teixeira de: II, 430
MORAIS, Gregório de: II, 38
MORAIS, José de Góis de: II, 43
MORAIS, Manuel de: I, 276
MORAIS, Padre Miguel Ângelo de: II, 456, 457
MORÃO, Simão Pinheiro (Romão Môsia Reinhipo): II, 175
MOREAU, Pierre: I, 273
MOREIA, Belchior Dias: I, 319; II, 282
MOREIRA, Antônio: II, 324
MOREL, François de: I, 172
MORELLI, Bento: I, 112
MORENO, Capitão Martim Soares: I, 221, 224, 225, 250, 256, 279
MORENO, Pedro Dias: I, 160
MORENO, Sargento-Mor Diogo de Campos: I, 150, 221, 223, 224, 230, 251, 252, 255-257, 387

Moribeca (freguesia): II, 432
Morro da Conceição: II, 39,
Morro de Mata Cavalos: II, 306
Morro de São Bento: II, 39
Morro de São Diogo: II, 39
Morro do Cão: I, 180
Morro do Castelo: I,180; II, 38, 406
Morro do Desterro (Santa Teresa): II, 38
Morro do Livramento: II, 39
Mortiguera (aldeia): I, 286
Moscou: II, 269
Mosteiro de São Sebastião: II, 86
Mosteiro de Tibães: II, 86
MOTA, Capitão João da: II, 436
MOTA, Dr. Antônio Teixeira da: II, 79
Motins do Maneta: II, 457
Moura: I, 299
MOURA, Capitão-Mor Alexandre de: I, 205, 206, 220, 241, 245, 257-258, 285
MOURA, Cristóvão de: I, 387
MOURA, Dom Antônio Rolim de: I, 405
MOURA, Dom Filipe de: I, 215; II, 432
Moxos: I, 396, 398
MOZART, Wolfgang Amadeus: II, 152, 158, 160
Mucuripe: I, 237, 240, 251
MUJICA, Antônio de Veras: I, 361, 368
Mundo de las Ideas en la Revolución Hispano-Americana de 1810 (El): II, 462
Munique: I, 37; II, 260
MUNIZ, João de Bittencourt: I, 290
Museu do Louvre: I, 248
Museu Paulista: II, 173
Mutinga: II, 277

NABUCO, Joaquim: II, , 88
NABUCO, Manuel Fernandes: II, 178
NANTES, Frei Martinho de: II, 86
Nápoles: II, 260
Narração Histórica das calamidades de Pernambuco succedidas desde o anno 1707 até o de 1715: II, 260
NASSAU-SIEGEN, Conde João Maurício de (Príncipe de Nassau): I, 154, 206, 265-373, 274, 279, 319; II, 22, 172, 173, 178-180, 187, 211
Natal: I, 205, 219, 220
Natividade: I, 339
NAVARRA Y ROCAFULL, D. Melchior de: I, 364, 380
Nau Bretoa: I, 105
NEF, John U: I, 52

NEGREIRO, João Tomás de: II, 369
NEGREIROS, Mestre de Campo André Vidal de: I, 279; II, 22, 23, 30, 431
NETA, Inês: I, 160
NETO, Capitão Álvaro: I, 284, 286
NEVES, Inácio Parreiras: II, 160
New Castle: I, 277
NEWTON: II, 95, 101
Nhamundá: I, 283
NICOLE: II, 102
NIEMEYER: I, 319
NIGRA, D Clemente da Silva: II, 128
Nimes: II, 439
Niña (navio): I, 54
NÓBREGA, Padre Manuel da: I, 59, 97, 124, 129, 133, 135, 136, 139, 142-145, 150, 156-159, 179; II, 69, 70, 84, 165, 206, 208
NOGUEIRA, Dom Bernardo Rodrigues de: II, 78
NOLI, Antônio de: I, 39
Nordeste: I, 65, 66, 70, 73, 75, 76, 78, 153, 166, 186, 190, 191, 202-209, 260, 268, 271, 280, 301, 304, 306, 315, 319; II, 15, 22, 33, 51, 130, 181, 190, 199, 200, 203, 205, 227, 240, 241, 244-247, 251, 253, 268, 346, 355, 358, 359, 361, 365, 367, 368
Normandia: I, 106, 165, 214, 217; II, 173, 217
NORONHA, Capitão-Mor Jácomo Raimundo de: I, 288, 289
NORONHA E BRITO, D. Marcos de (8º Conde dos Arcos): I, 295; II, 419, 421
NORONHA, José Coelho de: II, 136
NOSSA SENHORA DA BOA VIAGEM: II, 141
NOSSA SENHORA DA CONCEIÇÃO: II, 141, 155, 177, 368
NOSSA SENHORA DA EXPECTAÇÃO DO PARTO: II, 141
NOSSA SENHORA DA LUZ: I, 391
NOSSA SENHORA DA PIEDADE: II, 141
NOSSA SENHORA DAS DORES: II, 141
NOSSA SENHORA DAS MERCÊS: II, 141
NOSSA SENHORA DE NAZARÉ, Dom Frei Joaquim de: II, 81
NOSSA SENHORA DO AMPARO: I, 225
NOSSA SENHORA DO BOM SUCESSO: II, 141
NOSSA SENHORA DO CARMO: II, 141
NOSSA SENHORA DO DESTERRO: II, 141
NOSSA SENHORA DO PILAR: II, 141, 144, 150, 160
NOSSA SENHORA DO ROSÁRIO: II, 141
Notas Dominicais: II, 213

Notas para a Revisão da História de São Paulo: II, 277
Notas sobre o Rio de Janeiro e Partes Meridionais do Brasil: II, 167
Notícias Curiosas e Necessárias das Cousas do Brasil: II, 108
Notícias sobre a Divisão dos Limites entre Portugal e Castela na América: I, 338
Nova Amsterdã: I, 274
Nova Colônia; I, 367, 378, 381
Nova Espanha: II, 267, 274, 278, 299
Nova Granada: II, 278
Nova Holanda: II, 211, 213
Nova Iorque: II, 274, 298
NOVA, João da: I, 103
Nova Lusitânia: II, 431
Nova Olinda: I, 71
Novo Método da Gramática Latina Dividida em duas partes para uso das Escolas da Congregação do Oratório na Real Casa de Nossa Senhora das Necessidades: II, 96
Novo Mundo: I, 47, 54-56, 106, 149, 166, 173, 205, 217, 226, 233, 239, 246, 250, 273, 283, 304; II, 108, 143, 207, 257, 265, 267, 268, 283, 345, 356, 377, 378
Novo Orbe Seráfico: II, 90
NUNES, Feliciano Joaquim de Sousa: II, 112
NUNES, Leonardo: I, 143, 156
NUNO,TRISTÃO: I, 38
Nuremberg: I, 55; II, 264

OALTER (Walter, Walther), Jaques: I, 318; II, 280
Óbidos: I, 297
Observações sobre a Transplantação dos Frutos da Índia ao Brasil: I, 376
Observations sur le Gouvernement des Etats Unis de l'Amerique: II, 449
Oceano Atlântico: I, 32, 41, 46, 65, 72, 79, 80, 110, 147, 182, 188-190, 194, 196, 199, 283, 304, 307, 310, 315, 316, 396; II, 16, 21, 205, 27, 217, 218, 221, 236, 237, 269, 357-358, 420
Oceano Índico: I, 35, 40, 187, 200
Oceano Pacífico: I, 46, 147, 193
Ocidente: I, 41, 47, 121; II, 41, 95, 105, 257, 354, 439
Odes: I, 162
Oeiras: I, 299, 404; II, 51, 420
Ofício de Defuntos: II, 159
Olinda: I, 119, 120, 137, 161, 191, 193, 195, 215, 219-221, 223, 245, 263, 269, 302; II,

23, 25, 31, 35, 40, 57, 71, 78, 79, 86, 90, 117, 124, 127, 138, 176, 248, 371, 376
OLIVARES. V. CONDE DUQUE DE OLIVARES
OLIVEIRA, A. Antônio Dias de: II, 297
OLIVEIRA, Coronel Bento Rodrigues de: I, 289
OLIVEIRA, Diogo Luís de: II, 284
OLIVEIRA, D. João Franco de: II, 72
OLIVEIRA, Domingo Fernandes de: I, 389
OLIVEIRA, José Barbosa de: II, 462
OLIVEIRA, Inácio Correia de: I, 290
OLIVEIRA, João Chaves de: II, 324
OLIVEIRA, Manuel Botelho de: II, 108
d'OLIVEIRA, Manuel Dias: II, 161
OLIVEIRA MARTINS: I, 25
OLIVEIRA VIANA: II, 254, 400
Oratório: II, 87, 94, 96
Ordem da Cavalaria de Cristo: II, 63
Ordem da Santíssima Trindade: II, 80
Ordem de Cristo: II, 61, 62, 65, 81, 380
Ordem de Malta: I, 167
Ordem de Nossa Senhora das Mercês (Mercenárias ou Mercedárias): II, 86
Ordem de Santo Agostinho: II, 79, 80
Ordem de São Bento: II, 128, 235
Ordem de São Bento de Avis: II, 71, 74
Ordem de São Francisco: I, 43, 235; II, 19
Ordem de São Jerônimo: II, 79
Ordem de São João Evangelista: II, 76
Ordem do Carmo: II, 19, 86, 87
Ordem dos Eremitas de São Paulo: II, 80
Ordem dos Mínimos de São Francisco de Paula: II, 155
Ordem dos Templários: II, 62
Ordem Terceira de São Francisco: II, 128, 142
Ordem Terceira do Carmo: II, 142, 148, 155, 159
Ordenações: II, 55, 56
Ordenações Afonsinas: I, 23, 29, 30; II, 55
Ordenações Filipinas: II, 55, 57, 298, 30
Ordenações Manuelinas: I, 30; II, 55
ORELLANA: I, 283
Oriente: I, 32, 39-41, 43, 50, 61, 112, 116, 117-119, 131, 186, 187, 260, 337, 338; II, 32, 63, 217, 219, 223, 264, 265, 346, 352, 354, 356, 363
ORLANDO, Vítor Manuel: II, 57
Ormuz: I, 40
ORTIZ, Dr. Luís de Valenzuela: II, 432, 436
ORTIZ, João Leite da Silva: II, 319
ORUE, Marin de: II, 273-275
Osasco: II, 277

OTTONI, José Elói: II, 118, 119
Ourém: I, 296
Ouro Preto (Vila Rica): I, 324, 33, 332; II, 112, 135, 137, 144-146, 150, 155, 158, 160, 297, 315, 336
Outeiro da Glória: II, 131
Outeiro das Tabocas: I, 279
Outeiros dos Guararapes: I, 280
OVÍDIO: I, 162; II, 96
Oxford: I, 272

PACHECO, Félix: II, 290
PACIFIQUE: I, 236
Pacto da Família: II, 49
PADRE ACUÑA: II, 28
PADRE ALENCAR: II, 117
PADRE CARRAFA: I, 273
Padre Eterno (barco): II, 24
PADRE LÉONARD: I, 238
PADRE MALAGRIDA: II, 82
PADRE RABAGO: I, 402
PADRE ROMA: II, 117
PADRE SEPP: II, 117
PÁDUA, Antônio da Gama de: II, 426
PÁDUA E BELAS, Dom Frei Antônio de: II, 81
PAIS, Ana: I, 276
PAIS, Brás Mendes: I, 341
PAIS, Brigadeiro José da Silva: I, 389, 390, 392, 399; II, 47, 48
PAIS DE BARROS (irmãos): I, 348
Países Baixos: I, 184-187, 198, 260-262, 279; II, 172, 278, 280-281, 346
PAIS, Fernão Dias: I, 314, 321, 353, 359, 378; II, 271, 287, 289-291, 293
PAIVA, Afonso de: I, 40
PAIVA E PONA, Antônio de: II, 55
PAIVA, Francisco Dias: I, 219
PAIVA, Manuel Joaquim Henrique de: II, 169, 178
PAIVA, Serrão de: II, 21
Palestina: II, 259
PALHÊTA, Francisco de Melo: I, 290; II, 456
Palmares: II, 32-34, 433, 435
Palos: I, 56
PAMPLONA, Mestre de Campo Inácio Correia: II, 445
Pantanal Mato-Grossense: I, 70, 72
PANTOJA, Tenente Hermógenes Francisco de Aguilar: II, 459, 462
Pão de Açúcar: I, 180
PAPA ADRIANO VI: II, 65
PAPA ALEXANDRE VI: I, 41, 370; II, 64

PAPA ALEXANDRE VII: I, 366
PAPA CALISTO III (Cardeal Bórgia): I, 27; II, 64
PAPA CLEMENTE VII: II, 66
PAPA CLEMENTE IX: I, 366
PAPA CLEMENTE XI: II, 82
PAPA EUGÊNIO IV: I, 27; II, 62
PAPA INOCÊNCIO II: II, 71
PAPA INOCÊNCIO X: I, 366
PAPA INOCÊNCIO XI: I, 365, 366; II, 72, 79
PAPA LEÃO X (Medici): II, 66
PAPA MARTINHO V: I, 27; II, 62
PAPA NICOLAU V: I, 27; II, 63
PAPA PAULO III: I, 27; II, 70, 207
PAPA URBANO II: II, 62
PAPA URBANO VIII : II, 18
PAPA XISTO IV: I, 26
Papel Forte: I, 279
Pará: I, 75, 83, 161, 203-206, 285, 294, 299, 350; II, 29, 30, 45, 52, 53, 71, 79-81, 87, 90 92, 98, 128, 195, 246, 337, 352, 353, 373, 389, 398, 403, 425, 426
Paracatu: II, 145, 331
Paraguai: I, 119, 143, 144, 208, 273, 292, 305, 309, 311, 312, 315, 316, 317, 340, 345, 349, 350, 364, 373, 376, 396, 398; II, 20, 27, 46, 84, 92, 267, 274, 285, 324
Paraíba (João Pessoa): II, 99
Paraíba (Paraíba do Norte): I, 120, 160, 165, 182, 203-205, 212-223, 226, 227, 264-267, 273, 386, 404; II,125, 227, 240, 248, 289, 349, 365, 367, 371, 376, 377, 420
Paraíba do Sul: I, 142; II, 53, 208
Paraibuna: II, 153
Paraná: I, 73, 74, 78, 303, 313, 315, 323, 350; II, 201
Paranaguá; I, 76, 161, 351, 355, 357, 378, 387; II, 25, 48, 53, 285-287, 289, 291, 293, 318
Parati: II, 36, 44, 311, 316
PARDO, José: I, 330
PARENTE, Bento Maciel: I, 287, 294; II, 29
Paris: I, 55, 167, 172, 173, 179, 234, 236, 238, 247, 255, 258, 399; II, 20, 49, 182, 186, 260, 399
Parnaíba (Piauí): II, 250
PARNY: II, 119
Participações: II, 193
Passa Dez: II, 297
PASSOS, Capitão Tadeu dos: I, 286
Patagônia: I, 354
Patriota (O): II, 116, 119
Paul of Plymouth (navio): I, 189

PAU SECO (Ibiraipi): I, 220, 227
Pay Colas: I, 173
PAZ, Luís Correia da: II, 426
Pedra da Galé: I, 36
PÊGAS, Manuel Álvares: II, 55, 57
PEIXOTO, Domingos de Brito: I, 351, 388; II, 27, 46
PEIXOTO, Francisco de Brito: I, 392; II, 46
PEIXOTO, Lanhas: II, 45
Pèlerine. V. La Pèlerine.
PEMBROKE, Père Archange (Padre Arcanjo Pembroke ou Padre Arcângelo): I, 236-238, 248, 250, 251
Penedo: I, 266; II, 90
Península de São João: I, 179, 198, 202, 316
Península Ibérica: II, 49, 167, 169
Pensamento de Rousseau (O): II, 454
PERDIGÃO, José Rebêlo: II, 289, 291
PEREIRA, Bento: II, 98
PEREIRA, Capitão-Mor Baltasar de Sousa: II, 425
PEREIRA, D. Frei João Evangelista: II, 82
PEREIRA, Dom Mateus de Abreu: II, 78
PEREIRA, Estêvão: II, 232
PEREIRA, Francisco: I, 132
PEREIRA, João Manuel Guerreiro de Amorim: II, 453
PEREIRA, Hipólito José da Costa: II, 116
PEREIRA, José: I, 409
PEREIRA, Lafayette Rodrigues: II, 56
PEREIRA LOBATO: II, 367
PEREIRA, Manuel Antônio: II, 367
PEREIRA, Pe. Bartolomeu Simões: II, 74
PEREIRA, Pedro de Sousa: II, 286
PÈRE, ou PADRE HONORÉ. V. CHAMPIGNY, Charles Bochart de.
PERISONIO, Jacome: II, 96
Pernambuco: I, 53, 99, 105-109, 113, 119, 134, 136-139, 141, 142, 154, 165, 182, 184, 90, 192, 195, 203-208, 213-216, 219, 221, 226, 244-246, 251, 256, 258, 26, 262, 263, 267, 269, 270, 272-275, 277-280; II, 15, 17, 22, 23, 25, 26, 32-35, 41, 53, 67, 71, 72, 78, 79, 85, 86, 98, 99, 117, 125, 128, 130, 141, 186, 209, 211, 226, 235, 250, 284, 309, 347-351, 353-355, 36, 365, 367-369, 399, 409, 413, 431-434
Pérsia: II, 216
Peru: I, 118, 123, 148, 151, 152, 202, 208,209, 283, 290, 311, 316, 321, 354, 364; II, 48, 191, 221, 265-267, 271, 274, 278, 299, 430
PESSOA, Bernardo Simões: II, 372

PESSOA, Padre João Ribeiro: II, 117
PETRARCA: I, 34
PETTY: II, 379
PÉZIEUX, Alphonse de: I, 230, 249,250, 253, 254
PÉZIEUX , Louis de: I, 234, 235
PEZZAGNO: I, 33
Piauí: I, 74,299, 393
Piedade: I, 292, 293
PIEDADE, Frei Agostinho da: II, 129
PIEDADE, Frei Manuel da: I, 237
Piemonte: I, 166
PIER, Lorenzo di: I, 103
PIGAFETTA: I, 46, 55, 346
PILAR, Dom Frei Bartolomeu do: II, 81
PILAR, Frei Ricardo do: II, 129, 132
PIMENTA, Miguel Dias: II,176
PIMENTEL, Governador Antônio da Silva Caldeira: I, 391, 392; II, 47
PIMENTEL, Inácio da Silva: II, 462
PINA E MELO, Francisco de: II, 462
PINA, Martinho de Mendonça de: II, 174
PINA, Rui de: I, 23, 130; II, 264
Pindamonhangaba: I, 310
PINHEIRO, André: I, 290
PINHEIRO, Dr. João da Cruz Dinis: II, 456
PINHEIRO, Romão: II, 462
PINHEL, Aires: II, 57
PINTO, Antônio dos Santos: II, 367
PINTO, Antônio Nunes: II, 287
PINTO, Francisco Sabino Alvares da Costa: II, 462
PINTO, João Marques: II, 453
PINTO, Padre Francisco: I, 223, 224
PINZÓN, Vicente Yáñez: I, 54, 56, 57; II, 29
PIO II: II, 453
PIPANHA, Antônio Nabo: II, 75
Piquiri: II, 273
PIRABABÁ (Luís Francisco): I, 248
Piracicaba: I, 310, 345
Piragibe: I, 215
Piratininga: I, 52, 119, 145, 157, 204, 300, 305, 307, 310, 316; II, 274. V. também São Paulo de Piratininga
Pireneus: II, 101
PIRES, Custódio: I, 157
PIRES, Inácio: II, 462
PIRES, Luís de França: II, 462
PIRES, Manuel de: I, 314
PIRES, (os): II, 16
PIRES, Padre Francisco: I, 139
Pisa: I, 38

PISO, Willen (Guilielm Pies): I, 265-272; II, 169, 172, 173, 179, 80, 188-190, 232
PISTOR, Frederik: I, 270
Pitangui: II, 145, 157, 161, 304, 315
PIZARRO (autor): II, 90
PIZZARRÓ, D. Ramon Garcia de Leon: I, 409
PIZARRO, Francisco: I, 123, 283
PIZARRO, Gonzalo: I, 283
PIZIGAGNO: II, 258
Planalto Atlântico: II, 199
Planalto Brasileiro: I, 71, 75; II, 200
PLANTE, Franciscus: I, 272
PLAUTO: II, 96
PLEYEL: II, 152, 153
Pluto Brasiliensis: II, 212
Plymouth: I, 189, 239, 240
POIS DE MIL ou PAIN DE MIL (capitão): I, 182
POLACO, Jehudah bar Jacob: I, 275
POMBAL, Antônio Francisco: II, 133
POMBAL, MARQUÊS DE POMBAL. V. CARVALHO E MELO, Sebastião José de
Ponta da Misericórdia: II, 38
Ponta do Morro: I, 331, 333
PONTES, Manuel: II, 306
PONTES, Padre Belchior de: I, 333
PONTE, Tenente-Coronel Antônio Filipe da Cunha: I, 409
PONTEVEL, Dom Domingos da Encarnação: II, 77
PORCALHO, Padre João: II, 86
PORPORA: II, 153
Portalegre (Portugal): II, 417
Portel: I, 135
Porto: I, 22, 185, 187, 261, 298; II, 23, 31, 177, 351, 366-368
Porto Alegre: I, 390; II, 109
PÔRTO, Aurélio: I, 390
Porto Calvo: I, 271; II, 26, 437
Porto dos Casais: I, 390
Porto dos Patos: I, 105
Porto Feliz: I, 322, 335, 337,345, 347, 349
Porto Real: II, 96
Porto Seguro: I, 44, 45, 58, 103, 105, 113, 117, 125, 151, 157, 219; II, 56, 101, 236, 266, 272, 296, 302, 307
Port-Royal: I, 236-238
Portugal: I, 25, 27, 32, 33, 34, 40-42, 47-51, 53, 55, 79, 103, 111, 117-119, 121, 123, 126, 130, 131, 134-140, 145, 150, 156, 161, 177, 181-186, 189, 192, 197-202, 207, 210, 211, 215, 247, 260, 267, 278-280, 285, 290, 296-

299, 307, 313, 315, 318, 323, 334, 337,
353, 354, 363, 365-372, 374-376, 381, 386,
388, 396-403; II, 15- 17, 20, 21, 24, 25, 27,
28, 35, 36, 49, 53, 55, 61, 63, 69, 73-75, 84-
87, 92-95, 98, 106, 126, 130, 138, 144, 152,
167, 173-176, 182, 185, 193-195, 206, 217,
218, 222, 226, 251, 257, 261-264, 268, 302,
307, 324, 335, 343, 346-349, 354-356, 359,
368, 369, 378, 380-383, 390, 398, 419, 420
PORTUGAL, Domingos Antunes: II, 55
PORTUGAL E CASTRO, D. Fernando José de: II, 419, 421, 457-461
Portugueses en Buenos Aires (Los): I, 382
POSTEL, Jacques: I, 182
POSTEL, Wilhelm: 55
POST, Frans: I, 263, 270; II, 187
POST, Pieter: I, 271
Potengi: I, 245
Potiú: I, 98
Potosi: I, 123, 353, 356, 372, 382; II, 26, 265, 266, 280, 282
POTTS, Thomas: I, 277
Pouso Alto: I, 333
PRADO, Álvaro Rodrigues do: II, 286
PRADO, Domingos Dias do: II, 44
PRADO, Eduardo: II, 88
PRADO, Francisco Dias do: II, 44
PRADO, João Gonçalves do: II, 310
PRADO, José Lemos do: I, 291
Prados: II, 145
Praecelsae devotionis (bula): II, 66
Praia de Santa Cruz: II, 38
Praias Lavadas: II, 444
Prainha: II, 38
Prata. V. Rio da Prata
PRAT, Frei André: II, 91
PRATZ, Capitão M. de: I, 230, 238, 250, 251, 253
Praxis Partionum: II, 55
Preá: I, 252, 257
Presépio: I, 285-289
Presídio do Rio Grande: I, 392
Presídio Jesus Maria José: II, 47
PRESTE João: I, 40
PRÊTO (família): I, 314
PRÊTO, Sebastião: I, 313
PRÊTO VALDEZ, Manuel: I, 312-314; II, 426
Primeiros Descobridores das Minas de Ouro: I, 329
Principal navigations: I, 189
Príncipe da Beira: I, 297
PRÍNCIPE DE CONDÉ: I, 234

Prisão do Limoeiro: II, 437
Probanzas: I, 58
Prodigiosa Lagoa descoberta nas Congonhas das Minas do Sabará...: II, 177
Pro excellenti praeeminentia (bula): II, 66
Progymnastica mathematica americana: II, 189
Provérbios: II, 119
Província (Custódia) da Imaculada Conceição: II, 85
Província (Custódia) de Santo Antônio: II, 85
Província de Santo Antônio: I, 286-287, 291, 293
Províncias Unidas: I, 186, 188, 206, 247, 261, 280
PUDSEY, Cuthbert: I, 189
PURCELL, James: I, 287
PURCHAS, Samuel: II, 277

Quadro Elementar das Relações Diplomáticas: II, 295
QUADROS, Diogo de: I, 311, 312
QUEIRÓS, Dom João de São José: II, 82
Queixa contra os abusos médicos que nas partes do Brasil se observam: II, 175
QUELEN, Augusto de: I, 273
Queluz: II, 145
Quinta do Tanque: I, 376
QUINELA, Inácio Pedro: II, 367
QUINTILIANO: II, 96
QUINTO CÚRCIO: I, 162
Quito: I, 259, 283, 290, 402; II, 26, 51, 86
QUIROGA: I, 402

RABE, Jacob: I, 277
RABELAIS: I, 52
RACINE, Jean: I, 273
RAINHA DONA CATARINA: I, 179
RAINHA ISABEL: II, 357
RAINHA MARGARIDA: I, 250
RAINHA REGENTE DONA LUSIA: II, 362
RALEIGH, Sir Walter: I, 227
RAMALHO, João: I, 52, 59, 137, 144, 171, 305, 309
RAMUS, Pedro: II, 102
RAPÔSO, João: II, 153
RAPÔSO, Pedro de Morais: I, 329
RASILLY, François de (Senhor des Aumelles): I, 227-235, 238-240, 244-250, 256
Ratio Studiorum: I, 162
RAVASCO, Bernardo Vieira: II, 459
RAYOL, Pedro Costa: I, 290
Real Colégio das Artes de Coimbra: I, 161

RECCO, Nicolau: I, 33
Recife: I, 161, 195, 217, 250, 263, 266-280, 302; II, 21, 79, 86, 125, 129, 138, 147, 167, 175-176, 179, 188, 227, 360, 368, 370, 371, 376
Recôncavo Baiano: I, 71, 131, 188, 195, 261, 305; II, 203, 205, 227, 233
Recopilação de Notícias Soteropolitanas e Brasílicas: II, 100
Recopilación de Leyes de los Reynos de las Indias: I, 147, 201, 208
Redução de San Joseph: I, 314
Redução de San Pedro y San Pablo: I, 314
Redução de Santa Maria Maior: I, 314
Redução de Santo Inácio: I, 312
Redução dos Reis Magos: I, 359
Regimento de Dragões: II, 443
Regimento do Auditório Eclesiástico: II, 73
Regimento dos Dragões do Rio Pardo: II, 47
Registro das Ordens expedidas para a reforma e restauração dos Estudos destes Reinos e seus Domínios: II, 98
RÊGO, Diogo Pinto do: II, 27
RÊGO, Gregório de Morais: I, 290
RÊGO, João de Barros: II, 434
REGRAS, João das: I, 21
REICHENBACH: I, 56
Reino da Estupidez (O): II, 110
REINOSO, Miguel: II, 55
REIS Católicos. V. FERNANDO e ISABEL
REIS, Coronel Silvério dos: II, 445
REIS, Pascoal José Melo Freire dos: II, 55
Relação do que ha no rio das Amazonas novamente descoberto: I, 285
Relação Cirúrgica e Médica, na qual se trata, e declara especialmente um novo método..: II, 177
Relação do levante de Pernambuco: II, 433
Relação histórica e política dos tumultos que sucederam na cidade de S. Luís do Maranhão: II, 430
RENIGER, Robert: I, 189
Requerimento de Joaquim da Silva Xavier (Um): II, 441
Reritiba: II, 128
"Resposta às Reflexões" de Fr. Arsênio da Piedade: II, 96
RESSURREIÇÃO, Dom Frei Manuel da: II, 78
Retórica: I, 162
Revérbero Constitucional: II, 117
Revista do Arquivo Público Mineiro: I, 329; II, 290, 441

Revista do Instituto Arqueológico e Geográfico Pernambucano: II, 436
Revista do Instituto Histórico e Geográfico Brasileiro: II, 430, 433
Rex regum (bula): II, 62
RIBAS, Antônio Joaquim: II, 56
RIBAS, Simão Ribeiro: II, 432
Ribeira de Góis: I, 131
Ribeirão Bueno: II, 297
Ribeirão das Abóboras: I, 328
Ribeirão de Sanguexuga: I, 342
Ribeirão do Carmo: I, 322; II, 77, 145, 297, 315, 324
RIBEIRA (Veiga) Amagor Bueno da: I, 210, 211, 333; II, 16, 17, 19
RIBEIRO, Ascenso: I, 313
Ribeiro de Jeviré: I, 240
Ribeiro de Resende: II, 116
RIBEIRO DE SAMPAIO (dr.): I, 297
Ribeiro de Santa Fé: II, 306
Ribeiro de Ouro Preto: II, 291
RIBEIRO, Joana: I, 277
RIBEIRO, João: II, 245
RIBEIRO, João Pinto: II, 55
RIBEIRO, José da Costa: II, 367
RIBEIRO, Prof A: I, 26, 29
RIBEIROS, Eusébio Antônio de: I, 297, 409
RECHELIEU DU PLESSIS, Henri de (M. de Rossilion?): I, 233
RICHIER, Pierre: I, 173-176
RIFFAULT, Jacques (Rifoles ou Monsieur Rifot): I, 217, 220, 222, 227
Rio Acará: II, 457
Rio Aguarico: I, 290
Rio Amazonas (Mar Dulce): I, 54, 56, 113, 165, 203, 204, 226, 232, 238, 246, 259, 284, 285, 287, 290-292, 294-299, 302, 397, 398; II, 26, 29, 45, 83, 181, 397, 430
Rio Andaraí ou Maracanã: II, 441
Rio Anhanduí-Guaçu: I, 342
Rio Anhangabaú: I, 301
Rio Aquidauana: I, 314
Rio Araçuaí: I, 302, 319
Rio Araguaia: I, 291
Rio Araranguá: I, 391, 393
Rio Beberibe: I, 270
Rio Branco: I, 291, 292, 297, 298, 302, 405, 407-410; II, 192, 397, 404
Rio Camocim: I, 221, 240, 250
Rio Capibaribe: I, 269, 270
Rio Caravelas: I, 319
Rio Casca: I, 318

Rio Ceará: I, 224, 225
Rio Coca: I, 283
Rio Coxipó-Mirim: I, 322, 335, 340, 341, 343; II, 319
Rio Cubatão: II, 285
Rio Cuiabá: I, 339; II, 193
Rio da Prata: I, 105-108, 147, 191,194, 202-206, 208,211, 305, 311, 312, 317, 351-359, 363, 365, 366, 369-374, 376-379, 393-389; II, 20, 25-29, 46, 48, 185, 202, 221, 251, 267, 273, 324, 345, 348, 352, 395
Rio das Contas: II, 310, 319
Rio das Mortes: I, 321, 322, 324, 329-334, 394; II, 297, 316, 336,340
Rio das Velhas: I, 322, 324; II, 294, 299, 322
Rio de Janeiro (São Sebastião do Rio de Janeiro): I, 76, 82, 83, 105-110, 114, 127, 143, 146, 154, 157, 160, 165, 173-181, 184, 201, 208, 210, 217, 226, 246, 274, 300, 305, 312, 320, 321, 325-333, 337, 338, 352, 354-359, 361, 364, 373-375, 379, 381, 383, 389, 390; II, 16-24,26, 33, 35-38, 45-50, 53, 54, 56, 68, 71-77 79, 85, 86, 89, 90, 99, 111, 114, 119, 125-132, 138, 141, 145, 147, 148, 156, 163, 169, 172,173, 190, 191, 193, 200, 211, 214, 226, 227, 235, 237, 246, 253, 276, 289-291, 294, 298, 310-312, 336-339, 348, 353, 354, 359, 360, 365, 395-400, 402, 405-410, 412, 415-417, 419, 420
Rio Doce: I, 319
Rio do Infante: I, 40, 41
Rio dos Afogados: I, 270
Rio Elba: I, 184
Rio Grande de São Pedro ou São Pedro do Rio Grande (Rio Grande do Sul): I, 351, 369, 389, 391, 394, 399; II, 28, 46, 251, 345
Rio Grande do Norte: I, 205, 217-219, 220,223-226, 246, 251, 265, 273, 284, 288, 386; II, 33, 124, 247-248, 250
Rio Grande do Sul: I, 69, 72-74, 76-78, 302, 313, 314-315, 316, 323, 371, 385, 388-393; II, 36, 46-50, 245, 251-255, 400, 412
Rio Guaporé: I, 348, 403; II, 45, 193
Rio Guarapiranga: I, 332; II, 290, 297
Rio Ibicuí: I, 403, 409
Rio Içana: II, 192
Rio Iguaçu: I, 109, 313, 316, 403; II, 40
Rio Iguatemi: II, 324
Rio Igureí: I, 403, 409
Rio Itacolomi: II, 296
Rio Itacumirim: I, 44
Rio Itapanhaú: I, 66

Rio Itapicuru: I, 319; II, 374
Rio Ivaí: I, 314
Rio Ixié: II, 192
Rio Jacuí: I, 79, 371; II, 252
Rio Jaguaribe: I, 221, 222
Rio Japurá: I, 403, 409; II, 51
Rio Jauru: I, 403, 409
Rio Javari: I, 403, 409; II, 398
Rio Jequitinhonha: I, 319
Rio Madeira: I, 291, 292, 295, 296, 298, 402, 403, 404, 410; II, 45, 192, 376
Rio Mamanguape: I, 215
Rio Mamoré: I, 403
Rio Maranhão: I, 108, 252
Rio Marañon: I, 56, 283, 290, 297
Rio Mucuri: I, 319
Rio Mutari: I, 44
Rio Napo: I, 259, 283, 290
Rio Negro: I, 291, 292, 295, 296, 297-299, 403-406; II, 30, 51, 192, 352, 397, 402
Rio Nilo: I, 73
Rio Oiapoque (Oiapoc): I, 259, 298, 334, 396-398; II, 29, 51
Rio Orinoco: I, 290, 396, 402-405; II, 29
Rio Pará: II, 398
Rio Paraguaçu: I, 319; II, 237
Rio Paraguai: I, 72, 109, 316, 342, 371, 403; II, 193
Rio Paraíba: I, 71, 215, 222, 311, 321; II, 203
Rio Paraíba do Sul: I, 78; II, 25
Rio Paraná: I, 72, 73, 76, 109, 313-315, 322, 339, 342, 345; II, 226
Rio Paranapanema: I, 312-313; II, 26
Rio Pardo (afluente do rio Paraná): I, 342, 350, 390; II, 49, 407
Rio Pardo (cidade do Rio Grande do Sul): I, 406; II, 252
Rio Pardo (rio do litoral baiano): I, 319
Rio Parnaíba: I, 319; II, 26, 248, 250
Rio Peperi-guaçu: I, 403, 409, 410
Rio Piqueri: I, 313
Rio Pinheiros: I, 300
Rio Purus: I, 291
Rio Real: I , 106, 165, 181, 204, 215, 217, 319
Rio Reno: II, 216
Rio São Francisco (rio dos Currais): I, 69, 70, 73, 152, 153, 204, 207, 311, 318, 319 326, 327,333, 350; II, 26, 32, 33, 153, 247, 250, 281, 309, 310
Rio São Gonçalo: II, 253
Rio São Lourenço: I, 342; II, 193
Rio São Mateus: I, 319

Rio Solimões: I, 291, 292, 296-299, 402, 403; II, 51, 376
Rio Tamanduateí: I, 300, 301, 303
Rio Tâmisa: I, 195
Rio Tapajós: I, 289-290, 404; II, 195
Rio Tape: I, 313, 314, 386
Rio Taquari: II, 252
Rio Tejo: I, 41, 43, 338; II, 359, 372
Rio Tibaji: I, 316
Rio Tietê: I, 300, 303, 311, 321, 336, 343-345, 349; II, 45, 191,203, 277
Rio Tocantins: I, 291, 292, 294, 295, 298; II, 30, 45
Rio Tramandaí: I, 391
Rio Tucumã: I,377, 380
Rio Uaupés: II, 192
Rio Uruguai: I, 313-315, 351, 384, 389, 402, 403; II, 49, 252
Rio Vijver: I, 264
Rio Xingu: I, 287, 292, 294
Rio Xuí: I, 409; II, 49
Rio Zaire: I, 39
Rivista Storica Italiana: II, 260
ROCHA, Domingos Fernandes Barbosa e Tôrres de Pita: II, 98
ROCHA, Francisco da: I, 192
ROCHA, Francisco Gomes da: II, 137, 159, 160
ROCHA, José Joaquim da: I, 329; II, 131, 290, 308
ROCHA, Paulo da: I, 286
ROCHA PITA, Sebastião da: I, 326, 330, 331, 333; II, 17, 25, 109, 114
Rochela: I, 182; II, 38
RODOVALHO: II, 102
RODRIGUES, Antônio: I, 305, 309
RODRIGUES, Francisco: I, 276
RODRIGUES, Miguel: II, 53, 177, 366
RODRIGUES, Padre Francisco: II, 82
RODRIGUES, Padre Simão: I, 129, 158; II, 69, 275
RODRIGUEZ, Mario: I, 378
Roebuck (navio): I, 194
ROGRON: II, 57
ROIZ, Antônio: II, 294
ROJAS, D. Luís de: I, 264
Roma: I, 26, 27, 129, 177, 235, 365, 366, 370; II, 27, 63, 79, 111, 207
Roma locuta: I, 370
Romani Pontificis Pastoralis Solicitudo (bula): I, 356, 357; II, 71
Romanus Pontifex (bula): II, 63,64
ROMERO, Francisco: I, 117

RONSARD: I, 170
ROSA, João da: II, 321
ROSA, João Ferreira da: II, 175
ROSA, José Oliveira: II, 129, 132
ROSA, Manuel José da: II, 294
ROSÁRIO, Frei Antônio do: II, 272
ROSÁRIO, Frei Sebastião do: I, 285; II, 108
Róscio, Coronel Francisco João: I, 409
Roteiro do Maranhão a Goiaz pela Capitania do Piauhy: II, 249, 250
Roterdã: I, 277
ROUSSEAU, Jean-Jacques: II, 118, 454, 459
ROUSSEL (capitão): I, 54
ROWER, Basílio: II, 90
Royal Marchant (navio): I, 191, 192
Rua das Águas Verdes: II, 432
Rua do Cano (Sete de Setembro): II, 451
Rua Nova (Lisboa): I, 109
Ruão: I, 106, 167, 227; II, 311
RUELLAN, Francis: I, 77
Rússia: II,357

Sabarabuçu: I, 309, 318, 321, 358-360, 378, 380; II, 79, 99, 132, 135, 139, 145, 147, 157,177, 315, 318
Sabará (Vila Real do Sabará): I, 322, 324, 328, 331, 334; II, 286, 288, 290, 291, 293-294
SÁ, Capitão Estácio de: I, 179
Saco de São Diogo: II, 39
SACRAMENTO, D. Frei Timóteo do: II, 31, 80
SACRAMENTO, Leandro do: II, 115
SÁ DE MIRANDA: I, 338
SÁ E BENEVIDES (família): II, 443
SÁ E BENEVIDES, Salvador Correia de: I, 210, 211, 315, 352, 353, 355-357; II, 17-26, 42, 286, 287, 362
SÁ E MENESES, Capitão-General Artur de: I, 325
Safim: I, 123, 124
Sagres: I, 35
Saint-Anne (patacho): I, 239
SAINTE-BEUVE: I, 237
SAINTE-MADALEINE, Mère Angélique de (Abadessa de Port-Royal): I, 237
Sainte Maure: I, 228
SAINT-HILAIRE, Étienne Geoffroy de: I, 307; II, 154, 193, 213, 237, 253, 254, 405
SAINT-LAMBERT: II, 117
Saint-Malô: I, 239
Saintonge: I, 182
SÁ, João Correia de: I, 353
Salamanca: II, 163, 175

SALAZAR, Juán de: I, 179
SALCEDO, D. Miguel de: II, 36, 47
SALDANHA, José da Natividade: II, 119
SALDANHA, José de: I, 410
Salé: II, 259
SALEMA, Antônio de: I, 180, 181
SALGADO, Luís Borges: II, 169
Salmos: II, 118
SALONI, Irmão João: I, 213
SALVADOR, Frei Manuel Calado do: I, 263, 266, 269, 270
SALVADOR, Frei Vicente do: I, 98, 120, 130, 134, 150, 185, 188, 218, 220, 222; II, 107, 242, 244, 280
Salvador (São Salvador): I, 126-129, 132, 153, 194, 219, 305, 376, 403; II, 35, 66-69, 71, 127, 167, 168, 192, 208, 227, 248, 344, 352, 420, 457, 459
SÁ, João Correia de: I, 353
SÁ, Martim de: I, 201, 313
SÁ, Mem de: I, 134, 135, 138, 143, 145, 154, 177-181, 213, 245, 318; II, 71, 83, 276
SAMPAIO, D. Pedro da Silva: II, 72
SAMPAIO E CARVALHO, Jorge de: II, 425, 429
SAMPERES, Gaspar de: I, 219
Sanabria (expedição): I, 144
SANA, João Batista: I, 291
San Benito: I, 339
SANCHES, Antônio Nunes Ribeiro: II, 89, 91
SANCHES, Francisco: II, 96, 97
SANDE, Antônio Pais de: II, 284, 293-295
SANDE E VASCONCELOS, Rodrigo de: II 367
Sane charissimus (bula): II, 62
SANHUDO, Miguel de Siqueira: I, 256
San José: I, 339
San Sebastian: II, 430
Santa Bárbara: II, 322
Santa Catarina: I, 73, 77, 105, 144, 227, 303, 316, 317, 352, 358, 359; II, 85
SANTA CATARINA, Frei Boaventura de: II, 85
SANTA CATARINA, Frei Melchior de: II, 85
Santa Cruz: I, 219
Santa Cruz de la Sierra: I, 340
Santa Cruz do Cabo de Gué: I, 123
Santa Cruz do Camutá: I, 294
SANTA ESCOLÁSTICA, Frei José de: II, 74
SANTA EUGÊNIA DA ENCARNAÇÃO, Ana de: I, 238
Santa Fé: I, 286
SANTA EFIGÊNIA: II, 141
SANTA INÊS, Frei Manuel de: II, 74

Santa Lusia do Rio das Velhas: II, 157
SANTA MARIA, Frei João de: II, 291
Santarém: I, 23, 299; II, 127
SANTARÉM, José Rodrigues: I, 290
SANTA RITA DURÃO, Frei José de: II, 109, 114, 118
Santa Tecla: I, 406
SANTA TERESA, D. Frei Luís de: II, 79
SANTA TERESA, Elias de: II, 428
SANTA ÚRSULA: II, 102
Santa Vitória do Palmar: I, 74
Santiago: II, 462
Santiago de Xeres: I, 314, 339
SANTIAGO, Dom Frei Francisco de: II, 80
Santiago (nau) I, 181
SANTIAGO, Padre Antônio Mendes: II, 331
SANTO AGOSTINHO: I, 39
Santo Amaro: I, 142, 390; II, 283, 284
Santo Amaro das Salinas: II, 436
Santo André da Borda do Campo: I, 143-145, 153, 309
Santo Antônio: II, 432
SANTO ANTÔNIO: II, 141, 368
Santos: I, 143, 144, 160, 179, 190-195, 303, 305, 316, 318, 358-360; II, 19, 27, 46, 48, 53, 101, 172, 194, 211, 276, 277, 344, 386, 387
SANTOS, Antônio Gonçalves dos: II, 454
SANTOS, D. Estêvão dos: II, 72
SANTOS, Filipe dos: II, 438
SANTOS, Manuel dos: II, 178, 433
SANTOS, Paulo F.: II, 127
SANTOS, Reynaldo dos: II, 126
SÃO BENEDITO: II, 141
São Bernardo: II, 77
SÃO BOAVENTURA, Frei Filipe de: I, 286
São Carlos: II, 109
SÃO CARLOS, Frei Francisco de: II, 102, 118, 119
SÃO CIPRIANO: I, 175
SÃO CLEMENTE: I, 175
São Cristóvão: II, 90
SÃO DAMIÃO, Frei Cosme de: I, 237
SÃO FRANCISCO: II, 141
SÃO FRANCISCO DE BORJA: II, 91
SÃO FRANCISCO DE SALES: I, 237
São Francisco do Sul: I , 309, 351, 358, 388, 391
SÃO FRANCISCO XAVIER: I, 136; II, 69
SÃO FRANCISCO XAVIER DE TABATINGA: I, 298
São Gabriel (nau): I, 38

SÃO GABRIEL: I, 297, 367, 376, 381
São Gonçalo (aldeia): I, 390
SÃO JERÔNIMO, Bispo Dom Francisco de: II, 76, 308, 309
SÃO JOÃO: I, 220
São João da Barra: II, 25
São João del-Rei: I, 324, 331, 332; II, 99, 144, 145, 157, 297, 318, 327, 336, 341, 405, 449
São João de Viana ou São João Batista de Viana (navio): I, 192, 261
SÃO JOÃO EVANGELISTA: II, 79
São Joaquim: I, 298
SÃO JORGE: I, 40
São Jorge de Minas (castelo e cidade): I, 130, 265; II, 263
SÃO JOSÉ: II, 141
São José del-Rei: II, 145, 157, 161, 315
São José do Javari: II, 51 – V. também São José do Rio Negro e Amazonas.
SÃO JOSÉ, Dom Guilherme de: II, 82
São José do Rio das Mortes: II, 191
São José do Rio Negro: I, 291, 295, 296, 405; II, 375, 397, 403, 404,
SAO JOSE, Frei Antônio de: II, 80
SÃO JOSÉ, Frei Cipriano de: II, 77
SÃO JOSÉ, Frei Cristóvão de: I, 285, 287
SÃO JOSÉ, Madre Jacinta de: II, 87
São Lourenço: – (norte) I, 224 - (sul) I, 224
SÃO LUÍS: II, 62
São Luís: I, 120, 160, 237, 250, 255, 259, 284, 285, 294, 298, 386; II, 29, 30, 51, 80, 186, 365, 366, 368, 375, 403, 424-429
São Miguel: I, 390, 406
São Paulo (São Paulo de Piratininga) I, 52, 53, 70, 72, 73, 76-78, 127, 138, 145, 146, 149, 153, 157, 159, 202, 209, 210, 211, 219, 300-305, 307, 310-313, 316, 318, 319, 321, 324-326, 330, 333, 334, 336-338, 340- 343, 349, 352, 353, 364, 387, 388, 391-394; II, 16-20, 24, 34, 37, 42-48, 51-54, 57, 71, 74-78, 90, 98-101, 125, 127, 128, 130, 138, 148, 156, 174, 186, 195, 201, 203, 206, 211, 213, 244, 252, 266, 276, 277, 278, 281-287, 289-295, 297, 298, 302-304, 310-312, 315, 317, 323, 337, 341, 344, 345, 386, 401, 420, 443, 444
SÃO PEDRO: II, 457
São Pedro de Rates: II, 176
São Romão: II, 331
São Roque: I, 318
SÁ (os) I, 208
São Salvador de Campos: II, 25

São Sebastião: I, 157, 191, 195; II, 100
São Tomé (capitania): I, 279; II, 25
São Vicente: I, 104, 109, 110, 112, 113, 119, 137, 138, 142-144, 146, 153, 156, 157, 178, 179, 180, 191, 195, 219, 261, 300,317, 318; II, 16, 18, 24, 54, 67, 70, 126, 200, 203, 226, 230, 273-275, 278-284, 293
SARAIVA, Mateus: II, 169, 178
SARDINHA, Afonso (pai e filho homônimo) I, 318; II, 277
SARDINHA, Bispo Dom Pedro Fernandes: I, 129, 134, 135, 142, 149; II, 69, 272, 273
SARMENTO, Manuel: II, 367
SÁ, Simão Pereira de: I, 359; II, 178
SASSETTI, Filippo: I, 149
Saxônia: II, 278
SCELLE: II, 208, 210
SCHAUBE, Adolf: I, 36; II, 260
SCHETZ (os) I, 119; II, 273, 275
SCHEWEVEL, João André: I, 297
SCHILT, Conselheiro Político Hendrik: I, 265
SCHMIDL, Ulrico: I, 145
SCHOENER: I, 46
SCHOMBERG: II, 25
SCIOPPIUS, Gaspar: II, 96
SCOTT, Walter: II, 118
Sebiró: II, 436
SEGUIN, G. Alberto: II, 430
Seminário de São José: II, 76
SÊNECA: I , 162
Senegal: II, 260, 357
SENHOR DE BEAUVAIS NANGY: I, 234
SENHOR DE FERROLLES: II, 28
SENHOR DE GUISE: I, 238
SENHOR DE MONTESPAN: I, 366
SEPÉ TIARAIU: I, 406
SEPÚLVEDA, João de Deus: II, 131
SEQUEIRA, Rui Vaz de: II, 30
Sergipe (Sergipe d'El Rey): I, 71, 165, 168, 213, 227, 265, 319; II, 100, 247, 336
Serigipe: I, 179
Serinhaém: II, 90
SERNIGE, Jerônimo: I, 111
Serra da Borborema: I, 73; II, 205
Serra da Mantiqueira: I, 72, 303, 304, 311, 315, 318, 321; II, 277
Serra da Prata: I, 316, 317
Serra das Esmeraldas: I, 309
Serra de Ibiapaba: I, 73, 221, 223, 240, 319; II, 30
Serra de Itatiaia: II, 296
Serra de Paranapiacaba: I, 303; II, 266

Serra de São Miguel: I, 390
Serra do Barriga: II, 34
Serra do Caraça: II, 78
Serra do Cubatão: I, 318
Serra do Espinhaço: I, 73; II, 310
Serra do Mar: I, 67, 72, 76, 300, 301, 304, 317; II, 199, 200
Serra do Maracaju: I, 377
Serra dos Martírios: I, 309, 322, 323
Serra dos Reis: I, 40
Serra Leoa: I, 35; II, 218
Serro Frio (Serro do Frio): I, 321; II, 145, 154, 157, 308, 336, 341, 385, 405, 443, 444
SERTÃO, Domingos Afonso: II, 32
Sertões: (Os): II, 113
SERTS, Matthip: I, 277
Sete Povos das Missões: I, 385, 391, 392, 402-404, 405, 406; II, 47-49
Setúbal: I, 260, 280; II, 385
Sevilha: I, 57; II261, 273, 285, 430
SIEBER, Fried: II, 195
Sigilmeça: II, 258
SILBERNER: II, 379
SILVA ALVARENGA, Manuel Inácio da: II, 110, 113, 119, 451-455
SILVA, Antônio Castanho da: I, 320, 339
SILVA, Antônio Teles da: I 264, 279; II, 18, 21, 22
SILVA, Bartolomeu Bueno da (o Anhanguera): I, 334; – (o 2.º Anhanguera): I, 321, 323; II, 45, 319
SILVA, Capitão-General Luís Diogo Lisboa da: II, 369-370
SILVA, Capitão-Mor Pedro Ribeiro da: II, 432
SILVA, Cônego Luís Vieira da: II, 443, 445-450
SILVA E MASCARENHAS, D. Luís de Almeida Portugal Soares de Alarcão Eça e Melo (2.º Marquês do Lavradio e 4.º Conde de Avintes) II, 409-413, 416, 417, 419, 451
SILVA E OLIVEIRA ROLLIM, Padre José da: II, 443-445, 451
SILVA E SOUSA, João da: I, 356
SILVA, Fernão da: I,213, 214
SILVA, Francisco Coelho Solano da: II, 453
SILVA, Frei Domingos da Conceição da: II, 429
SILVA, Jacinto José da: II, 115, 453
SILVA, João Gomes da (Conde de Tarouca): I, 398
SILVA, João Leme da: I, 342
SILVA, Joaquim Norberto de Sousa: I, 45
SILVA, José Teles da: II, 81
SILVA, Luciano Pereira da: I, 48, 49

SILVA, Luís Diogo Lôbo da: II, 110
SILVA, Manuel Gonçalves da: II, 55
SILVA, Padre Manuel de Almeida: II, 148, 158
SILVA, Pedro Ribeiro da: II, 434
SILVA PONTES: I, 410; II, 314, 326
SILVA, Venceslau Pereira da: II, 211
SILVA, Vicente Gomes da: II, 169
SILVEIRA, Carlos Pedroso da: II, 295
SILVEIRA, Coronel Carlos Baltasar da: II, 461
SILVEIRA, D. Brás Baltasar da: I, 342; II, 211, 315
SILVEIRA, Francisco Furtado da: II, 161
Simancas: I, 197
SÍMONSEN, Roberto: II, 212, 384
Singularitez de la France Antarctique: II, 183
SIQUEIRA, Bartolomeu Bueno de: I, 322; II, 289-294, 296, 319
SIQUEIRA, José Manuel de: II, 319
Síria: II, 217, 218
SLUITER, Prof. Engel: I, 261
SOARES, Baltasar Lôbo de: I, 136
SOARES DA RIBEIRA: II, 57
SOARES DE MELO, J.: I, 326
SOARES, Jacinto de Sampaio: I, 290
SOARES, Martim de: I, 251
SOARES, Padre Cipriano: I, 269
SOARES, Padre Mestre Diogo: I, 392; II, 289
Sobrado: II, 250
Sobre a arrecadação dos Quintos do Brasil: II, 291
SOCATO, José de Freitas: II, 460
Sociedade Literária do Rio de Janeiro: II, 169, 451
Société de Géographie: I, 55
SODERINI: I, 104
Sofala: I, 40, 376; II, 265, 269
SOLER, Vincent Joachim: I, 273
SOLIS, João Dias de: I, 105, 316, 317
Solon (navio): I, 195
Sorbonne: I, 178; II, 68
SORE (Soria) Jacques: I, 181
Sorocaba: I, 302, 322, 340, 349, 351, 393-395; II, 47, 254, 345
SOROMENHO, João: I, 222
Soson: I, 182
SOUSA, Antônio de: I, 124
SOUSA, Bernardo de São Bento Correia de: II, 128
SOUSA, Capitão-Mor João Pereira de: I, 310
SOUSA, Coronel Alexandre Teotônio de: II, 461
SOUSA, D. Francisco de: I, 205, 208, 217, 219, 221, 311, 318, 319; II, 266, 269, 278-282, 284, 286

SOUSA, Dom João de: II, 175
SOUSA, Dom Luís Antônio de: II, 213
SOUSA, Dom Marcos Antônio de: II, 82
SOUSA E ALMADA, Pe. Manuel de: II, 75
SOUSA E FARIA, Sargento-Mor Francisco de: I, 391; II, 47, 252
SOUSA, Feliciano Coelho de: I, 294
SOUSA, Frei Luís de: I , 107
SOUSA FUNDÃO: I, 290
SOUSA, Gabriel Soares de: I, 98, 121, 134, 179, 319; II, 108, 185-187, 209, 240, 271
SOUSA, Governador Gaspar de: I, 220, 225, 250, 251, 256, 258, 284, 285, 293, 294
SOUSA (irmãos): I, 112, 119
SOUSA, João Coelho de: I, 319
SOUSA, João de: I, 108
SOUSA, José Vieira de: II, 373
SOUSA, Luís Pinto de: II, 454
SOUSA, Martim Afonso de: I, 108, 109, 112, 113, 19, 124, 134, 143, 146, 154, 305, 309, 316, 317; II, 223, 230, 272
SOUSA, Pero Coelho de: I, 221-225, 319
SOUSA, Pero Lopes de: I, 108, 109, 113, 119, 124, 317
SOUSA, Pedro Alexandrino Pinto de: I, 297, 410
SOUSA, Tomé de: I, 123, 124, 126, 130-134, 138 141-145, 147-155; II, 67, 165, 168, 266, 274
Southampton: I, 189, 192
SOUTHEY, Robert: II, 83, 395
SOUTO MAIOR: II, 33
SOUTOMAIOR, Agostinho: II, 280
STADEN, Hans: I, 85, 143; II, 182, 184, 187
STAHL, George Ernst: II, 173
STAPER, Richard: II, 276
Storia delle Colonie Genovesi nel Mediterraneo: II, 260
STURM, Felipe: I, 297
STZERMARTONY, Padre Inácio: I, 297
Sudão: II, 258
Suitte de l'Histoire des choses memorables advenues en Maragnon ès anés 1613 et 1614: II, 186
Sumidouro: II, 297
Super specula militantis Ecclesiae (bula): II, 65, 67
Super universas orbis ecclesias (bula): II, 71, 79
Supremo Dictador, Biografia de José Gaspar de Francia (El): II, 325
SUTIL, Miguel: I, 341; II, 294, 431

Tabatinga: II, 376
Tamandaré: II, 435
Tamentit: II, 258
TANCREDO (guerreiro medieval): II, 259
Tânger: I, 24, 150; II, 262
TAÑO, Padre Diaz: II, 18, 19
Tapajó (cultura arte): II, 121
Tape: I, 385
TAPPER, Abraham: I, 277
Taquari: I, 349
Taquaraçu: II, 306
TAQUES, Lourenço Castanho (o velho): I, 320
TAQUES, Pedro: I, 137, 358; II, 19, 277, 305, 306
Taubaté: I, 321, 324; II, 37, 43, 89, 90, 291, 295, 297, 310, 311
TAUNAY, Affonso de E: I, 310, 326, 332-334
TAVARES, Antônio Rapôso: I, 290, 291, 313, 321, 340; II, 45, 46
TAVARES, D. Antônio Rolim de Moura (1.º Conde de Azambuja): II, 409
TAVARES, Sebastião Canuto da Silva: II, 131
TÁVORA, Francisco de: II, 46
Te Deum: II, 147-150, 159
TEIXEIRA, Capitão Pedro: I, 259, 285-288, 289; II, 16, 86
TEIXEIRA DE FREITAS: II, 57
TEIXEIRA, D. Marcos: II, 72
TEIXEIRA, José João: II, 413
TEIXEIRA, Tristão: I, 34
TEIVE, Fernando da Costa de Ataíde: I, 295
TELES, João Xavier: II, 367
TELES, Tomás da Silva (Visconde de Vila Nova de Cerveira): I, 384, 400; II, 417
TEMUDO, Capitão André Pereira: I, 285
Tentugal: I, 297
Teoria da Desigualdade das Raças Humanas: II, 143
Teórica y Prática del Comercio y de la Marina: II, 324
Tepoti: I, 339
Terra de Santa Cruz: I, 45, 51, 58, 106; II, 85, 38, 458
Terra do Fogo: I, 354
Terra Goiatacá: II, 75
Terra Nova: I, 380
Teriaga brasílica: II, 166
Testamento Político: II, 364
THEVET, André: I, 89, 90, 172; II, 183
Thierbuch: I, 271
THOMASIO: II, 102
THOMSON: II, 117

THORET: I, 172, 175
Tipografia do Arco do Cego: II, 192
Tiradentes: I, 331; II, 145, 148, 191
TIRADENTES. V. XAVIER, Joaquim José da Silva.
Toledo: II, 256
TOLEDO, André de: I, 289
TOLEDO E MELLO, Padre Carlos Correia de: II, 443-447
TOLEDO PIZA, Sargento-Mor Luís Vaz de: II, 445
TOLLENARE: II, 213
TOLLNER: II, 179
Tomar: I, 199, 201; II, 63, 65, 66, 82
Tombuctu: II, 258, 259
Tordesilhas: I, 41, 48, 49, 53, 112-115, 212, 226, 288, 300, 318, 323, 370-372, 398, 408 V. também Tratado de Tordesilhas.
Toscana: I, 184
TOURINHO, Pero de Campo: I, 113, 117, 142
TOURINHO, Sebastião Fernandes: I, 319; II, 276
TOURLON, Charles de (o moço): I, 277
TOYNBEE, Arnold: I, 348, 349
Tractatus de Sacramentis: II, 55
Trade of Medieval Europe; The South (The): II, 260
TRAMPELAER ou TRAMPLER, Christoffel: I, 277
Transactions of the American Philosophical Society: I, 55
Trás-os-Montes: I, 30
Tratado de las siete enfermedades: II, 175
Tratado de Madri: I, 288, 323, 384, 390, 392, 407, 410; II, 48, 93
Tratado de Methuen: II, 36, 296, 326, 390, 404
Tratado de Paris: I, 408
Tratado de Santo Ildefonso: I, 297, 323, 368, 408, 409; II, 252, 376, 410, 414
Tratado Descritivo do Brasil: II, 185
Tratado de Tordesilhas: I, 41, 48, 49, 396, 401, 408; II, 399
Tratado de Utrecht: I, 399, 408
Tratado Provisional: I, 397
Tratado único das bexigas e sarampo: II, 175
Treatise of Texas and Contributions (A): II, 379
Três Roteiros Desconhecidos de Ahmàd Ibn-Mādjid, o Piloto Árabe de Vasco da Gama: II, 270
Tribunal da Bula da Cruzada: II, 62
Tribunal da Corte: I, 31
TRINDADE, Frei Antônio da: I, 389

Trípoli: II, 259, 261
Tripuí: I, 322; II, 291, 296
Triumpho Eucharistico: II, 144
Tuat: II, 258, 259
Tucumã: I, 54; II, 30
TUIM MIRIM: I, 222
Tumiaru: I, 309
Túmulos (Os): II, 119
Túnis: II, 259, 261
Tunísia: II, 257
Turena: I, 228
Turim: I, 232, 234, 247

Uatumã: I, 292
Uçaguaba: I, 244
UNA: I, 286
Universidade de Yale: I, 373
Uraguai (O): II, 110, 113
U.R.S.S.: II, 270
URSUA, General Pedro de: I, 283; II, 430
Urubu: I, 292
Urucum: I, 71
Uruguai: I, 313, 314, 354, 384, 399, 404; II, 46, 48, 52, 93
USODIMARE, Antoniotto: II, 258
Utrecht: I, 185, 399, 408; II, 29, 46. V. também Tratado de Utrecht
UZTÁRIZ, Gerônimo de: II, 324

Vacaria: I, 340, 350; II, 252
VALADARES, Jorge: II, 168
VALADARES, Luís de Sousa: II, 432
VALASCO, Álvaro: II, 55
VALASCO, Tomé: II, 55
VALDEZ, Almirante Diogo Flores: I, 191-194, 204, 205, 215
VALE, João Velho do: II, 31
VALENTE, Guilherme: I, 291
VALÉRIO, José Borges: II, 456
Valoroso Lucideno: II, 107
VAN BUEREN, Pieter: I, 262
VANDELLI, Dr. Domingos: II, 192
VAN DEN BRINCKEN, Coronel Johan: I, 280
VAN DER DUSSENS: I, 268
VAN DER LEY, Casper: I, 277
VAN DER NESSEN, Jacques: I, 277
VAN DER VAT, Frei Odulfo: II, 69
VAN HAUS, Hendrik: I, 279
VAN LINSCHOTEN, J. H: I, 187
VAN POYTS, Major Sedneum: I, 274
Varadouro: II, 372
VARELA Y ULLOA, D. José: I, 409

VARGUERVE, Antônio de: II, 55
Vária Fortuna e Estranhos Fados de...: II, 277
VARNHAGEN: I, 45, 57, 104, 144, 185, 237, 357, 358; II, 65, 271, 417
VARRAZANI (os): I, 106
VARRAZANO, Jerônimo (o "cosmógrafo"): I, 106
VARRAZANO João X: I, 106
VASA, Gustavo: I, 173
VASCONCELOS, Brigadeiro Antônio Pedro de: I, 403; II, 47
VASCONCELOS, Diogo Mendes de: I, 105
VASCONCELOS, Diogo Pereira Ribeiro de: I, 326,328, 331, 332; II, 291
VASCONCELOS E SOUSA, D. Luís de: I, 181; II, 191, 410, 415-418, 445, 451
VASCONCELOS E SOUSA, Pedro de: II, 41
VASCONCELOS, João Furtado de: II, 456
VASCONCELOS, Luís Aranha de: I, 287, 288
VASCONCELOS, Luís Diogo de: II, 155
VASCONCELOS, Salomão de: II, 328
VASCONCELOS, Simão de: I, 346; II, 107, 114, 284
Vaticano: I, 398; II, 53
VAUX, Charles des (Itagiba): I, 226, 227-228, 231 232, 240, 258
VAVASSEUR: II, 96
VEIGA, José da: II,461
VEIGA, Lourenço da: I, 181, 213, 214
VEIGA SIMÕES: I, 36
VELASCO, Antônio Joaquim Franco: II, 131
VELHO, Domingos Jorge: II, 32-34, 249
VELHO, Francisco Dias: I, 351; II, 46
VELHO, Manuel Garcia: II, 296
Velho Mundo: I, 49 80, 134, 150,170, 177, 205, 215, 229, 246
Velho Testamento: II, 119
VELOSINO, Jacob de Andrade: II, 179
VELOSO, Frei José Mariano da Conceição: II, 115, 191, 192, 451
VELOZINO, Jehoshua: I, 275
Veneza: I, 41, 45; II, 229, 433
Venezuela: II, 267
VENISTE, João (Jan Van Hielst): II, 273
VENTURA, Frei Antônio: II, 86
Vera Cruz: I, 43, 44, 61, 103
Verdadeiro Método de Estudar: II, 95
VERDONCK, Adriaen: I, 283
VERÍSSIMO, José: I, 156
Veritas ipsa (bula): II, 70
VERLINDEN, Charles: II, 262
VERNEUIL, Mathieu: I, 175

VERNEY, Luís Antônio: II, 94-96
VESPÚCIO, Américo: I, 57, 103, 104, 317
Viagem Filosófica: I, 298
Viamão: I, 351, 388, 391, 392, 393; II, 252, 345
Viana do Castelo: I, 137, 185, 187, 261
VIANA, Domingos de Basto: II, 367
VIANA, Manuel Nunes: I, 328-333
Vida do Vener. Pe. Belchior de Pontes: I, 326
VEIGAS, Antônio Pais: I, 353, 375
VIEIRA, André: II, 437
VIEIRA, Dom Frei Dâmaso de Abreu: II, 74
VIEIRA, Domingos de Abreu: II, 444
VIEIRA, João Fernandes: I, 267, 278
VIEIRA, Manuel Martins: I, 160
VIEIRA, Padre Antônio: I, 279, 292, 353, 376, 406; II, 16, 17, 20-21,26, 30, 35, 79, 80, 107, 109, 211, 354, 407, 425, 458
Viena: II, 152
Viena de Alvito: I, 28
Vigia: I, 161, 299
VIGNOLA, Giacomo Barozzi: II, 128
Vijfhoek: I, 270
Vila Bela: I, 346; II, 45, 319
Vila da Conceição: I, 143, 292, 293
Vila da Moxa: II, 51
Vila da Torre de Moncorvo: II, 98
Vila da Vitória: II, 98
Vila de Nossa Senhora da Luz: II, 285
Vila de Nossa Senhora do Rosário (Paranaguá – 1647): II, 285, 287
Vila de Santo Antônio (Chaves): II, 30
Vila do Carmo: II, 43
Vila do Pereira: I, 130
Vila do Príncipe: II, 315
Vila Nova da Rainha: II, 315
Vila Rica: II, 99, 133, 141, 144-150, 153-156, 159, 315, 317, 328, 337, 341, 405, 438, 440, 441, 445-447, 450
    V. também Ouro Preto
Vila Rica do Espírito Santo: I, 313; II, 46
Vila Rica (poema): II, 112
Vila Velha: I, 117
VILHENA, Francisco Soeiro de: I, 291
VILHENA, Luís dos Santos: II, 100, 234, 457
VILHENA, Padre Francisco: II, 18
VILLABOIM, Manuel Pedro: II, 57
VILLA-LÔBOS, Heitor: II, 161
VILLEGAIGNON, Nicolas Durand de: I, 143, 166-180, 243; II, 39, 86, 182
VILLELA, Antônio Arnau de: I, 290
VILLEROY: I, 231
VILLIERS (almirante): I, 227

VIRGENS, Luís Gonzaga das: II, 461
VIRGÍLIO: II, 445
Virgin (navio): I, 195
Virgínia: II, 228, 242, 268, 283
VISCONDE DE ASSECA: I, 353, 355
VISCONDE DE BARBACENA. V. MENDONÇA, Luis Antônio Furtado de
VISCONDE DE SANTARÉM: II, 295
VISCONDE DE SÃO LEOPOLDO: II, 451
VISCONDE DE VILA NOVA DE CERVEIRA. V. TELES, Tomás da Silva
Viseu: II, 81
Vitória de Santo Antão: I, 279
VITÓRIA, Frei Francisco de: II, 70
VITRÚVIO: II, 96
VIVALDI, Antônio: II, 158
VIVALDI (Os): II, 258
Vlissingen: I, 261
VOLTAIRE: I, 56; II, 449, 453
VON DER HEIDE, Johann: I, 183
VON GOGH, Michel: I, 264
VON HUMBOLDT, Alexander: II, 194
VON LIPPMANN, Edmund: I, 375
VON MARTIUS: II, 124, 143, 152
VON SCHKOPPE, Sigemundt: I, 263, 274, 280
VON SPIX: II, 124, 143
VOSSIUS, Gerardo: II, 96, 97
Voturuna: II, 285
Vrijburg (edifício): I, 271, 272; II, 188

WAGENER, Zacharias: I, 271
WAGENSEIL: II, 152
Waldeck: I, 277

WALKENS, Henrique João: I, 297, 410
WANDERLEYS (os): I, 277
Washington: I, 411
WATTEN: II, 210
WEDDA, Albert Gerritsz (Alberto Geraldo Veda): I, 277
WEGENSEIL: I, 55
WERNER (professor): II, 194
WEST, Robert C.: II, 278
WHITNEX, Eli: II, 241
WIJNANTS, Johan: I, 277
WITHALL, John (João Leitão ou Ortega): I, 191; II, 276, 280-281
WITH, Gijsbert de: I, 277
WITHRINGTON, Robert: I, 193, 261
WOLFIO: II, 102

XAVIER, Francisco Pedroso: I, 364
XAVIER, Joaquim José da Silva (Tiradentes): II, 160, 418, 419, 438, 441-447, 451
XAVIER, Luís Pedroso: I, 361

ZARCO, João Gonçalves: I, 34; II, 262, 269
ZAVALA, D. Bruno Maurício de: I, 382
ZEDLER, João Henrique: I, 55
Zekher asiti leniflaot El: I, 275
Zelândia: I, 206
ZEMELLA, M: I, 326, 330
ZOROBABÉ: I, 220
ZUMBI: II, 34
ZURARA: I, 33, 39; II, 261, 262, 269